por trás da máscara

flavio morgenstern

por trás da máscara

do passe livre aos black blocs, as manifestações que tomaram as ruas do brasil

1ª edição

EDITORA RECORD
RIO DE JANEIRO • SÃO PAULO
2015

CIP-BRASIL. CATALOGAÇÃO NA PUBLICAÇÃO
SINDICATO NACIONAL DOS EDITORES DE LIVROS, RJ

Morgenstern, Flavio
M848p Por trás da máscara / Flavio Morgenstern. - 1ª ed. - Rio de Janeiro: Record, 2015.
il. ; 23 cm.

ISBN 978-85-01-10359-8

1. Movimentos de protesto - Brasil. 2. Manifestações públicas - Brasil. 3. Brasil - Política e governo - 2011 - I. Título.

15-20581 CDD: 303.620981
CDU: 316.485.26(81)

Texto revisado segundo o novo Acordo Ortográfico da Língua Portuguesa.

Direitos exclusivos desta edição reservados pela
EDITORA RECORD LTDA.
Rua Argentina, 171 - 20921-380 - Rio de Janeiro, RJ - Tel.: 2585-2000

Impresso no Brasil

ISBN 978-85-01-10359-8

Seja um leitor preferencial Record.
Cadastre-se e receba informações sobre nossos lançamentos e nossas promoções.

Atendimento direto ao leitor:
mdireto@record.com.br ou (21) 2585-2002.

EDITORA AFILIADA

À Camila.
Não foi por 20 centavos,
foi por você — sua linda!

À memória de Andrew Breitbart (1969-2012).
Que a sua luta contra o rebanho humano não tenha sido em vão.

À memória do cinegrafista Santiago Andrade (1964-2014)
Que sua lembrança não se apague — e que a lição de sua morte evite outras.

“Como [as massas] não veem nas vantagens da civilização um invento e uma construção prodigiosos, que só com grandes esforços e cautelas se podem sustentar, creem que seu papel se reduz a exigi-las peremptoriamente, como se fossem direitos nativos. Nas agitações provocadas pela escassez, as massas populares costumam procurar pão, e o meio que empregam costuma ser o de destruir as padarias.”

José Ortega y Gasset, *A rebelião das massas* (1926)

Sumário

Nota sobre as notas

Há dois tipos de notas de referência neste livro: notas que indicam obras citadas ou fontes de consulta; e notas explicativas do texto, que complementam o seu sentido. As primeiras estão marcadas numericamente e elencadas no final do livro; as segundas, por asteriscos (*), sendo encontradas no pé de cada página para facilitar a leitura. Se o leitor porventura desconfiar de que o autor o está tentando engabelar no confronto de ideias, que não hesite em buscar as notas e, se necessário, as fontes originais nelas referidas. É compreensível que se desconfie diante de pensamentos desconcertantes — o autor também teve a mesma sensação quando primeiro travou contato com estas mesmas ideias.

Manifesto da Gota d'Água

Foi a gota d'água na garganta do brasileiro! Agora que o foco é qualquer coisa, "o gigante acordou"!

A verdade é que eu nem pisco para 56 mil homicídios anuais, quando a caracterização de guerra civil é de 10 mil. Eu tolero R$ 1,5 trilhão em impostos todo santo ano, o que rende mais ou menos 30 milhões de reais para evitar cada homicídio no país.

Eu aguento o mensalão, a Petrobras ter inventado o conceito de "petrolífera que dá prejuízo", o escambo de votos, a transformação consumada do STF em escritório de advocacia do PT. Eu suporto que paguemos despesas que superam R$ 100 mil todo mês até de deputado que não é corrupto.

Eu aceito impávido que tudo o que custa 10 dólares na América saia aqui pela bagatela de 80 reais — mas é para proteger os pobres e fazer distribuição de renda com impostos, porque certamente estamos diminuindo muito a desigualdade social fazendo com que só rico possa ter carro importado, enquanto o pobre tem de usar ônibus cartelizado pelas únicas empresas cupinchas do prefeito.

Aliás, também estou me lixando para o preço da gasolina, a mais cara da América Latina e uma das mais caras do planeta. Isso tudo porque eu amo a Petrobras e engulo a litania de que ela é "do povo", ainda mais para "financiar" a "cultura", mesmo que eu descubra que o petróleo não é "nosso", já que, quando paro no posto, dizer que o petróleo é meu só faz o frentista chamar a polícia.

E minha indignação cientificamente seletiva condescende numa boa que nossa cultura não mereça senão as duas primeiras letras da palavra, que sejamos o único país no planeta onde a literatura não espelha em nada a realidade atual, que tudo o que se escreva seja sobre a ditadura militar (que acabou há mais tempo do que durou). Sim, porque fui ensinado que tudo se resolverá com 10% do PIB para educação, mesmo que eu não saiba o que *cazzo* se ensina numa faculdade de pedagogia.

E eu não movo uma palha contra políticos me obrigando a trabalhar até maio todo ano para financiar suas mordomias — mesmo sabendo que eles têm passagens semanais pagas para não viver na soviética Brasília, enquanto uma viagem de avião custa o preço de um rim em aeroportos que só não causam mais acidentes por milagres — e, quando matam centenas de pessoas de uma vez, jornais de esquerda me dizem no dia seguinte que a pista estava em ótimas condições.

Estou me lixando para o fato de termos uma lei penal cabível talvez no Paraíso muçulmano, enquanto em um mês ateiam fogo e assassinam três pessoas porque elas não tinham dinheiro suficiente no momento do assalto — e ainda compro uma verborreia mela-cueca de que a culpa é dos assaltados e dessa tal "sociedade" (que não sei como ainda não colocaram na cadeia), pois aprendi que saber das coisas é *inverter* sempre sujeito e objeto dos fatos, culpando a "classe média" e outras generalidades das quais eu mesmo faço parte.

Mas aí aumentam o preço da passagem de ônibus em 20 centavos, e alguns bacanas da faculdade organizam um protesto e tomam uma borrifada de spray de pimenta da PM depois de explodir uma bomba no metrô — e parece que agora está todo mundo contra tudo isso que está aí.

Aí, companheiro, não deu para aguentar. O gigante acordou e eu vou protestar exatamente agora, junto dos partidos mais extremistas do país, porque pedir que os políticos me deem algo vai finalmente fazer os governantes me temerem.

Agora é muito mais do que 20 centavos, e serei completamente apartidário, porque sei olhar a pátria com meu olhar "crítico", ao contrário desses acomodados que querem deixar tudo como está.

O gigante acordou! Foi a gota d'água.

Prefácio

Capitatio benevolentiæ

> "Os jovens são o futuro do país — a não ser que façamos alguma coisa."
>
> Homer J. Simpson

No furor das manifestações de 2013, parece que todos os 200 milhões de pessoas do país pensavam o mesmo. Era um momento perfeito para se levantar os sobrolhos com desconfiança e recordar o aviso de José Ortega y Gasset, num livro provisoriamente chamado *A rebelião das massas*: "A coisa é suspeita. Porque as pessoas não costumam pôr-se de acordo a não ser em coisas um pouco velhacas ou um pouco tolas."

Não havia algo de velhaco ou de tolo nas *intenções* dos mais de 3 milhões de pessoas que foram às ruas protestar naqueles dias. Ao menos, não algo de *muito* velhaco ou tolo. Mas abundava motivo para suspicácia. Não era possível que pessoas de pensamentos tão antagônicos, muitas vezes representados em extremos opostos no espectro das ideologias políticas, de repente fossem para as ruas *ao mesmo tempo* protestar contra as mesmas coisas e a favor de outras mesmas. A conta não fechava.

Armado das poucas leituras que angariei sobre o fenômeno das mobilizações de massa, comecei a escrever no meu perfil no Facebook algumas impressões mais pessimistas sobre o furor revolucionário daqueles dias, enquanto meus próprios amigos, da extrema esquerda aos mais ortodoxos conservadores, festejavam o "gigante nas ruas". Passei rapidamente da análise da situação para a previsão: resolvi descrever o que aconteceria em cada dia de protesto *antes* de o protesto acontecer. No mesmo passo em que ganhava novos leitores, surpresos com a clarividência, perdia amigos de longa data a cada novo comentário pouco generoso com os protestos, que eram, então, frequentados por uma enorme fatia da classe média urbana brasileira.

Não havia grande mágica: os clássicos da análise de movimentos de massa já previam à perfeição todo o roteiro do que acontecia em junho e julho de 2013, mesmo que seus livros tenham sido escritos até mesmo na década de 1920. Um século de distância sem mudanças no script. Todavia, estes prospectos eram tristemente ignorados justamente pelos "especialistas", entidades chamadas *ad hoc* para palpitar sobre, afinal, o que estava acontecendo nas ruas — algo que parecia tão claro e de tamanho motivo de júbilo para milhões de seres humanos revelava-se um verdadeiro enigma de esfinge quando se tratava de ser explicado e traduzido em termos racionais.

As análises de especialistas convenciam cada vez menos, e eram os especialistas na mídia os primeiros a serem pegos de surpresa. Suas elucidações tampouco fugiam muito a um esquematismo pronto. Raríssimas vezes grandes analistas da política de massas, como Ortega y Gasset, Eric Hoffer ou Elias Canetti, foram citados por especialistas convidados a traduzir fenômenos complexos ao público.

Ao se rever 2013 a uma certa distância segura, é fácil perceber que foi o ano mais **incompreendido** de toda a nossa história. Quase a totalidade das pessoas, antes tão animadas nas ruas com a promessa de um novo país nascendo em um momento histórico, hoje se pergunta: o que deu errado? Por que milhões de pessoas que juravam estar mudando o Brasil passaram a olhar manifestações políticas parando ruas com o mesmo desprezo de sempre? Por que tantos ânimos exaltados com uma causa repentina uniram um país, mas não se repetiram com outras tentativas de manifestações, que voltam a parar cidades quase semanalmente?

Mais: por que as análises atiraram para tão longe do alvo? Hoje sabemos o que *não* foi aquele evento. Resta saber *o que foi*.

Não pretendemos ser a única voz a aclarar obscuridades ainda apenas parcialmente decifradas, nem tampouco a abarcar com completude o assunto. Todavia, um estudo mais demorado pode ser útil ao Brasil pós-2013 para se entender o que se iniciou nas manifestações **e nos afeta até hoje**. Uma releitura das notícias com certa ordem pode formar um todo coerente, e não informações esparsas que parecem desconectadas.

Algumas ligações que passaram batidas devem ser notadas agora, como o fato de o primeiro político a apoiar os protestos iniciados a favor da estatização completa dos transportes ter tido dois assessores presos meses depois por propinas na grande estatal dos transportes de São Paulo — sua ligação com as manifestações pareceu "esquecida" quando o escândalo foi noticiado. Também urge captar a ligação entre os protestos e o Mais Médicos, programa de trabalho escravo e transferência de dinheiro para a ditadura cubana, perpetrado pelo PT, ou, ainda, entre os protestos e o projeto de reforma política que divide o poder das instituições com "movimentos sociais" cujas práticas variam do terrorismo ao show de horrores do Fora do Eixo, também envolto em acusações de trabalho escravo. E, claro, o desejo de mudança incutido nos protestos e a meteórica ascensão eleitoral de Marina Silva no ano seguinte. Pode ser o nosso *futuro*.

Também tentaremos oferecer neste livro a aplicação de alguma ciência política dos gigantes da área, aproveitando a adrenalina da narrativa para apresentar pensamentos das melhores mentes, sem a inconveniência de uma discussão puramente abstrata e genérica, divorciada da história e dos sentimentos que moveram todo um país.

A todos que desejam conclusões menos apressadas e não temem nadar contra a corrente quando toda essa corrente se afirma como uma contracorrente, espero que esta detalhada análise possa clarear alguns eventos não de 2013, mas de nosso presente e futuro — pois as manifestações marcaram um ano que, até agora, não acabou.

Introito

Calor no inverno: *aquele* 6 de junho

"Todo mundo quer salvar o mundo; ninguém quer ajudar a mãe a lavar louça."

P. J. O'Rourke

Eram 18h do dia 6 de junho no centro de São Paulo — um dia abafado e opaco, quando o inverno ainda não havia esfriado os termômetros e a apatia modorrenta do infernal trânsito paulistano parecia se refletir até meteorologicamente. Trabalhadores que precisavam atravessar a cidade para descansar em casa já se amontoavam às buzinadas nas vias que faziam a ligação entre as diferentes zonas da cidade, com o velho ritual conhecido da pauliceia de invocar todas as divindades dos viajantes e meios de transporte para que, ainda às 18h, e não às 18h01, se conseguisse evitar um trânsito ainda maior.

A ligação norte-sul da cidade corta o centro pelo túnel do Anhangabaú, franqueando acesso a todas as saídas, incluindo a leste e a oeste, a metros do coração da maior cidade do hemisfério. De um lado, a poderosa avenida 9 de Julho; de outro, a maior via expressa da cidade, a 23 de Maio.

Foi de repente que o trânsito lento simplesmente *parou*, como se surgisse do éter um novo semáforo num vermelho permanente. E vermelhas também eram as bandeiras que desciam das laterais de ambas as saídas do túnel. Mas o paulistano, preocupado com seu caminho de volta, só as percebeu depois de parar de olhar para a frente, pois a fumaça tomava conta de seus olhos e aumentava o seu calor. *Os dois lados do túnel haviam sido incendiados.*

Ao olhar para as bandeiras vermelhas, qualquer um reconheceria antigos símbolos ditatoriais, velhos conhecidos da arcana arte de estropiar o trânsito através de protestos, passeatas e manifestações. Mas o nome que seria martelado na imprensa por dias seguidos a partir de então era completamente desconhecido — o MPL, Movimento Passe Livre, organização suprapartidária (sob o nome fantasia de "apartidária") dos partidecos de extrema esquerda que não recebem, somados, 1% dos votos em eleições, mas conseguem criar notícias e pautar o debate público como *superstars* criados *ad hoc*.

Foi através do fogo e do trânsito que o paulistano conheceria o sequestrador de sua liberdade, pouco antes de se ver contagiado por uma síndrome de Estocolmo em escala bovina.

Carros, motos e ônibus voltavam de ré do túnel. Idosos, crianças, mulheres grávidas — todos sofreram com algo mais além da típica hiperlotação do transporte público, tendo de escolher em coletivo se enfrentariam o calor sufocante no túnel, revezando pouco oxigênio, ou se enfrentariam a fumaça de barricadas de pneus, cones de sinalização e lixeiras queimadas, que exalavam um cheiro só descritível para quem já assou um cadáver com restos de comida apodrecida a portas fechadas.

Seis horas da tarde. A máxima conhecida da política, do transporte e dos banheiros públicos — "é muito rei para pouco trono" — passava a valer para oxigênio a céu aberto. Havia muito nariz para pouco oxigênio. Se a manifestação era contra o recente aumento de 20 centavos no preço da passagem, a maioria ali daria facilmente 20 reais para escapar daquele inferno.

O motorista que escapasse do sufoco (média de tempo para a manobra: cerca de uma hora praticamente parado, andando cerca de 2 metros passíveis de disputa a cada quatro minutos) tomaria instintivamente o caminho da rua da Consolação, ansiando por um trajeto mais longo pela avenida Paulista. Os primeiros boletins de trânsito pelo rádio detonaram o alarme Defcon 2: "Evitem a 23 de Maio, a 9 de Julho, a Tiradentes, a Brigadeiro *e* a avenida Paulista!" — por qualquer lado, sair do centro era praticamente impossível, a não ser pela eternamente tartarugosa Radial Leste, que não possui saídas próximas nem retorno para nenhum caminho que não a própria zona leste.

Bancas de jornais foram as principais vítimas de depredações e saques no caminho da turba de bandeiras vermelhas empunhadas. Naquele momento, a destruição do comércio ainda não podia dar conta de grandes lojas — eram pouco mais de 5 mil manifestantes, a maioria jovens de classe média e universitários, sem apoio nenhum da população. Mas a onda de destruição causada já era tangível — e cara. Carros foram destruídos e as estações de metrô tinham sorte quando só eram pichadas. Os cacos de seus vidros eram percebidos e sentidos a mais de um quarteirão de distância. Ligações para a polícia também se faziam notar, com mais celulares do que seres humanos na cidade. Naquele momento, parecia apenas uma questão criminal — chamar a polícia e voltar à ordem cotidiana da enfadonha vida normal.

As pessoas estavam amedrontadas — ou mesmo desesperadas. Se havia diferenças entre o tal MPL e as velhas passeatas de CUT, MST, PT, PCdoB e afins, a primeira mais visível era o grau de violência. O medo, ao contrário do discurso corrente da opinião pública brasileira,* não vinha de ricos preconceituosos com medo de perder sua propriedade para pobres que queriam tomá-la por "falta de oportunidades". Entre os mais indignados, com os quais se podia conversar facilmente no trânsito parado, estavam os garis, funcionários da limpeza que não entendiam por que jovens sem a menor aparência de pobreza, naquele momento ainda sem máscaras, estavam lhes dando tanto trabalho à força, demonstrando tão pouca empatia por qualquer coisa em seu caminho, móvel ou imóvel, viva ou morta, humana, animal, vegetal ou mineral, bem de consumo ou lixo, evento natural ou criação civilizacional humana. Aqueles sempre esquecidos, os mendigos, tampouco foram lembrados em qualquer momento nos meses de junho e julho de 2013, que sacudiram o Brasil. Na verdade, eles agiram de forma muito mais racional do que a camorra que se avizinhava no horizonte: ao ver o caos onde antes havia ordem, trataram de imediatamente picar a mula dali.

---

* Simplesmente nada no Brasil é mais privatizado do que a opinião pública — uma coisa criada por pouco mais de meia dúzia de cabeças por continente.

Quem estava na turba? "Manifestantes", diziam os jornalistas. Mas logo o noticiário, ao contrário do costumeiro,* tratou de dar nomes aos bois. Façamos as apresentações. São Paulo, este é o MPL. MPL, como você já deve conhecer, esta é São Paulo. Satisfaralho pra cação.

O fogo do gigante

> "A violência não é necessária para destruir uma civilização. Cada civilização morre pela indiferença aos valores únicos que a criaram."
>
> Nicolás Gómez Dávila

Os fatos que se seguiram são contados por uma narrativa já conhecida. Em resumo, é a seguinte: novos confrontos com a polícia ocorreram na subsequente manifestação contra o aumento da tarifa de ônibus e metrô, que conseguiu triplicar o seu número de participantes para 15 mil pessoas — ainda bem pouco, para uma cidade com um histórico de manifestações na avenida Paulista, mais precisamente no Masp — um museu com um vão-livre de mais de 70 metros que se estende sob quatro enormes pilares, parecendo ter sido criado unicamente para

* Com medo de ser multado pela "propaganda eleitoral", ou talvez apenas anelando uma "imparcialidade" impossível e prejudicial, o jornalismo brasileiro tem por costume não citar o nome de grupos arruaceiros, a não ser quando o ato toma proporções tão agigantadas que se torna mister denominá-los. Poucos grupos têm a honra de ter seus nomes citados em algaravias públicas: MST, PCC, CV, CUT, PT (quando não renderá avarias eleitorais) e UNE encabeçam esta lista VIP. Usualmente, mesmo com bandeiras tremeluzentes escancarando nomes e siglas como PCdoB, PSOL, PSTU e afins nas imagens, é de praxe a narrativa falar apenas em "manifestantes", como se fossem pessoas normais que, num belo dia, se manifestaram — e, portanto, tornaram-se *manifestantes*, para no dia seguinte voltarem a viver uma vida normal e despolitizada. É algo só encontrável na Coreia do Norte, onde a TV mostra protestos contra o governo e os locutores narram o oposto: que é a população rendendo loas de apreciação e agradecimento ao ditador mais esquisito do planeta. Essa coreiadonortezação chegou a extremos bizarros com o desenrolar das manifestações: uma âncora, após a popularização do nome *black bloc*, narrava feliz como manifestantes vestidos de preto faziam barricadas de fogo e quebravam lojas em uma manifestação "pacífica, tomada por uma minoria de vândalos". Nas imagens, a maioria dos manifestantes estava vestida de *vermelho*.

arrebanhar multidões de manifestantes dispostos a parar a avenida em frente.

Depois, imagens da violência policial chocaram uma população ordeira, que detesta ver sangue. Os governantes foram lembrados como os culpados pelo atraso do país. O povo, tomando a violência policial como a gota profana a macular o solo sagrado, **sem lembrar que as primeiras manifestações já começaram com violência dos organizadores dos protestos** (com cenas que ficaram na memória apenas de uns poucos milhares que cruzaram com seu rastro de destruição), resolveu apoiar os "manifestantes" que sofriam uma repressão brutal como não se via desde o pior momento enfrentado pela humanidade, a ditadura militar. Mesmo que o povo nunca viesse a apoiar um movimento contra "repressão policial" criado pelo PCC*, ou uma manifestação contra a representação eleitoral organizada por neonazistas, ou ainda contra a corrupção orquestrada pelo PT, esse povo saiu às ruas, para mudar tudo. O gigante havia, finalmente, acordado. Sem líderes. Tudo espontâneo, tudo apartidário.

Quando as manifestações descambaram em violência e o que era "o gigante brasileiro acordado" de repente se transformou numa legião de arruaceiros quebrando toda a cidade, os analistas foram pegos de surpresa. Mesmo que as primeiras manifestações fossem violência pura, algo que eles esqueceram em questão de menos de duas semanas. A exaltação das pessoas com a "participação política para mudar tudo isso" foi da água para o vinagre. E todo o caos e destruição com que as manifestações terminaram foi imputado apenas a um "grupo", chamado *black bloc*: ajuntamentos de pessoas de preto cobrindo o rosto para quebrar o que

---

* E o PCC estava mesmo de olho nas manifestações, como o PT também estava. Cada um disputando cabeças com narrativas na mídia e na internet. Um black blocker, em entrevista divulgada até pelo site ultraesquerdista Brasil 247, criado por Daniel Dantas, disse ao jornal *O Estado de S. Paulo*: "Não temos aliança nem somos contra o PCC. Só que eles têm poder de fogo muito maior do que o MPL (Movimento Passe Livre, que iniciou as manifestações, há um ano, com ajuda dos black blocs). Pararam São Paulo." Posteriormente, a "liderança black bloc" anônima negou a informação (?!), embora apenas tenha dito que está aberta à possibilidade de se juntar ao PCC, e não que já possui qualquer aliança. Disponível em: <http://www.brasil247.com/pt/247/brasil/141957/Black-Bloc-busca-apoio-do-PCC-por-terror-na-Copa.htm>.

vissem pela frente. Mas o termo, impreciso, referia-se a atores tardios nas Jornadas de Junho, tendo se tornado conhecidos apenas *após* aquele fatídico mês. A violência de junho, o país esqueceu, raramente foi perpetrada por alguém que soubesse o que é um *black bloc*.

Se uma cachoeira começa com uma gota, é de pouca serventia buscar sua fonte primeva. Todavia seria um atentado contra a História tentar compreender um movimento político de tal magnitude sem voltar a seus *causadores*. É algo como tentar entender a Revolução Russa sem falar de Marx e Lenin, a Revolução Francesa sem saber quem foram Luís XVI e Robespierre — e a história do Iron Maiden sem Bruce Dickinson.

O gigante acordou, mas sem se lembrar bem do que acontecera nos primeiros dias para que ele acordasse atordoado. Chegou todo pimpão sem saber o que estava ocorrendo, como quem desperta com uma baita ressaca e uma inconfessável dor no corpo da qual não se reconhece a causa. Quando o médico perguntava por ela, o paciente apenas tergiversava, de forma bastante envergonhada: "Ah, isso aí? Não foi nada, foi apenas uma minoria de vândalos..."

E esta narrativa padrão para explicar as manifestações que começaram em junho de 2013 no Brasil encerra-se de maneira abrupta. Para ela, o placar estava traçado desde o começo do jogo. Os 20 centavos foram derrubados e os protestos com todo o povo que "vão muito além dos 20 centavos" acabaram assim que os 20 centavos se foram. O Brasil mudou, a corrupção acabou, os políticos agora morrem de medo do povo, a pobreza é passado, as mazelas do país foram todas curadas com a força da democracia participativa, nossa presidente fala hoje oito línguas, toca piano e guitarra, voa e dispara raios laser de seus lindos olhos, e vivemos felizes para sempre.

Mas parece haver algum problema com esta narrativa. De alguma forma, olhando-se para o Brasil pós-2013, parece que todos os "especialistas" convidados a explicar o que ocorria nas ruas erraram em algum ponto em suas análises. Sabemos, pela narrativa deles, o que junho de 2013 *não foi*. Mas, se não foi isso, afinal o que *de fato* aconteceu?

A primavera se indigna e ocupa a catraca

"O diabo é um otimista, se acha que pode tornar as pessoas piores do que elas já são."

Karl Kraus

As manifestações nas ruas do Brasil são facilmente compreensíveis por estudiosos de **movimentos de massa.** Com o termo "movimento de massa" não nos referimos a quaisquer comportamentos coletivos, como eleições e eventos esportivos, mas a um verdadeiro *movimento de massa* reivindicatório e genérico, das multidões urbanas exigindo benesses políticas pela força. É um fenômeno conhecido e estudado, mas seu caráter aberto, genérico e "por direitos" é estranho ao Brasil.

Não são todos os movimentos que envolvem multidões que podem ser chamados de "movimentos de massa" nessa acepção técnica. Falamos aqui da massa política, as ruas cheias — cheiíssimas, apinhadas de gente, em revolta, mas sem sequer entender direito o que está fazendo. O Fora Collor não foi, para nosso estudo, um "movimento de massa": tinha objetivo claro, e, tão logo logrou êxito em sua empreitada, todos os seus participantes comemoraram e voltaram para casa para mais um dia na realidade normal. Nem o foram a Marcha da Família com Deus pela Liberdade, as Diretas Já, a Marcha da Maconha, as greves e piquetes. O movimento de massa é aquela coisa aberta, sem foco, de pura vontade de mudança e ânimos exaltados, mas sem nenhuma bandeira clara e única, que diga o que quer, como quer ou quando irá acabar. É, sobretudo, um movimento que aparenta ser "espontâneo", mas *oculta à perfeição o que seus líderes pretendem* (e inclusive suas reivindicações aparentemente difusas são controladas por um sentimentalismo genérico coletivo). É quando o povo, acreditando estar fazendo uma mudança que lhe favorece através de slogans, dá de mão beijada poderes ao seu futuro carrasco. Para um país alienígena a este fenômeno, foi um prato cheio para as análises políticas mais estapafúrdias já vistas.

Esta revolta brasileira não foi o primeiro movimento em massa desta década no mundo. E os novos movimentos de massa se distinguem de seus pais e avós no século XX por não mais apelarem a um ideal coletivizador geral, como nação, classe, raça ou religião. Desde as guerras do Iraque e do Golfo, as mobilizações sociais são feitas por narrativas plantadas para mobilização — nos jornais, nas universidades, na cultura, até chegar às conversas de bar. Se o poder militar do Estado vence no campo de batalha, perde feio no imaginário coletivo. É a chamada *infowar*, a guerra de narrativas. As narrativas que fizeram as pessoas se mobilizarem para as ruas e apoiar algo que começou (e terminou) com pneus queimados, bancas de jornal destruídas e violência desmedida sem qualquer preocupação com quem está apanhando. A novidade não foi a guerra de narrativa: foi a internet.

Na virada da década, a Primavera Árabe foi o primeiro grande movimento político a usar as redes e a força da internet para causar rebuliços sociais *grandes*, pois, em escala reduzida, eventos como as manifestações contra o encontro da OMC em Seattle, em 1999, ou diversas marchas do EZLN, o *Exército Zapatista de Libertação Nacional mexicano*, já se utilizavam das ferramentas virtuais contemporâneas. A dita Primavera é um marco de mudanças em ditaduras muçulmanas longevas, as quais pareciam disputar apenas com as tiranias socialistas e com os tribalismos africanos em tempo de permanência no poder.

Com a deflagração da crise mundial de 2008 (que também ganhou uma narrativa embusteira de "bancos quebrando por culpa do capitalismo e pedindo ajuda ao governo*"), governos europeus realinharam suas políticas econômicas em busca de austeridade — isto é, gastar menos do que "arrecadam", o que na verdade *deveriam fazer o tempo todo*. O resultado mais perceptível foi o corte de muitos empregos do setor público — não à toa, os países mais afetados foram aqueles com maior número de cargos públicos, como Grécia**, Portugal, Itália, Espanha e Irlanda. Economias

---

* Ver o capítulo "No princípio era a verba".

** Completamente contrária à narrativa plantada sobre "crise do capitalismo", a realidade é que a crise na Grécia se deu porque o Estado grego toma dinheiro da população e gasta de maneira insana com funcionários improdutivos. Por exemplo, em um hospital onde faltavam enfermeiras, havia 145 jardineiros (!) para cuidar de um gramado e meia dúzia de árvores. Como um país não entraria em crise assim? Todavia, a narrativa que dominou foi a do "capitalismo malvado que quebra". Mais dessas bizarrices podem ser lidas em: <http://veja.abril.com.br/blog/ricardo-setti/vasto-mundo/grecia-as-enormes-dificuldades-de-um-novo-governo-comecam-pela-obrigacao-de-eliminar-as-bandalheiras/>.

mais liberais, com mercado descentralizado e não comandado pelo Estado, como a Alemanha, em vez de serem afetadas, foram até "moralmente" pressionadas a pagar as contas de suas parceiras de União Europeia. Logo surgiram movimentos, como os Indignados Espanhóis, que criticavam a "austeridade" sob o feliz argumento de que não querem que o governo pague a conta de banqueiros. Acontece que o pagamento de contas alheias pelo governo é justamente *o contrário* de austeridade — é gastar dinheiro tomado a rodo por impostos da população com aquilo que a população não quer. É o Estado gastando mais. Na verdade, era uma desculpa: eram apenas as versões 2.0, com iPhone na mão e convocação pelo Facebook, das velhas e manjadas macaqueações anticapitalistas.

Havia algo de errado também com este discurso — e via-se claramente que os primeiros a se manifestarem (também de forma "espontânea, descentralizada, apartidária, sem líderes") eram funcionários públicos preocupados com a manutenção do seu emprego. A única forma de manter os empregos exatamente como estavam antes era... dar dinheiro para as empresas que ameaçavam falir. Era mesmo um movimento contra a "austeridade", mas é difícil engolir que era um movimento reclamando da malversação de dinheiro público. Sem estes péssimos gastos públicos, a população europeia estaria de fato melhor, mas os primeiros a ser afetados seriam os empregos de quem organizava o protesto. Os sociólogos e especialistas de plantão que comentam esses eventos deixaram escapar essa contradição notável bem no núcleo das propostas.

Protestos similares pipocaram em vários cantos do planeta, da Tunísia ao Chile. Para manifestações tão supostamente espontâneas, era coincidência demais que aguardassem tanto tempo de injustiças e revolta com políticos para eclodir por mera insatisfação acumulada com poucos meses de distância umas das outras. Não surpreende, na verdade, ver sindicatos, sociólogos, pensadores e, sobretudo, *agitadores profissionais* que sempre lidaram com manifestações de massa por trás de todas essas revoltas — desta vez, porém, tinham Facebook e Twitter.

Ao falar de "movimentos sociais", "revoltas populares", "levantes", "revoluções" e afins, não estamos falando nada novo que confunda a cabeça de quem conheça minimamente a história do século XX. Toda a grande novidade resume-se ao fato de essas manifestações recentes e atuais terem sido organizadas por redes sociais *digitais*, antes inexistentes. O restante da quizomba permanece idêntico: agitação pública promovida por sindicatos e movimentos revolucionários, mascarando seu desejo de controle estatal comunista sob nomes mais apreciáveis ao grande público do século XXI, como "Passe Livre" ou "Occupy". Talvez não seja o caso de se perguntar o que há de tão original em movimentos de massa, mas sim saber como pessoas tão pouco interessadas em política de repente se uniram a discursos de controle radical da sociedade com o auxílio de memes e linguagem típica da internet.

É o que chamaremos doravante de **fanatismo momentâneo**: pessoas que nunca aceitariam discursos ultrapassados do arco da velha, mas que da noite para o dia passam a defender com o próprio corpo pessoas e propostas que sequer compreendem, como, por exemplo, a derrota da "PEC 37". Nem mesmo o exemplo árabe parece ter escapado deste caminho comum: em nome da "moralização" da política, os organizadores de boa parte dos levantes populares substituíram ditaduras corruptas, aliadas do Ocidente, pela seita mais radicalmente fechada do islamismo, a Irmandade Muçulmana — ou seja, os próprios organizadores dos levantes eram radicais ditatoriais, que também precisaram ser apeados do poder meses depois.

Os roteiros se repetem em escala mundial. É estranho supor que revoltas "espontâneas" possam ter sempre desfechos tão previsíveis, atores repetidos, proximidade cronológica e, claro, *meios de atuação* idênticos. O mais curioso, contudo, é que os teóricos das revoltas populares —* aqueles que explicam como criar uma revolução, como fazer um levante, o que levar para as ruas, como se portar e quais as estratégias — insistem em dizer que são revoltas "sem líderes", mas, ei, aqueles que estão vindo ali no horizonte não são Michael Moore, Vladimir Safatle, Slavoj Žižek, Manuel Castells, Marilena Chaui, Mike Davis, Leonardo Sakamoto, Tariq Ali, João Pedro Stédile e Pablo Capilé, o novato em cena, debaixo de bandeiras vermelhas com símbolos amarelos, alegando-se representantes do povo e culpando o capitalismo por todas as nossas mazelas, pedindo mais serviços estatais e democracia participativa?

---

* Sim, eles existem, e aos montes — logo serão estudados com mais detalhes.

É hora de demolir esta narrativa *Vale a Pena Ver de Novo*. Porque não vale. *E porque são as próprias narrativas que são os meios de conquista do poder por aqui* — e são elas que estão sendo criadas, manipuladas e virando objeto de disputa.

É hora de se perguntar afinal por que pessoas tão desligadas dos acontecimentos políticos do dia a dia de repente estavam na rua, "fazendo um país melhor" que não parece ter mudado em praticamente nada depois da muvuca. É preciso lembrar quem organizou as manifestações e entender como elas mudaram do dia para a noite. Urge traçar seus referenciais históricos e perceber que os protestos de junho de 2013 não foram eventos isolados, uma combustão espontânea e acidental no laboratório de um cientista louco, depois da qual todos os participantes retomaram suas vidas como se nada diferente tivesse ocorrido. Manifestações semi-idênticas aconteceram em outros lugares antes — e são muito úteis para compreendermos o que aconteceu por aqui.

Para entender *o que aconteceu de fato*, é preciso saber o que são movimentos de massa, e como o primeiro movimento de massa no Brasil criou uma **mentalidade reivindicatória** em mais de 3 milhões de pessoas, que chegaram a ocupar ruas do norte ao sul do país simultaneamente. E é preciso saber *quem organizou* este furdunço e com qual *verdadeiro* objetivo — o país não mudou em nada, mas talvez, sem sabermos, os objetivos *dos organizadores* tenham sido atingidos em sua completude.

Se tudo começou com o MPL, Movimento Passe Livre, reclamando do aumento de 20 centavos no preço das passagens, havia *algo* em suas manifestações que permitiram que se tornassem protestos genéricos por "mudanças" e novos poderes políticos, ao contrário das outras duzentas manifestações que ocorrem *por ano* em São Paulo.

Estes "ventos de mudança" não tiveram simbolismo maior do que a surpreendente ascensão política de Marina Silva, candidata à presidência que ficou em terceiro lugar em 2010, surgindo como uma "terceira via" já no início da campanha eleitoral em 2014, assim que o principal candidato em sua chapa, Eduardo Campos, faleceu num inesperado acidente de avião. Marina Silva já era o segundo nome mais citado nas manifestações de 2013, atrás apenas do ministro do Supremo Tribunal

Federal Joaquim Barbosa, relator do processo do mensalão que condenou políticos graúdos do PT pela tentativa de golpe totalitário que o partido pretendia dar silenciosamente para atingir a "hegemonia partidária" da Venezuela e do Uruguai* (ou seja, manter uma aparência republicana de poder dividido, mas fazendo com que todo o poder sempre caísse nas mãos do PT e do Poder Executivo federal, na figura de Lula).

A narrativa que conclamou o povo às ruas para isto já vinha sendo estudada e testada há anos pelo coletivo Fora do Eixo — nome que se tornou conhecido sobretudo pela figura sorumbática de seu líder total, Pablo Capilé, mas cujo funcionamento ainda é razoavelmente desconhecido até mesmo dos analistas políticos mais sérios do país. Não por mera coincidência, Pablo Capilé é um grande apoiador de Marina Silva, que passou a campanha eleitoral inteira se apresentando como contrária à "polarização" (PT-PSDB) que dominava o Brasil antes de sua auspiciosa chegada.

Marina Silva, sem adiantarmos o final da história, é defensora do decreto bolivariano nº 8.243, promovido pelo PT e votado em caráter de urgência no Congresso, que institui uma nova e bizarra forma de poder político inédita no mundo: o poder dividido entre Executivo, Legislativo, Judiciário e "conselhos populares" loteados a esmo conforme a ideologia do mandante em chefe do momento.** A "ditadura do proletariado" dividida em "sovietes" dirigidos por um ditador em chefe, como na União Soviética de Lenin, Stalin, Kruchev, Brejnev, Andropov e outros genocidas. Um dos possíveis indicados a ministro da Cultura por Marina Silva, *surprise, surprise*, é Pablo Capilé, e um dos prováveis "movimentos populares" a preencher um dos "conselhos" não é senão o seu Fora do

---

* Quem defende que é necessário haver uma hegemonia suprapartidária de esquerda no Brasil, para aplicar o totalitarismo socialista em território nacional, não é uma "direita elitista" com medo de perder privilégios, mas ninguém menos do que o arquiteto do mensalão, José Dirceu, escorado no teórico do totalitarismo Antonio Gramsci. Ver seu texto de 2011, "Nova classe média e juventude: por uma hegemonia de esquerda no Brasil!". Disponível em: <http://www.zedirceu.com.br/nova-classe-media-e-juventude-por-uma-hegemonia-de-esquerda-no-brasil/>.

** Para uma análise jurídica detalhada do perigosíssimo Decreto nº 8.243, ver "Afinal, o que é esse tal Decreto 8.243?". Disponível em: <http://erickvizolli.jusbrasil.com.br/artigos/121548022/afinal-o-que-e-esse-tal-decreto-8243>.

Eixo. Como se antevê, a "mudança" não é exatamente em direção ao futuro, e a "nova" política pode ser idêntica à velha — ou até pior.

Ademais, não é despiciendo notar que, se o mensalão não garantiu ao PT um Lula plenipotenciário como seus amiguinhos Hugo Chávez e Nicolás Maduro na Venezuela, a *resposta* do PT aos protestos, um apelo para um "plebiscito" fascistoide pedindo uma "reforma constituinte exclusiva" garantiria com toda a certeza que o PT *nunca mais* saísse do poder. Até mesmo durante o desfile de 7 de Setembro de 2014, usualmente marcado por manifestações "antigas" (antes do movimento de massa aberto, de várias bandeiras aparentemente desconexas), no meio da campanha eleitoral, o "Grito dos Excluídos", que sempre se manifesta nessa data, pediu "plebiscito para reforma política" (sem explicitar *qual* reforma) para sagrar o PT como Partido-Estado — sem que nenhum veículo de imprensa noticiasse que militantes petistas estavam por trás dos protestos, limitando-se apenas a comentar que se tratava de uma manifestação "pacífica".

Ainda no calor de junho de 2013, no dia 26 daquele mês, a presidente Dilma Rousseff indica ao STF o ativista judicial Luís Roberto Barroso. Barroso é um reputado conhecedor da Constituição, mas justamente para *não segui-la*, preferindo o caminho do ativismo judicial, ou seja, criando a lei do gabinete do juiz e, assim, ferindo a separação entre poderes (quem cria leis é o Legislativo, com a anuência de ser "escolhido pelo povo", ao contrário dos juízes, que apenas deveriam aplicá-las). Barroso, em entrevista ao site jurídico Migalhas, em outubro de 2011,[1] havia afirmado que "não é possível" haver uma "Assembleia Constituinte exclusiva", que "a teoria constitucional não conseguiria explicar uma constituinte parcial". Já no dia 25 de junho, às vésperas de assumir o posto de ministro do STF, como primeira declaração quase como juiz do Supremo, Barroso, fiel ao seu ativismo judicial, voltou atrás e afirmou que foi "mal-interpretado", que sempre foi a favor da tal "Constituinte exclusiva" que tanto queria o PT, que acabara de o indicar para a Suprema Corte.[2] Protestos em junho de 2013 que *aparentemente* eram "contra os políticos e os partidos", como se vê, por pelo menos duas vezes, favorecem projetos de poder de um partido (e de seus ex-partidários) que precisava mudar até a Constituição para ter *mais poder*. O fenômeno da tirania partidária e de protestos de rua "contra tudo o que está aí" nem sempre é entendido olhando apenas para legendas e suas apenas *aparentes* inimizades.

As manifestações de junho "terminaram" quando o aumento de 20 centavos foi revogado — mas sobretudo quando os black blocs, os marginais vestidos de preto e cobrindo o rosto que aproveitaram as ruas cheias para quebrar tudo pela frente, "tomaram" os protestos. Mas eles são os *últimos* atores dessas manifestações. Para tentar entender o que é este movimento de massa e em que ele influiu no país, é quase inútil analisar unicamente seu *suposto* fim (pois as manifestações continuam ocorrendo até o presente momento) com a selvageria black bloc. Notemos, entretanto, que a pauta da desmilitarização da polícia prossegue em quase todas as manifestações, e só não virou tema candente ainda em 2014 justamente porque a animalidade black bloc assustou até mesmo a presidente esquerdista Dilma Rousseff, que preferiu, ao contrário do esperado, endurecer as leis contra manifestantes.

Para enxergar o risco que assola o Brasil, precisamos antes ir à sua gênese, ao seu modo e aos seus criadores. E até mesmo à sua inspiração. Nada melhor para isto do que estudar um exemplo: o Occupy Wall Street, manifestação anticapitalista "espontânea, horizontal e sem líderes" que é modelo ideal para as revoltas anticapitalistas 2.0 do século XXI.

PARTE I

Fiat lux: As faíscas que botaram fogo em Wall Street

"Obrigado, Occupy Wall Street. Graças a seu exemplo vívido de miséria anticapitalista, eu fui capaz de convencer todos os meus três filhos a se tornarem banqueiros de investimento."

P. J. O'Rourke

A revolta anticapitalista no coração do capitalismo

> "O único bom movimento político que eu vi recentemente foi o Occupy Wall Street. Eles não tinham líderes, o que era genial. Mas, infelizmente, sempre acaba com algum *hippie* tocando uma flauta."
>
> John Lydon

No princípio fez-se a luz, viu-se que ela brilhava e chamava atenção a distância. O Gênesis 1:1 dos movimentos de massa que varreram o mundo a partir de 2010 foi a autoimolação do vendedor de frutas Mohamed Bouazizi em 17 de dezembro de 2010, que iria desencadear a Primavera Árabe no dia seguinte. (Mal sabia este vendedor, que iniciara o movimento protestando contra os tributos e propinas que era obrigado a pagar para a polícia, o que os movimentos sociais mundo afora queriam fazer com as taxas de imposto a partir de seu gesto.)

Se a Primavera Árabe é o Gênesis (perdão pela ironia), o Occupy Wall Street foi uma espécie de Êxodo invertido — todos correram para o espaço público, em vez de queimar o chão do lugar onde não era vantajoso permanecer. A Primavera Árabe abrangeu várias revoluções com particularidades muito distintas de país para país, muitas vezes com forças invertidas tomando o poder em países vizinhos. Já os movimentos de massa ocorridos no mundo inteiro a partir de então — a Revolução Kitchenware (*Búsáhaldabyltingin*) na Islândia, o Occupy Wall Street, os Indignados, ou 15-M, na Espanha, a Mobilização Estudantil de 2011 no Chile ou as Jornadas de Junho de 2013 no Brasil — foram tão parecidos entre si quanto haviam sido diferentes uns dos outros os acontecimentos que marcaram a Primavera Árabe. O Occupy foi considerado um movimento espontâneo, apartidário, horizontal, sem líderes e sem uma pauta clara de reivindicações — e por isso, mas não só, de todos os movimentos famosos mundo afora que pipocaram "espontaneamente" um após outro como que por mera coincidência, o Occupy foi apontado como o mais parecido com as manifestações brasileiras.

A melhor dissecação do Occupy é o documentário de cerca de uma hora *Occupy Unmasked*, dirigido por Stephen K. Bannon e produzido por David Bossie, com apresentação de Andrew Breitbart, Brandon Darby e David Horowitz.[1] Para quem analisa a coisa a partir do Brasil, acostumado às manifestações e passeatas propagadas pelo PT e seus braços mais radicais, é difícil entender como os americanos não perceberam de cara que o Occupy Wall Street era um movimento contrário ao capitalismo até no nome. Mas, considerando que se trata do país centro da liberdade de empreendimento e mercado, onde as pessoas conhecem as vantagens e o funcionamento do sistema, ao contrário de serem bombardeadas apenas com propaganda anticapitalista[2] como no Brasil, também fica fácil entender por que a América ficou confusa com um grupo de radicais tomando espaços públicos por enxame.

O Occupy Wall Street foi orquestrado pela revista de esquerda radical canadense *Adbusters*, que conclamou um protesto contra a austeridade e o socorro do governo americano a instituições que quebraram com a crise financeira mundial de 2008 — ou que *quebrariam*, não fosse o governo injetar o dinheiro dos pagadores de impostos* em instituições falidas, seguindo a teoria *too big to fail*. Ou, ao menos, era este o nome fantasia do primeiro movimento de massa organizado *em rede* contra o capitalismo na América.

Em julho de 2011, a América estava imersa em profusos debates sobre a proposta de aumentar o teto da dívida pública, para permitir que o governo federal gastasse mais — como era o desejo do

---

* Uma das principais diferenças que determinam o sucesso da América em relação ao perpétuo "futurismo incompreendido" do Brasil é a franqueza de termos, como ficará claro neste livro. Quem paga imposto (transação que, como o nome diz, é *imposta*, isto é, *forçada* às pessoas) na América é chamado de *taxpayer*, ganhando até um ID para isso. No Brasil, usa-se um eufemismo mentiroso: "contribuinte", como se alguém estivesse apenas contribuindo voluntariamente, sem risco de ir para a cadeia caso não tenha um generoso coração para com os nossos adoráveis políticos.

presidente Barack Hussein Obama. Havia dois problemas: a vitória histórica do Tea Party no Congresso em 2010 e a taxa de aprovação do presidente Obama atingindo seu pior nível naquele ano — 39%.[3] O argumento favorável à elevação dos gastos do governo se tornaria lema de campanha para o Partido Democrata: a *desigualdade de renda*, que deveria ser obtida aumentando o imposto dos ricos* para distribuir o dinheiro aos pobres. Não surpreende que muitos políticos, incluindo Obama, queiram gerir *mais* dinheiro através do Estado. O Estado é a entidade que sempre pode tomar mais dinheiro à força quando preciso, sob a desculpa do planejamento social — e quem no mundo pode cuidar melhor do nosso dinheiro do que os políticos, estes homens tão bons?**

Os teóricos dos movimentos sociais conhecem, discutem e criam diversas estratégias para que as manifestações públicas consigam chamar *o máximo possível de pessoas*. Dizer qual é seu objetivo chamará apenas as pessoas que *já concordam com ele* — o que nem sempre resultará em um número significativo. Não dar de cara toda a sua agenda pode ser uma arma estratégica muito boa, porque, além dos seus cupinchas, uma manifestação pode receber ainda apoio expressivo de numerosas pessoas que não entenderam bem por que razão aderiram a ela...

---

* Os resultados práticos funestos dessa ideia aparentemente bem-intencionada e simples são discutidos pelo economista Thomas Sowell no ensaio "'Trickle Down Theory' and 'Tax Cuts for the Rich'" (disponível em: <http://www.tsowell.com/images/Hoover%20Proof.pdf>). Veja também a entrevista de Sowell (disponível em: <http://youtu.be/rc-bELgAowU>). Você que acha que capitalistas são movidos apenas por ganância e busca de lucros vai se surpreender logo com a quantidade de coisas que eles dão de graça — e ainda gerando riqueza no processo.

** Uma contradição fundamental daqueles que criticam "o mercado" e "a desigualdade" é que, em vez de deixarem o dinheiro nas mãos das pessoas, que podem gerir suas próprias finanças e investimentos bem ou mal, eles veem como única opção entregá-lo nas mãos de políticos, crendo, misteriosamente, que estes farão um serviço de gerenciamento melhor do que as próprias pessoas, deixando-as com *mais* dinheiro do que teriam se cuidassem sozinhas de suas carteiras. Para refutar essa teoria, não é preciso mais do que perguntar a um pobre se, a fim de tentar sair de sua pobreza, ele não preferiria confiar seu dinheiro a políticos de qualquer matiz ideológico.

Um protesto comum que entrou em voga nos últimos anos é o *sit-in*, em que muitas pessoas apenas se sentam em um determinado local e buscam chamar atenção. Ou o *die-in*, quando se deitam. Segundo vídeo na página Black Bloc Brasil postado ainda em novembro de 2012, o *die-in* "impõe moral na sociedade".[4] A passeata (*demonstration*) tem sido cada vez menos utilizada, por não render grande divulgação pela internet — a repercussão depende de uma escolha acertada do horário, o deslocamento pode deixar alguns ativistas perdidos etc. Os motins (*riots*) são bastante utilizados em território inimigo, ou quando o intuito é mesmo a destruição sistemática. É obvio que são estudados cuidadosamente, para não comprometerem a imagem que o protesto terá perante a opinião pública. Em geral, os motins são pequenos atos dentro de protestos maiores que possam encobri-los — a famosa "minoria de vândalos", invenção mais recente do Brasil. Os organizadores estudam bem trajetos e logística para disfarçar atos de violência ou poder atribuí-los a inimigos, espiões, traidores e infiéis. Para evitar policiais infiltrados, os documentos oficiais da organização e as ações coletivas são divididos em pequenos grupos de oito a dez pessoas que se conhecem — os chamados "grupos de afinidade", o que é sânscrito para "só ande com os seus amigos e não fale com estranhos".

O tipo de protesto mais comum é a marcha — aglomerações em vias movimentadas com um trajeto curto, com cartazes, gritos, frases de efeito e comportamentos coordenados quase por controle remoto, todos reforçando uma mesma mensagem geral, meio abstrata e genérica. O nazismo não surge pedindo câmaras de gás para judeus, e sim "espaço vital para o povo alemão"; Lenin não faz a Revolução Russa em nome do Gulag e dos paredões, mas pedindo "pão e terra" para o "proletariado". Fazer manifestações políticas calcadas em slogans, sem nenhuma substância concreta além de berrar "chega!" contra a ordem atual, é o maior perigo que a humanidade já enfrentou.

Como se vê, tudo isto é bem estudado e discutido pelos líderes criadores do movimento — que depois serão os primeiros a serem entrevistados para explicar que o movimento é espontâneo e sem líderes.

O povo, do nada, sozinho, sem direcionamento, sempre se organiza exatamente como eles querem, por mera coincidência.*

O falso show do Radiohead

> "É difícil acompanhar a cronologia exata da Revolução Francesa, pois não há lógica nela, como nunca há em uma turba. Basicamente, a turba ouve um boato, se inebria e sai decapitando pessoas."
>
> Ann Coulter

Tal como nos dois primeiros dias de protestos criados pelo Movimento Passe Livre (cujo nome pouco disfarça o ideário comunista), a adesão inicial ao Occupy foi diminuta, apenas com algumas barracas com universitários de classe média e pose de esquerda *old school* tipicamente encontráveis em qualquer curso de extrema Humanas.** Os líderes temiam que o movimento fosse um fiasco, mais um dissabor ignorado dos

* O principal teórico da agitação de massas para marchas, motins, quebra-quebras e manifestações que apenas "acidentalmente" acabam em violência niilista é o americano Saul Alinsky, figura praticamente desconhecida dos brasileiros, que não será analisado em detalhes por ter alguns conspiracionismos que o diferem da realidade brasileira. Por ora, basta saber que seu livro *Regras para radicais* é uma sistematização amoral destes métodos, deixando claro como gerar vuco-vuco posando de pacifista e fomentando a pancadaria a um só tempo, sempre colocando a culpa de tudo o que dá errado em seu inimigo. Para se aferir sua influência, a monografia de conclusão de curso da presidenciável americana Hillary Clinton, com sua pose de moderada, é intitulada "There is only the fight... — An Analysis of the Alinsky Model".

** Há razões estudadas para universitários de cursos de extrema Humanas (Ciências Sociais, Letras, História, Geografia, Filosofia...) odiarem tanto o capitalismo. Eles não são criadores diretos de riqueza, mas ao mesmo tempo são os que mais teorizam sobre a riqueza de *toda a sociedade*, basicamente falando sobre o quanto cada um ganha a vida inteira. Para complicar, como são "seachantes" representantes de teorias que são capazes de "salvar" a humanidade toda, creem-se merecedores de mais dinheiro que um eficiente pasteleiro, que faz as pessoas lhe darem dinheiro livremente por oferecer o que elas querem. Creem ainda no centralismo estatal para gerir a vida em sociedade, e querem, obviamente, um excelente cargo muito bem remunerado pelo Estado através do dinheiro de toda a sociedade — afinal, somos todos iguais, mas alguém precisa ganhar a mais por ter tido a ideia de que somos todos iguais antes dos outros iguais. Para uma análise mais técnica desse tópico, ver meus artigos: "Uma crítica feirante ao marxismo" (disponível em: <http://ordemlivre.org/posts/uma-critica-feirante-ao-marxismo>) e "O carro da pamonha e a liberdade econômica" (disponível em: <http://ordemlivre.org/posts/o-carro-da-pamonha-e-a-liberdade-economica>).

radicais de sempre — sobretudo universitários endinheirados cheios de ideias radicais aprendidas em cursos eivados de ideologia marxista —* e sabiam que precisavam de muitas pessoas para *ocupar* os espaços vagos de Nova York — mas que apenas críticas fáceis ao capitalismo e apoio aos projetos do presidente Obama não chamariam senão alguns barbudos e ricos vestidos de maltrapilhos e camisetas de Che Guevara em meio a cabanas compradas em lojas esportivas de grife.

A tática foi deixar o discurso anticapitalista em segundo plano, a fim de que as pessoas aparecessem no Occupy Wall Street sem se importarem muito com o que acontece em Wall Street. Sobretudo para ter pessoas mais *normais*, em vez de parecer mais um sindicato atravancando a vida das pessoas comuns enquanto jura estar lutando pelas pessoas comuns.** Antes de levantar um cartaz escrito "Pelo fim do capitalismo!"

---

* Muitos livros analisam como a Academia e os cursos de humanas foram tomados por radicais que analisam tudo, da crítica literária às mudanças climáticas, através dos escritos de Karl Marx e seus discípulos. Se na maioria dos lugares o debate de ideias é tumultuado por preconceitos e visões torpes, como na imprensa ou nas campanhas eleitorais, na Academia, que deveria ser espaço de livre transmissão de ideias, o debate não só é viciado: a outra parte sequer é considerada *existente* ou tratada como se tivesse direito de existir. A opinião majoritária é lei totalitária e obrigatória, e seu professor é considerado grande porque o professor dele o considerou grande, e assim por diante — e não por se abrir ao debate com o outro lado e vencer pelos melhores argumentos. Além do estudo de Roger Kimball, *Radicais nas universidades* (São Paulo: Peixoto Neto, 2010), recomendamos também *Intellectuals: From Marx and Tolstoy to Sartre and Chomsky*, de Paul Johnson, *Indoctrination U: The Lefts War Against Academic Freedom*, de David Horowitz (além do documentário *Indoctrinate U*), *A traição dos intelectuais*, de Julien Benda e, claro, *Os intelectuais e a sociedade* e *Intellectuals and Race*, de Thomas Sowell. Algumas análises sobre a atuação intelectual para criar atos revolucionários, todos caminhando na mesma direção, encontram-se em *Demonic*, de Ann Coulter, e *Bullies*, de Ben Shapiro. Um prognóstico assustador do papel da pedagogia moderna muito mais preocupada em moldar comportamentos (também em massa) do que na transmissão de qualquer espécie de conteúdo pode ser encontrado em *Maquiavel pedagogo*, de Pascal Bernardin. Se parece uma opinião "radical do lado oposto", é ainda mais chocante saber que hoje é possível graduar-se em "Literatura Inglesa" por uma universidade de respeito como a UCLA (e isso é na América, com seus Prêmios Nobel!) sem cruzar com duas linhas de Chaucer, Milton ou Shakespeare, em nome da correção política que trocou tais conteúdos por "literatura homossexual", "de gênero" ou de estudos multiculturais. Ver: <http://www.slate.com/articles/life/education/2014/01/ucla_english_department_eliminates_shakespeare_requirement_conservatives.html>.

** Diz-se, sem aferrar-se muito na veracidade, que certo senador brasileiro, ao visitar Washington (a sede do funcionalismo público americano), viu seu carro preso no meio de uma manifestação. Seu motorista lhe perguntou: "Quer que eu avance ou buzine?", ao que foi replicado, em mavioso sotaque maranhense: "Xingue! Bando de porra. Até aqui tem PT."

no meio de uma multidão, era preciso ter *a multidão*. O movimento era "descentralizado e horizontal", decidindo-se tudo por assembleias,* mas um rapaz, Malcolm Harris, cansou-se rapidamente da exigência de "decisões majoritárias" das assembleias ("se qualquer um pode liderar um grupo, isto significa que *qualquer um* pode liderar um grupo") e resolveu aumentar artificialmente o número de pessoas na manifestação através da trampolinice e da marmelada.

Uma das poucas revistas que até então dava trela para o Occupy era a *Jacobin*, espécie de *Caros Amigos* ou revista *Fórum* dos extremistas americanos. Uma revista que evoca em seu nome os jacobinos, grupo cujo objetivo na Revolução Francesa era matar todos os nobres, diz bem a que veio. Os jacobinos, afinal, assassinaram em sete anos praticamente quatro vezes mais que toda a Inquisição Espanhola em quatro séculos, cometendo o primeiro democídio** da história — e ainda culminando na ascensão do maior tirano da face da Terra até então, Napoleão Bonaparte, que espalhou o "jacobinismo" pelo mundo. Para se ter uma ideia, um de seus blogs se chama *Zombie Lenin*, escrito por Richard Seymour, autor do sutil livro *A defesa esquerdista do assassinato*.***

---

* O "assembleísmo", uma espécie de "democracia ultradireta", é o prato cheio para as decisões serem sempre aquelas esperadas por quem controla o microfone diante da multidão e comanda as "votações" na base de levantar o braço — a democracia do desodorante vencido. Troca-se a "democracia representativa" e suas falhas por uma obediência total e imediata a quem grita mais alto e quem tem um megafone nas mãos.

** "Democídio" é um conceito usado pelo professor R. J. Rummel, maior autoridade do mundo no assunto, consistindo no assassinato sistemático do próprio povo por seus governantes — o que começa com os jacobinos da Revolução Francesa e será repetido em escala industrial pelos socialistas e pelos nazistas. A explicação do termo está disponível em: <http://www.hawaii.edu/powerkills/SOD.CHAP1.HTM>.

*** No original, *The Liberal Defence of Murder*. A palavra "liberal" é uma das mais perigosas para se discutir política, pois em cada momento significa uma coisa — até o seu perfeito oposto. Um *liberal* americano é um esquerdista (oposto a *conservative*), enquanto na Inglaterra, que também fala inglês, significa um defensor do liberalismo econômico (o que os esquerdistas mais odeiam, e todo o Occupy foi contra este liberalismo). Para usar palavras que façam referência mais direta à realidade (e evitar assim a causa linguística de quase todas as confusões políticas desde o Iluminismo), deixarei de lado o termo "liberal" em sentido americano (um desvio da norma e uma idiossincrasia daquele país), mantendo apenas o seu sentido europeu de "liberal político-econômico" (como em "economia liberal"). Incrivelmente, como se verá mais adiante, teremos de fazer o mesmo com "democracia".

No *post* da revista intitulado "Occupied Wall Street: Some Tactical Thoughts",[5] Harris inventou um boato: a banda Radiohead — no auge do auge, e cujos shows em Nova York tiveram seus ingressos esgotados em poucas horas, deixando muitos fãs desesperados — faria um "show em solidariedade" ao movimento no Zuccotti Park, onde os acampamentos do OWS faziam sua festa, no fim de semana. A melhor amiga de Harris, Natasha Lennard, então jornalista *freelance* do *New York Times* — algo como um estagiário da *Folha* —, empoleirou-se do rótulo de "jornalista do *New York Times*" e, escondendo do público que era uma ativista do movimento (como muitos jornalistas fizeram aqui no Brasil), postou em sua conta no Twitter,[6] no dia 28 de setembro, de forma delicada, que "se o @radiohead tocar no sábado no #occupywallstreet, a merda vai pirar. Espero que os boatos sejam verdadeiros". O Radiohead, é claro, nem ficou sabendo da tramoia.

O site colaborativo Gawker veiculou a notícia do show do Radiohead naquele dia[7] e depois a atualizou, reiterando a confirmação do show pelo site oficial Occupywallstreet.org (um movimento horizontal com site "oficial"), dando conta de que um "porta-voz do movimento" dizia que a polícia já estava "ciente" do evento. Em nova atualização, o site noticiou que um (outro?) porta-voz havia afirmado que a performance do grupo não iria ocorrer, embora as pessoas no parque estivessem insistindo para que acontecesse.

A falta de escrúpulos de Malcolm Harris seria chocante caso não se soubesse logo de cara qual é a de elementos como ele. Alguém que escreve para uma revista chamada *Jacobin* só pode ser uma dessas pessoas que acreditam que a Revolução Russa foi uma festinha que saiu do controle. E queria ele mesmo organizar uma balada *hippie* sem controle. Com a banda já tendo dado os canos, e a historieta se revelado uma fraude, ele publicou no Gawker uma belíssima obra literária intitulada, em tradução livre, *Eu sou o cretino que zoou o Occupy Wall.*[8] Com a sua própria foto e a de um cartaz onde se lê "If u r here only for the band, go home" (se você está aqui só pela banda, vá pra casa), Harris escreveu: "limitado pela ética *blogger*,* eu nunca fabricaria uma história, mas esta é uma

* *Whatever it is.*

reivindicação que realmente não significa nada no fim das contas." E contou como fabricou uma história. Típico de quem faz estes protestos e segue essa forma de fazer política. O surpreendente é como as pessoas ainda se surpreendem ao vê-los "trair o povo" quando chegam ao poder.

Segundo Harris, "Radiohead é uma banda abertamente esquerdista; com o bem que eles poderiam fazer pela manifestação, pareceu errado da parte deles não tocar na ocupação". Como qualquer um sabe, quando você inventa um boato sobre alguém e essa pessoa não age exatamente como você inventou, é a conduta dela que é errada, imoral e pecaminosa — como qualquer esquerdista sabe, a culpa da criminalidade é da vítima e a culpa da malversação de dinheiro público por políticos que controlam o Estado é sempre da mídia que insiste em contar alguns segredos sujos para a população. A visão doentia de Harris até encontra tempo para se referir muito sutilmente "aos caras do Radiohead" como "bastardos antirrevolucionários". Mais um pouco e ele os mandaria para um Gulag ou campo de concentração para serem reeducados até atingirem a *consciência de classe.*

Harris sabe que, quando você propõe uma mentira como essa em uma assembleia, "em que indivíduos não estão delegados a falar pelo coletivo como na Assembleia Geral, que opera por consenso", dificilmente alguém leva sua ideia revolucionária a cabo. Então, por que não se arrogar o poder de "falar pelo coletivo" a portas fechadas, como qualquer democracia assembleísta que se conhece — desde o Terror da Revolução Francesa até os totalitarismos do século XX? Foi uma decisão unânime, afinal: *ele* decidiu. Mas Harris também objeta que "nós ["nós" quem, cara-pálida?] ficamos parecendo idiotas, ou ainda pior, sabotadores". Deixe-nos adivinhar: e isso tudo é culpa do preconceito da sociedade capitalista excludente, certo?

E prossegue: "Eu não sei o quanto daquela conferência foi, da parte deles [os membros do comitê de arte e cultura do Occupy], um exercício genial de publicidade através da sobreidentificação žižekiana ou o quanto eles se portaram como uma organização de garotos trapaceiros se prestando ao autoengano. De toda forma, uma vez confirmada, a coisa não parou mais." Slavoj Žižek é o maior gênio da humanidade na dificílima arte de sempre conseguir se contradizer em cada parágrafo o máximo possível de vezes que o espaço e o tempo podem suportar — e sempre em número cientificamente *ímpar* de vezes. Como se vê, ele forma esmerados alunos na arte de falar coisas empoladas com linguagem chupinhada de Jacques Lacan, que nunca significam absolutamente nada, mas que, justamente por serem "dialéticas", num modelo de marcha histórica hegeliana, confundem (por serem contraditórias) e parecem profundas, arcanas, herméticas e danbrownianas a quem acha que filosofia e ação humana são como um jogo de pinball em que o objetivo é dar *tilt* na máquina.*

Malcolm Harris conseguiu o que queria — e, na verdade, o que todos do Occupy queriam, embora o restante do movimento não aceitasse trabalhar desabridamente com um meio de ludibriação tão espúrio. Todavia, Harris era um pouco mais honesto ou mais cínico para admitir seu plano tão rapidamente: "Eu não estou interessado em sopesar argumentos de pessoas de ambos os lados em processos de assembleia. Essa merda é estúpida."[9] Por alguma coincidência obscura, não se conhece "democracia participativa" definida por assembleias no mundo que não tenha terminado com um Malcolm Harris.

Entretanto, se antes poucos tinham saído do armário para se juntar a alguns radicais peludos, logo havia milhares e milhares de pessoas em Zuccotti Park — com o pensamento descrito por Harris: "Eu estava buscando uma desculpa para dar uma olhada, esta pareceu uma boa."[10] Até mesmo pessoas que nunca estiveram nem aí para política (muito menos para revoluções anticapitalistas ultrapassadas e totalitárias) se apinharam aos montes em Zuccotti. *Well done*. Um caso, sem dúvida, bastante parecido com o de certo gigante que, repentinamente, saiu às ruas até contra Propostas de Emenda Constitucional envolvendo o Ministério Público, sem saber direito o que era uma coisa ou a outra — para depois voltar à sua rotina como se fosse apenas um dia atípico.

---

* Antes que o leitor ouse me delatar a meu professor de filosofia acusando-me de afirmar que Žižek entende porongas de Hegel, dialética, filosofia ou quadrados redondos, saliente-se que o pensamento que tenta trabalhar com contradições "dialéticas" tem por objetivo apenas escandalizar as massas que se julgam pensantes através de uma verborreia pereba eivada de termos como "sobreidentificação de sua parte" ou "enquanto tal", deixando-as abobalhadas no éter, enquanto se defende qualquer totalitarismo que as salve de sua estupefação.

Harris explicou seu método, afirmando que "o objetivo de ocupar um espaço não é apenas tê-lo, mas também usá-lo para se divertir".[11] Ou seja, para haver uma revolução, era preciso haver gente, e, para haver gente, era preciso haver uma festa. A revolução é uma grande balada universitária. Harris cita o discurso em que ouviu uma mulher dizer: "Nós vencemos apenas por estarmos aqui!", contudo, preferindo sempre voltar para sua cama quentinha no Brooklyn na hora de dormir de fato nos acampamentos, ele lembra em seguida, com toda a sua experiência, que "dormir na calçada não é uma vitória, a não ser que você seja o primeiro da fila para os ingressos de um show".[12]

"A noção de que nós ganhamos o controle do parque apenas pela força dos números é absurda",[13] diz Harris. Para ele, "ocupar" tem primordialmente dois objetivos: "O primeiro seria algum tipo de sabotagem ou interferência que interrompesse os negócios, como de costume. Quando você ouve 'Occupy Wall Street', não pensa em tanques soviéticos entrando em Praga, mas há uma sugestão de interrupção."[14] Ou seja: era preciso agir como os vândalos contra o Império Romano, com suas invasões graduais de bárbaros — ocupando o Senado do Povo, extorquindo seu dinheiro e interrompendo seus negócios. Talvez essa tática de invasões graduais seja a única singularidade deste socialismo repaginado dos neojacobinos, que fazem de tudo para não precisar entupir a Paz Celestial de tanques,* mas dão um jeito de ocupar do mesmo jeito.

Harris prossegue: "A segunda função de uma ocupação seria obter alguma espécie de satisfação ou de ganho coletivo à custa de seu inimigo. As coisas dele se tornam suas, e você, ao tomá-las, pode brincar e fazer uso delas."[15] Qualquer stalinista de meia-tigela sabe que transformar as coisas de alguém em suas coisas chama-se "roubo" (se o roubado em questão fosse o sr. Harris, é de se duvidar se ele não chamaria imediatamente a

---

* Uma das maiores demonstrações de que a guerra do século XX, potencializada à enésima potência no século XXI, é uma guerra de *narrativas*, é o fato de a esquerda ter conseguido se associar tanto à paz quanto ao questionamento da autoridade, mesmo que, na famosa foto na Praça da Paz Celestial chinesa, quando um indivíduo solitário obstruiu a passagem de uma linha de tanques, a esquerda fossem os tanques e aquilo que ela chama de "direita imperialista burguesa individualista" fosse o anônimo que impediu a passagem deles e morreu fuzilado minutos depois.

polícia). Roubo em conjunto é o que chamam de "ocupação" — e, caso você consiga sistematizar seu sistema de roubo por tempo suficiente, "revolução". Dá para entender o que foi o Occupy Wall Street agora? Uma dica: criticando a bunda-molice dos revolucionários a quem se dirige, que apenas ocupam calçadas e não tomam a propriedade de ninguém à força, Harris chama seus atos pejorativamente de "ocupação capitalista". Prova maior da superioridade do pacifismo capitalista não há.

Claro, Malcolm Harris disse tudo isso, fazendo a ensinança de seus comparsas na *Jacobin* — ainda que, na época, afirmasse ter "ouvido dizer que o Radiohead poderia tocar",[16] e que, mesmo sem "se sentir inclinado a confiar nos rumores",[17] nunca se poderia ter certeza... Antes mesmo de essa revolução eleger seu novo líder supremo, ele já estava mentindo para os próprios revolucionários em troca do poder de concentrar decisões em suas mãos. Se ele mente assim para o que chama de "amigos", imagine como tratará desconhecidos.

Esse cara como presidente conseguiria superar até um certo barbudo que não sabia de nada, que se sentiu traído, mas que depois se lembrou de que não houve mesmo problema algum.

A ponte e os jornalistas

> "O jornalismo moderno tem uma coisa a seu favor. Ao nos oferecer a opinião dos deseducados, ele mantém-nos em dia com a ignorância da comunidade."
>
> Oscar Wilde

Logo após o show que não rolou, no dia 1º de outubro, o Occupy Wall Street chegou ao seu primeiro grande momento com o episódio da Brooklyn Bridge — uma das mais misteriosas coincidências que o movimento terá com os protestos no Brasil. Com pessoas o suficiente depois do enxame que surgiu com o boato do Radiohead, mas ainda sendo ignorados pela imprensa e tratados como apenas alguns arruaceiros socialistas fora de moda, os organizadores decidiram fazer uma marcha e parar o trânsito na ponte do Brooklyn, sobre o rio East, único acesso entre a ilha de Manhattan e o Brooklyn. Eles tinham um objetivo factual: você nunca conseguiria fazer a mídia prestar atenção em um ajuntamento a não ser que houvesse confronto com a polícia e jornalistas presos — a pedra de toque que faz a imprensa ter um *tom favorável* a qualquer manifesto. A polícia, sabendo disso, evitou agir — na maior parte do tempo, limitou-se a pedir que os passistas usassem apenas a calçada —, muito embora estivesse diante de uma clara perturbação à ordem pública, do impedimento por horas a fio da circulação entre ilha e continente, na cidade mais importante do mundo. Paralisava-se assim o coração financeiro e empresarial do planeta. Cravava-se uma estaca no peito do vampiro sanguessuga capitalista.

Os manifestantes circulavam pela ponte mandando mensagens pelo Twitter, "reclamando" que a polícia os estava *deixando* passar (*sic*). Jesse A. Myerson, coordenador de imprensa do Occupy (este movimento "horizontal e sem líderes"), afirmou ao blog City Room, do *New York Times*,[18] que a polícia os observava e praticamente até os escoltava, sem fazer nada. Para eles, isso era uma espécie de mandinga, ou pelo menos foi o que afirmaram depois: como a polícia podia não fazer nada, sabendo que eles estavam cometendo uma perturbação à Grande Maçã?! Afinal, a polícia teria criado uma "armadilha", deixando-os andar pela ponte para prendê-los do outro lado. A polícia deveria tê-los impedido antes de tomarem a ponte? Se sabiam que estavam organizando uma ação criminosa, qual a reclamação sobre a polícia **não** prender todo mundo? Em que situação não estariam reclamando da polícia? Caso ela agisse para manter a ordem e o livre trânsito na ponte, que estava em cativeiro, sequestrada pelos "ocupantes", eles reclamariam da polícia. Como a polícia não fez nada, eles... também reclamaram. Ora, é óbvio que a polícia não iria ela própria ocupar as vias que queria desobstruir, por isso ficou do lado de fora, permitindo que os ocupantes que estavam transitando pela calçada saíssem da ponte sem problema algum — além do mais, muito mais óbvio e importante ainda, o *objetivo* dessa passeata não era nenhum outro, senão *criar confronto com a polícia*.

Obstruindo a vida normal da cidade, tendo número suficiente para não serem ignorados como um grupelho radical vendendo artesanato e livros marxistas (uma das coisas que o "proletariado antiburguês" mais gosta de fazer em passeatas é auferir um bom lucrinho comerciando coisas), eles, afinal, conseguiram imagens de confronto entre manifestantes e policiais. A imagem de uma pessoa sozinha entrando em conflito com a lei significa uma coisa para o imaginário popular. A imagem de centenas de pessoas sendo presas às mancheias já significa exatamente o oposto. Mesmo que se tenha em mente que existe a possibilidade de que centenas de pessoas sejam criminosas e estejam todas juntas, provavelmente a forma mais instintiva de se interpretar tal imagem é supor que se trata de um erro ou um abuso da polícia, agindo com força bruta para reprimir o povo e impor uma ordem não desejada por este povo. Ou seja: diante da visão de um confronto entre a polícia e *muitas pessoas* juntas e ao mesmo tempo, fica difícil crer, sabendo-se que a maior parte da população é ordeira, que se trata realmente de centenas de criminosos que *merecem* ser punidos, todos ao mesmo tempo — mesmo que, afinal, centenas de pessoas juntas *possam de fato* estar cometendo um crime. Aliás, é mais comum do que parece. Basta pensar em torcidas de futebol e como seres humanos em grupo se comportam perante outros seres humanos sozinhos, e como este comportamento muda estádios adentro. Mas é anti-intuitivo supor que centenas de pessoas estejam mesmo cometendo crimes umas do lado das outras quando se veem fotos no jornal e manchetes que mostram os confrontos entre policiais e pessoas na rua sob ângulos selecionados para realçar bem a violência desmedida. Começa a guerra de narrativas: *infowar* dominando ânimos, comportamentos e crenças.

No jornalismo, que forma a narrativa popular dos fatos, como em tudo na vida real, uma imagem vale mais do que mil palavras — e isto é especialmente verdadeiro quando se trata de fotos com manchetes gritantes sobre violência policial (que *absolutamente ninguém* aprecia). Pessoas que cometem atos ilegais que exijam ação policial são notícia tão rotineira que deixam de ser notícia. Já o menor abuso de um agente da lei é denunciado pela esquerda e pela direita, pelo *Huffington Post* e pela *National Review* — porque é algo importante, perigoso e ao qual todos devem ficar atentos. O fato se agrava quando se sabe que estarão pregadas na capa de todos os jornais as imagens de um furdunço na artéria aorta da cidade mais importante do mundo, sob uma manchete chamativa, com um texto que um número infinitesimalmente menor de pessoas vai ler. Agora, muito mais do que um show do Radiohead para chamar a atenção dos jovens, o Occupy Wall Street tinha algo novo e único, um fato para chamar a atenção do país inteiro. O resultado da aglomeração de pessoas cometendo perturbação à ordem pública ao impedir o trânsito em uma ponte foi este: setecentas prisões, sendo que todos os detidos, à exceção de vinte, foram liberados no dia seguinte.

Se pessoas comuns já causam essa impressão óbvia no público ao serem presas em massa, o que dizer de *jornalistas* presos? Apesar de a confiança na grande mídia americana ser quase tão baixa quanto em deputados (o que deveria ser igual aqui nestas bandas), isto não é motivo para alguém deixar de temer a prisão de jornalistas — hoje pode ser um do esquerdista *Washington Post*, amanhã pode ser um da conservadora *American Spectator*. Brutalidade policial *de verdade* desconhece lados. Mas, apenas por uma "mera coincidência acidental", uma das jornalistas presas foi Natasha Lennard: a melhor amiga de Malcolm Harris, uma foca qualquer que ganhou um espacinho no *NYT*, mas que, com isso, pôde vender o boato do show do Radiohead e também a assustadora manchete "Occupy Wall Street: repórter do *New York Times* presa durante protesto".*

Supor que Natasha Lennard tenha se deixado ser presa para conseguir tal visibilidade não é coisa muito conspiratória: um vídeo[19] feito pelos próprios manifestantes mostra que eles se sentaram na ponte por um bom tempo enquanto a polícia esperava — e que as prisões demoraram para ser efetuadas. Como declarou Lee Stranahan, você não seria preso naquele dia sobre a ponte se não quisesse, e os vídeos mostram isso claramente.** Com uma polícia que demonstra placidamente uma calma sobre-humana diante de uma chuva de impropérios, *flashes* (até os próprios policiais

* Uma rápida pesquisa no Google por "New York Times Reporter Arrested During Protest" mostrará como essa notícia foi replicada na imprensa e nos blogs americanos.

** O jornalista e produtor de vídeos Lee Stranahan foi um dos primeiros a deslindar a maracutaia, e conta resumidamente essa história no filme *Occupy Unmasked*. Não surpreende que sua banda preferida seja o Radiohead. Seu primeiro artigo desmentindo o caso foi publicado no Breitbart News. Disponível em: <http://www.breitbart.com/Big-Journalism/2011/12/15/New-York-Times-Freelancer-Implicated-in-Radiohead-Concert-Hoax-to-Promote-Occupy-Wall-Street>.

filmavam), provocações e, claro, gritos de guerra ("pacíficos"), é estranho supor que *uma* jornalista tenha sido presa devido à brutalidade do despreparadíssimo NYPD (sigla em inglês para Departamento de Polícia de Nova York),* e não porque, em atitude absolutamente suspeita para uma "jornalista" que deveria narrar os fatos em vez de *criá-los e forjá-los* (ela já tinha um histórico de uma lorota jogada ao público três dias antes), se sentou na pista junto aos manifestantes que sabiam que seriam lentamente presos ao agirem assim. A calma, o autocontrole e o cuidado da polícia nova-iorquina para prender os manifestantes diante da exaltação histérica deles chegam a ser desconcertantes.

Se, antes do episódio da Brooklyn Bridge, o Occupy era uma fuzarca de extremistas de esquerda, apenas mais uma algazarra como outra qualquer de gente que ninguém leva a sério, a partir do dia 1º de outubro de 2011 o Occupy Wall Street seria notícia no mundo inteiro. De um movimento de *hippies* fazendo uma balada na baixa Manhattan, de repente havia "Occupies" por toda a América e por todo o mundo. Com slogans tão parecidos com os que vimos aqui, como "Dinheiro para escolas, não para bancos", não há como ignorar as coincidências nos métodos e na organização.

No Brasil, o povo também só não foi às ruas depois de muitas imagens de violência policial? Sem isso, não haveria como tanta gente ir para as ruas "pelo direito de protestar" ou o que quer que seja. Essas manifestações *precisam* ser violentas e infringir a lei para haver enfrentamentos com a polícia. E os organizadores das manifestações de junho de 2013 no Brasil sabiam *e declararam* isso.

---

* Tanto lá como cá, relatos, fotos e vídeos de manifestantes provocando e intimidando policiais, veiculados na grande mídia, foram raros e mostrados como exceção (fique perto de onde estão os policiais numa manifestação antes mesmo de eles tomarem qualquer atitude, qualquer que seja a manifestação, e você verá exatamente o oposto). Algumas demonstrações de como os manifestantes agiam diante da polícia no Occupy são vistas no filme *Occupy Unmasked* — a maioria diante de uma "polícia brutal" que contemplava tudo calma, pacífica e bocejosamente. Tanto lá como cá, quem também provocou muito os policiais foram os "jornalistas", que na verdade estavam mais interessados em criar histórias do que em narrar o que *outros* faziam. É a *infowar* que faz pessoas irem para as ruas defenderem fanaticamente o que nem sabem o que é da noite para o dia.

Não tenha dúvidas: a extrema esquerda pode não ganhar eleições (ao menos, não como candidatura principal, e sim aboletada atrás de um nome mais palatável e higiênico), mas é a especialista mundial número 1 em criar narrativas e simbolismos capazes de povoar e pautar o imaginário popular.

Community organizing: crie sua própria manifestação

> "Eu mesma acho muitas coisas — a maioria mesmo — censuráveis. Ofender-se é a consequência natural de sair de casa. Eu não gosto de loção pós-barba, adultos que andam de patins, crianças que falam francês ou qualquer pessoa que seja excessivamente bronzeada. Contudo, eu não saio por aí querendo promulgar uma nova legislação ou desfraldando bandeiras."
>
> Fran Lebowitz

Pega de surpresa com algo de pouco interesse legítimo para seus espectadores, a mídia de repente se viu tendo de filmar gente batendo no tambor, professores, bebês, grupos de danças (ou talvez fosse um grupo de mães dando à luz de pé, não ficou muito claro), palhaços, monstros, maquiagens assustadoras — espera-se ao menos que aquelas caras fossem mesmo maquiagens.

A CNN veiculava as imagens com a legenda "Seriously, protesters?!", perguntando-se: "Pelo que estão protestando, afinal?" Os acampamentos se adensavam, com toneladas de comida, computadores (os mais vistos eram MacBooks) e praticamente tudo o que você precisasse comprar por ali (incluindo remédios, livros, roupas, artesanato e até a sua própria barraca). Este era o princípio de auto-organização do evento — **chegaram a um pentelhésimo de distância de perceber que o que faziam era o mais rigoroso capitalismo selvagem, desregulamentado e livre de imposições governamentais que pode existir no mundo** —, um sistema que nunca praticaria o *too big to fail*, que é rigorosamente antiliberal. As pessoas entrevistadas por Erin Burnett para a CNN, tentando explicar, afinal, o que estavam fazendo ali, renderam piadas nacionais — eles também tiveram dúvidas se era por 20 centavos ou não. Erin Burnett, é óbvio, em vez de uma explicação do que era o movimento, recebeu uma chuva de palavrões cabeludos como resposta às suas indagações.[20]

É um absurdo, com tanta organização tecnicamente especializada sob a direção de pessoas que passaram anos a fio estudando como organizar massas — e, pior, com tantos organizadores do protesto se orgulhando abertamente de terem criado uma manifestação "espontânea", é absurdo supor que o Occupy foi um movimento "espontâneo", e que o povo foi às ruas para dar um basta, porque já estava de saco cheio de tudo isso que está aí, afinal outro mundo é possível e ele é claramente anticapitalista, talvez até mesmo um pouco cubano, como a mentalidade *sicko* de Michael Moore.

Para os americanos que conhecem Saul Alinsky e seu método de incitar o caos para obter privilégios políticos, ficou claro que se tratava de desordem deliberadamente promovida para fazer as pessoas irem para as ruas sem nem saber direito por quê. Se para Lenin o terrorismo é "propaganda armada", ou seja, uma forma de *se obterem dividendos políticos favorecendo pela força um lado da disputa, através da imposição do terror e do medo que a população sente de possíveis agressores* (com uma culpa que pode ser terceirizada pelos próprios organizadores do ato terrorista), para Saul Alinsky parece ser mais recomendável apostar em uma tática conspiratória e feita com agitação e arruaças em vez de apelar ao terrorismo desabrido. Se Lenin cria células que explodem carros e prédios, Alinsky faz todas as pessoas irem às ruas e explodirem juntas carros e prédios, deixando a responsabilidade subdividida. Ninguém se sente exatamente culpado. Este é o "método Alinsky" estudado por Hillary Clinton em sua monografia.[21]

Saul Alinsky, guru tanto de Barack Obama quanto de Hillary Clinton, é o anarquista mais famoso da América. Os familiarizados com seu pensamento nem precisaram esperar pelo vazamento da intrujice de Malcolm Harris. Se no Brasil quem faz isso são sindicalistas, professores, intelectuais e algumas figuras misteriosas que vivem de verba pública sem nunca trabalhar (apenas "agitam" o tempo todo), na América há até uma profissão para isso: *community organizer* (ou "líder comunitário").[22] Profissão criada *ad hoc* por Saul Alinsky para agitação — e exatamente a profissão que Barack Obama tinha antes de se tornar advogado e concorrer a cargos políticos. Mera coincidência, claro — e desconhecida das análises de todos os "especialistas" que emitiram um mol de opiniões a respeito. O termo *community organizing* não se refere a pessoas que se juntam em associações de ajuda mútua — isto é o que qualquer bairro, igreja ou torcida de hóquei organizada pelas mães dos jogadores faz na América. *Community organizing* são sindicalistas, comunistas, anarquistas e entidades profissionais na arte de fomentar revoltas e agitações. Aqueles famosos "representantes" de trabalhadores que nunca trabalham, mas que, bastando haver uma greve, surgem das trevas com megafone à mão. Já os conhecia bem Ortega y Gasset na década de 1930, que, no mais importante livro de filosofia política do século XX, *A rebelião das massas*, escreveu:

> É intelectualmente massa aquele que, diante de qualquer problema, contenta-se em pensar no que já tem pacificamente em sua cabeça. É egrégio o que, ao contrário, desconsidera o que se encontra em sua mente sem esforço prévio, e só aceita como digno dele o que ainda está acima dele e exige uma nova caminhada para alcançá-lo.[23]

E, sabendo que o sindicalismo produz tanto o fascismo quanto o socialismo, disse:

> Entre as espécies de sindicalismo e fascismo aparece pela primeira vez na Europa um tipo de homem que *não quer dar razão nem quer ter razão*, mas que, simplesmente, mostra-se decidido a impor suas opiniões. Aqui está o novo: o direito a não ter razão, a razão da sem-razão.[24]

"Don't stand for anything!" — o "vem pra rua" deles

> "Os jornalistas dizem uma coisa que sabem não ser verdadeira, na esperança de que se a disserem durante bastante tempo ela acabará sendo."
>
> Arnold Bennett

Era a hora de entrar em cena a agitação promovida pela MSNBC, uma espécie de *Caros Amigos* televisiva ou coisa pior (se é possível conceber isso apenas com a imaginação), uma emissora de TV ultrarradical e de linguagem incivil, que iria dar um respaldo de "grande mídia" ao Occupy, para além da lorota de Natasha Lennard sob os auspícios do nome "*New York Times*" (fora o próprio "Radiohead"). Se o movimento já estava grande e adensando cada vez mais suas fileiras politizadas, dali a pouco estaria gigante — e sem explicar bem a que veio.

A MSNBC, que une o radicalismo político de um neostalinismo com a grosseria infantilizada de uma discussão de DCE,* orquestrou o passo seguinte do Occupy: o conhecido socialista Dylan Ratigan, em troca de e-mails com o blogueiro político da *Rolling Stone* Matthew Taibbi (revelada no Mediafire pela polícia, pelo FBI e pelo estrategista de mídia alternativa Andrew Breitbart), declara que é hora de ajuntar cada vez mais pessoas — e o comitê de ações táticas do "movimento espontâneo" logo iria cuidar disso.[25] Sabe como são esses jornalistas: não vão mais atrás de fatos, os *criam*. Dizem que o povo está fazendo isso exatamente depois de *mandarem* o povo fazer isso. Os métodos de agitação sempre entopem a mídia de radicais (inclusive a mídia pouco afeita a radicalismos).

Em um e-mail vazado de Alexa O'Brien, estrategista de TI que foi peça fundamental para criar a fase seguinte do Occupy (os *Days of Rage*, a fase de destruição niilista de lojas e agências bancárias, como se repetiria *pari passu* no Brasil), vê-se que o grupo comunista National Lawyers Guild apoiava o movimento, prestando assistência jurídica para quem enfrentasse problemas com a Justiça.[26] Aqui no Brasil, quem faria esse papel orquestrado seria a comunidade do Facebook "Advogados Ativistas".

Ratigan e Taibbi queriam o movimento *o mais amorfo possível* — apenas queriam que as pessoas fossem lá e fizessem número, por qualquer motivo. Sabendo ainda que as pessoas não fazem coro a opiniões das quais discordam, definiram que a regra era ir para as ruas e *não defender nenhuma bandeira clara* — apenas algumas ideias abstratas

---

* Ver suas constantes e intermináveis gafes, mentiras, ataques grosseiros, difamações, xingamentos irracionais interpretados como verdades supremas e toda a sorte de estultícia no *Media Research Center* (mrc.org), instituição criada para catalogar todo o lixo que a esquerda americana profere na mídia.

sobre o que era o movimento. O próprio slogan do Occupy ("*We are the 99%*", os supostos 99% de população com menos renda, enquanto o 1% do topo controla mais de 20% da riqueza americana) serviu perfeitamente para o caso: se você faz parte dos 99% da população, deve estar lá com eles, mesmo sem saber por quê. E, se você não sabe se faz parte dos 99% ou do 1% restante, tire uma bola no bingo e descubra. Ou seja, vá.

Em um dos mais de cem e-mails do Occupy que vazaram, Ratigan ensinava: "O foco no simples princípio compartilhado e na intenção de se alinhar com todos os que concordam com esse princípio é uma força única."[27] Claro, nenhum princípio mais definido do que "nós somos os 99%". Este "jornalista" ativista fez de dentro da grande mídia o que Pablo Capilé e sua Mídia Ninja tentariam fazer no Brasil sem que ninguém levasse muito a sério: *infowar*, moldando o que chamaremos de **Sentimentos Difusos no Ar**, que nunca são controlados por algo mais profundo do que bordões a serem repetidos bovinamente — e que justamente por isso garantem que as "bandeiras difusas" surgidas numa manifestação serão *com rigor* as mesmas desejadas por seus organizadores. Para se ter uma vaga noção do novo mundo possível que essa turba estava em vias de implantar, imagine a bancada do *Jornal Nacional* totalmente composta por ativistas do PCO. Resultado nada surpreendente: o movimento conseguiu chamar a atenção de dois sites de recrutamento para a al-Qaeda — Sahmuk e al-Jahad.[28]

Contemplar essa "ajuda" da mídia em criar o próprio fato que vai narrar posteriormente ao povo, como se fosse o próprio "povo" (também amorfo e indefinido) criando um fato, gera vantagens poderosíssimas ao movimento. O Occupy tem dancinhas e oficinas de artesanato, mas nunca terá uma aula de filosofia ou economia, porque não funciona por longos argumentos, e sim por slogans — como o "Nós somos os 99%". Não se trata de silogismos ou qualquer forma de raciocínio lógico, mas da mera repetição do que outras pessoas ao seu redor estão dizendo. Tudo no *automatismo*, tudo com um grau de inteligência observável em toupeiras. Um baile funk político. Na verdade, a ideia era ser cada vez mais um baile do que um movimento político (adivinhe qual dos dois é mais capaz de apinhar milhares de pessoas num ambiente fedorento com drogas baratas e banheiros sujos). Venha, divirta-se, conheça novos amigos, transe em barracas, sinta-se um verdadeiro guerrilheiro ao melhor estilo Che Guevara sem precisar sair do conforto de Nova York. Diversão é o principal, já ensinava Malcolm Harris.

Como consequência inescapável, ninguém ali sabia o que tinha sido a crise de 2008, o que faz um Banco Central (algo que nem economistas costumam entender), como consertar uma crise causada por reservas fracionárias —* ou, afinal, o que é esse tal capital especulativo (é preciso saber o básico até para se descobrir que cargas d'água é um *subprime*).

Se você simplesmente "deixar no ar" o tal "princípio" de que fala Dylan Ratigan, as pessoas irão às ruas pela "sensação geral" (insatisfação com o sistema financeiro, por exemplo — ou alguém pode citar algum ser vivo que estivesse satisfeito com o sistema financeiro americano em 2008?), sem entenderem nada sobre um tema tão acadêmico e avançado, protestando apenas com automatismos verbais e frases de efeito — muitas de caráter anódino. Como eles diziam, simplesmente vá, mas "*don't stand for anything*" — se você não defende nada, não tem como ser alvo de contra-argumento nenhum. Apesar de cretina, não deixa de ser uma manipulação inteligente e definitivamente *funcional* de desavisados inocentes.

Como resumido por um manifestante, a estratégia deles era "ocupar, e reocupar, e reocupar. É tudo o que fazemos".

Ela ainda contempla todos os métodos da "teoria crítica" da Escola de Frankfurt, com sua dialética esquizofrênica para criar contradições inconciliáveis dentro do capitalismo — se Marx estava errado em acreditar que existem classes sociais** e que elas estão em luta, criemos as classes

---

* Para uma explicação detalhada da crise completamente voltada para leigos — e que vai na contramão do politicamente correto de "o capitalismo não deu certo" ou "foi culpa dos especuladores" (pelo contrário) —, recomenda-se o livro *O fim do FED*, do ex-candidato à presidência americana Ron Paul, porque, de moeda, ele entende como ninguém. Para uma explicação sucinta do que é o sistema de reservas fracionárias, ler o artigo no Instituto Mises Brasil "O sistema bancário de reservas fracionárias", de Murray Rothbard. Disponível em <http://www.mises.org.br/Article.aspx?id=311>.

** Pelo contrário, o capitalismo é o fim do sistema em que sua renda depende da "casta" em que você nasce — a grande empulhação do capitalismo é justamente ser um sistema móvel. Para mais detalhes, ver a cintilante análise de Ludwig von Mises, em seu livro *A mentalidade anticapitalista* (São Paulo: Vide Editorial, 2013), sobre a confusão mental das pessoas ao discutirem isso.

nós mesmos* e geremos contradições no sistema, até ele ser obrigado a nos dar alguma parte do poder. Sobretudo, ser "amorfo" e não mostrar o que se defende são táticas que ecoam os ensinamentos de Sun Tzu, em sua milenar *A arte da guerra*:[29]

> Para ter certeza de que seu ataque será eficiente, ataque onde o inimigo não possa defender.
>
> Para garantir a segurança quando você estiver se defendendo, defenda-se de modo que o inimigo não poderá atacar.
>
> Assim, contra os especialistas no ataque, o inimigo não saberá onde se defender; contra os especialistas em defesa, o inimigo não saberá onde atacar.
>
> Sutilmente! Sutilmente!
>
> Eles vão se destituindo de qualquer forma.
>
> Se você for capaz de se tornar sem forma, mesmo os espiões mais hábeis não serão capazes de discerni-lo e mesmo os conselheiros mais sábios serão incapazes de realizar cálculos que possam ser usados contra você.

Não foi por outro motivo que a capa da revista *Adbusters* com uma bailarina sobre o famoso touro de Wall Street — o grande chamamento ao Occupy no dia 17 de setembro — *se perguntava*: "Qual é a nossa única demanda?" Tentar explicar para alguém no futuro que tantas pessoas saíram de casa para fazer mudanças políticas radicais sem nem saber por quê, contra quem, como ou o que estava acontecendo será uma tarefa insana. Mas tampouco foi explicado que a Revolução Russa deveria criar o Gulag e colocar Stalin no poder — e poucos alemães teriam votado em Adolf Hitler se soubessem bem pelo que marchavam. Naquela época, foram uniformes militares (que *uniformizam* individualidades); hoje são roupas *hippies* e máscaras de quadrinhos. Estes jovens são o futuro.

---

* Teoria do marxista argentino Ernesto Laclau: não é mais a renda que define a classe, e sim o discurso de classe — por isso tantos riquinhos adoram bancar os "explorados" ao falar de política. O historiador marxista E. P. Thompson já havia percebido que encontrar as tais classes "proletário" e "burguês" era simplesmente impossível, portanto preferiu redefinir o conceito de classe não como estrutura, mas sim como uma "relação". É o Sentimento Difuso no Ar de que você é um "proletário" até sendo presidente.

Slavoj Žižek, o grande teórico

"Praticamente nenhuma ideia é ridícula demais para ser aceita, mesmo por pessoas muito inteligentes e altamente educadas, se ela fornece uma maneira para que elas se sintam especiais e importantes. Algumas confundem esse sentimento com idealismo."

Thomas Sowell

A estratégia de não defender nada também é pasto e circunstância para os delírios de Noam Chomsky e Slavoj Žižek a respeito da criação de poder e da mídia — sobretudo, gerar mais contradições. Em uma "palestra" proferida no Occupy,[30] Slavoj Žižek, *inter pares*, falou sem medo a que veio:

> Perguntaram qual é o nosso programa. Estamos aqui para curtir o momento. (...)
>
> Resta um longo caminho a percorrer, e em breve será preciso enfrentar as perguntas realmente difíceis, não sobre o que não queremos, mas sim sobre o que queremos. Que organização social pode substituir o capitalismo atual? De que tipo de líderes precisamos? Que organismos, **incluindo os de controle e de repressão?** (...)
>
> A reação de Bill Clinton aos protestos em Wall Street é um exemplo perfeito do abraço político. Clinton acredita que os protestos são "no conjunto... algo positivo", mas o preocupa que a causa seja tão difusa: "Devem defender algo concreto, não apenas serem contra, porque, se se limitam a serem contra, outros irão preencher o vazio que deixam", disse ele. Clinton sugeriu que os membros do movimento apoiem o plano de emprego do presidente Obama, que, segundo ele, criará "dois milhões de empregos no próximo ano e meio".
>
> No que é preciso resistir nessa etapa, é precisamente nesse desejo de traduzir rapidamente a energia do protesto numa série de demandas "pragmáticas" e "concretas". É verdade que os protestos criaram um vazio (...).
>
> A arte da política é também insistir em uma reivindicação concreta que, embora seja totalmente "realista", rompe a ideologia hegemônica, ou seja, que, embora viável e legítima, na prática, é

> impossível (por exemplo, o direito à saúde universal nos EUA). **Depois dos protestos de Wall Street, devemos mobilizar as pessoas para essas reivindicações, mas é muito importante manter distância do terreno pragmático das negociações e das propostas "realistas".** Não devemos esquecer que qualquer debate que se faça aqui e agora continuará sendo feito no campo inimigo, e levará tempo para consolidar novos conteúdos. Tudo o que digamos agora poderão tirar de nós (recuperar); tudo menos o nosso silêncio. Este silêncio, esta recusa ao diálogo, aos abraços, **é o nosso "terrorismo" tão ameaçador e sinistro como deve ser.** *(Destaques nossos)*

Duas coisas assustadoras podem ser depreendidas da logorreia de Žižek quando fala a seus radicais, e não a quem gosta de cotejar fantasias com o mundo do possível. A primeira é que Žižek confirma o modelo de "não defenda nada", promovido pelos organizadores travestidos de jornalistas da MSNBC, *Rolling Stone* e afins: fazer proposta é ser "realista", e ser realista é entrar no campo do inimigo (você está corretíssimo, Žižek). Se você, com ideais de esquerda, tenta ser realista, seu inimigo o massacra com a realidade. Não seja um tonto e continue com uma virgindade hagiográfica do mundo real, perdido nas ideias platônicas.

(Não é engraçado chamarem um cara da Eslovênia para entrar no meio do protesto quase um mês depois de ele começar só para que o esloveno explique o que diabos eles fazem ali, e que a resposta seja que não estavam mesmo fazendo nada? Caras, me convidem na próxima: adoraria dar uma volta por Nova York e, de lambuja, dizer em suas caras que vocês são reconhecidamente uns desocupados.)

A segunda coisa assustadora é que o plano de ações era para o amanhã, para o depois, depois da contradição teorizada por Žižek e colocada em marcha pelos muambeiros que organizaram tudo. E este plano não era se preocupar com pobres, botar comida na mesa de alguém, arrumar emprego para aquele monte de universitários. O plano era *exigir coisas impossíveis*. Até Žižek sabe que o Obamacare vai falir a América — e é exatamente *por isso* que quer o Obamacare. Trata-se de algo que um dos maiores estudiosos de fanatismo coletivo no mundo, Eric Hoffer, já conhecia na década de 1950:

> Aqueles que falham em assuntos cotidianos mostram uma tendência de estender a mão para o impossível. É um dispositivo para camuflar seus defeitos. Quando falhamos na tentativa do possível, a culpa é exclusivamente nossa; mas, quando falhamos em tentar o impossível, para nós é justificável atribuí-lo à magnitude da tarefa. Há menos risco de ser desacreditado ao tentar o impossível do que ao tentar o possível.[31]

Žižek, que deve ser incapaz de operar com perícia necessária tanto uma empilhadeira quanto uma atualização do Windows, é um líder justamente por ser, para propósitos concretos, completamente inútil.

> Sonhos, visões e esperanças selvagens são armas poderosas e ferramentas realistas. O pragmatismo de um verdadeiro líder consiste em reconhecer o valor prático destas ferramentas. (...) A falha na gestão dos assuntos práticos parece ser uma qualificação para o sucesso na gestão dos assuntos públicos.[32]

Se Žižek estivesse nos protestos do Brasil, bastaria trocar "direito à saúde universal" (nome lindo para um plano mortal)* por "passe livre" e *voilà*, as manifestações de junho vão ficando cada vez mais claras: começam com 20 centavos, escondem a real intenção (criar o "passe livre" socialista, ideia que por um tempo foi comprada até por jornalistas que fingem conseguir realizar sinapses), forçam confrontos com a polícia que logo serão esquecidos como provocações, conclamam pessoas pacíficas, ordeiras, inocentes e bem-intencionadas para protestar contra "injustiças", fazem algo tão festeiro que se torna divertido, manifestam insatisfação contra "políticos" e outras coisas ruins sempre "de modo geral", escondem seu plano de impor um controle estatal sobre toda a vida, se auto-outorgam direitos por assembleias manipuladas (a "democracia participativa", cujo Judiciário é o júri gigantesco da opinião pública, sem nenhum peso e contrapeso à fúria da manada posta em marcha) e, por fim, logo estarão discutindo quais são

* Para mais detalhes assustadores, veja o que tem a dizer quem já viveu sob um sistema de saúde "universal" de verdade e não tem as opiniões doentias de Michael Moore, e sim o duro e triste contato com a realidade, como Yuri Maltsev, em seu essencial artigo "O que a medicina soviética nos ensina". Disponível em <http://www.mises.org.br/Article.aspx?id=1344>.

os "organismos de controle e repressão" de que precisam para acabar com tudo isso que está aí — mas *tudo mesmo*, caso você tenha estudado direito o que foram as revoluções anticapitalistas em qualquer lugar do mundo e seu *controle e repressão*. Caso precise refrescar a memória e entender o que Žižek pensa, basta dizer que ele acha que é "melhor o pior horror stalinista do que a democracia capitalista mais liberal".[33]

Se o capitalismo está bom, *alive and kicking*, se passa pela "segunda maior crise de sua história" só falindo umas companhias que já deveriam ter ido para o brejo há muito tempo e sem matar ninguém de fome, o jeito é criar *artificialmente* problemas para o capitalismo e, depois, aparecer como o único salvador. Explicar para o povo qual é a sua solução para qualquer problema (que você não tem mesmo) não gera voto. "Ocupar" gera não só eleitores, como *fanáticos para a vida toda*.

Desde o Occupy, Slavoj Žižek, que escreve mais de um livro por ano com facilidade, já praticamente usou seu método de contradições "dialéticas" para dizer que, afinal, o totalitarismo não é tão ruim quanto dizem, e quem sabe não seja uma coisa melhor do que essa democracia dominada pelo capital financeiro que vemos por aí?[34] Também pratica o esporte preferido da esquerda, a teoria da conspiração com papos sobre o poder (sobretudo dizendo que, se o poder é muito grande, precisamos de um *poder ainda maior* para nos livrar dele, espantando trombadinhas com a KKK). Em *Vivendo no fim dos tempos*,[35] Žižek aposta que finalmente o capitalismo chegou a um milímetro do abismo (ano que vem talvez ele lance uns dois livros sobre como *dessa vez* acabou, já era, enfie a viola no saco, segura o socialismo que *agora vai* — não importa em que ano o leitor esteja lendo estas mal traçadas linhas)* e lança suspeita sobre todas as agências secretas do mundo — o que nos garante que são agências secretas absolutamente ruins, já que Žižek sabe tudo que elas não querem que ele saiba (e, a julgar pelo livro, a totalidade e

---

* Seus livros no Brasil são publicados pela Boitempo Editorial, que tem como coordenador editorial Emir Sader. A editora foi acusada de plágio por uma das mais experientes tradutoras do país, Denise Bottmann, editora do indispensável blog Não Gosto de Plágio (http://naogostodeplagio.blogspot.com.br). Plágio é uma acusação grave, mas ainda pior contra uma editora que acredita na "mais-valia" e na "exploração" dos trabalhadores pelos poderosos (o 1%, do qual Emir Sader definitivamente faz parte). A saída da editora foi *acusar a direita* (sem brincadeira). Conto o arranca-Habermas todo no artigo "Editora progressista Boitempo é acusada de plágio e culpa 'a direita'". Disponível em <http://www.implicante.org/blog/editora-progressista-boitempo-e-acusada-de-plagio-e-culpa-a-direita>.

mais um pouco do que elas fazem se encontram nas primeiras páginas de qualquer busca no Google). Como analisou esmeradamente Fernando Luis Schuler para a essencial revista *Dicta & Contradicta*:[36]

> O método de argumentação? Reúne um punhado de dados dispersos (evita séries estatísticas), menciona os riscos envolvidos e debita a responsabilidade na conta da peste privatista-capitalista.

A exemplo de seu estratagema para se livrar de críticas no Occupy, Žižek também se livra de qualquer responsabilidade com a verdade, dizendo que não fala de "verdade objetiva" (*sic*), e sim de "verdade autorreferencial" (*sic*).* Trata-se de uma verdade avaliada "não por sua precisão factual, mas pelo modo como afeta a posição subjetiva da enunciação"[37]. Empreste sua carteira para Žižek lhe contar umas verdades sobre o que aconteceu. **Esse cara já quis ser presidente da Eslovênia.**

Ah, se a agitação de multidões recente é realmente algo "novo" e "crítico" em relação ao que foram as revoltas das massas no século XX, Žižek também oferece, no seu livro *Em defesa das causas perdidas,*[38] um panorama revisionista de personalidades que deveríamos voltar a cultuar: Saint-Just, Lenin, Stalin, Mao, Fidel, Che. Emprestando novamente a palavra ao demolidor Fernando Schuler:[39]

> Hitler ficou de fora da lista por muito pouco. Ele tinha um "problema": não ter sido "suficientemente violento". O nazismo não foi "suficientemente radical, não ousou perturbar a estrutura básica do espaço social capitalista moderno". Por isso "teve que se concentrar em um inimigo externo inventado, os judeus". Žižek lamenta. Hitler foi um sujeito corajoso, mas do lado errado. Errou na escolha da "essência" a ser destruída. Escolheu os judeus, o certo seria o capitalismo. Foi um mau terrorista.

É curioso que, quando gigantescos intelectuais ligados ao liberalismo ou ao conservadorismo dizem que o nacional-socialismo foi, afinal, uma

* Na verdade, isto exige um "(*sic*)" tamanho Leviatã para até ser citado. O jeito é trocar por vários "(*sic*)" encadeados: (*sic*) (*sic*) (*sic*) (*sic*) (*sic*) (*sic*) (*sic*) (*sic*) (*sic*) (*sic*) (*sic*) (*sic*) (*sic*) (*sic*) (*sic*) (*sic*) (*sic*) (*sic*).

versão nacionalista do socialismo (*duh*), eles sejam escorraçados do debate, ridicularizados e tenham toda a sua obra ignorada só pela grita de que "acham que o nazismo é de esquerda" — como se ser um *concorrente* do socialismo vermelho o tornasse um não socialismo, a despeito de sua concentração de poder no Estado, seu ódio ao liberalismo, às repúblicas capitalistas e ao mercado, suas marchas coletivas, seus líderes cultuados, seu dirigismo centralizado e sua única "opinião oficial", permitida pelo Estado totalitário.* Mas eis aqui o próprio Žižek mostrando a que veio — e, quando Žižek diz isso, ninguém parece se incomodar. Ademais, um dos principais motivos para Hitler odiar tanto os judeus é que eles eram capitalistas — "reacionários", "conservadores", "coxinhas". Ninguém sobe ao poder e simplesmente manda para campos de concentração e câmaras de gás o "problema judeu" pela "solução final" senão por maciça propaganda, aproveitando-se de preconceitos correntes sobre os "exploradores" e bodes expiatórios da vez.

O problema não é Slavoj Žižek ter doutorado. É ser capa da revista *Cult*, ser entrevistado no "Roda Viva", ter tudo quanto é tranqueira de sua lavra traduzida pela editora do Emir Sader e, enfim, *ser lido* por semoventes. É para se questionar o sacrossanto valor do alfabetismo.

Para responder à pergunta se o Occupy era ou não socialista, Žižek limitou-se a emitir algumas palavras sobre o *socialismo real*, deixando no ar (o "princípio", segundo Dylan Ratigan, o velho Sentimento Difuso no Ar que move multidões e as dirige obedientemente) a resposta. A esquerda tem horror a esta palavra: "real." Falam de "socialismo" como se fosse a *rave* de Zion em *Matrix 2*, mas falam do "socialismo real" como

* Sobre os motivos pelos quais se vê o nazismo como o mal em si, mas se esquece de colocar o socialismo na mesma toada, tendo este último matado cinco vezes mais em tempos de paz, ver o artigo "Memória não retém atrocidades do comunismo", de Alain Besançon (disponível em: <http://www.endireitar.org/site/artigos/socialismo-comunismo/456-memoria-nao-retem-atrocidades-do-comunismo>). Sobre o perigo da ameaça fascista atual, a despeito do ódio que as pessoas têm por essa palavra (mas defendem tanto seu ideário sem perceber), ver o assustador ensaio "The Fascist Threat" de Lew Rockwell (disponível em: <http://mises.org/daily/5752/The-Fascist-Threat>). Para uma demonstração de como o "socialismo do século XXI" *se parece mais com o fascismo* do que com o próprio socialismo, ver minha análise, baseada em Rockwell, "Lições de Hugo Chávez ao Brasil" (disponível em: <http://www.implicante.org/artigos/licoes-de-hugo-chavez-ao-brasil>).

quem fala cabisbaixo e embaraçado pelo mau cheiro proveniente de uma flatulência pública que falhou em ser disfarçada. De forma ainda mais doentia, falam do "socialismo real" como um *desvio* (mesmo que seu resultado seja sempre igual, mesmo aplicado por pessoas distintas em lugares incomunicáveis como Rússia, Zimbábue, Cuba, Coreia, Alemanha ou Afeganistão), preferindo um "socialismo ideal" que, como tudo o que é ideal, tem a distinta característica de *não existir*. Parece sempre que o marxismo, supostamente o sistema filosófico mais "perfeito" para explicar a realidade, é sempre *traído* quando aplicado na realidade por pessoas reais: seja na Rússia em 1917 ou na Venezuela em 1999, o resultado é sempre a catástrofe, mas a culpa nunca é do ideário de esquerda.

Como define o gênio da estética e da política, o filósofo Roger Scruton, o socialismo não deu errado — *o socialismo é errado*. Ora, o capitalismo *ideal* também é maravilhoso: o problema é o *real*, como as coisas se dão fora do mundo de fantasia da primeira infância. Por isso as pessoas só costumam se tornar "conservadoras" ou "de direita" no fim da vida: ganham experiência e descobrem como é a realidade. Não são *ideais* que os velhos perdem: são *experiências reais* que ganham.* A esquerda é a fantasia primitiva; a direita, a ciência moderna.

Nesta mesma supracitada palestra no Occupy, Slavoj Žižek falou por um artifício de discurso capaz de fazer qualquer pessoa civilizada se afastar dos ideais de esquerda: o microfone humano.** Tal se dá quando, após a polícia proibir o uso de equipamentos sonoros como o microfone em lugares públicos (por favor, seu polícia, não faça mais isso), quem precisa discursar diz uma frase, como "Bom dia a todos", e todos ao redor repetem a frase bem alto, como um coro de tragédia: "BOM DIA A TODOS", para pessoas assistindo de longe também ouvirem. Foi sua famosa conferência da tinta vermelha.[40] Dizia ele que os poderosos não percebem o que está por trás de seu sistema, e que "nós não somos sonhadores" ("NÓS NÃO SOMOS SONHADORES!"), "nós somos o despertar"

* Não há melhor defesa em duas páginas dos motivos para alguém se tornar um "reacionário" do que o ensaio "The Superstition of School", de G.K. Chesterton. Disponível em: <http://grammar.about.com/od/classicessays/a/supschoolessay.htm>.

** Arthur Schopenhauer garantia que era capaz de perceber o quanto uma pessoa é civilizada pela razão inversa da quantidade de ruído que era capaz de suportar sem se irritar.

("NÓS SOMOS O DESPERTAR!"), "os verdadeiros sonhadores estão em Wall Street" ("OS VERDADEIROS SONHADORES ESTÃO EM WALL STREET!").* Para ilustrar o seu pensamento (supondo que alguém que estivesse obedientemente berrando o que ele dizia estivesse realmente *pensando*), Žižek contou uma famosa piada.** Um trabalhador no socialismo (Žižek não fala nesses termos) foi mandado da Alemanha Oriental para trabalhar na Sibéria. Como ele não sabia se teria liberdade lá (por que eles nunca têm dúvidas sobre se terão liberdade nos países capitalistas que tanto odeiam?), estabeleceu um código para se comunicar por cartas com um amigo. Se o que ele escrevesse estivesse em tinta azul, o que ele dizia seria verdade. Se o que ele escrevesse fosse em tinta vermelha, seria mentira. O tempo passa e o cara manda uma carta — toda escrita em azul. Tudo aqui é maravilhoso, as lojas estão recheadas de boa comida, os cinemas mostram bons filmes do Ocidente, nossos apartamentos são grandes e luxuosos — a única coisa que você não consegue comprar é tinta vermelha (risadas do microfone humano). Para Žižek, o Occupy (o movimento que ele próprio diz que só deve falar o impossível e não fazer nenhuma proposta, pois o silêncio é poderoso e violento) era a tinta vermelha em Wall Street. Mostrava o mundo, como se diz em inglês, *in true colors* — fazia com que se percebesse a verdade pela primeira vez.

Muito estranhamente, sua piada falava da verdade por trás *do socialismo* (que ruiu), enquanto, *nessa mesma piada,* é o capitalismo que se

---

* Esta tática foi curiosamente satirizada em um *tweet* de David Burge, livremente traduzido:
"ESTAMOS OUVINDO!"
"Nós somos..."
"NÓS SOMOS!"
"a comunidade..."
"A COMUNIDADE!"
"de pensadores..."
"DE PENSADORES!"
"independentes!"
"INDEPENDENTES!"
Disponível em: <https://twitter.com/iowahawkblog/status/514092415737532416>.

** Curiosamente, uma famosíssima piada *anticomunista*, conhecida por quase todos que viveram sob o regime máximo da esquerda e sua constante pobreza e opressão política. É uma das piadas mais repisadas no livro de Ben Lewis, *Foi-se o martelo: A história do comunismo contada em piadas* (Rio de Janeiro: Record, 2014).

apresenta como a terra da liberdade. E, claro, os "organismos de controle e repressão" da esquerda não permitiriam que uma carta criticasse seu centralismo. Aquilo que Žižek mostra como uma genialidade do Occupy — fazer os poderosos perceberem a realidade — era exatamente o que *ele evitava dar aos seus próprios discípulos*: a capacidade de perceber mentiras escancaradas a um palmo de seus narizes. Não dissemos que Žižek tem a capacidade de se contradizer sempre o máximo possível no menor espaço de tempo e num número rigorosamente *ímpar* de vezes? Sua única malandragem foi fazer uma metonímia e atribuir males ao capitalismo numa conhecida piada anticomunista, um artifício que ninguém em toda a sua plateia foi capaz de perceber (aliás, a coleção de livros sobre os movimentos de rua da Boitempo veio depois a se chamar "Tinta Vermelha", mostrando que falta tinta vermelha na esquerda para perceber o sentido de seus próprios discursos). Assim, Žižek "impossibilita", ou tenta impossibilitar, seus adversários de usar a famosa piada, e segue atribuindo sempre os males da esquerda à direita. Típico.

Este foi, definitivamente, o maior caso público de *paralaxe cognitiva* — conceito cirurgicamente lavrado pelo filósofo Olavo de Carvalho, que consiste no afastamento entre o eixo de construção teórica e o eixo da experiência real do indivíduo que a está realizando.* Em outras palavras, quando *o que um indivíduo fala contradiz o próprio fato de sua experiência* — como, por exemplo, quando critica a falta de liberdade, sendo livre para falar... e acaba defendendo um sistema menos livre em nome da liberdade que está experimentando no momento em que fala. Para ver se os críticos anticapitalistas do Occupy pegaram o trocadilho, podemos fazer o seguinte experimento científico: pergunte por ali quantos já encostaram numa caneta vermelha na vida. Viu? Viva o capitalismo!

Slavoj Žižek faz parte de um curioso rol de filosofetas modernos que têm admiradores muito jovens e quase nenhum apreço entre os velhos (e,

---

* Uma explicação mais abrangente sobre os elementos da filosofia de Olavo de Carvalho foi compilada por Ronald Robson (disponível em: <http://www.olavodecarvalho.org/textos/1308ronald.html>). Uma rápida explicação da paralaxe cognitiva com exemplos ilustrativos foi dada pelo próprio Olavo de Carvalho em artigo n'*O Globo* (disponível em: <http://www.olavodecarvalho.org/semana/12282002globo.htm>).

se existe algo velho em ciências humanas, este algo é a filosofia). São como integrantes de uma *boy band* adolescente já barrigudos, mas que ainda têm fãs que dificilmente ultrapassam os 16 anos. Uma condição meio esquisita para um "pensador" tão *dialético*, mas talvez isto se deva a seu jeito desabrido. Žižek fala muita merda. Mas também fala *sobre* merda. Talvez sua maior contribuição ao intelecto *Homo sapiens* seja a sua conferência (proferida em esloveno e reproduzida em inglês) *Toilets and Ideology*, em que explica como diferentes povos cagam e como a visão do produto intelectual bruto deste ato define diferentes ideologias.* Para não sermos injustos com toda a obra de Slavoj Žižek e suas contradições cientificamente insuperáveis, compete-nos reconhecer que foi ele o autor da mais importante descoberta recente da humanidade: "quando você dá a descarga", ele diz, "a merda desaparece".[41] Irrefutável. Justifica por que todo pós-adolescente universitário se sente um Montaigne redivivo lendo Žižek. Nunca se viu um ser humano, nem mesmo um analista de exame de fezes, ter tanta opinião especializada sobre cagalhões em toda a história — claro, todos temos as típicas opiniões pontuais sobre o fim de nossos almoços, sobretudo pelos formatos, como "rabo do jacaré escondido na lagoa" (10 pontos), "Ouroboros em posição fetal" (25 pontos), "floquinhos de chocolate" (5 pontos por floco), o dificílimo cifrão (400 pontos) ou o anátema "pântano de sangue" (–200 pontos), mas, opiniões especializadas a este nível, só com Slavoj Žižek.

Este trecho deixa claro o que Žižek afinal quis dizer em sua palestra no Occupy:

> São violentos os manifestantes? É verdade que a sua linguagem pode parecer violenta (ocupação e outras mensagens similares), mas são no sentido da violência de Mahatma Gandhi.
>
> São violentos porque não querem que as coisas continuem como antes. *Mas que violência é essa comparada com a violência necessária para manter o bom funcionamento do sistema capitalista mundial?*

* Eu sei que você não acredita, mas procure por "Slavoj Žižek on toilets" no YouTube e veja com seus próprios olhos: o original legendado se encontra em: <http://youtu.be/AwTJXHNP0bg>. A versão sem legendas em: <http://youtu.be/rzXPyCY7jbs>.

Se alguém ainda cai na esparrela da "resistência não violenta" de um sujeito cuja "verdade autorreferencial" é achar Hitler um bunda-mole,* vejamos então o que Žižek pensa de intelectuais mais corajosos do que Hitler:

> Com a queda do comunismo do século XX, [os intelectuais] perderam para sempre o papel da vanguarda que conhece as leis da história e pode guiar os inocentes pelo seu caminho. O povo, entretanto, também não sabe — "povo" no sentido de uma nova figura de Sujeito Suposto Saber é um mito do partido que diz agir em sua causa, desde a linha mestra de Mao, "aprender com os camponeses", até o famoso apelo de Heidegger para seu velho amigo camponês (...).[42]

Para Žižek, como para o teórico político italiano Antonio Gramsci (também capa da revista *Cult*, a maior influência para o modelo petista de fazer política), ser intelectual é ser apenas um aparato para colocar totalitarismos socialistas no poder através da agitação (a despeito de intelectuais esquerdistas terem sido aqueles que dispararam para mais longe do alvo em seu conhecimento de "leis da história").** E, se o povo não sabe se autogerir (a bem da verdade, não sabe nem o que está fazendo nas calçadas de Wall Street), aprendamos um pouco de democracia real com Mao Tsé-Tung, o responsável pelo genocídio com maior número de mortes de toda a história mundial. Talvez com Žižek fazendo papel de Mao dessa vez. *Let's play a game of two: I play God and you play you.****

---

* E cuja bunda mole caga no vértice germânico de um triângulo semiótico remissível a Lévi-Strauss, em que corajosamente o cagalhão é mergulhado em uma superfície plana, e se aperta um botão na frente da privada para dispensá-lo, e assim o homem e seu legado, criador e criatura, pai e filho, mestre e discípulo, Slavoj Žižek Vida & Obra são confrontados numa acareação ritualística ideológica antes do triste último adeus, como se aprende nestes vídeos. EU NÃO ESTOU BRINCANDO.

** Para conhecer quem acertou, ver "Cinco Profetas", de Olavo de Carvalho, In: *O Imbecil Coletivo II*. São Paulo: É Realizações, 2008, p. 121.

*** Em tradução livre (sem rimas): "Vamos jogar um jogo de dois: eu faço o papel de Deus e você o de você mesmo."

Em termos mais simples: vamos chamar o povo para vir aqui dizendo que não somos violentos, que violento é o sistema (sempre o sistema), mas esta é apenas uma verdade autorreferencial para gerar um espalhafato — depois que esses tontos chegarem, aí sim vamos mostrar como é mesmo que a parada funciona. Žižek, que ama Lacan e Hegel (talvez *os dois piores pensadores da humanidade*), lembra-se do que Lacan comentou sobre os manifestantes de 1968: "Como revolucionários, vocês são histéricos que demandam um novo mestre. Vocês o terão."[43] Depois não se esqueçam de que até o próprio Žižek avisou. Michael Jackson cantando "All I wanna say is that they don't really care about us" no Pelourinho foi mais profundo e certeiro.

Falar de Slavoj Žižek como líder do movimento (explicando que o movimento não tem líder nenhum) quase esgota a minha missão, de modo que poderia preencher o restante deste estudo com receitas de bolo.

Não há dúvidas de que, na próxima vez em que tiver um livro comentado pela *Folha de S.Paulo*, uma palestra no Brasil ou um motivo qualquer para aparecer, Slavoj Žižek será citado por grandes jornais apenas como um filósofo de esquerda que tentou ser presidente da Eslovênia. Assim, como se fosse a coisa mais normal do mundo.

Todavia, Slavoj Žižek não foi o único a dar seus pitacos. Não demoraria muito para que a mídia esquerdista americana (o que é praticamente toda a grande mídia americana, à exceção da Fox News e de alguns nomes isolados, sobrando espaço para a direita apenas em sites) chamasse os seus "especialistas" para falar, da mesma forma com que os "sociólogos" são chamados a analisar tudo no Brasil, de assassinato de focas a preços de jogos da série B, pela chave da "desigualdade social" e do "preconceito". Logo, os maiores palpiteiros do *show business* americano dariam as caras. Sean Penn, Michael Moore, Bill Maher, Noam Chomsky, Van Jones, Nancy Pelosi, Sherrod Brown, Harry Reid, Keith Olbermann e todo o restante do desfile de *beautiful people* que compõe a totalidade dos palpiteiros da esquerda caviar de sempre tomariam a voz dos manifestantes para falar por eles o que eles não conseguiam falar sozinhos.

A "minoria de vândalos" deles

"My hate has grown as strong as my confusion
My only hope, my only solution
Is a violent revolution
Violent revolution, violent revolution
Reason for the people to destroy"

Kreator, "Violent Revolution"*

Este método de se fazerem ajuntamentos sem propostas claras (justamente para trazer pessoas que nunca aceitariam tais propostas se soubessem o que estão fazendo) é chamado pelos teóricos da esquerda de "foco no processo, não no resultado". O que importa é estar se mexendo, não se sabe para onde.

Andrew Breitbart, à memória de quem este livro é dedicado, visitou o Occupy Wall Street para conversar com as pessoas para o documentário *Occupy Unmasked*. Entre os organizadores do protesto "espontâneo", deu de cara com milhares de membros da SEIU, a Service Employees International Union, sindicato que doou 1 milhão de dólares à campanha eleitoral de Barack Obama. Reconhecido por um organizador, passou a ser seguido por onde quer que fosse por um capanga gigantesco. Ainda conseguiu fazer sua equipe filmá-lo para o documentário.**

* Em tradução livre: "Meu ódio cresceu tão forte quanto a minha confusão / Minha única esperança, minha única solução / É uma revolução violenta / Revolução violenta, revolução violenta / Motivo para as pessoas destruírem" (Kreator, "Revolução violenta").

** Andrew Breitbart acabaria sendo tristemente tomado de nós por um ataque cardíaco fulminante em 1º de março de 2012, pouco após concluir o filme *Occupy Unmasked*, na precoce idade de 43 anos. Apesar de Breitbart correr todas as manhãs, ao se observar o quanto era xingado — sempre sem contra-argumentos — e ameaçado de formas desabridas, temos uma boa explicação para sua predisposição a uma fatalidade como esta (ver o primeiro capítulo de *Bullies: How the Left's Culture of Fear and Intimidation Silences Americans*, de Ben Shapiro). Felizmente, antes de partir desta para uma melhor, além de ter formado grandes comunicadores como Ben Shapiro e Lee Stranahan, também compilou o pensamento da esquerda radical criando o *Huffington Post* — espécie de P. J. Media da esquerda extremista, para que ela não possa dizer que não tem voz, quando na verdade pauta o debate público, privatizado em suas mãos. Criou ainda, e sobretudo, o excelente site de notícias e opinião Breitbart.com.

Conversando com as pessoas no Occupy, Breitbart confirmou que o "ideal socialista" era frequente — aprendido sobretudo em universidades. Graças à mentalidade anticapitalista que não sabe que a riqueza é *criada*, e não apenas tomada à força de outras pessoas,* predominava nas falas o discurso que considera roubos, assaltos e outros crimes atos plenamente justificáveis com base na pantomima de que quem cometia tais delitos eram pessoas "pobres" — sem que jamais se colocasse em questão o fato de que as vítimas também poderiam ser pobres, e como se isso justificasse mesmo agressão a outro ser humano ou aos frutos de seu trabalho.**

Sentindo-se moralmente justificadas para cometer crimes, muito surpreendentemente as pessoas *começaram a cometer crimes*. Agressões, violência, destruição de todas as lojas que viam, estupros dentro dos acampamentos, até o caso de um honorável cidadão dando um alô para o sr. Barros sobre uma viatura da polícia*** — o que, aliás, ao contrário do que pretendeu fazer crer o *The Nation*, tentando "negar uma imagem" talvez pela primeira vez na história mundial fora da Coreia do Norte, não foi um caso isolado.[44]

Obviamente que, quando até estupros passaram a ocorrer, a primeira coisa de que as vítimas reclamaram foi da falta de... polícia. Como se fosse por culpa da polícia que eles tivessem se metido no meio de um monte de criminosos, protegendo esses criminosos da polícia com seus próprios corpos. Quando voltam para a realidade, longe dos acampamentos cada

* Ludwig von Mises. *A mentalidade anticapitalista*. São Paulo: Vide Editorial, 2013, p. 9-21.

** Talvez alguns creiam facilmente que certos roubos sejam "justificáveis" por causa da "desigualdade". Basta pensar em como será toda uma *sociedade* baseada no roubo e na não punição por causa dessa desculpa para se entender o pesadelo que é a esquerda no poder. Não surpreendentemente, em 2013 o Brasil bateu novamente o recorde e já conta com mais de 50 mil homicídios por ano (a maioria, obviamente, de pobres), cifra maior do que qualquer guerra em curso. Para um entendimento absurdamente profundo e cirurgicamente preciso das relações entre esquerda e criminalidade, ver "Regra geral", de Olavo de Carvalho (disponível em: <http://www.olavodecarvalho.org/semana/121113dc.html>). Também meus artigos "Por que a esquerda gosta tanto de assassinos?" (disponível em: <http://www.implicante.org/artigos/por-que-a-esquerda-gosta-tanto-de-assassinos>) e "A esquerda e a criminalidade: dois pesos, duas medidas, um método" (disponível em: <http://www.implicante.org/artigos/a-esquerda-e-a-criminalidade-dois-pesos-duas-medidas-um-metodo>).

*** E urge admitir que Slavoj Žižek mais uma vez se mostrou correto: este ativista americano *realmente* cagou de maneira bem diferente da que um alemão costuma tirar a moreia da caverna.

vez mais perigosos, talvez venham a entender, afinal, para que a polícia serve. Para piorar, é preciso lembrar que, entre os manifestantes, se adotava a tática de Malcolm Harris de andar em pequenos grupos, onde todos se conhecem. Ora, se há um estupro em um acampamento onde a mera *presença* de um policial investigativo vai gerar uma algazarra sem fim, não há como a polícia investigar a fundo, de modo que só mesmo a "democracia direta" dos ocupantes poderia encontrar os estupradores. Mas como esperar que grupos pequenos de amigos delatassem amigos de longa data? Não é preciso ser um gênio para entender o que isso iria causar. É o "horizontalismo" judicial. Até crianças do ensino primário se viram presas e assustadas no meio de um protesto e, como a polícia precisou ser acionada para tirá-las de lá, foram acompanhadas de perto por beleguins do movimento, que as seguiam dizendo para outros elementos gigantescos: "*Follow those kids.*"[45]

O ambiente criado é feito para qualquer pensamento violento se transformar rapidamente em ação violenta desenfreada. Como muitos anarquistas e socialistas estão prontos para a ação direta em nome de uma causa ou mesmo de um partido ou associação (e seu grau de organização é mais rigoroso do que qualquer agência do governo, à exceção da Receita Federal), muitos provocam a polícia sem parar. Berros de "*arrest me, motherfucker!*" são ouvidos não só no filme *Occupy Unmasked*, mas em qualquer manifestação meia-boca. Vá e fique perto da polícia para ver e ouvir, em qualquer lugar do mundo.

Esse comportamento não é tão só um acidente de percurso passível de ocorrer quando os ânimos estão exaltados — é teorizado, e *sempre* foi um método para produzir revoluções pelo mundo. Com técnicas de engenharia social avançadas,* os manifestantes mudam a opinião pública a respeito da polícia ou da violência (filme conhecido dos brasileiros) e passam a fomentar ódio à ordem atual através de provocações que terminam em prisões — embora fosse ridículo tentar aplicar a pecha

* Ver o livro de Pascal Bernardin, *Maquiavel pedagogo* (São Paulo: Vide Editorial, 2013). Uma rápida pesquisa por comentários sobre o livro no YouTube dá conta do que são capazes os métodos ali descritos — e basicamente o livro comenta documentos da própria ONU a respeito de como criar comportamentos nas pessoas.

de "brutalidade policial" ao famoso Departamento de Polícia de Nova York. Sem que muitos dos seus agitadores sejam presos (na verdade, para serem soltos em menos de 24 horas), inclusive os ativistas travestidos de jornalistas, a revolução não vai para a frente, nem logra resultados visíveis.

Nesta terceira fase do movimento, muitas das boas pessoas, inocentes e ingênuas, que foram se manifestar para finalmente fazer os políticos perceberem que são meio chatos às vezes, já saíam da manifestação por perceberem que o Occupy era, afinal, uma bufonaria. A estratégia de derrubar o sistema usando o sistema mostrava cada vez mais claramente a destruição niilista que se escondia por trás.

Era a deixa para a entrada em cena da rede **Anonymous**, hackers que não formam exatamente um movimento, mas apenas realizam ações individuais ou em pequenos grupos, tendo como símbolo, para representar sempre o mesmo "princípio geral", a máscara de Guy Fawkes, imortalizada nos quadrinhos e no filme *V de vingança*. Esse princípio não é o da violência direta (nenhum atentado violento foi cometido sob a égide dos Anonymous), mas eles praticam um tipo de ativismo perigoso, cuja intenção é colocar seus adversários em risco e em posição vulnerável. Para isso, divulgam dados secretos das pessoas, como seu endereço, telefone, fotos, retratos de sua família, até hábitos de rotina — e, se algo ocorrer a elas, bem, problema delas. É intimidação até seus adversários calarem a boca.

Em um cenário criado para que a violência seja cada vez menos refreada e tenha força total (por que se surpreender que manifestações contra a polícia sempre se tornem tão violentas?), eles atuam como o pé na porta antes da declaração de assalto. Uma amostra inicial dos "organismos de controle e repressão" de que fala Slavoj Žižek: se eles simplesmente não gostam de você, vão atrás de você e o expõem a perigos e ânimos exaltados. Isso é a tal "democracia real": seja da patotinha ou esse mundo não é mais para você.

O principal alvo do Anonymous foi o Bank of America. Um exemplo de "manifestação pacífica" foi a realização de marchas "espontâneas", organizadas pelos sindicatos mais radicais da América (a ala PT do Partido Democrata), que tumultuaram "pacificamente" a vida de pessoas que estavam ocupadas em seus negócios. Entravam, por exemplo, em bando em uma agência bancária, onde trabalhadores, levando muito dinheiro no bolso, pagavam suas contas, recebiam seus pagamentos ou realizavam outras transações financeiras. Uma agência preparada para atender a uma centena de pessoas tinha de repente de 2 a 3 mil mascarados, baderneiros e capangas gigantes para poucos seguranças (agências bancárias americanas não costumam ter portas giratórias). Imagine colocar seu dinheiro no bolso para ir pagar o aluguel e de repente se deparar com tal cenário. Essas são as "manifestações pacíficas", tão frequentemente tomadas por uma "minoria de vândalos" que se aproveitam para praticar vandalismo "por acidente" (žižekianamente, em mais de uma agência, algum ativista defecou ali mesmo, na frente de todo mundo, no meio do banco).[46] As vizinhanças chegaram a pedir que os ativistas do Occupy parassem de cagalhar em cima de tudo o que vissem.* Pacífica e espontaneamente, como sabemos que funciona o número 2.

Há o detalhe curioso de que tais protestos eram tão desabridamente coreografados por sindicatos (com camisetas e bandeiras, além de megafones para orquestrar a turba lá da frente) que só estudantes festeiros, acreditando que iam transformar o mundo no cenário dos Teletubbies, não percebiam que estavam sendo liderados por sindicalistas partidários (e multimilionários).

Em Chevy Chase, Maryland, a jornalista Nina Easton viu uma casa ser cercada — sitiada verdadeiramente — por pessoas com uniformes de sindicatos (e demais *community organizers*) que haviam chegado em vários ônibus lotados com gente da SEIU. Era a casa de um executivo do Bank of America.[47] Rapidamente ela ligou para Andrew Breitbart. Enquanto sindicalistas faziam discursos contra o "lobista" com microfones na sacada, tão à vontade como se estivessem passeando com a família no parque, dentro de casa estava apenas a filha do executivo, uma menina de 14 anos que ficou aterrorizada e se trancou no banheiro, enquanto pessoas que nem sabiam por que estavam lá berravam contra o imperialismo e pediam a "volta" da democracia.

---

* Essa nota não é da Fox News, não é do Rush Limbaugh, não é do Glenn Beck, não é da Ann Coulter, não é da American Thinker, do P. J. Media, da American Conservative University, da Heritage Foundation, do The Blaze ou do Drugde Report, e sim do próprio Gawker, site por onde se organizou o próprio Occupy: <http://gawker.com/5852275/neighbors-ask-occupy-wall-street-to-stop-pooping-all-over-everything>.

A violência intelectual

> "Nada atrai mais intelectuais do que o sentimento de que eles representam 'o povo'. Nada, via de regra, é mais distante da verdade."
>
> Paul Johnson

Depois da quebradeira, restava aos manifestantes explicar ao público que eles eram da paz mesmo assim. Um dos analistas brasileiros para as recentes manifestações anticapitalistas, Giovanni Alves, em ensaio para o site bolchevique Carta Maior,[48] afirma, por exemplo, que uma das reivindicações do movimento (Por que precisam tanto explicar isso um ano depois? É como se estivéssemos até hoje discutindo as causas das grandes navegações) é defender "direitos (...) dos prisioneiros em greve de fome". *What?!* Uma greve de fome, considerando que seu algoz geralmente não está muito preocupado com seu estado nutricional, serve para chamar a atenção internacional de países sensíveis a causas humanitárias — todos capitalistas. Não à toa, a greve de fome é um meio de protesto conhecido além da Cortina de Ferro e, claro, em Cuba, a maior propriedade privada insular do mundo — pertencente, no caso, à família Castro. Nem mesmo nos cartazes do Occupy viu-se tal coisa. Como definiu o jornalista Reinaldo Azevedo,

> Cuba, vocês sabem, é uma ilha dividida em duas prisões: uma com comida — em Guantánamo — e outra sem comida: a de Fidel e Raúl Castro. Há certamente menos anêmicos entre os terroristas detidos na base militar americana do que nas ruas de Havana.[49]

Giovanni Alves declara que, ao contrário do que nossos olhos veem, "são movimentos sociais pacíficos que recusam a adoção de táticas violentas e ilegais, evitando, desse modo, a criminalização". *I see.* Vamos fingir que acreditamos que Giovanni Alves realmente fez alguma mínima análise do Occupy antes de nos brindar com suas opiniões imperdíveis. Para alguém tão preocupado com o "cinismo dos conservadores de direita (*sic*) na preservação incólume da ordem burguesa" (*sic*[2]), evitar o que é "ilegal" deve ser definitivamente a preocupação número 1, como qualquer crítico do socialismo se preocupa primeiro em não ofender os burgueses no poder.

Esse tipo de teorização da esquerda para explicar o inexplicável é palpável pela quantidade de adjetivos que seus ideólogos conseguem pendurar em cada substantivo. Criam frases e parágrafos inteiros apenas para explicar que um substantivo é também uma justaposição de vários adjetivos, como:

> [A] crise do nosso tempo histórico é também, e principalmente, a crise política dos partidos da ordem burguesa, partidos conservadores-liberais e partidos social-democratas ou socialistas, que, nas últimas décadas, constituíram uma rede de interesses promíscuos com a grande finança especulativo-parasitária, iludindo, o tempo todo, seus eleitores incautos.[50]

O sujeito não deixa ninguém pensar sozinho: é preciso entupir o texto de juízos de valor que direcionem os pensamentos, julgamentos e sentimentos do leitor. **É por isso que a esquerda é tão cativante.** Uma pessoa normal fala que o João foi comprar pão e depois voltou para casa e cochilou no sofá. Já um esquerdista fala que o João (eleitor do Maluf) foi comprar pão (embolorado e duro) na padaria (pior café que já bebi na vida) e depois voltou para casa (mais bagunçada que a cabeça do Žižek) e cochilou no sofá (onde bate nos filhos [o mais velho é feio, bobo e tem cara de melão]). É essa turma que se considera "imparcial".*

* Esse método de escrever tudo com adjetivos valorativos para direcionar o posicionamento do leitor, além de cansativo (os longos tratados filosóficos esquerdistas despidos dessa artimanha costumam ter no máximo trinta páginas), gera situações realmente hilárias. O site do PCO, que acusa até Lenin de ser pouco esquerdista, fez um texto comicamente intitulado "PSTU: agentes do imperialismo norte-americano e mundial". Além de a palavra "fascista" aparecer 13 vezes num texto de vinte parágrafos curtos ("direita" aparece 18 vezes), pinçamos do arrazoado a passagem em negrito no original que critica a "posição do PSTU de apoio à **direita burguesa fascista e direitista da Venezuela**" (*sic*). A "direita direitista"! Que outra contribuição o comunismo deixou à humanidade além do humor?

Bem engraçado para um camarada afirmar que, "num primeiro momento, os novos movimentos sociais não incorporam utopias grandiosas de emancipação social que exigem clareza político-ideológica".[51] O que seria de nós sem essa clareza? Só mesmo com outra carrada de adjetivos valorativos para perceber quão claro quer ser Alves:

> Os movimentos sociais agem no plano da cotidianidade insubmissa, rompendo com a pseudoconcreticidade paralisante da rotina sistêmica, mas permanecendo no esteio da vida cotidiana.[52]

Ou:

> Entretanto, acreditamos que a função heurística magistral dos novos movimentos sociais é tão somente expor as misérias da ordem burguesa senil.[53]

Ou ainda um pouco de dialética:

> Ora, enquanto cientistas sociais (e não apenas como ativistas sociais), temos que analisar os novos movimentos sociais com objetividade e na perspectiva da lógica dialética capaz de apreender a riqueza do movimento contraditório do real.*[54]

Para nossa felicidade, pessoas sem problema não tentam explicar que um carro explode ou que alguém toma pedradas nos olhos enquanto, tomando um gole de cerveja, comenta em meio a perdigotos: "mas você notou a objetividade da perspectiva da lógica dialética capaz de apreender a riqueza do movimento contraditório do real"?

Mas como era mesmo o papo de que os manifestantes do Occupy querem a legalidade e rejeitam utopias grandiosas ultrapassadas? Ouçamos uma vez mais o cara que fala do "terrorismo autoinduzido do estado de exceção":

---

* Fiquei com preguiça de colocar "(*sic*)" em tudo o que precisa, me desculpem.

> Talvez eles representem o espectro indefinido e nebuloso do comunismo que, como espectro do pai de Hamlet, nos anuncia que há algo de podre no Reino da Ordem burguesa.[55]

Segura o comunismo que agora vai!

Para entender melhor como criar um protesto, e por que, como que por coincidência, sempre há conflito com a polícia, podemos também dar uma cheirada no que escreve o comunista da velha guarda Mike Davis, que vê letargia onde há pouca violência. Reclamando žižekianamente da manezice do Occupy, Davis entra metendo os dois pés na porta em um ensaio significantemente intitulado *Chega de chiclete*:

> Para ser bem franco, a minha geração, educada no movimento dos direitos civis, teria pensado em primeiro ocupar os prédios e esperar que a polícia colocasse todos porta afora na base de cacetadas. (Hoje, os policiais preferem spray de pimenta e "técnicas não letais".)[56]

Por que toda essa quizomba, meu velho?

> Ainda que velhos radicais como eu sejam propensos a declarar como messias qualquer recém-nascido, essa criança tem o sinal do arco-íris.[57]

A violência também é processo. Foco na porrada: depois pergunte para quem está quase desacordado por que diabos ele está apanhando. Talvez — talvez — ele saiba a resposta.

O que importa, lembre-se, é aquilo de que o sindicato precisa, e não a sua consciência ou mesmo o seu estômago:

> Vivemos o renascimento de (...) uma compaixão generosa e espontânea, uma solidariedade baseada em uma ética perigosamente igualitária: Pare e dê carona a uma família. Jamais fure uma greve trabalhista, mesmo se sua família não puder pagar o aluguel. Compartilhe seu último cigarro com um estranho. Roube leite quando não houver para seus filhos e dê metade para as crianças do vizinho.[58]

A linguagem para a bestialidade é sempre eufemística e cheia de justificativas artificiais:

> Mais uma razão para arrebentar as amarras e escalar os muros que separam o espaço não usado das necessidades humanas urgentes.[59]

Creio que Mike Davis não vai aceitar facilmente esse discurso quando você quiser "escalar os muros que separam o espaço não usado" do cofre dele de sua "necessidade" de comprar um novo Playstation. Afinal, a coisa toda se resume a pegar o dinheiro dos outros e decidir nós mesmos como gastamos o que os outros produziram:

> A grande questão não é subir os impostos dos ricos ou realizar uma melhor regulamentação dos bancos. Trata-se de uma democracia econômica — o direito das pessoas comuns de tomar macrodecisões sobre investimento social, taxas de juros, fluxo de capital, criação de empregos, aquecimento global e afins. Se o debate não for sobre o poder econômico, ele é irrelevante.[60]

Mas o título de seu ensaio ainda é intrigante. Por que colocar logo no título uma expressão esquisita, "chega de chiclete" [*no more bubble gum*]? Davis explica no final que retirou o título do personagem Nada, do filme *Eles vivem* [*They live*], de John Carpenter. Em uma cena do filme, Nada explica aos seus inimigos: "Vim aqui para mascar chiclete e quebrar tudo... e meus chicletes acabaram." Mantenham o foco no objetivo verdadeiro, crianças: esqueçam o chiclete.*

---

* Para poder ler uma compilação desse tipo de, ehrr, ideias, este autor teve de comprar o livro *Occupy: movimentos de protesto que tomaram as ruas*, da Boitempo Editorial (aquela do Emir Sader, aquela do plágio que depois preferiu a tática neandertal de justificar seus fracassos culpando a direita). O leitor saberá me perdoar por ter dado 10 pilas para a camarilha do Emir Sader: os colaboradores do livro (Žižek, Davis, Safatle, Tariq Ali, Sakamoto, o próprio Sader) cederam seus direitos e não ganharam meus caraminguás por isso. Ademais, Noam Chomsky, que deveria fazer parte da coletânea, não aceitou a proposta irrecusável de ter suas ideias expostas sem ganhar uma mais-valia bruta por isso. Só rir disso já compensa as 10 pratas com que enriqueci os cofres da Boitempo.

"*Eat the rich*": Método econômico × método político

"Se esquerdistas gostam de algo, é subsidiado; se não gostam, é proibido."

Ann Coulter

Um dos principais agitadores do Occupy era Jimmy P. Hoffa Jr., filho de Jimmy Hoffa, líder familiar (modelo norte-coreano) do International Brotherhood of Teamsters (IBT), o maior sindicato americano, com mais de 1,5 milhão de filiados. Hoffa pai foi condenado por fraude, suborno, ligação com o crime organizado e, após quatro anos de prisão de uma pena de treze, recebeu perdão do presidente Richard Nixon. Jimmy Hoffa Jr. fez discursos exaltados contra os ricos,* dizendo que a hora dos bilionários havia chegado. O símbolo do slogan do Occupy "*Eat the rich!*" ("Comam os ricos!") — um cardume de peixinhos em formato de um peixe gigante que devora um peixe maior que os peixinhos — funcionava perfeitamente para sua verborreia: ou seja, era preciso distribuir renda do "1%" e taxar os ricos etc. etc. Na verdade, uma autofagia típica da esquerda. As aparições de Hoffa na MSNBC são notáveis pela raiva espumante. Em um discurso em Detroit em setembro, numa língua de sintaxe bem parecida com o inglês, ele soltou sua frase mais famosa: "Presidente Obama, este [aqui] é o seu exército. Nós estamos prontos para marchar... Todo mundo aqui tem um voto. Vamos tirar esses filhos da puta daí e devolver a América a uma América (*sic*) a que nós pertencemos."[61]

O jornalista investigativo Christian Hartsock o interpelou: "Sr. Hoffa, o senhor recebeu no último ano 300 mil dólares de pessoas que acreditam que o senhor está lutando contra os ricos" — afinal, o que ele queria? A resposta foi: "Bem, acho que o que devemos fazer é aumentar os impostos dos ricos."

Humm. Aumentar os impostos dos ricos vai fazer com que sindicatos como os do sr. Hoffa recebam *mais* dinheiro. O conhecido argumento *pro domo sua*: faz uso abusivo de uma expressão de suposta

* Uma tirinha dos *Malvados* já dizia: "Essa música eu escrevi contra a grana do papai."

validade universal para uma plateia pouco conhecedora, fingindo atender o bem comum, como "taxar os ricos", quando na verdade seu grande "projeto social" favorecerá seu próprio bolso à custa do trabalho alheio.

Toda a cantilena sobre "luta de classes", "nós somos os 99% [mais pobres]", "tax the rich" etc. etc. (zzzzzz...) só mostra que a principal diferença entre classes na América (e no mundo capitalista *de verdade*) é a que opõe, de um lado, a classe média, que trabalha para criar a riqueza que, sem ela, não existiria para "ser distribuída", e, de outro lado, justamente a classe dos "distribuidores", como Hoffa, que "trabalham" bem pouco (quando trabalham) e pegam para si parte da riqueza da classe média para "distribuir" entre os não produtivos (como eles próprios). Uma classe criadora, outra classe parasita, que se não fosse pelo trabalho da classe média (os "burgueses", os "coxinhas", os "exploradores") estaria mendigando.

Uma das distinções mais importantes e à qual mais tarde retornaremos neste livro é a do sociólogo Franz Oppenheimer (guardem este nome), que diz haver **duas formas de se obter riqueza: 1) o método econômico:** trabalhar com matérias e ideias e criar uma riqueza *antes inexistente* (por exemplo, transformar silício — areia — em microchips que valem milhões), fazendo com que as pessoas passem a desejar a sua criação (e fiquem dispostas a trocar o trabalho delas pelo seu trabalho); e **2) o método político**: simplesmente *tomar à força* o que os outros criaram. Economicamente falando, um ladrão, o governo e um sindicato fazem a mesma coisa — por isso, estes dois últimos adoram tanto falar de "política", como se fosse necessariamente uma coisa boa (na verdade, o único motivo para sermos "politizados" e ligarmos para política é nos darmos conta do quanto estamos sendo tungados pelo Estado contra a nossa vontade, tentando *diminuir* a politização de nossa vida). O método econômico *cria* algo que antes não existia, somando valor ao mundo. O método político *subtrai* algo de alguém que trabalhou e se esforçou por isso. "Distribuição de renda", "luta de classes", "combate à desigualdade" — tudo isso é apenas método político. Amar a política como políticos que enriquecem. E adivinhe o que nossos politizados de plantão mais defendem?

Michael Moore, discursando no Occupy, afirmava que os mais ricos do país ("e nós não votamos nessas pessoas, certo?") têm mais riqueza do que 150 milhões de americanos juntos. Ora, alguém precisa avisar para o sr. Moore que ninguém "vota" para dar dinheiro para alguém — ou na verdade vota, sim. Cada vez que você dá dinheiro para alguém em troca de uma tapioca, de ajuda para limpar a casa ou de um carro, está votando para que essa pessoa tenha um pouco do seu dinheiro (a riqueza que você *criou*) em troca dos frutos do trabalho dela (a riqueza que *essa pessoa criou*).* Nenhum industrial, empresário, grande esportista, artista ou qualquer outro rico da América *tomou à força* o dinheiro de alguém. Se lhes dão dinheiro, é em troca de algo que eles oferecem e que as pessoas querem. Então, sim, vocês "votaram" para essas pessoas terem dinheiro — inclusive deram de bom grado, vocês mesmos, essa bufunfa para esses ricos, do contrário eles hoje estariam falidos, desempregados e morando debaixo da ponte.

Mas, se é para distribuir dinheiro dos ricos, Michael Moore poderia começar a pensar em distribuir o seu próprio dinheiro, livremente. Pode-se, por exemplo, contemplar a casa de Michael Moore. Oh, espere. A casa de *férias de verão* de Michael Moore.[62] Se ele quer que os ricos deem dinheiro para políticos compulsoriamente, por que ele, que é multimilionário, não dá o dele? É fácil resolver o problema. Este é o cara que afirma que "o capitalismo não fez nada por mim. Este sistema não foi feito para alguém da classe trabalhadora". Pobre Michael. Alguém deveria fazer uma nova versão do Moonwalker do Mega Drive com Michael Moore no lugar de Michael Jackson, cujos chutes espalhavam o dinheiro que caía dos seus bolsos.**

---

* O fato de se perguntar em inglês "how much do you make?" em vez de "quanto você ganha?" revela o entendimento de um princípio óbvio da economia: quanto você "faz", o quanto você "cria" por mês, se refere à criação de algo que antes não existia — papel pintado sem formar um livro vale bem menos do que papel com o texto de um livro —, sem que se tenha "explorado" alguém ou "roubado" o trabalho de outra pessoa neste processo. Já em português, dizer quanto se "ganha" dá a impressão de que se está "pegando" algo de alguém. Bem disse Nietzsche que nunca nos livraríamos de nossos ídolos enquanto não nos livrássemos de nossa gramática.

** Para a sinopse mais engraçada do planeta, veja "Michael Jackson's Moonwalker — Angry Video Game Nerd — Episode 63". Disponível em: <http://youtu.be/zk1C0AhshtU>.

Note-se, ainda, que a fala de Hoffa (e de tantos outros) traduz uma verdade difícil de ser explicada para o público não especializado, ainda mais aqui no Brasil: o protesto *contra* o sistema político era *a favor* de um político específico. Muitas vezes, esse tipo de manifestação não é feito para *diminuir* o poder de políticos, mas para *aumentá-lo*, quando para este aumento é necessário algum tipo de comoção pública que permita uma ruptura constitucional aclamada pelo povo. Isto também se repetirá no Brasil.

No princípio era a verba

> "Eu nunca entendi por que é 'ganância' querer manter o dinheiro que você ganhou, mas não é ganância querer tomar o dinheiro dos outros."
>
> Thomas Sowell, *Barbarians Inside the Gates and Other Controversial Essays*

Os argumentos dinheiristas do Occupy são facilmente desmascaráveis, por apelarem apenas a bordões facilmente repetíveis como "nós somos os 99%" em vez de tratarem de pranchetas de custos. Na verdade, é apenas a velha retórica bolchevique intacta, revestida de eufemismos.

A crise de 2008 não foi uma crise de "especuladores" que abusaram de sua ganância. Qualquer investimento é especulação — as palavras são praticamente sinônimos. Um investimento pode render muito dinheiro (investir em uma empresa com um grande invento que possa melhorar a vida das pessoas em troca de um baixo custo, em um escritor talentoso ou em um sistema mais barato de distribuição de bens, por exemplo) ou pode deixar você sem o dinheiro que investiu. *Especular não é um problema, a não ser para quem especula.*

O problema da crise foi querer cobrir o rombo de empresas que, em vez de *concorrerem* no mercado (princípio basicíssimo do capitalismo), mancomunavam-se com o governo, através de leis espúrias que garantiam que, caso quebrassem, teriam seus maus investimentos (nome técnico para "cambalacho") cobertos com dinheiro público — ou seja, do pagador de impostos americano, que não tentou enriquecer facilmente através de mutretas. É fácil enriquecer apostando em cassinos, cavalos ou no pôquer, quando todas as suas apostas falhas são cobertas pelo governo — que, para isso, basicamente precisa aumentar impostos tomados à força de todas as pessoas. O problema, então, era *o contrário* da especulação.

Isto estava claro para verdadeiros capitalistas, que, como detestam planejamentos centralizados na força do Estado (são os caras que querem privatizar tudo), nunca aceitariam que o governo presenteasse maus investidores (que evitaram a competição) com dinheiro tomado à força do povo. Não à toa, Peter Schiff, ainda em 2006 e 2007, em debates televisivos sobre a economia americana, alertou com detalhes sobre uma grande crise por vir, acertando milimetricamente cada pequena filigrana de como a coisa toda iria estourar.*

Para antever em detalhes quais empresas iriam quebrar, quais investimentos iriam para o buraco e como o sistema iria virar uma bola de neve (o *subprime*, a crise das hipotecas, os critérios de empréstimo, as ações do mercado financeiro etc.), Peter Schiff seguiu os preceitos da Escola Austríaca, considerada a mais ortodoxa das escolas de economia. A Escola Austríaca recusa qualquer forma de dinheiro artificial — a "moeda elástica" — criada por Bancos Centrais, que imprimem dinheiro quando precisam financiar gastos do governo. Prefere o bom e velho padrão-ouro: dinheiro é o que você cria com o seu trabalho e pode trocar pelo trabalho de outros por um padrão de medida fixo e robusto. No dizer de J. P. Morgan, "ouro é dinheiro — todo o resto é crédito". Se quer uma dica de investimento, basta comparar o ouro com a Ibovespa ou o índice de Bolsa que você quiser. O ouro ganhou bonito nos últimos anos, e não foi por mágica.

Schiff, enquanto dizia isso em 2006 e 2007, era ridicularizado às gargalhadas por pessoas que garantiam que a economia americana estava uma maravilha e que era uma excelente hora para comprar ações

---

* O vídeo "Peter Schiff estava certo 2006-2007", que hoje se torna até engraçado, pode ser visto em: <http://youtu.be/8lpSnECTKW8>.

baratíssimas do Merrill Lynch, Bear Stearns, Goldman Sachs e Morgan Stanley. Como esse cara sabia que essas ações eram tóxicas?

Graças à sua ortodoxia, a Escola Austríaca não costuma ser estudada senão de passagem e como curiosidade excêntrica em cursos de Economia. Aulas e aulas são gastas explicando como ações do Banco Central geram um resultado X ou Y, enquanto a Escola Austríaca prefere, justamente, se livrar dessas manipulações de índices. São os economistas que não falam por tabelas. Não estudá-la, portanto, é um erro gravíssimo que se comete por aí.

O pré-candidato libertário à presidência em 2010 pelo Partido Republicano, Ron Paul, apesar de algumas ideias discutíveis para o mundo, entende perfeitamente os mecanismos do Banco Central que geraram a crise — e como, seguindo os preceitos da Escola Austríaca, podemos evitar crises e garantir que as pessoas não tenham o dinheiro de seu trabalho tomado delas. A compilação de seus pensamentos está no livro *O fim do FED*, essencial para se entender a crise de 2008, sobretudo o sistema de reservas fracionárias, pelo qual os bancos aumentam artificialmente o quanto "possuem" de dinheiro.

Ou seja, ao contrário do que se pensa, o dinheiro que as pessoas depositam no banco não está lá, pronto para ser resgatado a qualquer hora. Os bancos se emprestam entre si, e cobram juros menores porque não precisaram poupar tanto para ter aquela reserva. Se um depositante deixa 1.000 dólares no banco, o banco pode dizer que tem 10 mil no total e cobrar juros mais baixos, sem ter de esperar para conseguir os 10 mil. Isto é feito pela crença de que os clientes de um banco não vão todos sacar ao mesmo tempo tudo o que depositaram, deixando o banco sem nada em caixa — o que revelaria, afinal, que o banco não tinha o dinheiro que jurou que tinha e que torrou tudo o que os seus clientes gastaram uma vida para poupar, acreditando que suas economias estariam "seguras" em um banco. Essa crença prosseguiu até que a quebra de alguns bancos fez com que os clientes deles tentassem sacar ao mesmo tempo tudo o que tinham.* Catapimba. Não surpreende que

* Um resumo de como funciona este sistema imoral, insano e agafanhador pode ser lido em "O sistema bancário de reservas fracionárias", de Murray Rothbard. Disponível em: <http://www.mises.org.br/Article.aspx?id=311>.

as teorias de social-democracia, que, por gostarem tanto de economia estatal, tentam misturar controle central econômico socialista com alguma possibilidade de empreendimento capitalista, são as primeiras a irem na direção oposta da Escola Austríaca, preferindo privilegiar empresas em conluios inescrupulosos com políticos que mandam na economia a muque.

A máxima *time is money* é essencial para se entender por que a Escola Austríaca é uma escola de economia superior a qualquer outra: se o dinheiro agora tem um preço, o mesmo dinheiro no futuro tem outro. Por isso, quando pegamos um empréstimo para ter dinheiro agora, pagamos juros na hora de devolvê-lo:

> O direito à remuneração provém de que o banqueiro não troca simplesmente uma riqueza por outra, mas troca riqueza em ato por riqueza em potência, o que seria rematada loucura se o sistema bancário, no seu conjunto, não estivesse apostando no crescimento geral da economia e sim apenas no enriquecimento da classe dos banqueiros. A concentração do capital para financiar operações bancárias não é portanto um malefício que só pode produzir algo de bom se for submetido a "finalidades sociais" externas (e em nome delas policiado), mas é, em si e por si, finalidade socialmente útil e moralmente legítima.*

Essa é a tal "usura", tão condenada nos judeus, que ajuda pessoas como Adolf Hitler e Slavoj Žižek a criticarem tanto os capitalistas, uma crítica que se recusa a perceber que os capitalistas não estão cobrando a mais de você "porque são malvados", e sim porque é o justo — e isto ainda pode ajudar você com seus empreendimentos para enriquecer posteriormente. Foi a Escola Austríaca a principal força a mostrar que o antissemitismo e a crítica à usura, presentes em Dostoievski, T. S. Eliot ou Ezra Pound, são um erro.

Não por mera coincidência, o antissemitismo foi palavra de ordem no Occupy, cujos cartazes traziam pérolas como "*Google the following:*

---

* Olavo de Carvalho. "Capitalismo e cristianismo". Disponível em: <http://www.olavodecarvalho.org/textos/capitalismoecristianismo.htm>.

Wall St. Jews, Jewish billionaires, Jews & Federal Reserve Bank". A esquerda deveria se lembrar disso toda vez que ousar chamar alguém de "fascista" ou fingir indignação porque alguém na história já mandou judeus para câmaras de gás. É o mal de pensar que o mundo se divide entre "opressores" e "oprimidos" — o "castigo" que passam a merecer os supostos "opressores" (burgueses, judeus, infiéis — ou tudo o que caiba na palavra "coxinha") torna-se, então, inédito na história mundial.

Essa explicação, obviamente, não é até hoje conhecida senão pelos poucos que foram atrás da tal Escola Austríaca e que, inevitavelmente, passaram a defender o seu sistema (existem dois tipos de pessoas: aquelas que conhecem as filosofias liberais e conservadoras e aquelas que as criticam o dia inteiro — nunca existiu uma pessoa que pertencesse aos dois grupos ao mesmo tempo). Fora deste ciclo, poucos pareceram interessados nessas questões técnicas, que evidentemente não poderiam caber nos cartazes do Occupy.

Sabendo então que a riqueza é *criada*, e não *tomada* (na verdade, os únicos que querem tomá-la à força, além de ladrões, são políticos e quem mais deseje uma economia dirigida pelo Estado, que não produz nada), resta a questão dos "99%".

Esse percentual parece, é claro, bem alto para justificar tanta gritaria sobre a "desigualdade social". Todavia, se a riqueza é criada, então não é de se espantar que alguns produzam bem mais do que 99 vezes o que outros produzem — nós não produzimos o que Bill Gates e Steve Jobs produziram, e eles nunca tomaram nosso dinheiro à força: apenas ofereceram produtos que, por serem vantajosos a nós, preferimos utilizar em troca do preço pelo qual eles os ofereceram (e que a lei de oferta e procura tratou de colocar no lugar). Nós *escolhemos* dar nosso dinheiro a eles. É a liberdade de ação, de pensamento e de mercado, não a "liberdade" da esquerda. Mas a ânsia de controle pega pesado entre os jovens do Occupy e do Brasil. Nas palavras de Eric Hoffer, um estivador que dormia em trilhos, passava as noites estudando, e cujas seguintes palavras foram lidas pelo presidente Dwight Eisenhower:

> Aqueles que veem suas vidas como fracassadas e desperdiçadas almejam a igualdade e a fraternidade mais do que a liberdade. Se eles clamam por liberdade, é nada mais que a liberdade para estabelecer a igualdade e a uniformidade. A paixão pela igualdade é, em parte, a paixão pelo anonimato: ser um dos muitos fios que compõem uma túnica. Os que clamam mais alto pela liberdade são muitas vezes os menos propensos a ser felizes em uma sociedade livre. Os frustrados, oprimidos pelas próprias deficiências, culpam a existência de restrições por seus fracassos. Na verdade, o seu desejo mais profundo é pelo fim do "livre para todos". Eles querem eliminar a livre concorrência e os testes cruéis a que o indivíduo está continuamente sujeito em uma sociedade livre.[63]

Uma vida sem poder escrever um livro no Word é muito mais desvantajosa do que o preço que se paga por um notebook com o programa. Mesmo não tendo a sorte de ter nascido nesse ciclo de berço de ouro dos filhos de Bill Gates, não temos motivo para culpar a riqueza dele pela nossa pobreza. "Distribuí-la" significa tão só usar o método político e subtrair algo de alguém que criou o que antes não existia. Apenas trocaremos o sistema da criação pacífica por um *modelo político* em que se pode tomar o trabalho dos outros sob qualquer alegação de ocasião. Em vez de menos pobres, criaremos saqueadores que se reputarão justos. Os mundos do Passe Livre, do Obamacare, do Fora do Eixo e do totalitarismo soviético aspiram ao mesmo ideal: formar uma sociedade de pilhadores que podem tomar nosso trabalho a qualquer hora, como James Hoffa. Mas, para Slavoj Žižek, "os sonhadores estão em Wall Street". Talvez ele esteja certo, se tomarmos "sonhadores" apenas no sentido de "pessoas que não percebem o perigo que estão correndo".

Corrigir a anarquia do mercado com a opressão do governo: a pior ideia que a humanidade já concebeu

"Dar dinheiro e poder para o governo é como dar whisky e as chaves do carro para adolescentes."

P. J. O'Rourke

Com o fracasso do socialismo, que não fez mais que produzir fome e morte na escala de mais de uma centena de milhão em tempos de paz, o discurso de esquerda de hoje em dia mudou seu foco para a "desigualdade de oportunidades". Na verdade, apenas se usa um eufemismo para defender a mesma coisa. Oportunidades existem mais quanto mais livre é o mercado e quanto mais Bills Gates existem para oferecer lugares e ferramentas com que possamos trabalhar e, quem sabe, nos tornarmos nós mesmos o próximo Bill Gates. Contudo, "igualdade de oportunidades" não vai fazer a mais remota diferença na liberdade do capitalismo: cada um aproveita suas oportunidades de um jeito, e seus filhos já nascem com oportunidades diferentes graças a isso (compare a "igualdade de oportunidades" de alguém que fale inglês como língua nativa com a de alguém que fale basco). E mesmo essas oportunidades são melindrosas: como diz Thomas Sowell, ele teve as mesmas oportunidades na vida para se tornar Michael Jordan — o que eles tiveram de diferente foram capacidades.

Claro, como as famílias dispõem de rendimentos diferentes e crianças nascem de famílias diferentes, surge a crença de que devemos aumentar loucamente o imposto de renda e tributo sobre o direito de herança. O que, na prática, é dizer que Bill Gates deve trabalhar e ganhar até certo ponto, e a partir dali todo o trabalho que ele fizer deve ser tomado dele para dar a outras pessoas (estranho, visto que nunca ninguém na humanidade doou tanto dinheiro para causas humanitárias quanto Gates). Se Gates quiser criar novos programas que permitam a indianos ou chineses que sempre foram pobres ter contato pela primeira vez com uma riqueza que só passou a *existir* a partir da computação doméstica em massa criada pelo Vale do Silício, negativo: o dinheiro de Gates deve ir para sindicatos e agremiações que vivem de chupinhar "os poderosos". Não parece ser um bom estímulo para que Gates crie novos empregos e tecnologias. E, claro, significa que cada filho de cada família no mundo é de responsabilidade de todas as outras — assim, se eu entupir minha casa de filhos, meu caro, você deve sustentá-los por mim. Cada um deles deve ter "igualdade de oportunidades" em relação ao seu filho único, afinal. Agora, trabalhe, pois meu filho quer um Playstation. Viu como as piores ideias vêm sob as melhores das intenções e slogans?

Tentar "reformar" a sociedade com base neste racionalismo de tabelas* foi a pior coisa que já aconteceu à humanidade. O comunismo, o nazismo e todos os totalitarismos nada mais são do que a materialização desse princípio coletivista de "igualdade" forçada.

Ou temos 1% de pessoas muito mais talentosas (o que é este livro perto de Goethe, Proust, Nabokov ou Unamuno?) ou teremos 100% de pobres; afinal, essa riqueza *não existirá*. Sem incentivos para as pessoas terem algum resultado de seu trabalho (a "ganância por lucros" tão criticada), não teremos produção de comida em quantidade suficiente para todos. Malthus estaria certo, não fossem os incentivos para se criar riqueza para todos terem uma parte do butim. Não surpreende, portanto, que a "igualdade" socialista tenha significado genocídio e a escravização de todos trabalhando para o Estado e recebendo cada vez menos em troca — ao passo que, no capitalismo, a vida e a economia tenham sido cada vez menos politizadas, e os países desenvolvidos tenham "pobres" que matariam qualquer norte-coreano de inveja.

O socialismo causou fome aos milhões por insistir em uma luta de classes que não existe — pobres e ricos querem o mesmo: enriquecer. Na verdade, podemos, como faz Thomas Sowell, tentar imaginar um sistema tão radical que prometa que a maioria dos 20% mais pobres da população passe, em uma geração, a fazer parte dos 20% mais ricos se trabalharem. Mas não é preciso imaginar tal sistema maravilhoso: ele

* *As viagens de Gulliver* é uma excelente sátira a esta tentativa. Ver minha resenha em: <http://ordemlivre.org/posts/as-viagens-de-gulliver-a-satira-como-atuacao-politica>.

já existe, chama-se Estados Unidos da América. Essas "classes sociais" são assim porque representam escolhas de vida das pessoas por cujas consequências são elas mesmas as responsáveis e não todo mundo.

Uma pesquisa do *Wall Street Journal*, no Departamento do Tesouro americano, mostrou que, entre 1996 e 2005, 58% daqueles que estavam na camada mais pobre da população ascenderam a uma camada mais alta. *Falamos de nove anos*. Quase 25% dos que estavam no grupo mais baixo moveram-se para a classe média ou média alta, e 5,3% subiram para o quinto mais rico em dez anos. *Dez anos*.

O capitalismo faz isso barateando produtos para que cada vez mais pessoas possam comprar — o mercado, que é você, sou eu e somos nós, quer dinheiro, e precisa que as pessoas lhe deem dinheiro. Podendo comprar mais coisas com o mesmo dinheiro, fica fácil subir para uma qualidade de vida maior — e ainda ganhar cada vez mais dinheiro com o tempo e conforto que vão fazendo parte da sua vida.

No mesmo período, os rendimentos de todas as classes subiram 24%. Quem estava na camada mais baixa teve aumento de 90,5%. O papo de que os ricos vão ficando cada vez mais ricos e os pobres mais pobres tampouco se sustenta: os mais ricos viram sua renda aumentar, em média, 10%. Sem distribuição de renda: trata-se apenas de fazer o mercado se interessar por novos consumidores. Por sinal, 57% dos mais ricos caíram um degrau naquela década. Você acha mesmo que o capitalismo é "interesse de classe" dos ricos, que exploram e prejudicam os pobres? Tente fazer uma economia dirigida, fechada, "social", como a brasileira, passar os 20% mais pobres para os 20% mais ricos em dezessete anos e verá que é impossível. Tudo o que se tem são índices manipulados e votos em "salvadores" que "gostam de pobres".

É claro que é possível aumentar mais o rendimento dos pobres taxando a classe média com a "distribuição de renda", mas isso significa estancá-los eternamente na classe média baixa — se tentarem comprar uma TV de plasma, fazer uma viagem pelo Primeiro Mundo, ter um pequeno conforto como um carro, oh, não, eles terão de pagar tantos impostos ao chegarem à "classe média" que é preferível que continuem lá embaixo, dependendo de algum programa social de algum político para ter algumas migalhas. Sem falar que, com a falta de enriquecimento geral, logo esses programas significarão cada vez menos sendo tomado e menos sendo "dado".

Não à toa, certo partido no Brasil se vangloria de "ter tirado milhões da miséria",* mas nunca fala de como fazer esses emergentes subirem além daí: uma vez chegados à classe média, é nela para sempre que vão ficar, a não ser que virem políticos. Melhor ascensão só é possível no capitalismo (não pergunte ao Michael Moore, só cheque a conta bancária dele e veja quantos cubanos quiseram ver seus filmes). Qual o motivo da chiadeira sobre sermos "os 99%"?

Por sinal, quando escapamos dos trejeitos linguísticos infelizmente herdados do marxismo (do contrário, a "desigualdade de renda" não seria assunto em lugar nenhum, muito menos em Wall Street), é fácil nos darmos conta de que essa estatística não é tão assustadora quanto parece. A diferença de renda não é nada gigantesca: 90% dos americanos fazem entre 30 mil e 90 mil dólares por ano. Comparar um sem-teto com Warren Buffett é dramático, mas ambos são exceções das exceções das exceções. Quer um país com maior "igualdade de renda" do que aqueles com economia mais aberta e descentralizada, onde as pessoas simplesmente trocam o que querem pelo trabalho delas? Basta olhar os índices de liberdade econômica[64] e tentar procurar algum país não capitalista com população rica ou algum país com economia aberta e população pobre, explorada e mequetrefe. A realidade é exatamente o oposto do que se aprende em livrinhos marxistas por aí. Neste sentido, é preciso resgatar a palavra "liberdade" dos defensores do igualitarismo, que defendem justamente a impossibilidade de trabalhar livremente.

---

* Manipulando índices, puramente. Em vez de enriquecer os pobres, passam a considerar "classe média" quem ganha R$ 291 por mês, R$ 9,70 por dia. Ver "O Brasil e a classe média de 291 reais". Disponível em: <http://exame.abril.com.br/blogs/reporter-x/2012/05/30/o-brasil-e-a-classe-media-de-291-reais/>) Troca-se apenas o critério, sem enriquecer muito ninguém, e lá vai a militância petista repetir o automatismo de que Lula "tirou milhões da miséria". Uma forma acintosa e absurda que já utilizaram para vender essa falcatrua foi dar 2 reais (*sic*) em programas sociais para uma família atingir o "patamar" superior de R$ 291 por mês. Ver meu artigo "Governo 'tira 13 mil famílias da miséria' lhes dando R$ 2". Disponível em: <http://www.implicante.org/blog/governo-tira-13-mil-familias-da-miseria-lhes-dando-r-2>.

O pensador aristocrata austríaco Erik von Kuehnelt-Leddihn (1909-1999), figura curiosíssima, de conhecimento enciclopédico e capaz de falar oito línguas e de ler em outras dezessete, foi um dos maiores estudiosos do nazismo, tendo fugido das legiões de Hitler para a América. Até no Novo Mundo, aliás, preferiu escrever por longos períodos sob pseudônimo para evitar os espiões nazistas que atuaram mesmo depois da derrota na Segunda Guerra. Nas palavras de Kuehnelt-Leddihn, em *The Menace of the Herd* [A ameaça do rebanho]: "Liberdade é pouco mais que um mero nome sob todos os governos absolutos, incluindo os da maioria numérica, e só pode ter uma existência segura e duradoura sob aqueles de forma concomitante ou constitucional."[65]

Ser pobre na América, ou em qualquer economia livre, significa ser muito mais rico do que a classe média e média-alta em países de economias baseadas no Estado-Babá e no dirigismo "social". Alguém de classe média-alta na Venezuela não pode comprar tantos bens quanto um americano mixuruca. É por isso que muitas pessoas se arriscam de todas as formas para fazer parte dos "pobres" da América, como os cubanos que usam geladeiras como barcos para enfrentar os tubarões. Então, caros ocupantes de Wall Street, é triste informá-los (sobretudo os que puderam tomar um voo para New York City e aproveitaram para fazer uma algazarra), mas, mesmo muitas vezes não fazendo nada por merecer, **vocês não são os 99%. Vocês são o 1% mais rico do mundo.** *Cheer up!**

Com dados do governo, Nicholas Eberstadt mostrou que, em 1900, só 2% das casas tinham eletricidade e apenas uma em cada dez tinha descargas. Menos pessoas viviam na pobreza em 1973 do que hoje, mas hoje 75% destas pessoas "pobres" têm um carro. É mais fácil encontrar hoje um pobre conectado à rede mundial de computadores via satélite do que era encontrar no começo do século XX alguém de classe média baixa conectado à rede de saneamento básico. Se a desnutrição foi um

* Estes dados são retirados do artigo "Beating the Income Inequality Drum", de Dean Kalahar, na imprescindível *American Thinker*, desmistificando de vez esse papo de "desigualdade de renda". Disponível em: <http://www.americanthinker.com/2014/01/beating_the_income_inequality_drum_3.html>.

problema no passado, hoje um dos maiores problemas para os pobres americanos é a obesidade.

Isto é ser "pobre" hoje: ter alguns confortos criados pelo engenho humano que um nobre ou rei medieval nunca pôde ter. Não havia um único banheiro no Palácio de Versalhes na época da Revolução Francesa — o próprio Rei Sol tinha de se sujeitar a certos rituais que a maioria dos pobres não precisa repetir para satisfazer suas necessidades. Não sem razão, quando os manifestantes do Occupy recusaram o capitalismo e inventaram um regime *hippie* à parte, tiveram de retroceder alguns séculos e viver sem privadas, sem descargas e sem esses confortos do capitalismo, que o próprio Slavoj Žižek considera "ideológicos". De fato, só mesmo o capitalismo para nos permitir matricular a molecada na natação com tamanho conforto.

Não foi o SEIU, não foram sindicatos, não foi a distribuição de renda, não foi o fim da desigualdade que permitiram tudo isso. Foram pessoas querendo lucrar que baratearam seus serviços ou sua distribuição. Os "gananciosos". Não foi o partido dos pobres, não foi o programa assistencialista, não foi nenhum político ou burocrata ganhando votos em troca de "tirar milhões da miséria". Foram pessoas que ganharam muito dinheiro dando aos pobres o que eles queriam. Viu como o capitalismo recompensa quem faz boas coisas?*

No socialismo e em seus eufemismos "sociais", conseguir dinheiro (fazer com que as pessoas desejem o que você faz e se disponham a pagar por isso) é uma traição, pois todo o dinheiro deve vir do partido que está no poder, que deve receber loas e votos por isso.** Ganhar mais do que o seu vizinho é traição a todo o sistema, que é centralizado precisamente para que vocês sejam iguais (mesmo aquele seu vizinho preguiçoso, malandro, enganador). Como a igualdade é *artificial*, qualquer preocupação "social" do Estado tem de *forçar* as pessoas a perderem dinheiro, bens ou direitos em nome de um ideal: "Deve ser declarado novamente com toda a franqueza que a igualdade pressupõe *força* em função de sua falta de

---

* Há anos que garanto que paro de defender o capitalismo se alguém refutar apenas este artigo de uma página de Thomas Sowell, "The Real Public Service", disponível em: <http://www.creators.com/opinion/thomas-sowell/the-real-public-service.html>. Até hoje continuo capitalista até a medula.

** Calma, não citei *quem vocês estão pensando.*

naturalidade. Força é o fim da liberdade, assim como da fraternidade."[66] **É a diferença básica entre capitalismo e socialismo: o capitalista lucra vendendo livros sobre Marx, e o socialista mata você.**

Como se vê, as pessoas criticam tanto o capitalismo por "gerar desigualdade e pobreza" (na verdade, gerar riqueza, mas não automática e distribuída) justamente por não compreenderem o que é o liberalismo, a maior filosofia da liberdade. Trocá-lo pelo rebanhismo e pela credulidade na propaganda de um "outro mundo perfeito possível" foi justamente a ideia que mais matou pessoas em toda a história mundial no século XX.

Quando estiver em dúvida sobre o que fazer com um homem e sua liberdade, apele para o adágio universal: *in dubiis libertas*. Na dúvida, a liberdade.

A escatologia apocalíptica

> "Todas as revoluções se evaporam e deixam atrás de si apenas o limo de uma nova burocracia."
>
> Franz Kafka

O Occupy não conseguiu chamar a atenção sequer dos nova-iorquinos enquanto era um ajuntamento anticapitalista, mas, após o episódio na Brooklyn Bridge, chamou a atenção da América e do mundo inteiro, tendo atos "copiados" em todos os cantos do planeta, camuflando suas intenções e se tornando uma manifestação genérica de insatisfação. Porém, depois do quebra-pau mais desabrido (a "minoria de vândalos" que "se aproveita" da "manifestação pacífica"), as pessoas simplesmente pararam de andar com sindicalistas com megafone.

O Occupy acabou de maneira abrupta, absurdamente mais rápido do que começou: como o grosso da coisa toda eram acampamentos, o FBI e o Homeland Security, invocando a Joint Terrorist Task Force, começaram a monitorar os acampamentos e simplesmente os despacharam dali. Nos últimos dias de 2012, com o agravante da neve, o Occupy já era história. Tudo muito repentino. Um erro que não se cometeria no Brasil: nada de acampamentos.

O leitor talvez não acredite, mas o principal motivo alegado para o uso da força estatal para o fim do Occupy foi a quantidade de porquice nos acampamentos. Sem contar que saíam cagando em todo canto que vissem que *parecesse* ou *pudesse ser usado* como uma privada.[67] O modelo de alívio intestinal mais higiênico a ser utilizado depois de entupidos os banheiros químicos era liberar o escorralho em baldes coletivos, o que lembra aquela piada do judeu que pergunta: "Sarah já fez? Já! Isaac já fez? Já! Rachel já fez? Já! Jacozinho já fez? Já! Ah, então *bode* dar *o* descarga!"

O curioso é o famoso efeito de poder da esquerda, que, para combater o poder vigente (sempre chamado de "fascista"), tem como solução aumentar esta concentração de poder para "vencê-lo". O movimento que queria regular tudo através do Estado em nome do bem-estar público acabou regulado por leis de bem-estar público: vizinhanças próximas de acampamentos não aguentavam o mau cheiro e os funcionários da limpeza não davam conta de se livrar dos dejetos filosóficos que o movimento legou à humanidade. Isto porque cada acampamento tinha a sua "Comissão de Limpeza"* (pergunte quantos se voluntariavam em autogestão para tal função, e quantos queriam ser da "Assessoria de Imprensa", para aparecer na mídia que tanto criticavam). É o mal de se livrar da "ganância" do capitalismo que "oprime os pobres": enquanto, do outro lado da rua, havia privada com descarga funcionando para todo mundo, no acampamento do "outro mundo possível" os troços quase serviam como barricadas. Dois sistemas políticos diferentes divididos por uma rua, dois sentidos bem distintos para "fazer um depósito no Bank of Boston".

Para ter uma imagem com cores mais sólidas, basta lembrar que um sistema de esgoto não é apenas uma novidade do capitalismo — o Occupy, com sua "nova democracia de 99%" e suas reivindicações pela força, queria

* Manuel Castells, considerado o "principal analista da era da informação e das sociedades conectadas em rede", além de não passar informação nenhuma das que vão acima para defender o Occupy, garante em seu *Redes de indignação e esperança* (Rio de Janeiro: Zahar, 2013) que esta descarga que acabou com o movimento se deu "a despeito dos esforços de limpeza e saneamento realizados diariamente na maioria dos acampamentos" (p. 149). Não temos nenhuma dúvida de que os acampamentos faziam "saneamento", todo santíssimo dia. Se o maior sociólogo do mundo jura de pés juntos que criaram uma rede de saneamento própria para o Occupy, quem somos nós para discordar? Nenhuma dúvida, não precisa se explicar.

nos fazer regredir à Idade Média. Ou à Antiguidade do Império Romano. Não, pior: foi quando Roma ainda era um reino, por volta de VI a.C., que construíram a *Cloaca Maxima*, uma das mais antigas redes de esgoto do mundo, projeto iniciado por Tarquínio Prisco e concluído por Tarquínio, o Soberbo. Usando as cheias do rio Tibre, enviavam as hipóstases de nossos antepassados para mais de 400 quilômetros até o mar Tirreno. Obviamente apenas a escumalha dos romanos era cuidadosamente tirada de perto deles por este sistema (embora isso não tenha sido um privilégio da monarquia: como é consabido, um pacotão exala seu odor ao nariz de qualquer um antes de perguntar sua classe social). Foi apenas com o capitalismo, que, em vez de criar bens para nobres, cria *bens de consumo* (ou seja, em massa, para todos), que as privadas e o saneamento básico se tornaram algo tão "natural", "para todos", que hoje são considerados por alguns até um "direito". Todavia, ao recusar estes traços civilizacionais em nome de algo "melhor" do que o capitalismo, o cagaçal do Occupy conseguiu regredir 2.600 anos. *Em Roma, sê romano* — mais algumas décadas e o Occupy conseguiria nos subtrair de nossa condição de mamíferos.

Slavoj Žižek, mais uma vez, previu corretamente que a comida precisava de um fim ideológico — e estava certíssimo quando descobriu que, quando você aperta um botão, a merda vai embora. O problema é que só os capitalistas parecem criar esse botão para todos.

Com este panorama do Occupy, fica absolutamente mais fácil compreender o que foram as manifestações de junho de 2013 no Brasil. O roteiro é idêntico, os discursos só precisam de leves adaptações e os personagens trocam de nome. Ok, o Brasil soube limpar o próprio bumbum com uma eficiência infinitamente maior.

Seria uma tarefa hercúlea citar dez jornalistas na imprensa brasileira, cinco que sejam, que tenham tomado conhecimento desse conjunto de informações sobre o Occupy que acabamos de apresentar. Isto, no entanto, não impediu a maioria deles de invocar "sociólogos" e toda sorte de "especialistas" para emitir um mol de opiniões sobre o "social", sobre como as pessoas não aguentavam mais e foram para a rua espontaneamente mostrar que políticos devem ter medo do povo, e sobre como tudo descambou em violência por mero acidente.

Isto também se repetirá tediosamente no Brasil.

PARTE II

Dies iræ: Primeira fase — 20 centavos que mudaram o Brasil

"Dies iræ! dies illa
Solvet sæclum in favilla
Teste David cum Sibylla!

Quantus tremor est futurus,
quando judex est venturus,
cuncta stricte discussurus!"*

* Em tradução livre: "Dia da Ira, aquele dia / Em que os séculos dissolver-se-ão em cinza, / (será) David com a Sibila por testemunha! / Quanto terror está prestes a ser, / Quando o Juiz estiver para vir, / Em vias de julgar tudo severamente!"

Primeira fase: os 20 centavos da discórdia*

"I do not need a cause for my rage
I just despise the nature of the human race
When all I see is repulsion and hate
Violence becomes my only friend, my saving grace"

Kreator, "Violent Revolution"**

Eles queriam parar São Paulo. Eles queriam muito trânsito. Eles conseguiram seu objetivo com qualidade e eficiência.

Seria insano descrever para uma geração mais recente que a Revolução Russa começou porque as pessoas saíram em massa para as ruas sem nenhuma organização, que tudo se deu sem nenhuma bandeira ou motivo claramente definido e de contornos distintos, que as pessoas se revoltaram violentamente sem saber contra o quê ou quem — sem nem discutir, afinal, se a revolta era contra o czar ou se era apenas uma reclamação contra seus opositores que não pôde ser enviada por escrito. E de repente se deu a maior revolução da história mundial. A Rússia, o maior país do mundo, com a maior revolução do mundo, sendo descrita não por seu conteúdo, mas só pela forma.***

Mas foi exatamente assim que "o gigante acordou" em junho de 2013, em outro país de proporções continentais, na América Latina. Sem conteúdo, apenas pela forma. O importante era ter gente. *Muita gente.*

---

* Um gigante assustadoramente parecido com os vilões dos Changemen que destruíam Tóquio.

** Em tradução livre: "Eu não preciso de motivo para a minha raiva / Eu simplesmente desprezo a natureza da raça humana / Quando tudo que vejo são repulsa e ódio / A violência se torna a minha única amiga, a minha graça salvadora" (Kreator, "Revolução violenta").

*** Não à toa, o artigo sobre a Revolução Russa de 1905 na Wikipédia, a primeira Revolução que gerou mais desgraça e vontade da Revolução de 1917 (*as usual*), começa assim: "**A Revolução Russa de 1905** foi um movimento espontâneo, antigovernamental, que se espalhou por todo o Império Russo, aparentemente sem liderança, direção, controle ou objetivos muito precisos." Ver: <http://pt.wikipedia.org/wiki/Revolu%C3%A7%C3%A3o_Russa_de_1905>.

A mensagem não era "vamos derrubar a presidenta!", "vamos parar de fazer obras em Cuba!", "vamos trocar nosso sistema jurídico". A mensagem era apenas "Vem pra rua!" — assim, sem nem explicar por quê. Como se chama um amigo preguiçoso para o bar. "Vem pra rua, nós temos cookies."

Para compreender as manifestações de junho, é preciso perguntar quem as organizou — mesmo que a cantilena sobre terem sido "espontâneas" seja martelada dia após dia para explicá-las. Se elas foram "convocadas pelas redes sociais", *quem* as convocou? Com *qual objetivo*? *Por que* se deram neste formato? *A quem* favoreceu que o junho de 2013 fosse daquela forma? Por que *milhões* de pessoas foram às ruas, mas *tão poucas* sabem responder a essas perguntas simples e óbvias?

Repentinamente, foi dito que as manifestações, que começaram por causa do aumento do preço da passagem de ônibus, mas que "foram além" desse motivo, se tornaram manifestações sobre *qualquer coisa*, e acabaram tomadas por uma "minoria de vândalos", cujos atos de violência afastaram as pessoas das ruas. Esse desfecho fez com que, em um momento seguinte, as manifestações fossem apenas um motivo para que jovens, universitários ou em idade universitária, se juntassem e, em bando, começassem a quebrar o que vissem pela frente — vândalos em sentido original, como a tribo germânica que invadiu o Império Romano e o saqueou apenas com sua força de destruição imediatista superior.

O que essa narrativa parece esquecer seletivamente é que as *primeiras* manifestações — aquelas que só falavam do preço da passagem e de *nada mais* — foram um vórtice de destruição só comparável a um desastre natural ou a ataques do crime organizado ou terrorismo. Nenhum outro evento recente causou tantos estragos.

Por que, afinal, o gigante que "acordou" com estas manifestações falou de tudo, de propostas de emendas constitucionais à pena de morte para políticos corruptos, de melhores planos de carreira para policiais até a acabar com a polícia — mas não falou sobre... o preço da tarifa de ônibus?

Para responder a essas perguntas, é preciso escarafunchar essas manifestações desde a origem — ou antes de quando elas começaram. É preciso dissecar os protagonistas ocultos da tragédia que insistem em fugir do palco quando o cerco se aperta.

Antes de junho de 2013: início da *infowar*

> "Não é preciso ter a maioria para prevalecer, mas sim uma minoria irada e incansável, disposta a tacar fogo nos matagais das mentes das pessoas."
>
> Samuel Adams

Os transportes foram tema premente no Brasil e na cidade de São Paulo por décadas, mas a questão explodiu de vez na passagem do século. Setor hiperestratégico (são as linhas de transporte os primeiros alvos de ataques durante as guerras) e com muitos interesses poderosos, os transportes serviram de mote até para um icônico candidato a prefeito e presidente que apenas repete seu plano de construir um tal de "aerotrem" para resolver todos os nossos problemas. Nos anos 1990, teve Celso Pitta e seu malfadado "Fura Fila" como encalhe bilionário na cidade. A seguir, veio a máfia dos perueiros, que gerava assassinatos semanais em disputas por pontos e se desconfia de que serviu como um dos principais caixas financeiros do PCC,[1] Primeiro Comando da Capital, a versão paulista da organização criminosa carioca Comando Vermelho (CV).

O prefeito de Santo André, Celso Daniel, foi assassinado em circunstâncias absurdamente "misteriosas" quando começou a enfrentar uma possível máfia que se alimentava da corrupção com o transporte estatal em sua cidade,[2] que, segundo tese do Ministério Público, serviria para financiar campanhas políticas do PT,[3] sem que nenhum político tenha sido preso por isso até hoje. O prefeito foi sequestrado e barbaramente torturado. Sete pessoas ligadas ao caso foram assassinadas a seguir. Primeiro, o garçom que serviu o último jantar ao prefeito. Vinte dias depois, a única testemunha, Paulo Henrique Brito, morreu com um tiro nas costas. O agente funerário que reconheceu o corpo foi morto com dois tiros. O detento apontado como o elo entre o mandante do assassinato e a quadrilha que executou o prefeito foi morto na cadeia na frente do seu advogado. Outro detento, que tinha informações sobre a encomenda do crime, também foi assassinado. O investigador e até o legista que descobriu que Celso Daniel havia sido torturado foram mortos também.[4]

Esses homicídios todos ocorreram em poucos meses, e o PT até hoje trata o assassinato do ex-prefeito (petista, e que fazia uma faxina em sua alcova, pois sabia que seria um dos ministros de Lula) como um crime comum. Os políticos com interesses milionários em lucrar com transporte estatal — e que devem possuir envolvimento até a medula com o assassinato de quem tentou acabar com a festa — ganham votos até hoje e prometem *mais* transporte estatal em suas campanhas. O PT silencia sobre o assassinato e a oposição nunca cobra explicações, mormente em período eleitoral.[5]

Tais fatos, com uma década de existência, não foram concatenados pela população quando ela se juntou aos grupos que faziam manifestações pelo transporte estatal. Mas eles já vinham tentando criar um *movimento de massa* bem antes de junho de 2013.

Tal como no Occupy, *qualquer coisa* servia de mote para manifestações. Cansados da velha política sindical, de greves e piquetes que, com sua retórica ultrapassada, se desgastavam com a opinião pública cada vez mais, setores mais jovens da esquerda buscavam temas mais amplos para mobilizar pessoas e mantê-las nas ruas, obedientes a um Sentimento Difuso no Ar. Essa tática sempre convergia para dirigir a manada para os interesses do mesmo grupo político, sem informar ao rebanho que ele havia se transformado em um exército. São as lutas anticapitalistas 2.0.

Tentativas foram feitas, por exemplo, com a Marcha da Maconha, que fazia de tudo e mais um pouco para provocar confrontos com a polícia. Os organizadores dessa marcha também *queriam* confronto com a polícia, do contrário não teriam seus dividendos políticos. No livro *Movimentos em marcha*,[6] compilando erros e acertos das mobilizações anteriores a junho de 2013, os autores comentam como os confrontos com a polícia eram usados para trazer mais pessoas para as ruas: "As imagens do massacre à liberdade de expressão, registradas por câmeras, corpos e corações, ecoaram na rede e nas ruas com um impacto de mil bombas de efeito moral, causando indignação e despertando as pessoas de um estado anestésico."[7]

A PM, sem perceber a emboscada, caiu na armadilha de reprimir os membros da Marcha. Era tudo que eles mais queriam, acontecendo como haviam planejado: se uma manifestação de adolescentes por uma causa hedonista e oca tinha um apelo quase nulo perante a população, até mesmo entre aqueles favoráveis à legalização das drogas, a comoção diante da cena de uma tropa policial enfrentando muitas pessoas, a exemplo do episódio da Brooklyn Bridge, dava pasto e circunstância para que uma mobilização mais ampla, genérica e poderosa fosse convocada: com efeito, no dia seguinte, foi organizada a "Marcha da Liberdade", pelo "direito de se manifestar". Era preciso adotar um tema bem vago, sob pena de o protesto se tornar pequeno, circunscrito a apenas um setor. O texto dessa marcha, divulgado pela rede social com um grande **"Convocamos"** chamando o povo às ruas, ficou famoso pelo tom "venham todos" (gênese do futuro #vemprarua): "Ciclistas, lutem pelo fim do racismo. Negros, tragam uma bandeira de arco-íris. LGBTT, gritem pelas florestas. Ambientalistas, cantem. Artistas de rua, defendam o transporte público. Pedestres, falem em nome dos animais. Vegetarianos, façam um churrasco diferenciado!"[8] O tema da maconha, impopular, não aparece nessa conclamação "geral". Se o Occupy começou a crescer quando suas lideranças definiram que não deveriam defender nada, para não espantar quem discordasse do neobolchevismo, não é difícil perceber que os protestos acontecidos no Brasil em 2011 já adotavam esse mesmo roteiro, como consta na fala de seus próprios organizadores: "O coletivo FdE [Fora do Eixo], Cláudio Prado (da Casa de Cultura Digital), e membros da rede MobilizaCultura discordaram de que fosse necessário pautar qualquer coisa que não fosse a 'própria ideia de liberdade'. Esta foi a maneira encontrada para neutralizar politicamente a Marcha."[9] Foi a nossa versão, ainda em 2011, do "*don't stand for anything*" do Occupy. Diziam claramente então que a intenção era a mesma: "A pauta genérica de algumas delas (e mesmo neutra) ou de grande relação com os direitos individuais — como explicitamente no caso da descriminalização das drogas e da liberdade de expressão — tem possibilitado a aproximação de elementos da classe política — tanto de esquerda como de direita." (O exemplo de "direitista", no caso, seria a ex-vereadora Soninha Francine, que se tornou "conservadora" apenas por ter ido contra o PT e apoiado a candidatura de José Serra em 2010.) O que importava era ter muita gente: "Numa manifestação onde a quantidade de pessoas é consequência da divulgação nas mídias (corporativas e sociais) e não uma causa real relacionada ao trabalho cotidiano de formação, construção e mobilização, o refluxo de uma hora para outra é iminente."[10]

Uma única bandeira, todavia, era conclamada para ser defendida por todos estes grupos separados. Era chamada de "Reivindicação geral: Regulamentação que proíba o uso de armamentos pela polícia em manifestações sociais".[11] O germe de um dos *verdadeiros* objetivos das manifestações de 2013, que nunca ficou claro à população: a proposta de **desmilitarização da polícia**, que precisava cada vez mais aparecer como vilã para a classe média, a única capaz de aceitar remendos constitucionais para obrigar policiais a andarem desarmados para combater criminosos armados até os dentes. Conseguindo isso através de protestos com presença da classe média, a mentalidade geral poderia aceitar a ideia, que, aliás, não desapareceu do horizonte de propostas queridinhas dos "politizados" de plantão até o momento. Era até considerado um "Princípio do Movimento" ser "Contra o conservadorismo que pauta o Judiciário e o Estado".[12] Forçando a aura sentimentalista que ronda a palavra "conservadorismo" sem se estudar o que ela significa de fato, esse discurso vende ao público as pinoias de que o Judiciário brasileiro é conservador, e de que é ruim *por ser* conservador.

Como se vê, seguiu-se em 2011 o mesmo roteiro que seria feito em 2013: todavia, como a causa da maconha é sobremaneira impopular, mesmo se tornando mais genérica, ela não agremiou senão jovens esquerdistas que fariam manifestação até pelos índios Guarani-Kaiowá sem saber em que estado vivem, se tratam bem suas mulheres, se aceitam homossexuais, qual é sua religião, que língua falam, se são favoráveis à integração civilizacional, se são favoráveis à distribuição de renda.

Contudo resta uma dúvida, a que os próprios organizadores de manifestações tratariam de responder: o que eles ganham com isso? No livro, se abrem: "Mas, o que o Fora do Eixo apropria da manifestação? Eles se apropriam da comunicação para se projetarem, capturar o 'status' de organizadores e depois capitalizar esse público em seu circuito comercial. Esse método difere, por exemplo, de uma campanha do PT ou PSDB, pois não utiliza força de trabalho assalariada para construir sua base social."[13]

O metrô de Higienópolis — o nosso show do Radiohead

> "Há todos estes protestos contra o poder das empresas, mas na verdade empresas têm de persuadir você — elas podem ter uma tonelada de dinheiro, mas apenas o governo pode tomar à força."
>
> John Stossel

Com o tema dos transportes se viu que era mais fácil escapar de correr-atrás-do-próprio-rabo na gaiola conceitual da velha esquerda sindicalista. Em maio de 2011, o metrô de São Paulo anunciou o cancelamento de *mais uma* estação de metrô no bairro nobre de Higienópolis, o único da cidade servido com *quatro* estações de linhas diferentes num raio de 600 metros. Uma notícia foi **forjada**, sem que ninguém tenha atinado para a maracutaia: a matéria na *Folha de S.Paulo* (esse jornal bizarramente chamado de "direitista" pelos seus obedientes leitores esquerdistas fiéis) tinha como título "Após protestos, governo de SP desiste de metrô na [avenida] Angélica". No corpo da notícia, lia-se: "A decisão ocorre após pressão de moradores, empresários e comerciantes da região",[14] elencando-se exatamente os típicos "inimigos do povo" no imaginário coletivo da adolescência esquerdista. O problema: *a palavra "após", no texto, refere-se tão somente ao tempo, e não à causalidade.* A palavra "pressão" trazia link para uma reportagem de **um ano antes**, assinada por James Cimino, que noticiava um abaixo-assinado de moradores do bairro contrários à nova estação. O texto afirmava que uma das moradoras havia reclamado de que a nova estação poderia trazer uma "gente diferenciada" para o bairro. Todavia *não havia o nexo de causalidade:* o metrô não estava nem aí para o abaixo-assinado, e havia cancelado a nova estação por razões técnicas. Ou seja, uma matéria manipuladora, discutível mesmo. Escrita com o fito claro de gerar revolta.*

Algo, porém, escapou ao público: o mesmo James Cimino da reportagem de um ano antes estava então trabalhando na *VejaSP*, e na mesma

* O caso foi noticiado com detalhes no post "Só vai dar gente diferenciada!". Disponível em: <http://www.implicante.org/blog/so-vai-dar-gente-diferenciada/>.

semana escreveu uma reportagem justamente mostrando que a decisão do metrô havia sido técnica, e nada tinha a ver com lobby de moradores.[15] No Twitter, todavia, se gabou de "gente diferenciada" ser um "termo cunhado" por ele (*sic*).[16] A psicóloga que teria falado de "gente diferenciada" garantiu não se lembrar de usar tal expressão. Foi como o show do Radiohead no Occupy: um boato que fez todos se mobilizarem contra "inimigos" genéricos através de um Sentimento Difuso no Ar facilmente manipulável por organizadores de revoltas através de notícias plantadas na mídia. Também caberia perguntar: caso Higienópolis ganhasse uma *quinta* estação em 600 metros, quem duvida de que os mesmos "líderes comunitários" e asseclas que forjaram turbas enfurecidas na imprensa não reclamariam justamente do fato de o bairro nobre possuir estações *demais*?*

Resultado: foi organizado um evento pelo Facebook, o "Churrascão da Gente Diferenciada", alcançando mais de 38 mil "confirmações" de participação em um único dia, nas portas do Shopping Higienópolis. Apesar de o número de presentes de fato ter sido ínfimo (menos de quatrocentas pessoas, muito menos do que na Marcha da Maconha ou da Liberdade),** o recado para os *community organizers* daqui do Brasil foi claro como meio-dia para quem consegue decifrar códigos de revolta em massa: maconha é uma causa impopular para a mobilização genérica; os transportes, não. Os organizadores das manifestações de 2013 usaram Higienópolis como *case* de estudo para a mobilização: além de *acreditarem* na falsa causalidade entre a pressão dos moradores e a mudança na estação, eles compactuaram com "o diagnóstico de quão arcaica e antiquada é a elite de Higienópolis",[17] mas perceberam que o ódio doentio aos moradores de Higienópolis não conquistaria apoio realmente *popular* para criar rupturas anticapitalistas: o churrascão "tornou-se assim não uma manifestação 'antielite' ou por transporte público para todos, mas contra ESSA elite arcaica".[18]

---

* Uma análise com muito mais detalhes sobre o caso pode ser lida em meu artigo "Metrô de Higienópolis: a Revolução Francesa paulistana". Disponível em: <http://www.implicante.org/artigos/metro-de-higienopolis-a-revolucao-francesa-paulistana/>.

** Ver minha reportagem "Mais Higienópolis: é burrice, mas há método". Disponível em: <http://www.implicante.org/blog/mais-higienopolis-e-burrice-mas-ha-metodo/>.

Mas havia uma vantagem: num protesto supostamente contra "os ricos", quem mais apareceu foram universitários endinheirados. Melhor ainda: Higienópolis é um bairro conhecido pela população judaica. Como é do gosto da esquerda anticomerciante desde os primórdios até o Hamas, choveram mensagens antissemitas, aquelas que, só quando convém, a esquerda imputa a uma suposta "extrema direita" que é, em forma e conteúdo, 100% idêntica à própria esquerda. Choveram *tweets* como "Se fosse o Kassab fazia (*sic*) uma estação bem no meio e colocaria o nome de 'estação auschwitz' Judeuzada folgada", ou "O nome é Higienópolis, mas o correto seria forno de cremação, já que lá é lotado de Judeus".* O Sentimento Difuso no Ar estava preparado para não ser usado apenas entre esquerdistas: estava encontrando uma causa perfeita para a mobilização de massas — os transportes, que entrariam na agenda nacional com força elevada à enésima potência nos dois próximos anos.

É isto que se chama *infowar*, termo extremamente trabalhado pela esquerda desde, pelo menos, a Guerra do Golfo: a guerra de narrativas, feitas com palavras bem trabalhadas na imprensa para trabalhar *sentimentos* da população. Faltava a segunda fase, a conclamação da multidão — o chamado *swarming*. Qualquer greve, piquete ou método antigo de "luta" sempre pretendeu entupir a rua com uma multidão; caso contrário, há ruptura com a "ordem social vigente", fim último de qualquer mobilização.

Era hora de os holofotes nacionais se voltarem para um movimento com quase uma década de existência, sem nenhuma vitória no currículo: o Movimento Passe Livre. É preciso notar que esses movimentos que buscam mobilização sempre são feitos pelas mesmas pessoas. É insano pensar que alguém dedique *toda* a sua existência a uma causa como "passe livre" ou transporte gratuito. Na verdade, são pessoas que se mobilizam por *qualquer* causa em voga pela esquerda. Os mesmos que fecham ruas por "passe livre" são os que as fecharam antes pela legalização da maconha. São os que acompanham as Marchas das Vadias, os que, com

---

* Alguns *tweets* podem ser visualizados no post "Só vai dar gente diferenciada!". Disponível em: <http://www.implicante.org/blog/so-vai-dar-gente-diferenciada/>.

certa idade, não perderam uma única passeata do "Fora FHC e o FMI!" sem nem saber o que significa a segunda sigla.

O palco estava armado. *Showtime!*

O Movimento Passe Livre, o coletivo (não é um ônibus)

"Alguém peidou. Vamos cheirar juntos que acaba mais rápido."

Pichação de ônibus

O Movimento Passe Livre (MPL) surge em agosto de 2003, em Salvador (BA). Quando a prefeitura fez um reajuste que, já naquele ano, seguia a tendência de 20 centavos, iniciou-se a *Revolta do Buzu*, que duraria três semanas. Os universitários que a organizaram — e que definitivamente não fazem parte das camadas mais baixas da população (os "populares") — dizem que foi uma "revolta popular". Lideranças da revolta, ainda sem um nome definido — mas *líderes* e *organizadores* ao fim e ao cabo —, negociaram com a prefeitura uma série de propostas. Não emplacaram, justamente, a redução da tarifa.

A segunda aparição desse movimento foi em Florianópolis (SC), em junho de 2004, com a primeira *Revolta das Catracas*. Atuando aos moldes sindicalistas para fazer pressão sobre o funcionamento da cidade, o movimento conseguiu à força a redução das passagens. Apelaram a um curioso método já estudado. Nova York é praticamente uma ilha, com uma ponte principal, a Brooklyn Bridge, fazendo a ligação com o continente. Ela foi fechada à força pelo número de manifestantes que a "tomaram" no Occupy Wall Street. Florianópolis é praticamente uma ilha também. Sua principal ligação com o continente é a ponte Hercílio Luz, uma das três que passam sobre a faixa de mar. A ponte foi então fechada à força pelo número de manifestantes que a "tomaram" para fazer pressão sobre as autoridades. Estes movimentos espontâneos muitas vezes podem não ter uma organização formalizada e racionalizada, sendo uma organização meio *instintiva*, como a do voo de patos selvagens para o sul durante o inverno; contudo o seu modo de operar não deixa de revelar uma *organização rígida, hierárquica e plenamente funcional.*

Um dos líderes do futuro MPL, Marcelo Pomar, acabou preso e acusado de incitar linchamento — o processo penal segue em aberto. Florianópolis ainda veria o MPL em ação por ocasião de uma nova tentativa de aumento das tarifas em 2005, quando, em meio a negociações, o prefeito ouvia a explosão de bombas pela janela de seu gabinete.[19]

Como tem sido regra nas manifestações pelo mundo a partir de 2010, as rebeliões, quando encontram um bode expiatório, começam a se espalhar de forma epidêmica — o contágio político sempre é mais fácil quando se trata de impor uma solução fácil para um problema econômico difícil. Sobretudo uma solução errada. No curioso mês de julho de 2004, as futuras lideranças do movimento reuniram-se em um *camping* no norte de Florianópolis. Segundo os próprios presentes, "alguns [eram] mais tradicionais, organizados na extrema esquerda, outros independentes".[20] Cabe perguntar seriamente como pessoas "independentes" largavam tudo no mês de julho para viajar de Belo Horizonte (MG), Belém (PA) ou mesmo da próxima São Paulo a fim de discutir um "calendário nacional de lutas pelo passe livre". Provavelmente pessoas que podiam pagar facilmente por passagens de avião, mesmo ignorando empregos, faculdade ou outros deveres. O que era ainda uma campanha, e não um movimento, fez um prognóstico: a moafa "vai desencadear um processo de revoltas simultâneas jamais visto no Brasil".[21]

É preciso entender como pessoas "independentes" conseguem controlar com precisão maior do que a das ditaduras certas "revoltas simultâneas". O aumento no preço das passagens (na linguagem eufemística corrente do governo, o "reajuste") não ocorre tão simultaneamente assim. As pessoas tão independentes do MPL, na verdade, tinham muitos objetivos — dentro dos secundários ou terciários, quem sabe até estivesse em seus planos alguma coisa a ver com "tarifa de ônibus".

O MPL foi fundado em uma plenária do Fórum Social Mundial de 2005, organização de fanáticos extremistas que querem um retorno ao socialismo internacionalista do Comintern de Stalin. Ali decidiram que os princípios do movimento seriam "a autonomia, a independência, a horizontalidade e o *apartidarismo* — que não deve ser confundido com antipartidarismo".[22] Tradução para seres humanos saudavelmente distantes da linguagem embusteira de quem frequenta "plenárias": o movimento foi criado por militantes do PSTU, do PSOL, do PCO e do PCB que deixaram suas eternas rusguinhas à parte e, em vez de levantarem a bandeira de *um* desses partidos, passaram a aceitar que cada membro levantasse a sua sem xingar o companheirinho do lado enquanto estivessem no mesmo barco. Isso é ser "horizontal", "autônomo". Já ser "independente" de tais partidos significa apenas uma coisa: se o que for decidido em uma "plenária" do movimento não coincidir com a agenda de agitação e encheção de algum dos partidos, o movimento não recuará e manterá sua agenda. Cada membro que decida, "independentemente" e "autonomamente", se prefere ir à festinha do MPL fechando avenida ou à do PSTU fazendo alguma greve.

De cara (como a esquerda não costuma mudar, apesar de se autonomear "progressista"), os membros do MPL foram divididos em três correntes: "jovens ligados ao trotskismo, (...) ativistas articulados em torno dos movimentos que a partir dos anos 1990 ficaram conhecidos como *antiglobalização*, e organizados sobretudo pelo CMI-Brasil [Centro de Mídia Independente]."[23]

Vejamos de perto: alguns deles são jovens cujas discordâncias com os coleguinhas são calcadas no *trotskismo* — eles ainda estão discutindo que rumos pode ter a Revolução Russa de 1917! Outros são os caras que queriam *impedir a globalização*. Quem se lembra do José Bové em fins da década de 1990 dizendo que os países deveriam fechar suas fronteiras e não comercializar entre si, o que exigiria que os pobres se tornassem dependentes do Estado (e não usufruíssem produtos mais baratos vindos de fora), garantindo poder para os tiranos mais populistas do futuro novo século — e de lambuja ainda impedindo que as populações pobres conhecessem a vida que os "pobres" americanos levam? Seu método preferido era destruir lanchonetes do McDonald's. Se alguém queria algo e Bové não queria que esse alguém quisesse, ele simplesmente destruía e pronto.

Os mesmos partidos extremissíssimos que criaram o MPL, naqueles últimos anos da década de 1990, juravam que era mandatório que o Brasil fechasse as fronteiras da internet com a América. Os vermelhinhos não queriam deixar que os americanos pudessem acessar sites nacionais e brasileiros, acessar nenhum conteúdo de fora. Era sempre o perigo da "propaganda imperialista" (de fato, saber como se vive fora da Cortina de Ferro é, foi e sempre será a Nêmesis suprema de quem só sabe falar em "desigualdade"). Se tivessem levado o plano a cabo, *bye, bye,* manifestações "convocadas pelo Facebook e pelo Twitter". A paralaxe cognitiva,* a desconexão extrema entre a experiência concreta e o pensamento que as descreve, atinge níveis psicóticos. Não surpreende que declarem sua "independência apartidária" em termos tão curiosos quanto:

> Assim, em 2013, partidos políticos como o PSOL e o PSTU e movimentos como o Movimento (*sic*) dos Trabalhadores Sem-Teto (MTST) e o Sindicato dos Metroviários entraram como aliados nas manifestações, mas sem poder de decisão sobre questões cruciais como as datas dos atos, os trajetos das passeatas e a orientação da interlocução com o poder público.[24]

Essa é toda a "independência" que eles têm do PSOL e do PSTU: não falar com as autoridades (e a imprensa) em nome do PSTU e não deixar o partido definir *trajetos*! Será que o partido discordaria, na reunião sobre trajetos, de "avenida Paulista" em primeiro lugar? Há décadas que os protestos têm trajetos idênticos, e São Paulo já sente falta de um "protestódromo".

Em 2005, na Escola Nacional Florestan Fernandes, do Movimento Sem Terra (MST),** os militantes abasteceram-se das macaqueações numéricas do ex-secretário de Transportes de Luiza Erundina (PT, 1988-1992), Lucio Gregori, defensor da tarifa zero.*** O MPL é um movimento "apartidário" de diversas dissidências do PT, *e só do PT.* O mesmo partido cuja atuação nos transportes foi combatida por Celso Daniel,[25] cujo assassinato comum segue ignorado por todos os seus políticos e militantes.

A logorreia marxista é a tônica: "o transporte coletivo é, ao mesmo tempo, a primeira etapa da venda da força de trabalho", ou "o transporte deve ser pensado como um direito social fundamental".[26] Ninguém avisou

* Termo de Olavo de Carvalho, mais estudado em livros como *Maquiavel, ou a confusão demoníaca.*

** É comunismo demais para uma linha só, tome aqui um Big Mac para se limpar.

*** Curiosamente, isto está na página 13 do livro *20 centavos.*

esses caras de que já foi provado que Marx estava errado até nas orelhas dos seus livros. Mas eles dizem claramente:

> O MPL não veio do nada. O MPL é um movimento de esquerda que ao longo de sua existência relacionou-se com seus pares, como o Movimento Sem Terra e os movimentos urbanos de moradia. Encontrou apoio em intelectuais e em certa blogosfera progressista, da qual a principal referência é o *tarifazero.org*. Se, em parte, **representa ruptura com algumas características institucionalizadas da democracia formal**, de outra parte também se constitui como a continuidade das tradições da luta de esquerda, transformadora da sociedade.[27] *(Destaques nossos)*

Estudaremos bem como essa galera faz "**ruptura**" com a "democracia formal" e "transforma a sociedade" — ou seja, seu objetivo nada tem a ver com tarifa de ônibus, e sim com revolução trotskysta (*sic*). Do Afeganistão ao Zimbábue, da Coreia do Norte ao Holodomor na Ucrânia, o roteiro é reprise. O ingrediente novo é como entender que, mesmo que eles declarem isto aos sete mares, ninguém os trate como o novo MST — movimento este "horizontal, sem líderes, apartidário", mas que todo mundo sabe a que partido, corrente e objetivos atende, sob o nome fantasia da "reforma agrária" e dos "trabalhadores sem terra".

Depois de perseguir* em 2011 o ex-prefeito de São Paulo Gilberto Kassab (ex-DEM, fundador do PSD) "com o intuito de criar constrangimentos e pressioná-lo a rever o aumento"[28] — como se verá, "criar constrangimentos" e "pressionar" os outros é simplesmente o que essas pessoas sabem fazer para *qualquer coisa*, o seu método político número um** —, o MPL viu pasto (ou avenida) e circunstância para agir de maneira única em 2013. Bandeiras do PSTU dominavam a paisagem na avenida Paulista — sempre ela.[29]

---

* Diferentemente do que ousaria fazer com o petista Fernando Haddad.

** Na verdade, o sindicalismo como força política significa apenas isso: pressionar pelo não funcionamento da sociedade para, através do monopólio da violência do Estado, ter mais dinheiro. Por isso é braço-armado do fascismo, da CLT de Getúlio Vargas, do bolivarianismo fascistoide. Ver meu artigo "O fracasso do Partido dos Trabalhadores no Dia dos Trabalhadores". Disponível em: <http://www.implicante.org/artigos/o-fracasso-do-pt-no-dia-dos-trabalhadores/>.

PSOL e PSTU podem não ganhar eleições, mas **são eles que pautam acontecimentos que põem em risco nossa república todo santo mês.** Não surpreende em nada que este seja o seu método. O objetivo dos partidos que Stalin, Mao, Kim Il-sung, Pol-Pot, Ceauşescu, Enver Hoxha, Slobodan Milošević, Robert Mugabe e afins criavam *nunca foi ganhar eleições*. Sempre ficavam na rabeira, sem muito empenho em lutar por um terceiro ou quarto lugar. **Seu objetivo era agitar as massas por um motivo qualquer e tomar o poder** ***inteiro*** **para si de um só golpe** — e lá ficar por décadas sem compartilhar o poder com ninguém e mandando para o pelotão de fuzilamento quem reclamasse. Eles nunca ganharam nas urnas o "direito" de dominar metade do mundo com mão de ferro. Muito melhor é passar do 0,2% de aprovação para os 100% da noite para o dia, sem essa "convenção burguesa" que se chama "eleição" (ou vocês já viram Trotsky ensinar a fazer panfletagem e pedir voto?). Eles só precisam de um motivo, o mais trivial que seja. Como o preço das tarifas de ônibus.*

Infowar: chamada nos jornais, guerra nas ruas

> "Eu não tenho medo de um exército de leões liderado por uma ovelha; eu tenho medo de um exército de ovelhas guiado por um leão."
>
> Alexandre, o Grande

O MPL havia passado dois meses atazanando o ex-prefeito Gilberto Kassab em 2011 também por aumento do preço da tarifa e, a bem da verdade, ninguém deu bola para o movimento. Os motivos são simples, como o fato de o brasileiro que trabalha e sustenta uma casa (ao contrário dos universitários esquerdistas, que têm tudo pronto sem sequer precisar ir ao supermercado) saber que a inflação existe e que o preço de muitas coisas vinha aumentando muito mais do que o preço da passagem de

* Não são eles o orgulhoso legado da "esquerda trotskista", afinal? Significa que seguem Trotsky, não que nós, pessoas normais, o seguimos.

ônibus: dois meses antes de o MPL ter seus 15 minutos de fama, o preço do tomate havia mais que triplicado no país.* Os protestos de 2011 não influenciaram sequer os debates eleitorais em 2012.

Como a forma de fazer política do MPL é basicamente atrapalhar a vida das pessoas, a avaliação do fracasso em 2011 foi de que "faltara mobilização, os intervalos entre os atos haviam sido grandes demais e nem sempre as vias mais importantes tinham sido interditadas". Em 2013, com o aumento duplo de ônibus e metrô/trem na cidade, a estratégia mudaria: "Em vez de uma campanha longa e com atos semanais, como em 2011, a ideia agora era uma campanha de menor duração e maior intensidade."[30] O circo começava a pegar fogo. Sem muita metáfora.

As tarifas aumentaram abaixo da inflação no domingo, dia 2 de junho. Ainda no dia 29 de maio, o diretório municipal paulistano do PSOL havia protocolado uma "denúncia" (?!) ao Ministério Público estadual, requerendo a revogação imediata do aumento das passagens de ônibus. Partidos como o PSOL servem mesmo para fazer piada com as instituições, empacando a Justiça com essas brincadeiras idiotas. Adoraríamos morar na realidade alternativa do PSOL, em que qualquer coisa ruim é resolvida com uma "denúncia" e uma canetada de algum burocrata. O partido acusava ainda a prefeitura de favorecimento às concessionárias de ônibus que prestam serviço para a cidade.[31]

Sua solução? Estatizar o transporte, **aumentando** o subsídio para as concessionárias! *Aumentar o subsídio "contra o lucro"!* "Se você não tomar nosso dinheiro e gastar sem que saibamos quanto antes de vermos a cor da nota, a cidade vai parar! Tenha medo de mim!" Ninguém no país parece muito fã de empresas de ônibus, que não encontram amigos políticos em lugar nenhum. Só no PSOL e na esquerda. Os donos de empresas de transporte riem mais da cara dos nossos revoluças do que o sorriso de Guy Fawkes é capaz de comportar, enquanto nós, transeuntes, vamos pagar 100% da tarifa, quer o preço da gasolina suba, desça ou mesmo que inventem um ônibus movido a peidos.

---

* Ver minha análise em "Dilma não tem nada a ver com o preço do tomate?". Disponível em: <http://www.implicante.org/artigos/dilma-nao-tem-nada-a-ver-com-o-preco-do-tomate>.

Apesar de parecer piada, foi o que disse um manifestante, que se identificou apenas como estudante de Direito: "Em outras cidades do Brasil deu certo, agora vamos ver se acontece alguma coisa aqui também. Eu acho difícil, já que esse repasse é só para enriquecer ainda mais as empresas de ônibus. Mas nós temos que sonhar."[32] Sonhar em diminuir o que se *pode* pagar na catraca, podendo economizar ou não, e aumentar o que *obrigatoriamente* se pagará através de impostos? É um sonho que, realmente, só vai "enriquecer ainda mais as empresas de ônibus". Será o benedito que faz com que essas pessoas não percebam o quanto se contradizem em uma única frase?

Se quisessem mesmo assustar algum político ou empresário, deveriam pedir que se acabasse com um cartel de empresas que a prefeitura **financia**, todas suas cupinchas, e exigir a redução de 1% de *qualquer* imposto para ver como o político odiado de sua não preferência iria passar um ano dormindo menos de uma hora por noite. Se pedissem que as empresas concorrerem livremente, correndo o risco de falirem se tratassem mal o seu público e sem ganhar 1 centavo de subsídio da prefeitura (em vez de pedir *mais* dinheiro tomado do cidadão para o Estado gastar sem que se saiba no quê, quando, como e sobretudo **quanto**), toda essa guerra por transporte acabaria em menos de um trimestre.

É notável que, desde o início, a gênese dessa manifestação, de forma alguma, era *contra* gastos públicos. Pelo contrário, ela apenas queria *aumentá-los*.* Pode ser sob a bela e boba bandeira do "passe livre", enquanto o povo reclamava de gastos com a Copa ou pedia hospitais e salário melhor para professores. Mas gastos *para o próprio governo* nunca foram criticados. Não teve um único cartaz, durante todas as manifestações, criticando o salário do psolista Jean Wyllys, por exemplo, cujo cargo de deputado foi conquistado com pouco mais de 13 mil votos (bem menos do que ganhou no Big Brother Brasil), apenas pegando rabeira dos votos do psolista Chico Alencar, com 240.671 (3%), o segundo mais votado no Rio.[33] Este tipo de crítica *nunca* geraria um protesto de massa.

---

* Conforme o que já foi dito sobre a "austeridade", o inimigo supremo do Occupy. Tudo o que querem é um gigantesco Estado-Babá onipotente para financiá-los com dinheiro alheio.

As ruas são tomadas apenas para haver *mais* gastos governamentais. É por isso que a esquerda faz *movimentos de massa*: uma massa revoltosa pede coisas supostamente "de graça" através de sentimentos negativos de insuficiência, e sempre poderá aparecer alguma liderança carismática de esquerda para prometer tudo ao povo através de política, em vez de segurança e trabalho — quem tomaria as ruas com um Sentimento Difuso no Ar, reclamando que deveríamos criar pastéis de qualidade, em vez de meter logo a mão na massa? **Movimentos rebanhistas são sempre feitos para aumentar o poder do Estado sobre os indivíduos, nunca o contrário.** No mesmo dia 6 que marca o início dos protestos, um edital para compra de materiais de cozinha da presidência da República selecionava para quem seriam dados 139,5 mil reais tirados do pagador de impostos brasileiro.[34] Não foi algo a ser reclamado nos protestos — movimentos de rua exigindo "direitos" e bens estatais querem gastar *mais* dinheiro concentrado no Estado, não diminuir o seu poder leviatânico.

É esse um dos diferenciais das manifestações de junho de 2013: são protestos *reivindicatórios*, sem um norte único além de mais gastos estatais e mais poder concentrado no Estado, sem perceber que o resultado é uma economia burocrática. É o Sentimento Difuso no Ar ditando o que a nação deve querer e selecionando sua indignação em categorias distintas — tudo muito bem estudado pelos seus organizadores.

O principal meio de organização dos protestos que o grande público só ficou conhecendo na última hora em 2013 eram debates em revistas que nem parecem se envolver tanto com a política radical, como a revista *Trip*. Para quem acompanhava a produção nessas revistas com poucas ideias, muitas fotos e muita "revolta moderninha" destinada para jovens, lutar contra o sistema de forma *chic* já era pauta frequente desde a era FHC, mas o novo modelo, que paralisaria o Brasil em 2013, começou a ser discutido com mais afinco pelo menos desde o fim da década de 2000. Foi da *Trip* que surgiria Bruno Torturra, futuro sublíder do Fora do Eixo, coletivo que mais cuidou de pautar a imprensa e orquestrar sentimentos de massa. São aquelas pequenas notas que poucas pessoas leem, e por isso crê-se erroneamente que não têm efeitos poderosos, como uma reportagem qualquer sobre jovens na Marcha da Maconha se transformando em Marcha da Liberdade. O que acontece é que a próxima reportagem será num jornal de circulação continental do porte de uma *Folha de S.Paulo* ou *O Globo*, citando a reportagem, que quase ninguém leu, como uma fonte "da mídia". Não importa que poucas pessoas leiam as narrativas plantadas: importa *quem* vai ler, sobretudo jornalistas.*

É este o ambiente em que o coletivo Fora do Eixo, que será estudado em detalhes em nosso último capítulo, se torna peça fundamental para levar as pessoas para as ruas em 2013 e adiante. Um "coletivo" não é uma empresa ou um grupo, é algo beirando a informalidade, em que os indivíduos que trabalham desaparecem com suas individualidades, quase sendo proibidos de ter contato com o mundo exterior, como numa seita (denúncias de trabalho escravo dentro do tal Fora do Eixo pipocaram às mancheias assim que o coletivo se tornou conhecido). Sua principal função nos eventos, em que sempre se utilizam de bens culturais para promover propaganda política neocomunista, era promover "narrativas independentes", ou seja, pequenos vídeos, fotos ou relatos de redes sociais, muitos praticamente forjados, em que se tentava narrar uma "outra versão" dos casos, aquele famoso "isto a mídia não mostra" que cativa tantas pessoas para se tornarem "críticas" e "politizadas" do dia para a noite. Era a sua chamada "Mídia N.I.N.J.A.", sigla de "Narrativas Independentes Jornalismo e Ação" — o nome não faz muito sentido, mas diz bem a que veio: criar narrativas visando à ação, para chamar mais pessoas para as ruas. Qualquer fato negativo sobre uma manifestação, como a violência dos manifestantes, era ignorado. Qualquer

* Exemplo: alguém no Brasil lê a filósofa petista Marilena Chaui, além de alunos de jornalismo que são obrigados a fingir que aprenderam algo com livros ocos como *Simulacro e poder* ou *O que é ideologia*? Todavia, basta Marilena Chaui afirmar em uma conferência que a "crise" do PT com o mensalão é obra de uma tal "mídia golpista" para o bordão reaparecer *ad nauseam* em toda discussão sobre a imprensa e em conversas de bar até hoje (a imprensa passa a ser chamada de "mídia", pois é feio pregar a censura à imprensa, mas parece um ato salvador "regular", com eufemismo, a "mídia", pois fala-se de quem, supostamente, possui *o meio* de comunicação — na prática, todavia, é o mesmo que "censura à imprensa", sem tirar nem pôr). O mesmo se deu quando o esgotamento com o bordão da "burguesia" tirava o fôlego do PT, e Marilena, então, vociferou em outra conferência: "Eu ODEIO a classe média!" — a partir do dia seguinte, *todos* os jornais e veículos de propaganda esquerdista passaram a *criticar* a classe média, como se trabalhar e não possuir muito dinheiro fosse algo *negativo*. É o chamado *dog whistle*, o "apito de cachorro" que só a cachorrada (a militância) ouve, e passa a latir igual no dia seguinte. Pura *infowar*. Ver meu artigo "Marilena Chaui e o grito primordial: 'Eu ODEIO a classe média!'". Disponível em: <http://www.implicante.org/artigos/marilena-chaui-e-o-grito-primordial-eu-odeio-a-classe-media/>.

fato que pudesse criar uma narrativa no imaginário popular de que havia um problema muito sério e inimigos do povo que estavam oprimindo uma pobre população nas ruas era usado com exageros estrambólicos e sentimentalismo fanático, aliado a "pequenas mentirinhas ocasionais", para fazer o povo ajudar os manifestantes nas próximas manifestações. Se não dera muito certo com a Marcha da Maconha e a Marcha da Liberdade subsequente, com o tema dos transportes eles colheriam sua fama nacional de mobilizadores através de narrativas.*

Para gerar o tumulto de junho de 2013, estes *community organizers*, líderes comunitários que vivem de gerar revoltas como preparativos revolucionários, estudaram o que deu certo e o que deu errado nas tentativas anteriores de manifestações anticapitalistas em busca de uma nova forma de revolução. Seus estudos das tentativas de criar um movimento de massa até 2011 e os diagnósticos para as próximas tentativas (ou seja, o que eclodiria em junho de 2013) podem ser vistos no livro *Movimentos em marcha: Ativismo, cultura e tecnologia*, lançado no começo de 2013 justamente para criar o que se viu nas ruas: **ativismo comunista que mobilizasse o povo, sem dizer ao povo que lutavam por causas comunistas.** Compilando artigos diversos de sites, fóruns ou revistas como a *Trip*, que já apresentava o Fora do Eixo ao público naquela época, o livro foi distribuído gratuitamente na internet para esquerdistas se prepararem logo para manipular as massas brasileiras, como naquele fatídico mês de junho.[35]

É neste livro que os organizadores das manifestações declaram o seu método, algo que escapou até hoje aos comentadores "especialistas" convidados a participar da palpitaria pública sobre os protestos. Na introdução do livro, em texto assinado, entre outros, por Pablo Ortellado, professor da USP e futuro posfaciador do livro do MPL, é dito claramente: "Esse debate [sobre ativismo anticapitalista] tem raízes e contextos muito

* Qualquer estudioso de mitos sabe que narrativas primordiais são mais importantes para fazer as pessoas terem um *modelo ideal* do que deve ser feito e de quais valores são superiores em um herói do que qualquer argumentação ou tratado de ética filosófica. Exatamente por terem narrativas simplórias e facilmente digeríveis, como "luta dos oprimidos contra os opressores", sem definições claras, a esquerda política domina os discursos, a comunicação e o imaginário coletivo das pessoas. A direita, com suas longas explicações técnicas e sem mitos simplificados, amarga cada vez mais derrotas na sociedade das massas bovinizadas.

diferentes, mas talvez tenha eclodido com maior visibilidade a partir da organização da 'Marcha da Liberdade' realizada em algumas cidades brasileiras no mês de junho [2011] e que reuniu ativistas de movimentos sociais 'tradicionais'."[36] E que "foi sob o impacto deste debate que viu-se e discutiu-se a nova onda de ativismo que promoveu mobilizações de rua nos primeiros meses de 2011 contra o aumento nas tarifas de ônibus, contra a construção da usina hidrelétrica de Belo Monte e pela legalização da maconha".[37] E, poucos meses após o livro ser lançado, um novo aumento nas tarifas de ônibus daria palco e circunstância para finalmente as mobilizações de rua fazerem o país tremer.

Nesse livro, de forma ainda mais desabrida, um texto intitulado provisionalmente de "A esquerda fora do eixo", originalmente postado no Coletivo Passa Palavra — "grupo de orientação anticapitalista"[38] que foi um dos principais a mobilizar e organizar as manifestações "espontâneas" do Brasil (que alguns acreditam que nada tinha a ver com capitalismo e socialismo, direita e esquerda e afins) —, oferece a seguinte explicação sobre os protestos anteriores a 2013:

> Do início do ano [de 2011] até abril houve grandes manifestações da luta contra o aumento da tarifa de ônibus em São Paulo. Diferentemente do que ocorreu em 2010 e nos anos anteriores, o público mobilizado passou de 4 mil pessoas e, ao invés de esvaziarem, os atos mantiveram-se cheios e permitiram realizar ações que antigamente chamaríamos de radicais, ou mesmo de ousadas, como a ocupação de um terminal de ônibus na região central e a paralisação de um dos sentidos da avenida 23 de Maio — uma das maiores da capital do estado. (...)
>
> Em abril, após uma entrevista para programa de TV, "Custe o Que Custar", o CQC, do jornalista Marcelo Tas, levantou-se a polêmica com o deputado federal e militar da reserva Jair Bolsonaro e seu discurso pró-ditadura e moralmente conservador. Durante aquela semana, a polêmica matéria repercutiu pelas mídias sociais, que pressionaram uma cassação por quebra de decoro parlamentar. Em apoio, grupúsculos da extrema direita marcaram um ato em defesa ao deputado e, espontaneamente, indivíduos atomizados da esquerda convocaram um ato antifascista com o objetivo de impedir a realização da manifestação.

Por estas palavras, nota-se que o *linguajar* que dominará os pensamentos de quem for tragado para o vórtice das manifestações é definido de antemão pelos seus organizadores comunistas: dali para a frente, seriam frequentes termos como "atomizado", "extrema direita", "direito de expressão", "quebra de decoro" e, claro, "antifascista", mesmo sem entender o que é fascismo, precisamente o *contrário* do que costumam acreditar que é — muitas vezes, até defendem algo parecidíssimo com o fascismo, com a ânsia de controlar o mercado por via estatal e centralizar tudo em um fortíssimo Poder Executivo. *Tutto nello Stato, niente al di fuori dello Stato, nulla contro lo Stato.* A mentalidade bovinoide para uma ruptura de poder estava preparada.

6 de junho: Os protestos começam. *Showtime!*

> "Crianças, vocês deram o melhor de si e falharam miseravelmente. A lição é: nunca tentem."
>
> Homer J. Simpson

As lideranças (sempre elas) do MPL foram convocadas para uma reunião com o prefeito petista Fernando Haddad na quinta-feira, dia 6 de junho, às 18h. A reunião era deliberativa, ou seja, para discutir propostas, sem caráter decisório. Para militantes de partidos que, quando querem algo, não disputam nem discutem — apenas tomam à força —, uma reunião dessas era uma ofensa. Não se tratava de uma reunião "política" (como Oppenheimer já nos ensinou, ato político é feito para *tomar riqueza produzida por outra pessoa à força*). Sobretudo: mesmo um esquerdista como Haddad, de posse de dados em suas mãos, não teria como não ter argumentos muito melhores do que a gritaria em bando do MPL — inclusive argumentos ruins, mas que o MPL adoraria, como, por exemplo, municipalizar o imposto sobre a gasolina.

O movimento se reuniu com suas bandeiras na frente do Theatro Municipal, em uma praça que fica numa das extremidades do Viaduto do Chá. O prédio da prefeitura fica em uma praça exatamente na outra extremidade. Segundo o que o próprio MPL confessa abertamente em seu livro, "apostando na estratégica (*sic*) clássica do Passe Livre, a manifestação passa rapidamente pelo prédio da prefeitura em direção ao Vale do Anhangabaú e dali à avenida 23 de Maio, uma das principais vias expressas da cidade".[39] **O MPL teve a chance de discutir civilizadamente desde antes do princípio,** mas não o fez por razões "políticas" — ou seja, mesmo que tivesse um argumento para revogar o aumento ali, no ato, fazendo contas (e não apenas gritando que ficaria mais caro, o que até uma criança de cinco anos sabe), seu lucro político naquele momento seria nulo: o preço da passagem abaixaria por contas milagrosas e ninguém ficaria sabendo quem é o MPL.

O cenário de nosso prefácio se materializava, enquanto o prefeito fora pego em um de seus primeiros (e incontáveis) grandes erros, em uma gestão que ele próprio contabilizou pela frase "perdi o ano":[40] *acreditar em extremistas*. Bastante estranho, visto que o próprio Haddad, agitador esquerdista como os seus rebentos, apenas estava tomando do próprio veneno — daquilo que o PT mais fez com os seus opositores enquanto estava longe do poder, aonde chegou para dali não arredar pé. O PT apenas estava diante de um PT mais PT do que ele — deveria então ter um conhecimento de causa maior. Não surpreende que o resultado do primeiro ano para Haddad foi ser considerado talvez o pior prefeito que a cidade já teve (com uma fortíssima concorrência, incluindo Paulo Maluf, Celso Pitta, Marta Suplicy e Luiza Erundina).*

Estes fatos não saíram em nenhuma notícia relevante de jornal — apenas os conhecemos no livro cunhado pelo próprio Movimento Passe Livre para se autoelogiar. No noticiário, apenas uma estranha luta de jovens idealistas que, "sem querer", descamba em violência — que nunca será contabilizada como sua responsabilidade, mesmo que em entrevistas exclamem abertamente que precisam de vandalismo para chamar atenção do público. Esta é a *infowar* em ação: criar uma

* Quem considerou seu primeiro ano de mandato "ótimo" foi apenas 1% do eleitorado, e apenas outros 9% o consideraram um "bom" prefeito. Disponível em: <http://noticias.band.uol.com.br/brasil/noticia/100000660508/vox-populi-1-acha-desempenho-de-haddad-otimo.html>.

narrativa para os jornais e esconder os fatos verdadeiros (sem, entretanto, ter, tal como Malcolm Harris no Occupy, medo de descrevê-los diante do próprio público que querem engabelar, depois de todos já terem sido enganados e contagiados pelos sentimentos de manada já favoráveis ao movimento). Foi um fator a mais para se forjar a crença da "manifestação que começou pacífica e foi tomada por uma minoria de vândalos graças à violência policial".

A manifestação desceu o viaduto e tomou o espaço dos carros até que fechou por inteiro ruas, avenidas e acesso a túneis. Por volta das 19h, a avenida 23 de Maio, pela qual até os ônibus andam muito rapidamente, foi totalmente fechada. Nos cartazes, faixas e bandeiras, apenas menções ao aumento da tarifa e ao "passe livre", além das siglas e símbolos de entidades sindicais. Fogueiras foram feitas com pneus, lixeiras e pedaços de madeira encontrados nas redondezas, e muitas pichações surgiam por onde a farândola passava. Terminal Bandeira, prefeitura, Parque Dom Pedro, 9 de Julho e Paulista: tudo parado.

Nos terminais de ônibus e estações de metrô por onde um número suficiente de manifestantes conseguisse garantir à força os seus propósitos, eram realizados "catracaços", permitindo que as pessoas tomassem ônibus e metrô sem pagar a tarifa. Ainda em número diminuto, o principal alvo de vandalismo foram bancas de jornais, lixeiras e instalações de estações do metrô e dos terminais de ônibus pelo caminho. A população, como de praxe, desviou e tentou chegar em casa por outro caminho.

A polícia, como o prefeito, fora pega desprevenida: não esperava nenhum protesto naquele fim de tarde, mas precisava liberar as avenidas paralisadas — pessoas passavam mal em todos os lugares parados que não são filmados nas reportagens, precisando chegar em casa, ao hospital ou a algum lugar. Ao ver apenas vândalos ateando fogo ao patrimônio (até então mais público do que privado) e arrebentando muitos vidros de estações do metrô, a polícia apelou diretamente para a Tropa de Choque, batalhão que age para dispersar *multidões*. Naquele primeiro dia de protesto, não existiam famílias, pessoas de bem, jornalistas trabalhando no meio de uma avenida paralisada — apenas os bons e velhos *tranca-ruas* de sempre. Sem número suficiente para enfrentar a tropa, atiraram pedras contra os policiais, mas rapidamente foram dispersados. O noticiário noturno, mostrando imagens ao vivo da avenida Paulista, focou apenas o confronto entre manifestantes e o Batalhão de Choque — não havia mesmo mais nada para se ver ali.

Saldo: quinze manifestantes detidos e oito feridos — número que aumentaria, acima da inflação, para cinquenta no dia seguinte. Entre os feridos, o fotógrafo Daniel Teixeira, do *Estado*. Conforme o próprio MPL já sabia, a população estava pouco se lixando para suas reivindicações. Após cometer vários crimes em bando, tendo sido presos apenas os manifestantes em confronto direto com a polícia, a saída do MPL para o dia seguinte seria afirmar que estavam "criminalizando" o MPL — como faz todo "movimento social" depois de ser convidado a pagar pelos crimes que comete.

A população ainda sabe que existem "manifestantes", mas não faz ideia do que seja MPL.* Contudo o movimento tinha atingido com precisão cirúrgica seu objetivo fundamental: **criar manchetes e *sentimentos* no público**, com os quais trabalharia com esmero nos próximos dias.

As janelas quebradas: Preço e custo

> "O que é um cínico? Um homem que sabe o preço de tudo e o valor de nada. E um sentimentalista, meu caro Darlington, é um homem que vê um valor absurdo em tudo e não sabe o lugar de coisa alguma no mercado."
>
> Oscar Wilde, *O leque de Lady Windermere*

---

* Isto ainda é agravado pelo fato de que noticiários brasileiros em geral evitam citar nomes de partidos a todo custo. Como as bandeiras tremeluzentes indicavam apenas partidos liliputianos e ridículos, além das velhas entidades de sempre (CUT, MST, UNE e a UNE do PSTU, a ANEL), os jornalistas da televisão e de impressos simplesmente ignoraram o fato — o que contribuiu para o "esquecimento" posterior da população em relação a quem iniciou a violência dos protestos.

O metrô divulga, no fim da tarde do dia seguinte, os custos do vandalismo: 73 mil reais.* O coletivo** Rizoma, de alunos da USP (impossível chamá-los de "estudantes"), garante, pelo Facebook (é sempre curioso como esses anticapitalistas amam tudo o que *só o capitalismo* oferece), que o metrô arrecada esse valor em quatro minutos e meio — como se os 3,7 milhões de usuários por dia do metrô pagassem para que uma manada de comunistas com muitos hormônios e poucos neurônios quebrasse o que custou de seus bolsos apenas para fazê-los pagar *de novo*, em vez de permitir que o metrô crie novas instalações, estações e afins.***

Tal "pensamento" reflete justamente o que foi denominado Teoria das Janelas Quebradas, uma concepção criminológica definida por James Q. Wilson e George L. Kelling. Quando atos de violência destroem o patrimônio da população, reivindicando algo que custa muito menos do que o próprio protesto, cabe sempre fazer três perguntas, que nos dão o prisma completo da situação: Quem quebra? Quem paga? E, se quem quebra e quem paga são pessoas distintas, quem sai ganhando com isso?

Basicamente, a teoria diz que, se um edifício tem janelas quebradas por vândalos, a tendência é que outros vândalos quebrem mais janelas. Ou seja, conserte os problemas enquanto são pequenos para evitar novos. Quando há uma sensação de *permissão*, pessoas normais começam a agir

---

* O livro escrito pelo MPL, *20 centavos* (São Paulo: Martins Fontes, 2013), põe os "atos de vandalismo" assim, entre aspas (p. 34-35). Claro, há sempre a hipótese de os vidros terem explodido sozinhos, de as lixeiras terem entrado em combustão espontânea em protesto contra o capitalismo, de as caçambas terem tombado com a força do vento e de os postes e muros terem feito tatuagens de protesto sozinhos à noite, sem ninguém ter percebido.

** A forma de atuação desses coletivos é o que permite que as intenções partidárias sejam sempre escondidas. Por exemplo, o PSOL usou muitas bandeiras do coletivo "Juntos!", amarelas com letras vermelhas, que saíam na capa de qualquer jornal sem ninguém perceber que se tratava de um "coletivo" do PSOL. O PSTU tinha muitas bandeiras da sua própria associação de estudantes, a ANEL (a UNE, como se sabe, é dominada pelo PCdoB há anos) e assim por diante. Sem entender a complexa burocracia da esquerda (que não quer senão burocratizar *tudo*), fica difícil notar os partidos no começo das manifestações — e, quando as bandeiras tremulam dias depois, dizia-se que havia partidos "se aproveitando" das manifestações: pelo contrário, foram eles que as *criaram*.

*** Da mesma forma, fazendo as contas, o aumento de R$ 0,20 (meia para estudante) dá R$ 146 por ano (ida e volta), R$ 73 para estudante. Quanto gastaram quebrando o metrô em um único dia? Como reivindicam algo que *custa muito menos do que o próprio protesto*. A conta simplesmente não bate.

de forma cada vez mais agressiva, e a violência niilista impera — quem liga para a destruição de algo já destruído ou em sinal de abandono? A lição óbvia, mas nem sempre lembrada, é que um crime que cause algum resultado (nem que seja chocar a sociedade) é, se não for punido, imediatamente **repetido**. *Monkey sees, monkey does.*

Por exemplo, no fim de abril de 2013, a dentista Cinthya Magaly Moutinho de Souza morreu depois de ter sido queimada viva durante um assalto por ter apenas 30 reais em sua conta. Os assassinos fugiram em um Audi A3, da mãe de uma das pobres crianças.* Com o destaque dado à barbaridade no noticiário, mais dois casos de vítimas de assalto queimadas vivas ocorreram apenas nos dois meses seguintes. A segunda dessas vítimas, Alexandre Peçanha Gaddy, também era dentista em São José dos Campos — e foi queimado com um álcool utilizado por dentistas (vítimas constantes de assaltos) que pega fogo facilmente. Alexandre Gaddy faleceu em decorrência das queimaduras no dia 4 de junho, dois dias antes do início dos protestos — nem por isso foi mencionado em

---

* A esquerda acredita primariamente que **tudo** é definido pela faixa salarial à qual pertence uma pessoa — o que obrigaria os proletários a terem a chamada "consciência de classe" [*Klassenbewusstsein*], que Marx previu como elemento primordial para a Revolução. Curiosamente, o método da esquerda para explicar **tudo**, de crimes ao formato das famílias, é essa crença infantil de que a "classe" da pessoa (sua *atual* faixa salarial) é determinística para definir seus valores — todavia, a vastíssima maioria dos marxistas pertence a uma classe que não é o "proletariado", que, aliás, praticamente não existe mais no mundo capitalista. Justamente sua "consciência de classe" é incapaz de ter consciência da classe a que eles próprios pertencem — e muito menos de ter consciência de que, se os lampejos de "socialismo científico", para funcionarem no mundo de hoje, não podem mais depender da consciência da classe proletária, *todo o projeto de Marx para a sociedade está errado*. Assim a esquerda defende, como nesse caso, que *assassinos ricos matem pobres* com torturas cruéis e que tenham o beneplácito do **coitadismo penal**, já que juram que crimes e violência acontecem apenas com criminosos pobres, que não têm mais a que recorrer para comprar pão, contra ricos imprestáveis que não trabalham e vivem do trabalho alheio. Sob essa retórica contra os "poderosos", cada vez mais ricos atacam cada vez mais pobres, as maiores vítimas dos homicídios no Brasil (56.337 pessoas foram mortas no país em 2012, de acordo com o Mapa da Violência). O caso está disponível em: <http://www1.folha.uol.com.br/cotidiano/2013/04/1269350-policia-localiza-carro-que-teria-sido-usado-por-suspeitos-de-matar-dentista.shtml>. Ver minha análise sobre o homicídio em "A esquerda e a criminalidade: dois pesos, duas medidas, um método" (disponível em: <http://www.implicante.org/artigos/a-esquerda-e-a-criminalidade-dois-pesos-duas-medidas-um-metodo/>), sucedida por "Por que a esquerda gosta tanto de assassinos?" (disponível em: <http://www.implicante.org/artigos/por-que-a-esquerda-gosta-tanto-de-assassinos/>).

qualquer cartaz quando o gigante "acordou", reclamando sobre tudo e sobre nada. Mas o fato permaneceu: macaquinho vê, macaquinho faz — sobretudo com uma janela quebrada, este mero detalhe, para os uspianos do Rizoma.

Provavelmente os organizadores do quebra-quebra nada sabem sobre essas teorias (ler e compreender a realidade não é o forte de quem queima ônibus para diminuir a tarifa), mas assumem um comportamento instintivo, primitivo mesmo, que tem um objetivo claro: causar danos em seus adversários (Haddad, Alckmin, a "classe média acomodada", a imprensa, coisas que se mexam sozinhas etc.), aumentando as contas que precisam pagar (no caso em votos, já que a conta financeira fica a cargo de todos os cidadãos) e arregimentar todos os arruaceiros que, sabendo pouco, nada ou negativo de política, vejam pasto e circunstância para sair por aí quebrando coisas a esmo, protegidos pela manada. Malcolm Harris, no Occupy, expôs claramente que o objetivo é prejudicar adversários através do roubo e extorsão.

Isto é uma forma de reivindicação chamada **terrorismo**. A tática do medo generalizado, da destruição em massa, do pânico social. É a mesma prática do "flanelinha" que *cobra* para que o seu carro, estacionado na rua, *não* seja destruído — mas realizada em grandes proporções, a ponto de virar notícia. Terrorismo era o que Lenin chamava de "propaganda armada". O governante, diante de atos de terrorismo, pode aceitar o delicado pedido ou reprimir manifestantes espalhados, que definitivamente não formam um exército uniforme, longe de civis inocentes, tal como numa guerra. Qualquer atitude que ele tome, são os terroristas que saem ganhando e posando de heróis sociais e vítimas da truculência obscurantista, quando na verdade eles *causaram* a violência.

É algo que o professor de filosofia da USP João Vergílio chama de "violência mínima": cria-se uma situação de incômodo máximo, de impedimento completo da normalidade, que só pode acabar com uma reação com alguma violência. Imediatamente, passa-se a criticar a agressão de revide, posando-se então de vítima. Por essa tática, comum a estes grupos extremistas em diversas ocasiões (passeatas, Marcha da Maconha, greves, invasão de propriedade etc.), eles conseguem apoio popular, mesmo de quem discorda da sua causa, quando aparecem diante das câmeras como mártires, como o elo mais fraco da corrente. A diferença inaugurada pelo MPL foi a quantidade de protestos *seguidos*, antes que os ânimos da população esfriassem no intervalo entre um e outro. Escreve o professor:

> Não se trata, é claro, de violência desregrada ou desmedida. O que se nota nessas manifestações é uma observância estrita de certas regras e uma mensuração cuidadosa do grau de ruptura admissível em cada situação. Faz-se uma espécie de "cálculo". Trata-se, em cada caso, de determinar o menor grau de violência física capaz de gerar um certo resultado. É essa a natureza do piquete, do cadeiraço, do apitaço, da invasão de sala.
>
> É um cálculo de difícil visualização. Conforme o lugar de que o enxergamos, ele assume um aspecto diferente. Do ponto de vista de quem calcula, parece mais uma recusa da violência física do que um convite a ela. Afinal de contas, a preocupação maior do calculista é justamente chegar a um certo mínimo indispensável de meios físicos para a consecução de um certo fim. Trata-se, digamos assim, de guardar a maior distância possível de uma troca de socos. No entanto, se mudarmos nosso posto de observação e olharmos para esse cálculo no contexto do conflito em que ele se insere, a coisa muda de figura. Quando uma pessoa acredita ser razoável fazer essa contabilidade da violência, ela implicitamente autoriza seus oponentes a empregarem a mesma lógica.[41]

Essa violência, como janelas quebradas (nesse caso, não em sentido figurado), tende a ser repetida, cada vez com força maior. Não é à toa, portanto, que os organizadores desses protestos sejam os mesmos que usam de uma retórica de relativismo moral absoluto quando crimes acontecem. Porque o objetivo final dessas manifestações não é outro senão minar o poder constituído (a chamada "lei burguesa") e a cultura de certo e errado que o sustenta.

Isto gera uma sensação de liberação da violência — muitos vândalos, com muitos hormônios e pouca responsabilidade, se jactaram dos atos que cometeram até no Facebook. Ninguém (ainda) tem coragem de dizer "queimei um dentista hoje!", mas encontramos no Facebook quem diga "queimamos 2 ônibus hoje!", com comentários reclamando de terem tirado as pessoas do ônibus antes.* Que tal lembrar que essa é apenas uma forma retórica bonita para não dizer "queimamos vários inocentes de uma vez hoje"? Dissolvendo a responsabilidade no rebanhismo, pode-se tudo.

Fazendo seus forrobodós apenas quando há uma causa inatacável por trás (como preços altos, que *ninguém*, afinal, quer pagar), até mesmo as pessoas mais contrárias à violência e à concentração de poder através de violência caem na esparrela do discurso bonzinho, e separam a organização de um protesto da violência que esse próprio protesto gera, protegendo a causa alardeada — ou seja, acreditando em propaganda partidária, tão somente porque ela é feita no meio da rua, e não no horário eleitoral.

Há outra teoria sobre janelas quebradas na economia, proposta por Frédéric Bastiat (1801-1850). Ela é uma resposta aos preconceitos econômicos daqueles que acreditavam que uma janela quebrada é algo bom para a economia, pois, afinal de contas, o que seria dos vidraceiros sem este trabalho? Em seu ensaio "O que se vê e o que não se vê",[42] Bastiat lembra aos teóricos divorciados da realidade que a destruição não pode *gerar* nada novo no mundo, e logo não pode ser tratada como um método social para absolutamente nada. Quem vê alguém pagar a um vidraceiro, que geralmente trabalha com acidentes (como médicos ou seguradoras), não vê o que esta pessoa *poderia* gastar com alguma outra coisa que *melhoraria* de fato a sua vida, em vez de somente substituir algo que ela tinha, mas perdeu.

Como as vidraças públicas são pagas por impostos e tarifas sem se ver exatamente o quanto cada trabalhador está pagando para consertar a destruição dos arruaceiros, tem-se a impressão, como os justificadores da USP, de que é apenas o dinheiro *de outra pessoa*, provavelmente dos milionários, que vai pagar pelo metrô — e não de que, na verdade,

* Ver imagens de alguns comentários em meu artigo "Protestos em São Paulo e as janelas quebradas: nenhuma preocupação com a tarifa do ônibus". Disponível em: <http://www.implicante.org/artigos/a-teoria-da-janela-quebrada-o-vandalismo-nos-protestos-pela-tarifa-de-onibus/>.

o metrô tem tanta soma justamente por serem *muitos trabalhadores* que pagam por ele. Como Bastiat mesmo define: "O Estado é a grande ficção através da qual todo mundo se esforça para viver à custa de todo mundo."[43]

7 de junho, sexta-feira: O noticiário da manhã seguinte

> "Uma das consequências de noções como 'direitos' é que pessoas que não contribuíram em nada para a sociedade sentem que a sociedade lhes deve alguma coisa, aparentemente apenas por serem legais o suficiente para nos agraciar com a sua presença."
>
> Thomas Sowell

As manchetes dos jornais daquela sexta-feira, em que nada além de trânsito, baderna e vandalismo havia sido visto pelo paulistano, só comentaram o resultado do protesto. *Folha de S.Paulo* e *Estado de S. Paulo* falaram de "vandalismo", "depredação" e "caos". No *Bom Dia São Paulo*, da Rede Globo, a jornalista Patrícia Bringel explicou que alguns manifestantes já estavam liberados após pagarem fiança, com valores que variavam de um salário mínimo até R$ 3 mil. O apresentador Rodrigo Bocardi comentou com uma frase que causaria polêmica nas redes sociais: "Alguns deles não têm R$ 3,20 ou 20 centavos a mais para pagar a passagem de ônibus, mas têm R$ 3 mil para pagar a fiança."[44]

Uma notícia que vale a pena ser lembrada é a do jornalista chapa-branca até o tutano Paulo Henrique Amorim (PHA). Desde a época do governo Figueiredo, ainda na ditadura, PHA luta para desqualificar a oposição. Em 1998, o então âncora do *Jornal da Band* envidava esforços para provar que Lula havia cometido uma série de ilegalidades para comprar a cobertura onde mora até hoje em São Bernardo do Campo, na região do ABC de São Paulo. Nada ficou comprovado — ele usava na época dos mesmos métodos que usa hoje contra qualquer político de qualquer oposição, ficando sempre do lado de quem está no poder. Lula ganhou um direito de resposta na Band.[45] PHA, assim que o PT de Lula subiu ao poder, tornou-se petista roxo desde criancinha e quase um advogado midiático de Lula — não um esquerdista, não um ideólogo do método petista de celebrar o "socialismo petista",[46] e sim apenas alguém que quer sempre estar apinhado no governo, sempre com os vencedores.*

Como o protesto era de esquerdistas, mas contra um petista (também contra o governador tucano Geraldo Alckmin, mas não valeria a pena bater em Alckmin se o principal saco de pancada continuaria sendo o petista Fernando Haddad com sua popularidade mixuruca), Paulo Henrique Amorim não teve dúvidas: tascou no seu blog "Conversa Afiada", um dos blogs mais mal escritos do país, que **"Protesto em São Paulo não tem trabalhador"**.[47]

Por razões nada partidárias — nem um pouco a ver com uma defesa cega e fanática de um prefeito que, por ser de um partido que controla empresas que anunciam em seu blog, torna-se um verdadeiro anjo —, seu artigo nota a ausência, nas manifestações de rua, de quem realmente pega no batente. Humm, verdade. Com uma conta meio insana, já no subtítulo, nosso PHA mostra sua insuperável verve para a puxação de saco: "Aumento foi tão pouco porque Dilma e Haddad retiraram impostos." Bacana. Aliás, bacana duplamente. Deve ter sido a primeira vez desde o resfriamento da crosta terrestre que deu para concordar não com uma, mas com duas frases seguidas de Paulo Henrique Amorim.

Resta saber quando PHA fará a ligação óbvia, e perceber que se "Dilma e Haddad", estes santos, *retirarem impostos* de todas as outras coisas que queremos, *os pobres, finalmente, poderão comprar mais coisas* — e, assim, deixar de ser pobres.

PHA estava certíssimo no título, mas só até aí. Se o PT é tão bom porque cortou impostos, será que podemos crer que Haddad, Dilma(?!) e PHA (Alckmin também entra na lista?) aprenderam que o liberalismo favorece o povo (afinal pagar impostos é algo *ruim*, que *encarece* as coisas que o povo quer)? Na verdade, tratava-se antes de um plano

* Costumam se esquecer de que, num país que nunca lê teoria política além de dois livrinhos em cursos de Humanas, essas pessoas fisiológicas, sem identidade política clara, é que são *a maioria* do poder, sobrando pouco embate ideológico entre direita (praticamente desaparecida) e esquerda. Estranha-se que se esqueçam disso justamente num país cujo maior partido seja o centrão fisiológico PMDB.

de subsídios, financiado por *mais* dinheiro do pagador de impostos: Dilma pedira a Haddad que não aumentasse as tarifas tanto quanto devia para *mascarar os índices de inflação.*[48] Assim, o povo pagaria *mais* em impostos de toda forma, mas, não *vendo* o quanto era pago na tarifa, poder-se-iam maquiar os índices de inflação oficiais por uns meses para fazer campanha eleitoral depois. Usando o seu estilo de fazer apelidos com o nome de tudo o que não gosta e sendo ofensivo demais até com quem não merece muita consideração, PHA postou uma foto de jovens entupindo as ruas na frente do Theatro Municipal e disparou, com um "Enter" depois de cada frase, no estilo de máquina de escrever que lhe é peculiar:

> Ainda assim, um conjunto de jovens brancos e de classe média parou São Paulo na noite desta quinta-feira, com depredações e confrontos.
>
> Não havia ali um único negro.
>
> Parecia convenção do PSDB de São Paulo.
>
> Não havia um único trabalhador, que, como observou o Chico Pinheiro no Mau Dia Brasil, estava no trem, no metrô, de volta pra casa, depois de um dia de trabalho.

Ainda é curioso como, para pessoas como PHA, ser negro implica *uma única possibilidade de pensamento político*. Quando se é negro, é-se obrigado a dar a patinha para o único "partido-defensor-dos-negros" que PHA escolha — ou seja, quem estiver no poder. Este é o homem que chamou o jornalista negro Heraldo Pereira de "negro de alma branca", por trabalhar na Rede Globo e não seguir a cartilha do partido bajulado da vez de PHA. Isto sem falar no desapreço esquisito que PHA tem por Joaquim Barbosa, ex-ministro do STF relator do processo do mensalão, descrito nos seguintes termos em uma seção curiosamente chamada "Navalha": "Como Lula jamais justificou sua nomeação como derivada exclusivamente por méritos profissionais, Barbosa precisou mostrar que tinha outros atributos."[49] Ninguém pensa que Carmen Lúcia — que recusou a lenga-lenga para postergar o julgamento do mensalão no julgamento dos embargos infringentes, naquilo que foi chamado de *moto-perpétuo* processual por Eros Grau[50] (indicado por Lula e militante socialista) — foi indicada por Lula "sem ter justificado sua nomeação como derivada exclusivamente por méritos profissionais". Mas Barbosa, negro, sofre esse tipo de pecha vinda de progressistas.* Um tipo de julgamento que deveria ter sido enterrado com o nazismo: crer que pensar sozinho é coisa de "alma branca", e que "almas negras" devem se calar e apenas votar em quem alguém manda. PHA também havia postado em seu blog, dois dias antes, bajulando o aumento petista (e também tucano, afinal) abaixo da inflação, a frase "Haddad cumpre o que prometeu — botar São Paulo (por enquanto, a cidade) no trilho do resto do Brasil (do Lulilma)".[51] O *Pravda* ou o *Granma* não seriam tão descarados para falar de Stalin ou Fidel.

---

* Isto faz parte do que os americanos chamam de política do *dog whistle*, o "apito de cachorro", com uma palavra, ideia ou comportamento em código que apenas a militância entende, geralmente com conotação racista. Alguém dá o apito inicial para a militância em alguma publicação feita apenas para municiar os mortos-vivos de automatismos, e então saem os militantes repetindo um discurso uniformizado. Joaquim Barbosa é sempre considerado um negro "traidor" (até a racistíssima expressão "capitão do mato" é usada para desclassificá-lo), além de diversas referências à sua "raça" em tom de "traição". Na abertura da Copa do Mundo de 2014, quando a presidente Dilma Rousseff foi vaiada e recebeu um sonoro "Ei, Dilma, VTNC!" sempre que era anunciada, simplesmente *todos* os blogs, sites e revistas de esquerda postaram no dia seguinte: quem estava ali não era povo de verdade, era "a elite branca". É um apito para ser repetido, eximindo o petista de prestar contas à realidade (como ter anunciado tanto uma tal "Copa do povo"), apelando para o típico racismo invertido (o homem mais rico no estádio era o ditador negro de Angola, bem à frente de Dilma). Assim, sem precisar dizer que Joaquim Barbosa estaria no STF apenas por ser negro, diz o mesmo, de forma que apenas a militância capaz de ouvir o apito de cachorro disfarçado consiga entender e passar a mensagem adiante. É o mesmo recurso que Marilena Chaui empregou em um Congresso do PT em 2005 ao cunhar a expressão "mídia golpista" para desprezar quem estava noticiando o mensalão, e depois quando passou a criticar a "classe média" (protegendo a elite, que anda lado a lado com o PT, quando não é o próprio PT), renovando a expressão batida "burguesia". O mesmo também já foi feito com o Instituto Millenium, quando a revista *Carta Capital* afirmou que "seus 'especialistas' são todos, curiosamente, brancos", sem se preocupar em notar que todos os jornalistas da própria *Carta Capital* são, curiosamente, igualmente brancos. Ver meus artigos: "O racismo petista contra Joaquim Barbosa no Twitter" (disponível em: <http://www.implicante.org/blog/o-racismo-petista-contra-joaquim-barbosa-no-twitter/>), "Marilena Chaui e o grito primordial: 'Eu ODEIO a classe média!'" (disponível em: http://www.implicante.org/artigos/marilena-chaui-e-o-grito-primordial-eu-odeio-a-classe-media/) e "Cotas raciais na Carta Capital", de Rodrigo Constantino (disponível em: <http://veja.abril.com.br/blog/rodrigo-constantino/racismo/cotas-raciais-na-carta-capital/>).

A verve para a puxação de saco de PHA fez com que ele dissesse que os blogueiros progressistas, lutando eternamente por dinheiro do pagador de impostos para ter como "trabalho" puxar o saco do partido no governo, eram "uma combinação de Einstein com Machado de Assis" (*sic*).[52] Deve concordar com o "Partido" Comunista da Coreia do Norte, que afirma que Kim Il-sung é "superior a Cristo em amor, superior a Buda em benevolência, superior a Confúcio em virtude e superior a Maomé em justiça".[53] PHA é só a linha de frente da nossa MSNBC.

PHA quer apenas dizer: votem no PT e continuem votando, mesmo que não faça sentido. Quando ele diminui impostos, ele faz o bem. Quando ele precisar aumentar na hora que a conta chegar, é tudo culpa do sistema, mas não deles, sacou?

Enquanto as primeiras notícias corriam, a organização pelo Facebook do próximo protesto já tratava de temas mais práticos. Uma enquete em um grupo era desabrida: "Proponho uma votação!!! COM ou SEM vandalismo???" No dia, a campeã era "sem vandalismo, e se a polícia agir a gente grava e divulga a repressão". A opção "Sem vandalismo!! Mas se a polícia vier para cima, nós vamos para cima deles!!" ficava em terceiro lugar, perdendo para "Sem a bandeira do PSTU" em segundo.[54] Desde o início, a partidarização era a anfitriã da festa — mas era desprezada por todos os convidados recém-chegados.

Os organizadores destes protestos não são ingênuos a este ponto: sabem muito bem que a pancadaria *vai* acontecer — do contrário, seu lema não seria "Se a tarifa não baixar, a cidade vai parar". Não é claro o suficiente? Deem o que eles querem, ou as pessoas da cidade, inocentes, trabalhadores, terão a vida infernizada — e ficarão bravas com os políticos. Curiosamente, a cidade *já estava parada*: a ameaça, então, não estava apenas no futuro. Era o equivalente a um sequestrador enviando a orelha do sequestrado para a família da vítima. Danem-se as leis da economia, danem-se as vidas das pessoas — seu método era claro e declarado: exigiam o que desse na telha pela força, e não por argumentos ou mesas de negociação.

Por sinal, nesse mesmo dia, um assessor do prefeito convidou uma militante do MPL para uma "conversa franca, de cidadão para cidadã".[55] Desnecessário dizer qual foi a resposta. A invenção de desculpas daria conta da hilaridade do movimento se fosse às páginas de jornais: o MPL queria "uma intervenção não entre cidadãos, mas entre movimento social e governo municipal".[56] O estranho formalismo de ocasião entre revolucionários.

O segundo ato: Quebrem tudo, mas sem violência

"United in hate with the outcasts
United in hate with the weak
Drag the ones who live in darkness back into the light
We can make it happen can't you see
We are legion
We are legion united in hate"

Kreator, "United in Hate"*

Este foi o preâmbulo do segundo dia de manifestações, que seriam intensas e "parariam a cidade se a tarifa não baixasse". A concentração dessa vez se deu no largo da Batata, reduto de comércio popular no bairro de Pinheiros,** e dali partiu para a marginal Pinheiros, a segunda via da América do Sul em tráfego de veículos. Como desta vez a polícia estava de sobreaviso, o sequestro da avenida não durou mais do que vinte minutos, com bombas de gás fazendo o seu trabalho: dispersando manifestantes para liberar vias. Já neste segundo protesto o black bloc, então completamente desconhecido da população, fez sua aparição, com a típica violência desmedida que utiliza *qualquer coisa* como arma contra a polícia. A manifestação acabou em pouco menos de duas horas — segundo o MPL, "seja porque a polícia foi mais comedida, seja porque o Black Bloc foi eficaz em contê-la" (*sic*).[57]

---

* Em tradução livre: "Unidos no ódio com os excluídos / Unidos no ódio com os fracos / Arrastem os que vivem na escuridão de volta para a luz / Nós podemos fazer isso acontecer, vocês não se dão conta? / Somos legião / Somos legião unida no ódio" (Kreator, "Unidos no ódio").

** O largo da Batata também é conhecido como "infinito" pelos moradores da região, por ser onde grandes paralelas se cruzam (as ruas Teodoro Sampaio e Cardeal Arcoverde).

Caso ainda se tenha dúvidas de se os manifestantes black bloc são "oportunistas" que "tomam" uma manifestação que era pacífica, ou, como aqui se tenta esclarecer, se são parte da organização da manifestação, sendo "um grupo orientado à destruição da propriedade privada como forma de protesto",[58] basta verificar que foi o próprio MPL quem definiu que, "na manifestação do dia 7, o Black Bloc assume uma postura mais 'clássica', articulando suas ações com a estratégia geral do MPL e se esforçando para proteger os manifestantes, em vez de expô-los a mais violência".[59]

Ou seja, o MPL e o black bloc caminham lado a lado em sua ânsia pela destruição, apenas vendem suas bandeiras separadamente — para quem acredita em paz, há o MPL, mais abrangente naquele momento, e, para quem só quer sair por aí ateando fogo em coisas, também tem o black bloc.

Urge que isto fique bem claro: o MPL é uma organização transpartidária, com membros do PSOL, PSTU, PCO e outros partidos nanicos de extrema esquerda, aqueles com as propagandas mais porcas e malfeitas do horário eleitoral. Estes partidos, a partir de fevereiro de 2014, depois da primeira morte causada por um black blocker* em território nacional, negariam setenta e sete vezes que têm qualquer ligação com o black bloc — embora até no livro do MPL, que conta sua versão da história, o movimento tivesse elogiado os baderneiros mais violentos antes da fatalidade. Como o livro deles não vendeu nada, e como essa narrativa é complexa demais para a maioria de nossos jornalistas se lembrar dela e repassá-la ao público, tudo ficou por isso mesmo.

Novamente, a cidade de São Paulo não deu a menor bola para sindicalistas, partidos extremistas e entidades corruptas atrapalhando a vida dos trabalhadores em nome da proposta de "abaixar a tarifa" — ou, na verdade, em nome da "tarifa zero", proposta que, mesmo sem entender

* Preferimos a designação original, em que black bloc se refere apenas ao bloco inteiro, com cada animal da manada sendo chamado de black blocker. O bloco é feito e desfeito conforme as circunstâncias, e nenhum blocker gosta de se revelar — ou ao menos não deveria gostar.

de economia, o brasileiro sabe instintivamente quão ridícula e nociva é. O que ficou foi apenas a sensação de insegurança, medo e a lembrança dos ataques assassinos do Primeiro Comando da Capital (PCC), maior organização criminosa do estado que, em maio de 2006, também *parou a cidade* em dias de assassinatos de policiais escolhidos a dedo, ataques a delegacias e a estabelecimentos comerciais. O colégio Palmares, em Pinheiros, por exemplo, decidiu antecipar a saída dos alunos em uma hora para garantir a segurança das crianças.

Um pequeno fato marcou a noite — o primeiro que seria usado como propaganda política martelada por todas as redes sociais para reverter a baixa popularidade dos protestos e para narrar os atos de violência dos comunistas como um heroísmo idealista contra as injustiças do mundo. O promotor de Justiça Rogério Leão Zagallo publicou uma mensagem em seu perfil pessoal no Facebook:

> Estou há 2 horas tentando voltar para casa, mas tem um bando de bugios revoltados parando a avenida Faria Lima e a Marginal Pinheiros. Por favor, alguém poderia avisar à Tropa de Choque que essa região faz parte do meu Tribunal do Júri e que se eles matarem esses filhos da puta eu arquivarei o inquérito policial? Petista de merda. Filhos da puta. Vão fazer protesto na puta que os pariu... Que saudade da época em que esse tipo de coisa era resolvida com borrachada nas costas dos merdas...

Apesar do óbvio desconforto que tais manifestações *buscam* causar (seu lema, afinal, é parar a cidade), este ato, ainda que em um perfil pessoal e causado por uma raiva autoexplicável, foi irrefletido da parte do promotor, que é agente da justiça e não deve afirmar algo que pode ser encarado como incitação à violência (na melhor das hipóteses) ou uma atuação estomagada da justiça, agindo conforme os seus caprichos — mesmo diante de atos que não podem ser classificados senão como criminosos.

Este equívoco do promotor, mais do que qualquer "abuso" da polícia contra ateadores de fogo em lixeiras, seria a pedra de toque para reverter a narrativa que colaria no imaginário popular dali a poucos dias.

No fim do dia, o canal do PSTU no YouTube divulga um vídeo[60] em que, na linguagem sindicalista de botequim que lhe é peculiar, fala do povo, dos trabalhadores e de todos na rua contra a "repressão". O vídeo foi pouco visto, mas já trazia um *definidor da linguagem* a ser utilizada para os próximos dias: falar do protesto como obra de "trabalhadores" que foram "reprimidos" pela polícia. Só faltou mesmo o clichê de chamar tudo de "fascista".

8 e 9 de junho, o primeiro fim de semana sem descanso

> "É incrível que pessoas que acham que nós não temos dinheiro para pagar por médicos, hospitais e medicamentos, de alguma forma, acham que podemos nos dar ao luxo de pagar por médicos, hospitais, medicamentos e uma burocracia governamental para administrar isso."
>
> Thomas Sowell

Os protestos ainda não aparecem senão como confronto entre extremistas e policiais. Nada nem sequer parecido com a narrativa que vigoraria nos mesmos jornais dali a menos de duas semanas, sobre um gigante acordando pacificamente contra a corrupção, a falta de hospitais, propostas de emendas constitucionais ou o final alternativo de *Titanic*.

O jornal *O Estado de S. Paulo*, em editorial intitulado "Puro vandalismo", pede mais rigor na ação policial por notar, sem grande dificuldade, que os protestos eram puro vandalismo e nada mais. O jornal lembra que o intuito do movimento não é *a redução da tarifa*, e sim *tarifa zero* — sem concluir, todavia, que é um movimento que esconde suas intenções, que são apenas o retorno ao bom e velho comunismo de modelo cubano-chavista, o "socialismo do século XXI", que entrou em moda no discurso esquerdista com a queda do Muro de Berlim.* Além

---

* Este socialismo repaginado, como quase todos os estudiosos do fenômeno concluem, é muito mais parecido com o seu "gêmeo heterozigoto" (expressão de Pierre Chaunu), o fascismo, do que com o socialismo do século XX. Ver meu artigo "Lições de Hugo Chávez ao Brasil". Disponível em: <http://www.implicante.org/artigos/licoes-de-hugo-chavez-ao-brasil>.

de lembrar que o MPL é constituído por "estudantes das alas radicais dos partidos PSOL e PSTU" (as alas radicais de partidos ultrarradicais), também questiona por que o prefeito Fernando Haddad, "em vez de condenar o vandalismo promovido pelo Movimento Passe Livre, se apressou a informar que está aberto ao diálogo. Vai discutir com esse bando de vândalos a tarifa zero?"[61]

A *Folha de S.Paulo* estampa na capa de sábado a manchete "Manifestantes causam medo, param marginal e picham ônibus".[62] Ações microscópicas, comparadas ao que viria nos próximos dias. A *Folha* ainda nota que o movimento é composto por punks (o futuramente conhecido black bloc) e membros de partidos de esquerda, e se diz apartidário, apesar de três partidos políticos darem apoio e orientação aos manifestantes: PSOL, PSTU e PCO.*

O método desses partidos sempre foi a violência — basta ver como resolvem discussões em universidades e como "votam" *ad nauseam* pela invasão da reitoria. O promotor Rogério Zagallo, já no dia seguinte, posta uma mensagem em sua página pessoal no Facebook se desculpando pelas palavras fortes, explicando que foi um desabafo de emoções contidas à força, que o MPL estava dentro da legalidade ao protestar, embora discorde do método, e que o editorial do *Estado de S. Paulo* chama a moafa de "manifestação selvagem" e fala em "bando de vândalos". Apesar do pedido de desculpas feito (mais do que urgente, pelo cargo que o promotor ocupa), a propaganda dos protestos nas redes sociais continuaria a utilizar a "criminalização do movimento social" (sempre essa ladainha) do promotor para influenciar a opinião pública sem parar. Mesmo que nunca ninguém tenha criminalizado movimento social nenhum.

Todavia, ninguém do "bando de vândalos" pediu desculpas ou foi criticado pelos organizadores do movimento — que, afinal, queria "parar a cidade", e não "protestar sem vandalismo". As palavras no

* Este apoio vai muito além de um tapinha nas costas e de um "não se meta em confusão" enquanto coloca o Toddynho na lancheira das crianças — é um apoio tático com o fito trotskista de fazer política pela quebradeira nas ruas — e não nas urnas —, como se verá adiante.

Facebook de um promotor não podem ter doído mais do que a violência das ruas — exceto para organizadores de manifestações que não queriam senão a bestialidade, com uma desculpa para ser repisada em sua defesa.

Fernando Haddad é entrevistado pelo *Estado* e dá respostas tergiversantes no estilo dialético que marcou sua carreira (acadêmica, visto que, antes de ser prefeito, era apenas conhecido como o ministro da Educação dos desastres anuais do Enem e da propaganda de sexo gay para crianças).* Sobre os protestos, diz que, "tirante aí os atos de violência completamente injustificáveis", o fenômeno "tem um fundamento interessante, que dialoga com a questão da mobilidade urbana, da emissão de carbono (*sic*), com a questão social". Basta colocar o adjetivo "social" em qualquer substantivo e o problema se resolve para a esquerda.** Dizendo tudo sem dizer nada, Haddad não explica como a selvageria brutal "dialoga" com a mobilidade urbana. Uma forma esquizofrênica de "diálogo", em que se fecham vias e se promete parar a cidade em nome da mobilidade — e ainda chamar o fechamento (e não a abertura que a polícia é *obrigada* a fazer) de "direito de ir e vir".

Haddad, na verdade, estava numa situação complicada, causada pela mentalidade de social-democracia que é capaz de "dar" tudo para o povo quando bem entende, e depois postergar a conta, que virá com juros, o máximo possível — geralmente até que os eleitores se esqueçam de quem foi a ideia de jerico. Prefeitos que não caíram na arapuca de macaquear índices de inflação para facilitar eleições e aumentaram o preço da tarifa em janeiro foram obrigados a baixá-lo de volta logo que começaram a enfrentar protestos. Haddad, por

---

* Ver meu artigo "O currículo Lattes de Fernando Haddad". Disponível em: <http://www.implicante.org/artigos/o-curriculo-lattes-de-fernando-haddad>. Sua tese de doutorado se chama "De Marx a Habermas — O materialismo histórico e seu paradigma adequado".

** Ver o importantíssimo ensaio "Hayek e os intelectuais", de Roger Kimball, na revista *Dicta & Contradicta* (disponível em: <http://www.dicta.com.br/edicoes/edicao-1/hayek-e-os-intelectuais>), ou a hilária sátira de Guy Franco, "A democratização do lado esquerdo do peito" (disponível em: < https://br.noticias.yahoo.com/blogs/guy-franco/democratiza%C3%A7%C3%A3o-lado-esquerdo-peito-141803640.html>).

cumprir o dirigismo de Dilma, já não tinha dinheiro em caixa, e foi o boi de piranha de 2013 do PT.

No pouco que nos resta de federalismo, a culpa é sempre do outro, e nunca se discute claramente problema algum — apenas se muda de assunto. Em janeiro de 2013, quando questionada sobre um possível aumento no preço dos combustíveis (o que faria aumentar não só o preço do ônibus e os custos de um carro, mas até o preço da salsinha transportada pra cima e pra baixo), Dilma respondeu: "Meu querido, eu não falo sobre aumento de gasolina. Eu falo sobre redução de tarifa de energia."[63] Para Dilma e governantes de tal jaez, não existe má notícia — uma sempre compensa outra. Gostaria de ouvir o discurso de Dilma em um funeral.

Todavia, a propaganda cola, e depois se torna "fato", como já sabia Goebbels — ou Lula e o PT, com a farsa de "tirar 30 milhões de brasileiros da miséria". É a opinião oficial permitida pelas massas, já criticada por Ortega y Gasset:

> Hoje, pelo contrário, o homem médio tem as "ideias" mais taxativas sobre quanto acontece e deve acontecer no universo. Por isso perdeu o uso da audição. Para que ouvir, se já tem dentro de si o que necessita? Já não é época de ouvir, mas, pelo contrário, de julgar, de sentenciar, de decidir. Não há questão de vida pública em que não intervenha, cego e surdo como é, impondo suas "opiniões".[64]

Para a esquerda, tanto socialista quanto social-democrata, *índices*, e não a realidade, são tudo o que importa — da desigualdade aos "investimentos", falam em números que apenas escondem números bem maiores. A lição simples de que *não existe almoço grátis*, muito menos *transporte público para a terceira maior cidade do mundo operando sem ninguém bancar a gasolina, os motores, o planejamento urbano, o salário de motoristas, maquinistas, pessoal de segurança, manutenção e derivados* ainda não foi aprendida no Brasil.

O problema do "passe livre": Não existe Papai Noel

> "Se você acha que os planos de saúde estão caros agora, espere para ver o quanto vão custar quando forem de graça."
>
> P. J. O'Rourke

Há um fator propagandístico para o Movimento Passe Livre lutar *politicamente* por "redução da tarifa", mas evitar falar tão abertamente em "tarifa zero" quando precisa demonstrar suas "ideias" para o público: mesmo sem entender muito de economia, trabalhadores pagadores de impostos sabem quase por instinto que o serviço estatal é ruim, que é muito mais caro do que seria se as pessoas pagassem por ele livremente e, corolário óbvio disso, que, se este pagamento é tomado por *imposto*, é logicamente porque, se não fossem obrigadas a tal, as pessoas não o fariam de livre e espontânea vontade. Algo bom certamente não pode vir daí.

Para se entender como oferecer um serviço melhor e mais barato, é preciso analisar o problema desde sua base. Quem presta o serviço são pessoas que se organizam pacificamente para oferecer um serviço para outras em troca de algo. Essa forma de oferecer serviços sem coação (sem obrigar alguém a fazer uma "compra") através da união de pessoas se chama "empresa" (a forma com coação exige a força da lei, ou seja, é o Estado). Se oferecer um serviço melhor e mais barato é trabalho de pessoas em empresas, pensemos como um empresário: por que não criamos um serviço de ônibus mais eficiente e cobramos apenas 1 real de tarifa? Certamente as pessoas no ponto esperariam até uns 15 minutos a mais para pegar os nossos ônibus, em vez dos ônibus dos concorrentes, mais caros e piores. Rapidamente, poderíamos ter um alto lucro que viesse a nos permitir oferecer o serviço com tempo de espera reduzido para dez minutos.

Por que isso não ocorre? *Porque o governo não deixa.*

O serviço de transporte público só é permitido a algumas empresas que atuam sob concessão (um contrato com a Administração Pública precedido de licitação na modalidade **concorrência**) todas com o mesmo preço. Mesmo antes de alguém pisar no ônibus e tirar do bolso o preço da passagem, o empresário já tem "lucro", porque o governo, através dos impostos que cobra da população, repassa parte do preço final acertado através de "subsídios". Ou seja, **antes mesmo de alguém pisar no ônibus, já está pagando por ele**, e o empresário já tem "lucro", mesmo que ofereça um péssimo serviço — e ainda por cima está protegido da concorrência (de nós, querendo oferecer um serviço melhor e mais barato), pois só podem oferecer esse serviço as empresas que venceram licitação do governo.

Sem surpresa, é fácil perceber que empresários do sistema de transporte costumam ser os responsáveis pelas mais vultosas doações para campanhas eleitorais de candidatos — é bastante "lucrativo" (em termos capitalistas, não é exatamente lucro, mas é uma grande "vantagem") vencer licitações por mistério e oferecer um serviço porco, sem concorrer com empresas que possam oferecer um serviço melhor.

A licitação é um procedimento para que as empresas concorram entre si para firmar um contrato com a Administração Pública. Apesar de o objetivo ser a "competição", o processo acaba justamente impedindo a livre concorrência, por só permitir que certas empresas atuem, e com preço único, sem disputa de clientes entre si. Com este modelo, tampouco surpreende que o setor de transportes, vital para cidades cada vez mais próximas de megalópoles, seja um dos campeões de corrupção, unindo em tramoias empresários pouco interessados em tentar ganhar seu dinheiro no mercado e políticos precisando de dinheiro para campanhas caras. O governo escolhe quais empresas atuarão, em vez de deixar que a população escolha. Os critérios da população seriam sua necessidade, seu conforto e a qualidade maior ou melhor do serviço (qualquer pessoa que more numa cidade gigantesca como São Paulo já deve ter trocado o seu itinerário por conta de descobrir um melhor). Os critérios do governo raramente passam da escolha da(s) empresa(s) que mais ajudou(aram) o seu projeto de poder.

Mais uma vez, a nossa mentalidade anticapitalista usa palavras que evocam emoções fortes, como "capitalismo", justamente para mascarar o problema. Não é o capitalismo que eleva os preços (nós, os empresários, estamos tentando oferecer o serviço a R$ 1 — é o que qualquer empresário faz diante de concorrentes), *e sim o governo*, que tenta "corrigi-lo" e trata transporte como um "direito do cidadão, dever do Estado". Nada pior para um cidadão do que o governo tentando salvá-lo de si próprio.

As empresas, depois que passam pelo processo de licitação, atuam como se estivessem em um cartel, todas com o mesmo preço.* A população não tem como punir uma empresa ruim não usando o seu serviço e recompensando uma empresa com um serviço melhor — todas têm o mesmo preço e, afinal, mesmo antes de qualquer passageiro tomar um ônibus, o empresário já está com o dinheiro da população no bolso, pelos "incentivos", "investimentos" e "subsídios" que os governantes falam com tanto orgulho que "dão" para a população — na verdade, *tiram* da população e *dão* para empresários mancomunados.

O problema, portanto, não é o mercado (que somos nós, as pessoas, fazendo trocas livres do que queremos pelo que as pessoas querem de nós), nem a "ganância" (que é o desejo de obter grandes vantagens em troca de grandes serviços — nós também somos gananciosos ao tentar atravessar uma cidade a bordo de um ônibus que não ajudamos a fabricar), e muito menos o capitalismo (que significa *concorrência*, justamente o que não temos). Como se pode aprender com Eric Hoffer:

> É impressionante observar como, com o desvanecimento dos poderes criativos do indivíduo, aparece uma inclinação acentuada para aderir a um movimento de massas. Aqui, a conexão entre a fuga de uma ineficácia individual e uma capacidade de resposta a movimentos de massa é muito clara.[65]

O problema é o Estado tentando regular a economia. Os capitalistas chamam isso com desdém de *crony capitalism*, o "capitalismo de com-

---

* Curiosamente, a desculpa para aumentar a intervenção estatal na economia seria, justamente, "evitar cartéis" — assim, evita-se que empresários atuem em cartel fazendo um cartel oficial do próprio Estado. Também é comum afirmar que o capitalismo é ruim porque "gera monopólios" (uma grande baboseira, como qualquer estudioso da economia sabe) e, em substituição a tal sistema, preferem o monopólio estatal, que ainda por cima é coagido. Esta é a chave para se compreender o erro básico de *todo e qualquer* pensamento de esquerda, seja em qual área for: encontram um problema de poder, real ou imaginário, e para superá-lo sugerem concentrar *mais poder ainda* nas mãos de um grupo de bem-intencionados de plantão, que sempre fazem meleca depois.

padres" (ou "companheiros", no caso). Algo com a aparência e o formato de capitalismo para inglês ver, mas cujo funcionamento não tem *nada a ver* com capitalismo — e é este sistema que leva a culpa por um péssimo resultado, quando ele é justamente o oposto do que é praticado em seu nome. Como define o filósofo Olavo de Carvalho, acreditar que o neoliberalismo é uma forma de liberalismo é como acreditar que o mico-leão-dourado é uma espécie de leão. Cria-se artificialmente um parentesco com outra coisa de nome parecido, mas de natureza bem diversa.

O gigante da economia Thomas Sowell, em seu essencial *The Real Public Service*, ensina:

> Você quer ver mais coisas serem mais acessíveis a mais pessoas? Então descubra formas mais eficientes de produzir coisas ou formas mais eficientes de levar essas coisas de seus produtores para os consumidores a um custo mais baixo.*

Capitalismo é, afinal, o pessimismo que se adquire com a experiência a respeito das soluções mágicas para tudo. Lembrando-nos do que aprendemos com Oppenheimer, este é o *método econômico* de gerar riqueza. O Movimento Passe Livre, logicamente, prefere o método político — por isso, num *faux pas* nada perdoável, recusa "reuniões técnicas" e sempre prefere discutir as "questões políticas" — ou seja, baixar a tarifa na marra, só se perguntando em como pagar as contas dos ônibus depois de andarem neles. Slavoj Žižek não havia ensinado que os movimentos deveriam *pedir o impossível*, como "saúde grátis para todos", para não serem cobrados por essa coisa chata e "burguesa" chamada "realidade"?

É incrível que estudantes e professores universitários tenham crenças tão tolas, tendo deixado de seguir o "ópio do povo" para passar a acreditar em Papai Noel, ainda que sem gorro e sem presentes — até descobrirem que seu nome real é Karl Marx. Nosso primeiro ato de

---

* Thomas Sowell. "The Real Public Service". Disponível em: <http://www.creators.com/opinion/thomas-sowell/the-real-public-service.html>.

maturidade é descobrir que os presentes que apareciam embaixo de nossa árvore de Natal não brotavam lá sozinhos nem nos eram dados por um bom velhinho em troca de bom comportamento, e sim que algum parente nosso os havia *comprado* com o seu trabalho. Essas pessoas da "tarifa zero" acreditam que ônibus, metrôs, sistemas de transporte urbano em cidades extremamente complexas vão funcionar "de graça" se o governo aumentar impostos, como o IPTU —* ideia tão francamente panaca que nem o mais radical dos regimes comunistas tentou pôr em prática.

É a lição que todos os liberais conhecem — e para eles é tão básica que chega a soar infantil: abandona-se a infância política do "eu quero, eu quero" quando se percebe que não se consegue transporte de graça forçando as outras pessoas a pagarem por mim. Afinal, alguma hora você percebe que também é "as outras pessoas".

Qual a porcaria da vantagem em "não pagar" pela tarifa, cujo valor é determinado e conhecido (e nos permite planejar nossas economias pessoais, gastar mais em emergências etc.), e pagar *tudo* através de impostos? São tão anticapitalistas escondendo a conta de quem paga a conta que acham que financiamento estatal vai "diminuir os lucros exorbitantes dos empresários", não percebendo que seu método é, justamente, *dar mais dinheiro para empresários antes mesmo de eles oferecerem um serviço que preste para o povo.* Não é de se duvidar que os donos de empresas de transporte público talvez fossem os primeiros na rua exigindo "tarifa zero" — seria uma vantagem sem fim para eles.

Se eu fosse um empresário corrupto que não quer concorrer no mercado e quer apenas ganhar dinheiro fácil, sem oferecer um serviço de qualidade e pouco me lixando para o povo, eu seria o primeiro a pedir "passe livre".**

---

* Que rima com PSTU, que rima com...

** Não surpreendeu nada, portanto, ver que um dos galalaus destruindo a prefeitura em um dos dias de fúria era filho do dono de uma empresa de transportes. Obviamente, esse tipo de coisa num filme de comédia tentando satirizar estes protestos seria uma forçada de barra pouco crível. Mas a realidade é sempre pior do que qualquer roteirista hiperbólico consegue conceber.

Claro, no capitalismo de verdade (que nunca existiu no país, apesar de usarmos essa palavra erroneamente o tempo todo),* só teríamos dinheiro se oferecêssemos algo pelo qual os consumidores estão dispostos a pagar livremente — por isso a liberdade de ação só existe, afinal, no *liberalismo*, e só existe onde há liberdade de empreendimento, e não repressão econômica por políticos dirigistas.

Como expliquei em artigo para a *Gazeta do Povo*:

> Quando se diminui o preço da tarifa, não significa que estamos fazendo algum político pagar a conta por nós. Apenas diminuímos o valor que enxergamos na tarifa e aumentando o valor que pagamos sem ver, através de impostos — que vão para essas empresas, que misteriosamente costumam ser bem amigas dos políticos sem precisar ter algo bom a oferecer ao público. Elas têm dinheiro antes mesmo de oferecer o serviço.
>
> Bastaria exigir capitalismo de verdade e a tarifa estaria muito mais baixa agora.**

Mas universitários de classe média com sonhos socialistas querem *aumentar* a soma total que o Estado toma dos trabalhadores para financiar empresas (noves fora que o Estado também terá de financiar nesse processo agências reguladoras, comissões econômicas, sindicatos, os gastos do sistema jurídico, secretarias de Transporte, corrupção, desvios e o tanto que as pessoas *não veem* do seu dinheiro, já que é tomado por impostos sem saber o quanto dele vai para o quê). Creem sempre seguir modelos de países de primeiríssimo mundo, como a Escandinávia ou a Bélgica, mas sempre usados em cidades minúsculas

* O Brasil é um dos países de economia mais reprimida em todo o mundo (o que não surpreende, se *trabalhamos até maio apenas para financiar o Estado*, que toma o que quiser à força), como se vê pelo índice de liberdade econômica da Heritage Foundation <http://www.heritage.org/index>: ocupamos o 114º lugar entre 174 países — concorrendo com feras da riqueza como Camboja (108º), Quênia (111º), Butão (116º), Guiana (121º), Iêmen (123º) ou Senegal (125º). Obviamente que qualquer país com futuro faz exatamente o oposto do nosso caminho em queda livre para o comunismo da China (137º) ou de Laos (144º) ou, quem sabe, para os níveis de vida de Serra Leoa (148º) ou Etiópia (151º). Para duas curtas análises do que isso significa para o nosso futuro, ver meus artigos "As algemas econômicas do Brasil" (disponível em: <http://ordemlivre.org/posts/as-algemas-economicas-do-brasil>), e "*Financial Times*: Brasil é visto como grande perdedor em Davos" (disponível em: <http://www.implicante.org/blog/financial-times-brasil-e-visto-como-grande-perdedor-em-davos>).

** Disponível em: <http://www.gazetadopovo.com.br/opiniao/conteudo.phtml?id=1384547>.

como experimento fora dos padrões. A cidade de Hasselt, na Bélgica, usada como inspiração do MPL, abandonou o modelo de passe livre.[66]

Raduán Melo fez as contas para a excelente revista *Vila Nova*:

> No caso do transporte público da cidade de São Paulo (...), a prefeitura estipula subsidiar atualmente as passagens com cerca de R$ 1,25 bilhão por ano (verba destinada a gratuidades e descontos oferecidos a diversos grupos ou "classes" em 2013). Caso o passe fosse livre, esse valor teria que ser de cerca de R$ 5,7 bilhões (total do custo do transporte público em 2012). Isso considerando-se que a demanda pelo transporte se mantenha constante após uma possível declaração de passe livre — o que não ocorreria. "A demanda é infinita quando a oferta é gratuita", ou seja, algumas pessoas passariam a utilizar "irresponsavelmente" o transporte público, atrapalhando justamente a mobilidade daqueles que mais precisam dos ônibus, metrôs e trens da cidade.
>
> Além disso, caso a prefeitura paulistana resolvesse implementar o acesso "gratuito" aos ônibus, metrôs e trens da cidade, deveria escolher qual meio utilizaria para retirar esses R$ 4,45 bilhões a mais que seriam necessários (ressaltando sempre que essa conta é apenas uma base, já que provavelmente a demanda aumentaria com o passe gratuito e, consequentemente, os custos seriam ainda maiores). Uma das maneiras seria pelo aumento dos impostos, no caso o IPTU, isso porque grande parte dos outros tributos recolhidos pela prefeitura ou possuem um fim específico (as famosas "Taxas") ou atingem um grupo bem menor de pessoas, como o ISS. Em 2012, a arrecadação do IPTU paulistano foi de cerca de R$ 5 bilhões, ou seja, a arrecadação teria que ter um aumento de 89% para pagar o transporte público gratuito. Isso seria desastroso para a economia paulista. Empresas com seus custos mais altos teriam que compensar com aumento dos preços dos seus produtos ou com redução de outros custos, como o de mão de obra. Os proprietários das residências teriam que retirar recursos de alguma outra atividade para bancar esse grandioso aumento do IPTU. Não adianta ilusão, o passe livre seria um pesadelo para a sociedade. Lembrem-se disso toda vez que alguma coisa for alçada ao — já não mais tão seleto — grupo dos "direitos"; isso, invariavelmente, acarreta maiores custos ao cidadão.*

* Disponível em: <http://revistavilanova.com/passe-livre-uma-solucao-simples-elegante-e-completamente-errada>.

Acrescente-se que uma das inúmeras contribuições da Escola Austríaca de Economia à ciência econômica (que não sabia muito da realidade antes dela) é afirmar que os preços são também uma *informação*. Isto significa que a famosa lei da oferta e procura não aumenta o preço de algo quando a procura é maior do que a oferta apenas porque o capitalista malvado quer lucrar mais à custa dos pobres, e sim para informar que aquele bem é escasso até para o vendedor, e deve ser comprado apenas em caso de maior necessidade. Quando falta gasolina em postos, o preço não aumenta só porque donos de postos de gasolina são aproveitadores, e sim para que apenas quem tem urgência em encher o tanque, como ambulâncias, ônibus e caminhões, usem aquela gasolina — do contrário, pessoas encherão o tanque para deixar o carro na garagem, e quem *precisa* daquele bem numa emergência fica sem. O capitalismo não é uma gracinha?

Todo socialismo, com seu sistema de congelamento de preços, não por mera coincidência, termina com prateleiras vazias e pessoas passando fome. Nunca existiu um tabelamento fixo de preços congelados que não tenha resultado em fome — do contrário, bastaria congelar o preço de tudo em R$ 1 e, *voilà*, mundo dos sonhos.

Fica a dúvida: para obter uma passagem grátis São Paulo-NY, temos de quebrar o quê? Afinal, desde adquirir celulares até aproveitar uma carona, tudo que é fomentado faz parte de uma cultura de hedonismo, em que a distância entre o desejo e a conquista do objeto desejado deve ser encurtada à força, e à custa alheia. Assim, a vontade de gratuidade e a lei do menor esforço (até para descobrir quem paga a conta) de jovens pouco inteligentes se tornam poderosos instrumentos de achincalhe político. Que ao menos não sejam eles a contar a história do fracasso posterior, culpando seus adversários defensores da liberdade por tudo.

Os jovens idealistas do MPL comungam de uma profunda ignorância nesses assuntos por nunca terem precisado fazer compras na vida. Pedem à mamãe e tudo surge, feito mágica, nas suas mesas, sem precisarem fazer contas de custos e saber qual o trabalho envolvido. Se soubessem, teriam reclamado do preço do tomate que, dois meses antes, aumentou não 6%, mas *quase 200%*.* É assim que a esquerda mostra poder, que a presidente tem popularidade, que esses partidos nanicos mandam mais do que uma oposição de 40%. Com uma retórica bonitinha para angariar gente até do outro lado do espectro.

Também o aumento do IPTU, essa forma de punir a classe média por não ser pobre, parece uma boa forma de "distribuição de renda", financiando o busão da galera da periferia. Mas nem só de busão vive o pobre (ao menos sabe disso quem já viu pobre de perto, sem ser pelo programa da Regina Casé). Os pobres também querem atingir o sonho de conseguir uma casa própria, ou poder pagar o aluguel de um lugar melhor. Aumente o IPTU (ou qualquer imposto sobre bens de consumo "supérfluos", como TVs, *video games* ou bens de consumo que você acredita que pobres não devem querer) e os pobres continuarão estancados onde estão, sem poder ter qualquer luxo maior em suas vidas além da mera subsistência.**

São nas ideias mais robinhoodinescas e "pró-pobres" que se encontram os maiores venenos para que os pobres sigam sendo pobres: se tudo que não seja o que os pobres já podem pagar for encarecido com impostos até a última gota, imagine se algum pobre algum dia vai conseguir, através do seu trabalho, conquistar uma casa própria, tornar o seu bairro decente e seguro, dar lazer e diversão para os filhos e ter acesso à cultura e ao mundo? O resultado das políticas socialistas na prática pode ser visto — é a miséria em que vive qualquer país com essas "políticas sociais". É o que se chama "política trabalhista" ou o sindicalismo como forma política: escravidão pelo Estado e miséria.***

---

* Ver, repito, meu artigo "Dilma não tem nada a ver com o preço do tomate?", disponível em: <http://www.implicante.org/artigos/dilma-nao-tem-nada-a-ver-com-o-preco-do-tomate>.

** Numa piadinha para economistas, diríamos que os pobres ficariam eternamente cavando os buracos de Keynes, o arauto do "Estado de Bem-Estar Social", que acreditava que o Estado deveria pagar umas pessoas para cavarem buracos, e outras para tapá-los, como se isso fosse torná-las neurocirurgiões — e não eternos operários.

*** Sobre o sindicalismo como forma política, a gênese do fascismo e do socialismo, ver meu artigo "O fracasso do Partido dos Trabalhadores no Dia dos Trabalhadores", disponível em: <http://www.implicante.org/artigos/o-fracasso-do-pt-no-dia-dos-trabalhadores/>.

Com essa mentalidade, estamos, muito pelo contrário, condenando os pobres à eterna subsistência, os políticos corruptos a terem muito dinheiro para roubar (fora o que já "roubam legitimamente" com os impostos que financiam sua vida luxuosa) e mantendo apenas os ricos ricos, condenando os pobres à eterna subsistência... para depois culpar o "capitalismo", o "mercado desregulamentado", "a elite" e outros chavões ocos de sentido pela desigualdade e pela pobreza. Sem um método, afinal, políticos populistas não conseguiriam roubar e ainda serem amados pelos desinformados.

Isso tudo, claro, além de impostos aumentarem o dinheiro que vai parar em sindicatos, que usam a verba para organizar a "luta pelo passe livre" (que anjinhos! usam dinheiro do povo para pedir mais dinheiro!), fortalecendo o *meio político* (o conceito de Oppenheimer) típico da "esquerda trotskista" de PSOL, PSTU, PCO *et caterva*. Assim, "diminui-se" o preço *que se vê* na tarifa, mas *aumenta-se* o preço a ser pago por impostos — os quais o MPL pretende que sejam geridos pelos seus capangas, e que nunca saberemos se vão mesmo "apenas" para o transporte.

A linguagem que não se admite comunista e detesta ser associada à União Soviética, à China maoista, ao Camboja e à Coreia do Norte (mas não costuma reclamar muito de ser associada a Cuba) mostra que o papo de "social-democracia" e "Estado de Bem-Estar Social" (*Welfare State*) são apenas nomes-fantasia para enganar o público e não assustar os mais velhos com aquilo que tal discurso significa de fato: *repressão econômica*.

A conta não bate, e é simplesmente impossível pagar *menos* pelo péssimo serviço atual. Deixar que a conta vá toda para impostos, e não para o que se paga na catraca, é apenas deixar uma parcela ainda maior desse dinheiro nas mãos de políticos, esses seres tão confiáveis e agradáveis. Inevitavelmente ou se pagará *igual*, na marciana hipótese de que todos os políticos gerenciem o dinheiro com retidão, honestidade e competência absoluta e suas empresas financiadoras de campanha realizem um serviço beirando a perfeição tão somente por receberem *o mesmo* montante de dinheiro de políticos, e não do povo — o que é a propaganda dos "jovens independentes" (*sic*) do MPL —, ou se pagará *mais*, e estas empresas e políticos receberão *mais* dinheiro através de impostos — afinal, o usuário paga na catraca o quanto pretende usar, mas nunca saberá o quanto será obrigado a pagar através de imposição estatal.

Será mesmo que vale a pena crer que políticos e empresas que atuam de forma análoga a um monopólio e financiam campanhas políticas em troca de favorecimentos da prefeitura vão *diminuir* o quanto tomam do pagador de impostos se nem sabem o quanto cada um vai andar de ônibus e, em caso de possível prejuízo, vão tirar dinheiro do próprio bolso para cobrir o rombo? (Para essa gente, o prefeito, é claro, tiraria do bolso *dele*, de sua conta pessoal, e não dos cofres da prefeitura, que ele próprio não encheu com mais do que 0,00001%, provavelmente — todo o restante daquele dinheiro é nosso.)

Como se vê, um empresário inescrupuloso seria o primeiro a encher a burra com até *mais* dinheiro do que teria no sistema atual (que já é horrível) se fosse instaurado o "passe livre". O estratagema só ajudaria a ele e a sindicatos que também vivem de verbas compulsórias — e a mais ninguém no país. Sindicatos estes dominados pelos partidos que compõem o MPL.* Lembrem-se de James Hoffa Jr. no Occupy e do seu "taxem os ricos!", que faria seu próprio sindicato receber uma bela parte do butim.

Todos os países onde os pobres enriqueceram souberam de uma coisa óbvia: os pobres só poderão pagar por uma vida melhor, com mais conforto e bens, se estes bens forem baratos. E os bens não ficam baratos com canetadas do governo nem obrigando alguém a pagar por bens para outras pessoas (com adicional pela burocracia, pela gestão e por "desvios" da força estatal que vai cuidar disso). Os bens ficam baratos justamente tirando os impostos deles e deixando a concorrência se esforçar para oferecer serviços melhores e mais baratos para sua clientela.

Mas insiste-se em ideologias ultrapassadas, pois essa é a forma de fomentar organizações de massa que um dos maiores estudiosos do fenômeno, Eric Hoffer, explicou em *True Believer: thoughts on the nature of mass movements*: ao se fazer parte de uma organização (sindicato, partido político, movimento social ou o que quer que reúna seus novos

* O sindicato dos metroviários, dominado pelo PSTU, resolveu fazer uma greve que durou até quatro dias antes da abertura da Copa do Mundo de 2014. Tudo mera coincidência, claro.

amigos que juram que vão mudar o mundo), o indivíduo dissolve-se a si próprio em uma turba revoltosa — é divertido dar entrevistas depois de "parar a cidade", mesmo que a conta não faça o menor sentido:

> O desejo de escapar de si próprio é também um desejo de fugir do racional e do óbvio. A recusa em ver-nos como somos desenvolve uma aversão aos fatos e à lógica fria. Não há esperança para o frustrado no real e no possível. A salvação pode vir a eles apenas a partir do milagroso, que escoa através de uma rachadura na parede de ferro da realidade inexorável. (...)
>
> Um lado peculiar da credulidade é que ela é muitas vezes acompanhada de uma propensão à impostura. A associação entre acreditar e mentir não é característica apenas das crianças. A incapacidade ou falta de vontade de ver as coisas como elas são promove tanto a credulidade quanto o charlatanismo.[67]

Para eles, mais do que para o eterno candidato Levy Fidelix e seu "aerotrem", a solução para o problema urbano é fácil: aumente-se o IPTU, já que é o papai que paga essa coisa, a mesada deles continua vindo inteirinha. A ideia mais genial que tiveram em suas vidas admiráveis foi aumentar subsídios estatais para empresários, a fim de evitar que estes empresários tenham lucro. Para eles, quem pagou o "transporte gratuito" foi o Papai Noel.

10 de junho, segunda-feira: Busquem conhecimento (e não quebrem a cidade)

> "Só se consegue igualdade econômica através de uma extrema desigualdade de poder político."
>
> Joseph Sobran

Sendo uma segunda-feira, o dia começa *prometendo* muita coisa para a semana inteira. Os textos em defesa das manifestações, tal como o próprio slogan do MPL, podem muito bem ser entendidos como verdadeiras ameaças. Além de tentar culpar a polícia pela violência (como se rastros de vandalismo fossem obras de policiais), outra conquista da *infowar* do MPL já se faz sentir na linguagem popular: dizem que estão proibindo a população de "se manifestar", quando a ação policial se dava contra manifestações que de pacíficas não tinham sequer o slogan. As palavras "democracia" e "direitos humanos" deixaram a internet em *tilt*.

Na verdade, a única coisa que estava sendo coibida eram crimes cometidos por vândalos — e que foram *bem pouco punidos*, ao se comparar o estrago na cidade à quantidade ínfima de pessoas presas (a maioria liberada no dia seguinte). Mas esta seria a chave interpretativa a ser inculcada na cabeça da população pelos próximos dias para alavancar o apoio às manifestações: começou-se a dizer que, se a polícia reagia contra pessoas que buscavam "direitos" (embora "passe livre" **não** fosse um direito, e sim um desejo),* era porque a polícia estava impedindo "os protestos", e não *a violência* que estava nos protestos.

Em pouquíssimo tempo, milhões de pessoas comprariam esta versão — e iriam às ruas "pelo direito de protestar", e não pelo motivo pelo qual se estava protestando até então.

Aparece, então, o primeiro a tentar virar um herói das manifestações: o vereador Antonio Donato (PT-SP), ex-coordenador de campanha e então secretário de governo do prefeito Fernando Haddad. Donato lembra que o PT apoiou o MPL e lutou junto deles contra o adversário Gilberto Kassab (PSD), levando a bancada a se insurgir contra a "exorbitância".

Donato iria acabar demitido em novembro, em meio a investigações sobre um recebimento de R$ 20 mil de propina mensal, em dinheiro vivo, entre dezembro de 2011 e setembro de 2012, no escândalo do ISS paulista, quando se descobriu — que surpresa! — que fiscais da prefeitura cobravam

* Ver "Rights vs. Wishes", de Walter E. Williams (disponível em: http://capitalismmagazine.com/2002/10/rights-vs-wishes/), além de "Is Health Care a Right?" (disponível em: http://www.creators.com/conservative/walter-williams/is-health-care-a-right.html), e o curto vídeo "Walter E Williams — What is a Right?" (disponível em: http://youtu.be/nrT0kBeld3Q).

propina de empresas que queriam liberar contratos com o governo.* Para se surpreender mais um pouco, basta saber como e onde Donato atuava:

> Os valores repassados a Donato, segundo Eduardo Barcellos [o fiscal que passou dez dias preso por entregar dinheiro a Donato], eram uma espécie de investimento futuro. Ele e Ronilson [Bezerra Rodrigues, outro fiscal que dava dinheiro a Donato] queriam continuar em bons cargos na prefeitura caso o PT ganhasse as eleições, como aconteceu.
>
> Com Donato na secretaria de governo, já este ano, Barcellos disse que foi trabalhar no gabinete dele e Ronilson foi nomeado diretor da SPTrans, a empresa que gerencia o transporte público de São Paulo.[68]

Então pagam propina para conseguir contratos com o governo? Então o PT resolveu transformar sentimentos em dividendo eleitoral? Então a primeira pessoa no PT a se pronunciar a favor das manifestações foi Antonio Donato? Então se descobriu meses depois que Donato havia colocado dois fiscais para trabalhar e ambos lhe entregavam dinheiro vivo diretamente em seu gabinete? Então Donato nomeara um destes fiscais diretor logo da SPTrans, a empresa que gerencia o transporte público de São Paulo? Então quer dizer que todas essas notícias vieram à tona em novembro, mas ninguém então fez manifestações a respeito? Então quer dizer que o noticiário comentou o caso em novembro sem explicar para a população a conexão direta que isso tinha com as Jornadas de Junho? Como isto é surpreendente!**

---

* É também urgente frisar: qual foi o mais alegado motivo da morte de Celso Daniel, senão provavelmente investigações no mesmo vespeiro dos transportes, inspirador de tantos aprendizes de políticos a irem às ruas em prol de subsídios para manter a tarifa baixa? Dinheiro fácil sempre atrai o pior escol de políticos.

** O livro escrito pelo MPL, *20 centavos: A luta contra o aumento*, escolhe com rigor absoluto todas as notícias que comenta, citando sempre a "repressão" da polícia (palavra que chega a aparecer uma vez a cada três páginas, quando pouco), escondendo que os manifestantes partidários (como eles próprios) também foram repudiados — e, sobretudo, escondendo que, quando o gigante acorda, levanta *todas* as bandeiras possíveis, *exceto* alguma coisa sobre "tarifa de ônibus". Todavia, provavelmente escrito antes de o esgoto transbordar, cita feliz como Antonio Donato apoia o MPL (p. 51). Agora, o que dissemos sobre o fato de os mais corruptos serem os primeiros a lutar pelo "passe livre" faz sentido? (Para mais sobre Antonio Donato, ver: <http://veja.abril.com.br/blog/reinaldo/tag/antonio-donato>.)

Além de Donato, Juliana Cardoso e José Américo também deixaram claro o apoio do PT ao MPL. Outra contradição foi a entrada em cena da Juventude do PT, "pela imediata reversão dos aumentos!" — a militância do PT, que vive de fechar ruas, fechando ruas até *contra* o PT. Fora as cisões internas no partido, espanta como até entre si não conhecem outro meio que não a agitação e a turba enfurecida, e nunca o diálogo. Não poderiam eles próprios ter ido conversar com Haddad no lugar do MPL? Alguém ingênuo a respeito de política suja pode até se perguntar isto, mas seu objetivo, assim como o do MPL, não era resolver o problema logo, e sim fazer o máximo de propaganda política enquanto as ruas eram tomadas — e tentar reverter a queda na popularidade de Haddad, que já se mostrava periclitante naquele primeiro fim de semana. O método é sempre a "dialética" da esquerda: se der cara (e o aumento permanecer), o PT ganha porque permanece o "aumento abaixo da inflação" de Haddad; se der coroa (e o aumento for revogado), o PT também ganha, porque ele estava nas ruas pedindo (e não porque fez alguma burrice nas contas e teve de voltar atrás).

Em Goiânia, um prefeito que não fez mutreta com a Dilma para maquiar índices de inflação (que, portanto, não podem *nunca* ser acreditados), vendo já cinco manifestações que se mimetizaram em seu quintal (como estavam se espalhando pelo país inteiro), revogou o aumento da passagem de R$ 3 para o valor antigo, de 2,70. Goiânia seria uma das cidades mais citadas nos próximos atos por todo o Brasil — junto a nomes como Tahrir e Turquia. Nem por isso Goiânia deixou de ser palco de atos extremamente selvagens mesmo depois da revogação do aumento — enquanto houvesse violência em outros lugares, ela seria copiada por qualquer manifestante em qualquer lugar. Nunca quebre a janela.

11 de junho, terça-feira: Virando a mesa

> "O maior truque do Diabo foi convencer o homem de que ele não existia."
>
> *Fim dos Dias*

Se as contradições e a hipocrisia destes primeiros dias de protesto eram tangíveis para a população, uma das contradições mais hipócritas, a ponto mesmo de fazer esquecer os dislates originais, se dá logo no começo do terceiro grande dia de manifestações: o MPL protocola um pedido junto à prefeitura e outro junto ao governo do estado pedindo uma reunião.

Nesse 11 de junho pedem uma reunião que eles próprios recusaram no dia 6 de junho, que desprezaram por razões "políticas" no dia seguinte e se negaram a fazer mesmo com os pedidos de Haddad para que parassem com tudo aquilo na segunda-feira, enquanto a imprensa o atacava por querer conversar com homens das cavernas — e só protocolaram o pedido *depois* de agendar o terceiro grande ato para o final daquele dia. Mais alguma dúvida de que queriam antes chamar atenção e ganhar dividendos políticos (como Trotsky lhes ensinou),* e só depois pensar nessa tal tarifa de ônibus e *conversar* com o prefeito?

As notícias para a tarde dão conta de um protesto que parece invertido: são policiais civis que vão às ruas, exigindo melhores salários — e, terror dos terrores, ameaçando greve, exatamente naqueles dias.[69] O fato gera piadas na internet. Os policiais militares rejeitam a proposta do governo estadual de criar um bônus salarial vinculado à redução da violência. A manifestação, que começou às 15h, permanece o tempo todo pacífica, sem qualquer coisa a ser noticiada. "Que coincidência — *tem* polícia, não tem violência."

---

* Já o PT aprende com Antonio Gramsci: transformar todos os aspectos da sociedade, da imprensa até as discussões sobre aborto e casamento gay, do Poder Judiciário até questões de concurso público, em propaganda eleitoral — ver, a propósito, o artigo "Concurso da Fazenda exige que candidato conheça opinião do PT", disponível em: <http://www.implicante.org/blog/concurso-fazenda-exige-candidato-conheca-opiniao-pt>.

O dia é marcado por discursos na Câmara Municipal, em que os vereadores discutem como lidar com a situação. Este era um período em que a nova grande força política a surgir no horizonte parecia ser a "Rede", de Marina Silva — que, no fim, acabou não conseguindo assinaturas em número suficiente para sair do papel, com propostas igualmente ocas como promover a "atividade de identificação dos sonhos comuns"(!) ou tentar "a fundação de um partido político radicalmente democrático" (o que quer que isso signifique). Ou seja: acabou não conseguindo mostrar que motivos tínhamos para criar um partido além de servir para Marina Silva se candidatar. Ricardo Young, do PPS, queria se mudar para a nova seita e seguiu o figurino adequado: sem falar nada com nada (a maior constante na política brasileira), afirmou que a Rede participaria dos protestos, por vê-los como inspiração para a criação de um "partido-movimento". Parecendo ter antevisto que os protestos seriam sem pé nem cabeça dali a um tempo, o vereador acertou o tom perfeito para um partido que também não parecia saber para que serviria além de ser um projeto de poder particular de Marina Silva.

Naqueles discursos já se via que o tom havia mudado. Ninguém mais falava sobre o preço da tarifa, sobre o aumento ter sido abaixo da inflação, muito menos sobre a bizarríssima "tarifa zero" — o debate já havia se transfigurado da água para o vinho em "direito de protestar, mas sem violência" (sem conhecer o MPL e as ideologias que o fomentam, os recém-convertidos às manifestações acreditavam que estas coisas pudessem ser separadas, como músculos reagindo sem um comando cerebral).

Petistas e tucanos concordavam que a polícia deve agir em casos de violência — afirmando o óbvio, que já está na lei, e sem chegar a nenhuma conclusão. Do tucano Andrea Matarazzo ao irmão do secretário dos Transportes Jilmar Tatto, o petista Arselino Tatto, todos concordavam que a polícia devia agir, mas se declaravam a favor do direito de manifestação — ou seja, exatamente o que vinha sendo feito até então. É curioso como discursos no Legislativo costumam apenas gastar um bom tempo, saliva e alguns perdigotos para legisladores explicarem que concordam com a lei que são obrigados a cumprir.

Andrea Matarazzo lembrou que Haddad, enquanto a cidade pegava fogo, estava em Paris tentando vender São Paulo para uma feira internacional (plano que acabou falhando), e fez questão de assinalar quem eram os amiguinhos de ocasião do MPL: "vemos a cidade ser paralisada por uma série de grupos irresponsáveis, que em determinado momento, inclusive, tiveram apoio do PT. É o PT sentindo na pele aquilo que fazia com outros governos."[70]

Arselino Tatto questionava o furdunço, lembrando que a cidade só virava uma anarquia quando o MPL aparecia, com suas depredações e seus escudos humanos: "Agora, dizer que a cidade está em polvorosa? Que polvorosa?"[71] (*sic*).

O ex-ministro dos Esportes Orlando Silva (PCdoB, base governista de Haddad) lembrou que Haddad havia constituído alguns de seus secretários para receber uma comissão do MPL (o "movimento sem líderes", cujos líderes são conhecidos por todos do MPL e de fora), e que, em resposta, recebera uma negativa por parte do MPL em sentar e dialogar. Para nós, concordar com o PT e até com o PCdoB no mesmo dia é quase mesmo que ouvir soar duas vezes as trombetas do Apocalipse.

Rubens Calvo, do PMDB, afirmando ter sempre militado na esquerda, disse que entendia o fato de os estudantes fazerem a baderna porque estudantes não trabalham, mas achava um absurdo que "líderes sindicais, outros verdadeiros bandidos, que se travestem de, ou se colocam (entre) os estudantes como escudo", viessem "arrebentar a cidade". Calvo ainda afirmou que a população estava "revoltada com esses arruaceiros" e que nunca impediu um trabalhador de voltar para casa ou uma ambulância de socorrer uma vida, *mesmo sempre tendo sido um esquerdista*.[72] Outro ato falho?

O melhor momento ficou por conta do vereador do PSOL Toninho Vespoli, que "explicava" que "estava junto, (mas) não nas manifestações agressivas. Quero deixar bem claro. Nós do PSOL...", ao que foi interrompido pelo presidente da Câmara, José Américo (PT): "Você não participou do quebra-quebra? Sei..."[73] A quantidade de bandeiras do PSOL que tremulavam quase encostadas a lixeiras incendiadas, barricadas feitas de patrimônio público destruído e afins desmentiu rapidamente o pseudopacifismo de ocasião.

O que eram aquelas bandeiras tremeluzentes?

"Got a master plan
Genocide
Can't understand
People of the lie"

Kreator, "People of the Lie"*

Toninho Vespoli sabia que estava mentindo, e desmascarar sua lorota explica algo importante que aconteceria nos próximos dias.

Há um problema adicional para a população que faz bem em não escarafunchar a fundo as desgraças humanitárias que são os partidos de extrema esquerda. Eles já são nanicos, mas têm dentro de si muitas subdivisões, pois brigam para tudo (curiosamente, são os defensores absolutos da "igualdade", mas não conseguem ser iguais nem numa assembleia universitária com mais de cinco pessoas). Sobretudo: não atuam direta ou desabridamente em seus atos, mas através de "coletivos" — quer dizer, grupos, geralmente de estudantes universitários de cursos de Humanas, que fazem a tropa de choque do partido em manifestações e atos públicos, mas não ostentam de cara os símbolos do partido para não se "denunciarem" como um partido envolvido em atos que, na melhor das hipóteses, são ilegais.

Por exemplo, na página do Facebook "Para Além dos Muros — Construindo a ANEL", há um chamado que não tenta disfarçar que causar incômodo à força é o seu método: "Se naõ (*sic*) nos deixam sonhar, não os deixaremos dormir."[74] Eles prometem distribuir apitos para os seus seguidores brigarem contra o restante da população, como se fosse desse restante a culpa pelo preço do transporte, e não do

* Em tradução livre: "Temos um plano diretor / O genocídio / Não conseguimos entender / O povo da mentira" (Kreator, "Povo da mentira").

Estado, que eles querem agigantar.* Mas o que era essa tal ANEL (que as pessoas acreditavam até ser *esse* tal ANEL, provavelmente alguma coisa relativa a Tolkien) para quem não conhecia os meandros de politiqueiros totalitários?

Bandeiras com o símbolo do PSOL foram raras durante todos os protestos, mesmo tendo sido eles os *principais* organizadores entre os partidos. Quem geralmente aparecia era uma turma autointitulada "Juntos!", com um discreto "PSOL" escrito no cantinho de suas bandeiras. É o BOPE que o PSOL utiliza quando precisa partir para a arruaça. Ao contrário da historieta que Toninho Vespoli conta (e na qual o país inteiro, sem perceber, acreditaria, *exceto* a própria galera do PSOL), o PSOL aparece em todas as manifestações violentas, mas com uma "camuflagem" só reconhecível por quem lida com suas traquinagens infantiloides o tempo todo (estudantes da USP ou de universidades públicas, por exemplo) — o grupo "Juntos!". Pelo destaque gráfico que o partido dá ao amarelo, e não ao vermelho puro dos outros partidos de extrema esquerda, a chance de se estar lidando com um dos grupos do PSOL ao se ver uma bandeira amarela numa manifestação aproxima-se de 100%.

O PSTU já é mais desabrido: suas bandeiras são facilmente encontráveis ao lado de qualquer quebra-quebra nos protestos. Em sua eterna rusga com o PSOL pelo controle dos Centros Acadêmicos (CAs) e Diretórios Centrais dos Estudantes (DCEs) das universidades, o partido, sendo menor, mostra mais suas garras. Todavia, tendo tentado, sem sucesso,

---

* Isto, dentre uma parte substancial da propaganda destes partidos, não fere o Artigo 243 do Código Eleitoral, Lei 4.737/65? A disposição é a que segue:

Art. 243. Não será tolerada propaganda: (...)
III — de incitamento de atentado contra pessoa ou bens;
IV — de instigação à desobediência coletiva ao cumprimento da lei de ordem pública; (...)
VI — que perturbe o sossego público, com algazarra ou abusos de instrumentos sonoros ou sinais acústicos; (...)
VIII — que prejudique a higiene e a estética urbana ou contravenha a posturas municipais ou a outra qualquer restrição de direito;
IX — que caluniar, difamar ou injuriar quaisquer pessoas, bem como órgãos ou entidades que exerçam autoridade pública.
(Fonte: <http://www.jusbrasil.com.br/topicos/10581515/artigo-243-da-lei-n-4737-de-15-de-julho-de-1965>.)

assumir a direção da famosa UNE (União Nacional dos Estudantes), há cerca de duas décadas controlada pelo PCdoB de cabo a rabo (tendo praticamente se tornado um subórgão do Partido Comunista do Brasil), o PSTU bateu o pé e criou a sua própria liga de estudantes, a tal da ANEL — "Assembleia Nacional dos Estudantes — Livre". (Por esse nome que não junta bem as palavras, só poderia mesmo ser de um partido chamado "Partido Socialista dos Trabalhadores Unificado" — nome tão ruim que só se explica porque "Partido Unificado dos Trabalhadores Socialistas" formaria a sigla "PUTS".) UNE e ANEL, ambas lutam para dizer que representam *todos* os estudantes das universidades brasileiras (como se representassem algo além de si próprias — aliás, mal isso conseguem). A ANEL é uma das agremiações que mais aparece com bandeiras nas manifestações, sem ninguém perceber que se trata de uma manifestação *criada* pelo PSTU, e não posteriormente *tomada* de maneira oportunista por ele.

A UNE ainda é a versão "oficial" de uma espécie de sindicato para estudantes no país, tendo até privilégios do governo (como o monopólio sobre as "carteirinhas dos estudantes" para os supostos "descontos", previstos em lei, para espetáculos), enquanto a ANEL só é reconhecida pelo próprio PSTU — praticamente ninguém mais participa dela. Todavia a ANEL aparece com suas bandeiras em todos os protestos — sem que o cidadão comum, acima destes meandros nojentos que soam como fazer uma autópsia numa barata, saiba o que significam aquelas flâmulas anódinas.

A UNE também é onipresente, e seus símbolos aparecem muito mais do que as bandeiras do PCdoB — e como este partido stalinista, que rende homenagens ao ex-ditador da Coreia do Norte Kim Jong-il,* está

* Ver "Kim Jong-il: Um outro mundo é possível (e inevitável)", disponível em: <http://www.implicante.org/artigos/kim-jong-il-um-outro-mundo-e-possivel-e-inevitavel>. Logo após a morte do tirano mais esquisito do mundo, o PCdoB prestou solidariedade em nota — ver "PT e partidos de esquerda declaram apoio a ditador norte-coreano Kim Jong-un", disponível em: <http://www.implicante.org/blog/pt-e-partidos-de-esquerda-declaram-apoio-a-ditador-norte-coreano-kim-jong-un>. Com o caso se tornando notícia, rapidamente o PCdoB voltou atrás e afirmou que a nota em que enaltece o ditador não fora subscrita pelo PT, mas deixou o nome do partido ainda intacto lá, apenas com uma nota de rodapé dando para trás. Uma bela vingança, que ainda deixou claro que o PT se afrescalhou perante o público.

no poder fazendo os vices do PT, seus correligionários são obrigados a tomar mais cuidado (vide o supracitado discurso de Orlando Silva). Precisam ser mais "eleitorais" e menos "trotskistas", como o restolho dos partidos extremistas. Geralmente os partidários do PCdoB, ao irem às manifestações, usam as bandeiras da UNE em vez das do partido. Apoiam, mas não pedem a cabeça de ninguém e costumam baixar as bandeiras assim que notam que podem ser fotografados do lado de lixeiras, carros e ônibus queimados — não querem tomar uma bronca do PCdoB, depois que o PCdoB tomar uma bronca do PT. Graças a isso, é a entidade mais "vertical" que existe — porque *tem* para onde subir, tendo membros nos mais altos cargos do governo petista (até ministérios), além de gerir muito dinheiro em sua burocracia.

O PCdoB, além da UNE (que é sua "informalmente"), está por trás também da UJS (União da Juventude Socialista), mas estes partidos parecem ramificar-se ainda em uma quantidade infinita de subdivisões. Apenas atuando na USP, podemos citar: Território Livre,* braço de ataque do MNN (Movimento Negação da Negação, partido em fase de legalização); AJR (Aliança da Juventude Revolucionária), versão *teenager* do PCO; LER-QI (Liga Estratégica Revolucionária da Quarta-Internacional) [*sic*], dissidência ultrarradicalizada do PSTU (sim, isso existe); C. P. (Consulta Popular), movimento suprapartidário ligado a grupos como MST, o PSUV da Venezuela, além de dissidentes das Farc, Tupamaros, COB etc.; APS (Ação Popular Socialista), uma das partições internas do PSOL; MES (Movimento Esquerda Socialista), outra partição interna do PSOL, rival da primeira (a ponto de formarem chapas rivais se xingando de todos os palavrões cabeludos para concorrer nas eleições do DCE); isto sem falar no citado Rizoma — Tendência Libertária Autônoma (*whatever it is*), nas moleculares divisões internas do PT, com grupos como o Trabalho, que deveria ter saído do PT junto com PSOL e PSTU, mas resolveu ficar com o sonho de que o PT mostre mais claramente que é comunista (no

* Para uma insuperável análise sobre a forma como a expressão "território livre" é utilizada na USP, e de lá nos protestos de junho de 2013, veja-se o excelente texto da professora de Direito Penal da USP Janaína Conceição Paschoal, "Professora da USP falando a verdade sobre os militantes", disponível em: <http://liberdadeeconomica.com/home/2013/06/18/janaina-conceicao-professora-da-usp-falando-a-verdade-sobre-os-militantes>.

que estão a cada dia mais certos), o grupo Abrindo Barricadas Abrem Caminhos, que é uma das alas mais porradas do PSOL (e, como se pode presumir, estavam fazendo barricadas nas ruas) e... já falamos da central sindical Conlutas, do PSTU?

Todos estes estavam lá, fazendo sua barafunda. Todavia, quando o cidadão comprasse a conversa mole de Toninho Vespoli (o PSOL não faz bagunça! não faz barricadas!) ou chegasse tardiamente às manifestações "pelo direito de protestar", como se daria dali a uns dias, não entenderia o que significam as bandeiras entre as quais tinha se metido. Jurando ter chegado a uma manifestação "pela liberdade", não perceberia estar fazendo peso a um protesto em que Lenin se sentiria moderado demais. Afinal, não saberia que uma bandeira com a inscrição "AJR" na sua frente era de um órgão do PCO, aquele partido das propagandas mais ridículas de todo o horário eleitoral, que nem mesmo tem um slogan grudento como "Contra burguês vote 16". Quem tem uma vida digna para viver não precisa tentar descobrir o que diabos é algo tão inútil e verdadeiramente imbecil como a ANEL — quem viu aquelas bandeiras achou que era algum grupo de leitores d'*O senhor dos anéis* que não tinha dinheiro para se vestir de hobbit, e não uma UNE do B do PSTU. A forma de fazer protesto agora é por "coletivos", que podem ter admiradores não filiados dos partidos (todos os partidos, por exemplo, têm "coletivos feministas", distribuindo jornaizinhos e fazendo festinhas nas universidades, o que atrai até pessoas que desconfiam de tais partidos). Contudo são todos órgãos do partido, e obedecem a suas ordens nas manifestações bovinamente.

O próprio MPL, afinal, não passa de um "coletivo transpartidário", que, para evitar as disputas sem fim entre PSTU e PSOL pelos órgãos políticos das universidades, adotou uma postura em que o coletivo vem antes, o partido vem depois (ao menos para definir trajetos e horários de manifestações, única coisa na qual esses partidos nunca iriam discordar em suas ações públicas). Não à toa, em vez de bandeiras do MPL nas manifestações (semi-inexistentes, ou as mais porcas, feitas às pressas), apareciam bandeiras desses coletivos — e algumas dos partidos que integram o MPL (o PCO geralmente ao fundo, não querendo se misturar com essa gentalha, e tampouco tendo alguém, mesmo do PSTU, o levando a sério).

Compreendendo isto, é fácil perceber como a população foi infelizmente engabelada por especialistas históricos em agitar massas escondendo seu próprio objetivo — e rendendo dividendos políticos para partidos que nunca deram a mínima para conquistar o poder através de eleições. É a versão brazuca do *"Don't stand for anything"* do Occupy. Com o velho lugar-comum de que as autoridades, ao criticarem *apenas* vândalos, estariam "criminalizando os movimentos sociais", estes partidos mentiam para a população, já que se sabia que nenhuma autoridade estava "criminalizando partidos", que continuavam e continuam até recebendo verba do fundo partidário mesmo sem ter votos.

Terceiro ato

> "Infelizmente, o vandalismo e a violência são necessários, para que apareça na mídia. Se saíssemos em avenidas gritando musiquinha, ninguém prestaria atenção."
>
> Raquel Alves, estudante de Letras na USP e ativista do MPL, em entrevista à revista *Época*[75]

Novamente no horário de pico, começava o terceiro grande ato, conseguindo praticamente triplicar o número de manifestantes, mesmo debaixo de forte chuva: 15 mil, concentrando-se no vão livre do Masp e na praça do Ciclista, na avenida Paulista, esquina com a rua da Consolação. Quando os manifestantes tentaram fechar o Corredor Norte-Sul, uma das principais vias da cidade, a Polícia Militar apareceu para impedir o avanço do grupo em direção à avenida 23 de Maio. A passeata seguiu, então, rumo à praça da Sé e ao Parque Dom Pedro, maior terminal de ônibus da cidade. A manifestação permanecia razoavelmente unificada segundo o trajeto do MPL até se enfrentar com a polícia no terminal, o alvo de suas depredações. Esse encontro fez com que vários grupos de manifestantes seguissem rotas distintas, alguns tentando retornar à Paulista (cada vez mais paralisada, porque ela, com certeza, seria paralisada).

A polícia não fez nada além de impedir o fechamento do tráfego da Consolação, mesmo diante de estações de metrô sendo depredadas, assim como agências bancárias (o MPL, afinal, está muito mais preocupado em criar problemas para o capitalismo do que com essa tal tarifa de ônibus), sem falar no método de guerrilha de incendiar todas as lixeiras, caçambas e sacos de lixo pelo caminho (total de manifestantes pacíficos que voltou para ajudar os garis a limparem aquela imundice no dia seguinte: zero). Seus gritos variavam entre rimas como "Haddad cuzão, abaixa o busão". Reuniram-se apenas no Terminal Dom Pedro, onde manifestantes, tendo chegado a um "destino", passaram a destruir tudo o que viam pela frente. Ainda assim, apenas vinte pessoas foram presas — esta é a "brutal repressão" de que se reclamaria por dias a fio.

Como grupos pequenos se perderam da liderança, pequenos conflitos se deram nos entornos das principais vias ligando o centro velho, onde fica o terminal, e o centro novo, região da avenida Paulista. Naquele momento, entre as incansáveis bandeiras do PSTU, uma liderança do movimento "espontâneo" surgiu fazendo um discurso repetido por todas as pessoas no famoso "microfone humano", conclamando palavras de ordem contra a repressão (palavra sempre usada para intensificar sentimentos e fazer crer que toda ação policial é ditatorial): "A gente não se calou" (A GENTE NÃO SE CALOU!), "A gente continua unido" (A GENTE CONTINUA UNIDO!), "A gente vai seguir nessa luta" (A GENTE VAI SEGUIR NESSA LUTA!)[76] — tudo para dirigir a massa, que "decidiu", então, retornar à Paulista, fazendo em sentido contrário a mesmíssima paralisação da rua da Consolação que a polícia tentara impedir a partir da Paulista, agora tendo a avenida como ponto de chegada.

Em cenário de guerra civil e destruição sem sentido se propagando como um vírus que se pega pelo ar, as primeiras imagens filmadas passíveis de ser vendidas como "violência policial" foram divulgadas na internet. A polícia, muitas vezes pega de surpresa e sem preparo para situações de ajuntamentos tão grandes, usara erroneamente bombas de gás mesmo contra grupos pequenos que se dispersavam. O dia seguinte marcaria nova vitória do movimento: nem só de imagens de vandalismo se comporia a narrativa dos jornais, mas também de violência policial (quase sempre com a palavra-anátema "repressão", tentando associar tudo à ditadura militar).

Algumas narrativas, de ambos os lados, ganham ares fantasiosos. Dizia-se o tempo todo que policiais haviam sido vistos espancando brutalmente pessoas nas ruas. As descrições dessas imagens mais pareciam cenas finais de filmes de pancadaria — usualmente com legendas bem mais dramáticas do que os fatos que as fotos mostravam. Mesmo que naquelas manifestações mais de 90% das pessoas portassem máquinas e celulares para filmar abusos, os maiores casos de abuso e violência policial foram denunciados apenas por descrições desse gênero, sem imagens que os comprovassem. Todavia aquele foi o primeiro dia em que abusos, erros, atrevimentos e atitudes criminosas de policiais foram vistos — sobretudo pelo uso desmedido de spray de pimenta em manifestantes em pouco número. E foi também o primeiro dia em que o MPL se eximiu, diante da imprensa, da responsabilidade pelo vandalismo:

> De acordo com ele [integrante do MPL identificado apenas por Marcelo], (...) o MPL não assume a responsabilidade pelos ataques a ônibus e prédios públicos. "Com mais de 15 mil pessoas, não dá para controlar."[77]

Todavia, em meio à guerra civil que se instaurou, sobretudo em São Paulo e no Rio de Janeiro (a destruição em massa ainda demoraria um ou dois dias para ser exportada para outros estados), teve início uma série de fatos que determinaria os próximos dias. Em vez de caçambas e lixeiras serem incendiadas, tremeluzindo ao lado de bandeiras de coletivos de partidos extremistas, enquanto ônibus eram apenas pichados ou tinham suas janelas destruídas, dessa vez os organizadores, reunindo cada vez mais jovens com pouca ou nenhuma cultura política, mas muita testosterona e vontade de "parar a cidade", começaram a espalhar a "arte" de incendiar em massa os próprios ônibus: 85 foram depredados em um único dia.* Pelo menos uma agência bancária pelo caminho foi reduzida a escombros. A estação Consolação do metrô, na avenida Paulista, parecia ter resistido a um bombardeio aéreo.

---

* Mais informalmente, uma chocante imagem é passada nos grupos do Facebook de extrema esquerda da USP, que organizava todos os protestos. A promessa de mais ônibus sendo incendiados, com logotipos dos coletivos partidários — que rapidamente desaparece: <http://on.fb.me/1hQNqdO>.

Os ônibus incendiados viraram o maior símbolo visto de longe das manifestações. O que se imaginava quase sempre era que havia um ônibus parado, e vândalos atearam fogo nele. Mas, apesar de muitas vezes esse método "simples" ter sido usado, urge lembrar que na maioria dos casos eram ônibus que estavam parados pelo trânsito provocado pelas próprias manifestações, cheios de gente, com motorista e cobrador, e que, de repente, eram cercados, pichados com todos passageiros dentro, até o momento em que, como num assalto, um manifestante "pedia educadamente" para todo mundo descer, em pânico, enquanto outros jogavam gasolina, querosene e bombas caseiras através dos vidros quebrados. Em posts no Facebook, encontramos mensagens como: "o unico erro foi começar o incendia dentro do onibus, onde tinha pessoas inocentes, então pedimos pra eles sairem e queimamos!" (*sic* pra todo lado). Quanto humanismo! Ah, espere: nos comentários, lemos: "pra falar a verdade sou contra tirar o pessoal do ônibus, de resto eu tô junto." O autor da primeira postagem curtiu esta demonstração de empatia humana sentimentalista.*

De outro lado, dois jornalistas foram detidos em meio aos protestos. Naquele primeiro dia de jornalistas sendo presos no exercício de sua profissão, havia pouco espaço para dúvidas sobre a polícia estar ou não abusando de suas funções. Despreparada, ela não sabia o que esperar de qualquer um em uma manifestação que apenas se agigantava. O repórter da *Folha* Leandro Machado e o fotógrafo do UOL Leandro Morais foram presos ao mesmo tempo, depois de exibirem seus crachás de imprensa para um policial que disse que aquilo não significava nada para ele. Agressões também apareceram entre a população: na mesma avenida Paulista, um motorista avançou em direção aos manifestantes, ferindo dois deles e fugindo do local.

Porém aquele foi o dia em que a truculência e desumanidade *da parte de alguns manifestantes* também vieram à tona em imagens. Por volta das 20h30, o policial Wanderlei Paulo Vignoli, nos entornos do Tribunal de Justiça, no centro da cidade, tentou impedir um rapaz de fazer uma pichação. Com a mão na arma no coldre, agarrou o rapaz, que tentou se desvencilhar. Ambos caíram no chão e, cercado por outros brutos, o

* Ver imagens em meu artigo "Protestos em São Paulo e as janelas quebradas: nenhuma preocupação com a tarifa do ônibus", disponível em: <http://www.implicante.org/artigos/a-teoria-da-janela-quebrada-o-vandalismo-nos-protestos-pela-tarifa-de-onibus/>.

policial começou a ser espancado. Levando socos, chutes e pedradas de cerca de dez deles, só não teve sua sevícia prolongada porque outros manifestantes agiram para impedir o bando. Sangrando na cabeça e no rosto, o policial conseguiu se levantar. Ainda segurando o pichador agachado pela gola da camisa, chegou a sacar a arma para evitar o pior, sem atirar, e depois a apontou para o alto — atitude correta. Objetos foram lançados sobre o policial, que abaixou a cabeça para se proteger. Giba Bergamim Jr., repórter da *Folha* que filmou a confusão, gritava pedindo calma aos manifestantes, aproximando-se de dois deles que tentavam acabar com a atrocidade, clamando para alguém chamar uma ambulância. Após se desvencilhar de seus agressores, o policial foi embora, sozinho. Só afastado do local da agressão encontrou um colega, que o colocou em um carro da corporação para que ele fosse então levado a um hospital.[78]

No livro escrito pelo MPL, *20 centavos: A luta contra o aumento*, abusando das construções no futuro do pretérito comuns à imprensa atual, diz-se que o policial "teria sido" cercado e quase linchado. Uma forma estranha de evitar acusações, uma vez que não se cita o nome de acusado nenhum — provavelmente uma forma estranha mesmo de duvidar de fotos e vídeos. De maneira ainda mais grotesca, um grupo de fotos selecionadas para aparecer abaixo de várias reportagens do grupo UOL/Folha apresenta os protestos apenas sob o signo da "violência policial", incluindo as típicas fotos de manifestantes se ajoelhando diante da Tropa de Choque ou lhes oferecendo flores (sem mostrar o que estava acontecendo cinco minutos antes deste teatrinho feito *ad hoc* para proporcionar belas fotos). Por outro lado, quando a reportagem mostra a foto do policial Wanderlei Vignoli sangrando ajoelhado, estampa a bizarríssima legenda "Policial militar aponta arma para se defender de agressores".[79] Nunca um evento no Brasil teve narrativas fabricadas tão funcionais — nem mesmo tendo como concorrentes as desculpas de petistas na imprensa para o mensalão.

No total, oito policiais foram feridos, um deles com uma pedrada no rosto. Outro foi derrubado de sua moto. No caminho da destruição sem objetivo, a sede do PT também foi depredada, apesar de lideranças do MPL, que no fundo são bem próximas do PT, ligarem imediatamente para lideranças petistas para *pedir desculpas* por não conseguirem controlar a sua turba.

Outros atos de vandalismo chamam a atenção pelo seu caráter peculiar em meio a uma manifestação supostamente espontânea, que só posteriormente teria sido "tomada" por uma minoria de vândalos. As pessoas que trabalhavam no centro, a bem da verdade, estavam em pânico, buscando abrigo onde quer que parecesse ser possível fugir da manifestação. Mendigos e moradores de rua, desnorteados, assustados e pegos de surpresa, andavam com muito medo para longe do centro. Uma moradora de rua, em crise de pânico, começou a chorar descontroladamente. Hilo Valnei Coutinho, 31, fiscal de uma loja Marisa no largo do Patriarca, conta que "ficou todo mundo muito assustado" quando a loja fechou mais cedo, deixando de faturar em pleno Dia dos Namorados, após ser presenteada com uma barricada feita de lixo em chamas quase na frente de sua entrada. Com a manifestação descontrolada por todos os lugares do centro, não havia direção para onde correr que não fosse tomada por atos que pareciam os de uma guerra, oferecendo perigo gratuito às pessoas em todo canto.

Conta ainda a *Folha*:

> IPHONE
> Um manifestante do grupo que voltou à avenida Paulista após os primeiros confrontos com a Polícia Militar desferiu cinco "voadoras" até conseguir quebrar um dos vidros da entrada da estação Trianon do metrô. Após destruir o vidro, sacou seu iPhone e registrou o feito.
>
> MOTORISTA
> Um motorista de ônibus disse que foi ameaçado por um grupo. Em frente ao terminal Parque D. Pedro II, no momento em que estouraram as primeiras bombas da PM, o veículo foi cercado por manifestantes. "Estava com 15 passageiros e o pessoal de capuz ameaçou atear fogo. Pedi para saírem e aí eles destruíram tudo. Foi muita violência com quem não tem nada a ver", disse o motorista, que se identificou como Almeida.
>
> PRESENTE
> O vidro e o retrovisor do carro (um Renault Scénic) de José Aroldo, 56, foi quebrado em frente ao terminal Parque D. Pedro II. "O protesto é justo, mas não precisavam esculachar. Pelo menos, eles não levaram o presente da minha namorada, que estava dentro", disse, aliviado.[80]

A população, ainda sem conhecer os rumos que as manifestações tomariam, e só conhecendo delas a propaganda sobre os 20 centavos, ainda acreditava, mesmo quando agredida, na benevolência, no idealismo e no senso de justiça escorreito de um ajuntamento de sentimentos histéricos que não respeitava nada que se interpusesse no seu caminho. Reler aquelas notícias agora chega a ser, de uma forma mórbida, até engraçado.

Novamente, a questão não estava na propalada falta de memória do brasileiro, e sim na dificuldade em ligar pontos e descobrir a coordenação de forças que se estendem no tempo sem declarar seus objetivos claramente: meses depois, seguiu-se acreditando que as manifestações foram "tomadas" por uma minoria exaltada e oportunista, já que, apesar das imagens de lixo queimado, ônibus incendiados e prédios destruídos, *as palavras* do noticiário envolviam sempre "repressão da polícia" (como se ela *reprimisse* sem ter o que *reprimir*). As pessoas se acostumam mais com bordões do que com fatos.

É algo chocante, sobretudo quando lembramos que essa aleivosia lançada na mídia pelos organizadores da moafa foi capaz de convencer 3 milhões de pessoas a saírem às ruas para *protegê-los*.

Este Sentimento Difuso no Ar é reconhecido pelo tenente-coronel Marcelo Pignatari, comandante da operação da PM, que parece entender muito bem como é possível organizar violência direcionada através de histeria coletiva:

> "O ânimo deles não é defender uma causa de redução da tarifa de ônibus. É causar uma balbúrdia, uma baderna, quebrar a ordem. Não vamos permitir", disse.[81]

A constatação serve também como prognóstico. A polícia seria acusada tanto de *permitir* que o vandalismo acontecesse quanto de contê-lo. Os métodos violentos de fazer política através de massas são conhecidíssimos pela história do século XX. Por uma falta de conhecimento do mais complexo dos séculos (que todos juram entender mais facilmente do que os outros), nossos analistas fizeram de tudo e mais um pouco para *separar* a violência da política, quando deveriam analisá-las como um método único.

No *Jornal Nacional*, o relato de uma popular:

> "Milhares de pessoas estão voltando do trabalho, depois de um dia cansativo, embaixo de chuva. E passar esse pânico, eu estou aqui sem saber para onde correr", comentou Arlete Passante, auxiliar de saúde bucal.[82]

Seria apenas a primeira mostra do que seria esquecido na narrativa dali em diante. Quem fez os protestos foi a classe média, tão vilipendiada no discurso político — e não os pobres. No fim das contas, até que Paulo Henrique Amorim tinha *alguma* razão.

A violência policial

> "A lei (...) proíbe as manifestações tumultuosas fora do parlamento, mas nós podemos interpretar 'tumultuosas' também como qualquer advogado."
>
> Tariq Ali, "O espírito da época", em defesa do Occupy[83]

É urgente saber como funciona, nas condições normais de temperatura e pressão, a ação da polícia diante de multidões. A polícia paulistana é a melhor do país, o que nem sempre significa muita coisa, mas convém lembrar que ela é capaz de conter, hoje, brigas de torcidas organizadas em estádios lotados com um número bem menor de homens sem causar grandes transtornos.

A polícia que faz a escolta, de uniforme azul, só age (ou deve agir) em casos pontuais — para impedir alguém de atear fogo em algo, pichar um muro etc. Já o Batalhão de Choque, a tropa que chega com escudos, não foi feita para conversar, e sim para *dispersar.* Para não ferir gravemente ninguém, em vez de armas de contusão ou perfurantes, aponta os escudos enfileirados e avança, como as falanges macedônicas de Alexandre. Esta tropa aparece depois, quando a situação já fugiu do controle, ou quando o ajuntamento em questão parece ser uma ameaça total, não tendo como separar pessoas inocentes e pacíficas no meio.

Nos dois primeiros dias de protesto, a tropa de choque apareceu em cena rapidamente, pois vias importantíssimas da cidade (algumas das mais importantes da América do Sul) estavam sendo obstruídas por sindicalistas, partidos e agitadores profissionais — os "líderes comunitários", os *community organizers* que conhecemos no Occupy. No Brasil, como há "contribuição" compulsória dos trabalhadores para sindicatos, estes líderes podem simplesmente *não trabalhar*, e ganhar rios de dinheiro para promover esse tipo de agitação. São aqueles famosos sindicalistas que ninguém nunca viu pegar no batente, mas sempre que se organizam greves, passeatas e agitações são os primeiros a defender os direitos dos "trabalhadores" com megafone num braço e cecê no outro. Não dispomos de um termo tão famoso quanto *community organizer* ("líder comunitário" é um termo só usado tecnicamente), mas temos muito mais deles do que na América, menos infestada pela praga sindicalista, Obama à parte.

Qualquer reportagem sobre os protestos, como parte da narrativa que determinaria o imaginário coletivo sobre junho de 2013, mostrava as ruas apinhadas de gente, em fotos aéreas tiradas até por drones, em que era difícil ver o asfalto. Como parecia que a população do país *inteiro* estava protestando nas ruas, é fácil supor que, quando a Tropa de Choque era chamada, ela atuava apenas como uma força "repressiva", uma "polícia fascista", agindo em nome de um político que queria impedir que as pessoas protestassem (mesmo em manifestações que cada vez tinham menos objetivos). Contudo um fator sempre foi esquecido nessa cobertura: mostrar como estava o trânsito *ao redor* das ruas paradas pelas manifestações, com outros *milhões* de pessoas que saíam do trabalho e apenas queriam chegar em casa. Um trajeto de cerca de cinco quarteirões, entre a avenida Pacaembu e a Consolação, durava não menos do que *cinco horas*. Era para que as pessoas finalmente pudessem chegar em casa que a Tropa de Choque aparecia, e isto apenas muito tempo depois de permitir a continuidade dos protestos — e não apenas por capricho, ou por algum governante estar tentando impedir protestos (na verdade, praticamente nenhum se posicionou contra).

Quando há confrontos entre sindicalistas (juntamente com alguns punks e arruaceiros) e a polícia, a população tende a ficar sempre do lado da lei. Os protestos estavam aumentando seu contingente, apesar de, naquele dia, haver mais jovens universitários, ainda naquela fase de flerte juvenil com ideias de esquerda, típica da puberdade. Mesmo assim, a população passou a ficar preocupada — jovens, mesmo que sejam idiotas por definição, não devem apanhar da polícia e ser expostos a situações de risco e verdadeira guerra civil (ou tampouco servir de escudo humano para niilistas profissionais, mas este processo é ainda mais lento).

Graças a isso, a atuação da polícia pode ser considerada correta até a proteção do terminal Parque Dom Pedro II — mas, a partir do momento em que a multidão se dispersa, ações pontuais de abuso, erro e agressões a inocentes ficam tangíveis. Policiais diante de multidões (e não de criminosos localizados) usam armas não letais, como spray de pimenta — que, acredite, deve paralisar um elefante. Se soltassem spray de pimenta no pátio de uma escola, talvez até quem estivesse no banheiro coçaria os olhos. Cenas de policiais, que não eram da Tropa de Choque, espirrando spray de pimenta *no rosto* de pessoas que não representavam ameaça nem estavam em bando é algo que demonstra ainda o despreparo de nossa polícia. Obviamente, as imagens desses atos não fazem jus às peças de propaganda que se tornaram nas mãos de ideólogos, agitadores e formadores de opinião de 140 caracteres pelos dias seguintes, mas é claro que não se tratava apenas de casos de *abusos* cometidos (isto é, de ações que seriam corretas se não fossem realizadas com mais força do que o necessário), mas sim de *erros grosseiros*, ou seja, até a ação está errada.

Outra arma da polícia, muito criticada mas cuja utilização deve ser analisada com mais cuidado, é o gás lacrimogêneo lançado pela Tropa de Choque. Como a Tropa atua sempre que a situação já fugiu ao controle, seu papel não é garantir a segurança dos protestos (como os PMs faziam, muitos deles lado a lado dos manifestantes, conversando), e sim *dispersá-los*. Obviamente, não se faz isso pedindo educadamente a cada manifestante — um a um, incluindo sindicalistas, punks, partidários extremistas e o black bloc —, que abra caminho para dar passagem: o meio mais eficaz e à altura da urgência da situação é lançar bombas de gás no chão para impedir que as vias públicas sejam tomadas. É praticamente impossível ficar perto de gás lacrimogêneo, e é exatamente por isso que ele é utilizado — muito mais efetivo do que usar cassetetes ou balas de borracha, que ferem e podem machucar gravemente uma pessoa. O "recado" do gás é claro: saia daí. O gás é poderosíssimo: no segundo subsolo da imensa estação Sé do metrô, pessoas tossiam, choravam e passavam mal sob o efeito do gás usado na praça.

A encrenca com a polícia, que começou neste dia, se deu porque as pessoas costumam insistir em querer *mandar na polícia* quando estão em manifestações — e, com a quantidade de gente que toma as ruas, mesmo quando a Tropa de Choque aparece, as pessoas ficam espremidas, sem ter para onde fugir, ainda mais com valentões que empurram o grupo todo para cima da polícia (qualquer pessoa que já participou de manifestações que terminam em quebra-quebra conhece o tipo).

Foi um prato cheio para ver fotos e vídeos de policiais em casos flagrantes de agressão a pessoas inocentes, algumas que sequer estavam em manifestação (como várias pessoas saindo de restaurantes na região dos protestos, que foram até derrubadas no chão por policiais). Ao contrário do instintivamente percebido, as piores agressões são algumas das mais "leves", ou ao menos visualmente não tão impactantes (como o spray de pimenta no rosto de uma mulher que apenas passava por uma avenida), cometidas pelos agentes da polícia "comum", e não aquelas mostradas por algumas imagens de forte impacto visual da Tropa de Choque. Ela entra por último, ou quando não há o que negociar ou selecionar em uma multidão.

Foram exibidas muitas imagens, sobretudo vídeos, da "brutalidade" da polícia, mostrando a Tropa de Choque em ação diante de "manifestantes pacíficos". A despeito de muitos erros terem sido cometidos (na avenida Paulista, perto da esquina com a rua da Consolação, um soldado da Tropa de Choque cometeu o disparate de *atirar uma bomba de gás para dentro da janela de um prédio* de onde filmavam a ação, um dos crimes mais grosseiros, ainda que "sem vítimas", que a polícia paulista já cometeu a olhos vistos), muitos desses vídeos são enganosos. A Tropa de Choque chega quando o intuito já não é mais sequer proteger o patrimônio público ou privado (não é a Tropa que impede incêndios em ônibus, pichações e adolescentes quebrando vidros de estações do metrô).

Os manifestantes *profissionais* (os *community organizers* e partidários que não perdem uma manifestação nem que seja para salvar as baleias feministas vegetarianas ciclistas do Afeganistão) são os primeiros a picar a mula quando a Tropa de Choque desponta no horizonte, *a não ser quando querem corpos* — mas nunca os seus próprios. É possível notar facilmente esse comportamento, porque a Tropa, mais cuidadosa em sua ação (e, por isso, mais "violenta", só que bem menos passível de cometer erros), é também mais lenta: ou se abre um espaço de manobra com a cavalaria (que, apesar de ser uma infantaria montada, foi o pelotão do qual praticamente não se viram erros), ou se organiza lentamente a falange de escudos enquanto capitães com apitos e avisos pedem que os manifestantes liberem a passagem (isto é visto até em vídeos que pretendem criticar a ação).

Geralmente, os espaços diante da Tropa ficam vazios, mas seu modo de ação é ir "limpando" o caminho, atirando bombas de gás lacrimogêneo. O gás não serve para ferir, para prejudicar — mas não há recado mais claro possível para as pessoas saírem se quiserem continuar respirando sem dificuldade. Quem fica na linha de frente da Tropa (isto é visto em todo vídeo que tenta criticá-la) são jovens com muita adrenalina e pouca noção do ridículo, que não entendem que a baladinha do PSOL na Paulista alguma hora precisa terminar para que os outros 11 milhões de pessoas na cidade possam chegar em casa depois de um dia de trabalho, ou que as ambulâncias que atendem os 34 hospitais da região possam salvar vidas. As imagens da "brutal repressão", quando envolvem a Tropa, sempre mostram os marmanjos mais revoltadinhos diante da polícia, gritando slogans ocos como "Sem violência!" — cometendo eles próprios grandes atos de violência —, enquanto os vândalos queimam o chão.

Um dos vídeos mais famosos mostra a Tropa avançando com escudos para liberar o cruzamento da avenida Paulista com a rua da Consolação (um dos mais importantes da cidade), com apenas um revoltado tentando parar na frente da falange. Uma capitã se revolta, o policial que fica na frente dela passa a golpear o marmanjo de lado com o cassetete, sem muito intuito de ferir, justamente para que o galalau saia da frente com o mínimo de dano possível — se ele chegasse a ser derrubado com o escudo dos policiais, poderia ser pisoteado, e a Tropa inteira teria de paralisá-lo para se manter segura.

São vídeos como esse que, para espectadores que não compreendem a dinâmica de uma manifestação e da polícia (até panfletos com desenhos dos uniformes eram distribuídos, pela internet e nas ruas, explicando o que o manifestante deveria fazer diante de cada tipo de policial),* soam chocantes — e, de fato, as imagens pareceram violentas mesmo, até para quem as filmou, pessoas comuns que, na maioria dos casos, participavam da primeira manifestação de suas vidas e não estavam conscientes de que estavam ajudando grupos que queriam prejudicá-las. Sem os vândalos por perto, e sem se dar conta de que as cenas registram em geral apenas *o final* de uma manifestação, tem-se a impressão, diante de dois minutos de pancadaria em um filme no YouTube, de que as pessoas foram para as ruas e que a polícia "fascista" simplesmente não gostou e saiu descendo a porrada geral... Por certo, não só abusos, mas *erros* e *crimes* foram cometidos pela polícia — e agentes passaram a ser investigados por isso. Mas, sobretudo nos vídeos envolvendo a Tropa de Choque, assistir apenas à cena final sem ver o filme inteiro é como ver apenas o momento em que o mocinho atira no bandido que matou toda a sua família no começo da história: os vídeos suscitam uma impressão errônea e manipulatória, ainda que de maneira inconsciente, sobre como se dava a dinâmica da violência nas manifestações.

Se você precisa de um especialista em segurança para seu bairro violento, consulte o Twitter.

Urge lembrar que uma das armas mais perigosas usadas pela polícia durante os protestos são as balas de borracha. Dolorosíssimas, causam ferimentos sérios e, por isso, devem ser usadas contra as pernas de manifestantes apenas quando apresentam perigo para os próprios policiais ou para pessoas inocentes. Foram as armas mais erroneamente usadas pela polícia — quase sempre usadas como meros meios de dispersão. Um jornalista perdeu a visão de um olho após ter sido atingido por

* Uma estrovenga de grupo chamado "Advogados Ativistas" (ou seja, advogados que estão fazendo de tudo para ignorar a legislação, e atuar por "ativismo judicial", inventando, eles próprios, leis de ocasião para que sempre se julgue conforme sua ideologia) distribuía manuais com instruções sobre o que fazer nas manifestações e como lidar com a polícia quando fosse pego — incluindo delegacia e prisão. Bastante estranho ter toda essa preocupação com manifestações que logo teriam cerca de 3 milhões de pessoas nas ruas — e algumas dezenas de presos em cada grande cidade. Esses manifestantes que os advogados ativistas de porta de cadeia defendem são mesmo flores de inocência, vítimas de injustiças e da "repressão", ou são justamente aqueles vândalos que, como se vê, estão *organizando* as manifestações e criando violência em nome de um projeto de enorme poder político?

uma bala de borracha no rosto. *No rosto.* Não se usa uma arma dessas contra o rosto de um ser humano. Um levantamento apresentado no fim de outubro dá conta de que 75% das agressões a jornalistas durante as manifestações foram obra da polícia.[84]

Mesmo assim, parece ser comum "se esquecer" de que, fora os paus e pedras atirados contra a polícia — que poderiam "se justificar" caso a polícia estivesse errada, e a população ordeira, no susto e no improviso, se defendesse com o que visse pela frente —, foram lançados, apenas à guisa de exemplo, diversos coquetéis molotov. A receita e os modos de uso destes artefatos são estudados pelos manifestantes: os mais novos aprendem a fazer o coquetel com os manifestantes mais velhos e experientes para causar danos a policiais (que eles não veem como seres humanos com direitos humanos, já que saem de casa com o objetivo claro de machucar agentes da lei). Onde quer que partidos extremistas pensem em ficar por algum tempo sabendo que estão cometendo crimes — e geralmente com o *intuito* de cometer crimes —, coquetéis molotov sempre aparecem junto. Esta é só a munição principal, fora as bombas de pregos, sinalizadores, meias com ferramentas e, claro, fogos de artifício, como o rojão que assassinou covardemente o jornalista Santiago Ilídio Andrade, em fevereiro de 2014, acendido por um black blocker, em mais uma manifestação contra o preço da tarifa no Rio de Janeiro.

Tendo apenas uma narrativa com pedaços separados e desconectados da realidade, o protesto da terça-feira, 11 de junho, marca o primeiro grande ato em que a população passou a olhar com bons olhos *os manifestantes*, e não a polícia que aparecia para colocar ordem na casa, muitas vezes sem preparo.

Ainda mais "dialeticamente", se, até então, apenas alguns ônibus haviam sido incendiados, a maioria das barricadas com fogo era feita com lixeiras, cones e barris de trânsito queimados (alguns chegam a custar R$ 826 a unidade)* e somente alguns muros e coletivos tinham sido pichados

---

* Disponível em: <http://www.seton.com.br/trafego-and-estacionamento/cones-e-acessorios/barril-delimitador-de-traacutefego-c3014.html>. Aliás, só um singelo cone de trânsito, usado como lenha nas fogueiras do MPL, sai pela bagatela de R$ 118, o que pagaria mais de um ano e meio de passagem para um estudante, como se pode ver em: <http://www.seton.com.br/trafego-and-estacionamento/cones-e-acessorios/cone-refletivo-pesado-c2055.html>.

(estações de metrô e terminais de ônibus, sobretudo seus vidros, tinham sido destruídos na semana anterior), a mudança da opinião pública em relação aos protestos ocorreu justamente quando **ônibus passaram a ser incendiados em larga escala**, numa incrível forma de protestar pela revogação do aumento da passagem.

Se parece estranho, exagerado e quase conspiratório afirmar que as manifestações eram feitas *com o objetivo* de causar enfrentamentos com a lei, esta tática depredadora é só um detalhe de todo um quebra-cabeça que, a cada peça que se encaixa, comprova que era precisamente este o modo de agir dos *organizadores* dessas manifestações. Por sinal, além de enfermeiros, médicos e policiais civis, também professores e cerca de oitenta membros da Juventude do PT já estavam no Masp. Mera curiosidade.

Saldo da balada

Mim quer tocar
Mim gosta ganhar dinheiro (dinheiro!)
Me want to play
Me love to get the money (the money!)

Mim é brasileiro
Mim gosta banana (banana!)
Mas mim também quer votar
Mim também quer ser bacana (bacana!)

Ultraje a Rigor, "Mim Quer Tocar"

A conta que fica do dia é caso de delegacia: as fianças para os manifestantes presos em caso de vandalismo ficam em R$ 20 mil por cabeça. Esse montante desespera os partidos organizadores, que terão, eles próprios, de arrecadar a quantia.

Mas fica uma questão simples: partidos que conseguem, em um dia, reunir uma bufunfa suficiente para pagar *dezenas* de fianças de R$ 20 mil, muitas vezes com recursos possivelmente tirados de seus fundos partidários (ou seja, dinheiro do pagador de impostos, que não votaria nesses partidos nem sob a mira de uma arma, mas é obrigado a financiar a própria propaganda que eles tentam vender), não conseguiriam pagar os 20 centavos de algumas passagens para a população pobre?

Uma única fiança de R$ 20 mil pagaria 100 mil vezes 20 centavos. Será que há alguém no PSTU que não tenha chutado "C" em todas as questões de Matemática no vestibular?

12 de junho, quarta-feira: O jornalismo e a *infowar* do Fora do Eixo

> "As pessoas às vezes imaginam que, só porque têm acesso a tantos jornais, rádios e canais TV, terão uma infinidade de opiniões diferentes. Logo elas descobrem que as coisas são exatamente o oposto: o poder desses alto-falantes só amplifica a opinião predominante em um determinado momento, até o ponto em que ela encobre qualquer outra opinião."
>
> Amin Maalouf

A tônica das notícias e conclamações na internet pode ser resumida pelo site TarifaZero.org. Os textos, cujo tom medonho é comparável a um ataque zumbi autopropagado, dizem que a violência foi "unilateral" da parte da polícia (uma versão exagerada que nunca colaria com a população trabalhadora, mas que é facilmente assimilada pela credulidade de jovens com educação 100% esquerdista), e disparam "relatos" do ocorrido no dia anterior, como, por exemplo, esta pérola:

> Nessa hora vi o **primeiro cara empunhando uma barra de ferro. Quis quebrar o carro de reportagem de uma emissora de TV**, mas todos ao seu redor o impediram. A polícia por sua vez voltou a atacar, empurrando essas pessoas para ruas no entorno da avenida, com mais bombas, mais gás. **A revolta foi estimulada de fora para dentro, por aqueles que têm o monopólio da violência e brinquedinhos capazes de realizar essa violência, contra outros que não podem fazer mais nada além de quebrar vidraças e lixeiras.** Provavelmente amanhã

> leremos que o movimento como um todo tem como traço característico uma sede prioritária de violência. Não é verdade. Ainda que eu não caia **nesse conto moralista e conservador sobre a violência.** Nesta nossa sociedade, **dividida em classes** e mantida por um Estado agressivo, a violência é permanente: na fome, na miséria, na repressão ao desenvolvimento pleno de cada indivíduo, transformados um a um em meras máquinas de produção de riqueza para poucos.[85] *(Destaques nossos)*

Um galalau com uma barra de ferro querendo quebrar um carro de reportagem, e a polícia "atacando" foi "unilateral". Tadinhos! Ele só atacou carros de reportagem para se defender... da polícia! Contra bombas de gás lançadas para *dispersar* a multidão (ou seja, para liberar uma das avenidas mais importantes do continente), a única "defesa" dos manifestantes foi quebrar vidraças e lixeiras. Porque quebrar vidraças e lixeiras certamente defende qualquer um da brutalidade policial — que outro motivo haveria para se estraçalharem vidraças alheias senão *em resposta* ao *gás* da polícia?

Esse tipo de estupidez não cola para a população majoritária, mas soa como a Nona Sinfonia para a primeira geração de universitários totalmente educada pelo desastroso método Paulo Freire, em que toda a educação vira propaganda marxista (expressões como "desigualdade", "classes sociais", "exploração" e afins não se tornam mais ideologias inventadas, e sim verdades inquestionáveis). Tendo nascido bem depois do fim da ditadura, esses jovens creem que qualquer relato de violência policial mostra o risco de uma ditadura que, em sua imaginação, foi pior do que Pol-Pot no poder — e, por outro lado, Pol-Pot aparece apenas como um organizador de baladas que não percebeu o que acontece quando a cerveja acaba.

Este tipo de texto, lido por poucos, mas de consequências devastadoras, é o tipo de arma usado na *infowar*, a guerra de narrativas tão bem estudada pela esquerda desde pelo menos a Guerra do Golfo: se é impossível ganhar do inimigo capitalista e da livre iniciativa no campo militar e da disputa de bens culturais e liberdade, ganhe-se na narrativa dos fatos: assim, sempre que, entre vários exemplos, o capitalismo produzir mais bens para os pobres do que o comunismo, ataque-se a "exploração" capitalista e diga-se que as legiões de miseráveis mortos de fome do comunismo vivem com menos "desigualdade", sem mencionar que nem mesmo o mais estudioso médico ou cientista soviético podia ter três refeições por dia, iguaria reservada apenas aos membros do Partido, aqueles que "distribuem" a riqueza pelo poder total concentrado em suas mãos. Não importa quantas vantagens a liberdade econômica pode dar aos homens, sobretudo aos mais pobres: o **imaginário coletivo** é trabalhado de tal forma que, de um lado, as referências à realidade concreta do capitalismo sejam sempre imbuídas de uma **carga psicológica negativa** (desigualdade, exploração, imperialismo, consumismo, materialismo — ainda que, postos no papel, todos estes conceitos "científicos" há muito tempo já tenham sido desconstruídos por uma coleção de refutações cabais, que entretanto permanecem ignoradas por nossa pedagogia seletiva), e, de outro lado, as referências às ideias comunistas sempre sejam enriquecidas de uma **carga psicológica positiva, cujos termos, porém, legados do idealismo platônico, primam por preservar uma virgindade hagiográfica em contato com a realidade** (social, igualdade, comum, comunidade, científico, trabalhadores, explorados, oprimidos, popular etc.).

São grandes teóricos da *infowar* pensadores neomarxistas como Antonio Negri e Vito Campanelli, que fazem releituras "corretivas" de Michel Foucault, Giles Deleuze e Jacques Derrida. São seus frutos seres humanos do quilate de Hugo Chávez e sua "releitura" da América Latina, sempre encontrando "imperialismo americano" em cada centímetro de sua Venezuela, "a narrativa fabulada pela rede Zapatista ('Marcos somos todos')"[86] do Ejército Zapatista de Liberación Nacional (EZLN) no México (note-se que Malini, que afirma que a narrativa é "fabulada", é um defensor do método do EZLN em defesa do mascarado "Subcomandante Marcos") ou o black bloc. Há também a *netwar*, a guerra em rede, termo proposto por John Acquilla e David Ronfeldt para definir "o uso das redes sociais para conflitos de baixa intensidade, crimes e ativismo",[87] defendida pelo mesmo escol de ativistas que tem sua mais famosa versão na al-Qaeda de Osama bin Laden e seus recrutamentos online, com sua narrativa coitadista de "resistência à agressão externa" conquistando adeptos e admiradores até mesmo no Ocidente laico que o talibã tanto odeia e deseja exterminar. Outra forma de ativismo que combina a *infowar* com a *netwar* é perpetrada pelos grupos terroristas do extremismo islâmico, como o H'zbollah e, sobretudo, o Hamas, movendo a opinião pública ocidental para sempre se colocarem como vítimas ou mocinhos. Este último, por exemplo, fere a convenção de Genebra ao não utilizar uniformes militares em suas ações — de maneira que cada morte em seu conflito com Israel é sempre computada como uma morte "civil", destruindo assim qualquer possibilidade de apreço ocidental por Israel por parte da despreparada opinião pública, enquanto as mortes entre israelenses são sempre separadas entre civis e militares. Enquanto seus líderes vivem no riquíssimo Qatar, cotado para sediar a Copa do Mundo de 2022, o Hamas também usa crianças como escudo humano, tornando cada morte de um "civil" palestino, sobretudo de uma dessas crianças (quase 40% da população), uma nova "notícia", quase sempre forjada para retratar o inimigo como um monstro devorador de crianças, mesmo sendo o único país da região com eleições livres e onde não obedecer à religião tirânica oficial não resulta em morte. Invariavelmente os terroristas do Hamas perdem para um inimigo mais preparado no campo militar, mas ganham toda a simpatia global como "vítima" que deve ser "defendida" contra um suposto agressor. Cada criança palestina morta na Faixa de Gaza é uma arma para o Hamas ganhar adeptos até mesmo no Brasil, onde a juventude progressista, laica e inebriada pelo ideário socialista não aguentaria viver por 2 minutos — portanto o Hamas fará com que o máximo possível de crianças morra em cada ação militar israelense e, para tanto, não hesita em esconder seus armamentos em escolas e hospitais e em usar até mesmo escolas da ONU para fazer pregação antissemita contra o único país laico do Oriente Médio.[88]

Entendendo o que é a guerra de narrativas, a *infowar*, e a guerra em rede, a *netwar*, podemos entender *de fato* que, no contexto das manifestações de junho de 2013, o "relato" do site TarifaZero.org não foi mero detalhe. O TarifaZero é ligado ao Movimento Passe Livre. Portanto um agente *interessado* em defender um dos lados e em garantir consequências para suas palavras, e não apenas um mero portal imparcial de relatos (até o pouco disfarçado Gawker, no Occupy Wall Street, era mais plural do que um site que defende a "tarifa zero" no seu próprio nome). Seus relatos sobre violência policial, portanto, *querem induzir as pessoas a uma mobilização*, e certamente NÃO SÃO confiáveis (para adolescentes que vivem de "ativismo de internet", surpreende como os relatos mais chocantes nunca têm um vídeo ou uma mera foto tirada de algum das centenas de smartphones que supostamente testemunham tais acontecimentos assustadores).

Incapazes de perceber que os conceitos e palavras que usam para se referir à realidade são, na verdade, propaganda política (e tão confiável quanto qualquer outra propaganda política), confundem figuras de linguagem com frias descrições científicas: "a fome, a miséria, a repressão ao desenvolvimento pleno de cada indivíduo" são *violentas* (ainda que este Comitê Revolucionário Ultrajovem nunca tenha passado fome, não saiba o que é miséria e, defendendo a estatização e os sindicatos, seja *la crème de la crème* da repressão ao desenvolvimento pleno de cada indivíduo). Se são *violentas*, qualquer violência *em resposta* estaria liberada — mesmo sem um alvo claro. Aquilo que é uma figura de linguagem e uma *analogia* à violência se torna, em suas mãos, violência física e concreta.* É o que se chama *wishful thinking*: querer que a realidade seja de um jeito e, então, só ver os aspectos da realidade que confirmem essa posição anterior.

Já em sua apresentação, fica claro que o MPL e o TarifaZero.org praticamente confessam o uso da violência como método. Não é uma leitura paranoica ou uma tentativa de criminalizá-los ou desmoralizá-los: é uma citação *ipsis litteris* — é o que eles próprios afirmam que estavam fazendo.

A partir da quarta-feira, dia 12 de junho, Dia dos Namorados, suas manifestações começariam a ser tomadas por pessoas pacíficas — inocentes, felizes, idealistas, bondosas e inteligentes (algumas das

* O mesmo se deu no Occupy Wall Street. Quando uma repórter pergunta em um acampamento na Califórnia quem havia cagado em uma agência bancária (imagens aqui: <http://exposethemedia.com/2011/11/06/occupiers-peeing-and-pooping-on-banks>), ouve como resposta dos manifestantes que "os bancos é que cagam em nossa cabeça todo dia". Uma linguagem metafórica ou alegórica tem como resposta um fato concreto, bruto e sólido — o famoso tolete do número 2. Ao se pedir uma mãozinha a essas pessoas, o risco de alguém decepar a extremidade de um dos membros superiores se torna alto. (Vídeo: <http://www.mrctv.org/videos/occupy-protest-california-who-pooped-bank>.) Esta é a grande "obra" do Occupy.

mais inteligentes do país), todas inocentemente ludibriadas por conclamações aos protestos que cada vez falavam menos dos 20 centavos e, vendendo a nova narrativa criada, se concentravam mais em mirar seus mistifórios na atuação da polícia — mesmo porque, com isso, além de criticarem o petista Fernando Haddad, um "comunista traidor", mas ainda um petista, conseguiam atingir sobretudo o governador tucano Geraldo Alckmin.

Seria a primeira atuação "fora da lei" de milhões de pessoas que confiam na polícia para protegê-las, a primeira dose de adrenalina em seus corpos, fazendo "algo errado", mas na segurança da multidão. Pessoas, que nunca cairiam em bobagens como "tarifa zero", "movimento esquerda revolucionária", "juventude socialista" ou "causa operária", corretamente se posicionaram a favor do direito de se manifestar — um protesto pelo protesto —, mas, sem conhecer os métodos de propagação de poder de trotskistas (que acreditam que eleições são "convenções burguesas"), acabaram servindo como escudo humano para que os organizadores ganhassem um prestígio acachapante e um poder de barganha sem igual no país.

O senador paulistano Aloysio Nunes (PSDB) foi talvez o primeiro a usar os termos técnicos mais corretos para descrever o que vinha acontecendo desde o dia 6: disse que os manifestantes "sonham com uma revolução que, felizmente, não ocorrerá no Brasil; têm devaneios totalitários e usam a violência como tática de luta". O senador também argumentou que eles "não querem a melhoria do transporte público, inclusive porque não o utilizam".[89]

Mas é assim, afinal, que o MPL "negocia": ao falar da tarifa, sua linguagem é apenas demonstração de teimosia. "Não aceitamos nada menos", disse Marcelo Hotimsky, de 19 anos, estudante de Filosofia da USP e porta-voz do MPL.[90] O porta-voz do movimento horizontal sem lideranças e sua filosofia de 19 anos não deixam dúvidas de como funcionará o país com "o povo" nas ruas: "Jamais vamos repetir o erro de 2003, da 'Revolta do Busão', em Salvador. Organizado pela UNE, o ato saiu sem a diminuição da tarifa na época."[91] Como bem definiu o jornalista Reinaldo Azevedo, "Já não há mais estratégia de negociação, a não ser o 'quanto pior, melhor', que é o horizonte escatológico dos grupelhos de esquerda que aparelham sindicatos".[92] Imagine o caos que essa gurizada criará no dia em que não quiser fazer a lição de casa e ainda assim ganhar um Playstation de Natal.

O quarto ato: Terrorismo pela paz

"Bodies fill the fields I see, hungry heroes end
No one to play soldier now, no one to pretend
Running blind through killing fields, bred to kill
them all Victim of what said should be
A servant 'til I fall"

Metallica, "Disposable Heroes"*

O novo ato se torna moroso pela repetição do roteiro, mas curioso pelo fato de sua selvageria niilista, que queimou ônibus em série por onde a manifestação passava, ocorrer justamente quando pessoas pacíficas começavam a fazer mais peso nos protestos. Seus organizadores, entretanto, seguiam achando que "um pouco de vandalismo é necessário".

Ainda no fim da tarde, a promotoria pública tenta organizar uma reunião do MPL com representantes do governo municipal e estadual, pedindo que as manifestações sejam suspensas. O MPL, por uma inversão da lógica, recusa o encontro, por não haver contrapartida do poder público. *Hello?* Dialogar é justamente para não resolver tudo no quebra-quebra. É dialogando que se discute se haverá ou não contrapartida do poder público. Eles, é claro, estavam pouco se lixando para a civilidade — ou mesmo para a tarifa. O que interessava era agitar as massas, que cada vez se agigantavam mais.**

---

* Em tradução livre: "Corpos enchem os campos que vejo, heróis famintos morrem / Não há mais ninguém para brincar de soldado agora, ninguém para fingir / Correndo cego pelos campos da matança, corri para matar todos eles / Vítima do que disseram que eu iria ser / Um servo até eu cair" (Metallica, "Heróis descartáveis").

** O MPL definitivamente não está interessado em transporte. Um exemplo de liberdade popular, no que diz respeito a transporte público, foi seriamente ferido pelo Congresso: marcar carona pelo smartphone pode dar multa de 5 mil reais. Ver: <http://congressoemfoco.uol.com.br/noticias/marcar-carona-pelo-smartphone-pode-dar-multa-de-r-5-mil>. Mesmo sem o uso do celular, a prática infringe a lei. Quantas manifestações o MPL fez por isso?

O maior e, obviamente, mais violento ato até então começa propriamente na avenida Paulista, se dirige ao centro velho da cidade e retorna à avenida Paulista depois.

No caminho para o centro, mais ônibus, estações de metrô, pelo menos nove agências bancárias (sempre elas) e prédios se tornam alvo da vontade de destruir. A praça da Sé teve prédios pichados e depredados — fato que seria divulgado como mero *detalhe* nos textos jornalísticos subsequentes, criando-se as bases da futura narrativa de que as manifestações "começaram pacíficas" e só se tornaram espaços de conflito após a ação da polícia. Era o resultado da atuação do Fora do Eixo pautando o jornalismo, mesmo sem ninguém até então ter ouvido falar em Fora do Eixo. No Parque Dom Pedro II, ônibus estacionados são danificados — dano não só pecuniário, mas prejudicial ao funcionamento das linhas. Mais uma prova de que essas pessoas lutando pela tarifa definitivamente não estavam nem aí para quem usa transporte público.

Pontos de ônibus e caçambas pelo caminho são incendiados ou destruídos, seus escombros tornam-se armas. Na rua Conde das Sarzedas, com diversas igrejas evangélicas, pastores interrompem os cultos para ver o protesto, dando de cara com os seios do grupo feminista Femen "criticando" sua religião. Na avenida Paulista, lixeiras em chamas são tão onipresentes quanto a iluminação de Natal no fim do ano, a despeito da chuva cada vez mais forte. Apesar do acordo informal feito entre a polícia e as lideranças do protesto "sem líderes" de ocupar apenas uma faixa da Paulista, a avenida é sempre tomada e, por inúmeras vezes, chega a ser paralisada inteiramente. Para desfazer as barricadas de fogo e dispersar o ajuntamento em frente ao Masp, a polícia atua com balas de borracha. Motoristas presos no meio do fogo cruzado de balas de borracha, pedras e coquetéis molotov dão marcha a ré, enquanto ônibus desviam pelas ruas que cruzam a avenida.

A estação de metrô Trianon-Masp tem os seus vidros destruídos, e as bancas de jornal ao redor são depredadas. A estação é fechada e os manifestantes se dispersam, assim como a polícia, que passa a atuar com poucos policiais perseguindo grupos formados por trinta a quarenta pessoas. O comércio fecha as portas no desespero, evitando que bares tenham mesas e cadeiras arremessadas como no dia anterior, e os poucos estabelecimentos comerciais abertos se tornam, na verdade, apinhados de pessoas buscando abrigo, sem coragem de pisar na calçada para ir a qualquer parte.[93]

Mas uma das notícias que mais deveriam surpreender o país inteiro passou como apenas uma frase a completar um parágrafo no meio de um noticiário que já começava a falar da violência em um tom moroso e repetitivo: pelas 22h40, **uma bomba caseira explodiu na estação Brigadeiro do metrô.**[94] Uma bomba, em uma estação de metrô. Uma bomba não é feita para "se defender da polícia", e ninguém sai de casa com uma dessas na mochila com fins pacíficos. Uma bomba é feita para agredir — e, dependendo de sua força e de onde é colocada, para matar. Na *menor* das hipóteses, é feita para causar pânico e terror. Ou seja, *terrorismo*. Não necessariamente na acepção jurídica, mas definitivamente terrorismo — método político de agitação promovendo terror. Havendo protestos ou não, a avenida Paulista e suas redondezas têm 34 hospitais, com 8,3 mil (24,9%) dos 33,6 mil leitos disponíveis em toda a cidade. A qualquer hora do dia ou da noite, toda sorte de pessoas, incluindo crianças, idosos e deficientes, passa pela apertadíssima estação.

Não importa o que esteja rolando lá fora e quais sejam as suas intenções políticas, uma bomba caseira explodindo em um ambiente por onde passam pessoas indefesas que podem se ferir gravemente não é senão **o primeiro ato terrorista no Brasil passível de atingir a população civil, sem distinção, desde a luta armada de esquerda na ditadura** — e desde o Riocentro, o atentado forjado pela ditadura para incriminar a esquerda que terminou em um falhanço risível. Notavelmente, a explosão passou apenas como mais um caso de "vandalismo" entre vários a serem noticiados naquele dia.

Na rua São Carlos do Pinhal, uma base móvel da PM é incendiada. Um protesto espontâneo e pacífico a gerar combustão espontânea por onde quer que passe.

Analisando os 84% de apoio que as manifestações ainda teriam nesse mês,[95] é curioso notar como era o tom das notícias *a menos de uma semana antes de o "gigante" acordar*. A âncora do SBT Brasil,

Rachel Sheherazade, que seria perseguida pelo restante do ano por se tornar "a musa do conservadorismo brasileiro",* falou sem meias palavras (e sem ser criticada, senão pelos militantes de esquerda de sempre):

> Protesto se faz com argumentos e se impõe pela razão. Os manifestantes da avenida Paulista perderam a sua quando deixaram o movimento descambar para o vandalismo. Os ônibus que eles picharam, depredaram e quase incendiaram são os mesmos que servem a população, porque nem prefeito e nem governador usa transporte coletivo. Por trás de toda essa confusão, existe o Movimento Passe Livre, que está fazendo inclusive uma vaquinha para livrar os arruaceiros do xadrez. É bom saber: quando algum grupo tem algum desconto ou é isento de passagem, a conta é paga pelos outros usuários. Porque alguém tem que arcar com os prejuízos, seja rateando as despesas, seja aumentando os impostos. Será que esses protestantes não sabem que não existe almoço grátis?

Um dos últimos ingredientes do caldo narrativo que trocaria a causa do aumento de 20 centavos na passagem pelo "protesto pelo direito de protestar" era despejado no próprio *Jornal Nacional*, com o vezo global de não citar nomes de partidos e entidades a não ser quando sejam inevitáveis para se entender uma história. O protesto, no telejornal mais assistido do país, parecia ser feito por "manifestantes" desligados de qualquer coloração política, mesmo com o vermelho vivo das imagens se esbatendo com a polícia. Sem perceber, a leitura que a população fazia justamente do dia mais violento de protestos até então passava a mudar da água para o vinho. Ou para o apoio a algo bem vermelho que se disfarçava com a transparência da água.

---

* A perseguição a Rachel Sheherazade é emblemática do comportamento e método da política de massas, atacando em bando em vez de procurar o diálogo e entender argumentos pró e contra alguma coisa. Ver meu artigo "A cruzada contra Rachel Sheherazade", que quase funciona como índice de leituras do que chamam de "conservadorismo", disponível em: <http://www.implicante.org/artigos/a-cruzada-contra-rachel-sheherazade>.

Paradigmático disso foi o primeiro comentário do jornalista Arnaldo Jabor,* em um lapso de boas sinapses no *Jornal da Globo*:

> Mas, afinal, o que provoca um ódio tão violento contra a cidade? Só vimos isso quando a organização criminosa de São Paulo queimou dezenas de ônibus.
>
> Não pode ser por causa de 20 centavos. A grande maioria dos manifestantes são filhos de classe média, isso é visível. Ali não havia pobres que precisassem de vinténs, não.
>
> Os mais pobres, ali, eram os policiais apedrejados, ameaçados com coquetéis molotov, que ganham muito mal. No fundo, tudo é uma imensa ignorância política. É burrice misturada a um rancor sem rumo.
>
> Talvez a influência da luta na Turquia, justa e importante contra um islamismo fanático. Mas, aqui, se vingam de quê? Justamente a causa deve ser a ausência de causas. Isso, ninguém sabe mais por que lutar num país paralisado por uma disputa eleitoral, para daqui a um ano e meio.
>
> O governo diz que está tudo bem, apesar dos graves perigos no horizonte, como inflação, fuga de capitais, juros e dólar em alta. Por que não lutam contra o projeto de Emenda Constitucional 37, a PEC 37, por exemplo, que será votada no dia 26 no Congresso, para impedir o Ministério Público de investigar? Talvez eles nem saibam o que é a PEC 37, a Lei da Impunidade Eterna.
>
> Esses caras vivem num passado de uma ilusão. Eles são a caricatura violenta da caricatura de um socialismo dos anos 1950, que a velha esquerda ainda defende aqui.
>
> Realmente, esses revoltosos de classe média não valem nem 20 centavos.

---

* O livro do MPL, movimento que definitivamente não entende nada de ciência política, chama Arnaldo Jabor de "ultraconservador", sem saber o que defende um conservador, por que, com quais meios, com qual objetivo, com quais argumentos. Arnaldo Jabor, um admirador bem desabrido de Barack Obama, não está apenas *longe* da tradição conservadora e cultíssima de Russell Kirk, William F. Buckley Jr, Erik von Kuehnelt-Leddihn, G. K. Chesterton, Paul Johnson, Roger Scruton, Thomas Sowell, David Horowitz e tantos outros que são completos alienígenas para o planeta Brasil — é mesmo *oposto* a eles na *maioria* dos casos. Não surpreende que a palavra "direita" seja considerada um poço de vileza, sem ninguém saber bem o que é ou por que alguém seria "de direita" além de ser vil — na verdade, apenas não conhecem nada do que é a direita. Usualmente, assim que cruzarem com cinquenta páginas de cada um desses autores citados, já começarão a se tornar direitistas eles também.

A correnteza do pensamento coletivo logo seria levada para outras paragens pelo sopro de muitos que, produzido um vento invisível e intenso, jogaria a nau da opinião pública para o lado oposto da crítica à violência dos protestos — e Jabor logo se arrependeria do que disse e navegaria feliz, à deriva dos ventos para onde o levassem os exaltadíssimos ânimos nacionais.

13 de junho, quinta-feira: Mais do que 20 centavos

"There's a mass without roofs
There's a prison to fill
There's a country's soul that reads post no bills
There's a strike and a line of cops outside of the mill
There's a right to obey
And a right to kill"

Rage Against the Machine, "Calm Like a Bomb"*

Os protestos já haviam deixado claro que a estratégia deliberada do MPL estava dando certíssimo: fazendo vários protestos seguidos, e não deixando intervalos entre eles (outro motivo para recusarem reuniões com as autoridades, mesmo que isto facilitasse a revogação do aumento), chamaram finalmente atenção da imprensa e da população.** Se antes

* Em tradução livre: "Há uma massa sem tetos / Há uma prisão para encher / Há a alma de um país que lê cartas sem contas / Há uma greve e uma fila de policiais fora da fábrica / Há um direito de obedecer / E há um direito de matar" (Rage Against the Machine, "Calmo como uma bomba").

** O MPL já estava ativo há quase uma década, em sua crença de que "a mobilização popular é um sólido instrumento de pressão" (*20 centavos*, p. 9), mas não conseguia chamar tanta atenção quanto outras entidades comunistas com ânsia por estatizar toda a sociedade, como o MST, sindicatos e o próprio PT, que tem destaque como "ator" estratégico que dialoga com o movimento (p. 23). Antes das Jornadas de Junho, estudaram como poderiam modificar este cenário de eterno escanteio, e concluíram que "os intervalos entre os atos haviam sido grandes demais e nem sempre as vias mais importantes haviam sido interditadas" ([sic], p. 26). Ou seja, o movimento percebera que não havia causado transtorno *o suficiente* para ser notado, e que as pessoas logo se esqueciam de mais um grupelho de universitários exigindo o trabalho da população sob alegações bolcheviques. Só conseguiriam mobilização se fizessem vários atos *seguidos*, sem intervalo. A estratégia funcionou mais do que o mais otimista dos seus lunáticos sonharia.

haviam conseguido paralisar grandes capitais sem serem mais do que uma nota de jornal, agora eram de repente citados pelo nome por William Bonner no *Jornal Nacional*.

No *Estadão*, o MPL confirma o ato:

> O professor João Victor Pavesi de Oliveira, do diretório paulistano do PSOL, foi um dos participantes da audiência convocada pelo promotor de Justiça Maurício Ribeiro Lopes para negociar uma trégua nas passeatas e suspender o ato de hoje. Os representantes das entidades estavam no evento — além do MPL, havia membros do PSOL, PSTU, PCO e até do PT e representantes do sindicato dos metroviários.[96]

Despiciendo dizer que não houve suspensão nenhuma: até o próprio PT do prefeito que aumentou a tarifa estava nos protestos, portanto cada um ali queria era causar *mais* transtorno para render dividendos políticos, fossem eleitorais ou revolucionários — **é lindo falar em "luta social", o difícil é viver decentemente em um lugar onde ela ocorra.**

A tônica dos jornais ainda era crítica ao vandalismo — mas já começava a "separar" os vândalos do restante dos protestantes.

O MPL, em outro ato falho, deixa a rabadilha de todos exposta: o movimento afirma não ter controle sobre a massa, mas confirma protesto para o fim da tarde, mesmo assim. Como pode afirmar que a violência *começa* com a polícia e depois dizer que não tem controle sobre sua própria massa? Caso a primeira alternativa fosse verdadeira, não seria preciso afirmar a segunda — uma massa que estivesse mesmo descontrolada prescindiria de justificativa.

No editorial "Retomar a Paulista", a *Folha*, num momento incomum, mostrou-se mais incisiva do que o *Estadão*, e tendo conhecimento de causa no que falava:

> Oito policiais militares e um número desconhecido de manifestantes feridos, 87 ônibus danificados, R$ 100 mil de prejuízos em estações de metrô e milhões de paulistanos reféns do trânsito. Eis o saldo do terceiro protesto do Movimento Passe Livre (MPL), que se vangloria de parar São Paulo — e chega perto demais de consegui-lo.

Sua reivindicação de reverter o aumento da tarifa de ônibus e metrô de R$ 3 para R$ 3,20 — abaixo da inflação, é útil assinalar — não passa de pretexto, e dos mais vis. São jovens predispostos à violência por uma ideologia pseudorrevolucionária, que buscam tirar proveito da compreensível irritação geral com o preço pago para viajar em ônibus e trens superlotados.

Pior que isso, só o declarado objetivo central do grupelho: transporte público de graça. O irrealismo da bandeira já trai a intenção oculta de vandalizar equipamentos públicos e o que se toma por símbolos do poder capitalista. O que vidraças de agências bancárias têm a ver com ônibus?

Os poucos manifestantes que parecem ter algo na cabeça além de capuzes justificam a violência como reação à suposta brutalidade da polícia, que acusam de reprimir o direito constitucional de manifestação. Demonstram, com isso, a ignorância de um preceito básico do convívio democrático: cabe ao poder público impor regras e limites ao exercício de direitos por grupos e pessoas quando há conflito entre prerrogativas.

O direito de manifestação é sagrado, mas não está acima da liberdade de ir e vir — menos ainda quando o primeiro é reclamado por poucos milhares de manifestantes e a segunda é negada a milhões.

Cientes de sua condição marginal e sectária, os militantes lançam mão de expediente consagrado pelo oportunismo corporativista: marcar protestos em horário de pico de trânsito na avenida Paulista, artéria vital da cidade. Sua estratégia para atrair a atenção pública é prejudicar o número máximo de pessoas.

É hora de pôr um ponto final nisso. Prefeitura e Polícia Militar precisam fazer valer as restrições já existentes para protestos na avenida Paulista, em cujas imediações estão sete grandes hospitais. (...)

No que toca ao vandalismo, só há um meio de combatê-lo: a força da lei. Cumpre investigar, identificar e processar os responsáveis. Como em toda forma de criminalidade, aqui também a impunidade é o maior incentivo à reincidência.[97]

A capa do jornal mostra o policial ensanguentado no centro de São Paulo, apontando a arma, com a legenda "para evitar que fosse linchado". Em entrevista ao jornal, o soldado agredido, Wanderlei Paulo Vignoli, conta que teve medo de morrer, e, mesmo sem ter ouvido dizerem "lincha, mata" enquanto estava acuado, se posiciona contra os protestos, preferindo deixar as questões técnicas sobre transportes para especialistas. Todavia, ao contrário de muitos do MPL, pega ônibus e sabe que a restauração de um prédio danificado custa milhões à população.[98]

O livro do MPL faz questão de dizer que isso foi "segundo a legenda",[99] que o policial "teria sido" cercado e quase linchado[100] e que o caos e a violência foram "atribuídos" ao protesto do dia anterior.[101] Para piorar, o MPL fala entre aspas das "marcas de vandalismo";[102] mostra nojinho dos jornais por conta do "grande destaque aos policiais feridos"[103] e trata como paranoia o "tom amedrontador" do próximo protesto previsto, "a partir das falas dos comerciantes da região central" (que também são populares e estavam com medo).[104] Denuncia ainda repetidas vezes o "endurecimento", a "violência" e a "radicalização" da "repressão", como se tivéssemos visto qualquer imagem de um manifestante sendo cercado por policiais aos gritos de "lincha, toma o coquetel molotov dele, mata". Para se ter uma ideia, a primeira vez que o livro do MPL menciona um ônibus incendiado é na página 77, apenas citando uma frase de um vereador e já mudando de assunto.

Estes movimentos de massa passam a operar com uma nova definição de ser humano — existe a massa, e tudo o que não seja a própria massa se torna *inimigo*. Um agente da lei, mesmo apenas cumprindo o seu dever (e um movimento social, no mínimo, deveria se preocupar com membros da sociedade cumprindo o seu dever, e não tratá-los como inimigos mortais), torna-se imediatamente alguém desmerecedor de qualquer direito ou reconhecimento humano.

Em editorial na *Folha*, o próprio MPL admite a tática de começar a "extrapolar os limites do próprio movimento", conhecida desde a Revolução Francesa: ouve-se um boato qualquer, de repente estão guilhotinando cabeças por aí. Primeiro se incitam os ânimos das massas, seus sentimentos primitivos e sua propensão pré-histórica para preferir o porrete a uma tabela de contabilidade urbana no Excel. O método político de Oppenheimer, de obter riqueza tomando-a à força de quem a criou, fica claro quando falam de como pretendem resolver o problema que eles próprios criaram:

> A discrepância entre o custo do sistema e o quanto, como e quando se cobra por ele evidencia que as decisões **devem estar no campo político, não técnico.** É uma questão de escolha: se nossa sociedade decidir que sim, o transporte é um direito e deve estar disponível a todos, sem distinção ou tarifa, então **ela achará meios para tal.** *(Destaques nossos)*[105]

Nem dizem qual será sua responsabilidade e seus deveres em troca de ter algo: apenas "a sociedade", este coletivo abstrato, intangível e sempre colocado na terceira pessoa, "achará meios para tal".

Urge ao brasileiro, vítima de um Estado que lhe cobra em impostos mais de cinco meses de trabalho por ano (parte do ano em que trabalha de graça, talvez ganhando algumas esmolas de troco),* entender que ser uma pessoa "politizada", com "consciência política" ou o que quer que seja, é algo *negativo*, e não desejável — a não ser que toda a sua consciência política seja apenas para entender o quanto a política *toma à força nosso trabalho e nossa liberdade*, e não para tentar fazer parte desse jogo de disputa em que sempre se está tentando tomar o que é dos outros, através de discursos maviosos como "distribuição de renda" ou "serviço público".**

A algaravia de que transporte é um "direito", portanto tem de ser dado de graça, é bem refutada pelo excelente economista Walter E. Williams.

---

* É muito comum o papo de que países desenvolvidos pagam muitos impostos, em troca de bons serviços "públicos". Em primeiro lugar, é uma mentira: os países que mais se desenvolvem cobram cada vez *menos* impostos (foi a Alemanha que salvou a Grécia, a Espanha e Portugal com a crise de 2008, e não o contrário), enquanto países com altas cargas tributárias se desenvolvem rapidamente num curto período e estagnam terrivelmente por décadas e décadas depois. Imposto, o nome já diz, é uma "compra" forçada, em que o cidadão sequer tem alguma garantia de receber a mercadoria em troca depois. Ninguém ficaria feliz se o governo desse vinte aparelhos blu-ray em troca de seus impostos, mas nenhuma TV. Por que, então, acreditar que *políticos*, esta turma tão bem-intencionada, sabem gerir melhor a sua carteira do que você mesmo? É um dos paradoxos dos protestos, exigindo mais responsabilidade dos políticos, ao mesmo tempo que pedem que eles tenham uma gerência maior sobre nossos bolsos. Ver meu artigo "O real custo dos serviços públicos", na *Gazeta do Povo*, disponível em: <http://www.gazetadopovo.com.br/opiniao/conteudo.phtml?id=1394401&tit=O-real-custo-dos-servicos-publicos>.

** Alguém realmente *pagaria*, de livre vontade, pelas milionárias produções "culturais" pelas quais pagamos sem ver todo ano? E que tal pagar pelos lucros de empresas de transportes que têm apaniguados de políticos como dirigentes? Esta discussão é muito mais importante do que a corrupção, que perto destes gastos é um troco de pinga que o brasileiro paga todo ano.

Ele ensina que direitos são contemporâneos* — eu tenho direito ao voto *ao mesmo tempo* que você o tem. Se eu tenho um direito que toma o seu direito (como ter direito ao "transporte gratuito", pago por você), e não podemos usufruir do mesmo direito ao mesmo tempo, esse direito já não é um direito, é um *privilégio* — tomado de uma pessoa para ser dado a outra. *É o que, afinal, todo o nosso pensamento progressista ou esquerdista quer.*

A Constituição brasileira, escrita sob auspícios progressistas que então dominaram o país de cabo a rabo, trata transporte (e tantas outras coisas) como "direito" sem explicar lhufas do que isso significa. Ela não entende a diferença entre direitos e *desejos* — nem diz quem vai pagar a conta. A Constituição Federal de 1988 também acredita em Papai Noel.

Outro ponto importante para a mudança que se daria dali por diante na narrativa sobre as manifestações foi o comentário dado pela ONG Repórteres sem Fronteiras acerca do caso dos jornalistas presos na terça-feira, 11 de junho. Alguns foram presos por obstruir o trabalho da polícia quando estavam na rua, no meio da linha de tiro (e a polícia chegou a *mirar* para acertar com tiros de bombas de gás até fotógrafos, que geralmente se posicionam juntos em um ponto distante, para não se envolverem em nada); outros foram presos ainda mais abusadamente por filmarem a truculência policial, como Fernando Mellis, do portal R7, que conta ter testemunhado a agressão da PM a um manifestante e ter sofrido, mesmo após mostrar seu crachá de imprensa, um golpe de cassetete na costela.[106]

Mais um ingrediente que fez o sentimento da população mudar — mesmo que sejam de jornais rivais, quem tem coragem de gostar de jornalistas agredidos? Repressão policial contra a liberdade de imprensa não escolhe crachá de jornalista para saber qual a linha editorial final de seu jornal — é um perigo simplesmente para *todos* aqueles que escrevem. É **obrigatório** que se repudie tal violência, ao menos para os amantes da liberdade. Todavia esse discurso mesmo fez com que muitos jornalistas passassem também a *protestar* — e não apenas se limitassem a narrar os fatos. No meio de diversos jornalistas profissionais e pacíficos — e, via de regra, *vítimas* de violência dos dois lados — começaram a pipocar jornalistas que estavam

* Walter Williams, "Rights vs. Wishes", *Capitalism Magazine*. Disponível em: <http://capitalismmagazine.com/2002/10/rights-vs-wishes>.

muito mais lutando contra a polícia — e, com isso, *começavam a apoiar os protestos, mesmo sem apoiar suas causas e demandas* — do que registrando algo de um ponto de vista neutro. A polícia era sempre culpabilizada — as manifestações, então, logo deixariam de ser por 20 centavos.

O protesto fora marcado para 17h, e a polícia, atendendo, afinal, a uma demanda da população, disse, só para este quarto ato, que não aceitaria nem casos isolados de vandalismo — ao contrário daquilo que qualquer um sabia que ela vinha fazendo: até então ela fingia não ver os casos de depredação. A população ordeira queria paz e não conflito desnecessário — por isso, também se sentiu mais segura para ir às ruas, acreditando que a polícia compareceria com um efetivo mais expressivo que os meros quatrocentos policiais mobilizados no protesto da terça-feira, 11 de junho — dois dias antes. Na própria *Folha*, a promessa da PM era ter um efetivo suficiente até para evitar o falhanço da terça, com grupos se dispersando pelo centro, longe da manifestação principal.

O ato: "Vem pra rua, vem! Sem vi-o-lên-cia!"

"Struggling to survive
The drug induced warfare
To have control and principle obsession
Expendable youth fighting for possession
Violence is only a friend
Rivalry and retribution
Death the only solution"

Slayer, "Expandable Youth"*

Completando a primeira volta de uma espécie de movimento pendular na organização dos protestos, revezando o largo da Batata, em Pinheiros, com o centro velho e a avenida Paulista, o quarto grande ato volta a ter

* Em tradução livre: "Lutando para sobreviver / A droga induziu à guerra / Para ter controle e princípios de obsessão / Juventude descartável lutando por posses / A violência é somente uma amiga / Rivalidade e retaliação / A morte é a única solução" (Slayer, "Juventude descartável").

sua concentração na frente do Theatro Municipal, de onde partira o primeiro grande ato que deu um olé no prefeito Fernando Haddad no dia 6.

Sendo a primeira reprise, a tensão é sentida no ar desde muito antes das 17h, horário marcado para o protesto. As abarrotadas lojas do centro começam a fechar às pressas com a proximidade do horário, trabalhadores são dispensados, o trânsito típico das 18h é "adiantado". Na praça do Patriarca, uma grande novidade que também marcaria os próximos dias e a guinada da primeira para a segunda fase dos protestos: os policiais fazem uma espécie de "alfândega", revistando manifestantes, que começavam a aparecer com vinagre — propagado nos "manuais dos manifestantes" por toda a internet e em grupos e eventos no Facebook como capaz de aliviar efeitos do gás lacrimogêneo, e que a polícia persegue por também ser ingrediente de algumas bombas. Quarenta manifestantes são presos antes mesmo do início do protesto.

Por mais que diversos manifestantes estivessem mesmo juntando ingredientes para as inúmeras bombas que eram montadas só na última hora, como os coquetéis molotov (que não vêm prontos de casa e ficam já preparados em mochilas que podem ser revistadas, como os organizadores do protesto "sem líderes" ensinavam na internet), a maioria absoluta apenas acreditava no poder milagroso do vinagre contra o gás lacrimogêneo — e se revoltou ainda mais com a atuação da polícia, fazendo com que a mudança da primeira fase do protesto para a segunda, que "ia muito além dos 20 centavos", fosse chamada de "Revolta do Vinagre". Até as máscaras do personagem Guy Fawkes, figura desprezada, mas imortalizada pelos quadrinhos *V de vingança*, de Alan Moore,* seriam

* Certamente seu pior trabalho, tentando forçar uma aproximação entre as privatizações de Margaret Thatcher e um recrudescimento do fascismo ("tudo para o Estado, tudo dentro do Estado, nada contra o Estado"), merecendo críticas futuras até do próprio autor, envergonhado de sua cabeça-durice típica da puberdade que o fez escrever uma propaganda política contraditória, e não uma história com personagens consistentes e com uma profundidade maior do que uma carcaça de planária. O mais curioso é que o personagem real Guy Fawkes, usado como símbolo de libertação por Alan Moore, na verdade era um fundamentalista católico que queria explodir o Parlamento inglês para poder instaurar um totalitarismo brutal com leis draconianas ultramoralistas. O que está por trás desta máscara, portanto, é bastante revelador do que foram estes protestos, apoiados por uma população que desconhecia o que estava defendendo — algo que o século XX conheceu muito bem.

utilizadas com a máxima "V de Vinagre", inclusive em protestos de apoio fora do Brasil.

Foi mais uma demonstração clara daquilo que, em *Massa e poder*, Elias Canetti, um dos maiores estudiosos sobre o fenômeno, ensina a respeito dos movimentos de massa no mundo: quando uma força *exterior* à massa tenta diminuí-la à força, a massa consegue ganhar mais adeptos e se agigantar.

Neste protesto, pouco se viu, até mesmo nas faixas de seus organizadores, sobre o preço da passagem: a tônica era apenas ter uma massa de protesto, e sobretudo uma *gigantesca* massa de protesto. Não se davam argumentos e motivos para as pessoas saírem da rua, simplesmente porque o argumento, até então (os malfadados 20 centavos), não estava convencendo ninguém, senão quem gosta de uma bagunça pela bagunça. Os incidentes no dia 11, a má atuação da polícia, os jornalistas presos, os abusos e os crimes dos agentes da lei, os vídeos das mobilizações na internet, com manifestantes enfrentando sozinhos grupos maiores de policiais, fizeram fervilhar o caldeirão dos protestos e acabaram por mudar completamente o slogan. Para os trotskistas, reféns da puberdade do MPL, **o que importava era ter confronto com a polícia.**

O grito do protesto era objetivo por ser completamente sem objetivo: **"Vem pra rua, vem!"** A frase, um imperativo de ordem sem justificativa alguma, era perfeita como meta única fundamental para uma manifestação qualquer se tornar um legítimo *movimento de massa*: aumentar o tamanho da própria massa, sem explicar os motivos e podendo fazer com que pessoas *que não apoiariam os organizadores dessas manifestações nem a pauladas* fossem se juntar a eles, autocongratulando-se por sua consciência política — muito mais inconsciente do que parece, mas bastante *política* em péssimo sentido, como se viu. Foi o primeiro dia em que o apoio popular à manifestação, aos jovens idealistas lutando por seus "direitos", foi latente desde o início — até com aplausos e papel picado jogado dos prédios por onde passavam.

A polícia militar, atendendo a própria demanda da população em não tolerar o menor ato de vandalismo (e o MPL, sabendo disso, manteve-se muito mais bem comportadinho neste dia, ainda que, como sempre, abrisse flancos para toda sorte de vandalismo em pequena escala por onde passasse), monta uma barreira na altura da rua Maria Antônia, a mesmíssima rua que fizera mudar a opinião pública na época da ditadura, também por confrontos com a polícia.* Esta própria demanda popular faria com que a população se voltasse de vez contra a polícia a partir deste dia.

O combinado de antemão entre o MPL e a Secretaria de Segurança era que o protesto, de forma alguma, poderia subir até a avenida Paulista, caminho que vinha tomando. Mas, alegando falta de contato entre o comandante da Tropa de Choque e as lideranças do MPL, como combinado, a Tropa foi usada para impedir a subida da manifestação para a principal avenida da cidade, causando contraditoriamente um bloqueio no trânsito ainda mais irritante do que nos dias anteriores. De acordo com a revista *Época* do fim de semana:

> A presença na Paulista foi claramente definida por integrantes do movimento como um objetivo a atingir. Alckmin tomou a decisão de ser duro na repressão em comum acordo com Haddad e o ministro da Justiça, José Eduardo Cardozo, numa rara união entre autoridades tucanas e petistas.[107]

O que causou de fato o transtorno, não sem surpresa, foi o MPL e seu método de *provocar tumulto* a qualquer custo. Afinal, o que seria do MPL e como teria sido junho de 2013 sem se forçar uma violenciazinha básica? Prossegue a revista:

> A passeata de quinta-feira partiu do Theatro Municipal, no centro histórico paulistano. A organização estava sob a liderança de Mayara Longo Vivian, de 21 anos, uma estudante de geografia da USP. Ela usava três celulares ao mesmo tempo para definir os rumos do protesto. ÉPOCA testemunhou Mayara receber uma notícia: o grupo decidira seguir até o Parque do Ibirapuera, em

* E, da mesmíssima forma, uma ditadura que endureceu depois de manifestações populares contra um governo esquerdista, tecnocrata, nitidamente corrupto e que não merecia mesmo a tolerância que tinha — mas cuja deposição custou muito mais caro ao país do que o uso das próprias instituições da época.

> vez de encerrar o protesto no local definido com a PM: a Praça Roosevelt. "Nós (o MPL) somos cerca de 15 pessoas. Não temos controle de tudo. Como estava pacífico, percebemos que daria para ir até lá (Ibirapuera)", disse Mayara, um dia depois do protesto. Não deu. Após uma frustrada tentativa de negociação com a PM, a tropa de choque lançou bombas de efeito moral e gás lacrimogêneo. Os confrontos que se seguiram deixaram dezenas de feridos, entre eles jornalistas, atingidos por bombas e balas de borracha lançadas por policiais.[108]

Entretanto, a maior parte da manifestação, já contabilizando cerca de 20 mil pessoas, está longe de ser composta pelos sindicalistas radicais, partidos políticos extremistas e pelo lumpesinato* urbano das outras manifestações: talvez pela primeira vez, aparecem pessoas realmente pacíficas, bem-intencionadíssimas, avessas ao radicalismo e que, apenas por desconhecerem o complexo funcionamento da política — sobretudo da *péssima* política —, não eram capazes de distinguir o que era a linha de frente do protesto de que tomavam parte sob a agradável máscara do "direito de protestar".

---

* Karl Marx considera o lumpesinato a parte não economicamente ativa que grassa em centros urbanos (mendigos, vagabundos, jovens sem ocupação, prostitutas, criminosos etc.), inúteis que deveriam ser ignorados pela Revolução — afinal, o operariado tinha direito de traçar o futuro da história por (acredita Marx) ser o único produtor, não tendo de dividir o que é seu trabalho com não produtores. Antonio Gramsci, que não tem o pensamento vidrado em casernas e baionetas como os marxistas da velha guarda como Lenin, Trotsky e Stalin, prefere usar o lumpesinato para transformar *tudo* em força partidária. Herbert Marcuse, um dos criadores da Escola de Frankfurt, já inverte a luta de classes marxista (que, afinal, nunca existiu) e, para *provocar* a luta de classes, usa o lumpesinato, fracassado e muitas vezes violento, como peça fundamental para fazer a revolução. Curiosamente, a esquerda moderna aplica muito bem essa tese no mundo inteiro, o que mataria Marx de engulhos: a revolução "trabalhadora" é feita mormente por **quem menos trabalha**. Na fria análise de Kuehnelt-Leddihn, em *The Menace of the Herd*: "Aqui reside o grande dilema para o Partido Comunista. Um movimento revolucionário que aceita o determinismo e nega o livre-arbítrio não pode esperar muito elã revolucionário e pouca responsabilidade em ação. Os anarquistas que nunca aceitaram o fatalismo marxista de 'desenvolvimentos inevitáveis' desenvolveram um maior dinamismo e acreditavam na 'propagação da ação'. Eles eram uma classe mais sanguinária, mas menos sórdida do que seus companheiros revolucionários marxistas." (p. 26 do original em inglês).

Foi exatamente essa massa pacífica que se viu diante de policiais da Tropa de Choque, pela primeira vez sem ser pela TV, na rua da Consolação, na pouco ominosa esquina com a Maria Antônia. Como estava ali pelo direito de protestar, instaura-se um grito que seria ecoado pelo país inteiro dali em diante: **"Sem violência! Sem! Vi-o-lên-cia!"**

O grito é ensurdecedor e muitas vezes bem ameaçador. *Violento* mesmo. Dá a impressão de que, ao se levantar o dedo na frente de uma massa revoltosa, seu dedo será quebrado antes que você possa perguntar onde encontrar uma farmácia. *Desculpa, cara.* Mas este grito, apesar de direcionado à polícia, traz em si uma contradição que acabou por minar os protestos: era um grito contra a polícia, mas o Sentimento Difuso no Ar nunca permitiu que se usasse tal grito contra vândalos pelo simples fato de que não se espera que um bando de animais selvagens querendo quebrar coisas aleatoriamente *entenda* essas duas palavras tão difíceis.

Para piorar os ânimos, a Tropa de Choque secundada por soldados da cavalaria tenta uma tática muito ruim para uma manifestação já engordada: aparecer de cara, num protesto que começara uma hora antes do horário de pico. É impossível imaginar que, ao escolherem o horário, seus organizadores desprezaram a possibilidade de perturbar cada vez mais o funcionamento da cidade, é impossível não presumir o quanto queriam um confronto cada vez maior com a polícia, até pelo trajeto escolhido.

Bombas de gás, tentando liberar a rua da Consolação (mais larga do que muitas das avenidas de São Paulo), são compreendidas por manifestantes de primeira viagem como violência arbitrária da polícia. Num protesto que já não estava muito interessado em tarifa, e sim no meta-protesto, não se compreendia a tentativa de liberar o trânsito como algo além de repressão. A massa, como se viu, enxerga qualquer coisa que não seja ela própria como inimiga. Os efeitos do gás lacrimogêneo chegam ao nariz de um número cada vez maior de pessoas — o que geraria toda a celeuma sobre o vinagre nos dias seguintes.

Crimes policiais, quando não são filmados, são presenciados por cada vez mais jornalistas. As cenas de um policial quebrando o vidro da própria viatura viralizam* na internet, simbolizando que a polícia estava cometendo cada vez mais abusos e crimes. Uma bomba de gás foi lançada *dentro de um carro* que tentava furar um bloqueio, além de atingirem pessoas que saíam do trabalho na indescansável avenida Paulista. Um casal (não muito jovem) que saía de um restaurante na mesma avenida, assim que viu que a via tinha ficado transitável (após a passagem do Choque), foi derrubado no chão e imobilizado por policiais que montavam guarda contra os vândalos (os únicos que costumam voltar à cena do crime depois da passagem do Choque) exatamente do lado da entrada do restaurante onde estavam. Em um bar na região central, a polícia simplesmente distribuiu golpes de cassetetes contra quem estava na calçada e na porta (a polícia carioca, na semana seguinte, chegaria ao desplante de atirar uma bomba de gás *dentro* de um restaurante onde se realizava um show de rock). A professora Maria do Carvalho, que apenas atravessou a manifestação, levou um tiro de bala de borracha *na orelha*. Uma bomba de efeito moral foi jogada contra um carro na rua Bela Cintra, quebrando seu vidro e entupindo o interior com gás. No volante, um senhor de 74 anos. Os manifestantes que tentaram ajudá-lo também foram alvo de tiros de borracha.

Assim, mais uma vez, para aumentar ainda mais a revolta popular, foram filmados momentos em que a população, sem saber sequer o que é a tal Tropa de Choque com seus escudos, gritava "Sem violência!" — ainda que, mesmo assim, para a quantidade de pessoas na rua naquele momento, os erros da polícia tenham sido relativamente poucos, apesar de o erro estratégico ter sido titânico.

Para quem desconhece atores políticos que agem dos bastidores, a narrativa única era a de um povo pacífico, que de repente se via atacado

* As redes sociais se tornaram importantes para a revolução porque podem transmitir uma informação sem precisar de um agente centralizado, como um canal de TV precisa de uma empresa gigante por trás. Quando uma informação é muito transmitida dessa maneira descentralizada, como se fosse um vírus, ela é chamada "viral" — o intuito de todos que trabalham com redes sociais é conseguir gerar informações que sejam repassadas pelas próprias pessoas, tentando mostrar algo a seus amigos. A revolução foi televisionada — mas, sobretudo, *tweetada*.

por uma polícia política, que os impedia de simplesmente estarem juntos, curtindo um momento em paz.

Na verdade, a polícia, como corporação, se via numa sinuca de bico: a população pedia máximo rigor contra o vandalismo, ao mesmo tempo que queria o mínimo possível de atuação policial nas multidões. Não era preciso ser vidente para imaginar onde os atos de vandalismo, ocultos e anônimos sob o escudo de milhares de pessoas, ocorreriam: não seria nas ruas anexas nem longe da muvuca. As barricadas de lixo em chamas, os ônibus incendiados e as lojas, prédios e instalações públicas destruídos não estavam, nunca estiveram em ruas pequenas: eram as estações da Paulista que estavam sendo destruídas, eram as lixeiras da Consolação que se tornavam trincheiras, era na praça da República que se viam os ônibus pegando fogo debaixo de fios de alta-tensão. *Qualquer atitude* que a polícia tomasse seria alvo de críticas da *mesma* população, simplesmente porque não é possível conter os tais atos de vandalismo no meio de uma massa gigante. Era uma situação parecida com a de uma esposa que pergunta ao marido: "Eu engordei?" — a tática de momento da PM, todavia, de liberar ruas em meio à massa ia de encontro à estratégia maior de ganhar apoio da população contra uma manifestação que fora impopular e violenta em sua primeira semana inteira. Incapaz de conter o vandalismo, e sendo alvo de críticas assim mesmo por tentar contê-lo, talvez fosse melhor simplesmente deixar os baderneiros livres de verdade para levar a cabo o seu objetivo número 1 — provavelmente em apenas um dia, os *sentimentos* da população (já que ninguém foi pra rua por causa de *argumentos*) voltariam ao normal. Nosso destino, muitas vezes, é decidido por ações minúsculas.

O que era esperado (confronto) passava a ser cada vez mais divulgado como mera *repressão*, num dia em que a polícia cometera um erro enorme exatamente quando menos deveria. O MPL classificou o clima de guerra como uma "violência policial sem precedentes no período democrático"[109] (a violência de seus mancomunados, por outro lado, só tem precedentes com os ataques do PCC e do Comando Vermelho, as duas maiores organizações criminosas do país).

Falando para o *Jornal Nacional*, uma ativista do MPL insiste na ladainha de que existem violência e depredação *em resposta* a tiros da polícia (que, obviamente, só fazem correr e nunca poderiam ser "defendidos" com uma pichação, com a destruição de uma banca de jornal, as vidraças estilhaçadas das lojas e estações do metrô). Apelando para a amnésia coletiva,* a ativista fingia que a depredação criminosa que marcara as primeiras manifestações, quando praticamente só o MPL e seus cúmplices estavam na rua, não tinha nada a ver com o MPL: "A orientação do movimento é de ser sempre um movimento pacífico. Nossa radicalidade é fechar ruas para pressionar o poder público ao diálogo; agora, não estão no nosso script depredações ou ações do tipo."[110] Seria bem estranho deixar claro no script que era para a pancadaria comer solta (embora uma carrada de sites apoiadores do MPL faça isso claramente). A moça tampouco se deu ao trabalho de explicar como se "fecham as ruas" *sem* violência — nem é preciso repetir o que essa farândola entende a respeito da palavra "diálogo".

Seu método tranca-rua, tratado como mero detalhe, custou a bagatela de 85 ônibus danificados, uma estação de metrô (Consolação) destruída, prédios e agências bancárias demolidos pelo caminho como se tivessem enfrentado um terremoto e oito policiais agredidos. Sem violência!

---

* Na verdade, é um erro imaginar que o brasileiro tem *sempre* memória curta. Em muitos casos, lembra-se de tudo — só costuma ser incapaz de fazer uma coisa muito mais difícil do que lembrar: encadear fatos, perceber quais foram causas e quais foram consequências, notar personagens ocultos, métodos pouco claros e fazer conexão entre fatos de longa duração (a estratégia petista de fomentar o consumo artificial na década de 2000, por exemplo, só cobrará a conta bem depois de 2020 — e, quando o país então entrar em crise, ainda vão dizer: "Ah, mas na época do Lula era bem melhor, ele se preocupava com os pobres, esses aí estão quebrando o país..."). Alguns eventos podem ser interpretados em desconexão, mas aparentemente contam uma história diferente quando colocados lado a lado: máfia das lotações, Celso Daniel, o PCC, Antônio Donato apoiando o MPL com seus assessores presos na gestão Haddad poucos meses depois dos protestos, Gilberto Carvalho, da mesma Santo André de Celso Daniel, chamando black blockers para "conversa" etc., tais fatos não são lembrados, nem pelos jornais, como elementos comuns formando o mesmo todo que podem dar uma visão completamente diferente da gestão do transporte estatal no país. Não é um mal tipicamente brasileiro: a filosofia está até hoje brigando por não conseguir unir fatos e sempre se escafeder em algum momento por isso. E mesmo a física se esbate às cegas sem conseguir criar uma teoria-M, a teoria do tudo.

O destaque do noticiário noturno fica para o *Brasil Urgente*, programa de José Luiz Datena.* O apresentador fez uma pesquisa com seus telespectadores com a pergunta "Você é a favor desse tipo de protesto?" (isto é, incluindo depredação), obtendo um apoio inesperado: o "sim" com 1.020 votos, o "não" com 895. Indignado, pede uma nova pesquisa, acreditando que o que quis dizer não havia ficado claro para o telespectador. Com a pergunta "Você é a favor de protesto com baderna?", e com a divulgação em rede de sua enquete nos sites, grupos de Facebook, perfis de Twitter e blogs ligados à esquerda, o resultado é ainda maior: 2.321 votos para "sim", 986 para "não".** O apresentador, que há pouco dizia ser "a favor de manifestação pacífica", "contra aumento de ingresso", "a favor de melhoria no transporte coletivo" e que "não teria aumentado a passagem de ônibus, metrô e trem"[111] (comentário "ultraconservador", segundo o MPL), termina dizendo: "Fazia muito tempo que não via uma manifestação democrática e pacífica assim. É o povo. (...) O povo está descontente. Eu falei que ninguém queria aumento."[112] Mais uma demonstração da TV típica da Coreia do Norte que tomou conta do noticiário brasileiro, em que são mostradas imagens de tiros, bandeiras do país queimadas, fotos do ditador rasgadas, seguidas pelo comentário de um apresentador: "O povo veio à rua demonstrar apoio e obediência ao nosso líder, Kim Jong-un!", e a histeria coletiva completa acredita na paz e no líder. Datena arrematou: "Entre bandido e polícia, prefiro a polícia.

---

* Os analfabetos políticos do MPL (que só entendem de política no sentido de "pegar o que é dos outros com um discurso bonitinho") chamam tudo o que não flerte perigosamente com o comunismo mais caricato de "ultraconservador", inclusive José Luiz Datena, eleitor de Lula e Dilma e orgulhoso detentor de um quadro de Che Guevara (!) em casa. Apenas por seu estilo histriônico e por não gostar de assassinos, já vira "ultraconservador" para os radicalíssimos do MPL. Ser uma pessoa "moderada", pela linguagem que essa turba enfurecida está **conseguindo** imprimir na sociedade, é ser conivente com assassinos e genocidas, e ser muito fanático é não gostar de explodir ônibus nem de tirar vidas humanas de maneira dolorosa por aí a troco de nada. Caso alguém não queira ler Eric Voegelin, Arthur Koestler, Paul Johnson, David Horowitz, William Buckley Jr., Roger Scruton, Gertrude Himmelfarb, René Girard ou Russell Kirk para entender o que é ser "conservador", basta pensar se gosta de assassinos e totalitarismos: se a resposta for negativa, bem-vindo ao time, parceiro.

** Note-se que nem mesmo "protesto com baderna" deixa claro se a "baderna" é só usar uma corneta e falar uns palavrões ou se é tacar fogo em ônibus e "botar bomba em banca de jornal".

Entre povo e polícia, prefiro o povo." Mas ficaria cada vez mais difícil entender, no meio da maçaroca indistinta, onde começava o "povo" e onde começava a destruição política.

É no *Jornal das 10*, da Globo News, em que, nas palavras de Renata Lo Prete, primeiro se usa a expressão que seria mais martelada nos ouvidos do país pelo restante do mês: a **"minoria de vândalos"**, em oposição aos "manifestantes pacíficos". Não há mais um único ato convocado pelo MPL ou pelos partidos extremistas que o compõem que não seja caracterizado por estas expressões em oposição, via de regra afirmando-se que a minoria teria "tomado" a manifestação pacífica.

Tweets e atualizações nos portais de notícia dão nota minuto a minuto de cada caso de confronto. O *Estadão* comenta que a situação, pela primeira vez, sai *mesmo* do controle, e um porta-voz da PM afirma: "Não nos responsabilizamos mais pelo que acontecerá." O deputado socialista ex-BBB Jean Wyllys (PSOL-RJ), apoiador da ditadura homofóbica dos irmãos Castro em Cuba, é um dos primeiros a se pronunciar, como se desejasse um cadáver para ser o primeiro mártir. Ele *retweeta* a mensagem com o comentário: "Vão matar?!"

A tônica é dirigida de maneira hegemônica* para essa única narrativa: o *Jornal Nacional* já havia divulgado imagens de estudantes, sentados, pedindo paz, sendo alvejados com bombas pela polícia — tática tão antiga quanto os primeiros confrontos com polícia depois da invenção da televisão. Como já explicado, trata-se de uma estratégia típica dos manifestantes profissionais: sempre entregam flores, se deitam no chão pedindo paz ou fazem alguma demonstração "pacífica" do gênero

---

* A própria definição de totalitarismo é essa *hegemonia* de pensamento único, por isso o totalitarismo não precisa de uma polícia brutal — é um comportamento coletivo que *permanece na população*, e, mesmo quando o regime cai, a hegemonia prossegue (por isso a Primavera Árabe derrubou um ditador autoritário e corrupto no Egito, aliado do Ocidente, para colocar em seu lugar a entidade mais brutalmente fanática e repressora do mundo islâmico, a Irmandade Muçulmana). Gramsci é o primeiro a teorizar em busca dessa hegemonia, enquanto o marxista argentino Ernesto Laclau, o grande defensor da hegemonia de pensamento rebanhista na atualidade, parece ser o teórico que melhor compreende como fazer um país inteiro pensar uma única coisa bovinamente sem questionamento.

exatamente *depois* da pancadaria, conseguindo sempre ótimas imagens de "brutal repressão policial contra a população pacífica gritando 'Sem violência!'" (enquanto vândalos, que estavam ali dois minutos antes, desaparecem feito mágica). Repare bem nessas fotos na internet e quase sempre verá alguém com a camiseta de algum partido ou organização extremista ali no meio. *Eles sabem o que fazem.*

Com a polícia indo contra a imprensa, não era surpresa que a cobertura da imprensa passasse a dar tanto destaque para a violência policial, ainda que algumas coisas mal contadas acontecessem (como essas provocações de jornalistas que não vieram a público nem foram divulgadas em massa na internet, não merecendo sequer uma notinha em jornais). Por exemplo, uma notícia que soou chocante: sete repórteres de um único jornal foram feridos nesse dia. O problema principal: quase nenhum jornalista de *outro jornal* saiu com grandes hematomas pelo corpo. O jornal paulista que abriga sob seu nome a maior quantidade de "progressistas" famosos e famosinhos do país teve sete jornalistas feridos. Pelo Twitter, comentam o caso: "Nem entre correspondentes de guerra isso acontece."[113] De fato, e isto tem um motivo: repórteres cobrindo guerras não agem como soldados, nem ficam provocando *um* dos lados.

Como a polícia, *por uma brutal coincidência*, conseguiu ferir *exatamente* sete repórteres do *mesmo* jornal? Policiais descontrolados não verificam crachás e só atacam correspondentes de *um* jornal — e mais dois "jornalistas" da revista mais puxa-saco do PT (e que sem verbas estatais faliria no dia seguinte) haviam sido feridos — apenas por alinhamento dos astros. Obviamente que estes números foram passados à população de maneira sensacionalista, tentando vender a esparrela da volta da repressão militar — mas não são números, no mínimo, *estranhos*?

A última guinada seria do próprio PT, que até então, como se viu com Paulo Henrique Amorim, mantivera distância do protesto, já que o prefeito paulistano era o desastroso petista Fernando Haddad: o vereador petista Nabil Bonduki oferece sua assessoria jurídica aos 232 detidos até então. É o método dialético de fazer política através de contradições atuando novamente: o PT logo estaria nas ruas com suas bandeiras em um protesto que se insurgia contra o aumento do preço da passagem sancionado por um prefeito petista.*

José Dirceu, já com a corda no pescoço por sua tentativa de golpe totalitário (o mensalão), alguns meses antes de ser preso, também postaria mensagem em seu blog, voltando atrás em suas críticas iniciais ao movimento — sempre no tom de que é bom fazer arruaça quando se é oposição, mas, quando se está no poder, sempre se vê que na prática a teoria é outra. Seu discurso tortuoso afirma que se deve "aproveitar para discutir a gravíssima situação da segurança pública e a atuação inaceitável da polícia militar e do governo do Estado". Ou seja, a responsabilidade de Haddad deveria ser culpar Alckmin. O estilo dialético fica marcado com a frase "espero que o movimento se reorganize e *pacificamente lute* e conquiste um transporte melhor para os trabalhadores da nossa São Paulo"[114] (grifos nossos). O próprio Dirceu não poderia dar um exemplo de "luta pacífica" pegando o telefone e ligando para o Haddad, para mandar o novato prefeito baixar logo esse troço? Convenhamos, todo mundo sabe quem manda *de fato* no país desde 2002; não seria novidade alguma.

Uma nota da própria prefeitura também mostra que a balança se invertera em menos de uma semana:

> Na terça-feira, a imagem que ficou foi a da violência dos manifestantes. Infelizmente, hoje não resta dúvida de que a imagem que ficou foi a da violência policial.[115]

O governador Geraldo Alckmin fez a última coisa recomendável quando se está diante da história sendo escrita debaixo de seu nariz: fingiu que

* Pela primeira vez desde a eleição de Lula, o PT se mostraria incapaz de guiar sentimentos populares contra seus adversários e favorecer o seu próprio lado, o que fez mesmo quando esteve rigorosamente errado, como no caso do mensalão, quando se disse vítima de "perseguição política". Todavia o partido continuaria tentando: até em janeiro de 2014, em manifestações contrárias à realização da Copa do Mundo no Brasil (projeto perdulário do PT para tentar eleger Dilma Rousseff), foram vistas bandeiras do PT. Nada incomum para um partido que, em 12 anos no poder, viu mais "companheiros" indo para a cadeia do que qualquer outro partido no país, dizendo com isso ao povo que "está pondo corrupto na cadeia, e não escondendo para debaixo do tapete". Mas como é curioso que esses corruptos sejam em sua maioria petistas, não?

não estava vendo nada e apelou para uma banalidade que soa mórbida, postando em seu Twitter: "Parabéns a toda a população de Guaratinguetá pelos 383 anos da cidade. Boa noite a todos!"

O método do MPL de fazer política com protestos frequentes e intermitentes finalmente mostrou que o modelo trotskista está mais vivo e ameaçador do que nunca. Danem-se as eleições: é possível passar de 0,1% de aprovação a 84% em menos de duas semanas.

Os homens-massa: Os homens que "reivindicam" tudo de graça

> "O governo é como um bebê: um canal alimentar com um enorme apetite numa ponta, e nenhum senso de responsabilidade na outra."
>
> Ronald Reagan

Aproveitando a pausa reflexiva, vale tentar compreender mais o que se passava nas ruas e nos corações do Brasil. O filósofo espanhol José Ortega y Gasset foi um dos primeiros a estudar o que é o **comportamento das massas**. Pelo que se viu da agitação promovida pelo MPL e pelo Fora do Eixo, depois dissolvida em dezenas de pautas abstratas, confusas, contraditórias e sem objetivo claro, fica cada vez mais claro que seguiram *pari passu* o caminho das revoltas populares típicas da sociedade planificada que ele analisa no melhor livro de filosofia política do século XX, *A rebelião das massas*. Vivendo a Guerra Civil Espanhola, Ortega foi odiado tanto pelos socialistas quanto pelos fascistas — os dois totalitarismos que mais mataram em toda a história mundial. Melhor motivo não há para prestar alguma atenção em suas palavras.

Talvez o homem que melhor compreendeu Nietzsche no mundo, Ortega, com inspiração dos *Upanishads* hindus, traça dois tipos diferentes de homem: o homem do dever e o homem do prazer. Enquanto um toma a diversidade da experiência para si, com todas as suas complexidades e contradições, o outro apenas é jogado pela força das circunstâncias e segue as modas que ditam o que é dado como sinônimo de agradável em um determinado momento. Não é, portanto, o progressista que é criador, e o conservador que mira o passado; pelo contrário — o homem do dever é um homem criador, um homem que busca expandir regras justamente por ter um senso de responsabilidade mais grandioso do que o mundo, enquanto o homem do prazer é apenas um escravo, ou de sua fisiologia ou dos ditames da manada. Sua aversão ao passado e sua capacidade de aderir facilmente ao presente não passam de um hedonismo imediatista que compra qualquer ninharia moderna, *desde que toda a massa de pessoas também a aceite*. Não se convence o homem do dever com o prazer, e o dever é simplesmente ignorado pelo homem do prazer — prestar contas, por exemplo.

Os criadores levam as regras além e são os guias morais das gerações futuras — basta pensar, por exemplo, em bons escritores para se entender que os melhores são eternos, e a "média" é simplesmente esquecida, como modinhas passageiras. Portanto a distinção que Ortega y Gasset propõe entre "elite" e "massas" não é uma distinção econômica: ambos os tipos, homem do dever e homem do prazer, encontram-se equanimemente distribuídos por todas as "classes" sociais — a nossa "rebelião das massas", por sinal, nasceu da classe média mais rica.

O homem-massa é o homem da multidão, o homem que só se satisfaz num espaço lotado, em que todos pensam identicamente, sem necessidade de qualquer tensão, além de seguir o rebanho — via de regra, justamente por isso, ele se considera um "crítico". Segundo as belíssimas palavras de Ortega y Gasset:

> Esse homem-massa é o homem previamente esvaziado de sua própria história, sem entranhas de passado e, por isso mesmo, dócil a todas as disciplinas chamadas "internacionais". Não é um homem, é apenas uma carcaça de homem constituído por meros *idola fori*; carece de um "dentro", de uma intimidade própria, inexorável e inalienável, de um eu que não se possa revogar. Daí estar sempre em disponibilidade para fingir ser qualquer coisa.
>
> Só tem apetites, pensa que só tem direitos e não acha que tem obrigações: é um homem sem obrigações de nobreza — *sine nobilitate* — *snob*.

> Como o *snob* é vazio de destino próprio, como não sente que existe sobre o planeta para fazer algo determinado e impermutável, é incapaz de entender que há missões particulares e mensagens especiais. Por esta razão é hostil ao liberalismo, com uma hostilidade semelhante à do surdo para com a palavra. Na Europa, a liberdade tem sempre significado uma franquia para sermos o que somos autenticamente. Pode-se, portanto, compreender que aspire a prescindir dela aquele que sabe que não tem uma missão autêntica.[116]

É a aplicação das duas morais que Nietzsche diferencia: a moral de senhores (*Herren Moral*) e a moral de rebanho (*Herden Moral*). A primeira, criadora, tradicional, rígida, preocupada com consequências, que faz o mundo avançar com sua disciplina e seus princípios. A segunda, destrutiva, modista, malemolente, que apenas segue a massa e quer tomar tudo o que não criou para si pela força — e, caso não tenha força, reúne seu rebanho para agir em manada. O homem-massa é "um tipo de homem feito depressa, montado tão somente numas quantas e pobres abstrações e que, por isso mesmo, é idêntico em qualquer parte".[117] Você conhece algum que ignora a complexidade da experiência concreta dos seres humanos, mas adora falar em "desigualdade", "exploração", "imperialismo *yankee*" e outras abstrações escorregadias que se tornam automatismos? São os homens-massa doutores da Academia, com dezenas de livros publicados.

Quando as massas entram em sua rebelião, não é necessariamente por um motivo justo, contra a "opressão" ou outras abstrações. Muitas vezes é apenas sua forma de conseguir algo — como pagar o que quer pelo ônibus. Como define Ortega, **"Nas agitações provocadas pela escassez, as massas populares costumam procurar pão, e o meio que empregam costuma ser o de destruir as padarias".**[118] Qualquer semelhança com a realidade não é mera coincidência. A massa não é um organismo pensante, com o qual se pode discutir ou argumentar como um ser humano: massas são força bruta, "dirigíveis" apenas por sentimentos. Na verdade, o homem-massa é o homem da mais profunda *ingratidão*: não fez absolutamente nada para o mundo ter toda a riqueza que tem, mas exige de quem lhe oferece um pouco do que ele não produziu (em troca do seu trabalho) que tudo lhe seja dado sem nenhuma contrapartida.

Essa rebelião das massas, portanto, é um pedido em enxame por lisonjas, por alguma pequena vantagem apenas para se aquietarem os ânimos primitivos e brutais do homem coletivo. Não é um fenômeno típico apenas da ânsia comunista: também é o que explica o comportamento consumista, do espírito rebanhista dos fascismos. O problema das massas com suas reivindicações não é apenas a injustiça do que pedem, e sim o resultado almejado. Um totalitarismo é um poder *total*, afinal — imaginemos um poder capaz de garantir a cada ser humano *tudo* o que ele aparentemente queira (capaz de satisfazer todos os seus desejos) e teremos o cenário perfeito para a ascensão de um poder *totalitário* que nenhum imperador jamais teve em toda a história mundial: uma sociedade em que tudo é dirigido, tudo é obra de um poder estatal que vende barganhas em troca do poder absoluto, uma sociedade da obediência completa e da planificação até os átomos.

O totalitarismo, ao contrário do que o termo sugere, é algo *desejável* pelo homem-massa: um poder capaz de lhe dar "tarifa zero" ou "hospitais padrão Fifa" em troca de sua liberdade econômica, de trocar livremente os frutos do seu trabalho com outras pessoas sem ser tungado por isso. As pessoas vendem facilmente sua liberdade em troca de um poder total que satisfaça seus desejos mais mesquinhos. O totalitarismo não surge de um golpe de Estado, como se temeu tanto: surge de um pensamento único, planificado, de massas marchando por abstrações, diluindo em um corpo coletivo o que cada ser humano tem de individual. De camisas pretas até máscaras *V de vingança* sob o coletivo "Anonymous", destruição da individualidade e a crença de pertencer a uma legião é a origem da tirania absoluta. O totalitarismo, sendo *total*, não é força estatal: é a totalidade da sociedade se imiscuindo com o poder, apenas enumerando seu líder. Se a massa inteira pensa uniformemente (ou ao menos seu discurso só permite uma uniformidade de platitudes e bordões), não é preciso ter um parlamento para discutir e diferenciar seus múltiplos propósitos — basta um único líder, que represente a massa inteira. Stalin, Mao, Hitler, Pol-Pot, Mussolini, Khomeini — nenhum desses precisou necessariamente de um golpe: todos tiraram as forças do poder pelas rebeliões massificadas e, *representando* a turba, subiram ao poder de forma mais ou menos pacífica. O autoritarismo é um golpe que se sabe desagradável à população; o totalitarismo, incomparavelmente pior, chega ao poder nos braços do povo, politizando até a intimidade quando jura estar lutando "contra políticos".

Nessa segunda fase dos protestos de junho de 2013, quando a massa apenas quer crescer com o "Vem pra rua!" e ninguém mais está preocupado com o motivo inventado *ad hoc* para fazer as pessoas estarem em massa nas ruas, a manifestação coletiva se torna de fato um *movimento de massa*, uma grande rebelião de proporções nacionais sem causas muito claras. Os movimentos de massa são perigosíssimos, pois exigem demandas *políticas* no sentido estudado por Oppenheimer — tomar o que foi produzido por outra pessoa, seja pela corrupção, pelo monopólio da violência do Estado ou através de "políticas públicas e sociais" reivindicando abstrações pouco discerníveis como "distribuição de renda", "fim da desigualdade" ou, como foram comuns no século XX, "pão e terra" para o "proletariado", "espaço vital" para o povo alemão ou a simples e declarada morte de infiéis (praticamente sempre tendo os comerciantes e judeus como bodes expiatórios). Ora, a única forma de atender demandas genéricas, como "Queremos hospitais padrão Fifa", "Queremos que o professor ganhe mais do que o Neymar", "Queremos que os políticos nos deem coisas de graça" ou outros slogans fofinhos que aparentam "luta" e consciência política, é na verdade *aumentando o poder do Estado* para que políticos tenham uma desculpa para *retirar* algo de quem produziu e ter o poder de "dá-lo" para outras pessoas. É o fim da *liberdade* do homem, como dono de seu próprio destino através das escolhas que faz em sua vida, tomando a responsabilidade para si, e o início do reino da *igualdade*, da planificação, onde qualquer individualidade, qualquer coisa "própria" em um ser humano tem de ser destruída e subjugada a um poder central exercido por engenheiros sociais.

É por isso que ativistas de esquerda amam movimentos de massa, mesmo não sabendo o que o povo reivindicará: uma mobilização reivindicatória, como são os movimentos de massa, irá sempre *pedir* algo através da política, e isso só pode ser feito aumentando o poder central do Estado. A despeito de qualquer proposta de caráter mais conservador ou liberal que possa acidentalmente surgir na periferia do movimento, o Sentimento Difuso no Ar de "exigir direitos" dos políticos sempre fará com que o grosso da reivindicação seja o fortalecimento de um Estado-Babá, e isto na mais branda das hipóteses. O risco maior é de criação de um verdadeiro *Estado total*, que atrai toda a sociedade para dentro de sua alçada, como foi o resultado final de muitos movimentos de massa no passado: a Revolução Francesa, que começa com protestos pelo preço do pão e degenera no terror jacobino (o primeiro dos intermináveis genocídios perpetrados quando a esquerda política sobe ao poder), as Revoluções de 1905 e 1917 na Rússia a favor do "poder proletário", a Marcha sobre Roma dos Camisas Negras em 1922, com milhares de militantes tomando a cidade para substituir o liberalismo pela primazia de Benito Mussolini, o incêndio no Reichstag em 1933, que permitiu a ascensão do totalitarismo nazista, ou os protestos de outubro de 1977, no Irã, eivados de linguagem até mesmo marxista e que derrubaram um xá corrupto, porém aliado ao Ocidente, para dar lugar ao teocrático regime totalitaríssimo dos aiatolás atômicos, que, como em toda revolução, de Cronos a Robespierre, de Lúcifer à Irmandade Muçulmana, terminou por devorar os próprios revolucionários e pôr toda a vida fora do islamismo mais radical sob risco de pena de morte.

Qualquer movimento de massa é orientado por sentimentalismo, bordões genéricos e abstratos, reivindicações de privilégios, bodes expiatórios, planificação social e, sobretudo, **fanatismo momentâneo.** Ingredientes todos presentes na mudança dos protestos da primeira fase dos 20 centavos para a segunda fase em que a **mentalidade revolucionária** de toda uma população aflora e toma as ruas: neste momento, cada cartaz, cada bordão, cada reivindicação genérica é um cheque em branco levantado, e alguém que consiga se dizer "representante" de todo um rebanho se forçando a ser homogêneo, genérico e *igual*, pode, a troco de atender algumas demandas por privilégios políticos "gratuitos" (ou seja, tomados do trabalho de outros por um Estado fortíssimo), tornar-se *representante único* desta turba enfurecida e ter poder total em suas mãos. Resta ver quem vence a disputa pela narrativa perfeita e quem converge mais cabeças sob seus auspícios, direcionando o Sentimento Difuso no Ar para ser o representante da "terceira via", do "novo" rosto da política a "dar direitos" ao povo.

Ortega y Gasset, vendo este fenômeno ainda em 1929 (antes mesmo da ascensão do nazismo ao poder), sabia que o totalitarismo não é apoiado por toda a população de um país de repente, sem uma mobilização genérica que se transforme em reivindicação geral. Já naquela época, vendo que a Europa iria se unir, ter uma moeda comum e que a criação de um grande Estado europeu era questão de tempo, profetizou que o motivo para tal pouco importaria, desde que os homens-massa se sentissem amparados por um Estado total: "Esse processo pode ser levado a cabo subitamente por qualquer acontecimento: por exemplo, a trança de um chinês que assome pelos Urais ou, então, uma agitação do grande magma islâmico."[119] É a Primavera Árabe inspirando as revoltas gregas, o Occupy tentando implantar mentalidade socialista na América após a crise não compreendida de 2008 — ou as Jornadas de Junho por 20 centavos tornando-se "Revolta do Vinagre" no Brasil e ameaçando até o mandato da presidente.

O que essa rebelião das massas faz é impor a revolta dos piores contra os melhores. Rapidamente, a sociedade vai fazendo com que cada ser humano abdique do que tem de próprio e único para se perder em uma maçaroca humana, todos agindo igualmente em conjunto. Esta massa sabe-se poderosa como massa, mas nada além disso (sequer sabe por que se reuniu como massa). Ela nasce junto com a Revolução Industrial, quando bens econômicos que eram produzidos apenas para os nobres tornam-se produção em massa para os pobres — se as trocas livres sempre existiram, a inovação do capitalismo é a *produção em larga escala*. Sem história, sem uma noção de continuidade, o homem-massa vê todos os avanços da humanidade — os carros, as casas, aviões, computadores e todos os bens civilizacionais que dependeram do trabalho e da invenção de outros homens que buscaram criar algo novo para as pessoas — como meros dados da natureza. Sem conhecer os processos produtivos, ele crê que o automóvel é como um fruto que nasce pronto de uma árvore, ao qual ele não tem acesso graças à "desigualdade", à "elite" ou algum outro bode expiatório. Ele é incapaz de perceber que o carro é invenção de outros seres humanos, e que sua existência é devida ao trabalho de outras pessoas, que precisam ser recompensadas para que possamos contar com uma parte dos frutos de seus esforços — e não algo que simplesmente "é de direito" do rebanho, desde que tenha força o suficiente para tomá-lo à força.

Quando o MPL se recusa a apresentar a contabilidade que permitiria a diminuição do preço da passagem, dizendo tratar-se de uma questão *política*, e não técnica, age como o homem-massa em sua máxima definição: o homem que exige direitos, sem perceber que, com isso, está forçando o Estado a ser *ainda mais poderoso* e tirânico para tirar algo dos outros e lhe dar ninharias em troca. É o migalhismo político. Quando o protesto se dilui em um mistifório esquisito de diversas reivindicações míopes, sem nada concreto, nenhum pedido com um plano de ação, nenhuma reivindicação apontando um responsável específico e um sopesamento entre direitos e deveres, trata-se do rebanhismo agindo como sempre agiu para instaurar todos os totalitarismos do século XX.

O homem-massa não é um homem de pouco conhecimento. É o advogado, o engenheiro, o médico. Todos podem trazer marcas distintas do homem-massa. Por sinal, o lugar onde mais grassa o fenômeno é nas universidades, e não nas periferias pobres, majoritariamente definidas pela responsabilidade individual, ao contrário do discurso coletivista e massificador do determinismo social, uma fissura de intelectuais playboys.

Nada na história recente do Brasil foi tão majoritariamente marcado pela ascensão do homem-massa como os protestos iniciados pela extrema esquerda rebanhista dos partidos ligados ao MPL e que descambaram no black bloc e afins.

15 e 16 de junho, sábado e domingo: "Não pode ter cara de playboy"

> "Minha mãe até me deu essa guitarra
> Ela acha bom que o filho caia na farra
> E o meu carro foi meu pai que me deu
> Filho homem tem que ter um carro seu
> Fazem questão que eu só ande produzido
> Se orgulham de ver o filhinho tão bonito
> Me dão dinheiro pra eu gastar com a mulherada
> Eu realmente não preciso mais de nada"
>
> Ultraje a Rigor, "Rebelde sem Causa"

O noticiário do fim de semana seguinte mostrou-se cada vez mais incisivo na crítica à ação policial: deixou claro que a violência da semana anterior fora obra dos manifestantes, mas na última quinta-feira o que ficou marcado foi o despreparo da polícia. Expressões como "brutalidade policial", "truculência injustificável e desproporcional", "violência indiscriminada da polícia", "volta da repressão", ou "truculência que lhes cabia reprimir", "autoritarismo" e, claro, comparações com a ditadura militar foram correntes. A mensagem, isolada, faz um sentido diferente do contexto. No contexto, mostra que, de quatro manifestações violentas, em apenas uma delas, depois do próprio clamor da população contra o vandalismo, a polícia errou. Isoladamente, é entendida apenas como "polícia impede manifestação pacífica com brutalidade e violência". Mais um elo da corrente narrativa que atiçaria as tensões na semana mais delicada da história recente do país. O *Estadão* estampa essa narrativa com a maior clareza possível no título de dois editoriais: "Repressão da PM faz movimento crescer e mudar foco de protesto"[120] e "'Baderneiro' vira 'mocinho' com reação desproporcional".[121]

O fotógrafo Yuri Sardenberg faz a campanha "Dói em Todos Nós", com personalidades brasileiras com os olhos maquiados de roxo, em homenagem à jornalista Giuliana Vallone, ferida na quinta-feira. Uma das famosas, Thaila Ayala, faz um depoimento doidivanas e incompreensível, uma reação que seria o denominador comum amalucado dos próximos dias:

> Isso é por nossos direitos! Não é pelos 20 centavos. É pela ditadura e democracia inexistente, repressão e opressão, correntes e prisão sem muros, a roubalheira do governo, pela falta de atenção e prioridade da saúde e educação, pela violência. Nós somos brasileiros e não fugimos à luta![122]

Alguém dê uma aula sobre conjunções aditivas e adversativas para a moça com urgência.

Celebridades passam o fim de semana no típico esporte brasileiro de chamar nulidades intelectuais famosas para opinar sobre assuntos muito além de sua alçada, tornando pessoas ignorantes muito mais influentes do que estudiosos sobre o tema. De Luciano Huck à top model Candice Swanepoel e ao sempre palpiteiro ex-guitarrista do Rage Against The Machine, Tom Morello. A estilista Gloria Kalil, antecipando o figurino black bloc que ficaria famoso dali a algumas semanas, faz um post chamado Les Chics: "Moda para protesto, roupa de guerra" em seu blog *Chic*, dando dicas outono-inverno para "enfrentar a guerra — ainda que unilateral" *sin perder la ternura*: para impregnar o vinagre no tecido, "acetinados, sedas e acrílicos não são tão eficientes"; vista capas de chuva, bandanas,* ceroulas de lã sob as calças (*sic*), use pedaços de algodão[123] e caia na vida, gato.

Manuais para ativistas de primeira viagem pululam para todo lado, buscando converter sobretudo aquela parcela apolítica da população, que nunca se importou em entender essas coisas de direita e esquerda, partidos políticos ou lembrar se um senador pertence ao Legislativo ou Executivo. A *politização de ocasião* e o **fanatismo instantâneo** reinaram, fazendo com que uma turma que nunca se deu ao trabalho de estudar questões espinhosas e técnicas fosse, de repente, a primeira a fazer seu dever cívico e chamar para a rua quem ainda não chegara a se entusiasmar

* Também acho inacreditável Gloria Kalil — GLORIA KALIL!! — sugerir que alguém use uma BANDANA. Mas gostaria de ver Kalil com uma bandana do Cannibal Corpse — chiquérrimo.

com manifestações trotskistas capitaneadas por agentes e organizadores que faziam de tudo para esconder suas reais intenções. O desconfiômetro nacional baixou ao zero absoluto.

Criou-se o evento no Facebook "Vem para a janela!", pedindo que as pessoas deixassem suas redes wi-fi sem senha para facilitar a comunicação dos manifestantes (que iam para a rua com um cartaz escrito "Sai do Facebook e vem pra rua!", postavam foto do cartaz no Facebook e nunca saíam do site). Lençóis brancos na janela são definidos como sinal de apoio. O lema "Liberté, egalité, fraternité, vinagré" é ecoado como mantra. No Twitter, as *hashtags* #mudabrasil, #changebrazil e #ogiganteacordou não saem do topo de assuntos mais comentados.

Para a segunda-feira, dia 17, foram marcadas manifestações simultâneas em tudo quanto é cidade do país, desde Novo Hamburgo a Fortaleza, de Araraquara a Três Rios. Pequenos protestos de apoio foram marcados tanto entre estrangeiros quanto entre brasileiros morando *outremer*, de Lisboa e Madri a Den Haag e Tóquio.

Mais uma vez, o poder público convida o MPL ao diálogo, na voz de Fernando Grella, secretário de Segurança Pública do governo do estado, para aquela mesma segunda-feira. O script muda e o MPL aceita essa reunião, onde seriam discutidos sobretudo quais trajetos a manifestação de segunda percorreria. Guardem a informação. A *pax romana* seria ainda mais manipulada.

Uma reportagem divertida sai na *Folha* no domingo, já que os quinze segundos de fama do MPL se prolongavam muito mais do que o recomendável em uma sociedade racional. Sob auspícios do título "No MPL 'não pode ter cara de playboy', diz estudante", conhecemos mais o núcleo duro do movimento sem líderes:

> Para afiliar-se, é preciso participar de reuniões semanais e das palestras que o grupo promove.
>
> "Também não pode ter muita cara de playboy, senão a gente desconfia ser policial infiltrado", diz Érica de Oliveira, 22, estudante de história da USP e membro "orgânico" do Passe Livre.
>
> Moradora do Crusp (Conjunto Residencial da USP), ela usa ônibus e metrô para ir ao Itaim Bibi, onde trabalha como produtora de exposições.[124]

Realmente, se há um policial infiltrado em algum lugar, basta olhar para quem tem cara de playboy — todos sabem que os policiais brasileiros só andam com relógio Tag Heuer, se locomovem apenas com Porsche e não pisam em restaurante cuja cerveja custe menos de R$ 20. Devem viver em bairros caros como o Itaim Bibi, diga-se de passagem.

Exemplo de finalização:

> O professor Lucas Monteiro, 29, dá aulas em uma escola particular no Paraíso e mora perto da r. da Consolação. Depois do expediente, sai direto para as manifestações. Para andar pela cidade, só usa ônibus e metrô: não tem carro, nem carteira de habilitação. "Não preciso de carro, preciso de transporte público de qualidade", afirma.

De fato, morando nessas regiões, tão bem servidas em serviços e comodidades que só o capitalismo pode oferecer, ninguém precisa de carro — os corredores de ônibus, inclusive, fazem com que seja mais rápido tomar um ônibus para descer a avenida Rebouças em direção à USP do que ir de carro. Não é um "pobrismo": é uma comodidade que só *ricos* podem pagar. Quem realmente *precisa* de carro em São Paulo é quem mora nas periferias não atendidas por linhas de ônibus seguras, que só passam por bairros centrais e chiquetosos. Quem morre de medo se precisar sair do trabalho depois das onze da noite é quem precisa chegar em Itaquera, Campo Limpo, Pirituba*, Sapopemba, Jardim Pery. Quando uma pessoa dessas gasta um percentual altíssimo do seu salário com um carro não é por esnobismo nem para atrapalhar ainda mais o trânsito da cidade — é para conseguir chegar em casa com um pouco mais de segurança

---

* Bairro de São Paulo onde morava o estudante de economia da USP Felipe Ramos de Paiva, de 24 anos, assassinado no estacionamento da faculdade por assaltantes com prováveis ligações com o tráfico que alimenta os movimentos políticos mais radicais. Ele não tinha "cara de playboy", mas, estudioso, mesmo vindo de uma família humilde, passara de estagiário a sócio da empresa onde trabalhava até 12 horas por dia, sem encher o saco de ninguém. Realmente, ele não tinha um perfil muito parecido com o da galera do MPL. O bairro pobre de Pirituba, por sinal, votou majoritariamente *contra* o PT, ao contrário da cantilena de que apenas "a elite que não gosta de pobre" não gosta da esquerda. Ver meu artigo "A elite burguesa golpista.... de Pirituba", disponível em: <http://urubudsman.blogspot.com.br/2011/01/elite-burguesa-golpista-de-pirituba.html>.

depois das oito da noite, já que bairros pobres são violentos, pois, ao contrário do que pensam nossos "analistas sociais", os roubos atingem mais os pobres do que os ricos (por isso os bairros violentos são... violentos).

O maior motivo para alguém não precisar de nada além de ônibus é sempre andar por regiões cheias de gente, com comércio intenso até altas horas de noite, ruas seguras e aconchegantes — *e onde o aluguel é bem caro por tudo isso*. Até nos ambientes onde vivem, os ativistas do MPL são massificados: nunca viram uma ruela mal iluminada defronte a um terreno baldio na noite avançada dos bairros longínquos.

A despeito disso, a galera da periferia nunca pensaria em criar algo tão hipócrita quanto o MPL.

E aparece o black bloc

> "Hippies. Hippies por todo lado. Eles querem salvar o planeta, mas tudo o que eles fazem é fumar bagulho e cheirar mal."
>
> Eric Cartman

A notícia mais importante para se compreender o que estava acontecendo naqueles dias de histeria coletiva (e de um único assunto a *alegrar* o país inteiro) passou como uma nota curiosa e conspiratória na *Folha de S.Paulo*, numa das primeiras vezes em que o termo "black bloc" surge na grande imprensa, em meio à palpitaria que havia se instaurado no jornalismo para tentar interpretar o que acontecia:

> **Serviço secreto da PM diz que PSOL "recruta" punks para protestos**
>
> O serviço secreto da Polícia Militar afirma em relatórios sobre as manifestações contra o aumento das tarifas de transporte em São Paulo que os grupos mais violentos nem sempre agem de maneira espontânea.
>
> Punks que partem para o quebra-quebra são arregimentados por militantes do PSOL (Partido Socialismo e Liberdade) com o objetivo de desgastar o PT do prefeito Fernando Haddad e o PSDB do governador Geraldo Alckmin, de acordo com documentos sigilosos aos quais a *Folha* teve acesso.

> Para a polícia, a forma de ação desses supostos punks é "semelhante a atos de guerrilha". Seria também uma forma que integrantes do PSOL teriam encontrado de constranger os dois governantes sem aparecer numa situação que poderia desgastar a imagem do partido, de acordo com esses relatórios.
>
> Um dos relatórios do P2, sigla pela qual é conhecido o serviço reservado da PM, frisa que não há envolvimento do PSOL como partido, mas de militantes avulsos. A avaliação foi feita por policiais militares infiltrados.
>
> Os punks e anarquistas partem para o que a polícia chama de "atuações paralelas" sempre que suas propostas são rejeitadas pelo Movimento Passe Livre, que convoca as manifestações.[125]

É justamente no meio da histeria coletiva, quando raríssimos indivíduos no país inteiro desconfiavam do otimismo revolucionário, que o termo "black bloc" aparece as primeiras vezes na grande imprensa, naquela "época" ainda chamados apenas de "punks":

> PINGA ANTES E DEPOIS
>
> O monitoramento mostrou que os punks seguem um ritual que se repete nas manifestações, segundo os relatos feitos. Tomam pinga antes de começar os protestos, esperam o movimento atingir o seu ápice para começar a agir e comemoram os resultados com mais pinga depois que o corre-corre acaba.
>
> Para destruir vitrines e janelas, eles usam uma meia recheada com ferro e pregos, segundo o relato dos PMs.
>
> A polícia diz que os punks que seriam recrutados por militantes do PSOL já acreditavam na violência como forma de protesto. Parte deles é ligada ao Black Bloc (Bloco Negro), uma estratégia anticapitalista que nasceu na Alemanha, nos anos 1970.
>
> O Black Bloc prega o ataque a símbolos como o McDonald's como uma forma de combate ao capitalismo. Todos usam máscaras e roupas pretas, tida pelos anarquistas como a cor da negação.[126]

Mesmo com chamada de capa no jornal, esta importantíssima notícia não parece ter chamado atenção das pessoas por mais do que alguns minutos. As pessoas acreditavam apenas que a baladinha do PSOL na Paulista (e, cada vez mais, em todas as grandes e médias cidades do país) poderia ter alguns "bicões" — a "minoria de vândalos", expressão tão martelada, a partir daquele dia, para fazer crer que se tratava de um "desvio" do protesto "honesto", e não o seu destino único. A população parecia ter esquecido, já que, havia menos de duas semanas, as manifestações eram de vandalismo puro antes de a polícia agir, mordendo a isca dos revolucionários. O fato de os protestos serem organizados pelo PSOL *convocando* o lumpesinato para incitar atos de violência passa como algo tão óbvio que é ignorado.

O black bloc não é um "grupo", como o jornal afirmou então. Trata-se de uma "tática". Ninguém se "filia" ao black bloc: o que ocorre é apenas que alguns manifestantes creem que, quando cabível, podem destruir coisas aleatoriamente por aí. Ou seja, o manifestante "pacífico" de um protesto de um dia *é o mesmíssimo* galalau que veste roupa preta e cobre o rosto no dia seguinte, depois de perceber que provocar confronto com a polícia é a melhor decisão tática naquele momento, podendo ainda, como Malcolm Harris já deixara claro no Occupy, destruir os frutos do trabalho alheio por puro hedonismo revolucionário. Estes "punks", portanto, podem até mesmo ser membros de partidos políticos, que cobrem o rosto e partem para a destruição niilista, já que não há um "black bloc oficial" com ficha de filiação. É o que hoje se chama "coletivo": não um sindicato, partido ou outra forma de agremiação, mas um ajuntamento pseudoespontâneo que se reúne, através do Sentimento Difuso no Ar, em alguma manifestação rebanhista com fins únicos, muitas vezes sem muito propósito, além de palavras de ordem vociferadas por um ou outro líder comunitário (*community organizer*) com microfones, megafones ou "microfones humanos" e seguidas bovinamente pela patuleia "sem líderes". Escondendo o rosto com capuzes e máscaras "Anonymous", eles dissolvem até sua individualidade física em um rebanho ruminante.

Não sendo um grupo, o black bloc é um desses "coletivos", assim como os coletivos feministas da Marcha das Vadias: ajuntamentos públicos, convocados com o auxílio de redes sociais, que vão para a rua chocar. Durante a visita do papa Francisco ao Brasil em julho de 2013, por exemplo, participantes da Marcha das Vadias saíram às ruas de Copacabana e, diante de famílias, vovós e crianças, enfiaram crucifixos em seus anéis rugosos, além de, em público e com o rosto coberto, "evaginarem" e quebrarem imagens da Virgem Maria, para depois se dispersarem sem consequências.[127] O black bloc, que já havia "defendido o MPL da polícia" (segundo o MPL) no segundo dia das manifestações, aparece novamente no noticiário exatamente no fim de semana em que o Brasil se preparava para, feliz, otimista e sem desconfiar de possíveis erros de avaliação, abraçar com furor a perspectiva de que junho iria mudar o país. Os "punks", até então, foram ignorados. O black bloc será estudado em detalhes no último capítulo deste livro.

A revista *Veja* foi a única a fazer a pergunta óbvia: se os manifestantes, sendo geralmente filhos de classe média, estão preocupados com quanto os trabalhadores pagam de passagem, não faria mais sentido reivindicar que seus pais dessem um aumento para os empregados do que tentar estatizar alguma coisa?* Também é a única a lembrar de "uma lição valiosa", que parece ter sido esquecida em nível continental: "surtos de indignação da juventude sempre guardam uma razão real escondida atrás dos cartazes com dizeres desconexos e palavras de ordem utópicas." Mao Tsé-Tung não disse que queria matar 70 milhões de chineses em tempos de paz, e sim que iria fazer a Grande Marcha (o seu "gigante acordado"), depois a Revolução Cultural, o Grande Salto Para a Frente e assim por diante. Qualquer um que já viu um jovem inventando discursos para ter mais poder, mais dinheiro e *menos* res-

---

* Na usual linguagem marxista até o último furúnculo, o MPL afirma que "nada incomoda mais a *Veja* do que a traição de classe" (*20 centavos*, p. 141). O MPL considera a *Veja* de um ultradireitismo capaz de afetar a inclinação da Terra só por ser a única revista do país que claramente admite que o capitalismo venceu o socialismo depois da queda do Muro de Berlim (visão que fez o sr. Mino Carta ter nojinho mortal de trabalhar ali, fundando a fanática *Carta Capital*). Como essas viúvas soviéticas ainda sonham com a ditadura do proletariado (mas se lembram de não falar isso muito alto quando precisam chamar pessoas pacíficas às ruas), é natural que acreditem em conceitos panacas como "traição de classe", supondo que a faixa salarial de uma pessoa possa definir seus pensamentos e posições políticas e forme "classes" estanques, inexistentes no capitalismo, e não rendas variáveis conforme o momento da vida. No dia em que se perguntarem coletivamente a qual "classe" *eles próprios* pertencem, qual a sua própria visão política, e então notarem que defendem um "pensamento de classe" diferente da classe deles próprios e que são, inclusive, a prova de que o determinismo marxista, segundo o qual só se tem pensamentos por "interesse de classe", é uma mistificação, não haverá mais um esquerdista nesse país.

ponsabilidade deveria desconfiar no mínimo um pouco do que fazia tanta gente despolitizada, ou ligada à política mais extremista de todas,* estar tão animada repentinamente.

A revista ainda pergunta: "Depois do preço das passagens, a vez da corrupção e da criminalidade?" — um chamado que só foi atendido pela metade. A corrupção (considerada genericamente, sem se citar o nome de um único corrupto, de maneira a não suscitar disputas internas) foi tema presente nas manifestações. A criminalidade, mesmo com 50 mil homicídios por ano,[128] mesmo sendo a preocupação pública número 1 de qualquer pessoa saindo de casa à noite, mesmo se tornando cada vez mais profissionalizada e brutal, mesmo fazendo com que todo o vandalismo e os crimes da polícia nas manifestações pareçam brincadeira de criança, mesmo com pessoas sendo queimadas vivas (e morrendo dias antes do começo das manifestações) por não terem quase nada de dinheiro em suas contas para dar a latrocidas — a criminalidade não foi tema de cartaz ou manifestação alguma, quando a maior parte das reivindicações pedia *mais* atuação estatal.

Na revista *Época*, perguntando-se "Quem são eles?" em sua reportagem de capa, a narrativa conta que "motoristas e pedestres assustados tentavam correr dos manifestantes. Carros pegavam a contramão na movimentada avenida, em sinal de pânico. Dois dias antes, outro protesto deixara um rastro de destruição, com estações de metrô e pontos de ônibus depredados — além de agências bancárias".[129]

A união de bandeiras comunistas com métodos anarquistas, bem conjugados com a esquerda trotskista que criou o movimento, fica clara no infame trecho da reportagem:

---

* Hugh Laurie, que interpretou o rabugento Dr. Gregory House na série de TV *House M. D.*, em um prefácio ao guia oficial da série, diz de seu personagem que "se poderia alegar que ele atrai um público mais jovem por ser antiautoritário, que é como os jovens veem a si mesmos, embora raramente o sejam" (*O guia oficial de House*, p. 11). Uma definição que, da Revolução Francesa aos jovens de classe média-alta militando em partidos que acreditam em "ditadura do proletariado", nos faz lembrar de outra frase de House: "Há um motivo para não deixarmos os jovens votarem, beberem ou andarem em minas de sal: eles são idiotas!" (temporada 3, episódio 5, "Fools for Love").

Uma das principais bandeiras é a migração do sistema de transporte "privado" para um sistema gerido diretamente pelo Estado, com a garantia de acesso universal a qualquer cidadão, por meio do "passe livre" — o fim de cobrança de tarifa.

O apelo das autoridades para que suas reivindicações sejam apresentadas de modo pacífico, pelos canais democráticos tradicionais, não surtiu efeito até agora. O ativismo do MPL envolve ação direta, na rua. "A única maneira é parar o trânsito", diz a estudante de letras da Universidade de São Paulo (USP) Raquel Alves, de 20 anos, militante do MPL. **"Infelizmente, o vandalismo e a violência são necessários, para que apareça na mídia. Se saíssemos em avenidas gritando musiquinha, ninguém prestaria atenção."**[130] *(Destaques nossos)*

Já a *IstoÉ*, há pouco tempo comprada pelo banqueiro Daniel Dantas[131] (uma prova viva de que nem banqueiros costumam gostar dessa concorrência livre chamada "capitalismo"), afirma: "O cidadão que anda de ônibus duas vezes ao dia deixa na catraca três salários mínimos por ano. Há razões para protestar" — tente-se evitar uma bolha imobiliária da mesma forma e vamos ver o que acontece. Chutando em 5% dos manifestantes aqueles que pregam o "culto à violência e costumam esconder o rosto com capuz", chamados ainda de "anarcopunks", a revista nota que as reivindicações que começaram a aparecer quando o protesto virou protesto pelo protesto são pautas desconexas, como liberalização da maconha, descriminalização do aborto e contra o aumento da inflação (acreditem, a inflação não deu a mínima para as pessoas na rua, e quanto mais se tenta maquiar seus índices, como fez Dilma ao pedir que Haddad segurasse o aumento até junho, mais motivo haverá para protestar).[132] A revista acerta ao notar a dinâmica temporal: "Normalmente, esses grupos não surgem nos primeiros dias das mobilizações, mas naquela etapa em que o movimento ganha dinâmica própria." Não seria tão própria assim — e ainda faltou lembrar que a selvageria esteve presente desde o comecinho.

Na ânsia de explicar o fenômeno, blogs de esquerda começam desde já a duvidar do gigante, já que, por suposto, o movimento não terá mais só gente de esquerda desta feita. São eles que lembram: as pessoas estiveram nas ruas por anos, só você, acomodado bunda-mole de classe média, é que não viu. É, de certa forma, verdade: as tentativas de paralisar o país são simplesmente *o método* dessa galera, que tentou realizá-lo *n* vezes antes de conseguir. Vide a Marcha da Maconha. Não há revolução sem tomada de ruas.

Outro personagem de destaque dos protestos de junho dá as caras no sábado, dia 15 de junho: tem início a Copa das Confederações, evento internacional promovido pela Fifa e sediado no Brasil — espécie de prévia de como seria a Copa do Mundo de 2014. Pela primeira vez, o país do futebol viraria a cara para o futebol, agora considerado uma forma de alienação política. Com os gastos estatais com a Copa se tornando notícias numa época de mobilização política (em vez de ter sido objeto de preocupação durante os *sete anos* entre a escolha do Brasil como sede da Copa e a realização da dita cuja), virou mote das manifestações comparar os gastos estatais com estádios com o investimento em hospitais e escolas. Com as exigências de qualidade da Fifa, alguns dos cartazes mais famosos e repetidos pediam "hospitais padrão Fifa" no Brasil, além de estamparem um repentino ódio à Copa.

O fim de semana reflexivo, todavia, teria grandes protestos, a esta altura espalhados por todo o país, apenas em Belo Horizonte, Brasília e Rio de Janeiro, que vivia seu segundo grande ato. Novamente, confrontos com a polícia são provocados, e a polícia, mais uma vez, é vista como a grande vilã, adversária dos direitos do povo brasileiro.

O país se preparava para a guerra e não havia outro assunto, dividindo opiniões e juntando grupos anteriormente rivais. Estavam todos revoltados, indignados, cívicos, mas *felizes*. De 5 mil pessoas, passando a 10 e 15 mil, e depois a 50 mil "pelo direito de se manifestar", o Sentimento Difuso no Ar levaria mais de 1 milhão de pessoas para as ruas na segunda-feira, após este fim de semana de preparação. Era como se, de repente, estivessem todos animados com a possibilidade de um show do Radiohead. Atordoado e sem nenhum motivo claro, objetivo e concreto, o gigante deu seu último ronco no domingo e acordou cedo de seu torpor numa segunda-feira inesquecível.

Não era mais por 20 centavos. Era por direitos. E essas são apenas as primeiras más notícias

"O caminho para o inferno é pavimentado com boas intenções."

Provérbio

Ok, parece que 89% da população aprovavam as manifestações no fim de junho (só 8% eram contra até então[133]), e a imprensa adorou ver o povo na rua "lutando por direitos". Até o MPL, mesmo reclamando da dissolução das pautas, afirmou que agora a luta era "por direitos". Parecia a consolidação da democracia. Mas o que significa, afinal, "lutar por direitos"? A pretensa filósofa Marilena Chaui, a voz petista que sabe falar de Spinoza, inventou: democracia é *criar* direitos.[134] Aonde isto nos leva?

O filósofo Olavo de Carvalho, em entrevista para o lançamento de seu livro *O mínimo que você precisa saber para não ser um idiota*, une os pontos: um direito é a obrigação de alguém de fazer algo. Cada vez que se "cria um direito", está-se obrigando alguém a alguma coisa por força estatal. Quem tem o poder de obrigar alguém ganha, automaticamente, *mais* poder, de mão beijada — não surpreende que os políticos, que *apenas aparentemente* eram o alvo principal dos protestos, foram os que *menos* tiveram medo das consequências das ruas. Afinal, por que algum político iria reclamar de ter mais poder sobre o povo? Lembra Eric Hoffer: "A dependência econômica é mantida através da centralização do poder econômico e por uma escassez, deliberadamente criada, das necessidades da vida."[135]

Uma mobilização coletiva pode ser útil quando se visa a um objetivo específico: a queda do Muro de Berlim, símbolo da opressão socialista que proibia alemães orientais de visitarem seus vizinhos capitalistas (o único muro do mundo para impedir que pessoas *saíssem*), literalmente derrubado a unhadas na madrugada; o movimento Solidarność (Solidariedade), da Polônia, que derrubou o tirano socialista Wojciech Jaruzelski, assim como outros movimentos que derrubaram o socialismo por onde quer que transformasse países em totalitarismos (a Primavera de Praga, esmagada por tanques soviéticos, a Praça Celestial na China, com seu icônico anônimo impedindo o avanço dos tanques "anti-imperialistas" enfileirados, a perseguição a Nicolae e Elena Ceauşescu etc.); a Revolução Americana; ou, em nossa realidade, o movimento das "Diretas Já!" e o "Fora Collor", mesmo com o espírito de micareta que essas manifestações tiveram (e quase fatalmente têm).

Todavia, o que significa "lutar por direitos", ainda mais direitos não claros, abstratos e genéricos, como "lutar por saúde", "lutar por educação", "lutar por hospitais padrão Fifa"? Os fins parecem nobres, mas quais seriam os meios?

Para estes conceitos abstratos, o que se está pedindo não é um hospital específico que deva ser criado com um montante X de dinheiro. Está-se pedindo que haja um Estado que dê "hospitais" quando bem se desejar — os impostos que pagamos amariam essa ideia. Para um Estado fazer isso, ele precisa ter poder e dinheiro. Em vez de se estar reclamando dos políticos, no fim das contas, está-se apenas lhes dando poder para construir "hospitais" ou dar "educação" — as migalhas que jogarão aos eleitores como se fossem presentes *pessoais*, mas que foram pagos com o próprio dinheiro do eleitor. É o migalhismo político contra tudo isso que está aí, para continuar tudo do jeito que está — ou pior.

As pessoas julgam que *a política* é uma boa coisa, e apenas *os políticos* é que são ruins. Bastaria então tirar os políticos de lá e *a política*, em abstrato, nos "daria" coisas (bens, serviços, direitos). Não se percebe que a política é uma ação humana, e quem a comanda são, afinal, políticos. O movimento de massa de pauta difusa, desconexa e genérica (que não é novidade nenhuma no mundo) *sempre* está pedindo um *poder total*. Um **totalitarismo**. O maior mal que a humanidade já teve de enfrentar. O poder total que pode sair de uma manifestação como essa **não pode** ser um poder brando, de políticos prestando contas ou dividindo promessas com a realidade. Acreditando que apenas exigia seus "direitos", o manifestante estava na verdade passando um cheque em branco com cada cartaz levantado, como se dissesse: "Político, apenas me prometa isso e terá todo o poder e dinheiro que quiser."

É o poder "popular" bolchevique depois das Revoluções de 1905 e 1917, as paradas da Alemanha nazista depois de 1933, a longa marcha de Mao Tsé-Tung, a fúria ultramoralista e teocrática dos *ayatollahs* no

Irã. Muitos teóricos tentaram traçar uma distinção entre autoritarismo e totalitarismo. Não é uma tarefa muito difícil, visto que os sistemas são *muito* diferentes, mas o século XX seria um século menos sanguinário se não se estrepasse tanto na confusão de um com o outro.

O autoritarismo existe desde que o mundo é mundo, enquanto o totalitarismo é invenção recente (data, provavelmente, da Suíça do século XVI, quando se criou um Estado policial que controlava cada pensamento que as pessoas tivessem). O autoritarismo não precisa sequer do Estado: existe até em brincadeiras infantis, que dirá em ambientes adultos privados (vide as relações abusivas de poder em *O senhor das moscas*, de William Golding). O totalitarismo é um poder moderno — nenhum rei, faraó, xogum, imperador ou xá até tempos recentes sequer *cogitou* ter o poder de um Adolf Hitler, Joseph Stalin, Mao Tsé-Tung, Nicolae Ceauşescu, Kim Il-sung ou Ali Khamenei. Nenhum pensava em controlar os *pensamentos* de seus escravos, seus valores, sua religião ou o que lhes agradava ou não — apenas usavam o látego no lombo de suas vítimas e seguiam com sua autoridade mantida à força.

O autoritarismo usa o poder físico do Estado (*potentia*) para assegurar seu poder político (*autoritas*), via de regra sob uma desculpa que visa a confundi-lo com o poder legal (*potestas*). A ditadura militar brasileira, com seus apelos ao nacionalismo e à segurança nacional, é um exemplo óbvio de autoritarismo. Autoritários sabem que são indesejados por seus governados, então apelam para a censura, a força física e o ataque a certas liberdades do indivíduo. Governos autoritários não costumam ser necessariamente assassinos. O Direito Penal também não precisa de uma radicalização autoritária: muitos governos autoritários endurecem o regime pelo Direito Civil, com um controle cada vez mais brutal da liberdade de reunião, de criação, de expressão de um povo — é o caso da Argentina, que dificulta a circulação de jornais não coniventes com o governo e impede, com uma burocracia acachapante, que empresas sejam criadas, obrigando a população a depender sempre da economia estatal.

Já o totalitarismo está é se lixando para o poder legal (na verdade, quer criar um novo poder à força). Seu controle opera na *consciência*, na linguagem, na completa subordinação de qualquer individualidade ao poderio de um grupo que não quer controlar apenas se você fala mal do governo, mas até se você *pensa* mal do governo. Os totalitários (modernamente, os socialistas, os nazistas — não os fascistas — e algumas teocracias islâmicas), como o próprio nome indica, não estão apenas no Estado, *são totais*: estão na imprensa, gerenciam bancos, dominam de cabo a rabo as universidades com um pensamento único, compõem toda a burocracia entre Estado e indivíduos, são todos os intelectuais, jornalistas e formadores de opinião que têm sempre a *mesma* opinião que soa tão agradável ao povo, e definem até mesmo os usos de vestuário e vocabulário.* Se há algum *comportamento realizado por automatismo*, o totalitário irá controlá-lo para favorecer a sua hegemonia. É o que Kuehnelt-Leddihn chama de *the cult of sameness*: o culto da igualdade forçada, da mesmice e da planificação por baixo.

Hegemonia, aliás, é a palavra de ouro. Todos pensam uma só coisa, todos lutam pelas mesmas causas, todos estão indignados com as mesmas pessoas, todos querem uma unidade da sociedade — todos reivindicam o mesmo. O retrato começa a soar familiar?

O totalitarismo não é o inimigo, mas o desejo mesmo do homem-massa — e as reivindicações nas ruas são apenas a sua primeira fase.

Na verdade, nenhum totalitarismo surgiu senão com movimentos difusos, exigências não pontuais, uma reforma completa e irrevogável de tudo. Manifestações pedindo "direitos" estatais tomados de outras pessoas já são perigosas, mas uma manifestação aberta, hegemônica, vulcânica, raivosa e exigindo poder total é sempre a primeira fase de um totalitarismo — da Grande Marcha de Mao ao antimonarquismo *ayatollah*. Os movimentos em junho de 2013 poderiam ter uma consequência catastrófica se encontrassem um líder, mas sua mentalidade hegemônica e reivindicatória permanece. Foi como um grande preparativo no ima-

* Note que este pensamento único *sempre* se considera "crítico" dos preconceitos correntes, sem perceber que ele é que é o pensamento corrente. Quanto mais chavões for capaz de repetir uma pessoa, usualmente mais ela se considera "crítica", "independente", autopensante (veja como todos os jornalistas e intelectuais "críticos" do Brasil hoje possuem a mesma opinião que tomaram acriticamente uns dos outros). Como consequência óbvia, sempre instauram uma hegemonia de pensamento, mas encontram "inimigos" em todo lado, jurando que sua hegemonia está sempre ameaçada por um ou outro — e o governante jura que não é obedecido e que estão todos contra ele.

ginário coletivo brasileiro para o que pode vir nos próximos anos. Com massas que substituem o raciocínio e suas diferenças por slogans que os planificam — e exigem benesses estatais —, o risco de um totalitarismo de qualquer modelo no Brasil (neossoviético, bolivariano, sindical, fascistoide, ultranacionalista, teocrático etc.) se torna sempre uma presença invisível. Quanto mais as pessoas se acham críticas e contrárias aos políticos (mas mais querem *política*), mais deixam uma porta eternamente aberta para a mentalidade totalitária tomar suas indignações de momento e, em troca de "resolvê-las", ter cada vez mais poder...

Esta massa, pedindo apenas direitos genéricos e abstratos, torna-se igual. Com força suficiente, toma as ruas e invade os prédios da ordem anterior. Caso consiga tomá-los e sitiá-los, pode trocar toda a ordem pelo segundo estágio: a instauração do novo governo, "salvador" do povo. O governo que finalmente garantirá os seus direitos. O governo que dará ao povo o que ele quer. Como a massa é unificada, e já passou a ver a representação democrática, com sua divisão de poder, seus pesos e contrapesos, como ineficiente, passa a querer ser autorrepresentada. Seja por um partido da massa, seja por um governo que exclua formalmente tudo o que não seja a massa, o novo governo ignora qualquer distensão, qualquer divergência, qualquer disputa ou questão controversa, e passa a ter uma opinião única permitida.

É a fase do totalitarismo em que se busca governar e instaurar uma nova ordem pela força — e, sendo um corpo político unificado, sem qualquer divergência interna, começa-se a discutir quem será o líder. Mas apenas *um líder* é preciso: se ele precisa apenas representar uma massa gigantesca que pensa igualmente e lhe delegou todos os poderes, não precisa *dividir* o poder com ninguém, nem ter alguma lei que refreie suas ambições. Portanto, todo totalitarismo dissolve as diferenças do corpo político e passa a ter *um líder único*. Não é preciso mais do que um para ser o guia de uma massa com uma única opinião. Foi a *única* coisa que faltou para a segunda fase de implantação do totalitarismo no Brasil em 2013.

Basta lembrar: naquele junho, o apoio aos protestos de rua sem pauta concreta unificada nenhuma no país foi de 89%. Quem quer que conseguisse tomar o movimento e se dizer o representante de toda aquela massa teria, imediatamente, 89% de aprovação. É o método totalitário de esmagar a todos pela força da opinião pública, até com paus, pedras e marretas improvisadas nas ruas. É o método trotskista. Que eleição garante um poder destes?

O roteiro do totalitarismo começa a se parecer perigosissimamente com as manifestações de junho de 2013 no Brasil. Aqueles que podem dar os direitos que um povo "consciente" e "politizado" quer são exatamente aqueles que podem obrigar outras pessoas a cada vez mais coisas. Um poder cada vez *maior* pode ser dado aos políticos, atuais ou substitutos, depois de um movimento de massa com suas reivindicações genéricas.

Antes não tivesse sido "por direitos". Por ridículo e péssimo que fosse, seria até melhor ser por apenas 20 centavos.

PARTE III

Nanos gigantum: Segunda fase — #vemprarua #ogiganteacordou #MudaBrasil

"É tirania quando uma pessoa quer governar deixando o resto de nós de fora? Não, mas é tirania quando todos querem governar."

Søren Kierkegaard

O gigante e a massa

"Everybody's going to the party have a real good time
Dancing in the desert blowing up the sunshine"

System of a Down, "B.Y.O.B."

Um dos maiores estudiosos sobre os movimentos de massa e sobre a própria humanidade, o búlgaro Elias Canetti, no formidável livro *Massa e poder*, parte de um pressuposto simples para compreender as massas: o temor do contato humano indesejado, sobretudo o contato com desconhecidos. Este temor é a base para nosso desejo de portas, paredes, roupas e privacidade — e até para as identidades nacionais e religiosas. O desejo de uma distância do outro, de uma forma de se proteger da mão que emerge da escuridão.*

O único ambiente em que o homem é livre deste medo do contato é justamente *na massa*, onde esse contato se torna obrigatório e onipresente. Não apenas num ambiente com muitas pessoas como uma sala de aula, mas uma massa *densa*, em que todos os corpos estão espremidos

* A sociedade de massas emerge após a Revolução Industrial, ainda não compreendida em nosso país. Produção de riquezas sempre existiu, mas a riqueza era para os nobres. Mesmo roupas que não fossem trapos eram feitas uma a uma, um luxo que só a nobreza era capaz de pagar. Mercado e comércio sempre existiram, mas o que marca a invenção do capitalismo é a produção *em massa* da sociedade de massas. Com isso, a riqueza mundial, por vários *milênios* uma prerrogativa de nobres, foi finalmente acessível aos pobres, e se produzia não por luxo, mas para lucrar vendendo aos montes. Os pobres, com o novo luxo, conseguiram finalmente *sobreviver*. "Entre 1500 e 1780 a população da Inglaterra aumentou de 3,5 milhões para 8,5 milhões, já entre 1780 e 1880 ela saltou para 36 milhões, devido à drástica redução da mortalidade infantil." (ver: <http://pt.wikipedia.org/wiki/Revolu%C3%A7%C3%A3o_Industrial>). O PIB per capita mundial, estanque em menos de US$ 1 mil por ano durante séculos, disparou para mais de US$ 30 mil em menos de dois séculos em países que se tornaram capitalistas. Como resultado, o mundo ficou *cheio* de gente, uma novidade — todavia as cidades abarrotadas geraram uma sensação enorme de *solidão*, sentida por vários poetas e pensadores românticos, de Baudelaire a Thoreau. A multidão permitida pelo capitalismo gera uma sensação de deslocamento pouco conhecida pelas antigas sociedades rurais.

uns contra os outros — "*densa* inclusive em sua constituição psíquica, de modo que não atentamos para quem é que nos 'comprime'. Tão logo nos entregamos à massa não tememos o seu contato. Na massa ideal, todos são iguais".

Se o homem tem medo do contato com outro homem numa ruela escura pela madrugada, esse medo desaparece em um ônibus abarrotado, onde mal é possível se mexer — e onde um assaltante armado tampouco poderia agir. Mesmo a contragosto, abraça-se o inimigo — tem-se um contato com ele que a sua esposa não costuma ter todos os dias. E, sobretudo, ignora-se o que ou quem nos comprime.

Este pensamento, com que Canetti inicia sua abissal investigação, explica por si como o comportamento da massa humana que se formaria, se adensaria e se comprimiria nas grandes e longas avenidas de diversas cidades do país, que pareciam não ter um único metro quadrado que não estivesse ocupado por uma ou mais pessoas, na segunda fase dos protestos. Nenhum ser humano ao redor de quem estivesse na massa era de todo um desconhecido ou estranho — todos eram apenas um. "Nenhuma diversidade conta, nem mesmo a dos sexos. Quem quer que nos comprima é igual a nós. Sentimo-lo como sentimos a nós mesmos. Subitamente, tudo se passa então como que *no interior de um único corpo*."[2] Antes dos aparentes paradoxos que viriam a seguir, sua gênese já traz em seu bojo algo que parece contraintuitivo: a massa que se espreme "deseja libertar-se tão completamente quanto possível do temor individual do contato".[3] Não são mais indivíduos em contato: é um conjunto único.

De repente, como num passe de amnésia repentina, os brasileiros se esqueceram de quem eram os organizadores dos protestos das semanas anteriores — a escumalha que nunca tem apoio popular quando diz claramente a que veio. Mas, sentindo-se parte do mesmo corpo que seus organizadores, passaram a ignorar que eles ainda os organizavam como fantoches. Ignoravam quem os comprimia como ignoramos os pensamentos de quem nos empurra em um ônibus lotado a cada solavanco. **Sobretudo: os manifestantes passaram a ignorar imediatamente que os protestos das semanas anteriores tinham causas *comunistas*. Imagine o estranhamento se um protesto iniciado por**

uma causa nazista começasse de repente a se tornar um protesto "pela liberdade de protesto".

Quanto mais comprimida e oprimida, mais a massa perdia o medo, crescia e se identificava como uma massa *livre*. Seu inimigo, como são os inimigos dos soldados numa guerra (e não dos generais), era *qualquer um que não fosse a própria massa*. Um amontoado de pessoas tão grande, ao se identificar com tantas outras pessoas *sem medo* pela primeira vez em anos, todos pertencentes *ao mesmo lado*, só poderia se sentir *forte*, contra absolutamente *qualquer inimigo*. E ainda mais forte quando esse inimigo não era anunciado — se muito como um coletivo abstrato, intangível e de contornos pouco discerníveis, como "os políticos".

Elias Canetti já tentava explicar o "fenômeno tão enigmático quanto universal (...) da massa que repentinamente se forma onde, antes, nada havia. Umas poucas pessoas se juntam — cinco, dez ou doze, no máximo. Nada foi anunciado, nada é aguardado. De repente, o local preteja de gente".[4] O livro de Canetti foi publicado pela primeira vez em 1960 e é um dos estudos mais recentes entre os que nos servirão de guia avernal: "Muitos não sabem o que aconteceu e, se perguntados, nada têm a responder; no entanto, têm pressa de estar onde a maioria está. (...) O movimento de uns — pode-se pensar — comunica-se aos outros."[5] As pessoas estavam na rua por um motivo muito mais claro do que parecia: **estavam ali porque outros estavam ali.** Se muitos se encontram em um ponto e outros tantos afluem para o mesmo lugar, certamente é porque *todos* devem correr para esse ponto, mesmo sem nenhuma outra explicação ou razão além do chamado "Vem pra rua!".

A massa cresce, e é esse seu primeiro movimento: multiplicar-se em progressão geométrica, até que a manifestação deixa de ser um fato curioso para ser capaz de parar uma cidade, um país, um continente. Como se diz num vídeo postado pela página Black Bloc Brasil ainda em novembro de 2012, "Não se deve fornecer respostas, e sim perguntas. Deixá-los se convencer de que as razões dos seus atos justificam a melhoria para o sistema, e não a manutenção do status quo." Ou: "Seu objetivo-mor não é ganhar a causa nesse momento, e sim, fazer com que mais pessoas tomem conhecimento e se simpatizem com ela. O que você busca são pessoas." Ou ainda: "Protestar, antes de tudo, é um estilo de vida."[6] Para compreender esse fenômeno é necessário olhar de perto a sua anatomia. Voltemos a Elias Canetti:

> Haverá muito a dizer aqui acerca dessa forma extrema da massa espontânea. *No local onde ela surge, em seu verdadeiro cerne, ela não é tão espontânea quanto parece.* No mais, porém — *excetuando-se aquelas cinco, dez ou doze pessoas que lhe deram origem* —, ela de fato o é. Tão logo adquire existência, seu desejo é consistir de *mais*. A ânsia de crescer constitui a primeira e suprema qualidade da massa. Ela deseja abarcar todo aquele que esteja ao seu alcance. Quem quer que ostente a forma humana pode juntar-se a ela. A massa natural é a massa *aberta*: fronteira alguma impõe-se ao seu crescimento. Ela não reconhece casas, portas ou fechaduras: aqueles que se fecham a ela são-lhe suspeitos.[7] *(Destaques nossos)*

Parece que Canetti escreve tais palavras apenas para falar do Brasil de junho de 2013: com uma descrição tão clara do funcionamento de qualquer massa, não há como não reconhecer os atores, meios e objetivos daquela jornada de protestos. Um grupo minúsculo organiza uma massa, e, quanto mais nos aproximamos do centro, mais essa força centrífuga mostra que é organizadíssima, deliberada e estudada, **e não espontânea.** Querendo crescer, não pode apenas ter os seus próprios organizadores na rua — precisa ter as próprias pessoas que quer controlar. Sem poder colocar em razões ou argumentos seus motivos, seu mote, que poucos acreditariam ser funcional, eles lançam mão apenas do imperativo "Vem pra rua!". Só depois de se tornar grande a massa pode ser-lhes de alguma serventia. E, depois de grande, ela quer *ocupar todos os espaços.* A propriedade privada, a noção de que alguns espaços conquistados por trabalho só podem ser adentrados por quem os conquistou, sejam ônibus, carros, lojas ou o que for, torna-se uma mesquinharia contrária à massa. Apesar de ser amplamente formada de pessoas que renunciam à violência como método, suas bordas não costumam atuar senão como uma infantaria de vandalismo por onde quer que passe.

O mestre dos cientistas políticos, Ortega y Gasset, clarifica:

> A rigor, a massa pode definir-se como fato psicológico, sem necessidade de esperar o aparecimento dos indivíduos em aglomeração. Diante de uma só pessoa, podemos saber se é massa ou não. Massa é todo aquele que não atribui a si mesmo um valor — bom ou mau — por razões especiais, mas que se sente "como todo o mundo", e, certamente, não se angustia, sente-se à vontade ao sentir-se idêntico aos demais.[8]

Todos os que não fazem parte da massa se tornam, automaticamente, inimigos da massa, a não ser que lhe prestem apoio e solidariedade. Seu imperativo "vem pra rua!" é também uma ameaça — ou se é amigo ou inimigo, sem terceira opção. É uma delimitação axiológica: quem está na rua é superior, quem não "veio pra rua" deve ser punido por traição. Exércitos e religiões que punem a deserção e a apostasia sempre crescem.*

O urro primevo "vem pra rua!" não é apenas uma conclamação e uma delimitação quase militar de amigo e inimigo — é também um reforçamento, já que não se sabia exatamente por que o gigante haveria de acordar, o que se deveria fazer e com quais meios e objetivos ou, ainda, o que seria colocado no lugar do que era criticado. Era uma histeria coletiva como só vista em filmes — e, para manter as pessoas animadas com algo intangível e gelatinoso (ou mesmo etéreo), era preciso repetir slogans, palavras de ordem, instruções militares. Enquanto ainda segue repetindo as mesmas fórmulas, "a massa sempre se ilude quanto a sua dissolução".[9] É um perigo para os organizadores da massa que as pessoas parem de se repetir. Quando deixadas livremente para pensar e analisar sua situação e os objetivos alcançados, a tendência da massa para se desanimar e se esfacelar pode rapidamente colocar um movimento abaixo. Explica Eric Hoffer:

---

* A gíria paulista "coxinha", palavra-coringa que é cada vez mais utilizada no sentido de "acomodado" ou "certinho", quando não mesmo "agente repressor", delimita com precisão que a massa *aberta*, crescente, já busca *inimigos e traidores* — pessoas pacíficas, que ontem almoçavam juntas, hoje se tornam inimigas em dois lados de uma linha de guerra, em que o lado da turba se vê como moralmente superior, e portanto merecedor único de direitos, congratulações e de uma *tolerância* infinita. Em raros períodos da história brasileira tantas amizades foram desfeitas quanto em junho de 2013, sobretudo na semana iniciada no dia 17.

> A imitação é um agente unificador essencial. O desenvolvimento de um grupo muito unido é inconcebível sem uma difusão de uniformidade. A mentalidade única e a *Gleichschaltung** valorizadas por todos os movimentos de massa são alcançadas tanto por imitação como pela obediência. A obediência, ela própria, consiste tanto na imitação de um exemplo como no seguimento de um preceito.[10]

Os perigos são óbvios e gritantes. Um movimento de massa, por definição, é calcado na *força*. E, como nos ensina Eric Hoffer: "Um verdadeiro movimento de massas é uma coisa impiedosa, e sua gestão está nas mãos de fanáticos impiedosos que usam palavras apenas para dar uma aparência de espontaneidade a um consenso obtido por coerção."[11]

Como um radical da SDS (Students for a Democratic Society) uma vez escreveu: "A questão nunca é a questão. A questão é sempre a revolução." Bill Muehlenberg diz, comentando o método de Saul Alinsky (o radical ídolo dos criadores do Occupy Wall Street e guru de Barack Obama e Hillary Clinton): "A questão é sempre tomar o poder, consumar uma revolução com sucesso. Qualquer tema, seja pobreza, racismo, poluição, pode ser usado como um meio de ganhar poder e subjugar o inimigo."[12]

Saul Alinsky deixa claro que o objetivo do líder é inculcar um sentimento de *insatisfação* nas multidões para poder controlá-las. Todavia urge precisar exatamente em que momento a massa se constitui como tal. É o momento que dá origem à massa, que Elias Canetti chama de *descarga* — o "momento em que todos os que a compõem desvencilham-se de suas diferenças e passam a sentir-se *iguais*".[13]

Tratava-se de *inculcar* um sentimento, e não de criar uma motivação racional, discutível, explicável, discernível ou concretizável. Desde a Revolução Francesa (o preço do pão), passando pela Revolução Russa de 1905 (pão, terra e trabalho!), pelos chauvinismos do último século até a revolução "V de Vinagre", o que importa é angariar *sentimentos* — os

* Como define Heitor de Paola: "*Gleichschaltung* é a coordenação, sincronização e uniformização de todos os aspectos da sociedade e sua conformação com os desígnios da Nova Ordem." O termo é "usado para significar o processo pelo qual o nazismo conseguiu estabelecer um efetivo sistema de controle totalitário". Exatamente o Sentimento Difuso no Ar que comandava e comanda o Brasil atual.

motivos deslindáveis no tecido histórico são secundários. Pode ser a cólera de um chinês que apareça pelos Urais ou uma sacudida do grande magma islâmico citada por Ortega y Gasset.[14] Ou talvez 20 centavos. Basta ver qualquer vídeo dos *confrontos* com a polícia nas manifestações para ter a mesma adrenalina de um filme de ação. Para os protestantes de primeira viagem que nunca haviam tido uma **sensação de perigo controlado**, como saltar de *bungie jump*, ter milhares de pessoas ao redor era a oportunidade definitiva. Estavam todos com adrenalina a mil. Um prazer quase sexual.

Sentimentos são criados, dirigidos e controlados desde a pré-história por **narrativas**. E novamente era no noticiário, que nunca fora visto com tanta atenção em tempos sem calamidade, que o gigante veria o motivo final para desligar o despertador, ir tomar um banho gelado, escovar os dentes e marchar para a guerra.

O noticiário

"A história será gentil comigo, pois eu pretendo escrevê-la."

Winston Churchill

Para a semana que, desculpando-se o transtorno, mudaria o país, o primeiro noticiário já não parece muito promissor: se na primeira manifestação no largo da Batata, em Pinheiros, não houve muita gente além dos partidos que rodeiam o MPL, desta vez sabia-se que seriam dezenas de milhares. Havia apenas um pequeno problema: os entornos da estação Faria Lima do metrô, ali no largo, por onde a maioria dos manifestantes chegaria, estavam em reforma já havia alguns meses. Pedras, tijolos, barras de ferro, blocos de concreto, pisos de cerâmica: eram estas as *primeiras* coisas que alguns manifestantes veriam à tarde, assim que chegassem ao local combinado para a manifestação. O secretário estadual de Segurança Pública Fernando Grella determinou a "imediata retirada" do material que, por garantia, acabou sendo cercado por tapumes.[15]

Alguns jornalistas já começavam a não só mudar discretamente de lado, como a admitir que "estavam errados" quando criticaram as manifestações. Marcos Augusto Gonçalves já havia feito isso no fim de semana na *Folha*.[16] Arnaldo Jabor,* em pronunciamento famoso, também admitiu que errou: não era por 20 centavos, era por muito mais do que isso. Reavaliando sua posição, afirmou que aquela manifestação era "até mais rica do que os caras-pintadas" que derrubaram Collor porque não tinha "um rumo e objetivo certo *a priori*". Quem se lembra daquela extinta comunidade do Orkut, "Sonho liderar turba enfurecida"?[17] Citando Carlos Diegues, Arnaldo Jabor, o jornalista pechado pelo MPL de "ultraconservador", dispara: "O movimento é importante porque talvez o mundo tenha perdido a esperança em mudanças radicais. Talvez porque a revolução tenha perdido prestígio para a mobilidade social." Vivemos num país onde alguém que reclama da falta de prestígio da revolução como método para mudanças sociais é chamado de "ultraconservador" — nem tente adivinhar o que são pessoas "moderadas", "esquerdistas" ou "radicais de esquerda". Jabor conclui que "o Passe Livre pode nos ajudar a responder essas perguntas". Oh, como é utópico, ingênuo e idealista este "ultraconservador"!...**

Com a mudança da opinião pública,*** e com manifestações marcantes não apenas na cidade de São Paulo, mas já no país inteiro, a polícia militar

---

* Aquele que o MPL não consegue citar sem chamá-lo erroneamente (grande novidade) de "conservador". Bem, é uma turma que até para falar de Boris Casoy não deixa de mencionar que ele foi ex-membro do Comando de Caça aos Comunistas na ditadura (*20 centavos*, p. 80). Caçou comunistas, entregando-os às autoridades! Comunista, aquela coisa que o MPL diz que morreu, que não defende mais, mas está lá, feliz da vida, falando de "socialismo" quando as câmeras desligam e fazendo marcha com o PCdoB! Se o nazismo tivesse sido uma ameaça iminente no país, certamente estariam reclamando de alguém ter feito parte do "Comando de Caça a Nazistas" na época de uma ditadura que terminou há mais tempo do que ela durou.
** Russell Kirk, quem melhor compilou os princípios conservadores no século XX, considera que ser conservador não significa manter o statu quo, e sim uma política de prudência com a coisa pública, sem rupturas que não possam ser revertidas. Não havendo um *Das Kapital* ou uma Bíblia para se tornar conservador, o que exige algumas décadas de leituras específicas (e rigorosamente desconhecidas no Brasil), pode-se resumir a visão conservadora também como a visão política calejada e desconfiada da própria política (não é difícil imaginar por quê). Conservadorismo é ceticismo, ou mesmo *pessimismo* político, em sua máxima escala. Ver suas conferências reunidas em *A política da prudência*. São Paulo: É Realizações, 2013.
*** Junho de 2013 foi o mês definitivo na história brasileira para mostrar que a "opinião pública" é uma das coisas mais *privadas* que existe, sendo controlada por cerca de meia dúzia de pessoas por continente. A opinião privada continua sendo perseguida por ser anti-hegemônica.

resolve mudar a abordagem e partir do pressuposto de que a manifestação é pacífica (afinal, dessa vez seria com pessoas bem diferentes do MPL, do PSOL, PSTU, PCO, PCdoB, MST, UNE, ANEL, Juntos!, Barricadas Abrem Caminhos, AJR, MNN, LER-QI, APS, MES, Rizoma e tantos outros coletivos de siglas só decifráveis para quem lê *O livro vermelho* do Mao em hieróglifos chineses). Voltando atrás no erro que só fizera aumentar o apoio popular nada partidário à manifestação, a PM afinal "libera o vinagre" — até porque a proibição seria inútil para conter os atos de vandalismo.

O vinagre, todavia, fazia um minúsculo sentido na manifestação da terça-feira: quem mais fazia uso dele, ainda num protesto com foco na tarifa e orquestrado detalhadamente por manifestantes profissionais, eram aqueles que queriam "atravessar" o gás para ficar na linha de frente de enfrentamento com a polícia. Contudo, seus efeitos na "anulação" do gás lacrimogêneo eram absolutamente mais fracos do que o esperado — ao menos na terça-feira, quando o seu uso ainda não havia ficado "famoso" no noticiário nacional, e mais servia para identificar manifestantes com *intenções* de agitação mais exaltada do que propriamente os vândalos que anelavam usá-lo como ingrediente para bombas. Na quinta-feira, com a notícia espalhada, já era, na melhor das hipóteses, contraproducente sair à cata de vinagre em mochilas.

Apesar das imagens da polícia parecendo "proibir" o povo de protestar, raramente foram mostradas imagens do *trânsito infernal*, que muitas vezes obrigava carros e ônibus a ficarem completamente PARADOS em avenidas, viadutos e túneis por mais de CINCO HORAS durante as manifestações. Estranhamente, nem a polícia, até hoje, parece ter se preocupado em explicar *por que* estava liberando vias. Respeitar o direito de manifestação pacífica não significa dar autorização a uma manifestação que *permita* vandalismos nem tampouco que feche vias sem aviso prévio (só as autoridades, presumindo novas manifestações avisadas por toda parte, foram tentar conversar com o MPL, mas não oficialmente) ou pare avenidas indeterminadamente, enquanto ambulâncias, viaturas de polícia, bombeiros e famílias inteiras ficavam presas no trânsito em desespero total. Já em agosto, com as manifestações se prolongando, um protesto deixou presa no trânsito por mais de duas horas uma ambulância com um paciente cardíaco.[18] Na avenida Paulista, em outro protesto, médicos garantiram que, se uma ambulância presa numa manifestação chegasse ao hospital com mais 6 minutos de atraso, o paciente morreria.

Em reunião na sede da Secretaria de Segurança do Estado, representantes do Ministério Público, da Polícia Federal, da Igreja Católica, de "movimentos sociais" e, claro, do MPL negociaram o trajeto da manifestação — um torrão de açúcar para quem descobrir quem bateu o pezinho e disse que não iria negociar nada. A desculpa da vez era que se tratava de uma decisão "política", e a polícia tinha a obrigação de garantir a segurança dos manifestantes, não importasse qual fosse o trajeto escolhido.

O MPL ainda exigiu que a reunião que tivesse por pauta *a manifestação* teria que contar com a presença da pasta dos Transportes, já que não se tratava de uma questão de segurança pública, e sim de uma reivindicação relacionada ao tema da mobilidade urbana — como se definir a segurança de uma manifestação fosse assunto a ser tratado com o responsável pelo assunto da manifestação, e não por quem faz... a sua segurança. O secretário ainda sugeriu um tom pacífico, sem máscaras e se possível de branco, recebendo uma risada dos membros do MPL em resposta. O black bloc ficaria conhecido do público em menos de duas semanas. Mesmo assim, o secretário concordou com tudo o que o MPL havia exigido, sem confronto, sem balas de borracha, sem Tropa de Choque, sem restringir o trajeto.[19]

Outra reunião marcou a manhã seguinte, desta vez do MPL com o futuro ex-secretário de Haddad investigado por enriquecimento ilícito Antônio Donato — aquele que indicou um fiscal acusado para lhe pagar propina mensal como diretor da SPTrans. Fernando Haddad apareceu de surpresa e, em vez da mera troca de afagos esperada, cobrou do movimento algum posicionamento em relação a seus próprios projetos, como a municipalização da Cide e o bilhete único mensal, tentando ver se um movimento que estava bem pouco interessado no preço da passagem faria alguma propaganda gratuita para o petista. O MPL, fiel a seu script oco, afirmou que não era da sua alçada encontrar soluções técnicas — apenas repetiu suas exigências, dizendo que era o povo quem exigia (sendo que o povo, quando se juntou a ele, pediu *qualquer coisa*, *exceto* o preço da tarifa) e reiterando, claro, que sempre quis negociar, mas estava ocupado demais no meio de barricadas de lixo e ônibus em chamas para poder conversar com o poder público, que não queria criar ônibus que andassem de graça enquanto isso...

Com os sentimentos populares cada vez mais planificados e unificados, com todos considerando essa manipulação algo *positivo* e com os ânimos insuflados por agentes que nunca diziam quais eram suas intenções, propostas, métodos ou pautas de negociação, a tarde avançava conforme o esperado: como uma celebração nacional, em que os baderneiros da turma prometiam acabar com o clima e aparecer bêbados bem antes de a festa começar. Tudo era alegria e, em vez de apontar para uma mudança futura, o movimento lançava um foco único em si próprio: mesmo sem saber por quê, ir para a rua era correto, e não fazer parte deste momento histórico era uma traição à pátria. Os protestos, ironia das ironias, eram comparados à queda do Muro de Berlim (obviamente que a comparação não partiu dos organizadores).

Spoiler: iria dar tudo errado.

A igualdade nacional: a massa que "foi além dos 20 centavos"

> "Noutro tempo o espírito era Deus; depois fez-se homem; agora fez-se populaça."
>
> Friedrich Nietzsche, *Assim falou Zaratustra*

Às 18h, novamente no largo da Batata, em Pinheiros, o gigante acordaria para parar a cidade — primevo e galerão, como cabe a um gigante pouco racional e bastante irritadiço. Tomando um dos núcleos financeiros da cidade, com multidões de pessoas que não paravam de chegar a cada minuto da estação Pinheiros, dois grupos gigantescos começaram a marchar em sentidos distintos: um tomou a avenida Rebouças e a marginal Pinheiros, o outro seguiu pela avenida Faria Lima, pela Juscelino Kubitschek e pela Berrini. Seu reencontro deu-se na ponte Octávio Frias de Oliveira.

O Datafolha contabilizou, apenas nesse ajuntamento, cerca de 65 mil pessoas. Havia ainda grupos na avenida Paulista e na Brigadeiro Luís Antônio, uma das vias que fazem a ligação entre o centro velho e o novo da cidade. Um desses grupos, aliás, faz uma manifestação liberal, pela desestatização do transporte e privatização do setor, no vão do Masp. Curiosamente, tais casos comentados apenas pela revista *Carta Capital*,[20] famosa por seu esquerdismo feroz e por gastar algumas boas edições por ano pedindo que se aumentem os 41% de carga tributária brasileira.

A cidade parou. E o país inteiro junto. Eram mais de trinta cidades com manifestações simultâneas.

Em Brasília, cerca de mil pessoas cercaram o Congresso Nacional. Fotos do prédio tomado por uma vastidão de pessoas até em seu telhado se tornaram um dos emblemas da manifestação: seria o povo contra os políticos, aterrorizados dentro do edifício — o emblema de um novo país nascendo, em que os governantes teriam medo da população, e não o contrário. Tudo, na verdade, extremamente bem-organizado. No fim do dia, prometendo já um novo protesto para a semana, uma voz clama no meio da malta um longo discurso, repetido em uníssono por quem estava perto, para ser ouvido por quem estava muito longe — com todo mundo muito obediente para aprender a lição de moral: "Amanhã vai ser maior!" (AMANHÃ VAI SER MAIOR!!!). Impossível pensar que alguém, espontaneamente, resolva começar a berrar um discurso, e o microfone humano "sem líderes" se auto-organize para favorecer sua fala.

Algo até esteticamente *bonito* de ser visto: cerca de mil pessoas, todas obedientes, agindo identicamente, ao mesmo tempo. Como uma dança coletiva. Ou, como afirmou o músico Lobão, em entrevista à revista *Veja* sobre os protestos: "Eu os achei parecidos com desfile de escola de samba. Tinha a comissão de frente, os destaques atrás e, encerrando a apresentação, a ala do quebra-tudo."[21] Sem nenhuma pauta clara unificadora, as pessoas ficaram perto dos amigos, os amigos perto dos amigos dos amigos, e assim por diante. No fim das contas, os protestos não representavam uma união assim tão grandiosa — pessoas que se detestariam em ambientes normais continuam se detestando, apenas com menor espaço entre elas. É uma aproximação de panelinhas.

Elias Canetti, ao categorizar a *descarga* que faz com que todos os homens deixem de lado suas individualidades e passem a fazer parte de uma massa, determina com perfeição o que foi aquele apinhado de 65 mil pessoas que mal conseguiam andar sem pisar umas nas outras em largas avenidas entupidas de gente:

> Somente a união de todos é capaz de promover-lhes a libertação das cargas da distância. E é precisamente isso o que acontece na massa. Na *descarga*, deitam-se abaixo as separações, e todos se sentem *iguais*. Nessa sua concentração, onde quase não há espaço entre as pessoas, onde os corpos se comprimem uns contra os outros, cada um encontra-se tão próximo do outro quanto de si próprio. Enorme é o *alívio* que isso provoca. É em razão desse momento feliz, no qual ninguém é *mais* ou melhor que os outros, que os homens transformam-se em massa.[22]

Essa *euforia*, portanto, não é uma filigrana pitoresca que, integrando algo muito maior, poderia ser facilmente ignorada — ela é, na verdade, o principal evento que demandaria detalhadas explicações da miríade de especialistas convidados a palpitar animadamente sobre os protestos. Sem essa alegria não existiria protesto; e a pauta do protesto não foi outra que não *a própria histeria coletiva* que se espraia sobre todos os corações quando estes se sentem próximos como parte de uma manifestação. Sem o desprezo da população brasileira pelos políticos, não haveria motivo para ir às ruas; mas sem a *felicidade absoluta* de fazer parte de uma massa igualitária e poderosíssima, a manifestação não teria senão os politizados de sempre, que criticam os políticos apenas porque querem ainda mais política em nossas vidas. Não era um sentimento negativo que tomava as ruas: era uma alegria completa de se sentir parte de um poderoso exército que não precisa enfrentar nenhum exército rival — apenas marcha e conquista o território que quiser, sem riscos em sua vitória certa.

Canetti, descrevendo as quatro propriedades da massa, determina que ela quer crescer sempre, que ama a densidade e precisa de uma direção. Mas o principal aqui é a segunda propriedade:

> *No interior da massa reina a igualdade*. Absoluta e indiscutível, tal igualdade jamais é questionada pela própria massa. Ela é de tão fundamental importância que se poderia definir o estado da massa como um estado de igualdade absoluta. Uma cabeça é uma cabeça; um braço é um braço — as diferenças não importam. É por causa dessa igualdade que as pessoas se transformam em massa. O que quer que possa desviá-las desse propósito é ignorado. Toda demanda por justiça, todas as teorias igualitárias retiram sua energia dessa experiência de igualdade que todos, cada um a seu modo, conhecem a partir da massa.[23]

Se os analistas que tanto palpitaram sobre os protestos de junho conhecessem o mero *sentimento* de fazer parte de uma massa, teriam matado a charada sobre o que, afinal, era aquilo que tomava ruas diante deles e impedia qualquer outra notícia de ser veiculada. Não era "a gota d'água", não era um sentimento de insatisfação com os políticos, não era uma marcha apartidária pelo fim da corrupção em todos os partidos — era o sentimento de pertencer a algo *grande, denso, poderoso*. E essa multidão se comportaria como qualquer outra já estudada pela política de massas.

Este sentimento de igualdade explica, sobretudo, o quê, como, por quê, onde e quando essa massa surge, atua e se dissolve. Sem essa condição, as teorias igualitárias nunca subsistiriam ou seriam formuladas numa realidade comum: um homem trabalha, vê que seu vizinho trabalha menos, mas nunca pensaria em usar a política para tomar à força o que é dos outros e distribuir igualmente entre ele e seu vizinho. **Qualquer teoria que prefira a igualdade à liberdade de ser diferente e responsável por seu próprio destino é uma política sentimentalista**, que nasce dos sentimentos viciados e suspeitos de uma massa, cujo centro é bem menos espontâneo do que parece.

O MPL é uma agremiação infanto-juvenil de partidos de extrema esquerda que abandonaram o PT por este se tornar pouco trotskista e ter debandado para o gramscismo. **Para se compreender a política nacional, urge compreender a diferença entre estes dois autores.** Antonio Gramsci é um teórico estudado por lideranças sempre próximas ao PT, como Ênio Silveira, editor da Civilização Brasileira (e criador da revista homônima), tendo sido o primeiro a publicar Gramsci no Brasil, nos tempos de ouro do Partido Comunista; e Carlos Nelson Coutinho, das antigas do Partido Comunista, que foi para o PT e morreu no PSOL. O PT, portanto, é a encarnação máxima da política tupiniquim gramscista. Gramsci toma as lições de Maquiavel para um príncipe sempre permanecer no poder (separando a ética da prática política) e troca "príncipe" por "partido" — afinal, na modernidade, é o único órgão político a garantir mais poder (um juiz não pode gerar mais poder para si próprio, um partido pode). Para isso, quer transformar *qualquer coisa* em propaganda partidária: de política econômica a discussões sobre sexualidade. Sempre é preciso dividir as pessoas e ter apenas um partido que as "represente" e possa "salvá-las" de seus "inimigos". É o PT em estado bruto. Não mais a revolução com ruptura de fora: a mentalidade de partido único é grassada dentro do próprio Estado, com a eleição eterna da mesmice.

Já Leon Trotsky, que não conseguiu ser o ditador oficial da União Soviética (e certamente teria sido muito mais genocida do que Stalin), prega o método antigo de agitação comunista: crê como Marx que toda democracia é uma ditadura, pois representa apenas o interesse da "classe" dominante. Marx crê que os interesses de uma pessoa refletem apenas o quanto ela ganha em um determinado momento da sua vida, esquecendo-se de que isso não explica como Marx, um burguês, criou uma teoria antiburguesia que só atrai adolescentes de classe média para média-alta. Assim, a democracia seria o "regime burguês" por ter a classe "exploradora" como classe política, enquanto o único produtor, segundo sua religião particular, é o proletário. Deveria, portanto, existir uma "ditadura do proletariado",* em que os interesses da classe

* Marx cita muito pouco essa famosa "ditadura do proletariado", sempre de maneira alegórica e pouco clara — tal como a famosa "mão invisível" de Adam Smith, que na verdade é citada *uma única vez* em um livro de mais de mil páginas, embora quem nunca o leu jure que ele "teoriza sobre a mão invisível do mercado". A discussão sobre o que seria a ditadura do proletariado (uma "ultrademocracia", uma ditadura de um único proletário, um "totalitarismo do bem" ou o que quer que seja) já rendeu muitos livros, como *A ditadura do proletariado*, de Karl Kautsky, que advoga que Marx nunca aduziu tal ditadura como uma forma de governo (em uma carta, Marx diz que sua filosofia tem como originalidade a ideia de que a luta de classes leva à ditadura do proletariado, que "abolirá todas as classes"). Ver *Ascensão e queda do comunismo* (Rio de Janeiro: Record, 2011), p. 39 e seguintes, e 74-78.

proletária fossem defendidos. Apenas em seus panfletos de incitação às massas Marx diz claramente com o que fazer com os "burgueses", e, a rigor, não parece querer um destino mais digno para eles do que tiveram nas mãos de Pol-Pot, Stalin, Mao, Kim Il-sung e derivados. Todas as eleições, para Marx, Lenin, Stalin e Trotsky, são meros artifícios burgueses para se perpetuar no poder (não surpreende que Gramsci, que o "corrigiu" nesse método, seja um autor bem mais recente). É o método das alas mais radicais que saíram do PT para formar os partidos nanicos do PSOL, PSTU, PCO* — além de outras alas tão minúsculas que sequer conseguem montar um partido. Não é um alento: como se vê, parar o país, criar uma hegemonia histérica e sentimentalista de pensamento único e ter apoio de 84% da população não exigem um grande partido com deputados, prefeitos, governadores e senadores em todas as regiões do país. É preciso apenas um grupo que às vezes não chega a ter vinte pessoas.

Como esse método trotskista inclui agitar o proletariado, forçando uma "luta de classes" que não existe na história (mas que juram ser o próprio motor da história), ele inclui necessariamente a agitação em massa. Pessoas tomando ruas, impedindo o funcionamento normal do capitalismo e destruindo suas lojas e instalações de acesso público. Como é impossível fazer com que as pessoas defendam uma ditadura alegremente, a mensagem sobre o que elas estão fazendo não deve ficar clara

* O PCO, apesar de marcado por seu radicalismo acéfalo, a ponto de chamar o PSTU de mancomunado com a "direita burguesa fascista e direitista" (*sic*), não é, por isso, stalinista, pelo contrário. Stalin chamava Trotsky de fascista e direitista (essas palavras aparecem na boca dessa gente como "bom dia"), mas não era sempre *mais* esquerdista do que Trotsky. Trotsky era mais estratégico, gostava de pensar no longo prazo ("história" é uma palavra que aparece em seus escritos como substantivo, verbo, adjetivo, exclamação, interjeição e tudo o mais) e apenas era contra a participação da Rússia na Primeira Guerra. O PCO continua sendo trotskista e crítico de Stalin (as diferenças entre esses partidos, sim, *são sobre os métodos de condução da Revolução Russa em 1917*, um tema muito atual para o Brasil do século XXI) — só é mais cabeça-dura do que o PSTU. Todavia seu radicalismo ainda permanece dentro do trotskismo (embora, como um partido-piada, tenha entre seus filiados toda a família de Rui Costa Pimenta, o que o aproxima quase involuntariamente do socialismo-família *juche* da Coreia do Norte e da Romênia).

nem mesmo para elas próprias — apenas se luta contra a "exploração", a "injustiça", a "tirania", a "corrupção", "a falta de investimentos" ou "o preço da tarifa", em linguagem moderna, mas igualmente abstrata, sem propor soluções detalhadas. Como o pensamento é único e hegemônico — afinal, é apenas um *sentimento* transferido em palavras de ordem, e não em longa argumentação racional —, só é preciso *um líder* para representar *todo um único pensamento.*

O socialismo trotskista, portanto, está se lixando para eleições — partidos como PSTU, PCO, PCB, PSOL e derivados querem no máximo alguns vereadores ou deputados, mas o seu foco é a *revolução,* e não a *eleição.* Toda a representatividade para eles é falha porque eles querem representatividade *única e total.* Seu método é, antes, inculcar um pensamento único e agitar as massas. Quando conseguirem um líder para a muvuca, terão o poder completo em suas mãos.

A diferença da esquerda que estava se agitando nas ruas é que ela é trotskista, e estava feliz em chegar perto do poder com agitação. A esquerdista petista, gramscista, dificilmente perde uma eleição e já está em todos os estratos do poder — mas viu que seus irmãos mais velhos não estão tão velhos quanto parecia. Muito menos como os analistas e o palpitariado da mídia acreditam.

A leitura cega: Uma manifestação para todos e para ninguém

> "Não se pode ver uma revolução; pode-se apenas ver que há uma revolução. E nunca houve na história do mundo uma revolução real, brutalmente ativa e decisiva, que não fosse precedida por inquietude e novos dogmas no reino das coisas invisíveis. Todas as revoluções começaram sendo abstratas. A maioria começou de forma pedantemente abstrata."
>
> G. K. Chesterton

É difícil acreditar que milhões de seres humanos, bem-instruídos em sua maioria, foram às ruas no maior protesto da história recente do país desde o *impeachment* do presidente Fernando Collor* aparentemente sem motivo algum. Se a primeira fase é marcada pelos 20 centavos, a segunda fase é sempre marcada por um *decréscimo* — cada vez menos se explica por que as pessoas devem tomar as ruas (cada explicação faria com que *menos* pessoas aceitassem os motivos, afinal).

Uma manifestação, para chamar tanta gente, precisa ser *agradável*, afetar, ou fingir que afeta, algum anseio real da população, tocar seus sentimentos. O sociólogo espanhol Manuel Castells, considerado "o principal analista da era da informação e das sociedades conectadas em rede", um grande defensor da agitação política de massas, explica que, para chamar indivíduos para as ruas, não se deve apelar para argumentos racionais, explicações técnicas ou nada que envolva usar a cabeça, medir, auferir, verificar, cotejar ou analisar friamente:

> No plano individual, os movimentos sociais são emocionais. A insurgência não começa com um programa ou uma estratégia política. Isso pode vir depois, quando surge a liderança, de dentro ou de fora do movimento, para fomentar agendas políticas, ideológicas e pessoais que podem ou não relacionar-se às origens e motivações dos participantes do movimento.[24]

Em outras palavras, ao contrário do que tenta vender o idealismo dos mundo-melhoristas de plantão, *primeiro* as pessoas precisam ir para as ruas, *depois* se discute por quê. Primeiro as massas se agitam e ficam sentimentais e sensibilizadas — *depois* aparecem os líderes que usarão o poder de uma massa unificada e revoltada a seu bel-prazer (o curioso é alguém ser capaz de demonstrar esse modo de funcionamento das coisas e *defender* tal sistema com a maior cara de pau).

Para criar o verdadeiro movimento social brasileiro, então, era preciso parar com a conversinha sobre 20 centavos. Já vimos que Ortega y

---

* A maior manifestação popular ocorrida no Brasil continua sendo a Marcha da Família com Deus pela Liberdade, que depôs o presidente João Goulart (e acabaria servindo de pretexto para a instauração da ditadura militar), tendo juntado 3 milhões de pessoas nas ruas quando o país tinha um terço da população atual. Foi como se os protestos de junho de 2013 tivessem *o triplo* das pessoas nas ruas.

Gasset explica que os motivos para as massas praticarem sua rebelião costumam ser os mais ínfimos possíveis. Mas esta é a *descarga*. O primeiro momento. O fato concreto que inicia a revolta. Como o preço do pão na Revolução Francesa, ou a autoimolação contra o confisco pelo Estado da mercadoria do comerciante Mohamed Bouazizi, que desencadeou a Primavera Árabe.* Ou os nossos 20 centavos, já que tentativas de mobilização anteriores envolvendo sem-terras, legalização da maconha, sindicalismo político, feminismo e afins deram com os burros n'água.

Na verdade, o que *menos* importa é o motivo. Os líderes comunitários, os *community organizers* que vimos no Occupy, são ainda mais ativos no Brasil. Qualquer pessoa que tenha contato com um sindicato ou repartição pública conhece o cara que "luta pelos trabalhadores", mas nunca trabalha. Todavia, basta haver um bochicho de uma greve, e lá estará ele chegando atrasado como Lenin redivivo apenas para orquestrar o movimento. Não temos um termo tão conhecido como *community organizer*, mas estes caras são os profissionais da agitação. Tudo o que sabem fazer na vida cuja aparência tenha alguma vaga semelhança com o conceito de "trabalho" é essa agitação. É como provoca Ortega y Gasset:

> A forma de pressão social que é o poder público funciona em toda sociedade, inclusive naquelas primitivas onde ainda não existe um órgão encarregado de exercê-lo. (...) Como poderá faltar um poder público onde há opinião pública, se aquela nada mais é que a violência coletiva disparada por esta opinião? Pois bem, que existe há séculos e com intensidade crescente uma opinião pública europeia e até uma técnica para influir nela — é um fato difícil de negar.[25]

* E nunca é demais frisar que o "pensamento" econômico de quem busca abaixar o preço da tarifa à força nas ruas é, justamente, *aumentar* impostos para financiar os custos, fazendo com que comerciantes sejam *ainda mais* confiscados em suas trocas por um agente que não produz nada, apenas tira: o Estado. Rebeliões de massa costumam apelar para um problema concreto e, como solução, sem perceber (ou por maledicência pura), propõem justamente *aumentar* o poder que causa aquele problema. **Ao se compreender isso, se compreende o problema com o pensamento de todo e qualquer pensador de esquerda no mundo.** Não à toa, a Primavera Árabe tirou ditaduras autoritárias e corruptas do poder, como o egípcio associado ao Ocidente Hosni Mubarak, e colocou em seu lugar o totalitarismo islâmico da Irmandade Muçulmana, a entidade islâmica mais ferozmente anti-Ocidente e contrária a tudo o que não seja islâmico no mundo.

Não se trata, pois, de uma manifestação "espontânea", cuja deflagração teve, como gota d'água, uma causa que, *por mera coincidência*, era justamente a pauta de um grupelho de agitadores ligados a PSTU, PSOL, PCO e *muy amigos* do PT — o preço da tarifa. Na verdade, *cria-se esse tipo de coletivo como o MPL exatamente para poder manipular as massas.*

L'art pour l'art de protestation. Ortega y Gasset, como G. K. Chesterton, sabe que qualquer movimento de massa é essa tentativa de aspirar a um ideal, crendo que através da multidão pode-se concretizar até um unicórnio:

> Nas revoluções a abstração tenta sublevar-se contra o concreto; por isso as revoluções e o fracasso são consubstanciais. Os problemas humanos não são abstratos, como os astronômicos ou os químicos. São problemas de máxima concreção, porque são históricos. (...)
>
> Esta [a "razão histórica"] nos mostra a vaidade de toda revolução geral, de tudo quanto seja uma tentativa de transformação súbita de uma sociedade e começar de novo a história (...). As revoluções tão incontinentes em sua pressa, hipocritamente generosa, de proclamar direitos têm sempre violado, pisado e rasgado o direito fundamental do homem, tão fundamental que é a própria definição de sua substância: o direito à continuidade. A única diferença radical entre a história humana e a "história natural" é que aquela não pode nunca começar de novo. Köhler e outros mostraram como o chimpanzé e o orangotango não se diferenciam do homem por aquilo que, a rigor, chamamos de inteligência, mas porque têm muito menos memória que nós. Os animais se defrontam a cada manhã com o fato de terem esquecido quase tudo o que viveram no dia anterior, e seu intelecto tem de trabalhar sobre um mínimo material de experiências.
>
> Da mesma forma, o tigre de hoje é idêntico ao de seis mil anos atrás, porque cada tigre tem de começar de novo a ser tigre, como se antes nunca tivesse existido outro. O homem, ao contrário, devido a seu poder de lembrar, acumula seu próprio passado, toma posse e o aproveita. O homem nunca é um primeiro homem: desde o início já existe a partir de certo nível de passado acumulado. Este é o tesouro único do homem, seu privilégio e sua marca. E, de todo esse tesouro, a maior riqueza não consiste no que parece certo e digno de ser

> conservado: o importante é a memória dos erros, que nos permite não cometer os mesmos sempre. O verdadeiro tesouro do homem é o tesouro dos seus erros, a longa experiência da vida decantada gota a gota durante milênios. Por isso Nietzsche define o homem superior como o ser "da mais longa memória".[26]

Um desavisado que apenas veja "manifestações do povo pelo direito de se manifestar" crê que vivemos sob uma ditadura brutal que não permita opiniões ou sua expressão. Todavia, há mais de duzentos "protestos" por ano em São Paulo, com a avenida Paulista sendo "fechada" tantas vezes que sequer é notícia, mas com a diferença de que quase nunca esses protestos conseguem criar mobilizações da massa com as causas que evocam a cada vez, sempre gelatinosas, de contornos pouco discerníveis e suscetíveis a mudanças do dia para a noite ao bel-prazer de suas lideranças.* Assim que conseguem mobilizar gente o suficiente, passam a seu objetivo verdadeiro: o movimento de massa que lhes garanta o poder total, sem precisar passar pelas chatíssimas eleições. Ninguém que ignore este mecanismo dos movimentos de massa poderia acreditar que uma Marcha da Maconha levaria a uma marcha sem objetivos claros alguns dias depois, que poderia tomar o país. Ou que se faria o mesmo por 20 centavos, dois anos depois. Seria uma previsão insana. Mas, para quem descobre o segredo da mágica revelada — *tcharam* —, fica claro que é assim que alguns fazem política.

No episódio "The Biggest Douche in the Universe" do desenho animado South Park, a maior obra de sociologia que a humanidade já pro-

* Vide a esquizofrênica relação da esquerda com os gays. Atualmente, ela se julga a única força mundial que defende os seus direitos — mesmo que tenha em seu passado a perseguição a gays em Cuba, na União Soviética, em todo o Leste Europeu e, atualmente, no Irã e outros totalitarismos islâmicos (o único lugar onde gays podem ter direitos no Oriente Médio é em Israel, que a esquerda odeia tanto quanto Adolf Hitler), fora as ditaduras socialistas de Mugabe ou da Uganda. Wilhelm Reich, psicólogo marxista, acreditava mesmo que o homossexualismo era um desvio de comportamento "inventado" pelo capitalismo, e que com a consumação do comunismo este comportamento "degenerado" iria desaparecer. Hoje, com o comunismo travestido de "progressismo", qualquer bandeira é aceita, e a esquerda passou a acreditar que *ela* é que defende os gays da malvadíssima direita ocidental — a única criadora de uma cultura onde eles têm direitos. Ver "Regra geral", de Olavo de Carvalho, disponível em: <http://www.olavodecarvalho.org/semana/121113dc.html>.

duziu, digna de comparação com *O poder*, de Jouvenel, os personagens Stan e Kyle tentam conversar com seu amigo morto Kenny e vão a um show televisivo em que um desses clarividentes fajutos finge conseguir falar com os mortos. Como todos na plateia estão interessados em conversar com alguém morto recentemente, seu método de "adivinhação" é fácil: chega a uma ponta da plateia e diz: "Sinto um M vindo daqui..." (e certamente alguma "Maria" morta recentemente é parente de alguém na plateia); ou diz para um jovem: "Sinto que você perdeu uma mulher recentemente" (dificilmente homens vão querer falar com outros *homens* sentimentalmente em público, muito menos depois de passado muito tempo — e, caso o jovem não tenha perdido a esposa, pode ter perdido a mãe, por isso o "vidente" não cita a relação do jovem com a mulher).* É o mesmo sistema usado para se criarem horóscopos ("Cuidado com os períodos de adversidade do dia", como se não precisássemos redobrar os cuidados senão em períodos de adversidade).

Isso é chamado *leitura cega*. Lê-se a resposta de uma pessoa de acordo com o que *qualquer pessoa* responderia à mesma coisa (como perguntar para um idoso se ele sente falta dos seus pais). Tornam-se todos iguais — despe-se o homem de sua individualidade, de tudo aquilo que tem de destino próprio, de tudo aquilo que o torna diferente de uma engrenagem — e fala-se com ele como se se tocasse no mais fundo do seu ser, no âmago de seus sentimentos, necessidades e objetivos, quando, na verdade, só estão sendo repetidos clichês que servem, justamente, para *ignorar* os anseios e desejos pessoais do homem, reduzindo-o a um autômato substituível por qualquer outro sem prejuízo e sem que ninguém sinta falta. Ortega y Gasset completa o raciocínio:

> Romper a continuidade com o passado, querer começar de novo, é aspirar a descer e plagiar o orangotango. Alegro-me que tenha sido um francês, Dupont-White, que em 1860 se atreveu a clamar: "*La continuité est un droit de l'homme; elle est un hommage à tout ce qui le distingue de la bête.*" (...) Isso é ser um povo de homens: poder hoje

* O episódio inteiro pode ser visto nos South Park Studios na internet, mas a hilária cena da "conversa com os mortos" pode ser vista em: <http://www.southparkstudios.com/clips/103512/crossing-over>.

> continuar em seu ontem sem por isso deixar de viver para o futuro, poder existir no verdadeiro presente, uma vez que o presente é apenas a presença do passado e do porvir, o lugar onde pretérito e futuro efetivamente existem.[27]

Em um país tumultuoso e de tamanho continental como o Brasil, criar movimentos políticos de largo apoio popular é uma tarefa difícil. Os desejos de uma pessoa não apenas são distintos dos de outras — são muitas vezes antagônicos. Não é apenas uma crise de representatividade entre dois partidos sempre disputando o Poder Executivo central. Trata-se de pessoas que pensam coisas opostas, que não querem o mesmo para si e para a sociedade como um todo. Alguns querem o centralismo estatal sonhando com a planificação humana em nome da igualdade, outros preferem a liberdade do homem e seu direito de autopropriedade, preferindo deixar que cada um tenha a liberdade de trabalhar para quem preferir e ficar com os frutos de seu trabalho para si. A maioria passa ao largo de discussões técnicas e ideologias sociais e apenas crê que as coisas não funcionam e que precisamos de mudança. Tudo precisa ser vago, como explica Eric Hoffer: "A unificação é mais um processo de diminuição do que de adição. A fim de ser assimilada em um meio coletivo, uma pessoa tem de ser despojada de sua distinção individual. Ela tem de ser privada de liberdade de escolha e julgamento independente."[28]

Massas não raciocinam, massas obedecem, massas marcham. É impossível argumentar contra um desfile militar as vantagens do liberalismo frente ao autoritarismo, ou explicar para uma farândola de 3 milhões de pessoas que os preços das passagens não podem ser mudados no grito.

Sem argumento, e sem possibilidade de raciocínio, **restam os sentimentos** — inconstantes, incontroláveis, vulcânicos, revoltosos e voláteis como sempre são. É o que defende o agitador Castells: "Mas o *big bang* de um movimento social começa quando a emoção se transforma em ação."[29] É a leitura cega em ação: se cada pessoa raciocina de uma maneira diferente, os sentimentos, por mais distintos que sejam, são primitivos e iguais. Todo mundo sabe o que é medo, o que é raiva, o que é frustração, o que é tristeza. Critica-se "a corrupção", mas não se pode citar o nome de nenhum corrupto — assim que isto fosse feito, as pessoas estariam se esfaqueando umas às outras, em vez de formarem juntas um gigante acordado. Esclarece Eric Hoffer: "Unidade coletiva não é o resultado do amor fraternal dos fiéis uns pelos outros. A lealdade do verdadeiro crente é para com o todo — a igreja, o partido, a nação — e não para com o seu companheiro fanático."[30]

Como sentimentos são vulcânicos e conflituosos, podendo virar-se contra o domesticador da besta-fera em questão de minutos, às vezes até os próprios organizadores se tornam vítimas da fúria das massas. No livro *@ internet e #rua*, feito para agitar as turbamultas com propaganda comunista, propõe-se desde o começo: "Poderíamos dizer que este livro busca mapear e cartografar, tensionar, analisar e apontar caminhos, menos que responder a uma questão inquietante: afinal, o que está acontecendo?"[31] Quanto a nós, preferimos escrever o oposto.

A forma de motivação por sentimentos marqueteiros, os mais simples e genéricos possíveis, é posta com ares de pompa na típica verborragia esquerdista: "Foram utilizados vídeos, posts, associados a *hashtags*, *tweets* e *memes on-line*, para criar ondas de intensa participação em experiência de tempo e de espaço, a partilha do sensível, a intensidade da comoção e engajamento construídos num complexo sistema de espelhamento."[32] Traduzindo do pedantês, propaganda política em rede, utilizando os próprios propagandeados como espalhadores da propaganda. O resultado é sempre o caminho das manifestações de massa, que concentram o poder na opinião pública e no que dizem ser "o bem comum", colocado acima da liberdade dos indivíduos.

Um dos maiores estudiosos do perigo da política de multidões, Erik von Kuehnelt-Leddihn, mostra que estes ajuntamentos são feitos por *instinto*, e não por causas delineadas e claramente definidas. É o que ele chama de instinto "rebanhista":

> O verdadeiro "rebanhista" vai cuidadosamente evitar agir ou pensar originalmente, de modo a não destruir a uniformidade que lhe é tão cara, e ele também está pronto para se erguer imediatamente contra qualquer um que se atreva a agir de forma independente e, assim, destruir a unidade sagrada do grupo uniforme a que ele pertence. O

"rebanhista" leal não vai se erguer sozinho contra o sacrílego ofensor; ele terá o apoio do resto da sociedade em torno e, assim, uma ação em massa de protesto coletivo ocorrerá, forçando o "indivíduo solitário" a se conformar ou se retirar. (...)

O instinto "rebanhista" é, além disso, não só pessoal, no sentido de quem clama por um coletivismo pessoal; ele cria também um anseio e um desejo de contemplação visual e sonora de fenômenos identitários ou uniformísticos. O verdadeiro rebanhista, o homem verdadeiramente dominado por esse instinto inferior, não só vai se alegrar em marchar em meio a 20 mil soldados uniformemente vestidos, todos pisando ritmicamente em uma direção, como vai encontrar uma gratificação quase igual ao contemplar o espetáculo a partir de uma varanda. Ele não só vai ficar feliz de sentar-se em meio a outras duas centenas de empresários de óculos, bebendo cerveja e cantarolando uma canção em uníssono, como o aspecto de um arranha-céu com mil janelas idênticas provavelmente vai impressioná-lo mais do que um quadro de Boticelli ou Zurbarán.[33]

É sentimentalismo genérico, e não motivos factuais, o que move as multidões. Castells define que a mobilização social e política nasce do medo (negativo) e do entusiasmo (positivo). Ambos, social e politicamente, são frequentes — o que os torna um bom combustível é alguma dose de *esperança* que projete o comportamento para o futuro. O homem dominado pelos seus instintos inferiores é também despojado de toda a moral e responsabilidade, o que explica por que a violência do fenômeno black bloc logo toma a dianteira das atuais manifestações de massa. É o homem que nivela tudo por baixo, exigindo um igualitarianismo econômico, uma mediocridade rasteira em artes e valores, uma mesmice repetitiva no lugar das ideias, a trivialidade da experiência — o que Kuehnelt-Leddihn resume como *the cult of sameness*:

O "rebanhista" é verdadeiramente o *homme médiocre* que Ernest Hello descreveu tão bem; ele é simplesmente forçado a corresponder à mediocridade porque ela representa como que a média (o "cinquenta-cinquenta"), a melhor chance de se tornar o ponto de encontro e o foco para o movimento de massas, o sentimento de massa, ou a norma de massa.

> O antagonista do "rebanhista", por outro lado, o homem "romântico", não é movido por identidade e uniformidade, mas pela diversidade. Devemos ter cuidado para não confundir o verdadeiro "romântico" com o "individualista resistente" que se engaja numa luta desesperada e perdida contra um coletivismo iminente, nem com o egoísta mentalmente desequilibrado que é extravagante a fim de chamar a atenção geral.[34]

Este igualitarianismo da monotonia, por definição, é inimigo de toda variedade da experiência da vida, de toda a liberdade do homem de ser quem ele quer e é, e não uma peça num amontoado dissolvido em sentimentos subalternos e mesmice repetitiva:

> [O anti-rebanhista] pode ansiar por países distantes, por viajar, por aventura, e uma vida cheia de variedade no exterior ou no interior. O romântico não é movido por um elemento de medo como o rebanhista, que está escondendo sua pessoa em um coletivo anônimo, mas ele busca a plenitude da vida com todos os seus diversos aspectos.[35]

Já o rebanhista fica à mercê de quem melhor controlar seu primitivismo. Ao descer de nível, fica-se sempre subalterno aos espertalhões do andar superior. É o fim daquilo que os alemães chamavam de *das romantische Lebensgefühl* — a vida contemplativa e introspectiva, a prudência pública que é trocada pela ação direta e irracional, a mudança pela mudança, a destruição desmedida. Para estes instintos baixos entrarem em ação, é preciso que os dirigentes do movimento social consigam fazer com que as pessoas superem outro sentimento que pode impedir o entusiasmo: a ansiedade, a "reação a uma ameaça externa sobre a qual a pessoa ameaçada não tem controle".[36] A ansiedade é o que faz com que o indivíduo evite se envolver, engessando um movimento que não é nada senão *movimento* em sentido lato — sem se mexer, não significa nada, não defende nada. A pesquisa do Ibope de agosto de 2013, aliás, deu destaque para as emoções das pessoas, e revelou que os sentimentos que mais fizeram as pessoas saírem de casa foram a revolta (37%), a sensação de descaso dos governantes (32%) e a esperança (13%).[37]

Primitivo como é, este mecanismo precisa de outro sentimento, um dos mais bárbaros do homem, para funcionar: a raiva. Esta tende a aumentar quanto mais se tem um objeto claro que a motiva. Todavia este objeto pode ser abstrato — como "os políticos", sem citar o nome de nenhum (e sem que, até esse momento, qualquer um precisasse se preocupar com qualquer coisa). O resultado não poderia ser outro que não a bestialidade exorbitante. Kuehnelt-Leddihn:

> Mas enquanto o instinto de rebanho daqueles "que querem marchar pela vida juntos, ao longo do caminho coletivo, ombro a ombro, lã esfregando lã e a cabeça para baixo" (José Ortega y Gasset) — é da ordem animalesca, o espírito romântico é puramente humano, divino. A plenitude da vida tão procurada pelo romântico, como aqui concebido, é inacessível ao animal. (...)
>
> As grandes conquistas — a santidade, o heroísmo, a santa sabedoria, a visão beatífica — não são avidamente procuradas pelo rebanhista, que, como os animais do campo, anseia por ser um animal "seguro" (para usar uma expressão de Peter Wust), em vez de se orgulhar de permanecer o animal "inseguro" que o homem é por natureza e na ordem das coisas. Hostil à aventura, que, afinal, era um dos grandes poderes magnéticos da Idade Média, o rebanhista se move com cautela na ampla correnteza das massas medíocres, evitando os extremos, exceto aqueles em uma histeria frenética de massa.[38]

Ainda de maneira mais curiosa, o grito "Vem pra rua!" que ecoou no Brasil parece ser um chamado às armas, uma conclamação à luta contra a tirania — quando, na verdade, dissolver-se na multidão, espiritualmente, é justamente se resguardar no coletivo e, protegido, não correr riscos intelectuais além de se prestar a um heroísmo plástico contra as forças da lei a ser ultrapassada:

> A santidade não é apenas uma condição extraordinária, mas também uma aventura. E aventura pertence ao domínio do "Romântico". Aventura é um empreendimento solitário, como a santidade, e, portanto, não agradável ao rebanho e ao rebanhista. O rebanhista por sua vez está inclinado à imitação (não no sentido de uma *Imitatio*, um seguimento, mas de mera *cópia*), e sua imitação é em parte o resultado de sua falta de originalidade, sua falta de poder criativo e sua fraqueza interior, que deve ser coberta por algum tipo de coloração protetora, um mimetismo que torna difícil distingui-lo do resto e da "norma".[39]

Também foi este o meio para que pessoas que nunca se preocuparam em se atualizar das notícias dos jornais em seus mais intrincados detalhes (notícias que complicam a cabeça até de quem estuda e trabalha com o assunto sete dias por semana) de repente estivessem dispostas a dar a vida por questões comezinhas ou que nem entendiam (como uma complexa PEC sobre investigações criminais), e sempre marchassem exatamente para onde os organizadores da manifestação queriam.

Tudo nasce no abstrato, e depois de as pessoas já estarem nas ruas tenta-se transformar slogans genéricos em um projeto concreto. E seguem-se slogans repetidos e palavrosos sobre a corrupção, a saúde, o transporte, a educação, o descaso, as autoridades — a regra implícita, porém, é que só se podia falar mal da "corrupção", e não do "corrupto": assim que o nome de um político era citado, seus eleitores, ali também na manifestação, começavam a reclamar. Quando tentaram levantar uma bandeira que chamava Lula de chefe da quadrilha do mensalão, imediatamente se pediu para abaixar "essa faixa da direita"[40] — o único político citado por corrupção foi Renan Calheiros, que, apesar de ganhar votos em Alagoas, é odiado por *todos* no país. De resto: nada sobre uma solução possível para a saúde nacional, sobre um plano de mobilidade urbana mais eficaz, sobre um modelo de educação que nos tire do buraco em que a crença marxista de Paulo Freire nos jogou em vez de nos alfabetizar.

Apenas a raiva é capaz de fazer com que o indivíduo assuma riscos que não assumiria normalmente. O principal método para superar o medo e, a partir da raiva, agir é a indignação, "ao tomarem conhecimento de um evento insuportável ocorrido com alguém com quem se identificam". Se é preciso fazer uma leitura psicológica da necessidade do MPL de criar confrontos com a polícia e da influência dessa estratégia sobre a decisão das pessoas de ir para as ruas, esta leitura pode ser considerada apenas o prefácio do método de Castells.

Escudadas pela multidão, o medo das pessoas desaparece. Entusiasmadas pela possibilidade de mudança (sem nem se perguntar qual), elas atendem ao chamado "vem pra rua!" sem se preocupar em ter qualquer outro motivo para isso, além do fato de todos os outros estarem indo para a rua também — **imitar é uma forma agradável de obedecer.** Com esperança num futuro diferente, ignora-se o que se dá entre o presente e o futuro, ou as formas com que este pode ser construído, e se foca apenas no próprio sentimento.

Esta é a massa nas ruas, o gigante acordado: bem-intencionada, pacífica, ordeira, correta, moral, feliz, esperançosa, espirituosa, simpática, educada — mas desnorteada e enganada, esquecendo-se do que faz ali e sem se perguntar a quem está ajudando, com qual propósito e com qual método.

Apenas assim para tantas pessoas — a maior parte delas com boa educação e algumas reservas econômicas, e não o contrário — irem às ruas com tão bom coração e tanto anseio por melhorias não só na vida delas, mas de toda a sociedade. Todavia quem iria a uma manifestação contra a violência policial promovida pelo PCC? Quem faria peso num protesto pacífico contra a corrupção criado e financiado pelos acólitos de Paulo Maluf, Orestes Quércia ou pelos petistas?* Quem pediria mais dinheiro para a saúde e a educação, se esse dinheiro a mais fosse ser gerido por José Gomes Temporão, Fernando Haddad e os apadrinhados de Sarney e Collor com quem o PT negocia ministérios?

Se ficasse claro o que eram as manifestações, qual seu objeto, seus atores, seus organizadores, seu método e qual o resultado pretendido, provavelmente elas reuniriam não mais do que meia dúzia de curiosos ao redor de militantes partidários (geralmente pessoas que não trabalham a não ser no próprio partido, e se jactam de "trabalhadores"), sindicalistas e "alunos profissionais" de universidades, muitos recém-saídos da puberdade, com muitos hormônios no corpo e poucas ideias na cabeça.

---

* Note-se que o PT fez toda a sua carreira política com tais manifestações e pedidos de CPI, assassinando reputações nacionais e marcando adversários para sempre com a pecha de "corruptos", mesmo quando não eram. Tentaram novamente tomar as manifestações de junho para si, mas, pela primeira vez em toda a sua carreira, sem sucesso. Fizeram, então, manifestações próprias contra o STF pelo julgamento do mensalão ou pelos velhos motivos de sempre — como resultado, não reuniam ninguém além de sua militância, muitas vezes paga, de vinte perdidos tentando chamar atenção.

**Ver: "'Manifestantes' ganham até R$ 70 para ir a ato sindical na Paulista" (<http://www1.folha.uol.com.br/cotidiano/2013/07/1309944-manifestantes-ganham-ate-r-70--para-ir-a-ato-sindical-na-paulista.shtml>), "Manifestantes são pagos para ir a atos, diz advogado de suspeito preso" (<http://www.valor.com.br/politica/3428116/manifestantes--sao-pagos-para-ir-a-atos-diz-advogado-de-suspeito-preso>) e "Advogado afirma que manifestantes recebem 'bolsa-protesto'" (<http://veja.abril.com.br/noticia/brasil/advogado--revela-que-manifestantes-pobres-recebem-bolsa-protesto>).

Mas, ao deixar simplesmente que cada um apareça e diga sozinho o que veio fazer — cada um imitando o cara do lado (e havia milhões de "caras do lado" para imitar) —, as pessoas simplesmente afluem. Como se fosse para um show do Radiohead. Como no Occupy, quando Matthew Taibbi e Dylan Ratigan trocaram e-mails dizendo para as pessoas entupirem as praças, mas sem defender nada — ou as pessoas não apareceriam. Cada pessoa indo às manifestações estava na melhor das suas intenções — mas acabou apenas fazendo peso para o primeiro momento da mudança de mentalidade no país que poderá significar o prenúncio de um poder estatal cada vez mais brutal. Os próximos passos, como eleições quase inteiramente compostas por esquerdistas, com petistas e ex-petistas discutindo suas desavenças como se representassem contrários do espectro político, estão já sendo encaminhados a passadas largas.

É o grande motivo para a indagação da revista *Veja* ter uma resposta em parte negativa: tudo começa com 20 centavos, e no dia seguinte as ruas estão apinhadas de pessoas com preocupações reais marchando contra a corrupção — *mas não contra a criminalidade*, mesmo que um dos dois dentistas queimados até a morte por não terem dinheiro para dar aos bandidos tenha sido assassinado três dias antes do primeiro protesto. "Corrupção" é uma abstração longínqua, mas "criminalidade" é uma ameaça próxima, concreta, que todos sentem ao chegar tarde da noite em casa — ou mesmo à luz do dia. Como vimos, tudo começou com o discurso forçado da "desmilitarização da polícia". Uma revolução não poderia lidar com um problema tão hodierno e concreto: Žižek já ensinara que não se pode pedir por coisas *possíveis* para não falar a linguagem do inimigo, que exigirá argumentos, soluções e explicações. Ao contrário das teses que tentam explicar a criminalidade pelo "social" e pela "desigualdade" (facilmente refutadas em qualquer país que diminuiu a criminalidade e deixou os pobres morrerem menos), as pessoas nas ruas não creem que a criminalidade seja obra só de políticos: elas creem em responsabilidade individual, a Nêmese suprema da esquerda.

Propor qualquer solução para a criminalidade iria contra o objetivo dos criadores da barafunda: policiamento efetivo, uma cultura contrária ao hedonismo e, sobretudo, à ideia de que, se você quer algo que é fruto do trabalho do outro, você simplesmente exige aquilo, em vez de trabalhar também e convencê-lo a trocar por algo que seja do interesse dele. A cultura de *contrato*, de trocas livres, inexiste no Brasil — e o método de pedir, exigir e pegar à força o que é fruto do trabalho de outra pessoa é a própria cultura que gerou o movimento de massa nas ruas do país. É a própria cultura da criminalidade institucionalizada — e pouco diferente da criminalidade organizada brutal das ruas, como o fenômeno black bloc logo mostraria ao país.

Se a leitura cega costuma partir de demandas corretas para instaurar um poder desmedido, as demandas das manifestações de junho parecem já partir até de um pressuposto errado, por mais belas que sejam suas intenções. Será que teríamos mesmo o melhor dos mundos se fossem atendidas?

No dia 19 de junho, exatamente antes de o gigante levantar como um monstro dos Changemen crescido e destruindo Tóquio, um vídeo circulou pela internet, postado pelo coletivo Anonymous, não muito atuante no Brasil como foi na América do Occupy Wall Street.* Foi sua mensagem mais impactante durante todas as manifestações. Nela, usando um leitor artificial, algum zé-rodela vestido com a típica máscara de Guy Fawkes, imortalizada nas histórias em quadrinhos *V de vingança*, de Alan Moore, garante que vai finalmente oferecer algum motivo para as manifestações, *depois* que mais de 1 milhão de pessoas *já estavam nas ruas*. Foi o maior exemplo de leitura cega de todas as manifestações, conforme avisa: "Vamos todos levantar causas de cunho moral que são unanimemente aceitas." Pedindo poucas coisas para que os manifestantes "não se dispersem", os meninões são cuidadosos para evitar que a massa pare de inflar. São as chamadas "5 causas".**

---

* Algo um pouco improvável, visto que o Brasil já teve fama de todos os dez grupos hackers mais perigosos do mundo. Ver: <http://hackersderede.wikidot.com/system:hackers-brasileiros-são-maioria>.

** A página Anonymous Brasil no Facebook negou posteriormente a autoria do vídeo. A notícia foi: "Grupo Anonymous nega autoria." Ora, Anonymous não é um grupo, é justamente uma rede: basta se entusiasmar com o Sentimento Difuso no Ar para a revolução do momento, esconder o rosto com sua máscara e *voilà*, você JÁ É um Anonymous. A própria definição desse novo modelo é não ter uma página de Facebook "Anonymous OFICIAL®©™" a falar por eles. Não há ironia maior do que a vaidade adolescente revolucionária inventar os "Anônimos Oficiais".

A própria leitura cega, feita para que não houvesse só os diminutos partidecos radicais nas ruas, mas também para não assustar a maioria da população, pouco afeita a radicalismos, não poderia falar de PT ou PSDB. Seu alvo foi o senador com maior crítica no país, Renan Calheiros (PMDB-AL). Foi esta a segunda causa: "Saída imediata de Renan Calheiros da presidência do Congresso Nacional." Uma proposta que se poderia abraçar sem correr nenhum perigo. A outra proposta desejável foi "Fim do foro privilegiado, pois ele é um ultraje ao Artigo 5º de nossa Constituição!" — a bem da verdade, o artigo 5º da nossa Constituição é um ultraje a qualquer noção de Direito, mas essa é outra história.

As outras causas foram:

— Não à PEC 37;

— Imediata investigação e punição de irregularidades nas obras da Copa, pela Polícia Federal e pelo Ministério Público Federal;

— Instituição de uma lei que torne corrupção no Congresso crime hediondo.

Este tipo de consenso forçado deve sempre ser visto sob a maior suspicácia possível. Lembra bastante a admoestação de Ortega y Gasset:

> Com estranha facilidade todo o mundo se pôs de acordo para combater e injuriar o velho liberalismo. A coisa é meio suspeita. Porque as pessoas não costumam pôr-se de acordo a não ser em coisas um pouco velhacas ou um pouco tolas. Não pretendo que o velho liberalismo seja uma ideia plenamente razoável: como pode ser se é velho e se é ismo! Mas sim penso que é uma doutrina sobre a sociedade muito mais profunda e clara do que supõem seus detratores coletivistas, que começam por desconhecê-lo.[41]

Se alguém, *depois* de ter 1 milhão de pessoas nas ruas, afirma de estro próprio que as pessoas estavam na rua *por isso*, sem consultar *as próprias pessoas*, vale a pena dar uma olhada mais de perto no que significam essas reivindicações de fato. Será que estávamos tão conscientes da nossa "politização" assim?

PEC 37: A PEC da discórdia

> "Vim atrás do nosso direito", disse, segurando cartaz da PEC 37. Perguntada sobre a PEC 37, ela recorreu a uma amiga: "O que é mesmo?", indagou.
>
> *O Globo*[42]

Vendida na imprensa como "a PEC da impunidade", a Proposta de Emenda Constitucional 37, de Lourival Mendes (PTdoB/MA), visava a "limitar o poder de investigação criminal a polícias federais e civis, retirando-o de, entre outras organizações, o Ministério Público".[43] Dito desta forma simples, tem-se a impressão, como foi "explicado" por Arnaldo Jabor, de que se tratava apenas da proposta de um político que queria proibir investigações criminais. Algo parecido com o que a esquerda visa a fazer com crimes de sangue: define-se que não merecem mais punição sob a alegação de que decorrem de "causas sociais" e ponto final. Mas será mesmo que a PEC 37 era uma proposta assim tão idiota, se recebeu apoio de juristas do quilate de Ives Gandra Martins, José Afonso da Silva, Guilherme de Souza Nucci e Régis Fernandes de Oliveira?

Para começar, convém entender quais são as competências do Ministério Público, e suas diferenças em relação às polícias federal e civil. O artigo 129 da Constituição Federal discorre sobre o Ministério Público:

> Art. 129. São funções institucionais do Ministério Público:
>
> I — promover, privativamente, a ação penal pública, na forma da lei;
>
> (...)
>
> VIII — requisitar diligências investigatórias e a instauração de inquérito policial, indicados os fundamentos jurídicos de suas manifestações processuais;

Nenhuma atribuição ao MP do poder direto de investigação *criminal*, portanto. Em compensação, vejamos as competências das polícias (federal, civil e militar):

> Art. 144. A segurança pública, dever do Estado, direito e responsabilidade de todos, é exercida para a preservação da ordem pública e da incolumidade das pessoas e do patrimônio, através dos seguintes órgãos:
>
> (...)
>
> § 1º A polícia federal, instituída por lei como órgão permanente, organizado e mantido pela União e estruturado em carreira, destina-se a:
>
> (...)
>
> IV — exercer, com exclusividade, as funções de polícia judiciária da União.
>
> § 4º — às polícias civis, dirigidas por delegados de polícia de carreira, incumbem, ressalvada a competência da União, as funções de polícia judiciária e a apuração de infrações penais, exceto as militares.

Já no texto da temível PEC 37, lemos o que se segue:

> Art. 144.
>
> § 10: A apuração das infrações penais de que tratam os §§ 1º e 4º deste artigo incumbem privativamente às polícias federal e civis dos Estados e do Distrito Federal, respectivamente.

Em outras palavras, *uma repetição do que já está na Constituição.* Como algo assim pode ser tão chocante e, ehrr, *anticonstitucional*? Sobretudo, por que isso se dá? É preciso entrar em minudências mais técnicas e obscuras, que deveriam ser consideradas até básicas dentro da área jurídica. Um fato ilícito, muitas vezes, gera consequências jurídicas nada simples. Um médico desviando milhares de medicamentos de um hospital público, por exemplo, pode incorrer em crime (que pode e deve ser investigado pela polícia civil ou federal, em caso de hospitais federais), em infração administrativa (que será apurada pelo próprio hospital), em infração ética (a ser apurada pelo Conselho Regional de Medicina), e em ato de improbidade administrativa (que será apurado pelo *próprio* Ministério Público). Portanto, há muitas instituições investigando o mesmo fato — que também pode ser considerado crime — com diversos resultados possíveis derivados de cada apuração ou investigação (criminal, administrativa, ética e civil).

O Ministério Público faz inquérito civil com base na tutela de interesses difusos e coletivos da sociedade — inclusive os direitos que eram pedidos na rua, como "mais saúde", encarado como um interesse difuso. Já as polícias têm outros motivos para manter as investigações penais sob sua responsabilidade. Para começar, há uma razão técnica: as polícias são as instituições que melhor investigam e, como tais, seriam as instituições mais adequadas e capacitadas para a realização de diligências policiais que, não raro e sendo necessário, com as devidas autorizações legais e judiciais, significam literalmente entrar nas esferas mais privativas da vida de uma pessoa para obter a prova de um crime. O Direito Penal pode ser considerado o mais "grave": envolve a restrição da liberdade de uma pessoa.* Por isso é que não seria razoável aceitar que o Ministério Público possa ou pudesse ter as mesmas atribuições e preparo técnico para tais atividades, embora acabe também se encarregando dessas questões, usualmente com auxílio da Polícia Militar.

Há também outra razão para que apenas as polícias investiguem infrações penais, talvez a principal. Ora, um policial sofre o controle constante do Estado durante suas diligências investigativas. Sua investigação, em nível jurídico, é muito controlada (ou deveria ser — inclusive pelo próprio MP). Não se investiga nada a esmo. As diligências investigativas realizadas pelo Ministério Público, por outro lado, não têm um controle claro, como ocorre no âmbito do inquérito policial. Não se criam inquéritos com regras tiradas da cartola. O delegado de polícia tem sua discricionariedade investigativa, quando na presidência do inquérito, muito bem delimitada pelas regras processuais penais e administrativas. O Ministério Público, por outro lado, deve efetuar (também) o controle externo da polícia e da investigação — é quase como um "contrapeso" para se evitar o Estado policial. Suas discricionariedades são outras. É uma lição básica de Código de Processo Penal.

Há um risco sério, portanto, quando o Ministério Público tenta se imiscuir — em momento e de forma inadequados — nas investigações, para o bem ou para o mal. Um cenário mais conciliador seria aceitar que o MP pudesse investigar em determinados casos, previstos por

* E até a morte de militares em caso de guerra, por crimes de lesa-pátria.

Lei, mas sempre seguindo o mesmo rito do inquérito policial, sofrendo o mesmo tipo de controle que sofrem (ou devem sofrer) as polícias. E, principalmente, desde que *jamais* o promotor que investiga seja o mesmo que faz a denúncia. É uma inequívoca concentração de poder que causa desequilíbrio entre os poderes e que definitivamente não está de acordo com o sistema de garantias individuais consagrados na Constituição Federal.

Todavia, não parece ser do interesse de alguns investigadores do MP seguir o mesmo rito da polícia, uma espécie de "chatice" a ser observada. É como se muitos quisessem seguir o princípio da discricionariedade da polícia na presidência do inquérito policial, mas não obedecer aos limites formais e legais a que estão submetidos os delegados de polícia.

Há uma diferença entre os *princípios* seguidos por cada instância de uma investigação. O delegado atua partindo do princípio da verdade: no caso de um crime, quer descobrir a verdade do ocorrido, utilizando-se dos meios legais que tenha sob sua disposição. Será o próprio Estado a dizer formalmente, antes que seja iniciado o processo e, portanto, a ampla defesa, se um fato é considerado crime, quem é o seu autor e sob quais circunstâncias. O promotor, por outro lado, recebendo o inquérito relatado, parte do princípio *in dubio pro societate* — ou seja, é quem "erra pra mais". Terá que fazer de tudo para que a eficácia da lei penal seja atingida por meio da propositura da ação penal — que se baseia em condições específicas — similares, mas não idênticas às da investigação criminal. É na propositura da ação penal que o Estado deve ser o mais duro possível, não na investigação criminal. Já o Juiz deve inverter essa lógica, pautando-se pelo princípio *in dubio pro reo*. Em caso de dúvida, a sentença deve ser favorável ao réu que, durante o processo, poderá efetivamente defender-se. O sistema, portanto, não é injusto — só não é aplicado.

Esta distinção de princípios gera algum desequilíbrio quando, além da polícia, entra o MP representando os interesses da sociedade, mas também investigando crimes sem seguir os ditames procedimentais inerentes ao Inquérito Policial. Uma investigação da polícia que fique paralisada por anos sempre pode ser alvo de punição da própria polícia, dentre outras sanções cabíveis (como no exemplo do médico que desvia medicamentos). Já o Ministério Público pode acabar sabotando uma investigação dele próprio. Em caso de uma investigação envolvendo figuras públicas graúdas, um ano eleitoral pode ser motivo suficiente para o Ministério Público paralisar (ou acelerar) os trabalhos sem que se tenha o mesmo risco de punição das polícias. A polícia trabalha com o pressuposto da atuação diante de *notitia criminis*, que exige que ela se mobilize para verificar a ocorrência de um crime, sua autoria e circunstâncias. Sendo essencialmente um órgão de fiscalização e contrapeso de poderes, o MP pode, caso seja loteado por alguém pouco competente ou inescrupuloso, adiar com muito mais facilidade a divulgação de um crime em investigação, assim como não submeter seus atos ao controle rígido previsto para inquéritos policiais.

Pior: as polícias, além do próprio Ministério Público, sofrem o controle de suas Corregedorias, mas as Corregedorias do Ministério Público não tratam as investigações do Ministério Público como Inquéritos Policiais. *Exatamente ao contrário* do que tanto se falou da PEC 37, tratada como "PEC da impunidade", um político sente o sangue gelar mais depressa na espinha ao descobrir que está sendo investigado por qualquer polícia do que ao se fazer ciente de que é alvo do Ministério Público, pois sabe de antemão que poderá alegar as razões de defesa relacionadas ao poder de investigação e presume desde logo que as provas coletadas contra si devem ter menor robustez, já que a polícia não atuou. Os advogados de defesa gostam das investigações do MP.

Outra crítica que se faz ao MP na condução de investigações criminais é que este só visa ao "filé" das suspeitas criminais, por assim dizer, deixando o grosso dos crimes menores, do tráfico de entorpecentes a investigações no meio do mato, para a polícia. Nem sempre isso tem resultados necessariamente negativos, e o Ministério Público ganhou destaque e fama no Brasil justamente pela sua atuação na investigação de crimes como o do prefeito petista Celso Daniel, de Santo André, assassinado quando tentava "expurgar" a prefeitura das denúncias de corrupção e limpar o caminho para a eleição de Lula, já clara àquela altura e em cujo futuro governo ele teria um ministério reservado, ao lado de Palocci e Dirceu.* Todavia, não é exatamente uma vantagem clara para a República ter o MP investigando o grosso das grandes investigações, deixando os destacados e muito bem treinados investigadores e delegados das polícias com crimes menores. Agindo em prol de interesses difusos da sociedade, seria interessante, por exemplo, o MP investigar justamente por que determinada verba não foi investida na polícia; ou por que determinada delegacia produz resultados tão inexpressivos para a sociedade; ou, finalmente, por que o Inquérito Policial da dona de casa que teve seu veículo furtado simplesmente não anda. Enfim, quando o Ministério Público avança em investigações mais relevantes sem o amparo da Lei, não se vê protegido o interesse difuso da sociedade em contar com uma polícia motivada e acreditada, já que a postura do MP transmite a mensagem de que ela poderia ser até mesmo desnecessária.

Estes são comentários e princípios basiquíssimos, a introdução da introdução à questão. Entretanto é improvável que ao menos 1% das pessoas que vociferaram contra a "PEC da impunidade" entenda os meandros catacômbicos destas importantíssimas questões. Sobretudo urge descontruir a maneira *acintosa* como se divulgou que essa PEC servia para "acabar" com as investigações de corrupção no país, que não se investigariam mais crimes nas altas cúpulas e mentiras afins.

O Ministério Público parece ser uma das instâncias jurídicas mais confiáveis do país, por sua maioria ser composta de profissionais gabaritadíssimos, mais do que a maioria das outras instituições jurídicas — mas assim também é a Polícia Federal, por exemplo. De toda forma, há um impasse claro, e vivemos num país onde a Justiça é muito lenta e parece ser obrigada a agir sempre com uma bigorna nas costas. Há bons argumentos para deixar as investigações apenas nas mãos da polícia, assim como a situação do país aponta a necessidade de haver muito mais "poder de polícia" para tantos crimes.

Conforme nos diz a professora de Direito Penal da USP Janaína Conceição Paschoal:

---

* E adivinhemos se não havia justamente uma máfia milionária dos transportes que Celso Daniel tentou expurgar quando acabou sendo assassinado... Creiam, não foi por 20 centavos.

> Há muito crime organizado no país, crime de pessoas poderosas pelas armas e de pessoas poderosas pela caneta. Não acho que podemos prescindir de eventuais investigações ministeriais, obviamente estabelecendo condições e punindo abusos (que existem, não nego). O próprio caso do Celso Daniel, se não tivesse havido investigação do MP, não teria tido consequência. Não quero estigmatizar nenhuma instituição, mas a situação é tal, que não podemos prescindir de nenhuma força.

Em outras palavras, talvez a PEC 37 fosse, na verdade, certo avanço para o país, mas a nossa situação política ainda não está madura o suficiente para poder avançar de verdade, caso ela fosse aprovada. É como esperar algum avanço na independência do STF, com a quase totalidade dos juízes sendo indicada pelo mesmo partido, mais de uma vez com critérios duvidosos. Uma mudança neste sentido não poderia ser esperada do mesmo partido que o domina. Talvez a PEC 37 não tivesse o momento, o *kairós** adequado.

De toda forma, é possível sustentar bons argumentos para ser contra a PEC 37, a partir do artigo 128 da Constituição Federal e das Leis Complementares pertinentes. Por outro lado, é útil para a sociedade que as pessoas critiquem algo por *saber do que estão falando* e por terem opiniões próprias divergentes a respeito — não por terem ouvido falar por aí que é a "PEC da impunidade" e, oh, meu Deus, vamos trancar as ruas em nome de nosso dever cívico, desculpem o transtorno, estamos mudando o Brasil enquanto vocês aí não fazem nada pelo nosso futuro, seus coxinhas acomodados.

Ao contrário do que essa turminha politizada pensa, o que políticos corruptos *mais querem* são pessoas como eles, que marcham conforme slogans facilmente instigáveis e sentimentos fabricados por marqueteiros — e não pessoas que se posicionem conforme argumentos e pensamentos estudados e críticos de modismos, inclusive de professores e "intelectuais".

---

* Os gregos definiam o *kairós* como aquele momento específico em que alguma coisa pode ser feita. É como o exato momento perfeito para se trocar de marcha em um carro, ou para se pedir uma mulher em casamento. As circunstâncias para ambos podem se desfrangalhar tragicamente caso se aja com muita pressa ou com atraso.

Manifestação padrão Fifa

"Numa partida de futebol tudo se complica pela presença do outro time."

Jean-Paul Sartre*

Os gastos da Copa foram criticados pela oposição ao PT desde que se anunciaram os megaeventos que o Brasil sediaria apenas para aumentar o poderio eleitoral de Lula e Dilma, à custa do dinheiro do pagador de impostos brasileiro. Era o velho método gramsciano de agir, falar ou respirar de modo a fazer com que isso se torne propaganda eleitoral.

Todavia de repente se iniciava uma dicotomia afeita à Copa das Confederações, declarando-se um desprezo pela Copa sediada no Brasil naquele mês e definindo-se que era importante ter consciência política, enquanto o futebol seria apenas alienação. Gritos como "Brasil, vamos acordar, o professor vale mais do que o Neymar!" viraram tônica, com cartazes que iam de um sutil "Queremos hospitais padrão Fifa" até o macambúzio e meramente agressivo "Foda-se a Copa".

O filósofo espanhol José Ortega y Gasset, fã de futebol (para provar que até um estudioso das massas pode gostar de hábitos de massa), também já teorizou sobre os sentimentos mistos que as massas têm pelo esporte, sobretudo ao misturá-los com política (uma combinação mais explosiva do que vinho e política, ou religião e sexo). Em seu ensaio "El Origen Desportivo del Estado",[44] Ortega explica, em seu estilo distinto, contrário ao pensamento corrente, que a atividade esportiva, como a primeira atividade humana, é despropositada, luxuosa, supérflua — e, portanto, é atividade realmente *criadora da vida.*

Quando se passou a buscar um conjunto de regras para o comportamento primitivo e brutal de grupos de homens rivais tentando roubar mulheres uns dos outros, passou-se a se instituir um limite para a atuação física dos homens, regulando que o mais forte vença, mas sem ardis e sem vale-tudo. Não foi, portanto, o debate civilizado do parlamento** ou

* Como diz meu amigo Ruy Goiaba, "e vocês reclamam do Galvão..."
** Ok, finjamos que é assim para fins didáticos.

o Direito instituído como lei na sociedade que refreou a lei da selva e a força bruta, e o esporte apenas posteriormente o imitou. Pelo contrário, foi a instituição de regras para a manifestação do puro instinto físico e animalesco dos homens que lançou a primeira pedra na fundação da civilização.

O esporte, portanto, não é uma "alienação" que deve ser substituída pela consciência política — é na melhor das hipóteses uma espécie de seu parente distante: ambos servem ao fito de controlar as massas, que tendem a resolver absolutamente tudo pela força bruta e pancadaria. Não à toa, tanto o nacionalismo populista quanto a esquerda dirigista fizeram uso frequente do esporte para animar os sentimentos (nunca os argumentos) que os mantinham no poder. Basta lembrar-se de Médici, sempre acompanhando futebol com o radinho a tiracolo, enquanto insuflava o orgulho chauvinista brasileiro, ou da maestria esportiva tão comum aos dois totalitarismos seculares do século XX, os fascismos e o comunismo:

> Não é uma novidade, portanto, o culto ao corpo e a submissão voluntária das massas a regras de comportamento que limitem suas possibilidades de ação, que regem todos os Estados totalitários, de Esparta até a China. O Estado totalitário precisa de uma unidade que nunca poderá ser encontrada no modelo liberal e seu culto ao individualismo: daí que sempre busque "um homem ideal", e tente prová-lo em disputas com outros Estados, como foi o uso das Olimpíadas por tiranos como Hitler e Kim Jong-il. (...)
>
> Não é difícil entender por que tantas pessoas preferem o caminho disputado e globalizado do esporte (não soa bem capitalista e "desumano"?) se nascem em ditaduras (...). É um meio fácil de ascender e ter algum poder de barganha com o governo para salvar a própria pele — ou picar a mula, como mostram os pugilistas cubanos que Tarso Genro entregou para Fidel.*

O esporte, um dos principais fenômenos de massa — e a política de massas *o copia*, e não o contrário —, funciona, assim, duplamente para Estados

* Trecho do meu artigo "Na Carta Maior, negros servem é para futebol". Disponível em: <http://www.implicante.org/artigos/na-carta-maior-negros-servem-e-pra-futebol>.

cada vez mais poderosos. Tanto favorece a unidade de uma torcida exaltada quanto favorece os próprios esportistas, que podem encontrar no esporte uma liberdade de atuação muito maior do que populações nacionais cada vez mais achatadas pela igualdade forçada — ou podem mesmo alcançar reconhecimento internacional e fugir para o país capitalista mais próximo.

Um amigo de Ortega y Gasset, o historiador holandês Johan Huizinga, em *Homo ludens*, complementa o pensamento, mostrando que a atividade lúdica, prazerosa e justa (e que precisa criar regras de atuação limitada para distinguir vencedores e perdedores) é a verdadeira atividade criadora e livre do homem — e que se revelou perfeitamente harmonizável com os Estados máximos, em virtude da semelhança dos ânimos que a política e o esporte evocam. Apesar de atividade primitiva, Ortega e Huizinga não veem o esporte como algo denegritório, e sim como a atuação humana em possibilidade de criação e reinvenção, em que se manifesta um primeiro vislumbre de honestidade — que só tende a decair nos homens quando estes saem da esfera lúdica e passam a atuar na sociedade de corrupção e destituída de valores (não surpreenderia ver um político corrupto reconhecer o *fair play* como uma conduta necessária numa partida de futebol, mas seria improvável encontrar um futebolista imbuído da crença de que os deputados agem como anjos no Congresso). Todavia os esportes de força, sobretudo, são vistos com curiosa desconfiança por massas que adoram o uso da força potencializada pela unidade:

> Mas o esporte não deixa de ser, como a guerra, atividade essencialmente masculina e ligada à força — o que fez com que a esquerda, até idos dos anos 1970, ligasse o esporte sempre à reação, à inanição das massas para a revolução. Foi justamente a manipulação política do esporte e sua comercialização sem peias que permitiram a ascensão de um oligopólio ao poder com apoio das massas.[45]

O futebol, a Copa e o Neymar, portanto, não eram o problema — e nunca foram, em um país cujo maior símbolo de unidade é encarnado pela seleção brasileira: o incômodo com a Copa era a sua possibilidade de se tornar uma unidade nacional não desejada naquele momento em que a única união brasileira possível deveria estar nas ruas, e não dividindo atenções com um concorrente de peso na televisão. As lições do esporte, como atividade criadora e regrada, foram esquecidas: a seleção brasileira de futebol, para vencer a Copa das Confederações naquele junho de 2013, agiu com uma honestidade muito maior do que a que foi vista entre manifestantes na rua, que tampouco tinham qualquer consciência política (ou do que estavam fazendo) e não faziam mais que repetir maquinalmente os slogans sobre a importância de não ligarem para a Copa e se importarem com a política.

Na verdade, tratava-se de *concorrência*: as pessoas não queriam que os heróis da unidade nacional naquele momento fossem os jogadores da seleção, e sim as pessoas na rua. O grau de "alienação" a respeito dos meandros da ciência política, no campo ou nas ruas, não foi tão desigual.

Há um adicional ainda mais perigoso. Foram dias de **pensamento único** — de *hegemonia*, a planificação de identidades que gera os perigosos movimentos de massa que colocam totalitarismos no poder. Autoritarismos, ou seja, autoridades estatais com muito poder concentrado, podem ocorrer em qualquer lugar, mas não totalitarismos: estes existem quando se instala um pensamento único na massa. Conforme palavras de Kuehnelt-Leddihn:

> As massas e seus líderes que prestam essa homenagem fervorosa a ideologias rebanhistas são (...) de uma sede extrema de sangue, e os circos oferecidos às massas antigas e modernas foram e são exibições espetacularmente sanguinárias.[46]

A Copa das Confederações de 2013 ocorreu no mês em que o MPL tentou criar uma narrativa única para o país — a do "protesto pacífico que terminou em pancadaria", da "polícia que espancou manifestantes pacíficos e idealistas com uma truculência brutal só vista na ditadura", da "minoria de vândalos infiltrada" —, a esparrela de que o povo inteiro do Brasil, de repente, se *fundira* com o MPL. Sem essa narrativa no imaginário simbólico coletivo, junho de 2013 teria sido completamente diferente, assim como os meses subsequentes.

Comparando os gastos da Copa com os "investimentos" públicos (ou seja, dinheiro do pagador de impostos sendo gerido por políticos, e não pelos próprios pagadores), o MPL e o movimento nas ruas, sem perceber, criticavam os gastos governamentais inculcando ao mesmo tempo narrativas que pediam ainda mais.

Corrupção NÃO é crime hediondo. *Live with that*

> "Seria tudo muito fácil se com um não puro e simples aniquilássemos o passado. Mas o passado é pura essência *revenant*. Se o mandamos embora, volta, volta irremediavelmente. Por isso sua única autêntica superação é não mandá-lo embora. Contar com ele. Comportar-se à sua vista para sorteá-lo, evitá-lo."
>
> José Ortega y Gasset, *A rebelião das massas*

Se alguém pretende acabar com a praga da corrupção no país na base da canetada, como querem os Anonymous, as más notícias não são poucas. Talvez se deva começar lembrando que corruptos, por definição, já não cumprem a lei — e não será uma lei mais dura que irá refreá-los. Também há de se lembrar que punições duras, na mentalidade coitadista brasileira, costumam *não* ser levadas a cabo justamente por serem duras — basta colocar na balança quantos assassinatos são efetivamente punidos até o fim das penas no país e quantos ladrões de galinha permanecem presos por anos.

Mas há ainda algumas outras contas que precisam ser feitas. De acordo com o Código Penal, um furto (art. 155) pode ser punido com pena de reclusão de um a quatro anos, e multa. Um homicídio (art. 121) tem pena de reclusão de seis a vinte anos (sem multa). Caso seja um homicídio qualificado, ou seja, assassinato com recompensa, por motivo torpe, através de meio cruel (de fogo a tortura), impossibilitando a defesa da vítima ou para encobrir outro crime, o homicídio, aí sim, é computado como crime hediondo, tendo cominada uma pena de reclusão de doze a trinta anos (novamente, sem multa).

Suponhamos que o autor de algum assassinato extremamente torpe no Brasil seja punido com a "severidade" de trinta anos (o máximo de pena possível no Brasil, permitindo que o agressor saia tão limpo e inofensivo quanto uma fada). Na melhor das hipóteses, ainda devemos considerar que, nos termos do Código Penal, uma vida humana, aniquilada através de tortura, emboscada, por dinheiro, discussão comezinha ou como simples caso numa série de crimes é tratada como valendo, no máximo, trinta mercadorias. Não é preciso ser muito pessimista para saber que exemplos de condenados pela justiça que cumprem trinta anos de cadeia no país são absurdamente raros.

Descontando as variantes de aplicação da pena, mesmo para um crime hediondo, o Código Penal pode entender que uma vida destruída brutalmente valha três perfumes furtados (a maior punição cabível para um furto, de quatro anos, contra a menor punição aplicável para um homicídio qualificado, de doze anos). Se o homicídio não for considerado qualificado (não sendo mais, portanto, crime hediondo), a vida passa a valer entre vinte e 1,5 mercadorias furtadas (ainda que seja um caminhão cheio de mercadorias, não são encontráveis muitos motivos para um furto merecer quatro anos de reclusão, e um assassinato, seis).*

O estupro merece reclusão de seis a dez anos — nada seria mais desumano do que perguntar a uma pessoa estuprada se ela preferiria ter seis objetos seus furtados ou ter passado por esta experiência. Nada seria mais desumano do que o nosso Código Penal.

O que se pretende fazer, ao tentar tratar a corrupção como crime hediondo, é tratá-la como algo *pior* do que um homicídio sem tortura (que não é crime hediondo). Perguntemo-nos a nós mesmos, no fundo de nossa consciência: preferimos dar nossos impostos a dirigentes corruptos ou passar pela experiência do assassinato?

Disto se conclui que as penas, no Brasil, são muito *próximas*. Um ladrão de galinha pega uma pena severa demais, um verdadeiro psico-

---

* Note-se, ademais, que a pena é medida apenas pelo tempo em que se fica preso. Há um paralelo bastante adequado com a consequente globalização do capitalismo na Revolução Industrial — afinal, *time is money*. Alguém preso não dispõe do seu tempo; logo, não dispõe de trabalho. O paradoxal é que, graças a isso, a população que paga impostos seja obrigada a arcar com os custos de vida totais dos criminosos. Alguém aí afirmou querer presídios padrão FIFA?

pata ou um ególatra que se diverte com o sofrimento alheio ganha uma pena muito leve. Ao contrário do que pareceria à primeira vista e do que é geralmente ensinado nas aulas de Direito Penal, isso não é falta de discussão teórica, e sim excesso de teorias de mão única.

Este achatamento nas penas é mais chocante no Brasil pelos bem conhecidos "direitos humanos". Até o linguajar trata crimes horrendos de maneira eufemística e pequenos delitos como algo chocante. Vide o nome de obras famosas: Cesare Beccaria escreveu *Dos delitos e das penas*, para defender penas mais brandas, enquanto Dostoievsky batiza seu livro de *Crime e castigo*, com longas elucubrações sobre culpa e responsabilidade individual de Raskolnikov (embora uma possível palavra para "delito", ou seja, uma quebra particular das regras, tenha, em russo, преступность, a mesma raiz do título do livro, Преступлéние, cuja tradução literal seria algo como "criminalidade").

Como as punições dependem não apenas da lei, mas das normas, dos costumes, dos princípios, tudo para ser julgado e determinado pelo juiz, caberia perguntar se a impunidade irá diminuir caso a pena para determinado crime *aumente* — e se um juiz, que até aceitaria punir um parlamentar, irá agora aceitar punir desvios "menores", como propinas e caixinhas, como um "crime hediondo" (pior do que um homicídio doloso, mas sem agravantes). E qual punição estão pretendendo agora com a pecha de "crime hediondo" para corrupção?

O mais urgente para o setor jurídico brasileiro é *separar* cada vez mais as penas. Que o legislador, o juiz e os advogados não tratem vidas como números tão próximos da pirataria de sinal de TV a cabo. Tratar a corrupção como crime hediondo, além de inócuo, senão *prejudicial* ao combate à prática, só aproximará o que deve ser separado.

Uma punição adequada à corrupção, então, em vez da tachá-la de "crime hediondo" punível com mais cadeia, seria tomar 99% dos bens de quem a pratica. Não preciso ver políticos na cadeia — ficarei ainda mais contente vendo-os pobres e morando no Capão Redondo.*

---

* Para uma discussão mais aprofundada, com mais detalhes e requintes de crueldade sobre o tema, ver meu artigo "A corrupção NÃO é crime hediondo". Disponível em: < http://www.implicante.org/artigos/a-corrupcao-nao-e-crime-hediondo/>.

A tal da "cura gay"

> "O amor ao povo é uma vocação aristocrática. O democrata só ama o povo em período eleitoral."
>
> Nicolás Gómez Dávila

Além destas "5 causas" dos Anonymous e das críticas ao deputado Marco Feliciano (sempre referido como um "pastor evangélico e deputado", embora nunca se diga, por exemplo, que Jean Wyllys é "ex-Big Brother e deputado"), pulularam críticas ao projeto chamado "cura gay" — o Projeto de Decreto Legislativo 234 (PDC 234/11) do "deputado federal e pastor evangélico João Campos (PSDB-GO)", que sustava a aplicação do parágrafo único do art. 3º e do art. 4º, da Resolução nº 001/99, de 22 de março de 1999, do Conselho Federal de Psicologia, que estabelecem normas de atuação para os psicólogos em relação à questão da orientação sexual.

Pelo texto da Resolução, fica definido que:

> Parágrafo único — Os psicólogos não colaborarão com eventos e serviços que proponham tratamento e cura das homossexualidades.
>
> Art. 4º — Os psicólogos não se pronunciarão, nem participarão de pronunciamentos públicos, nos meios de comunicação de massa, de modo a reforçar os preconceitos sociais existentes em relação aos homossexuais como portadores de qualquer desordem psíquica.[47]

Ou seja, segundo as determinações em voga na época, ficaria vedado aos psicólogos "*colaborar* em eventos e *serviços* que *proponham* tratamento e cura" das homossexualidades (o plural logo ficará mais claro). Como o texto ainda fala dos "preconceitos sociais" e de "pronunciamentos públicos", a parte mais clara do arrazoado diz respeito à *promoção pública* de cura do que de fato ao que ocorre dentro de um consultório. Eram estes os parágrafos que seriam revogados com o texto do que foi então chamado pelos jornais de "cura gay".

Voltando um pouco às raízes científicas, qual o objeto de estudo da psicologia? A "psique"? E o que é a tal psique? Enquanto Freud com sua psicanálise faz uma vivissecção da "mente" (o que é mente?) humana imitando um tribunal, com réu, promotor e juiz (sério que vocês nunca perceberam isso?) e encontra a "psique" numa síntese com tese e antítese, Skinner com seu behaviorismo radical já acha que tudo é comportamento e a tal "psique" nem sequer existe. Então, o que sobra para a "ciência" da Psicologia?

Fato dado é que há pessoas com distúrbios de comportamento (com psique ou não). Alguns são perturbações, outros são neuroses, outros são psicoses. As neuroses caracterizam-se como distúrbios em que o indivíduo tem consciência de seus atos, com incapacidade ou dificuldade de controlá-los (como TOCs e depressão). Na psicose (cujo sentido etimológico, naturalmente, indica que se acreditava ser um transtorno da própria psique "dentro" do homem), o sujeito sequer tem consciência de que age em desacordo com a realidade. São as pessoas que ouvem vozes, e acreditam que as vozes ditam a realidade, em vez de confrontá-las e enxergar o oposto. Vão dos autistas e os bipolares até casos gravíssimos, como os psicopatas, sem nenhum sentimento humano para com suas vítimas. Aí, nem remedinho para sempre cura.

Como a Psicologia nem sequer uma única coisa é, cada corrente (behaviorismo, análise comportamental, Daseinanalyse, psicodrama, psicologia diferencial, psicanálise, sócio-histórica etc.) trata do comportamento de um jeito — há situações em que a norma para uma corrente é um desvio para outra e por aí vai. Para dar alguma ordem nessa pandorga, inventaram os Conselhos de Psicologia, o DSM, o CID, os padrões e juramentos dos psicólogos — tudo para seus clientes, na menos ruim das hipóteses, não ouvirem duas coisas distintas ao irem a dois "psicólogos" diferentes sem perguntar qual a orientação de cada um.

Com isso, também criaram algumas regras de política da boa etiqueta. O homossexualismo (hoje virou moda obrigar a se dizer "homossexualidade", já que *-ismo* "costuma" indicar doença),* que já foi tratado como transtorno mental, foi demovido de sua triste condição para passar a ser um mero "desvio" (e ainda assim evitaram o novo termo). *Finesse.*

---

* Seria curioso levar essa desculpa a sério. Exemplo: feminismo = DOENÇA. Feminilidade = tudo ok.

Acontece que, ao contrário do que dizem por aí, nem todo gay está *feliz e satisfeito* com sua condição de homossexual. Nesse caso, ele pode(ria) buscar um tratamento com psicoterapia (ir lá, sentar e explicar seu problema) e ver se esse comportamento é só uma insatisfação com o que dizem sobre seu desejo (ter uma mãe carola e ter de ficar escondendo dela a vida inteira, por exemplo) ou se é, afinal, a manifestação de uma neurose (ter sofrido algum X na vida que o faça ter desejos e depois morrer de arrependimento; Freddie Mercury, por exemplo, sofreu com isso). Ou seja, saber se o cara curte mesmo uma jiromba e está satisfeito socialmente, ou se esse comportamento não é manifestação de algum trauma anterior — como até obesos costumam ser "tratados", embora não exista lá uma "cura" psicológica para obesidade, e sim acompanhamento.

No caso das normas dos conselhos brasileiros de Psicologia, mesmo que um gay chegasse a um psicólogo e dissesse que está insatisfeito com sua condição, o psicólogo só poderia dizer que não vai cuidar da sua homossexualidade. Isso fere o decoro.

Na verdade, as resoluções do Conselho Federal de Psicologia são muito mal redigidas (o texto do CFP fala mais da "promoção" do que de fato da pretensão de "cura" de homossexuais). Não deixam claro sequer se um homossexual que *peça* acompanhamento psicológico ou "tratamento" para a sua condição pode ser atendido, caso seja diagnosticado que o seu comportamento (ou psique, ou tensão psíquica, ou manifestação sociocultural ou o que for, dependendo da corrente de psicologia) seja derivado de um trauma.

Na CID 10 (Classificação Internacional de Doenças), usada como modelo no Brasil, já se lia, no pré-histórico ano de 1990, o seguinte texto sobre os transtornos de sexualidade:

> F66.0 Transtorno da maturação sexual
>
> O paciente está incerto quanto à sua identidade sexual ou sua orientação sexual, e seu sofrimento comporta ansiedade ou depressão. Comumente isto ocorre em adolescentes que não estão certos da sua orientação (homo, hétero ou bissexual), ou em indivíduos que após um período de orientação sexual aparentemente estável (frequentemente ligada a uma relação duradoura) descobrem que sua orientação sexual está mudando.

F66.1 Orientação sexual egodistônica

Não existe dúvida quanto à identidade ou à preferência sexual (heterossexualidade, homossexualidade, bissexualidade ou pré-púbere), mas o sujeito desejaria que isto ocorresse de outra forma devido a transtornos psicológicos ou de comportamento associados a esta identidade ou a esta preferência, e pode buscar tratamento para alterá-la.

F66.2 Transtorno do relacionamento sexual

A identidade ou a orientação sexual (hétero, homo ou bissexual) leva a dificuldades no estabelecimento e manutenção de um relacionamento com um parceiro sexual.

Ou seja, ser homossexual está longe de ser um transtorno, é algo da vida como gostar de sexo oral ou ter atração por loiras. Todavia há transtornos, como a orientação sexual egodistônica (F66.1), que causam grande sofrimento ao paciente, que chega a se mutilar por insatisfação com o seu corpo ou sua sexualidade. Antes mesmo de se enfrentar os "religiosos obscurantistas" que consideram homossexualidade um pecado, não vale a pena pensar em qual, afinal, é o protocolo atual do Conselho Federal de Psicologia para estes casos (nada claro, como se vê) e perceber que mesmo o projeto da "cura gay" tampouco deixa claro o que fazer?

Obviamente que é útil ao público leigo, que vai ao consultório de um psicólogo supondo que a Psicologia é uma ciência "única" como a Medicina, e não milhares de ramos capilosos, revoltosos e em perpétuas disputas internas, que ela tenha uma terminologia e certa padronização adequada para não se chocar com a realidade. Infelizmente, qualquer pessoa que conheça mais de uma corrente de Psicologia sabe que nada está mais distante da realidade do que isso.

Pior: enquanto histriões como Freud são tratados como um dos maiores "cientistas" de todos os tempos (é difícil passar por uma banca de jornal hoje sem cruzar com o seu rosto, o de Karl Marx e o de Adolf Hitler), suas teorias são rigorosamente *contra* a homossexualidade —

Wilhelm Reich, um dos primeiros a notar como a psicanálise é útil para vender a ideia do marxismo,* acreditava que a ascensão do socialismo iria acabar com o homossexualismo, esta "perversão da sociedade de consumo". Ambos são estudados, admirados e tratados como bastiões sagrados da psicologia por todo mundo sem o menor pudor ou faniquito — inclusive por gays. Basta ser queridinho dos ânimos exaltados das turbas enfurecidas.

É fácil perceber algumas intenções maldosas em certos rábulas da tal "cura gay". Alguns deles realmente *odeiam* homossexuais, e, para evitar que se sirvam desse ódio para legislar, poderia ser útil propor um projeto de lei que impeça que gays sejam associados publicamente a doenças e transtornos (que o público leigo *não sabe o que são*, nem mesmo o público "crítico", como se viu nas ruas).

Todavia, assim como no caso da PEC 37, é urgente ficar claro que o que era dito nas ruas *nada tinha a ver* com o que os fatos em si são. Não adiantava nada levantar cartazes com frases engraçadinhas como "Vou faltar o trabalho hoje porque estou meio gay", "Meu amigo é gay e precisa de piroca, e não de cura" ou "Errar é humano, persistir no erro é Feliciano". Tudo porque algum jornal, ao se referir ao projeto, o chamou de "cura gay", e as pessoas, que nem a própria matéria enviesada leram, levaram para a frente apenas o termo, tentando extrair seu significado da própria palavra — *o maior mal que assolará o século XXI.* Os nervos expostos geraram inúmeras manifestações que nenhum parentesco tinham com a discussão séria que precisa ser posta sobre o tema.

---

* Se o marxismo propõe uma única "consciência de classe" aceitável, uma única produção econômica digna, uma única faixa salarial justa, uma única "ideologia" como estando "acima" das ideologias, a psicanálise, uma espécie de moralismo extremado até em nível psíquico, é baseada no insuportável dogma de que só existe uma única opinião e um único comportamento correto até em nível fisiológico, sendo que todos os outros precisam ser "corrigidos" exatamente por um psicanalista formado por outro psicanalista, e assim retrospectivamente, até voltar à triste e malemolente figura de Sigmund Freud. Não surpreende que grandes intelectuais tenham dado declarações como a de Vladimir Nabokov — "Deixem o crédulo e o vulgar continuarem a acreditar que todos os problemas mentais podem ser curados por uma aplicação diária de mitos gregos antigos em suas partes íntimas. Eu realmente não me importo." —, ou a de Oscar Levant — "Gostaria de fazer uma pequena declaração sobre a psicanálise: foda-se, dr. Freud."

Ninguém, nem mesmo os mais mal-intencionados partidários desse projeto, pretendia sair prendendo gays nas ruas em masmorras até que eles passassem a só gostar de heterossexuais ou se tornassem padres, nem tratar gays como doentes terminais em campos de concentração nazistas.

Contem aí: quantos jornalistas que vocês conhecem são capazes de explicar o que vai acima e traduzir os meandros da questão de forma clara?

Cadê o Amarildo?

"Since the fire ruled the sky
The rich became the beggar
And the fool became the wise
Shades of death are all I see
Fragments of what used to be"

Slayer, "Skeletons of Society"*

Enquanto isso, no Rio de Janeiro, a principal pauta, além da cabeça dos peemedebistas Eduardo Paes e Sérgio Cabral, respectivamente prefeito e governador do Rio, era a pergunta: "Cadê o Amarildo?" — tratava-se do desaparecimento do pedreiro Amarildo de Souza, de 42 anos, que teria sido morto por um esquadrão da PM (aquela que leva a culpa até do que não tem, e que só *por mera coincidência* foi incriminada naquele exato momento, em cadeia nacional, apesar de ser corriqueiro o desaparecimento de pessoas no Rio de Janeiro, seja por obra de traficantes ou de agentes da lei).

Segundo o delegado Ruchester Marreiros, que cuidou das investigações do caso, mas cujas informações foram ignoradas na época, Amarildo era conhecido pelos traficantes como "Boi" e, assim como sua mulher, Elizabete Gomes da Silva, a Bete, tinha envolvimento com a quadrilha que domina as bocas de fumo da favela da Rocinha, a maior da América Latina, inclusive guardando objetos do tráfico em sua casa. Marreiros confirmou a

---

* Em tradução livre: "Desde que o fogo comandou o céu / Os ricos se tornaram mendigos / E os bobos se tornaram os espertos / Sombras da morte são tudo que vejo / Fragmentos do que costumava ser" (Slayer, "Esqueletos da sociedade").

existência de um material que comprova que Amarildo foi morto por um traficante, possivelmente por ter informado algo a um agente da polícia trabalhando disfarçado na favela. Em uma gravação, um traficante conhecido por "Catatau" liga para o policial infiltrado e diz algo como: "Aí, filho da p... Pegamos teu X-9 (informante). Matamos o Boi e vamos colocar na sua conta." O delegado também apresentou um vídeo no qual uma testemunha afirma ter sido espancada na porta da residência do casal. A vítima disse ainda que o imóvel era usado por traficantes para sessões de tortura. Como a ação da polícia também não foi perfeita (e quase nunca é, ainda mais nesses casos intrincadíssimos), Amarildo chegou a ser transportado numa viatura, que naquele momento teve o seu GPS desligado. O sistema de câmeras que a própria PM utiliza nas ruas da favela para ajudar na apuração de casos como o de Amarildo estava também desligado — o que levantou suspeitas dentro da própria corporação sobre a atuação dos agentes.[48]

Todavia, apesar das indicações de que Amarildo teria sido morto pelo próprio tráfico, a narrativa vendida e comprada alegremente pela população foi a de que a polícia estava rigorosamente implicada nesse assassinato (uma historieta estranha para ser *inventada*, já que é consabido que a polícia carioca, além de uma das mais violentas, é certamente a campeã de corrupção de todo o país). Resultado: em vez de abstrações irrealizáveis sem um projeto, como "fim da corrupção", a população ordeira agora se deixava pautar por um estranhíssimo caso concreto — o sumiço de um pedreiro cujas alegadas ligações com o tráfico foram omitidas da população que não gosta de tiroteio e sessão de tortura.

A longa marcha até o palácio

> "Oh um, oh nenhum, oh ninguém, oh tu:
> Para onde foi, se não havia lugar nenhum?"
>
> Paul Celan, "Havia terra"

Diante de 65 mil pessoas pacíficas e que não teorizam sobre vandalismo e ditadura do proletariado, fica mais difícil cometer atos de violência. Os organizadores do protesto se tornariam uma minoria ínfima e quase invisível, não fosse pelas suas faixas maiores e bandeiras sempre bruxuleantes.

Com as lembranças da quinta-feira e da desastrosa ação da polícia ainda quentes na memória, não são só os organizadores que gritam "Que coincidência! Não tem polícia, não tem violência!", quando notam que, neste dia, a polícia não dá as caras de vez nem para garantir a segurança dos manifestantes.

O mote é curioso, ao se pensar no que aconteceria dali a alguns dias. Se naquela terça-feira o gigante tinha acordado por ter acreditado em uma fábula cuidadosamente fabricada para tentar culpar a polícia por toda a violência, ignorando-se todas as notícias sobre as primeiras manifestações, como se os vândalos tivessem "se aproveitado" de uma manifestação que "começou pacífica", logo, com a ascensão do black bloc às primeiras páginas dos noticiários, causaria um choque anafilático coletivo a lembrança de que *milhões* de pessoas foram às ruas para *defender o direito de manifestação* dessa turma. Nada mais normal, portanto, que as próprias pessoas provocassem uma autoamnésia.

Naquelas primeiras manifestações não havia povo. Sindicalista não é povo — quem dirige o povo não pode ser considerado povo. Não sem razão, quando o protesto entra na segunda fase e deixa de só ter sindicalista, a segunda-feira começa como a manifestação menos violenta até então, com os vândalos sentindo-se acuados, hesitantes em tentar destruir o que é de todos, tendo milhares e milhares de pessoas em volta. A massa cheia, as ruas abarrotadas funcionam como uma repressão muito mais efetiva a atos violentos do que o policiamento.

Uma das marcas características dessa segunda fase dos protestos já mostraria sua faceta imediatamente: o gigante convocado por partidos políticos extremistas mostrou que *detestava esses partidos*. A forma que o brasileiro encontrou para se diferenciar dos partidos, ainda que essa preocupação aparecesse mais de maneira instintiva do que plenamente consciente, foi retomar os símbolos nacionais, usualmente não utilizados sequer em protestos contra a corrupção. O Brasil saiu com as cores que só utiliza nas Copas do Mundo, ostentando o verde e amarelo e cantando o hino nacional nas ruas. Bandeiras do Brasil eram vendidas por R$ 20 nas ruas. Sem saber bem o que isso significaria em termos práticos, são vistos cartazes como "Brasil alterou seu status de 'deitado eternamente em berço esplêndido' para 'verás que um filho teu não foge á luta'" (*sic*) ou "O Brasil está sendo estrupado pela Fifa" (*sic*). Bandeiras brasileiras foram projetadas nos prédios. Era um grande carnaval em junho.

Isto causou indignação nos extremistas que organizavam tudo: para eles, a pauta deveria continuar sendo apenas a tarifa de ônibus, com o máximo de prejuízo para adversários políticos, fomentando sentimentos e mentalidade para a revolução.

A blogueira feminista Marília Moschkovich, tentando fazer com que as pessoas não se esquecessem de que a manifestação era obra do MPL, surpresa e sem entender nada do que acontecia num movimento de massa verdadeiro, deu o alerta vermelho (inclui trocadilho) ao ver um convite para o evento no Facebook:

> Alguém me deu um toque e observei que a descrição dizia o trajeto da manifestação (coisa que o MPL nunca fez, até hoje, sabiamente). Além disso, na descrição havia propostas como "ir ao prédio da Rede Globo" e "cantar o hino nacional", "todos vestidos de branco". O alerta vermelho novamente acendeu na minha cabeça. Hino nacional é coisa de integralista, de fascista. Vestir branco é coisa de movimentos em geral muito ou totalmente despolitizados. Basta um mínimo de perspectiva histórica pra sacar.[49]

Para quem quer substituir qualquer apelo nacional pelo canto da Internacional Socialista, até cantar o hino nacional se torna "coisa de integralista, de fascista" (o fascismo, controlando a economia de maneira antiliberal sem a destruição imediata das empresas, massificando a população e reprimindo a oposição, por ironia, é uma coisa extremamente parecida com o que o MPL e seus acólitos defendem).* Uma unidade nacional que não fosse dirigida e organizada por um partido ou coligação extremista só poderia ser criticada nos termos que a esquerda mais

* Ver, novamente, meus artigos "Lições de Hugo Chávez ao Brasil" (disponível em: <http://www.implicante.org/artigos/licoes-de-hugo-chavez-ao-brasil>) e "Dia D, 69 anos depois. What's left?" (disponível em: <http://reaconaria.org/colunas/colunadoleitor/dia-d-69-anos-depois-whats-left>).

conhece (chamar tudo de "fascista", sem perceber que defende o mesmo método do fascismo). Até vestir branco seria uma "traição" aos métodos da revolução propagados pelos PSTUs da vida.*

O perigo real do hino está longe de passar por "integralismo" ou coisa que o valha: o perigo é justamente mobilizar pessoas apenas por "serem brasileiras", sem definir algo mais substancial. Um ajuntamento desnorteado desses é presa fácil para o primeiro que tiver um programa concreto mais claro — e que saiba trabalhar com os *ânimos* da massa. Tivessem as Jornadas de Junho ocorrido na Alemanha em 1930, o componente racial perante os "inimigos" e a "elite estrangeira" seria colocado nos cartazes nas ruas e teria levado o primeiro que soubesse *dirigir* as massas ao poder total. Os judeus da Alemanha também eram "os burgueses", "a elite", "os poderosos" — e, como se disse no Occupy, eram parte do "1%", que supostamente só pode agir *contra* o restante da população.

Moschkovich, que diz conhecer as bandeiras do MPL "desde adolescente" (o MPL foi fundado em 2005), em um texto cheio de frases como "Uma verdadeira mobilização para que muita gente se mobilizasse" (*sic*), ou críticas aos "meios de comunicações que se beneficiam de uma política de concessões da época da ditadura" (que Moschkovich aparentemente deseja rever, exigindo que todos percam suas concessões e só se tenha o canal oficial do governo, em nome do fim da ditadura), ignora até que esses trajetos haviam sido definidos entre o MPL e a Secretaria de Segurança. Na verdade, até quinta-feira os trajetos sempre haviam sido declarados às autoridades *antes mesmo* das passeatas, sendo "furados" à força apenas na última hora pelo MPL:

> [A] falta de um trajeto pré-definido se justifica muito bem por duas percepções: (i) a de que é fácil armar emboscadas para repressão quando divulga-se o trajeto; e, (ii) mais importante do que isso, a percepção de que são as pessoas se manifestando, na rua, que devem definir na hora o que fazer.[50]

* Não à toa, Marília Moschkovich afirma que o Estado Novo e o golpe de 1964 foram "ambos extremamente fascistas", fingindo saber do que está falando e errando feio.

Muito estranhamente, "as pessoas na rua definindo na hora o que fazer" nunca foi a forma com que o MPL definia todos os seus trajetos nas manifestações anteriores, feitas justamente para *parar a cidade* e impedir que as pessoas na rua definissem o que fazer. Nem Marília, tão "bem informada" sobre o MPL "desde adolescente", parece saber que o MPL fez tudo o que ela afirma que nunca faria. Marília Moschkovich é, portanto, uma fonte honestíssima (justamente por não podermos concordar com ela em absolutamente nada) para nos garantir a verdade de uma informação:

> Agora uma pausa: vocês se lembram do fato estranho número dois? O evento falso no Facebook? Bom, o trajeto desse evento falso incluía a Berrini, a ponte Estaiada e o Palácio dos Bandeirantes, sede do governo do Estado. Reparem só.
>
> Quando a passeata chegou ao cruzamento da Faria Lima com a Juscelino, **fomos praticamente empurrados para o lado direito.** Nessa hora achamos aquilo muito esquisito. Em nossas cabeças, só fazia sentido ir à Paulista, onde havíamos sido proibidos de entrar havia alguns dias. Era uma questão de honra, de simbologia, de tudo. (...)
>
> As palavras de ordem não mudaram. Eram as mesmas em todos os lugares. As pessoas reproduziam qualquer frase de efeito tosca de maneira acrítica, sem pensar no que estavam dizendo. Efeito "multidão", deve ser.[51] *(Destaques nossos)*

Moschkovich é, portanto, uma observadora um pouco perdida, mas simpatizante dos radicais organizadores dos protestos, afirmando que o protesto "espontâneo" *não foi tão espontâneo assim* — até usou certa força física para ajeitar tudo. Enquanto Marília Moschkovich jura que eram forças "da direita" agindo (é sempre engraçado o susto da militância internética, cujo contato com o povo se restringe à empregada doméstica e ao porteiro, *assustando-se* ao descobrir que o povo não seria "de esquerda"), a força física que *empurrava* as pessoas tentava levá-las justamente na direção da sede da Rede Globo em São Paulo (a "ponte Estaiada" é a ponte Octávio Frias de Oliveira, vista ao fundo do prédio da Rede Globo, nos cenários dos jornais Bom Dia São Paulo e SPTV) e na direção da sede do governo do estado de São Paulo, o Palácio dos Bandeirantes.

Como já sabia Elias Canetti, "em seu cerne, [a massa] não é tão espontânea quanto parece".[52] E é uma simpatizante do MPL quem nos garante que tudo foi dirigido na segunda-feira para atingir a Globo e o governador tucano Alckmin — que a esquerda jura serem poderes "da direita" —, embora o protesto tenha começado com passagens de ônibus, responsabilidade do prefeito petista Fernando Haddad, e o palácio do governo estivesse *muito longe* dali.

Não custa novamente pesquisar o que Elias Canetti define como quarta propriedade da massa, em seu profundíssimo *Massa e poder*:

> *A massa necessita de uma direção.* Ela está em movimento e move-se rumo a alguma coisa. A direção comum a todos os seus membros fortalece o sentimento de igualdade. Uma meta exterior aos indivíduos e idêntica para todos soterra as metas particulares e desiguais que significariam a morte da massa. A direção é imprescindível para a sua durabilidade. O medo da desagregação, sempre vivo nela, torna possível guiá-la rumo a quaisquer metas. Enquanto possuir uma meta inatingível, a massa persiste. — Mas há nela ainda um movimento obscuro, conduzindo a formações novas e superiores. É frequentemente impossível predizer a natureza dessas formações.[53]

Se nenhum sindicalista, radical de extrema esquerda, líder comunitário (nossos *community organizers*) ou simpatizante deve ter lido na vida um livro mais complexo do que as quarenta e poucas páginas do *Manifesto comunista*, que dirá algo denso e longo como *Massa e poder*. No entanto, não é difícil perceber, como uma verdade tão primitiva quanto um porrete, que, se uma massa pode dispersar-se em diversas direções, não é preciso muito além de alguns grandalhões fechando o caminho em uma esquina e quase *apontando* uma direção específica com seus corpos para reagrupá-la. Mesmo que haja *muito mais* força na massa toda caminhando para uma esquina, a simples ideia de um confronto (ainda mais sem nenhum motivo aparente) capaz de fragmentar uma massa que funciona como unidade soa bastante estranha, e todos tendem a obedecer ao que pedem os esbirros de uma manifestação "espontânea" — obedecer-lhes, no fim das contas, é apenas virar uma rua. Ninguém ali pretendia ficar apenas parado — a massa tinha de se movimentar, ainda que, estancada ou em movimento, o máximo que fizesse fosse *trânsito*. Mas ter uma meta era importante, do contrário todos começariam a tomar o metrô de volta para suas casas. Estar nas ruas *andando*, não importasse para onde, dava uma sensação de percurso, de meta atingida — como se andando a esmo alguma hora se chegasse ao fim do arco-íris, onde toda a corrupção acabaria, onde os gastos da Copa seriam pagos por empresas privadas dispostas a lucrar sem tomar nada do povo à força, onde todo militante do MPL lesse um tiquinho de economia, história, ciência política ou Teoria Geral do Estado que não tivesse sido escrito por professores marxistas ou esquerdistas afins.

As invasões bárbaras

"O que esperamos na ágora reunidos?
É que os bárbaros chegam hoje.
Por que tanta apatia no senado?
Os senadores não legislam mais?
É que os bárbaros chegam hoje.
Que leis hão de fazer os senadores?
Os bárbaros que chegam as farão."

Konstantínos Kaváfis, "À espera dos bárbaros"

Uma massa aparentemente "espontânea", mas orientada dessa forma (ou nas ombradas e no empurra-empurra, como em São Paulo, ou com pautas definidas por jornais e cuidadosamente instaladas em suas páginas, como no Brasil inteiro), só poderia ter um final dirigido, e nada espontâneo: no Rio de Janeiro, manifestantes invadiram a Assembleia Legislativa, não sem surpresa, causando confronto com a polícia. Em São Paulo, por mera coincidência, tentaram invadir o Palácio dos Bandeirantes, novamente, causando os primeiros confrontos sérios com a polícia em uma manifestação que, apesar de irracional, permanecia pacífica até então.

Todavia, também urge notar que até então não se havia tentado invadir prédios públicos, senão em ações isoladas, nem sempre fortemente conectadas com os grupos que organizam o caos. Com um número suficiente de pessoas nas ruas, esta segunda fase dos protestos também deu vazão para que a euforia coletiva e a "direção forçada" dessem vazão às suas ações *mais violentas*. O linguajar dos comentários nas redes sociais não deixava margem para dúvidas: eram pessoas de orientação nem tão extremista, mas comprando o Sentimento Difuso no Ar de que era preciso sair quebrando coisas para haver uma revolução. Como toda revolução de fato faz, afinal.

Era, mais uma vez, a política de massas e sua direção aparentemente espontânea agindo. É comum ver a população se rebelar em conjunto por qualquer questão política. A população sozinha, no entanto, *nunca* invade prédios, nem troca o caminho de uma passeata às cotoveladas em uma direção se não for por um direcionamento e um controle efetivos. E este seria apenas o começo do barbarismo — uma espécie de aviso prévio.

O Movimento Passe Livre no *Roda Viva*

> "Violência é interessante. É o grande obstáculo para a paz mundial e também para uma programação de televisão mais pensativa."
>
> P. J. O'Rourke

No fim do dia, enquanto o pau comia lá fora, integrantes do MPL foram entrevistados no *Roda Viva*, da TV Cultura. Segundo o livro que o próprio MPL escreveu, "transmitindo segurança nas respostas",[54] os militantes souberam com maestria repetir e repetir que queriam a tarifa baixa sem explicar como. Mario Sergio Conti, âncora do programa, fez uma pergunta simples:

Conti:
O que vocês estão dispostos a negociar?
Militante do MPL:
A gente está disposto a negociar a revogação do aumento da tarifa para 3 reais. Apenas isso.
Conti:
E se o governo não baixar a tarifa?
Militante do MPL:
A gente vai continuar nas ruas até que eles revoguem.[55]

É exatamente por isso que a esquerda ainda brilha nos corações (e nunca nas sinapses) de jovens: conseguem alguma lógica interna, desde que os próprios conceitos que utilizem sejam visceralmente desligados da realidade. São os campeões absolutos de procurar nomes de falácias na internet, mas não costumam pesquisar em dicionários, enciclopédias e livros de ciência política a que, afinal, se referem na realidade os próprios conceitos com os quais tentam formar seus silogismos.*

Ora, Conti perguntou sobre o que estão dispostos a *negociar* (eu tenho quatro pães que quero vender a R$ 1 cada, você tem R$ 2,50 e quer os quatro, podemos *negociar* para você levar *três* a este preço). A resposta foi o que eles querem *sem negociar.* É a exigência do homem-massa: dê o que eles querem, é a única alternativa, ou eles irão botar fogo na cidade. É bem pior do que a birra de crianças americanas pedindo gostosuras ou travessuras no Halloween: na esquerda, elas fazem as travessuras *antes mesmo* de ter a opção de receber gostosuras e sem que elas encham o saco. As crianças de esquerda são as mais pentelhas da humanidade.

Para variar, explicam o método apelando para a "política", mais uma vez confundindo seus desejos com seus direitos. A jornalista da *TV Folha* Giuliana Valone perguntou, afinal, o que queria um movimento que tinha "passe livre" no nome (proposta extremamente impopular, até entre pessoas que compreendem mais economia pela intuição), e qual era o seu objetivo a curto prazo, tendo a resposta "politizada" de sempre:

---

* Se quer entender o problema com a filosofia de Ludwig Wittgenstein e Bertrand Russell, dois dos maiores gênios da lógica matemática pura no mundo e dois incapazes de diferenciar uma beterraba de um trator diante de seus narizes, este é o ponto de partida.

Militante do MPL:

O objetivo de curto prazo é bem claro, Giuliana: é a redução da passagem, a revogação do aumento. O movimento, de fato, defende uma pauta mais ampla, defende a tarifa zero. Ele acha que, uma vez que o transporte é essencial para garantir outros direitos e é essencial para circular pela cidade, para as pessoas se apropriarem da cidade (*sic*), ele não deveria ser pago mediante tarifa. Porque enquanto existir a tarifa, na verdade, os aumentos vão vir todo ano, porque os custos aumentam todo ano. Então é uma decisão política aumentar a tarifa assim como é uma decisão política a existência da tarifa. Então o movimento politicamente defende isso, mas não é por isso que as pessoas estão na rua, as pessoas estão na rua pela revogação do aumento.[56]

Very poor choice of words, exatamente quando as pessoas estavam na rua *por qualquer motivo que não fosse o aumento*. Descontando-se obviamente o fato de que a última sentença não faz o menor sentido, a resposta, como sempre, insiste que o problema é "político" — a tese preconceituosa de que ser "politizado" é uma coisa *positiva*, quando já vimos que significa apenas querer as coisas sem produzi-las, criando toda uma teoria "social" para tomá-las de quem produz. Uma sociedade boa não é uma sociedade politizada, em que tudo se torna uma questão "política", a ser decidida por eleições, conchavos, secretarias burocratizadas, tramoias com parlamentares, troca de favores por eleições, cargos, quinquilharias ou outros mecanismos para se burocratizar a vida — e até o preço que se paga por usufruir de um meio de transporte para cuja existência a nossa contribuição foi zero é decidido "politicamente", como se os custos pudessem deixar de aumentar por uma canetada dada por uma Secretaria dos Transportes manejada por um futuro vereador do MPL. Pessoas "politizadas" costumam ser esses pedintes com retórica embotada por sociologia de botequim, mas incapazes de fazer um ônibus gastar menos combustível — que dirá um sistema de transporte ser mais barato, confortável, rápido e seguro (e menos poluente, já que Fernando Haddad, num primeiro momento, jurou que o MPL "dialogava" com a questão da emissão de carbono*).

* Oi, emissão de carbono, você vem sempre aqui?

Ainda mais ridículo é afirmarem que o "direito" (como se "usar meios de transporte criados por outras pessoas e que têm um custo para outras pessoas" tivesse algo a ver com "direito de ir e vir custando R$ 3,20") é mais "direito" se não for "pago mediante tarifa". É como se fôssemos *mais* livres se tudo aquilo que queremos comprar não fosse pago mediante o preço, mas mediante uma operação "política" pela qual o governo pegaria todo o nosso salário e gastaria como *ele* acha que é o melhor *para nós* em nome de uma sociedade mais justa, igualitária e, por que não, "livre". Lá vamos nós, em nome do comunismo, dar mais dinheiro para políticos para depois ir contra todos os políticos que estão aí. Agora vai!

O âncora da Rádio Bandeirantes Rafael Colombo perguntou então quem iria bancar o subsídio (por que a esquerda gosta tanto de dar dinheiro fácil para os empresários mais corruptos do país?), já que, para conceder a tal "tarifa zero", a prefeitura teria de dar de 12% a 14% de seu orçamento mensal apenas para a brincadeira. Resposta "transmitindo segurança":

> **Militante do MPL:**
>
> Em primeiro lugar eu acho interessante pontuar que a gente é um movimento social que luta por transporte público. A gente está cumprindo nosso papel enquanto movimento social (*sic*), que é levar as pessoas para a rua, que é pautar nossa reivindicação na luta por um transporte verdadeiramente público (*sic*). Acho que não cabe a nenhum movimento social apontar de onde vêm exatamente todos os custos, exatamente como se organiza o orçamento da cidade. O que a gente está pautando é uma inversão de prioridade no orçamento; então que se priorize o investimento em transporte público, e não em transporte privado como acontece hoje em dia.[57]

Ficaram mais seguros? Nenhuma novidade — Eric Hoffer já sabia que "'Não explicar os motivos' é considerado por todos os movimentos de massa o marco de um forte e generoso espírito".[58] É como eles repetem seu método, *ad nauseam*:

Militante do MPL:

Em primeiro lugar, isso é um jogo político. (...) Então por enquanto o próximo passo é continuar pressionando (*sic*) até que o poder público — a prefeitura e o governo — entendam que não há outra opção que não revogar o aumento da tarifa.[59]

Como é bom conversar com pessoas civilizadas prontas para o diálogo e a negociação e com a planilha de custos diante de si.

18 de junho, terça-feira: Aquela terça-feira

> "Guerreiros vitoriosos primeiro vencem e depois vão à guerra, enquanto os guerreiros derrotados vão à guerra primeiro e depois procuram ganhar."
>
> Sun Tzu

Depois da bonança é que a tempestade mostra sua maior força. O intervalo entre as noites do dia 17 e do dia 18 (ou, poder-se-ia dizer, entre a quinta-feira, dia 13, e esta fatídica terça-feira) pode ter parecido uma bonança pelo clima de euforia e sentimento único coletivo que marcou uma noite, enfim, de um protesto pacífico e por causas nobres, ainda que nada pragmáticas (como "fim da corrupção").

Na verdade, foi o dia em que estávamos no olho do furacão. (Ao contrário do sentido comum do termo, em um país felizmente pouco assolado por furacões, trata-se do centro dos ventos circulantes, quando tudo está calmo, mas fatalmente significa que, não importa para onde formos ou para onde o tornado for, ele passará provavelmente com ainda mais força por nós novamente.) O Brasil, depois de duas manifestações cuidadosa e trotskistamente planejadas, havia se esquecido por completo da violência que marcara as três primeiras manifestações que destruíram estações de metrô, incendiaram lixeiras ao longo das avenidas, mandaram pessoas descerem de ônibus como num assalto para incendiar o transporte e vandalizaram tudo o que viam pela frente. Sem surpresa para quem conhece as tormentas e as revoluções, a euforia da manhã de terça-feira logo se tornaria um pesadelo.

O tamanho do gigante nas ruas não poderia ser de maneira alguma ignorado. *New York Times*, *Le Monde*, *El País*, BBC, *The Guardian* — dezenas de jornais dão destaque aos protestos no Brasil, alguns com chamada na primeira página. O noticiário prossegue feliz desta feita, indicando que todos estavam felizes com o primeiro dia em que o gigante acordou — mesmo sem saber, afinal, *o que mudou* depois de seu despertar.

Mas, naquela manhã, já aparecia uma das primeiras vozes na grande imprensa a dizer que não estava gostando tanto assim de um gigante que acordou sem lembrar que era um filho do MPL.

O MPL no Conselho da Cidade

> "Os subsídios governamentais podem ser analisados criticamente de acordo com um princípio simples: você é mais esperto do que o governo, então, quando o governo lhe paga para fazer algo que você não faria por conta própria, está quase sempre pagando para você fazer algo estúpido."
>
> P. J. O'Rourke

Ainda na manhã, integrantes do MPL e o prefeito participavam de uma reunião especial do Conselho da Cidade sobre a questão da tarifa: mais uma reunião consultiva, em que o MPL poderia ter apresentado algum argumento e alguma planilha de custos explicando como aplicar sua tese de redução da tarifa por meios "políticos". Mas o MPL mais uma vez reclama de não ter sido "convidado" para uma reunião deliberativa e convida de volta o prefeito para outra reunião na quarta-feira, no Sindicato dos Jornalistas, em caráter deliberativo (por que lá? por que lá teria um caráter deliberativo?):

> Ontem a gente teve um ato com cerca de 100 mil pessoas, fora os outros atos, então assim (*sic*): as pessoas querem revogar o aumento, as pessoas não estão com a disposição de ficar ouvindo argumento técnico que a prefeitura tem ou não. Eu acho que o prefeito se contradiz quando fala que está querendo discutir a questão em termos

> políticos e não técnicos e vem com a gente com um monte de planilha, para falar o custo disso e daquilo. (...) Se tem dinheiro para construir toda uma infraestrutura para receber megaevento, para privilegiar o capital financeiro (*sic*) (...) E eu acho que a questão não é simplesmente remanejar impostos, não, o que está colocado é que os empresários do transporte têm um lucro absurdo com isso. A gente tem que tirar o lucro dos empresários [conselheiros aplaudem]. É daí que tem que vir a tarifa zero. Porque um direito público não deve ser encarado como fonte de lucro para ninguém — deve ser encarado como um direito.[60]

Estatizar toda a vida e jurar que está evitando os malvados "lucros" com isso (sem perceber que, trocando o nome "lucro" por "subsídio", está é dando *mais* dinheiro para empresários): esta visão soa idealista ("direitos públicos não devem ser fonte de lucro!"), mas é uma boa justificativa para o trabalho escravo nos países socialistas — os escravizados trabalham em obras públicas, não deveriam ficar "buscando lucro". Por que as gracinhas não pedem para zerar o salário de funcionários públicos, então? Ann Coulter é clara: "As leis da lógica não têm efeito sobre as multidões."

Novamente vale lembrar as palavras de Thomas Sowell:

> Você quer ver mais coisas serem mais acessíveis a mais pessoas? Então descubra formas mais eficientes de produzir coisas ou formas mais eficientes de levar essas coisas de seus produtores para os consumidores a um custo mais baixo.
>
> Foi isso o que fez um homem chamado Sam Walton quando criou o Wal-Mart, uma bênção para as pessoas com rendimentos modestos e uma desgraça para os intelectuais de elite. No processo, Sam Walton ficou rico. Era essa a "ganância" que você ouviu seus colegas de classe e seus professores denunciarem tão presunçosamente? Se assim for, tem sido tal "ganância" que diminuiu os preços repetidamente e, assim, elevou o padrão de vida americano.
>
> Voltando ao início do século XX, apenas 15% das famílias americanas tinham uma descarga em casa. Nem ¼ delas tinha água corrente.
>
> Apenas 3% tinham eletricidade e 1% tinha calefação. Apenas uma família americana em uma centena era dona de um automóvel.

> Em 1970, a grande maioria das famílias americanas que vivia em situação de pobreza tinha vasos sanitários, água corrente e eletricidade. Até o final do século XX, mais americanos estariam conectados à internet do que estiveram ligados a um cano de água ou de uma linha de esgoto no início do século.
>
> Mais famílias têm ar-condicionado hoje do que tinham eletricidade então. Hoje, mais de metade de todas as famílias com renda abaixo da linha oficial de pobreza possui um carro ou caminhão e tem um micro-ondas.
>
> Isso não aconteceu por causa dos políticos, burocratas, ativistas ou outros fazendo "serviço público" — pessoas que você supostamente deveria admirar. Nenhuma nação jamais protestou no caminho da pobreza à prosperidade ou chegou lá através de retórica ou burocracias.
>
> Foi Thomas Edison que nos trouxe a eletricidade, e não o Sierra Club. Foram os irmãos Wright que nos tiraram do chão, e não a Administração Federal de Aviação. Foi Henry Ford que acabou com o isolamento de milhões de americanos tornando o automóvel acessível, não Ralph Nader.
>
> Aqueles que mais ajudaram os pobres não foram aqueles que andaram por aí bradando alto sua "compaixão" pelos pobres, mas aqueles que encontraram maneiras de tornar a indústria mais produtiva e de distribuição mais eficiente, para que os pobres de hoje pudessem pagar pelas coisas com que os ricos de ontem só podiam sonhar.[61]

Infelizmente, para levarmos essas palavras adiante, precisaríamos de pessoas dispostas a pensar em um sistema de transporte eficiente desde os pneus e o combustível até a logística para que o consumidor final consiga pagar menos por um meio mais eficiente. Mas, mais uma vez lembrando Franz Oppenheimer, este seria o *meio econômico* de gerar riqueza. O MPL não cansa de repetir que o seu meio é o *político*: tomar à força o que os outros produzem e que se danem os custos; se a conta não fechar, que se trabalhe de graça para estes novos sultões, em nome de seu "direito público".

Tudo é decidido fazendo-se "pressão", e essa pressão resume-se a atrapalhar pessoas, que depois descontarão no prefeito, não o reelegendo (ou não elegendo o apaniguado de seu partido) nas próximas eleições. Política, para o movimento bolchevique mauricinho, é fazer birra coletiva até se conseguir o que se quer. Não espanta que, entre os outros palavrosos presentes à reunião do Conselho da Cidade, estivessem Vera Masagão Ribeiro, diretora-executiva da Associação Brasileira de ONGs (a Associação Brasileira de ONGs é uma ONG?), Gabriel di Pierro, da Rede Nossa São Paulo (autor de pérolas como "Eu queria propor a revogação ou suspensão desse aumento para que a gente faça então a discussão para que a gente efetivamente tome uma direção",[62] ou "A decisão é política, e hoje é nos R$ 3,20. Ou diminui ou reduz, ou então os movimentos vão continuar e isso vai ser ruim para o governo"), Wagner Gomes, da CUT, e frei David, da ONG Educafro. Se você ainda acredita que somos governados por gente moderada, entre no Conselho da Cidade e tente se sentir em um ambiente menos revolucionário do que uma reunião interna do Partido Bolchevique.

Haddad novamente pede que alguém explique como arrumar 2,7 bilhões de reais de custo tirados do éter por política. Mas, dialético como é, Haddad faz concessão aos radicais: "Eu não vou fazer isso na técnica como estão falando. Número é número, mas é política também."[63]

Acalme-se, Brasil: estamos nas melhores mãos possíveis.

O sexto grande ato: PSTU, VTNC!

> "Todo casamento de um intelectual com o partido comunista termina em adultério."
>
> Nicolás Gómez Dávila

"Amanhã vai ser maior", gritou o povo depois do protesto aparentemente pacífico do dia anterior, que marchou por horas e horas sem violência, "apenas" terminando com a tentativa de invasão de alguns prédios públicos no fim. E o dia do "amanhã" pode não ter sido maior, mas foi decisivo. Seguindo novamente o estilo pendular das manifestações paulistas, o sexto ato voltou para o centro velho de São Paulo — desta feita, exatamente no marco zero da cidade, a imensa praça da Sé. Apesar do desfecho que esta terça-feira ominosa teria, ela começa como o melhor protesto.

Enfileiradas cuidadosamente nas bordas da praça, dezenas de bandeiras tremulavam. Sem ser engolfado como na segunda-feira e sem precisar usar as bandeiras de seus coletivos subnanicos como nos primeiros protestos, o PSTU marca peso com suas bandeiras vermelhas cobrindo os próprios militantes. O PSTU, bem menor do que o PSOL (embora o PSOL seja bem pouco distinto em radicalidade), sempre tenta ser mais ostensivo em atos públicos para compensar o fato de ser júnior no que se refere à liderança.

De repente, a massa, cada vez mais se agigantando, teve um surto *realmente espontâneo* e bem distinto do direcionamento dos organizadores da coisa toda. Depois de gritos pedindo "sem partido" e uma ensurdecedora e prolongadíssima vaia como se tivessem roubado um pênalti numa final de Copa do Mundo, um refrão do próprio povo revoltado com a enganação eclodiu no epicentro de São Paulo.

Percebendo que o PSTU é o melhor partido de extrema esquerda do país por ser o que faz a melhor rima,* a massa marcou o ritmo no ar com as mãos e gritou para as bandeiras no começo do sexto ato: "PSTU, vai tomar no cu! PSTU, vai tomar no cu!" O primeiro momento na praça da Sé foi divulgado no YouTube.** O mote, cantado tão perfeitamente por tantas pessoas juntas, virou uma espécie de segundo hino das manifestações.

Essa manifestação verdadeiramente espontânea e sem líderes da população se deflagraria repetidamente onde quer que o PSTU aparecesse: vídeos do refrão em uníssono são vistos em Curitiba, Maringá, Rio de Janeiro, São Luís, Belém, Brasília, Belo Horizonte, Teresina, Goiânia, Recife, Patos de Minas e outras cidades.

É um lema brasileiro que pode ser usado como aquecimento vocal por alguns minutos em partidas de futebol, peças de teatro, assembleias universitárias, desfiles, passagem de escolas de samba, além de poder ser proposto à plateia em shows de jazz ou música gospel, discursos de

---

* Eu tentei avisar que era melhor ser "PUTS"...

** "PSTU VAI TOMAR NO C*!!!", disponível em: <http://youtu.be/TD__cdg6FAo>.

paraninfo, aniversários, casamentos, batizados e velórios. Pode ser um canto coletivo em luais, sessões de mesa branca, inferninhos ou pedidos de casamento. Um excelente som para ser usado como despertador. Onde você estiver, na fila do supermercado ou no ponto de ônibus, sempre é uma oportunidade para fazer o tempo passar de forma mais animada enchendo os pulmões e gritando sozinho ou com seus amigos por alguns minutos o principal refrão das manifestações.

Emendado com alguns estribilhos de prosódia mais complexa, como "PCB, vai se foder!", foi o maior grito espontâneo, horizontal, apartidário e sem líderes de todos os protestos.

Elias Canetti sabia que os gritos é que garantem um espaço psíquico à massa, desde que sejam espontâneos. Os motes sobre a tarifa não arrebanharam senão uma meia dúzia de almas, além dos próprios militantes que as organizavam. Eram gritos dirigidos, como em um destacamento militar. Já os gritos espontâneos da massa falaram de tudo, *menos* de tarifa. Em vez de tecer loas aos partidos radicais que querem impor a ditadura do proletariado, foram a *voz* da massa verdadeira. O grito "impossível de ser previsto com exatidão pela massa, este é inequívoco, e seu efeito, gigantesco".[64]

Todavia, como nem tudo na vida são flores, foi tão engraçado, como ir a uma festa de bicão e xingar o anfitrião. A despeito do repúdio da população aos partidos extremistas (e é sempre assim que acontece quando o povo fica frente a frente com estrovengas mofadas como o PSTU, com o qual só cruza no Diretório Central de Estudantes da Universidade e fazendo as aparições mais engraçadas no horário político), *eles* é que realmente tinham criado tudo — não havia um único protesto cujo enredo não estivesse traçado por militantes partidários no Facebook, que definiram como, onde e a que horas seriam os protestos. Pior: defendendo causas *destes partidos*, causas radicalíssimas e perigosíssimas, mas tratadas como mero detalhe (meros 20 centavos). Se algum partido neonazista surgisse no Brasil hoje, não conseguiria arrebanhar defensores se demonstrasse suas causas, mas poderia muito bem fazer uma mobilização gigantesca no país inteiro se não mostrasse o que defende de fato, com todas as letras. E aí, o gigante acordaria o defendendo sem perceber.

Apesar de ser divertido ver o repúdio popular às políticas extremistas e oportunistas, as pessoas, no fim das contas, não faziam senão obedecer a um chamado do PSTU.* Toda a multidão pacífica que, naqueles dias, não parava de repetir que a manifestação "tinha ido muito além do PSTU" não fez *nenhuma* manifestação gigantesca assim que o PSTU e os fanáticos de sempre pararam de *organizá-la*. O povo brasileiro indo às ruas queria reclamar da corrupção, dos péssimos serviços públicos, dos políticos que não representavam ninguém: mas estavam sendo manipulados com força total por partidos que não queriam senão *aumentar* a politização da vida, a estatização, o controle de nossa vida por políticos. Se os políticos de hoje não nos representam, imagine-se com o povo indo a manifestações organizadas pelo PSTU e pela extrema esquerda, que nunca totaliza 1% de votos.

Era a demonstração fulminante de que uma manifestação organizada por uma minoria de vândalos, como se viu nos primeiros dias, fora tomada por uma maioria pacífica. *Exatamente o oposto* da narrativa que fora tão martelada em nossos ouvidos.

A fúria começa: Eles queriam uma cabeça

> "Em tempo de revolução, cuidado com a primeira cabeça que rola. Ela abre o apetite ao povo."
>
> Victor Hugo

Após a concentração na praça da Sé, a intenção do MPL era marchar pela avenida do Estado, impedindo a ligação da cidade com a região do ABC, e depois fechar a marginal Tietê, novamente parando não apenas a cidade, como as principais ligações dela com o seu exterior. Era o equivalente a fechar a ponte do Brooklyn no Occupy, ou tomar as pontes de Florianópolis — o que estava sendo feito exatamente naquele momento.

Mas cerca de 50 mil pessoas (segundo o MPL, "sem que se pudesse entender o porquê"),[65] querendo a cabeça de um político, foram direto

* Vocês Tocam Nossa Consciência!

para a praça Ramos, a poucos quarteirões dali, em frente à prefeitura. O prédio começou a ser invadido e destruído por todos os lados. Como um castelo medieval sendo sitiado, até a famosa "prensa" nos seus portões principais foi usada — ainda que com pedras, peças de concreto e chutes. A Guarda Civil Metropolitana (guarda patrimonial que não tinha poder de polícia, que os uspianos do MPL querem que substitua a PM dentro do campus da Cidade Universitária da USP)* ficou acuada dentro do prédio, enquanto a PM não podia agir com rigor diante de uma multidão enorme que praticamente servia como escudo para os baderneiros que o invadiam. Como define Eric Hoffer: "Parece também que, quando um movimento de massa pode persuadir ou coagir, geralmente escolhe a segunda opção."[66]

Se o Occupy Wall Street teve os *Days of Rage* em outubro de 2011 e a Primavera Árabe instituiu o Dia de Fúria (*Youm al-Ghadah*) em diversos países,[67] o Brasil marcou o seu primeiro Dia de Fúria primeva, abissal, ríspida e animalesca a partir da praça Ramos, dali se espraiando como um vírus que transforma multidões em zumbis por contágio endêmico. Era, novamente, o Sentimento Difuso no Ar ditando o que as pessoas deveriam fazer — e, depois de vencer o medo, esse sentimento se converte na raiva mais desabrida, em ira saturnina, em ódio niilista.

Também surge nesse momento a explicação para o fato de a violência sempre partir da chamada "minoria de vândalos": *apenas uns poucos* estavam invadindo o prédio, segundo foi contado. Não surpreende: se 50 mil pessoas quiserem invadir um prédio, apenas quem estiver na primeira fila e bem diante de sua porta conseguirá. Todo o resto fica para trás. E quem estiver a fim de paz no meio deste tropel é simplesmente atropelado pela fúria da histeria coletiva. Pelas leis da física, *sempre* será apenas uma minoria a aterrorizar — e a maioria estava lá, diga-se, "pacificamente".

* Designar uma guarda patrimonial para cuidar da segurança dentro do campus é uma ideia por demais ridícula para não ter sido aventada pela extrema esquerda. A polícia e uma guarda desarmada de patrimônio público estão longe de ser substituíveis uma pela outra. Uma guarda patrimonial cuida, por exemplo, das estátuas do campus, não das pessoas e de seu patrimônio — ao flagrar um estupro em cima de uma delas, será obrigada a pedir para o estuprador: "Você poderia estuprar essa moça mais para a direita, longe da estátua? Assim sim, muito obrigada."

Um agente da Guarda Civil Metropolitana dentro do prédio da prefeitura recebeu nove pontos na cabeça. Outro, sofreu uma contusão no rosto.

Nas palavras de Kuehnelt-Leddihn: "A coragem individual do 'rebanhista' pode ser limitada, mas atacando com o rebanho ele pode se tornar uma vítima fácil de uma verdadeira psicose de massa e realizar 'maravilhas'."[68]

Entre os que miraculosamente compunham a linha de frente da trupe que destruía o prédio, encontrava-se Pierre Ramon, vinte anos, então estudante de arquitetura e, ironia fina, filho de um empresário do ramo dos transportes[69] (nós avisamos que fazia o mais completo sentido que quem estivesse interessado em lucrar com serviços de transporte no modelo MPL estaria muito interessado em "passe livre", não foi?).

Pierre Ramon, que atirou pedras e usou uma grade metálica contra os vidros do prédio, afirmou que é calmo, "mas, no calor da hora", acabara "tomando aquela atitude". Demonstrando como é mais importante *fazer parte da massa* do que tentar descobrir efetivamente o que ela quer e quais serão as consequências de sua existência, Ramon declara: "Fiquei contagiado pela força do pessoal que protestava contra a tarifa de ônibus e resolvi ir ao ato. Aquele era um momento histórico e eu queria fazer parte dele." Os *community organizers*, que comandam e dirigem a violência e os rumos da manifestação de perto, deram-lhe um toque assim que notaram o quanto estava sendo filmado: "Aí, velho, você ficou visado demais. Melhor cair fora." Tudo bem "espontâneo", claro. Sua explicação para ter atacado a prefeitura foi ter recebido "spray de pimenta na cara". Informação estranha, se até o próprio MPL garante que "estranhamente" a polícia não estava nos arredores da prefeitura — havia, com efeito, apenas alguns policiais dentro do prédio, ocupados com a contenção da primeira fila de invasores.

Pierre Ramon, posteriormente, perderia o emprego como garçom no nobre bairro do Itaim Bibi e passaria a trabalhar em uma casa de strip-tease no Tatuapé, largando também a faculdade. Leitor de Paulo Coelho, ele filosofa sobre o ocorrido: "Tudo na vida serve de lição." Ramon pediria desculpas ao MPL na delegacia, mas não deixaria de auferir seu lucrinho com a publicidade instantânea: "Mais de 3 mil pessoas me mandaram mensagens do Facebook. Só duas me xingavam. Uns me chamavam para torcidas organizadas, outros elogiavam o quebra-quebra, depois a dignidade de ter assumido o que fiz e, por último, a coragem de ter pedido desculpas."[70] Para entender o que se passava na cabeça de Ramon, basta entender como uma massa age diante de símbolos de autoridade — pessoas que abandonaram sua individualidade agem todas identicamente.

Entra em cena, então, a característica da massa mais evidente em seu movimento por poder, como já conhecia Elias Canetti: a sua **ânsia por destruição**. Na verdade, uma massa não tem razão de ser senão mostrar que tem a força da união de muitos. E a destruição é a forma como deixa claro o quanto é perigosa. Muito contrariamente ao que é veiculado, um movimento de massa reivindicando poder (e não apenas querendo destituir alguém do poder, como foi o "Fora Collor" ou as "Diretas Já!") é quase necessariamente violento — apesar de que esta ânsia de destruição "jamais é realmente explicada".[71] Não à toa, no seu monumental tratado *Massa e poder*, a ânsia por destruição é a primeira coisa a ser estudada por Canetti; ela se manifesta tão logo a massa se forma:

> A massa destrói preferencialmente edifícios e objetos. Como frequentemente se trata de coisas quebradiças — como vidraças, espelhos, vasos, quadros, louça —, inclinamo-nos a acreditar que é justamente esse caráter quebradiço dos objetos que estimula a massa à destruição. Seguramente o ruído da destruição — o espatifar-se da louça, o tinir das vidraças — contribui de modo considerável para o prazer que se tem nela: são os vigorosos sons vitais de uma nova criatura, os gritos de um recém-nascido. O fato de ser tão fácil provocá-los intensifica-lhes a popularidade: todos gritam em uníssono, e o tinir é o aplauso dos objetos. Uma necessidade especial desse tipo de barulho parece estar presente no início do processo, quando não se é ainda uma reunião de um grande número de pessoas e pouco ou nada aconteceu. O barulho promete o fortalecimento pelo qual se espera, constituindo ainda um feliz presságio dos feitos que estão por vir.[72]

Estas palavras, escritas em 1960, tinham toda a história mundial até então para servir de inspiração — e, como os dias de fúria das Jornadas de Junho mostraram, seriam reescritas sem uma vírgula fora do lugar.

A massa também é previsível: basta saber como a massa se comporta e quais são suas diferenças em relação à política feita por seres humanos individualizados. A busca por poder pela massa, uma vez estudada, apenas se repete tediosamente — mas, em nosso país, não houve uma única voz na imprensa ou no oceano de palpitaria a ter apontado esse fenômeno já conhecidíssimo naqueles dias.

A massa, barulhenta e quebrando o que é frágil em seu caminho, não tinha como se manter quieta na praça da Sé — mas tampouco iria quebrar a própria catedral barroca, símbolo da cidade (mas repudiado por todos os progressistas e reformistas que consideram a religião um resquício do "obscurantismo"), ou o Tribunal de Justiça. O alvo era óbvio: era um prefeito petista que conseguiu ser pior do que qualquer força política um pouco menos à esquerda que já chefiara a cidade de São Paulo. O simbolismo era gritante:

> A destruição de imagens representando algo é a destruição de uma hierarquia que não se reconhece mais. Violam-se as distâncias universalmente estabelecidas, visíveis a todos e vigentes em toda parte. A dureza das imagens era a expressão de sua durabilidade; elas existem há muito tempo — pensa-se —, existem desde sempre, eretas e inamovíveis; e era impossível aproximar-se delas munido de um propósito hostil. Agora, foram derrubadas e reduzidas a escombros. Nesse ato consumou-se a *descarga*.[73]

Em vez de uma minoria que toma o protesto com métodos de intimidação, é a própria visualização de um futuro na destruição do passado que gera a *descarga*, quando todos os homens deixam para trás sua individualidade e se tornam uma massa — ainda que através da dissolução violenta da ordem social vigente. Se o protesto deixa de ver representatividade em políticos e anuncia uma "nova era", era corolário inescapável que os *sentimentos* instigados dos manifestantes não vissem motivo para respeitar ou tratar pacificamente um prédio público que simboliza a ordem ultrapassada. *Os protestos não poderiam ter sido pacíficos:* a galerinha estrepitosa (MPL, Fora do Eixo, a animalidade black bloc) sabia muito bem que "o vandalismo e a violência são necessários", e, sem essa bestialidade repudiada pelos próprios manifestantes, eles mesmos não estariam em um protesto. Todavia, como bons sentimentos que não são eternos como fatos, essa histeria coletiva também dura pouco:

> Esta [descarga], porém, nem sempre vai tão longe. A destruição de tipo mais comum, da qual se falava aqui a princípio, nada mais é do que um ataque a todas as *fronteiras*. Vidraças e portas são parte dos edifícios; elas constituem a porção mais frágil de sua separação do exterior. Uma vez arrombadas portas e vidraças, o edifício perde a sua individualidade. Qualquer um pode, então, e a seu bel-prazer, entrar; nada, ninguém lá dentro se encontra protegido. Nesses edifícios — pensa-se — encontram-se geralmente enfiados aqueles que buscam excluir-se da massa: os inimigos dela. Destruiu-se, pois, aquilo que os aparta. Nada mais há entre eles e a massa. Podem, pois, sair e juntar-se a ela. Ou pode-se ir buscá-los.[74]

A massa, cheia e poderosa, passa a dividir o mundo entre aqueles que fazem parte dela e aqueles que estão fora dela, e estes passam a ser automaticamente considerados inimigos. São como exércitos de homens que não se conhecem, mas se matam quando estão unidos num coletivo. Os próprios policiais que enfrentam os manifestantes podem estar lado a lado com eles no ônibus para chegar ao centro da cidade, para apenas lá trocarem agressões uns com os outros. Em um protesto sem bandeiras claras, apenas pedindo um futuro diferente — uma verdadeira *Revolução Tiririca*, "pior do que tá não fica" — os "mundo-melhoristas" de plantão veem com suspeição qualquer reminiscência do poder passado, mas abraçam qualquer coisa sobre o futuro sem saber qual é ele. O prédio da prefeitura, enquanto não teve todas as portas, vidros, saídas de emergência e quaisquer outras separações do exterior devidamente escangalhados, não foi poupado por essa mania repetitiva da turbamulta de destruir tudo que fosse um símbolo dessa separação, mesmo que ninguém lá dentro fosse, de fato, um inimigo — embora haja dúvidas do que aconteceria com o prefeito se aparecesse sem proteção diante da "manifestação pacífica".

Sempre que um movimento de massa age diante de uma ordem anterior, ele repete o *mesmo* roteiro: destruir prédios, mesmo que não saiba o que tenha dentro. É apenas essa sensação de segurança que ele busca impedir — e com esse sentimento de ter "mudado" alguma coisa que cresce. Nenhuma manifestação, por mais racional ou bem-intencionada que fosse, poderia se demorar no reino da argumentação, pois seu modo de agir por definição é a força bruta. A massa "odeia suas prisões futuras, as quais sempre viu como prisões. Aos olhos da massa nua, tudo parece uma Bastilha".[75]

Essa *descarga* que faz todos abandonarem sua individualidade para fazer parte de uma massa uniforme é a chave mestra para se compreender por que as manifestações foram o que foram e qual foi o seu destino.

A manifestação passa a assustar os próprios manifestantes — pessoas pacíficas e idealistas que se viram diante de um comportamento coletivo diferente do que esperavam e completamente em desacordo com a *apenas aparente* calmaria do dia anterior. A polícia, que não poderia usar táticas de dispersão para proteger o prédio da prefeitura diante de 50 mil pessoas servindo como escudo para uma caterva enfurecida, pouco pôde fazer. Pequenos confrontos começaram a se proliferar nos arrabaldes. Algumas pessoas voltaram correndo para o metrô, fazendo com que os três andares subterrâneos da estação ficassem tão abarrotados, até para os padrões paulistanos de horário de pico, que o metrô simplesmente entrou em colapso.

Os cartazes — o dia em que a jiripoca pew-pew

> "A política é como a esfinge da fábula: devora todos que lhe não decifram os enigmas."
>
> Antoine Rivarol

A maioria dos manifestantes segue o trajeto ordenado inicialmente pelo MPL e, tomando as principais ruas do centro da cidade, marcha em direção à avenida Paulista. Era o lado mais festivo do protesto, que mantinha ainda as aparências de paz e amor. Buscando a unidade pretendida para um movimento amplo sem cair na esparrela da tarifa, a tônica prossegue sendo a unidade nacional. Bandeiras do Brasil aparecem em todos os lugares. A repulsa popular pelos partidos de esquerda que organizaram a própria manifestação continua dando o tom na avenida Paulista: bandeiras do PT chegam a ser rasgadas *a dentadas*, depois de arrancadas das mãos de seus partidários. Surge o mote "Meu partido é meu país!", que blogs progressistas, naquele momento, tentam aproximar do fascismo (como tentam aproximar do fascismo *qualquer coisa* que não sejam eles próprios), jurando que isso significaria que as pessoas na rua queriam um poder único sem partido, tão somente por dizerem que um partido não representa (mais) *a manifestação.** Esse método de reconstruir as falas das pessoas, atribuir-lhes intenções ocultas malévolas, associá-las às *segundas* maiores desgraças da humanidade** e criar uma narrativa em que tudo o que é belo é obra própria e tudo o que descamba em selvageria é obra de "espiões", "agentes infiltrados" e "fascistas" é sempre o método para a esquerda deter um monopólio de belos sentimentos perante seu público, e despontar como a única coisa correta a *poder* ser pensada.

A bandeira do Brasil chegou a ser projetada na fachada do prédio da Fiesp (Federação das Indústrias do Estado de São Paulo) na avenida Paulista — e roupas brancas ou carnavalescas, estranhas ao estado de São Paulo, aparecem por toda parte. Muitas pessoas presentes haviam caído no logro do dia anterior, de que a manifestação era mesmo pacífica e apenas a polícia agredia pessoas inocentes mentindo que eram "vândalos". Um cartaz foi fotografado pelos maiores jornais com a frase "Olha minha cara de vândala", segurado por um pai com uma menina no colo que não aparentava ter muito mais de um ano. Aposentados pedindo acessibilidade (e aposentadoria para homens "igualitária", com o mesmo tempo de contribuição da aposentadoria para mulheres), grávidas de sete meses e famílias inteiras continuavam pela área nobre do centro segurando cartazes que não diziam senão que estavam nas

* Como é bem comum à esquerda contemporânea, chamam tudo o que não seja eles próprios de "fascista", mas seu método para resolver *qualquer coisa* é tutelar tudo para dentro do Estado, nada fora do Estado e nada contra o Estado.

** Não importa que o nazismo tenha algumas especificidades em relação ao restante dos fascismos, mesmo ele ainda fica em segundo lugar em democídio, não atingindo 1/5 do que mataram os regimes comunistas — e estes ainda o fizeram em tempos de paz.

ruas e eram pacíficos (com pouco ou nenhum conteúdo a respeito do que *efetivamente* estavam fazendo, além de trânsito). Continuam, como no dia anterior, a aparecer faixas como "82 anos. Não vim pra Brincar Vim manifestar", enquanto pululam pelas redes sociais imagens de idosas segurando cartazes apoiando os "jovens". Uma dessas idosas foi a apresentadora de TV Palmirinha Onofre, que escreveu: "Nasci em 1931, vi duas guerras mudiais (*sic*), sobrevivi durante a ditadura. 'Acreditem', não é só por R$ 0,20 — Palmirinha",[76] tornando-se, assim, a primeira mulher a ter visto a Primeira Guerra Mundial mesmo tendo nascido 13 anos depois de seu término. O povo demonstrava o seu lado mais povo na área VIP do protesto.

Por ironia, a mixórdia de cartazes apenas declarando que o povo estava "se manifestando" (sem dizer o que manifestavam, além de garantir que era uma manifestação) acontecia na rica região da Paulista, numa segunda manifestação, exatamente enquanto o centro velho, incluindo os arredores da prefeitura, vivia seu primeiro dia de caos e medo *descontrolado*, sem que se pensasse sequer no que poderia ser feito para controlar a fúria dos vândalos. Dá dó perguntar o que as pessoas que foram infelizmente ludibriadas naqueles dias pensam hoje, quando as manifestações voltam a ter apenas os partidos liliputianos que as organizaram e o lumpesinato violento que é sua tropa de choque destruidora.

Os cartazes, na verdade, foram o grande show. Sem eles, não haveria manifestação. Era um desfile de *beautiful people* fazendo suas piadinhas para conseguir muitos likes numa foto do Facebook, ou até ilustrar alguma manchete em algum jornal. O melhor eram as *centenas* de cartazes onde se lia "Saímos do Facebook!", fotografados e imediatamente postados no Facebook — os manifestantes até pediam que as pessoas liberassem as senhas das redes sem fio, para que eles pudessem dizer que tinham saído do Facebook postando tudo no Facebook *in loco*. De fato, houve simplesmente *de tudo*.

O mais famoso foi o "Desculpe-nos o transtorno, estamos mudando o país". Mesmo que não mudassem nada além de uma tarifa, o transtorno era claro. O que, afinal, mudou a partir de junho de 2013, a não ser uma meia dúzia de projetos de lei populistas, para dar *panis et circenses* para a patureba cheia de "direitinhos" nas ruas?

Que tal o "Não seja estuprado pelo Estado", pedindo justamente algo que demanda que o Estado *aumente* impostos que estupram a população? Um governante inescrupuloso (ou um esquerdista, para quem consegue notar a diferença) deve adorar esse tipo de protesto "contra" ele. Uma das diversas contas no Twitter atribuídas ao ator pornô Kid Bengala postou uma foto de Bengala segurando um cartaz com a frase colocada por Photoshop: "Não deixe o Estado comer o seu cú" (*sic*). Maior desejo por desregulamentação do amável capitalismo desenfreado — e maior demonstração da segurança que o capitalismo nos dá —, impossível.

A manifestação se tornava completamente autorreferente com os cartazes: "Saia do XVideos e #vemprarua!", "Tem tanta coisa errada que nem cabe em um cartaz". Não é um chamado — é uma autoglorificação. Uma propaganda para os próprios manifestantes. No dizer de Eric Hoffer, "Propaganda serve, portanto, mais para nos justificar do que para convencer os outros; e, quanto mais razão nós temos para nos sentir culpados, mais fervorosa a nossa propaganda".[77]

Os chamados são feitos sempre, sempre, sempre para aumentar gastos do Estado, nunca para diminuí-los: "Me chama de Copa e investe em mim!", "Ia excrever augu legau, maix fautô edukssão", "Queremos hospitais padrão Fifa". Alguns apenas provocavam a polícia: "Spray de pimenta para baiano é tempero", "Odeio bala de borracha — joga um Halls", "Seu gás de recalque bate no meu vinagre e volta". Um cartaz que dizia "Uma vergonha — a passagem mais cara do que a maconha" lembrou da Marcha da Maconha de 2011. A demonstração de que eram pessoas nada alienadas, *tutti buona gente*, uma galera antenada e estudiosa, consubstancia-se maravilhosamente no cartaz "Uma pichação diz mais verdade do que 10 anos de televisão".

Quando se falava de políticos, nunca eram os organizadores das manifestações. Ia de "The Alckmin Dead" a "Dilma, bolada tô eu!".

Algumas raras propostas surgem. "Pelo fim do funk alto no busão", por exemplo, é a melhor manifestação popular a respeito de transportes em todo o país. Outro afirma: "Só paramos quando o Kinder

Ovo voltar a ser R$ 1,00".[78] Talvez o mais sensato de todos tenha sido "Vendo Palio 98".[79]

Contudo, nenhum cartaz resumiu tanto as manifestações autorreferentes, que apenas garantiam que eram uma manifestação que estava se manifestando pelo direito de se manifestar, sem nada claro além disso, do que o icônico "**The jiripoca is going to pew-pew**". Famoso por ficar famoso, era uma piada feita com palavras que não fazem sentido, um "a cobra vai fumar" 2.0. Funcionava tão somente por não significar nada, era engraçado pelo mesmo motivo: dizia a que veio com perfeição ao simplesmente não dizer nada e "significar" o protesto.

Para manifestações tão genéricas, nada melhor do que sugerir alguns cartazes. Aqui vão os meus:

— Estou aqui pela mesma coisa do cara do meu lado
— Eu vim pra rua. E aqui não tem cookies.
— Queremos novo álbum do Tool
— Piquet foi melhor do que Senna
— Subsidiem o que eu gosto, proíbam o que eu não gosto
— Quem não me financia à força é fascista
— Mais amor, menos Sakamoto
— Já li *Ulisses* inteirinho
— Anuncie aqui
— Si hay gobierno, soy contra. Si no hay, también soy
— Gata, você despertou o meu gigante
— *Carta Capital* também faz uma boa rima
— Queimar dentista dói mais do que spray de pimenta
— Quero ver o fim de *Caverna do dragão*
— Já é meu sétimo protesto e ainda não comi ninguém
— Leiam Ayn Rand
— Metallica é melhor do que Beatles
— Liberem as piadas com gordos
— Stop the punhetation, fuck the bucetation
— Bacon também é importante, porra
— Desculpem o transtorno, estamos revogando a seleção natural

O churrasco de repórter

> "O governante absoluto pode ser um Nero, mas às vezes Tito ou Marco Aurélio; a multidão costuma ser Nero, mas nunca Marco Aurélio."
>
> Antoine Rivarol

A segunda demonstração desabrida da massa revoltosa exibindo sua bestialidade como norma, depois de abrir as portas da prefeitura para nada (o prefeito estava longe dali no mucovuco), veio batizada pelo fogo: a malta incendeia uma van da TV Record estacionada próxima à prefeitura. Nenhum ferido, mas é a primeira demonstração mais acalentada dos sentimentos vulcânicos da canalha que tomava as ruas. Elias Canetti, assistindo a tudo de 1960, não se surpreenderia nem um pouco:

> O mais impressionante de todos os meios de destruição é o *fogo*. Ele é visível de longe e atrai mais pessoas. Além disso, destrói de modo irrevogável. Depois de um incêndio, nada permanece como era. Ateando fogo às coisas, a massa julga-se invencível. À medida que o fogo se propaga, tudo se junta a ela. Ela aniquila tudo o que lhe é hostil. Como se verá, o fogo é o símbolo mais vigoroso que existe para a massa. E, terminada a destruição, o fogo, assim como a massa, tem de extinguir-se.[80]

Incendiar coisas — e ver a imprensa como inimiga — não é nada senão um típico e repetitivo movimento de massa em ação. O noticiário se assusta com a fúria simbolizada pelo carro da Record em chamas — a imprensa, que comprou e vendeu a quimera da manifestação pacífica agredida apenas pela polícia, de repente vê diante de si, de longe, o que a massa era capaz de fazer quando, finalmente, se sentiu poderosa. E por isso os repórteres passam imediatamente a reclamar da *falta* de policiamento.

Marília Moschkovich, a feminista que conhece as propostas do MPL "desde adolescente", tinha achado a galera "não MPL" da avenida Paulista umas "pessoas bem esquisitas, com cartazes bem bizarros"[81] (é sempre engraçado testemunhar sociólogos que "lutam pelo povo" descobrindo que ele não quer votar no PSOL enquanto discute feminismo na Vila Madalena). Quando deu de cara com o carro da Record em chamas, Moschkovich declarou pela décima nona vez* em seu texto que "aquilo era muito estranho", e passou a acreditar que o vandalismo descontrolado no centro era uma tentativa de golpe militar.

Não é engraçado reler isso hoje e ver como são "bem informados" estes formadores de opinião (e, sobretudo, de *narrativas*) ligados à esquerda política?

A situação no centro velho da cidade só pioraria, com o fogo mostrando para a massa que ela era invencível, ou parecia ser. Enquanto na prefeitura os funcionários erguiam barricadas para *se proteger* (seriam as primeiras vítimas, no final das contas), assessores do prefeito ligavam para o MPL pedindo que contivessem a multidão. O MPL diz que a coisa não é com ele e que não pode fazer nada. A polícia, acionada, também não aparece — **um único dia após o urro "que coincidência, sem polícia não tem violência"**. Um caso emblemático da sinuca de bico em que as narrativas sempre colocam a polícia: se a Tropa de Choque aparecesse para dispersar uma multidão de 50 mil pessoas, tirando uma a uma do caminho até chegar àquela primeira fila destruindo o prédio, quais seriam as manchetes no dia seguinte? Não é preciso imaginar muito. A responsabilidade do MPL é sempre nula; a da polícia, sempre máxima.

Da prefeitura, a manifestação se espalharia para as ruas ao redor. Os mendigos e moradores de rua da região, desde o começo da tarde, estavam apreensivos e amedrontados — e não com a polícia, que não aparecia por ali. Moradores de rua costumam sofrer de depressão, que suscita o sono mais pedregoso — e gastam esse sono durante a luz do dia, pois é inseguro dormir à noite. Naquele dia, estavam extremamente alertas — alguns verdadeiramente desesperados.

Logo as ruas seriam tomadas por uma turba enfurecidíssima, saqueando todas as lojas no meio do caminho. Portas de pequenos e grandes comércios seriam arrombadas, e mercadorias de bancas de jornais a lojas de eletrodomésticos, furtadas — tanto pelos valentões que as destruíam, naqueles dias em que eram apenas "vândalos", e não o black bloc, quanto

* Para não sermos injustos, estamos contando também as vezes em que ela usa a palavra "esquisito". Contando só "estranho" seria a auspiciosa décima terceira.

por uma população desnorteada (mas bem dirigida pelo Sentimento Difuso no Ar). Mais uma vez, como acontecia desde as primeiras manifestações, lixeiras virariam barricadas de fogo, e qualquer objeto público, de cercas e cones de sinalização de trânsito a barras de metal e blocos de concreto, viraria trincheira e arma. Agências bancárias seriam reduzidas a caixas eletrônicos destruídos. Sem a polícia, a população de São Paulo tem um vislumbre de como fica a cidade sem as "forças repressivas" tão criticadas. O belo edifício do Theatro Municipal, talvez o prédio mais bonito da cidade, é completamente pichado, pouco tempo depois de ser reaberto após longa reforma que durou quase três anos e consumiu R$ 28,3 milhões. O centro, literalmente, pega fogo.

A cobertura da imprensa é calcada em *separar* os manifestantes. O *Jornal Nacional*, o programa jornalístico mais assistido do país, em sua cobertura ao vivo deixa claro que é apenas uma minoria mais exaltada criando um tumulto, e que alguns manifestantes até tentavam conter a turba enfurecida. As imagens do dia anterior mostram pessoas apoiando os manifestantes com lençóis brancos nas janelas e outras se sentando ao lado da PM, enquanto um grupo tentava invadir o Palácio dos Bandeirantes — único confronto com a polícia, que nem por isso deixou de ferir muitas pessoas inocentes ao dispersar a massa.

A própria Record não deixa de defender a manifestação e mostrar que ela é pacífica, *after all*:

> **A Rede Record de Televisão** vem a público informar que todos os profissionais que trabalhavam na transmissão ao vivo das manifestações em São Paulo escaparam ilesos do incêndio no caminhão usado para a captação de imagens. (...)
>
> A grande maioria dos manifestantes já tinha deixado o local em passeata. Por isso, a Record tem a certeza de que foi atacada por uma minoria de vândalos.
>
> Antes que o carro saísse, um grupo atacou o veículo com pedras e depois colocou fogo nos equipamentos.
>
> **A Record** reafirma o seu compromisso de transmitir com fidelidade o protesto pacífico de milhares de pessoas nas ruas brasileiras e lamenta apenas que pequenos grupos tentem impor as suas ideias pela violência.[82]

As cenas de violência seriam tantas que apenas poderiam ser descritas coletivamente a partir desse dia: "cenas de vandalismo são vistas no centro", seguidas de imagens com várias lojas sendo depredadas e ruas pegando fogo ao mesmo tempo. Descrever ato por ato já era impossível.

A polícia militar só age no centro de São Paulo após quatro horas e meia de manifestação, no fim da noite. Este, que foi **o dia mais violento de protestos até então, foi o dia com menor violência policial.** Curioso é que os mesmos que criticavam a atuação da polícia e ironizavam os que enxergavam "vandalismo", onde havia vandalismo de fato, no fim do dia criticaram a demora para que a polícia atuasse (sem explicar como ela poderia conter atos de tamanha violência sem ferir *milhares* de inocentes que serviam de amparo aos vândalos).

Como qualquer conhecedor da história dos movimentos de massa e da psicologia de multidões sabia muito bem, querer que uma massa se mostre racional, calma, fria e argumentativa, capaz de, pela força de seu número e pelo poder de sua unidade, resolver qualquer equação problemática, era como pedir para Adolf Hitler aprender hebraico.

Com a raiva que é predominante no movimento de massa, uma parte dos manifestantes parte para o início da avenida Paulista, no Paraíso,* em frente ao edifício onde mora o prefeito Fernando Haddad. O perigo da turba, mesmo frente a um péssimo prefeito, mostrava que o absolutismo da opinião pública é sempre algo pior do que uma lei que refreie os ímpetos de justiçamento da maioria fortificada.

Outro fato candente finalmente transparece: as manifestações, fincadas no centro, finalmente se espalham para a periferia, inclusive por regiões *realmente* periféricas, como Cidade Dutra, Raposo Tavares, Socorro e M'Boi Mirim.[83] A manifestação, pela primeira vez, deixou de ser algo exclusivo da classe média progressista e da classe média iludida que a classe média progressista conseguiu ludibriar.

Entretanto os principais pontos de protesto continuam sendo a avenida Paulista, que a essa hora já deveria transformar uma das faixas

---

* A piada mais paulistana do mundo diz que casamento é como a avenida Paulista: começa no Paraíso e termina na Consolação.

num "Protestódromo", e novamente a prefeitura. Segundo estimativa do Datafolha, são cerca de 50 mil pessoas nos protestos pela cidade.

Como os movimentos eram repetidos igualmente em todas as cidades, não foi por "mera coincidência" que de Porto Alegre a Fortaleza, *de repente e ao mesmo tempo*, casos de vandalismo desenfreado tomassem conta do núcleo das manifestações, com pessoas pacíficas *ao redor*. Era a histeria coletiva brasileira tomando forma e força.

A massa mostrou-se poderosa. Só não sabia o que fazer com tanto poder — e, desnorteada e famélica, poderia perigosamente se tornar uma arma onipotente nas mãos de quem soubesse utilizá-la como forma de ter controle sobre as outras pessoas.

A experiência Milgram

> "A verdadeira meta das políticas práticas é alarmar a população (que depois clama por segurança), ameaçando-a com uma série interminável de Hodglobins, todos imaginários."
>
> H. L. Mencken

Esta fúria destrutiva das pessoas em bando tem uma explicação simples, embora muito controversa. É claro que é fácil entender como pessoas pacíficas, que se ajudariam se uma delas estivesse caindo por um infarto fulminante na rua, agiriam como leões-marinhos no cio caso estivessem em um estádio de futebol lotado para a disputa de um clássico.*

Na verdade, 99,999% do que é feito em movimentos de massa é feito em relação a *completos desconhecidos* — mas desconhecidos que ganham outro significado conforme a posição em que são colocados diante de nós.

* O que prova que nem o maior crítico dos movimentos de massa está imune a alguns comportamentos típicos da massa, e não do indivíduo solitário e reflexivo. Basta iniciar uma discussão com este autor sobre quem foi o maior piloto de Fórmula 1 de todos os tempos e, antes que alguém sonhe em falar *aquela obviedade*, fatalmente o verão pulando sobre a mesa, arrancando a camisa, inchando, adquirindo um tom de pele esverdeado e espumando até explicar pela milionésima vez que uma certa ultrapassagem na Hungria em 1986 prova que estão todos errados.

O policial e o sindicalista comunista podem ir à manifestação no mesmo ônibus, dar licença um para o outro quando precisam descer, mas só diante dos prédios públicos, simbólicos do poder, é que passam a trocar porradas no *ground and pound* que classifica a política de multidões.

Em 1961, o psicólogo social Stanley Milgram realizou um dos testes mais controversos de toda a psicologia experimental. Milgram queria verificar se pessoas comuns, essas com as quais cruzamos na rua, sentamos ao lado e convivemos em nosso ambiente de trabalho, seriam capazes de *matar um completo desconhecido.*

Em linhas gerais, a experiência começava com um participante chegando a um laboratório supostamente para um experimento de aprendizado. Logo chegava também outro participante, que era na verdade um ator. Mais um ator aparecia depois, de jaleco, dizendo-se pesquisador e explicando como seria a experiência. Um deles faria perguntas ao outro, e a cada falha o questionador daria um pequeno choque no respondedor. O pesquisador aplica um pequeno choque de 45 V também no participante que fará as perguntas, para que ele saiba como é a sensação. Fazendo um "sorteio" falso, que sempre resultava na escolha do participante verdadeiro como o primeiro a perguntar (com o ator se fingindo de segundo participante a responder), o participante no papel de "instrutor" vê o suposto outro "aprendiz" ser amarrado numa cadeira, e então segue para uma sala distinta — e a experiência verdadeira começa.

Os choques, aplicados no braço do ator, iam aumentando em intensidade a cada novo erro. O perguntador (verdadeiro participante da experiência), a cada vez que aperta o botão para dar um novo choque, ouve pequenas reclamações da sala ao lado, que paulatinamente vão aumentando em intensidade. Logo, gritos altos, implorando para que se pare com os choques, são ouvidos (na verdade, gravações bem anteriores ao participante chegar ao local da experiência). "Deixem-me sair! Eu cansei!" Os participantes geralmente perguntam ao "pesquisador" o que fazer, e ele, friamente, apenas afirma que a experiência exige que eles prossigam. O objetivo real da experiência é saber se o instrutor, que está aplicando choques de alta dosagem de dor em outro ser humano desconhecido, irá parar os choques ou simplesmente obedecer ao pesquisador, acreditando que está ajudando a ciência.

Os choques vão aumentando de maneira brutal. Num momento, para-se de ouvir gritos. Presume-se que o participante desmaiou, ou não consegue mais sentir nada. Porém as perguntas prosseguem. Sem resposta, o "pesquisador" afirma que se deve considerar o silêncio um erro. Algumas vezes diz apenas que o outro participante não sofrerá sequelas; os choques vão crescendo com graduações como "choque intenso", "choque intenso extremo", "choque severamente perigoso" e, então, "XXX". O último choque é de 450 V — quase o dobro da voltagem do Reino Unido, uma descarga letal para alguém que foi amarrado e seviciado com tantos choques seguidos. É um choque marcado como mortal — embora o "pesquisador" o negue. Obviamente que o ator, na verdade, não recebe choque nenhum.

Os resultados dessa pesquisa são assustadores. Na experiência original de Stanley Milgram, mais de 65% das pessoas aplicaram o choque letal. Um teste idêntico repetido pelo psicólogo social dr. Clifford Scott revela que nove de doze participantes foram até o fim e aplicaram um choque de 450 V.

As pessoas apenas transferem a responsabilidade para o "pesquisador" (ele diz que a experiência exige, então estão apenas "cumprindo ordens") e agem em nome de um positivo "bem maior" — a ciência. Poderia ser "a sociedade sem classes", "o poderio alemão sem estrangeiros", o mundo livre de "infiéis" — não importa. As pessoas puxam o gatilho, caso não vejam a vítima, com relativa facilidade em nome do bem. É "essencial" que a experiência continue, em nome deste bem maior — mesmo que as pessoas não sejam coagidas de maneira alguma. Ainda mais um bem *abstrato*. Uma pessoa que não representa ameaça a ninguém, nestas circunstâncias construídas, é capaz de aplicar choques severos, acima de 250 V, em outros seres humanos — até choques fatais.

O pesquisador, no fim da experiência, mostra que o participante verdadeiro não estava aplicando choque nenhum, nem matou o "participante" aprendiz. Quando perguntados a respeito de quem seria a responsabilidade caso uma morte verdadeira tivesse ocorrido no laboratório, muitas pessoas pacíficas, boas, bem-intencionadas, lembram que poderiam transferir a culpa para o laboratório, o "pesquisador", a ciência. Mas, no fim, sabem que quem estava aplicando choques eram elas, e que ninguém as forçou a isso — apenas deram uma justificativa de um "bem maior", a pesquisa científica.

Mas as pessoas só costumam lembrar-se disso quando perguntadas — não no calor da atividade. Só com uma "morte" realizada é que se lembram de que seus atos, afinal, significam carregar o peso da responsabilidade pela morte de outro ser humano pelo resto da vida.*

É por isto que os totalitarismos matam tanto, como movimentos de massa que são (ao contrário dos autoritarismos, tomadas de poder à força por um grupo diminuto). Os nazistas nos campos de concentração apenas estavam "cumprindo ordens" ao ligar câmaras de gás. É o que Hannah Arendt define como "a banalidade do mal". Todos se tornam parte de um sistema "social", do qual vidas humanas se tornam engrenagens ou peças a serem substituídas quando atrapalham a luta por um "bem maior", mesmo que isto signifique torturas horrendas. Até a maior das violências, em prol do abstrato, ganha "justificativa". Não são forças malévolas por trás de uns poucos indivíduos ruins — Hitler, Stalin, Pol-Pot, Mao, Fidel, Khomeini. Basta tratar tudo como burocracia em prol do "bem" e a coisa mais próxima do inferno que a Terra já presenciou se torna um método, um sistema de trabalho, "a política".

Como diz o médico e pensador Theodor Dalrymple, que já lidou com a violência social em diversos continentes:

> A única causa inquestionável da violência, tanto política como criminosa, é a decisão pessoal de cometer. (Excluo aqueles casos raros nos quais está em jogo uma malformação neurológica ou distúrbio fisiológico.) Deste modo, qualquer estudo sobre a violência que não leve em conta os estados de espírito é incompleto e, na minha opinião, seriamente insuficiente. É Hamlet sem o Príncipe.**

Assim não resta dúvida sobre como funcionam os movimentos de massa, sua irrefreável fúria destrutiva, e por que isto não é um *desvio* do padrão

* É importante ver essa experiência sendo levada a cabo. Está disponível no YouTube em "Como usar o instinto humano na manipulação de massas: A Experiência Milgram" (http://youtu.be/MDoyN1jXh70).

** Este é um dos ensaios mais importantes para se entender a violência e a criminalidade, que são os maiores flagelos do Brasil atual. "A pobreza do mal", disponível em: <http://www.dicta.com.br/edicoes/edicao-4/a-pobreza-do-mal/>.

esperado, e sim *a norma* de conduta das manifestações de rua, em prol de objetivos abstratos e genéricos, que apenas por azar "são tomadas por uma minoria de vândalos".

Dia 19 de junho, quarta-feira

> "Prestai nobremente o vosso auxílio aos que são menos contra os que são mais."
>
> José Ortega y Gasset

O dia 19 começa a marcar a segunda mudança nas manifestações: após a euforia, *o medo* do resultado. Muitas pessoas que adoraram as manifestações pacíficas no centro nobre da cidade se assustaram com as mesmas manifestações no centro velho.

A pauta difusa, que parece um belo motivo para chutar todos os políticos corruptos de seus cargos, de repente se mostrava também um perigo — e um perigo *poderoso*, não algo que pode gerar uma pequena desvantagem futura. Era iminente e grande. A repetição do roteiro manifestação-pacífica-tomada-por-uma-minoria-de-vândalos logo cansaria — mas este foi apenas o primeiro dia de estranhamento. Ainda demoraria um pouco para a população perceber que era, afinal, um *método*.

O noticiário se desdobra para poder comentar o dia anterior, mas o resultado é tão vago quanto o propósito das manifestações: o editorial do *Estadão*, "Vontade de falar",[84] nota o "senso de autocongratulação" em slogans que apenas significavam o próprio protesto, como "A juventude acordou", declarando que "o protesto precede a proposta". A *Folha* prefere um icônico "Incógnita nas ruas",[85] lembrando que a falta de foco tanto multiplica as demandas quanto as dilui. O colunista Antonio Prata, como Erin Burnett da CNN no Occupy, se pergunta, afinal, o que queriam tanto o "punk de moicano" quanto o "playboy de mocassim":

Fernando Frazão / ABr

Há dois métodos de se conseguir um bem. O primeiro é criá-lo, ou trocar seu trabalho pela criação de outro: o método econômico. O segundo é tomá-lo à força de quem o criou: o método político. A politização do transporte é inerentemente violenta, ao querer que o trabalho de outros seja tomado pelo Estado para financiar o seu usufruto. A violência logo se tornaria concreta.

Alvarélio Kurossu / Diário Catarinense / Agência RBS

O Occupy Wall Street começou a ser algo mais do que alguns adolescentes extremistas quando fechou a ponte do Brooklyn, em Nova York. Em Florianópolis, o cenário se repete: uma das pontes que liga o continente à ilha é fechada, próximo ao Terminal Integrado do Centro (Ticen). O MPL surgiria assim, em 2005.

Jardiel Carvalho / Estadão Conteúdo

Após a ocupação da prefeitura, o segundo momento das manifestações se inicia com a violência contra a imprensa — que não partiu da polícia. Manifestantes ateiam fogo ao carro de reportagem da Record, que até depois do "acidente" continuou a defender o caráter pacífico dos protestos.

Eduardo Knapp / Folhapress

A contradição das manifestações em uma imagem: os repetidos pedidos pacíficos, enquanto o próprio protesto não parecia ter outro foco além de destruir o que estivesse pelo caminho.

Rodrigo Paiva / Estadão Conteúdo

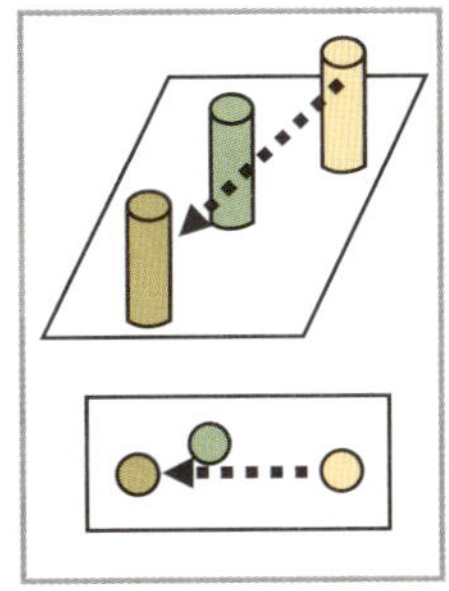

Uma das fotos mais famosas do protesto mostra um policial atirando spray de pimenta em um cinegrafista. Apesar de inúmeros casos de violência policial terem sido registrados, houve muita manipulação de imagens para culpar a polícia. No detalhe, a física mostra como esta cena incompleta de fato aconteceu, com o spray sendo direcionado além do câmera.

Alfredo Risk / FuturaPress

Em Ribeirão Preto, manifestantes que chegaram tardiamente a protestos organizados por partidos de esquerda reagem com um gesto universalmente conhecido ao que consideram uma "partidarização" das manifestações.

Filipe Araújo / Estadão Conteúdo

O enxame das massas nas ruas: na frente do Museu de Arte de São Paulo (Masp), a avenida Paulista fica tão lotada que é difícil enxergar o asfalto. O gigante acordou e deixaria suas marcas por onde passasse.

Ariel Subirá / FuturaPress

A política das ruas tomadas pelo povo em fúria é a busca de atalhos para que outros paguem pelos seus luxos – seja por impostos, seja saqueando lojas. Como se comerciantes tivessem algo a ver com a nossa política podre. Membros de partidos políticos de esquerda, sempre pedindo "paz", participam de perto (ou de dentro) de atos de vandalismo.

Fernando Frazão / ABr

O resultado dos protestos no centro do Rio de Janeiro: um cenário de guerra civil, em que a indignação coletiva sem pautas se torna apenas o poder do mais forte e a vontade de quebrar o que aparecer (e, ao menos aparentemente, não for preciso pagar).

Fernando Frazão / ABr

Policial apaga fogo próximo a um ônibus queimado em Niterói. Misteriosamente, o vandalismo ocorre horas depois de anunciada a revogação do aumento da tarifa.

Sérgio Lima / Folhapress

Enquanto não descambavam inevitavelmente em vandalismo, os protestos eram apenas uma balada: manifestante aparece de biquíni em frente ao Congresso Nacional, em Brasília.

Valter Campanato / ABr

No Congresso Nacional, em Brasília, manifestantes, sem perceber, são orquestrados por militantes profissionais que sabem criar confrontos e culpar autoridades. O objetivo é sempre culpar a polícia pela violência, quando ela é obrigada a agir com força para proteger prédios públicos.

Gabriel de Paiva/Agência O Globo

A ironia do destino: máscaras de Guy Fawkes, eternizado por Alan Moore, em *V de vingança*, como um símbolo anticapitalista, são produzidas em massa para os protestos — coisa que só o capitalismo pode fazer, por saber atender aos desejos das pessoas. É o chamado "mercado", tão odiado pela esquerda.

Daniel Teixeira / Estadão Conteúdo

A ascensão dos black blocs ganhando fama no país: viatura da PM é virada em plena avenida Rio Branco, centro de São Paulo, e militante hasteia a bandeira negra anarquista usada pelo grupo sobre o carro tombado. Os black blocs estiveram sempre presentes e não foram os únicos violentos – mas sua fama só veio depois da maioria de seus atos.

Wilson Dias / ABr

As manifestações perdem a popularidade quando finalmente a sociedade percebe que são feitas apenas para favorecer grupos extremistas, como os totalitários comunistas, e a violência direta dos anarquistas.

Renato S. Cerqueira / FuturaPress

O saco cheio: intervenção nas paredes do cemitério do Araçá, em São Paulo, com imagens das manifestações é "pichada" por cima. A imprensa chamou o grupo inexistente "White Block" de "direita radical".

> Duzentas mil pessoas de esquerda, de direita, de Nike e de coturno por causa da tarifa? "Por que você tá aqui no protesto?", perguntou a repórter do TV Folha a uma garota na manifestação do dia 11: "Olha, eu não consigo imaginar uma razão para não estar aqui, na verdade", foi sua resposta.[86]

Era a leitura cega atuando com força total. As pessoas estavam nas ruas porque o mundo é injusto, só não percebiam ao que davam forças — não necessariamente a algo mais justo, já que os regimes mais injustos da história mundial surgiram contra injustiças anteriores, sempre levados ao poder nos ombros de um povo unificado em um ideal pouco claro. Prata questiona:

> Corrupção, impunidade, a PEC 37, o aumento dos homicídios, os gastos com os estádios para a Copa, nosso IDH, a qualidade das escolas e hospitais públicos são todos excelentes motivos para que se saia às ruas e se tente melhorar o país — mas já o eram duas semanas atrás: por que não havia passeatas?[87]

A resposta era simples: porque não havia *community organizers*, os líderes comunitários (sindicais, partidários, acadêmicos e demais frivolidades no funcionamento da sociedade), discutindo estratégias para tentar ganhar poder à força. A diferença foi apenas a quantidade de barulho e trânsito que conseguiram causar e o sucesso em criar uma narrativa que fizesse a opinião pública ficar a seu favor — também bem calculada e cuidadosamente gerida nas ruas. Para tal, contaram tão somente com a casquinha oca de um projeto para um país melhor: reclamar que está errado, sem nem dizer exatamente *o que* está errado, por quê, como, onde, quando.

A grande dúvida do dia foi a demora da atuação da polícia. Uma dúvida injustificável tanto do nível tático quanto do nível da coerência. O tático: como a PM poderia coibir *exata e tão somente os vândalos* circundados por 50 mil manifestantes pacíficos, que há poucos minutos estavam em uníssono mandando o PSTU para onde o povo sempre o quis mandar? O da coerência: o mote do dia anterior não tinha sido "Que coincidência — sem polícia não tem violência", alinhado a diversos cartazes criticando a sua violência e o fato de haver "vândalos" nas manifestações? A *Folha* apresenta duas reportagens, uma afirmando que a PM não agiu por não ter sido chamada pela gestão Haddad[88] (algo bem factível, para um prefeito tentando acender uma vela para Deus e outra para o Cramunhão) e outra dizendo que a demora foi para evitar confronto[89] (o que é o óbvio ululante). Ambas se mostraram verdadeiras. Nunzio Briguglio, secretário de comunicação da prefeitura, no filme *Junho*, diz, de dentro do prédio: "A gente resistiu até a última hora em chamar o Choque, só que a situação no prédio estava ficando insegura. Então o Choque já está se posicionando, infelizmente." Obviamente que choveram críticas aos políticos por NÃO conterem o vandalismo, dessa vez.*

Já os políticos começavam uma reação mais substancial do que o oco discurso de Dilma Rousseff. O PT, pela primeira vez pego de surpresa pelas massas que sempre soube amestrar, busca evitar um desgaste político (isto é, eleitoral) maior. Lula e Dilma fazem suas equipes trabalhar para a conta fechar. Fernando Haddad garante que não revogará o aumento. Por mais que Fernando Haddad tenha sido o pior prefeito que São Paulo já teve, com aprovação de apenas 17% dos paulistanos,[90] utilizar a força bruta para desestabilizar um país e colocar a culpa na ordem anterior só poderá... desestabilizar o país, sempre culpando ordens anteriores e exigindo *mais* força bruta, até a ordem ser reinstaurada pelo endurecimento. Nem por isso a cabeçudice deixa de imperar: com medo de perder o controle total de como seria a narrativa da imprensa, parte do Conselho Político petista considera que a revogação do aumento seria "uma vitória para a direita".[91] Todavia, quando a revogação se deu, na comemoração acenderam-se fogueiras e cantou-se: "Litros, litros, litros de cerveja / Pra comemorar / A vitória da esquerda."**

A conta era simples: as pessoas querem ordem (até os revolucionários, tão logo estejam no poder), mas estes movimentos fizeram de tudo para que a ordem custasse dividendos políticos. Tal como no Occupy, tal como *qualquer outro movimento de massa* que aflorou desde a Revolução Francesa, o que se quer antes de tudo é o caos. Já descobrimos que Malcolm Harris, no Occupy, nos "ensinou" que ocupar espaços públi-

* Até Marília Moschkovich acha "muito estranho" quando se quebra tudo sem ter confronto com a PM para virar mote para a próxima manifestação.

**A cena pode ser vista no filme *Junho*, produzido pela *Folha de S. Paulo*.

cos tem dois objetivos "O primeiro seria algum tipo de sabotagem ou interferência que interrompa os negócios como de costume (...), há uma sugestão de interrupção", enquanto o segundo "obter alguma espécie de satisfação ou de ganho coletivo à custa de seu inimigo. As coisas dele se tornam suas, e você, ao tomá-las, pode brincar e fazer uso delas".

Cada vez que a polícia era forçada a agir para restaurar a ordem, o que ela fazia era propaganda para o movimento. Cada vez que ela não agia, era cobrada e tachada de ineficiente. A ânsia dos jornalistas em *separar* a maioria pacífica da minoria de vândalos desconhece completamente o fator emocional de ação num protesto sem bandeiras claras. A massa é criada e cevada justamente para que não consiga deixar nada intacto por onde passe — ou, do contrário, o dia seguinte nem se lembrará dela. A histeria coletiva, o *alívio* de se pertencer a um corpo gigantesco e onipotente (o que se poderia fazer *contra* a massa toda, caso um conflito completo realmente fosse levado a cabo?), tudo isso fazia com que pessoas pacíficas se tornassem **fanáticos instantâneos**.* A *descarga* que faz a massa ser uma massa, e não um coletivo de homens diferentes, lembra que, apesar de milhões de anos de evolução dirigida, estamos ainda a uma sobremesa de distância de uma pandilha de gorilas em nível fisiológico.

Os 20 centavos, enfim

> "Quer que políticos irresponsáveis gastem menos e criem menos leis idiotas? Pare de dar dinheiro para eles."
>
> Irwin Schiff

No meio da tarde, Fernando Haddad recebe a inesperada ligação do prefeito do Rio de Janeiro, Eduardo Paes, que estava concluindo negociações

* O fanatismo instantâneo, quando pessoas moderadas, racionais, inteligentes e espertas passam a agir como nuvens de gafanhotos por alguns momentos para depois voltar à normalidade, é um dos maiores flagelos dos últimos séculos — e se qualquer torcida organizada de futebol mostra ao Brasil seu poder de devastação, junho de 2013 mostrou que é preciso estar sempre alerta para não se transferirem responsabilidades e tornarmo-nos nós mesmos selvagens em busca de qualquer ideal abstrato por aí.

com o governador Sérgio Cabral a fim de diminuir a tarifa do ônibus de volta. Com esta decisão, os governantes do Rio conseguiriam sair da linha de tiro, e toda a atenção da imprensa seria focada em São Paulo.

Haddad ruma rapidamente para o Palácio dos Bandeirantes, sede do governo paulista, e conclui junto ao governador Geraldo Alckmin que o melhor a fazer é revogar a porcaria do aumento. Ambos, na verdade, esperavam até o último momento uma contrapartida de Dilma Rousseff, que prometera cortar impostos para sustentar uma tarifa baixa. Acreditar em promessas de petistas não parece uma boa ideia nem mesmo para um petista (não foi a Dilma que prometeu que o "trem-bala" estaria pronto para a Copa de 2014?).[92] Mesmo com Alckmin assegurando que, caso fosse de seu interesse, aguentaria junto com Haddad manter a tarifa a R$ 3,20, Haddad afirma que jogou a toalha e não aguentou a pressão do próprio PT. O ministro da Fazenda Guido Mantega, por telefone, alerta que a conta não vai fechar. *It's the economy, stupid.*

É assim que se resolvem as coisas pelo "método político": o secretário estadual da Fazenda reclama que a conta é muito grande, sendo entretanto retrucado pelo secretário estadual da Casa Civil, Edson Aparecido: "Não é hora de fazer contas, pelo amor de Deus! Temos um problema político para resolver."[93] E assim a conta é mandada com juros para o futuro. É isso que logo vão comemorar. "A vitória da esquerda" deu mais dinheiro para políticos e empresários mancomunados com eles que não precisam concorrer para oferecer serviços de qualidade — vitória apenas para a esquerda. Segundo Pablo Ortellado, o professor da USP que virou ativista do MPL, o valor é de "meio bilhão de reais anuais em subsídios para a população".[94] Um número correto numa direção estranha: alguém está *dando* dinheiro para a população? O correto é: meio bilhão de reais anuais *tirados da população* e dados como subsídios para as empresas que o Estado mantém debaixo de suas asas. Assim se vence a livre concorrência do capitalismo e se instaura o que os socialistas querem. Como diz o filósofo Nicolás Gómez Dávila, o homem moderno é um prisioneiro que se acha livre porque toma o cuidado de não encostar nas paredes de seu calabouço.

O anúncio é feito à tarde, no Palácio dos Bandeirantes. Temendo sofrer pressão política (isto é, eleitoral), Alckmin e Haddad baixam as passagens ao mesmo tempo. Mais de cem cidades acabam por revogar o aumento da tarifa à força. O sexto ato, já agendado para o dia seguinte, sequer *pode* ser cancelado a tempo. Será considerado uma "comemoração", mas, *surprise, surprise*, tudo fugirá ao controle. Poucos minutos depois do anúncio do governador e do prefeito, ela vem brilhando: em Niterói, um ônibus é queimado poucas horas depois de anunciada a revogação,[95] além de diversas barricadas serem feitas pelas ruas. É a comemoração do homem-massa. Quando quer pão, incendeia a padaria. Quando consegue pão, incendeia-a novamente, para festejar.

No Grajaú, na zona sul de São Paulo, outro ônibus é queimado durante a madrugada por um motociclista, que atirou um coquetel molotov no veículo estacionado na estrada Canal da Cocaia.[96] Lojas, supermercados e agências bancárias são destruídos e saqueados não apenas no centro da cidade dessa vez, mas em pequenos protestos que acontecem por todas as periferias.

A manifestação deixa de vez de ser uma vastidão de jovens de classe média lutando no centro por causas que não afetam o cerne de suas vidas, como os 20 centavos, e, a partir deste dia, se torna tão somente a derrocada total, não importando qual cartaz seja levantado. O gigante acordado começaria a cuspir fogo para todos os lados, com mais de 1 milhão de pessoas ao seu redor.

20 de junho, uma ressaca aos umbrais de Cérbero

> "Toda tirania precisa de um ponto de apoio para as pessoas de boa consciência permanecerem em silêncio."
>
> Edmund Burke

Sem um novo ato propriamente dito no dia anterior, o noticiário acorda pouco chocante, apenas com os itinerários prováveis do novo protesto, marcado novamente para o fim da tarde. O clima é, até então, mais alegre: apenas se fala das medidas para enfrentar as ainda chamadas "minorias de vândalos", mas se fala da população como se o Brasil fosse mesmo outro — que tivesse acordado tendo vencido uma guerra, com os soldados agora pacíficos voltando para casa.

No Rio de Janeiro, a estação do metrô Cidade Nova, em frente ao prédio da Prefeitura do Rio de Janeiro, amanhece com tapumes nas vidraças. A medida seria por conta da manifestação marcada para o dia, que sairá da Candelária rumo à sede da prefeitura. O Palácio Guanabara, sede do governo estadual, em Laranjeiras, na zona sul, também acorda cercado por grades. A passarela de acesso ao metrô Cidade Nova, em frente ao prédio da prefeitura, também foi protegida com tapumes. Já na periferia de Belo Horizonte, logo cedo, um ônibus é incendiado na BR-040, na altura de Ribeirão das Neves, mesmo após anúncio da redução da tarifa.[97]

Pela manhã, todas as listas dos alunos da graduação, da pós-graduação da Faculdade de Direito da USP, além de docentes e funcionários da USP, acordam com um e-mail da professora de Direito Penal Janaína Conceição Paschoal com o título APELO A TODOS OS FRANCISCANOS.[98] Preocupada com o rumo dos acontecimentos, Janaína reflete que as reivindicações do movimento podem causar, de uma forma ou de outra, problemas muito sérios para o país. Diz a professora:

> Os protestos que tomaram conta do país também se iniciaram aqui. Uma das líderes conhecidas é aluna da casa.
>
> Independentemente da opinião que cada um tenha com relação aos protestos, peço a todos uma reflexão.
>
> Os jovens conseguiram uma vitória, a tarifa foi diminuída. No entanto, já avisaram que continuarão saindo às ruas, sem qualquer notícia de que modificarão a forma de exigir o que julgam de direito.
>
> Também tenho muitas frustrações com relação ao país, bem como às pessoas e mentalidades que ocupam nossas Instituições. Comungo da vontade de mudanças.
>
> Os movimentos propõem uma nova forma de liderança. Não haverá mais figuras individuais a falar verticalmente. A liderança passa a ser horizontal.
>
> Estou refletindo sobre essa realidade. Mas, independentemente do modo, todos hão de concordar que o verdadeiro líder deve saber o momento de parar, ou, pelo menos, o momento de suspender as atividades, ainda que temporariamente.
>
> Houve uma vitória. A força de mobilização foi comprovada e pode ser utilizada a qualquer momento.

É hora de recuar, não como forma de submissão. Faz-se necessário um recolhimento, até por estratégia.

A manutenção dos protestos, com a mesma frequência e natureza, implica cavar uma cova para a Democracia.

Quero crer que uma aluna desta casa (e os demais líderes horizontais que dividem com ela esse papel) não objetive ser lembrada como a jovem que trouxe de volta a ditadura.

Pessoas dos mais diversos segmentos, ainda que reservadamente, começam a vislumbrar elementos para um Estado de Defesa e mesmo para um Estado de Sítio.

Apesar de serem instrumentos constitucionais de preservação das Instituições (artigos 136 e 137 da CF), não há como negar o risco de a exceção se perpetuar.

A população, que hoje aplaude o movimento, em poucos dias apoiará medidas extremas.

Muito embora não goste da forma com que as Instituições Democráticas são maltratadas, definitivamente, não é caso de destruí-las.

Peço a cada um dos FRANCISCANOS que exerça sua esfera de liderança. Reflita acerca do risco de mais uma ditadura.

O intuito não é desmotivar, ou desmerecer as inúmeras causas que se somaram, mas pedir que as pessoas levem em consideração uma possibilidade que não tem nada de virtual.

Nesse período de perplexidade, a única certeza que tenho é a de que TODA DITADURA É RUIM. Não importa se é de direita, ou de esquerda, nem mesmo se é militar, ou civil.

Às vezes, pensamos que os líderes são aqueles que dizem o que queremos ouvir. Isso não é verdade. Verticais, ou horizontais, verdadeiros LÍDERES enxergam com a ALMA e avisam antes da materialização do perigo.

Sensibilizem seus pares! Vamos aprimorar nossas Instituições Democráticas e não abrir portas para totalitarismos, que sempre estarão a postos.

Janaína Conceição Paschoal
Professora livre docente de Direito Penal

A professora foi muito criticada por este e-mail, embora suas palavras, lidas longe da euforia e dos sentimentos exaltados daquele dia, pareçam um prognóstico perfeito do que aconteceria com algumas *horas* depois, mas sobretudo no decorrer do ano até os protestos de 2014, que tinham a Copa do Mundo, o sonho dourado do PT para salvar a reeleição de Dilma, como alvo. Em fevereiro, a presidente Dilma Rousseff sanciona leis mais duras contra os protestos,[99] exatamente como a professora havia previsto, até mesmo permitindo o uso das Forças Armadas nas ruas.[100] Em entrevista exclusiva para este livro, a professora Janaína explica o que significa esse perigoso risco de embrutecimento da *potestas*, a força física do Estado — e por que era urgente proceder a um recolhimento estratégico:

> Eu acredito que tudo isso começou com um determinado objetivo. Não é que os jovens que organizaram aquilo não quisessem os 20 centavos, mas foi um argumento utilizado para causar uma determinada situação, já pensando nas eleições de 2014. A área mais sensível no país é a segurança pública, e eles foram para a rua com um intuito um tanto quanto provocativo. Com intuito de ter um confronto e um problema — assim, conseguem pôr em pauta bandeiras como a desmilitarização da polícia, bandeira das esquerdas e da juventude universitária, hoje completamente dominada pelas esquerdas.
>
> Quando foram pra rua, eles acabaram dando vazão a uma série de sentimentos, entalados na garganta de muita gente. Para algumas pessoas, o sentimento é de que elas são homossexuais e não são aceitas — logo, sentiam que existe uma homofobia que precisa acabar. Para outras, o sentimento é de que é a família que está sendo destruída — seja pelas propagandas, pelos homossexuais, pelas drogas ou porque o mundo está perdido. Algumas foram para as ruas porque achavam um absurdo que prendessem os réus do mensalão enquanto outros corruptos estivessem soltos. Outros foram para as ruas porque entenderam que o mensalão estava demorando demais.
>
> Talvez muitos deles não estivessem conscientes, mas acredito que estes jovens foram para as ruas num primeiro momento com intuito de já iniciar uma situação que antecipasse a questão eleitoral — porém, acabaram abrindo uma porta, uma torneirinha para muitas pessoas angustiadas ao mesmo tempo. Mesmo que o MPL tenha ido para a rua com um foco específico.

O Brasil é um país em que tem muito pouca manifestação, com tudo o que a gente vive. É muito absurdo que vemos todos os dias para pouca manifestação. Com isso, as pessoas simplesmente pegam suas dores, que são várias, e colocam pra fora.

Não havia uma causa, não havia uma solicitação, não havia uma reivindicação objetiva. Nós estávamos num momento em que poderia haver uma convulsão social. Foram muitos nervos expostos. A chance de termos uma convulsão social era muito grande naquele momento.

Quando você está num momento de crise, de tensão, tudo o que você estudou a vida inteira, tudo o que você aprendeu vem à tona, sem precisar fazer força. Desde criança que leio Teoria do Estado — Maquiavel, Hobbes, Locke, Hannah Arendt, com *Origens do totalitarismo*. Pra mim é como se tudo aquilo fosse ressuscitado, e eu estava vendo a convulsão social surgindo.

Quando você tem essa convulsão social, o próximo passo é *o endurecimento* — que pode ser à direita ou à esquerda. A coisa foi tão louca que havia gente com medo do endurecimento à esquerda e com medo do endurecimento à direita. Eu não estou nem aí se o endurecimento vai ser à direita ou à esquerda — o que eu não quero é, afinal, *o endurecimento*.

Como eu conheço o poder de movimentação e organização daqueles jovens, sobretudo do largo São Francisco, eu pensei: eu tenho o *mailing* dessa gente toda. Eu já não sei mais com quem estou falando — eu sei que uma das líderes do MPL é aluna nossa. Mas eu vinha sentindo o borbulhar desse movimento de uns dois anos pra cá, isto não foi só junho. *Isto está sendo gestado* — eu sinto porque eu estou lá dentro, eu sinto pelos comentários, pelas indignações, pelas reações em sala de aula.

Naquela madrugada eu vi que a coisa estava perdendo o controle. Pensei: quem sabe eu não consiga sensibilizar esses alunos que estão liderando, ou têm o poder de liderar — já que se trata de uma organização horizontal? Quem sabe eu não consiga mostrar pra eles que estamos correndo mesmo um risco. E o risco não é a ditadura militar, ou do PT, das Farc, do PCC — o risco é de qualquer endurecimento. Estamos entrando num momento de convulsão social, e, se formos adiante, pode não ter volta.

O que significa exatamente esta convulsão? Quais os riscos que ela traz? Explica a professora:

> Se você começa a ter focos de incêndio, depredação disseminada em várias partes do país, ataques a prédios públicos, mortes e baixas, com risco de haver mais, o poder público, ou alguma instituição, sente-se obrigado a se manifestar e colocar ordem na casa.
>
> Não que já não vivamos numa certa desordem, mas ela não é tão visível. Quando você inviabiliza as pessoas de irem e virem, quando você começa a ter incêndios e ataques, as chances de aparecer alguém para colocar ordem na casa é grande. Este alguém pode até ser o tráfico de drogas — no Rio de Janeiro chegou a acontecer, com traficante indo à rua para dizer: "parou a brincadeira aqui". Neste sentido, estávamos criando um caldo de cultura para ter um endurecimento — de quem, não sei. Não sei nem até que ponto este caldo poderia ter sido encomendado.
>
> Se você for olhar os clássicos de Teoria Geral do Estado, tem muito totalitário que aguarda esse momento, inclusive. Até que ponto essa convulsão não pode ter sido plantada, e não quero acusar nem A nem B? Não podemos descartar eventualmente essa hipótese. O que aconteceu provavelmente é que quem havia plantado se assustou com a dimensão que o protesto tomou e perdeu o controle. E não havia contado com a possibilidade de a coisa virar contra si.
>
> A minha tentativa naquele momento foi demonstrar que vivíamos algo muito maior do que quem iniciou isso pensou.
>
> Qualquer totalitarismo é ruim, eu tenho esse pensamento. Mas eu percebo pelas pessoas com quem eu convivo que esse pensamento não é comum.
>
> Então é preciso explicar que você que cria A pode estar gerando Z. Esse é o momento de voltar atrás antes de isso acontecer. Por isso que eu disse que o grande líder, mesmo aquele que não se mostra, seja vertical ou horizontal, tem de saber o momento de regredir, de dar um passo atrás.

Hannah Arendt, uma das maiores cientistas políticas do mundo, é famosa pelo conceito de "banalização do mal", quase uma definição do século XX. Assim que o totalitarismo toma seu corpo depois de um movimento de massa, ele passa a tratar quem faz parte dessa massa como membros a serem *protegidos* pela força total do Estado, e quem não faz parte, ou supostamente não faz parte, como *inimigos a serem combatidos*. Os direitos passam, então, a ser "criados" não em busca de um ordenamento funcional, de tradições testadas, de um funcionamento adequado da vida pública — são gerados tão somente pela força da massa, com uma força política *total* que a representa. Se a massa pede o impossível, a força política comete até o moralmente impossível para representá-la.

A despeito de a estrutura de poder estatal às vezes ser pouco distinta de uma democracia, o totalitarismo passa a agir antes mesmo de uma ruptura social ser consumada, ou alguma resposta da ordem política vigente vir a cabo. Tão somente pelos ânimos exaltados, o comportamento e os julgamentos das pessoas já passam a ser condicionados por este único valor: pertencer à massa de "escolhidos" ou não.*

Antes mesmo de se consumar como poder de fato — quando ainda está apenas "criando direitos" através da pressão do movimento de massa nas ruas —, o totalitarismo cria uma estrutura de poder que dá ao homem-massa tudo o que ele exija, às expensas de todos aqueles que não se juntam em bando para demonstrar uma força maior. A ordem implícita, assim que o movimento toma seu corpo definitivo, é a subjugação de tudo ao poder físico da massa.

Este coletivo de humanos sem individualidade, este Leviatã moderno de corpos sem almas próprias, julga querer o bem das pessoas, e quer

---

* Exatamente por isso, até mesmo a esquerda mais moderada está sempre em flerte com a extrema esquerda, enquanto o conservadorismo (de Burke a Russell Kirk, de Tocqueville a P. J. O'Rourke) nunca poderia ser senão inimigo brutal do que chamam erroneamente de "extrema direita" por aí: nem a esquerda nem a extrema esquerda enxergam indivíduos, direitos fundamentais a todos os seres humanos (como a vida, a autopropriedade sobre seu corpo e seu trabalho e a responsabilidade sobre seu próprio destino), preferindo dividi-los em grupos criados *ad hoc* de "oprimidos" (que merecem *tudo* contra outros) e "opressores", que devem ser *punidos* pelo Estado, mesmo quando não "oprimem" ninguém. A divisão é sempre arbitrária, muda com o andar da carruagem e é falsa de todo: um único motoboy passa de oprimido a opressor e vice-versa umas cinquenta vezes em uma única avenida. O que chamam de "extrema direita", apesar de apelos a um passado irreal que possa convencer alguns direitistas, na verdade não é senão um desvio do movimento *de esquerda*.

que a política, e não a liberdade de criação e auto-organização dos homens, dê à massa o que ela quer. Inclusive o que ela quer *de outras pessoas*. Sempre encontrando um bode expiatório, essa massa passa a querer se livrar de seus inimigos. Os socialistas pregavam a morte do "burguês", os nacional-socialistas, apenas adicionando o componente racial, julgavam que esse mesmo "burguês" comerciante e especulador era encarnado na figura do judeu. Hoje, a esquerda encontra formas de desmoralizar cada vez mais gente, parecendo, inversamente, cada vez mais "moderada": de criticar o "opressor", passa a criticar "a classe média"* e até quem *pareça* ser classe média sem o ser, com o adjetivo "coxinha" (usado, mormente, por pessoas que também são "coxinhas"). Assim que a maioria resolve tomar o Estado como uma entidade a moldar a sociedade à sua imagem e semelhança através do monopólio da violência, basta que se use da mesmíssima estrutura democrática para se livrar de seus inimigos, basta ter *50% mais 1* dos votos para transformar qualquer privilégio em lei.

A estrutura política que é montada a partir de então não é mais um corpo sólido de leis e normas quase implícitas de direitos naturais, que todos os homens possuem sem que precisem de uma Constituição para garanti-los. Tudo o que é permitido agora depende de aprovação do novo Estado, aquele que vai corrigir os homens e salvá-los de todas as injustiças. A nova ordem social é a adequação à massa, em que as liberdades do homem são suprimidas e ele precisa se adequar à força à *igualdade*, à aniquilação integral de tudo aquilo que ele tem de diferente, de único, de próprio — de tudo o que ele constrói por si mesmo. Todos os homens se tornam *homens políticos*, membros

---

* Como já aduzido, é um *dog whistle*, um "apito de cachorro" usado para municiar a militância com um termo depreciativo para todos os seus inimigos. No Brasil, quem fez com que todos os jornais passassem a trocar "burguesia" pelo termo mais atualizado "classe média", fazendo com que a população inteira copiasse bovinoidemente o comportamento, foi a professora de filosofia petista Marilena Chaui. Ver meu artigo "Marilena Chaui e o grito primordial: 'Eu ODEIO a classe média!'". Disponível em: <http://www.implicante.org/artigos/marilena-chaui-e-o-grito-primordial-eu-odeio-a-classe-media/>.

de uma polícia política prontos a julgar seus pares pela sua completa adesão ao regime ou traição.*

Como é calcada em um bem considerado "superior" — a sociedade sem classes, a "igualdade", a libertação do proletariado, a reforma do povo, a distribuição de renda, o fim dos preconceitos, os direitos dos trabalhadores, o bem-estar social —, toda a massa, vestida de uniforme rigorosamente democrático com suas decisões majoritárias que se tornam lei, acredita que está *fazendo o bem*. Com seu poder total, a massa passa a usar a coação estatal para se livrar dos inimigos. Não como fazem os regimes autoritários, que, no poder, praticam as piores violências contra quem não obedece às suas ordens, mas como *engenheiros sociais*, que creem estar construindo *um outro mundo possível*, de modo que, para isso, precisam *se livrar* desse mundo.

Quando os soviéticos faziam confisco de grãos dos camponeses pobres para os burocratas de coturno do Partido Bolchevique "redistribuírem" como bem queriam, eles não acreditavam estar apenas agindo com sua forte autoridade sobre os mais fracos de que não gostavam — julgavam estar fazendo *o bem maior* para um mundo mais justo, livre da "desigualdade". Quando os nazistas mandavam os judeus e as supostas "raças inferiores" para campos de trabalhos forçados para a glória da nação alemã, eles não acreditavam estar agindo como seres malévolos e desumanos, como costumam ser pintados por filmes, livros e pelo imaginário popular — acreditavam estar construindo um mundo melhor, onde a pretensa "raça superior" teria trabalho e poder, com outras raças trabalhando para eles — para serem aniquiladas em prol de um mundo "limpo" no fim do processo. Quando os teocratas islâmicos comandam a Revolução Iraniana ou criam um poder paralelo miliciano no Afeganistão, eles não acreditam que são os vilões malvados de um gibi: na verdade, acreditam que se livrar dos "infiéis" é livrar o mundo da "maldade" que é a vida fora

* Basta imaginar o que aconteceria se junho de 2013 tivesse consumado um golpe (mesmo contra uma presidente que não deveria ter sido sequer eleita como Dilma Rousseff): alguém que se dispusesse contra a nova ordem instaurada não seria considerado um traidor, e sofreria injustiças muito maiores do que sofre com o péssimo e protototalitário governo do PT?

do Islã: materialismo, homossexualismo, promiscuidade, hedonismo, secularismo e qualquer possibilidade humana fora da *sharia*.*

O totalitário, amando a humanidade e odiando seres humanos em particular, acredita que seu ideal é *o bem* e, com isso, passa a praticar *o mal* contra quem não faz parte dessa massa. Se não existem mais direitos naturais, nem uma empatia humana a reconhecer todo ser humano como um *semelhante*, tudo o que existe é o sentimento de *pertencimento* a um coletivo com força política ou, então, a alternativa de se tornar o seu inimigo político.

O socialista, o nazista, o radical muçulmano, o chauvinista, o fanático de qualquer espécie — nenhum destes é um homem *mau* em si, mas, na histeria da massa como forma de correção da humanidade, em

* Esta é uma boa hora para relembrar Slavoj Žižek e suas obras *Em defesa das causas perdidas* e o pouco disfarçado *Alguém disse totalitarismo?*, em que toda sorte de inimigos da humanidade, como Stalin, Che Guevara, Mao Tsé-Tung e Adolf Hitler, são vistos como os bondosos "visionários" que, com suas revoluções, estavam "reformando" o mundo — o totalitarismo, afinal, só seria ruim para essa "direita conservadora reacionária". *Reacionário* é como eram chamados os que *reagiam* à concentração de poder "progressista" para reformar a sociedade — eram cantados como inimigos nas duas maiores canções promovendo totalitarismo no mundo, tanto a Internacional Socialista quanto o hino nazista, a "Canção de Horst-Wessel". Foram os reacionários, afinal, que deram apoio aos gays, aos seculares, a quem não quer sair por aí fuzilando inimigos. Uma forma curiosa — e perigosíssima — de revisão do totalitarismo (e que não vem de um cabeça-oca como Žižek) é o chamado "eurasianismo" de Vladimir Putin, promulgado pelo seu guru, o filósofo russo Aleksandr Dugin. Basicamente, pretendem reunir sob uma mesma égide de "neoeurasianismo" todos os poderes anti-Ocidente no mundo, os mais contraditórios entre si que sejam: os "socialistas do século XXI", os radicais islâmicos, a esquerda adolescente mundial, os nazifascistas, a liturgia ortodoxa russa tomada pelo regime, os nacionalismos chauvinistas mais caricatos. Com um bom uso estratégico da dialética marxista, sua forma de poder tenta tomar o posto do próprio movimento conservador, considerando-se o porta-voz de toda forma de tradicionalismo mongo, como a repressão aos gays e a briga com feministas como as do Femen e da banda Pussy Riot. A tomada de controle da Ucrânia por Vladimir Putin é apenas um anúncio dos conflitos que marcarão o século XXI, fazendo a Guerra Fria parecer apenas um ensaio. Ver um resumo nos artigos "O futuro que a Rússia nos promete" (disponível em: <http://www.olavodecarvalho.org/semana/110523dc.html>), "Vladimir Putin's new plan for world domination" (disponível em: <http://www.spectator.co.uk/features/9142182/putins-masterplan>) e Putin's Brain (disponível em: <http://www.foreignaffairs.com/articles/141080/anton-barbashin-and-hannah-thoburn/putins-brain >). Dugin expressa apoio até para a *Golden Dawn*, os neonazistas gregos, enquanto a esquerda brasileira, que do mundo não entende nem o preço do ônibus, apoia o novo czar Putin e jura que os "golpistas fascistas" são o que há de mais liberal-conservador (ou seja, "de direita") no mundo.

busca de um existir perfeito ao qual o homem pode ser conduzido por construção política, pratica *o mal mais absoluto* contra aquele que não se adapta ao seu ideal, em busca de uma utopia futura que reconstrua uma Sião terrena. Se apenas um verdadeiro psicopata pode agir sem freios morais para suas atitudes, a mentalidade totalitária e o fanatismo das massas fazem com que qualquer pessoa normal, inofensiva e bondosa, passe a se comportar como um psicopata político, incapaz de enxergar algo ruim em suas ações.

Esta é a *banalização do mal* de que fala Hannah Arendt. Os oficiais nazistas que dirigiam os judeus para a câmara de gás e apertavam o botão aprenderam a matar em massa, de forma muito mais despersonalizada do que pela mira de um revólver. Pior: acreditando que estavam *construindo o futuro* para a sua nação, não viam sua tarefa como um genocídio. Apenas acreditavam estar cumprindo as ordens do sistema, já que todo o ideal se tornava abstrato (um mundo com saúde, educação, políticos representantes diretos do povo que se organizavam através da força estatal), enquanto o democídio levava pessoas concretas, nada abstratas, para a cova coletiva. É como explica o hiperestudioso dos movimentos de massa Eric Hoffer:

> A menos que um homem tenha talento para fazer algo de si mesmo, a liberdade é um fardo cansativo. De que vale a liberdade de escolher se a própria pessoa é ineficaz? Aderimos a um movimento de massa para fugir da responsabilidade individual, ou, nas palavras do ardente jovem nazista, "para sermos livres da liberdade". Não foi hipocrisia quando os membros das tropas nazistas se declararam não culpados de todas as enormidades que haviam cometido. Eles se consideraram enganados e caluniados quando tiveram de arcar com a responsabilidade por obedecer a ordens. Eles não haviam aderido ao movimento nazista para ficar livres de responsabilidade?[101]

É esta falta de consciência que é comum à massa. No entanto os movimentos de massa modernos, que surgem com a Revolução Francesa (rigorosamente, *todos* eles levados a cabo pela classe média, usualmente criticando a classe média e se julgando um movimento das classes mais pobres), são gestados por intelectuais com aspirações políticas. Nunca a importância dos intelectuais para os eventos sociais foi tão grande quanto nos séculos das massas, a partir da Revolução burguesa que terminou por colocar Napoleão Bonaparte no poder como representante único e plenipotenciário de toda a civilizadíssima população francesa.

Este desprezo da massa por tudo o que não seja ela própria, e seu vezo em não enxergar uma humanidade comum a nada que não se dobre à sua força bruta, será a tônica de junho a partir do dia 20, que começa tão silencioso e comemorativo. No dizer de Kuehnelt-Leddihn, "aqui reside também a inferioridade ética do rebanhismo. O verdadeiro rebanhista (que certamente não é sempre um pervertido) nada mais é que um egoísta que não pode tolerar qualquer pessoa diferente dele próprio".[102]

A Onda Vermelha: foi só uma marolinha

> "Os 'partidos' podem se apresentar com os mais diversos nomes, incluindo o de antipartido ou de 'negação de partidos'. Na realidade, até os chamados 'individualistas' são homens de partido, apenas gostariam de ser 'chefe de partido' pela graça de Deus ou da imbecilidade de quem os segue."
>
> Antonio Gramsci

Falando em totalitarismo, se o PT já frequentava as manifestações que surgem *contra o próprio PT* desde o início, na clássica estratégia "se der cara eu ganho, se der coroa você perde", foi programado para este dia um evento mais desabrido, já que o aumento da passagem fora revogado e o PT poderia se pintar como um herói que soube ouvir o povo (o prefeito paulistano Fernando Haddad estava por demais desgastado para entrar na encenação do seu partido).

Era a *primeira demonstração clara* de que, assim que a tarifa foi reduzida em um protesto que já não era mais sobre os 20 centavos, as manifestações entravam na terceira e ultraperigosíssima fase dos movimentos de massa: depois da "causa qualquer" e das massas nas ruas, era a hora de lideranças disputarem à força quem conseguiria se dizer *representante* da maçaroca. Quem quer que lograsse êxito nessa empreitada ganharia de brinde um movimento sentimentalista que espumava ódio, estava corretamente infeliz com a ordem social atual e a culpava por tudo, detestava as forças da polícia, tinha naquele momento 89% de aprovação da população e apenas 8% contra[103] (quase o inverso da popularidade de Fernando Haddad — os mais pobres eram os que mais o repudiavam), contava com uma milícia própria para servir como tropa de choque contra seus inimigos (ainda não chamada de black bloc pelo noticiário) e demonstrava, sobretudo, uma ânsia por criar uma situação *de exceção*.

É este o erro das análises que tentam entender a política das manifestações: pensam em política apenas no formato de *eleições*. Se os *ânimos* eleitorais (a *única* coisa que conta em uma democracia, e não detalhados argumentos racionais) mudam gradativamente em indivíduos, uma massa passa dos oito aos oitenta em questão de minutos. E usualmente converge para o lado *oposto* com mais facilidade do que aderiria a opções próximas ao seu polo inicial. Em um momento um partido organiza manifestações com imenso apoio popular; assim que levanta suas bandeiras no meio do povo, pode ser tão execrado que seus militantes correm risco físico. Como diz Kuehnelt-Leddihn, "consentimento dos governados é, nas condições modernas, antes um elemento acidental que essencial de governo. Pode haver até mesmo um bom governo sem popularidade e um mau governo entusiasticamente apoiado pela 'multidão uivante'".[104]

O cientista político Carl Schmitt, ignorado durante a maior parte de sua vida ativa graças aos três anos em que foi filiado ao partido nazista antes de ser expulso pela SS, teorizou com alguns momentos de brilhantismo a respeito do Estado de exceção. Em circunstâncias normais, as leis são os grandes guias para a vida social, permitindo que a ideia liberal sobre o parlamento e o estado de direito funcione perfeitamente. Entretanto esta visão seria um tanto ingênua para Schmitt, já que as situações que a realidade desenha costumam sempre impor exceções às regras propostas. Se as regras só funcionam para as circunstâncias normais, as circunstâncias excepcionais — revolução, convulsão social, guerras e golpes de Estado — exigem não um parlamento legislador, mas um soberano com noções de negociação política para assumir uma autoridade impositiva.

Sua visão de política discordava de Hobbes com o seu "todos contra todos" sem o Estado, porém Schmitt não deixava de ver a política como uma luta entre inimigos. Ele sabia que, caso fosse preciso vencer um inimigo, não seriam leis abstratas que seriam defendidas para unificar uma nação, mas sim um líder poderoso, capaz de utilizá-las ou descartá-las conforme a necessidade. Em suma, o Estado de exceção e as circunstâncias excepcionais é que determinam verdadeiramente a experiência política e criam e reconfiguram a história — e este estado de exceção, necessariamente, gera um líder com autoridade para decidir e guiar a nação na exceção. Não surpreende que suas teorias tenham sido utilizadas pelos nazistas.* Às vezes, como Maquiavel e Gramsci, Schmitt soava completamente desvencilhado da moral — mas sua descrição apresentava um rigor científico acurado do que acontece nessas situações.**

Líderes petistas não devem ter a capacidade de entender um cientista político como Carl Schmitt, que dirá a militância do PT. Porém a ciência política é a descrição dos mecanismos do fenômeno político. Schmitt descreve uma situação de convulsão, exatamente como a que se viveu em junho de 2013. E o PT foi o primeiro a tentar se aproveitar desses protestos. Se a tal Onda Vermelha conseguisse impor suas bandeiras em uma avenida Paulista lotada, já chegando próxima a ter uma centena de milhar de pessoas, teria pasto e circunstância para decretar um Estado de exceção, e sua mandatária em chefe teria mais poderes concentrados para *representar* uma massa de 89% de aprovação (no Brasil não tivemos os "99%" do Occupy, com uma defasagem de 10% graças ao fuso horário). Bastava conseguir construir a narrativa do PT representando o povo nas ruas, guiando a massa a vibrar com a bandeira do partido na presidência, e a consolidação do seu novo poder estaria feita. Ou tentar.

---

* Nem que seja tão admirado pelos eurasianos como Aleksandr Dugin, o puxa-saco de Vladimir Putin — não pelas *descrições* da vida política, muito consistentes, mas quase como uma incitação à concentração de poder e uma justificativa ao autoritarismo populista.

** Para uma análise curta, porém detalhada e profunda a respeito da herança que temos de Maquiavel até hoje não só na política, como na filosofia e na vida intelectual, ver o livro *Maquiavel, ou a confusão demoníaca*, de Olavo de Carvalho.

O partido que criou o Foro de São Paulo (a organização dedicada a instaurar o comunismo na América Latina e que reúne praticamente *todos* os partidos de esquerda e extrema esquerda que atuam no país)* conseguiria uma ruptura para finalmente se parecer com o regime que seus companheiros impuseram no restante da América Latina (na Venezuela, na Bolívia, no Equador, em Honduras, na Argentina, no Uruguai). Todos eleitos democraticamente, todos causando rupturas após manifestações de rua. Não seria preciso olhar para longe para entender o que estava acontecendo de fato no Brasil.

A Onda Vermelha pretendia tomar os protestos com bandeiras do PT, e a militância petista literalmente conclamava que simpatizantes do PT, PCdoB, PCB, CUT, MST, entre outros, deveriam *tomar* o protesto e demonstrar apoio ao governo de Dilma Rousseff. O protesto que começou na extrema esquerda trotskista convergia cada vez mais para a esquerda aparelhadora gramscista.

O presidente do PT Rui Falcão, curiosamente em conversa com o Paulo Henrique Amorim** que tanto criticou o MPL por este se insurgir contra o prefeito petista Fernando Haddad, disse que queria inaugurar um "PAC da Mobilidade",*** o que teria sido o terceiro, quarto, quinto, sexto ou talvez nonagésimo oitavo "PAC" (Programa de Aceleração do Crescimento) que o PT fez sem grandes resultados (o PAC 2 foi anunciado quando o PAC original ainda não tinha 30% dos resultados concretizados, mas sempre vale como propaganda eleitoral para desgastar o adversário). Segundo Falcão (ou Amorim, nunca dá para entender direito o que este último escreve), o risco era o movimento ser "tomado pela direita". Já que a aprovação de Dilma Rousseff e Fernando Haddad descia ao abismo e, sobretudo, já que o tema da *corrupção* fora ventilado por diversas vozes nas ruas, o PT estava em risco.

---

* Ver o resumo fundamental de Felipe Moura Brasil em seu blog na *Veja*, "Conheça o Foro de São Paulo, o maior inimigo do Brasil", que inclui uma série de vídeos e confissões dos próprios criadores, como as de Lula e José Dirceu. Disponível em: <http://veja.abril.com.br/blog/felipe-moura-brasil/2014/03/24/conheca-o-foro-de-sao-paulo-o-maior-inimigo-do-brasil>.

** Na verdade, não dá para entender quase nada, mas...: <http://www.conversaafiada.com.br/brasil/2013/06/20/rui-falcao-pt-vai-as-ruas-com-o-mpl>.

*** Não há notícia recente sobre o paradeiro desse PAC.

A Onda Vermelha é marcada com concentração na avenida Angélica, no nobre bairro de Higienópolis, em São Paulo (a poucos metros da praça do Ciclista, onde a manifestação "original" se organizava, e perto de onde foi cancelada a instalação da malfadada estação de metrô, que dera o código para a formação de um movimento de massa em torno da questão dos transportes, e num lugar de fácil acesso por contar com outras estações por perto). No Rio de Janeiro, na Igreja da Candelária, às 17h, e em Belo Horizonte, na praça Sete, às 17h. Rui Falcão ordena à militância que vá "com cores e bandeiras para discutir a reforma política", a única resposta da mandante Dilma Rousseff até então aos protestos — proposta populista que favoreceria a tomada do poder pelo PT para todo o sempre.*

O ator global José de Abreu, que, quando o ditador Nicolás Maduro ganhou uma controversa eleição na Venezuela, postou em seu Twitter "MADURO GANHOU FODAM-SE DIREITISTAS FILHOS DA PUTA",[105] posta na mesma rede: "Amanhã na Paulista todos os partidos de esquerda, CUT, MST, sindicatos, todos na rua com bandeiras vermelhas!" Abreu *retweetou* diversas mensagens de pessoas interessadas em comparecer, que prometeram "defender o legado de Lula nas ruas" e realizar um "**movimento com comando da sociedade organizada**" (e vocês acham que é invenção minha dizer que eles estavam tentando controlar cada curva feita nas manifestações).

Uma página de simpatizantes do prefeito Fernando Haddad no Facebook com 8 mil seguidores também posta uma emblemática mensagem:

---

* O que o PT chama de "reforma política" é, na verdade, apenas uma reforma eleitoral: quer proibir doações privadas em campanhas eleitorais, sendo todos os custos financiados pelo Estado (*até campanhas eleitorais* são resolvidas na base da estatização, para a esquerda). É uma proposta cretiníssima, pois obriga o cidadão que *não* quer dar dinheiro para o PT a financiar a própria propaganda do PT que tentará convencê-lo a achar o PT lindo e que convencerá outras pessoas que ele não quer que sejam convencidas disso. As verbas seriam distribuídas por partidos conforme a atual distribuição de cadeiras que cada um tem no Congresso. Ou seja, o Congresso continuaria sempre com a mesma configuração, sem possibilidade de mudança a não ser ilegalmente, e o PT sempre teria mais dinheiro para propaganda do que os seus opositores. Não é por mera coincidência que este projeto surge do mesmo partido com viés totalitário que deflagrou o mensalão, o mecanismo de financiar campanhas eleitorais absurdamente caras e ainda concentrar poder no Executivo central. O PT, afinal, não faz outra coisa. Ver meu artigo "Emenda pior que o soneto", na *Gazeta do Povo*, disponível em: <http://www.gazetadopovo.com.br/opiniao/conteudo.phtml?id=1487303>.

> V de vinagre. V de vitória. V de vermelho. Vem!!! Amanhã! De Vermelho!!! Atenção juventude trabalhadora: CONVOCAMOS todos e todas às ruas amanhã, e vestidos de vermelho!!! Amanhã na avenida Paulista todos os partidos de esquerda, CUT, MST, sindicatos, todos na rua com bandeiras vermelhas! Concentração conjunta da CUT com o MST, Levante, MMM, UNE, UBES e JPT amanhã na Pça em frente à avenida Angélica em São Paulo, perto do metrô Paulista às 16h. Amanhã a #OndaVermelha se espalha pelo Brasil. #PT #CUT #MST #PCdoB #PCBR dentre outros, todos de vermelho, a cor do socialismo![106]

Ler isso antes de sair às ruas só poderia deixar uma mensagem na cabeça de qualquer manifestante: iria dar merda.

Um dos poucos a criticar o método gramscista do PT foi o cantor Roger, do Ultraje a Rigor, uma das raras vozes no Brasil a não aceitar a hegemonia totalitária que domina nossa mentalidade. Roger *retweetou*: "marcada passeata do vermelho em São Paulo. Não podemos permitir essa afronta, esse tapa na cara do povo, vaia onde passarem."[107]

Seja como for, a Onda Vermelha foi rechaçada com força quando tentou tomar a manifestação. Bandeiras do PT foram arrancadas das mãos de militantes, sendo rasgadas até com os dentes diante das câmeras. Se o lixo fora usado para fazer fogueiras até este dia, agora eram incendiadas as bandeiras do PT na Paulista. Quer dizer, é discutível se o que foi usado como combustível *deixou* de ser lixo... Um homem que tentou arrancar a bandeira de um militante foi agredido com o cabo da bandeira e teve um corte na cabeça.[108]

A militância internética — os intelectuais de 140 caracteres —, tanto entre a extrema esquerda psolista para baixo (que, no fim, acaba mesmo é votando no PT) quanto entre os petistas ortodoxos, respondeu, reclamando, que tais reações eram uma forma de fascismo (alguém ficou surpreso?), porque significavam uma "recusa aos partidos". Como se recusar a fazer propaganda forçada em favor de um partido que tinha a faca e o queijo na mão para dar um *Putsch* capaz de fazer inveja a Adolf Hitler fosse "recusar partidos", e não querer justamente manter a pluralidade partidária sem que algum deles dominasse a manifestação e se tornasse único. A extrema esquerda, também, sabia o que aconteceria com ela —

e tinha bem vivo na memória o recente caso "PSTU, vai tomar no cu!", que se repetia pelo país inteiro.

No fim das contas, o primeiro risco sério que o Brasil sofreu desde o fim da ditadura passou batido: o povo recusou as bandeiras e a pretensão do PT de formar a narrativa do Brasil naquele momento, supostamente "propondo" uma reforma política criada *ad hoc* para o PT mesmo se perpetuar no poder. Ao menos, naquele momento: a proposta de "reforma política", nunca dizendo *o que* se quer reformar e *para qual* fim, foi a resposta do PT para os protestos, vocalizada no discurso de Dilma, e apoiada pelo indicado ao STF pelo PT em junho, Luís Roberto Barroso. Até no meio das eleições de 2014, o mote da "reforma política", nunca esclarecendo à população *o que* se queria reformar, seria novamente tentado na quinta marcha.

Assim é a natureza dos movimentos de massa, como a história de qualquer revolução política mostra: um lado da história parece estar com chance de ganhar com mais de 90% de vantagem num momento, duas horas depois está com mais de 90% de desvantagem. Massas não são sutis como deliberações entre pessoas. Tudo nelas é exagerado e agigantado.

No fim das contas, a Onda Vermelha não foi nada além de uma marolinha.

O sexto ato: da primeira morte e o totalitarismo por um triz

"Violência em pequena escala nunca resolveu nada."

Homer J. Simpson

O sexto ato, convocado inicialmente pela revogação da passagem, afinal, virou um ato em *comemoração*. Ou ao menos esta seria a propaganda para se ir às ruas; este ato marca a felicidade do povo jurando que está mudando o Brasil. A partir deste dia, supostamente, não mais haveria corrupção no país, o transporte teria qualidade e seria barato graças a políticos, o reverendo Marco Feliciano iria no *Queer Eye for the Straight*

Guy, o Lula passaria a usar mesóclise,* a educação passaria a ser finlandesa, a Copa das Confederações seria jogada no campinho de várzea do Capão Redondo, a polícia seria substituída pela Scotland Yard, os hospitais teriam um Gregory House em cada pronto atendimento e a criminalidade cairia a níveis islandeses.

Com a pauta dos centavos tendo caído, o povo foi às ruas sem dúvida de que isso nada mais tinha a ver com o motivo arrumado para a mobilização. Mesmo assim, toda prefeitura foi alvo de manifestação, e os ânimos exaltados sem propor uma pauta específica faziam calor para o combustível humano, facilmente reagente com o primeiro comburente violento que conseguisse dominar a massa. Kuehnelt-Leddihn lembra: "O humanitarismo, que começou com a mais sentimental das premissas (o homem é Deus), acabou, portanto, finalmente com a aceitação da lei da selva."[109]

Cerca de 1,25 milhão de pessoas tomam as ruas em diversas cidades do país. Provavelmente a maior concentração foi no Rio de Janeiro, com 300 mil pessoas e infinitos confrontos na avenida Presidente Vargas, entre a prefeitura e a Candelária. A polícia jogava a massa de um lado para o outro, tentando domar ambos os lados da avenida. Mais de sessenta pessoas saíram feridas.[110]

Em São Paulo, a avenida Paulista teve seu policiamento ultrarreforçado, e a manifestação não marchou pela cidade. O paulistano, que já estava se acostumando com a ideia de perder o trânsito na avenida depois das 17h, cada vez enfrenta menos trânsito, sem esperar que a via fosse desobstruída pela polícia — o que também facilitou para que os confrontos não existissem. Na verdade, a maior parte dos conflitos desse dia se dá *entre* os manifestantes, sobretudo contra os que levantam bandeiras de partidos: tanto a Onda Vermelha quanto os velhos organizadores do PSTU e afins, embora CUT, MST, Juntos, ANEL, UNE e aquele amontoado de siglas esquisitas ainda conseguissem tremular seus símbolos na cara da sociedade sem que ela soubesse o que diabos era aquilo.

---

* Justiça seja feita, Lula já ensinou para Tarso Genro que a terceira pessoa do singular do pretérito perfeito de "intervir" não é "interviu", e sim "interveio". Disponível em: <http://veja.abril.com.br/blog/reinaldo/geral/lula-da-aula-de-gramatica-para-tarso>.

Os conflitos cada vez mais perdiam a razão de ser, e sobrava apenas o lado da massa que Elias Canetti conhecia tão bem: sua verve para destruir, sem sequer compreender o que está fazendo, por quê, e se isto não é, no fim das contas, nocivo aos próprios manifestantes.

Em Salvador, além de ônibus incendiados, os confrontos com a polícia começavam com dois garotos provocando o batalhão que fazia a segurança no Dique do Tororó.

Em Porto Alegre, a avenida João Pessoa teve lojas depredadas, luzes destruídas e brigas entre os próprios manifestantes, divergindo do, digamos, *método* de protesto. Na avenida Ipiranga, novos conflitos com a polícia e destruição de prédios e lojas.

Na pequena Vitória, que tem mais de 1 milhão de habitantes *a menos* do que Porto Alegre, mas reuniu cerca de 100 mil pessoas (a capital gaúcha não reuniu mais de 15 mil), estudantes da Universidade Federal do Espírito Santo (Ufes) organizam passeata pela Reta da Penha até a Assembleia Legislativa, e depois até o Tribunal de Justiça (TJ-ES). Um método que se repetiria perigosamente naquele mesmo dia. Um manifestante explodiu uma bomba em frente à Assembleia Legislativa às 19h30, e um grupo quebrou vidraças e soltou rojões no Tribunal de Justiça.[111] Novamente, algo bem próximo ao terrorismo. Todavia foi uma das raríssimas manifestações em que se formou um conjunto de pautas, que os universitários entregaram ao presidente do TJ. Após a dispersão, grupos pequenos promoveram depredações e saques em diversas ruas do centro e furtaram o pedágio da Terceira Ponte antes de atear fogo nas cabines.

Em Fortaleza, cerca de 30 mil pessoas marcham em frente ao Palácio da Abolição. A polícia avisou que o governador Cid Gomes não receberia os manifestantes, solicitando que entregassem uma carta com reivindicações. Uma massa, que não pode selecionar uma única proposta comum a 30 mil pessoas que não seja abstrata e genérica, respondeu como uma massa: uma bomba caseira estourou na frente do palácio às 21h, e começou-se a tentar furar o cerco policial. Saldo de sessenta detidos, incluindo seis adolescentes.

Em Belém, o prefeito Zenaldo Coutinho é um dos poucos a tentar "dialogar" com os cerca de 15 mil manifestantes. Foi recebido com pedradas e rojões, tendo de ser deslocado do prédio enquanto a "minoria de manifestantes exaltados que acompanhavam o ato pacífico" atacava as janelas da prefeitura e feria um guarda. Surpreende como *sempre* há uma minoria exaltada, e ela por coincidência *sempre* consegue ficar *exatamente* na linha de frente dos prédios, como se fosse fácil atravessar uma barreira humana de 15 mil pessoas e chegar lá na primeira fila para vandalizar.

Em Campinas, 30 mil pessoas partiram do largo do Rosário para a prefeitura, o caminho que todas as manifestações seguiam. Duas pessoas portando coquetéis molotov foram presas, e a multidão foi dispersada com bombas de gás depois de os inevitáveis confrontos surgirem. Com crianças feridas pelos efeitos do gás, sentido por moradores da região mesmo longe do foco dos protestos, manifestantes invadiram uma escola para pegar pedras e atingir policiais, além de destruírem prédios e pontos de ônibus.

Em Ribeirão Preto, a primeira morte: um carro acelerou sobre a multidão que fechava o cruzamento da avenida João Fiuza com a avenida Adolfo Bianco José Molina, matando um jovem de 18 anos e ferindo outras doze pessoas. Apesar de o motorista se comportar como um típico mauricinho que forçou toda a lógica ao tentar atravessar a muvuca com um Land Rover exatamente naquele momento, o vídeo do acontecimento mostra uma realidade bem diferente do "rico alienado que resolveu assassinar manifestantes pacíficos a esmo": seu carro foi cercado quando parou antes mesmo de chegar à avenida, as pessoas gritavam e batiam ameaçadoramente por todos os lados do carro aos berros de "Filha da puta, filha da puta!" — sem surpresa, vestindo camisetas de vários partidos políticos de esquerda. Assustado enquanto dava marcha a ré, o motorista repentinamente desistiu de contornar a turba "pacífica" e criminosamente acelerou com tudo.[112]

Neste dia, contudo, o segundo maior perigo enfrentado pelo Brasil em décadas estava em Brasília: a multidão cercou o Congresso Nacional, causando o *estado de exceção* estudado por Carl Schmitt por definição — a massa não reconhece a instituição representativa, mas age pelo ímpeto e pela violência, forçando uma ruptura. Neste momento, pode-se dizer que não existe, de fato, *uma lei* naquele lugar: as leis vêm de quem está sendo questionado à força. No planalto, a presidente Dilma Rousseff observava a turba sem saber o que fazer — ou o que iria acontecer. Pedidos de *impeachment* dispararam pelas redes sociais enquanto o fato era noticiado, e temeu-se um golpe militar, civil, a anarquia pura ou um recrudescimento doentio para retomar a ordem.

Um fato ainda mais perigoso passou como detalhe, em uma manifestação nacional que já prescindia de qualquer ordem e paz, onde incêndios e destruição desabrida se tornavam comuns, e a única lei era a do mais forte: a multidão se dirigiu ao Palácio do Itamaraty, depois de passar pelo Palácio do Planalto. No Itamaraty, as janelas foram estouradas com pedras e, como não vinha acontecendo com nenhum prédio até então, focos de incêndio brilharam ao redor de sua fachada. A Força Nacional entrou pelos fundos do edifício às pressas para auxiliar a polícia caso uma tragédia acontecesse — separada por algumas portas de vidro. Os cordões de isolamento montados pela polícia e pela Tropa de Choque foram continuamente "questionados" através de pedradas, paus, rojões e bombas. Até pelas piscinas dos palácios há tentativas de invasão e agressão a policiais.

Mas por que o Itamaraty? Não fazia mais sentido tentar invadir o Ministério da Justiça, do outro lado do Congresso? Essa pergunta é de fundamental importância para se saber o risco que o Brasil corria naquele momento. Assim como os "empurrões" direcionaram a manifestação do dia 17 para o Palácio dos Bandeirantes em São Paulo, os *community organizers*, o centro da massa onde a organização é qualquer coisa *exceto* "espontânea", direcionaram a manifestação para o Itamaraty. Por que uma manifestação que lidava com corrupção, PEC, educação, saúde, Copa ou qualquer coisa iria para o Ministério das Relações Exteriores, e não para um prédio situado à mesma distância do Congresso (do outro lado do quarteirão) e que era justamente um dos guardiões da Justiça tão criticada?

Relembremos por que a rua Maria Antônia, em São Paulo, onde a Tropa de Choque cometeu seu maior erro ao tentar impedir que o MPL avançasse para a avenida Paulista em desacordo com o combinado, foi responsável por *mudar a opinião pública nacional* durante a ditadura militar. A Faculdade de Filosofia, Letras e Ciências Humanas (FFLCH) da USP, o maior antro de extremíssima esquerda do país, ficava em frente ao Mackenzie, que abrigava o CCC — Comando de Caça aos Comunistas. No dia 3 de outubro de 1968, os alunos da USP cobravam pedágio (*sic*) a partir do prédio onde ficava a Junta Comercial de São Paulo, para financiar as atividades da UNE (não, ela não se tornou uma desgraça apenas depois de dominada pelo PCdoB). Irritados, os alunos do Mackenzie atiravam ovos nos alunos da USP. A animosidade entre as universidades, que perdura até hoje, passou para pedras, paus e bombas. A polícia da ditadura assistia, mas não intervinha.

O confronto se prolongou por dois dias, até o prédio da USP ser incendiado por um coquetel molotov. Já na USP, para evitar que a polícia pudesse restaurar a ordem na rua, os alunos montavam barricadas incendiadas, entupiam as ruas de pregos para furar os pneus das viaturas e bolas de gude para derrubar a cavalaria. O clima de tensão não iria diminuir enquanto não houvesse uma morte, naturalmente. E ela veio, com um tiro disparado do Mackenzie, que vitimou o estudante José Guimarães. Um corpo, enfim. *O mártir que todo movimento de massa busca.*[113] Os alunos da USP, orquestrados pelo então líder sindical José Dirceu, levantam o corpo do estudante e usam sua camiseta ensanguentada como uma bandeira. Tomam então as ruas da cidade, provocando ainda mais a polícia, que naquele tempo só agia com medo da luta armada de esquerda e para retomar a ordem. O choque se intensifica além da rua das universidades vizinhas — a polícia, por fim, invade ambos os prédios, prendendo dezenas de pessoas. Todavia, sem um corpo de um inocente para ser considerado símbolo — a vítima comunista inocente frente aos tiranos de "extrema direita" da ditadura —, a esquerda universitária continuaria sendo vista com suspicácia por uma população pouco interessada em ver comunistas cobrando pedágio(!!!) na rua para financiar congressos de luta armada da UNE. Naquela época, o Passe Livre era uma coisa de direita. Sem a rua Maria Antônia não existiria a carreira política de José Dirceu — nem a visão nacional quase hegemônica de hoje, que enxerga a esquerda sempre como idealista, boazinha, progressista, jovem, bonitona, defensora do povo e, sobretudo, que "enfrentou a ditadura".*

Os líderes do movimento de massa em junho de 2013 sabem bem dessa história — na verdade, são até os filhos dos protagonistas da Batalha da Maria Antônia de 1968. A primeira coisa de que você precisa para fazer toda a opinião pública se voltar a seu favor é entrar em confronto com a polícia (é assim da Revolução Francesa até o Occupy Wall Street, da Revolução de 1848 até os Indignados Espanhóis). Mas quem ganha o poder total de fato é o primeiro que consegue se apresentar como a grande vítima da injusta ordem atual. *Eles queriam um corpo.* E queriam que o enfrentamento ocorresse não mais apenas com a polícia, que já estava com a imagem mais suja no Brasil desde a ditadura: **o confronto precisaria ser com as Forças Armadas.**

Voltando ao Itamaraty em 2013, por que, em vez de se dirigir ao Ministério da Justiça, a manifestação tentou invadir e quebrar os vidros do Ministério das Relações Exteriores, logo o que *menos* lida com os problemas do Brasil? Sendo o Palácio do Itamaraty guardião de um ministério com assuntos *outre-mer*, sua segurança não é feita pela polícia. *É feita pela Marinha.*[114]

Apesar do preconceito brasileiro que induz à crença de que os militares são doidos para dar um golpe o tempo todo, basta conversar com um milico para descobrir que eles gostam de *ordem*, não de poder. Sendo maiores estudantes de estratégia do Brasil e conhecendo bem melhor nossa própria história do que qualquer comunista da palpitaria dos jornais ou da academia, as Forças Armadas, a Força Nacional e a Polícia Federal estavam cuidando da situação *tomando o máximo cuidado possível para*

* E tampouco a Faculdade de Filosofia, Letras e Ciências Humanas da USP teria sido transferida para o longínquo bairro do Butantã, na Cidade Universitária. Os alunos da FFLCH podem culpar o comunismo por 150 milhões de mortes em apenas um século, mas também pela doutrinação ridícula que são obrigados a enfrentar em suas aulas e, *last but not least*, as infindáveis horas de trânsito para chegar a uma faculdade que fica depois de Mordor, muitas vezes só acessível através de portais transdimensionais. Aí os uspianos começam a viajar na maionese com essa litania de "passe livre" e exigem *mais* comunismo como solução. Mais uma dessas e a Faculdade de Comunismo da USP é transferida para Itapecerica da Serra ou para Shangri-La. Ou, pior ainda, para a USP Lost, depois do estádio do Corinthians em Itaquera. Comunismo, a desgraça maior da humanidade.

não ter de fazer nada. Cenas de violência policial já eram onipresentes no fim da primeira fase dos protestos. Mas se **um único** agente *das Forças Armadas* fosse flagrado dando um croque na cabeça de um manifestante, qual seria a narrativa nos jornais no dia seguinte? Algo melhor do que "Exército vai às ruas para reprimir manifestação pacífica"? Nosso país poderia ter-se tornado completamente diferente caso apenas um vidro a mais fosse quebrado. O primeiro que conseguisse se apresentar como liderança do protesto, então, conseguiria ter poderes muito maiores do que os outorgados pelo AI-5. Mesmo que o risco de um golpe militar não estivesse descartado, ele era a mais remota das hipóteses.

Um dos *community organizers* que orquestrava a tentativa de invasão do Itamaraty era cabo eleitoral de Marina Silva, como notou André Forastieri. Sem surpresa, o Fora do Eixo, que comandava as narrativas, "dialeticamente", ao mesmo tempo que aprovava Dilma Rousseff, desde cedo também se aproximava de Marina Silva caso a candidata subisse nas pesquisas, com a possível perspectiva de indicar um ministro da Cultura com a vitória dela. Tal "curiosidade" foi comentada até por Caetano Veloso,[115] pouco após posar ele próprio vestido de black bloc. Talvez em sinal de apoio. Ou não.

Os socialistas dos partidecos tentando uma ruptura maior do que o esquerdismo do PT, o próprio PT tentando a onda vermelha e os anarquistas tentando criar a convulsão social através da "ação direta" sem parar* eram forças incansáveis na busca da ruptura com o poder — e todos já sabiam que, afinal, isso nada tinha a ver com 20 centavos. Nunca teve. O que interessava era o movimento de massa. O outro poder que fizesse o Estado poder nos *dar tudo* — e também *tirar tudo*, sendo plenipotenciário.

Antes da fase black bloc das manifestações, o poder já era decidido pela força bruta da massa, sem nenhum contrapeso. Ou tendo como única garantia algumas frágeis vidraças no Itamaraty.

Nunca quebre a janela.

---

* Faltaria uma semana para o termo "black bloc" entrar no noticiário, sem que se estudasse qual o seu método político, e não só seu lado destrutivo. O black bloc, afinal, não é apenas violento: *sua violência é um método político de obtenção do poder.*

O discurso de Dilma

> "Uma coisa, porém, é o pensamento, outra a ação, outra a imagem da ação. A roda da causalidade não gira entre elas."
>
> Friedrich Nietzsche, *Assim falou Zaratustra*

Refrescando a memória, Fernando Haddad fez um acordo ("político") com a presidente Dilma Rousseff para maquiar os índices de inflação (ou seja, as pessoas continuariam pagando o que fosse, antes ou depois, mas era necessário vender um número para conseguir eleitores através de uma mentira). Este índice já é uma alquimia frouxa por si: uma coxinha com catupiry em 2014 é comprada por R$ 8 em uma padaria de média qualidade. Utilize quaisquer índices oficiais de inflação e tente calcular, tomando por base o preço de R$ 0,50 da coxinha em 1994, um valor que seja, pelo menos, em torno de 50% do preço final do salgado. Esse *voodoo mambo jambo* custou caro, óbvia e literalmente: o prefeito foi obrigado a aumentar a tarifa sem poder voltar atrás, com o peso do déficit que havia angariado para proteger a presidente.

Enquanto Haddad tinha de lidar com os velhos rebentos do PT (ou os novos velhos rebentos) na figura dos trotskistas do MPL, sete cidades anunciavam a redução da tarifa.

O desgaste para o PT é chocante. Dali a 11 dias, seria verificado que a popularidade de Dilma despencara 27 pontos após os protestos.[116] Um abaixo-assinado na internet pedia o seu *impeachment*, já com 250 mil assinaturas até então (média de uma assinatura a cada dois segundos). É no começo da tarde que a presidente Dilma Rousseff se pronuncia sobre os protestos pela primeira vez.

Na sexta-feira, antevendo o fim de semana e gastando 10 minutos de nossas vidas que nunca teremos de volta, chamando tudo de "democrático" o tempo todo e pedindo reiteradamente que não se recorresse à violência (lição que ela própria não tomou quando participou da luta armada contra a ditadura, na violentíssima VAR-Palmares), Dilma aproveitou para dizer que sua geração havia lutado para que a voz da rua fosse ouvida. Verdade? Dilma Rousseff e a esquerda militante da época da ditadura lutavam por socialismo, e não há país socialista com liberdade de manifestação nas ruas, nem sequer liberdade de imprensa. O PT de Dilma permanece amigo de todas as antigas ditaduras socialistas: constrói porto em Cuba[117] (sem que os cubanos possam usar o porto, ou fugiriam para Miami), não se pronuncia sobre os assassinatos políticos na Venezuela, faz acordo nuclear com o Irã enquanto seu ditador em chefe, Mahmoud Ahmadinejad, apedreja mulheres[118] (sem Dilma ou a militância feminista se pronunciarem, pois atrapalharia a eleição de Dilma) ou quando Lula chegou mesmo a chamar o totalitário do socialismo baath da Líbia, Muammar Kadafi, de "meu amigo, meu irmão e líder*" (tente traduzir para o alemão para chocar o mundo), sem um pio ou muxoxo daquilo que o PT chama de "mídia golpista". Será mesmo que devemos agradecer à luta de Dilma para podermos protestar contra ela, ou será que se pode protestar hoje *apesar* dela?

Sabendo que o protesto "exige serviços públicos de mais qualidade", Dilma diz o óbvio: "para dar mais, as instituições e os governos devem mudar." Na verdade, o governo não pode "dar" nada, apenas *tirar* de alguém para transferir para outra pessoa. O que Dilma quer dizer é que precisa se reunir com prefeitos para saber como tungar mais do brasileiro, agora que ele caiu no discurso bovinoide que acredita estar fazendo um bem a si mesmo quando pede que o Estado tenha poder para comprar sua consciência em troca de serviços fornecidos por monopólio, e pagos por ele mesmo.

Já que ditadura e socialismo sempre vêm à tona quando o assunto é o PT, Dilma, aproveitando o clamor das ruas por "saúde" e hospitais, garante que vai "trazer de imediato milhares de médicos do exterior para ampliar o atendimento do SUS". Ou seja, graças às manifestações, houve o programa Mais Médicos, que trouxe mais de 11 mil médicos cubanos para o Brasil. Vários desertaram,[119] assim que descobriram que, na verdade, o acordo PT-Cuba usou tal programa para repassar dinheiro do pagador de impostos brasileiro para o totalitarismo genocida dos irmãos Castro.[120] O médico cubano recebe cerca de um quarto do salário,

* Ver meu artigo "A morte de Kadafi, 'amigo, irmão e líder' de Lula". Disponível em: <http://www.implicante.org/artigos/a-morte-de-kadafi-amigo-irmao-e-lider-de-lula/>.

e o restante vai direto para os bolsos dos ditadores cubanos. Quando perceberam isso, muitos médicos pularam fora. A maioria era vigiada por algum beleguim enviado diretamente de Cuba para tal função, não podendo conversar com habitantes locais do Brasil, ter permissão para sair para longe do trabalho, e ter uma vida social. Desde antes da Princesa Isabel, não existia mais o **trabalho escravo** institucionalizado no Brasil — até esta medida da presidente petista Dilma Rousseff.

Os médicos cubanos também cometeram erros médicos às mancheias em seu trabalho no Brasil. Em uma tentativa anterior de atuarem no Paraguai para servirem aos cofres do falido socialismo cubano, foram rechaçados, ao se perceber que não tinham conhecimentos básicos de enfermagem. Para evitar o falhanço, Dilma garantiu que os médicos cubanos não fariam o exame obrigatório para médicos brasileiros, o "Revalida", nem precisariam atuar segundo as normas dos Conselhos Regionais de Medicina, numa violação gritante do princípio da igualdade perante a lei da Constituição de qualquer país civilizado desde a Antiguidade. A quantidade de receitas com gafes, erros grosseiros e até mesmo receitando doses letais de medicamentos rendeu até um Tumblr, o "Mais Médicos?".* A resposta do governo, então, foi, pela primeira vez, *atacar os médicos brasileiros*, uma das profissões mais queridas do país e sempre tratada com o máximo de respeito, sobretudo por políticos. Foram chamados de "máfia de branco", termo imediatamente copiado (obedecido) pelos blogs que fazem propaganda para o PT travestidos de "anunciantes de empresas estatais". Pela primeira vez, uma classe profissional inteira era aviltada por um partido, sem que também se desse muita nota para tal descalabro.

Ao menos para *uma* coisa tal programa serviu: demonstrar de uma vez a mentira da "medicina socialista", considerada no imaginário coletivo adolescente de países capitalistas que compram propaganda socialista autoelogiosa "excelente". Para tentar se safar da desgraça, Dilma, ela própria, explicou até em sua campanha pela reeleição que os médicos cubanos eram mais "humanos",[121] tratando todos os médicos brasileiros como desumanos. Para corrigir um problema apontado em junho de

* Ver: <http://maismedicos.tumblr.com/>.

2013, Dilma cometia outro maior, depois outro maior ainda para tentar acobertá-lo e assim por diante, e ninguém a corrigia.

Pior: na ânsia petista para mentir números (o que é admitido pelo próprio Lula, quando fala claramente que **inventa** que tirou milhões da miséria,* sem ninguém criticá-lo por admitir isso, pela mentira, pelo absurdo que é tudo ou pela insanidade continental que é a falta de críticas), Dilma anunciou repetidas vezes em sua campanha para a reeleição que o Mais Médicos "atende agora 50 milhões de brasileiros que antes não tinham acesso à saúde". Um quarto do Brasil não tinha acesso à saúde?! Onze mil cubanos com "medicina humana" são capazes de atender 50 milhões de brasileiros, um quarto do país tão miserável que não tinha contato com médicos? São mais de 4,5 mil pessoas atendidas por *cada* médico cubano em um único ano, algo que aparentemente os outros 400 mil médicos do Brasil eram incapazes de fazer. Dilma Rousseff e o PT soltam esses números a esmo, como a mentira de que "tiraram 30 milhões de brasileiros da miséria", sem ouvirem um pio em resposta.

Dilma prosseguiu em seu discurso: "Quero contribuir para a construção de uma ampla e profunda reforma política, que amplie a participação popular." Falar em "reforma política", sem explicar o que reformar, para quê, com que meios e fins, é sempre um perigo. A Revolução Francesa, a Revolução Russa, os fascismos, o nazismo, a Longa Marcha de Mao, a ditadura militar, os golpes de Estado, as guerras — todos foram "reformas políticas". O que a presidente fez foi tentar instaurar uma política de sovietes, ou seja, de "movimentos sociais" — mais um jargão adorado por esquerdistas, um desses termos que nunca se sabe quem está dentro e quem está fora de suas delimitações. Na prática, significa dividir o poder entre Executivo, Legislativo, Judiciário e movimentos como o MST, o PCC, o CV e demais aliados do PT. A propósito, o PCC, além de tentar assassinar a família do governador Geraldo Alckmin, exigiu que todos os seus membros votassem no candidato petista e futuro preso José Genoino. Basta ligar os pontos.[122]

É a mesma política dos "sovietes" da União Soviética: o que uma maioria momentânea decidir, seja de sindicalistas ou do black bloc,

---

* Lula admite que mentia e falsificava dados quando era de oposição. Disponível em: <http://youtu-be/ekfxhw6thb8>.

imediatamente se torna lei. O próprio Dirceu propunha isso, quando ainda não tinha um ambiente palatável, como aquele da mentalidade construída pelas Jornadas de Junho: "Nós é que temos de construir a hegemonia partidária. A Frente Ampla conseguiu isso no Uruguai. O Chávez conseguiu isso na Venezuela."[123] É uma venezuelização que as ruas queriam? Um sistema eleitoral 100% estatal, em que as verbas de propaganda sejam distribuídas conforme os assentos que cada partido *já possui*? Como conseguir "mudanças" políticas caso isso ocorra, em vez de consolidar *sempre os mesmos* partidos no poder? O PT defende abertamente o domínio do PT sobre os outros partidos.

Não é exagerado lembrar que dali a apenas quatro dias seria empossado, como novo ministro do STF indicado pela própria Dilma Rousseff, o ministro Luís Roberto Barroso, que em 2011 havia dito ser impossível haver algo como uma "Constituinte exclusiva", pois todo poder de uma Assembleia Constituinte é soberano.[124] Contudo, em entrevista na véspera de sua posse, Barroso voltou atrás e afirmou que não era bem assim;[125] portanto, se Dilma se aproveitasse dos protestos (dos quais o próprio PT já fazia parte) para convocar um plebiscito e tentar garantir mais poderes para seu partido, confundindo cada vez mais o Estado com o PT, seria algo legítimo. Uma mudança de posição num momento curioso.

Como resumiu magistralmente Reinaldo Azevedo: "As protoditaduras bolivarianas, como é amplamente sabido, foram precedidas de... constituintes. Processos constituintes só se justificam quando há alguma ruptura importante da ordem. Sem isso, é só uma tentativa de golpe — no caso, de autogolpe porque pensando para conceder mais privilégios a quem já está no poder. A nota do PT tem um mérito: não esconde o que quer. E quer uma ditadura petista."[126]

A seguir, ainda respondendo às ruas, Dilma usa um conceito heterodoxo de verdade: "A Lei de Acesso à Informação, sancionada no meu governo, deve ser ampliada para todos os poderes da república e instâncias federativas. Ela é um poderoso instrumento do cidadão para fiscalizar o uso correto do dinheiro público." Seu discurso dá a entender que apenas os outros poderes estavam reticentes em relação a uma diminuição do seu próprio poder, algo que a presidente, ela própria, havia feito como benevolência pessoal. Mentira: não fazia um mês que Dilma havia imposto sigilo sobre seus gastos no exterior,[127] após reiteradas notícias que mostraram o que andava fazendo com o dinheiro de nossos impostos.

Por exemplo, em março de 2013, a heterodoxa católica de primeira viagem Dilma Rousseff, devota da pouco conhecida Nossa Senhora de Forma Geral,[128] a quem chama de "deusa", inaugurando um paganismo católico politeísta, foi a Roma assistir à missa de inauguração do pontificado do papa Francisco. Poderia ter ficado na embaixada brasileira, o luxuosíssimo palácio Doria Pamphilj, do século XV, a 10 minutos do Vaticano. Sua comitiva era mais chamativa que a do próprio papa: 52 quartos e dezessete carros, contando até mesmo com o ministro da Educação Aloizio Mercadante, que, por alguma razão misteriosa, sempre viaja com Dilma. Preferiram a ainda mais luxuosíssima suíte do hotel Westin Excelsior, cuja diária sai pela bagatela de € 6 mil (mais de R$ 18 mil). O hotel fica a 15 minutos do Vaticano, mais longe que a embaixada.[129] De acordo com um porta-voz da presidência, optou-se pela hospedagem no Westin Excelsior pois "assim o trabalho de rotina é mais fácil". Isto pouco depois de a presidente afirmar que os mortos anuais nas chuvas do Rio são culpados por morarem em cima dos morros. Informou o site Ucho.info:

> O valor informado pelo Itamaraty por si só é um descomunal absurdo, mas a conta que cabe aos brasileiros é ainda maior porque há o custo do deslocamento do avião presidencial. Considerando apenas os R$ 324 mil, o entourage palaciano conseguiu a proeza de torrar em uma saída para a missa o equivalente a 478 salários mínimos, montante que um reles trabalhador demoraria quarenta anos para conseguir.
>
> Levando-se em conta que Dilma Rousseff descobriu a fórmula mágica de derrotar a miséria com R$ 80 mensais, o valor gasto em Roma seria suficiente para manter 38 pessoas, durante dez anos, longe da chamada linha da miséria extrema.
>
> Em qualquer país minimamente sério e com um povo com doses rasas de responsabilidade, Dilma desembarcaria em um aeroporto cercado por extensa e raivosa multidão. Lamentavelmente, nenhuma manifestação há de acontecer, nem mesmo por parte dos baderneiros que, financiados com o dinheiro público, têm feito arruaças na Comissão de Direitos Humanos da Câmara dos Deputados.

Os gastos foram tantos que chamaram atenção do jornal espanhol *ABC*,[130] acostumado com as malversações do dinheiro público do rei Juan Carlos, aquele que foi caçar elefantes em Botswana enquanto o próprio país naufragava em crise.

Em vez de manifestações, Dilma obteve silêncio da imprensa que tanto quer controlar, como se já não controlasse. As manifestações só ocorreriam em junho, tal como planejaram MPL e Fora do Eixo, com o black bloc logo surgindo na rabeira.

Em setembro de 2013, já com quatro meses de manifestações pelo Brasil, Dilma ainda se hospedaria em suíte assinada pela joalheria de elite Tiffany and Co., torrando R$ 22 mil por dia, valor equivalente a 32,5 salários mínimos por dia ou quase setecentas Bolsas Família. Como escrevi no Implicante.org:

> A suíte é equipada com três quartos, lustres de cristal na sala e equipe de mordomos que falam português (o inglês tá meio capenga, né, presidenta?).
>
> A brincadeira sai pela bagatela de pouco mais de US$ 10 mil, ultrapassando os R$ 22 mil. Por dia, durante uma semana. Nada mal para uma presidente que "tirou 13 mil famílias da miséria" lhes dando R$ 2 reais por mês. 0.00909090909% do que está gastando por dia em Nova York. Aquilo que foi festejado no R7 com manchetes como "Governo Lula conquista os ricos para tirar 24 milhões da miséria". (...)
>
> Mas isso são tempos passados. Agora, em NY, os gastos de Dilma sobem para modestos 32,5 salários mínimos por dia. O dinheiro total pagaria quase 700 Bolsas-Famílias (mas pobre lá vai ler jornal? que comam brioches). É um pouquinho a mais do que se costuma gastar numa lua-de-mel.
>
> Aliás, estranha-se a comitiva que Dilma sempre leva em viagens ligadas apenas a aparições de chefes de governo. Por exemplo, por que levar Aloizio Mercadante, ministro da Educação, para essas viagens luxuosas? Enquanto o Enem entra na última fase (aquela prova em que o PT sempre fez burrada, todo ano), o ministro da Educação está em NY com a presidente Dilma com seus ostensivos gastos.

> **Mas dá pra piorar.**
>
> Dilma já considerou que uma suíte presidencial de 81 m^2 é "acanhada",[131] preferindo, ao invés de aceitar a suíte com varanda paga pelo governo sul-africano, gastar US$ 94,1 mil via Itamaraty para pagar uma suíte melhorzinha no Hilton. (...)
>
> Apenas relembrando só o histórico ultra-recente de torrefação de dinheiro do povo, Dilma já evaporou US$ 121,3 mil só em hospedagem e diárias de servidores em Atenas. Para o jantar de trabalho da presidente e comitiva em Granada, a embaixada pediu € 4.000.
>
> Ninguém foi para a rua ou fez protestos contra isso. Nenhuma reclamação dos que vivem apontando o dedo contra "os ricos" e "a classe média", e culpando a violência brasileira de 50 mil homicídios por ano na "desigualdade social". Silêncio total. E obediente.[132]

Mas Dilma prometeu "Lei de Acesso à Informação", mesmo tendo como resposta a estes gastos torná-los "sigilosos" (por qual razão?), e pronto, problema resolvido. Mas, ah, se fosse um político adversário que malgastasse tanto, hein?

Dilma fala da corrupção dizendo que "A melhor forma de combatê-la é com transparência e rigor". Estranha declaração, vinda da presidente cuja Casa Civil negou ao MPF acesso à sindicância de Rosemary Noronha,[133] a "amiga íntima" de Lula (curioso como nenhum ataque da oposição ou da direita ao PT deixa de conter eufemismos, embora a militância do PT jure ser vítima de "Rottweillers raivosos"). Isto, claro, para ficar em um único exemplo.

Faltou explicar-se sobre a Copa, dizendo, *guess what*, mais mentiras: "Em relação à Copa, quero esclarecer que o dinheiro do governo federal, gasto com as arenas, é fruto de financiamento que será devidamente pago pelas empresas e governos que estão explorando estes estádios. Jamais permitiria que esses recursos saíssem do orçamento público federal, prejudicando setores prioritários como a Saúde e a Educação." Que tal vermos a manchete do UOL "Ao contrário do que diz Dilma, União põe R$ 1,1 bi em estádios da Copa"?[134] Ou então: "Dinheiro público no Itaquerão chega a R$ 581 mi, mais que o custo de seis estádios da Copa"?[135]

PARTE IV

Sermo vulgaris: A política das massas

"E chegaram ao outro lado do mar, à província dos gadarenos.

E, saindo ele do barco, lhe saiu logo ao seu encontro, dos sepulcros, um homem com espírito imundo;

O qual tinha a sua morada nos sepulcros, e nem ainda com cadeias o podia alguém prender;

Porque, tendo sido muitas vezes preso com grilhões e cadeias, as cadeias foram por ele feitas em pedaços, e os grilhões em migalhas, e ninguém o podia amansar.

E andava sempre, de dia e de noite, clamando pelos montes, e pelos sepulcros, e ferindo-se com pedras.

E, quando viu Jesus ao longe, correu e adorou-o.

E, clamando com grande voz, disse: Que tenho eu contigo, Jesus, Filho do Deus Altíssimo? conjuro-te por Deus que não me atormentes.

(Porque Jesus lhe dizia: Sai deste homem, espírito imundo!)

E perguntou-lhe Jesus: Qual é o teu nome? E lhe respondeu, dizendo: Legião é o meu nome, porque somos muitos."

Marcos 5:1-9

Afinal, o que aconteceu?

> "Nada é mais incerto do que as massas, nada mais obscuro do que a opinião pública, nada mais enganoso do que todo o sistema político."
>
> Cícero

As manifestações pegaram os analistas políticos de calças curtas. Na maior parte do tempo, eles faziam análises tão genéricas quanto as frases nos cartazes. O noticiário, sobretudo televisivo e ao vivo, não cansava de repetir que eram "manifestações pacíficas tomadas por uma minoria exaltada de vândalos" (mesmo — e *sobretudo* — quando precisava mostrar imagens chocantes de fogo, destruição, ônibus incendiados e lojas sendo destruídas), e sempre abria concessões imediatas para falar, cheio de não-me-toques, dos protestos nas ruas: "É um passo importante para a consolidação da nossa democracia", como se isso significasse qualquer coisa.

Se havia gente perdida e com as piores opiniões e análises possíveis, essa turma eram justamente os intelectuais, o *palpitariado* sempre pronto a nos brindar com análises *prontas* para todos os temas possíveis — e cujas análises sempre confirmam sua visão anterior dos fatos, sem necessidade de novas pesquisas, sem dúvidas, sem choques e contradições. Na verdade, quando contradições surgem, são os primeiros a comentá-las como se fossem explicações: "São as contradições da nossa democracia."

Estávamos em um estado perfeitamente descrito por Archibald Macleish, em *The Irresponsibles*:

> Nada é mais característico dos intelectuais da nossa geração do que a sua incapacidade de compreender o que é que está acontecendo com o seu mundo, e nada explica o seu fracasso tão precisamente quanto a falta de vontade deles de ver o que viram e de saber o que realmente sabem.

A palavra "democracia" passou e passa a ser usada como um qualificativo genérico para absolutamente *qualquer coisa*, como um selo de aprovação e legitimidade imediata. A manifestação democrática, a violência democrática, a ruptura democrática. Todavia, obviamente que nunca se falava da atuação policial como uma ação democrática.

Várias cabeças e uma só ideia: este era o rebanhismo *in liminis*. Este estado atingido pela sociedade, criação moderna da era das massas, é instilado por *intelectuais* para garantirem projetos de poder social, em que eles darão as cartas na nova sociedade, em que poderão ser algo como os reis-filósofos platônicos, mas atuando sob uma sociedade planificada.* Os intelectuais têm martelado incansavelmente temas como desigualdade, poder popular, participação política, raça, nação (ou, no caso brasileiro, PEC, homofobia, criação de direitos etc.), além de terem sido os artifícios dos piores regimes criados pela mobilização de massas em busca de ideais abstratos — nazismo, comunismo, *wahhabismo*, teocracias islâmicas, sindicalismo, bolivarianismo, eurasianismo são todos obras de intelectuais. Sem intelectuais não haveria o *cult of the sameness*. Todos garantindo que basta atarraxar o adjetivo "democrático" a tudo para poder tudo. Como define Nicolás Gómez Dávila, "Qualquer um que diga que 'pertence ao seu tempo' está apenas dizendo que concorda com o maior número de idiotas daquele momento". Ou ainda Kuehnelt-Leddihn: "Em culturas democráticas, os intelectuais são os escravos mais dóceis."

---

* Uma rápida consulta na seção de sociologia de alguma grande livraria mostra livros às pencas tentando explicar as manifestações com os mais estapafúrdios argumentos, com o detalhe curioso de que todos são praticamente *idênticos* uns aos outros ("a indignação popular atingiu a gota d'água e as pessoas saíram às ruas para protestar, foram rechaçadas pela polícia e qualquer destruição causada pela manifestação foi provocada por uma minoria de vândalos, as cenas de violência vistas não podem ser atribuídas à própria manifestação violenta, e viva o Facebook, que permitiu que as pessoas finalmente saíssem do Facebook para protestar como nunca antes na história desse país"). Isto sem falar nas declarações na imprensa e na palpitaria júnior dos blogs. Basta pesquisar o que disseram sobre essas manifestações Jorge Luiz Souto Maior, Raquel Rolnik, Marilena Chaui, Emir Sader, Slavoj Žižek, Pedro Stédile, Júlio Lancelotti, Ivana Bentes, Leonardo Sakamoto e especialmente os campeões da *fabricação de narrativas*, a Mídia Ninja de Pablo Capilé e Bruno Torturra, e tentar encontrar uma única ideia que vá de encontro a tal script.

Antes de se analisar essa "nova democracia" de Vladimir Safatle *et caterva*, convém vasculhar alguns livros esquecidos na estante por nossos especialistas em opiniões prontas para recordar o que alguns pensadores já disseram bem antes de nós sobre a rebelião das massas, poupando-nos o trabalho de repensar nós mesmos o que já foi pensado.

Movimentos de massa são fenômenos comuns desde pelo menos a Revolução Francesa, a primeira grande rebelião das massas que sacudiu toda a civilização.* Não são todas as mobilizações com milhares de pessoas nas ruas que podem ser chamadas de "movimentos de massa", no sentido técnico do termo: são *apenas* as mobilizações abertas, *aparentemente* espontâneas, sem propósitos claros, contra tudo isso que está aí, contra tudo e todos, calcadas em slogans genéricos, ideais abstratos e irrealizáveis, unindo pessoas radicalmente diferentes sob símbolos gelatinosos (nação, povo, classe, religião, raça, contra os políticos, a favor da nova justiça e da igualdade — quanto mais genérico, melhor). São contra o presente, a favor de outro futuro. São movimentos de ódio e histeria coletiva, de ânimos exaltados, de bordões repetidos, de soluções fáceis, de platitudes pensadas e de *reivindicações* abstratas.

Para Ortega y Gasset, Eric Hoffer, Kuehnelt-Leddihn, Elias Canetti e tantos outros, essas manifestações genéricas são os chamados "movimentos de massa". O "Fora Collor", o movimento "Diretas Já", a "Marcha da Família com Deus pela Liberdade", a "Marcha da Maconha" *não* são movimentos de massa nessa acepção técnica: são mobilizações com um fim específico, que se distinguem de uma pequena demonstração pública contra a política de demissão de uma empresa apenas pelo número de pessoas que é capaz de mobilizar. Atingindo o seu objetivo específico, há uma comemoração e todos voltam para casa para mais um dia de trabalho

---

* A Revolução Francesa também foi o que fez Karl Marx acreditar na superstição de que o motor da própria história mundial é a "luta de classes", como se pessoas em todas as épocas e lugares fossem marcadas pelo quanto ganham e entrassem em guerra por isso. Curiosamente, a Revolução Francesa tem como *distinção* de outros fenômenos essa luta de estamentos, inexistente no restante da história. Posteriormente, a marxista Escola de Frankfurt percebeu a gafe e garantiu que a tarefa do novo marxismo era *instaurar* a tal luta de classes, "motor da história", pois as classes estavam "domesticadas" pelo capitalismo. Já o historiador marxista E. P. Thompson percebeu que é impossível definir se uma pessoa pertence mesmo ao proletariado ou à burguesia.

na manhã seguinte. As Jornadas de Junho e sua revolta contra tudo e todos em sua segunda fase são um movimento de massa. *Estes* movimentos são certa novidade para o Brasil (as tentativas anteriores foram fiascos, como a Marcha da Liberdade depois da Marcha da Maconha, ou o evento "Existe Amor em São Paulo"*). Após várias tentativas borocochôs, finalmente o povo aceitou o convite e entupiu as ruas com o Movimento Passe Livre.

Movimentos de massa são perigosos. Como alertou a professora Janaína Conceição Paschoal, essa exaltação nas ruas é o prenúncio de uma segunda fase, de *endurecimento*. E há de se lembrar dos ensinamentos da história: raros foram os movimentos de massa que passaram batidos, e simplesmente *todos* os que conseguiram mudanças políticas através de suas reivindicações trouxeram os piores *totalitarismos* do mundo. A Revolução Francesa passa pelo Terror e pelo democídio dos tribunais revolucionários (guilhotinando até seus próprios fomentadores intelectuais) e termina com Napoleão Bonaparte plenipotente espalhando a morte pela Europa. A Revolução de 1905, como vimos, leva à Revolução de 1917 e ao primeiro país comunista, a União Soviética com seus 40 milhões de vítimas sob Lenin e Stalin. O *Putsch* de Munique e suas marchas desfilando por Berlim culminam com a formação de um rebanho humano movido por engrenagens que apenas obedecem à vontade de Adolf Hitler. Mesmo a Revolução Iraniana, que transformou um país corrupto, mas ocidentalizado, na teocracia islâmica mais fechada do mundo e regida pela *sharia*, degolando homossexuais

---

* Tratou-se de uma manifestação de rua que não declarava a que vinha, além de reclamar da falta de "amor" na maior cidade do hemisfério. Seu único objetivo comum era a rejeição à candidatura de José Serra à prefeitura de São Paulo em 2012, "sem declarar apoio a nenhum candidato" (como se fosse preciso explicar muito a *quem* isso favoreceria, ainda mais deixando claro que tal manifestação era diferente de protestos feitos contra o candidato Celso Russomanno, o *outro* adversário possível de Serra naquelas eleições). De novo, o movimento afirmava ser "apartidário", apesar de ser organizado na surdina por uma carrada de ONGs ligadas ao PT. Fernando Haddad, vencedor daquelas eleições e que enfrentaria as "Jornadas de Junho" seis meses depois, tratou de dar um empregão em seu gabinete aos "jovens" que organizaram o movimento. Ver: <http://blogs.estadao.com.br/diego-zanchetta/organizadores-do-existe-amor-em-sp-entram-para-o-governo-do-pt>.

e "apóstatas" (aqueles que abandonam a religião muçulmana) nas ruas, foi criação de intelectuais mobilizando massas contra inimigos genéricos (e sobretudo *ocultos*, como espiões da CIA). Mesmo no apogeu da internet, a Primavera Árabe ignora a história e repete o feito: no Egito, derruba um ditador razoavelmente vigiado pelo Ocidente, Hosni Mubarak, e coloca em seu lugar os fanáticos genocidas da Irmandade Muçulmana, a entidade mais anti-Ocidente do mundo e que matou tantos que nem os próprios egípcios muçulmanos os aguentaram no cargo por muito tempo.*

Essas análises de movimentos de massa não foram citadas por nenhum "especialista" de ocasião convidado a nos brindar com sua palpitagem sobre as ruas. Em vez disso, palavras como indignação, democracia, legitimidade eram marteladas às mancheias. Alguma atenção posterior foi dada ao fenômeno black bloc — fenômeno tardio e que pouco explica sobre os *métodos* e *objetivos* da própria ideia das manifestações. Mas não se atentou sobre como é feito um movimento de massa e quais são suas possíveis consequências, caso consiga de fato algum poder político. Quem pôde organizar algo com 3 milhões de pessoas pelo país afora tem algum método que, pode-se dizer, é funcional para mobilizar pessoas. Portanto, urge agora entender o que estava acontecendo no Brasil, cujo momento mais delicado, na frente de todos os narizes da nação, se deu diante do Itamaraty. O que foram,

---

* Nunca é demais voltar a sacanear um dos gurus dos atuais movimentos de massa fomentados pelas redes sociais virtuais, o sociólogo marxista Miguel Castells, "um dos pensadores mais influentes do mundo, considerado o principal analista da era da informação e das sociedades conectadas em rede", que terminou o seu livro *Redes de indignação e esperança* pouco depois do *coup d'État* no Egito. Em suas páginas, está todo pimpão comemorando o novo futuro glorioso egípcio com o mesmo palavrório oco, como nessa pérola histórica: "Em suma, para os membros da Irmandade Muçulmana, islã e democracia são plenamente compatíveis, como se vê pelo exemplo da Turquia", ou advogando: "Apesar de a Irmandade Muçulmana muitas vezes ter sido acusada de oportunismo, na verdade ela não tem tido outra chance" (p. 65). *Oh, pobrecita!* Pouquíssimos meses depois de o livro ter sido condenado à eternidade, a Irmandade Muçulmana foi posta na ilegalidade no Egito devido à matança de infiéis. O Egito, urge lembrar, é islâmico, mas é o país mais próximo do Ocidente de todos os que promoveram a Primavera Árabe. Não encontrei o *mea culpa* do principal analista de vuco-vuco mundial até hoje.

afinal, essas manifestações — o que *não foram* podemos aprender consultando a maioria dos nossos analistas, colunistas, especialistas, sociólogos e cartomantes.*

O gigante e seu mantra

> "Pessoas que mordem a mão que lhes alimenta geralmente lambem a bota que as chuta."
>
> Eric Hoffer

O filósofo Olavo de Carvalho fez uma análise tão rica do movimento de junho em uma das aulas do seu Curso Online de Filosofia que convém comentá-la aqui.**

O MPL, como hoje se sabe, surge como um movimento suprapartidário unindo a militância de vários partidos de extrema esquerda no Brasil. Teve como braço armado o black bloc e como divulgador a Mídia Ninja do Fora do Eixo. Segue o mesmo script das manifestações anticapitalistas ao redor do mundo, como o Occupy. Diversos sites e blogs buscavam advogar por eles, após uma manifestação que "acordou o gigante" quando surgiram confrontos com a polícia. Como foi visto, seu *objetivo* era precisamente criar confrontos com a polícia para mobilizar cada vez mais pessoas; por isso, "um pouco de vandalismo" era "infelizmente necessário", segundo famosa entrevista. A partir de então, os resultados podem variar conforme o método de mobilização

* Apesar de ser mais uma piadinha cretina das incontáveis deste livro, é cada vez mais difícil *mesmo* diferenciar a opinião de uma cartomante da de um cientista político com doutorado a palpitar no país.

** O curso de cinco anos, baratíssimo (R$ 50 por mês para quatro aulas ao vivo, fora todas as aulas anteriores e o material de apoio), tem as suas duas primeiras aulas, de aperitivo, disponíveis gratuitamente no YouTube. É a coisa mais recomendável já feita recentemente no Brasil, o único lugar onde se pode discutir alta cultura com os maiores cérebros do país. O trecho da aula em questão foi publicado abertamente a pedido do próprio Olavo, pela questão de extrema importância, sob o título "Análise da atual situação política brasileira", disponível em: <http://youtu.be/CRENnVnRWTQ>.

e a estratégia de busca pela hegemonia. Toda manifestação aberta e abstrata reivindicando coisas do governo favorecerá o inchamento do Estado, e nunca terá por efeito mais liberdade para o indivíduo e responsabilidade individual. Portanto todas essas manifestações favorecem, favoreceram e favorecerão a esquerda no poder, mesmo crendo no oposto.

O movimento comunista é o único movimento político internacional com senso de continuidade histórica e mundial.* Surge bem antes da Revolução Russa (a primeira Internacional Comunista, que teve Karl Marx como fundador e redator do estatuto, data de 1864, antes da Comuna de Paris, de 1871) e, trocando de nomes conforme precise se disfarçar, prossegue até hoje no bolivarianismo, no eurasianismo, no sindicalismo etc. Um militante da UNE, tomada pelo PCdoB, hoje se reconhece herdeiro do mesmíssimo movimento que vem desde a época de Prestes ou Graciliano Ramos ou mesmo antes, sem cismas relevantes ou retomadas e reinvenções que não sejam meramente artifícios de propaganda.

O movimento se reinventa e abandona bandeiras periféricas conforme a conveniência, pois o marxismo como estrutura econômica é

---

* Archie Brown, um dos maiores estudiosos da história do comunismo, inclusive defende que um dos fatores para se considerar um governo "comunista" é sua associação ao comunismo internacional, como o Comintern (Internacional Comunista) de Stalin. Graças a isso, não considera, por exemplo, que os brutais regimes de Robert Mugabe no Zimbábue ou de Idi Amin em Uganda sejam propriamente comunistas (ainda que ambos tenham relações claras com o comunismo internacional, com Amin sendo financiado pela União Soviética, Alemanha Oriental e sobretudo por seu mentor, o totalitário Muammar Kadafi da Líbia, autor de *O livro verde*, livro de ouro do socialismo *baath*). O marechal Tito, por exemplo, seria um comunista atípico, por ter rompido com o Comintern de Stalin, criando um comunismo *ad hoc* na Iugoslávia. Como essas relações muitas vezes são indiretas e capilares (fora casos curiosos como o socialismo *juche* da Coreia do Norte e da Romênia, que praticamente quer ignorar o resto do mundo), e como o movimento comunista se racha tão logo dois comunistas se encontrem (basta ver as eternas rusgas entre PT, PSOL, PSTU, PCB e PCO), preferimos considerar que qualquer ligação com o ideário comunista já satisfaz a condição para considerar este movimento comunista. Ver *Ascensão e queda do comunismo* (Rio de Janeiro: Record, 2011), p. 134 e seguintes, sobretudo p. 141.

sempre uma catástrofe.* Todavia o marxismo ainda é quase perfeito como *ciência e técnica da ação revolucionária*, no que não depende em nada da estrutura econômica pregada. Ou seja, ideais marxistas ("passe livre" incluso) são o grande *motor* dos movimentos revolucionários pelo mundo, mesmo que, como apregoa abertamente Slavoj Žižek, peçam o impossível, para não serem cobrados por resultados. Travestido em linguajar modernoso, esconde-se a velha logorreia comunista ("estatização das empresas de transporte! monopólio estatal contra o mercado!"), mas fala-se *o mesmo* para as massas ("Meu direito de ir e vir custa R$ 3,20? Se a tarifa não baixar, a cidade vai parar!").

Tudo o que se chama de "pós-marxismo" hoje, ou a maioria dos pensadores de esquerda que são "críticos" de Marx, não passa, na verdade, de um conjunto de pequenas correções feitas à sua obra (inteiramente "corrigível"). Por exemplo, o grande teórico da hegemonia e da transformação de indivíduos em rebanho humano, o marxista argentino Ernesto Laclau, sabendo, como o historiador também marxista E. P. Thompson, que é impossível em termos técnicos definir quem é "proletário" e quem é "burguesia" em um mundo cada vez mais rico pecuniariamente e com ofícios com rendimentos cada vez mais aproximados, procura então, em vez de culpar o "interesse de classe" de Marx, segundo o qual as pessoas de cada classe só pensam o que pensam para defender seus próprios interesses,** inverter os termos da

* Novamente, a Escola Austríaca de economia demoliu o edifício marxista até sua pedra fundamental, mostrando como, em termos econômicos e políticos, tem a mesma validade da medicina medieval, da cura por cristais ou dos sacrifícios humanos para evitar a fúria dos deuses. Livros como *As seis lições*, *Socialismo*, *Ação humana*, *A mentalidade anticapitalista* e *Liberalismo segundo a tradição clássica*, de Ludwig von Mises, *O caminho da servidão*, de Friedrich Hayek, *A teoria da exploração do socialismo comunismo*, de Eugen Böhm-Bawerk, *Economia numa única lição*, de Henry Hazlitt, *Anatomia do Estado*, *esquerda e direita: Perspectivas para a liberdade* e *O manifesto libertário*, de Murray Rothbard, ou *Uma teoria sobre socialismo e capitalismo*, de Hans-Hermann Hoppe, são leituras obrigatórias para se entender o básico sobre economia — e por que o século XX falhou miseravelmente. Fora da Escola Austríaca, adicionaríamos ainda *Materialismo histórico e economia marxista*, do grande mestre Benedetto Croce.

** Um determinismo bastante panaca, já que não explicaria como o próprio Karl Marx, burguês, poderia conceber o marxismo, contrário à burguesia. Não é uma dúvida que aflija os defensores do marxismo, a maior parte deles na classe média universitária — e bem endinheirada.

equação: primeiro, *cria-se* o interesse; depois, basta autoproclamar-se representante daquela classe. Assim, qualquer ricaço com nojinho de chão de fábrica pode declarar-se "trabalhador", "proletário", "camponês" ou seja lá o que for, sem peso na consciência. É a institucionalização do Movimento Bolchevique Mauricinho.

Laclau, como Gramsci, sabe que uma ditadura do pensamento único capaz de alcançar o poder completo depende da *hegemonia de pensamento*.* Trabalhar com slogans fáceis, então, é essencial — movimentar o povaréu, do intelectual "reformista social" ao lumpesinato improdutivo, exige uma planificação de ideias a mais baixa possível. É a partir da criação de uma *cultura marxista* que o movimento será posto em marcha, sobretudo uma cultura que não precise dizer claramente seus objetivos — preferindo falar sempre pontualmente, ora da legalização da maconha, ora da estatização do transporte. Ora da legalização do aborto, ora do sindicato dos professores. A mensagem final, que reúne todos sob uma única bandeira, nunca é dita claramente. Todavia, **inevitavelmente**, será uma bandeira não apenas de esquerda, como bem próxima dos desejos dos marxistas mais ortodoxos: uma manifestação pedindo "passe livre", que de repente se avacalhe em diversas bandeiras genéricas, mas sempre *reivindicando* algo do Estado, terá como ÚNICA consequência possível *aumentar* o tamanho do Estado e o poder de políticos.

Ao contrário do que a multidão segurando cartazes acreditava, "ir além dos 20 centavos" era apenas seguir o que esse movimento pretendia desde o começo. Basta lembrar que os mesmos militantes que pediam "tarifa zero" também marcham pela legalização da maconha, na Marcha das Vadias, no "Não vai ter Copa!", pelo fim da PM, pelo sindicato dos metroviários, dos metalúrgicos, dos bancários, dos professores e qualquer outro, pela CUT, pela UNE, pelo MST e por *qualquer* outra bandeira que apareça. A pulverização de pedidos não "foi além do PSTU": apenas verbalizou os desejos do PSTU sem se filiar a ele. Era apenas o segundo passo desse *meio político* de tomar poder, e cada vez mais perigoso. Acreditando

---

* Basta dar uma olhada nos nomes dos livros de Ernesto Laclau para ver que não estamos lidando com alguém que leve a platificação na brincadeira: *Hegemonía y estrategia socialista: La razón populista, deconstrucción, pragmatismo y hegemonía, demandas e identidades políticas*... Precisa de mais?

terem ido contra a esquerda, ou ao menos sem se mancomunarem com ela, apenas seguiam seus ditames. Alguém iria a uma manifestação contra o sistema político promovida por neonazistas? Contra a corrupção, criada por malufistas ou petistas? Contra a violência policial, organizada pelo PCC? Não era muito diferente do que acontecia.*

Por isso, manifestações abertas são pródigas em criar palavras de ordem, para serem repetidas pela marcha ruminante sem qualquer questionamento. As pessoas creem cada vez mais que estão *aumentando* sua consciência política e sua participação cidadã quanto *menos* percebem o que elas próprias estão fazendo. As pessoas admiram-se umas às outras, vendo-se unidas e repetindo bordões genéricos — no dizer de Eric Hoffer, imitar é a melhor forma de obedecer.

Movimentos que não sejam de esquerda têm dificuldade em criar slogans. O Tea Party até hoje não possui nenhum,** enquanto a esquerda os cria e os troca conforme sua necessidade. Ann Coulter cita alguns:

> *Bush lied, Kids died!* Meu corpo, minhas regras! Nenhum sangue por petróleo! Salve as baleias. Ame sua mãe (Terra). Faça amor, não faça guerra. Amigos não deixam amigos votarem nos Republicanos. Diversidade é nossa força! Salve o planeta! Pró-Escolha, pró-crianças! Apoie nossas tropas, traga-as de volta! Coexista! Hey, LBJ, quantas crianças você matou hoje? Dissidência é patriotismo! Guerra não é a resposta! Seja verde! Plano de saúde é um direito, não um privilégio! Imagine a paz, celebre a diversidade! Dê chance à paz. Pense globalmente, aja localmente. Sem corte de impostos para ricos. Salve o planeta! Venceremos! *One, two, three, four, we don't want your fucking war!* Bush = Hitler. *Eat the rich!* Carne é assassinato! *Yes, we can!*
>
> E estes são apenas os que estão no carro do meu vizinho.[1]

---

* E literalmente. Vários protestantes adeptos da tática black bloc buscaram apoio do PCC, e isto foi noticiado até pelo insuspeito site esquerdista Brasil 247, fundado por Daniel Dantas. Diz um blocker: "Não temos aliança nem somos contra o PCC. Só que eles têm poder de fogo muito maior do que o MPL (...). Pararam São Paulo" (<http://www.brasil247.com/pt/247/brasil/141957/Black-Bloc-busca-apoio-do-PCC-por-terror-na-Copa.htm>). *Tutti buona gente.*

** Com a carrada de escândalos da administração Obama, a Fox News, que vinha avisando sobre eles há anos e sendo tachada mundialmente de "lunática" pela esquerda (que tem insanidades como a MSNBC), trocou seu slogan publicitário para "*See? I told you so*".

Não é apenas essa incessante demonstração de slogans que diz algo sobre a esquerda. *Ela pensa assim.* Nunca vai além de uma palavra de ordem. Pedir que eles formulem um silogismo, como define Ann Coulter, é "como pedir que Michael Moore dance balé". Tudo o que fazem é gritar "Desigualdade! Luta de classes! Exploração social! Estamos mudando o país! Não à PEC 37!", sem nunca se ocuparem das contas ou encararem a realidade. Como diz o psicólogo das massas Le Bon, multidões só reagem ao "muito simples e muito exagerado. Elas respondem a imagens que assumem uma forma muito simples, descomprometida e absoluta". Isto é, "as emoções 'primitivas' em preto e branco de uma multidão caem facilmente na 'paixão por um indivíduo'". Também nos ensina Eric Hoffer:

> Se uma doutrina não é ininteligível, ela tem que ser vaga; e, se não for nem ininteligível nem vaga, ele tem que ser inverossímil ou impossível. É preciso ir para o céu ou para o futuro distante para determinar a verdade de uma doutrina efetiva. (...) Quando alguma parte de uma doutrina é relativamente simples, há uma tendência entre os fiéis para complicar e obscurecê-la. Palavras simples são pródigas de significados e usadas como símbolos de uma mensagem secreta. Há, portanto, um ar analfabeto sobre o fanático mais alfabetizado. Ele parece usar as palavras como se ele fosse ignorante do seu verdadeiro significado. Daí, também, o seu gosto pela argúcia, minúcia e tortuosidade escolástica.[2]

Essa linguagem é perigosa: messianismo com slogans ou hermetismo enrolando o leitor, fingindo-se possuidor de uma difícil verdade arcana e danbrowniana. O que Ezra Pound chama de linguagem de diplomatas, feita justamente para *esconder* os pensamentos. Ao contrário do que "pensa" o rebanho nas ruas, um político *adora* marchas gritando bordões sem saber o que diz. São bem mais facilmente manipuláveis: basta lhes dar um novo bordão, favorável a eles, e o problema se resolve. Bem mais complicado do que ver um debate público com longas argumentações. Estes, sim, são bem menos visualmente impactantes e menos barulhentos, mas tiram o sono de políticos. Não é por outra razão que políticos como Dilma Rousseff se cercam de marqueteiros, e não de consultores políticos, nessas horas de crise.

Como o marxismo é uma teoria "total", pretendendo reformular *toda* a sociedade de cima a baixo, este objetivo é sempre experimental e não dogmático: o conteúdo dessas ações nunca é algo "fechado", sempre pode ser sujeito a análise e reformulações. Um exemplo óbvio são os impulsos sexuais, não trabalhados à exaustão por Marx e que, a cada geração de marxistas, vão para o lado oposto da balança — desde os ricaços aristocratas da esquerda Ballantine's até o feminismo, que sempre pode *inverter* o que defende em nome de uma relação de poder político encontrada em tudo (lutam pela legalização da prostituição ao mesmo tempo que acham que um homem ver uma mulher apenas como objeto sexual é errado; lutam pelo sexo livre ao mesmo tempo que veem como machismo qualquer manifestação de desejo sexual desprovida de afeto por parte de quem não querem levar para a cama). A esquerda passou muito tempo considerando o "hedonismo sexual" uma perversão burguesa do capitalismo (incluindo o homossexualismo, como era a superstição de Wilhelm Reich), considerando a pornografia uma degenerência da sociedade de consumo, e hoje, pós-Foucault, pós-estruturalismo, pós-movimento gay e pós-feminismo, inverteu seu discurso a respeito do sexo em 180°. A ecologia também já foi considerada uma preocupação menor burguesa enquanto a União Soviética destruía o mundo com carvão e Ladas poluentes; hoje, a causa do ambientalismo tornou-se a nova religião anticapital.

Ora, nenhuma ação revolucionária (gramscista, trotskista, bolivariana, frankfurtiana, eurasiana ou o que for) tem um objetivo único. Suas mobilizações são dialéticas, abstratas, de definição nebulosa, e seus símbolos podem ser trabalhados gasosamente conforme a conveniência. O movimento de esquerda não é uniforme e de moral rígida, como seria o liberalismo, o conservadorismo ou mesmo o anarquismo: é permeado por avanços e recuos, progressismo e retrocessos, horizontalismos e concentração de poder, críticas à autoridade e líderes militares, mudanças de rumo *ad hoc* no último momento. O que está por trás é sempre o poder do movimento revolucionário, que não se resume ao partido A ou B — é o que está por trás de todos eles. Basta ver o discurso de Lula quando fala entre os seus.

The issue is never the issue — the issue is always the Revolution. Os slogans para as massas são não apenas sem importância, como nem precisam ser acreditados de fato (ou o que se há de se acreditar, temer ou comemorar em "*the jiripoca is going to pew-pew*"?). Apenas deixam um leque de possibilidades abertas a ser preenchido até pelos próprios cidadãos manipulados.

Essas manifestações, afinal, nunca foram por 20 centavos, sobretudo para quem pisa na linha leste do metrô uma vez a cada dois anos. Estes movimentos são espertalhões: nunca colocarão todos os ovos numa cesta só. Se a ideia de "passe livre" não vingar entre a população, *os mesmos* seres humanos que fazem parte do MPL estarão no dia seguinte novamente nas ruas, pelo direito das baleias feministas vegetarianas ciclistas do Afeganistão ou o que quer que seja. De nada adianta fazer análise política, como se fez na mídia, apenas discutindo o seu nome fantasia e a sua causa declarada.

Portanto, é completamente inútil prestar atenção nas reivindicações nominais, que não têm a mais remota importância, e tampouco buscar um único objetivo nas manifestações de massa. Em linhas gerais, o que elas buscam é **a ruptura através da ocupação de espaços**. Já vimos com Elias Canetti que o objetivo primeiro e maior da massa é, afinal, *crescer*.

Lula foi claro sobre isso quando disse essas sábias palavras, as que têm mais profundidade do movimento de esquerda em meio século:

> Sabemos que caminhamos para o socialismo, para o tipo de socialismo que nos convém. (...)
>
> O socialismo que nós queremos se definirá por todo o povo, como exigência concreta das lutas populares, como resposta política e econômica global a todas as aspirações concretas que o PT seja capaz de enfrentar. (...)
>
> O socialismo que nós queremos não nascerá de um decreto, nem nosso, nem de ninguém.
>
> O socialismo que nós queremos irá se definindo nas lutas do dia a dia, do mesmo modo como estamos construindo o PT.[3]

Ou seja, *não saber que espécie de socialismo se quer* é a primeira boa estratégia para um movimento amplo de esquerda nas ruas — o que importa mesmo é que seja um socialismo que "nos convém" (ou seja, que o poder sempre caia nas mãos deles).

O fanatismo momentâneo

> "Movimentos de massa podem surgir e se espalhar sem a crença em um Deus, mas nunca sem a crença em um diabo."
>
> Eric Hoffer

Os movimentos de massa — estes movimentos *abertos*, sem causas claras — trazem o problema do *fanatismo*. É o grande mal do século XX, que parece não ter se eximido nem em 0,0000001% no século XXI. Nas palavras de um dos maiores estudiosos dos movimentos de massa do mundo, Eric Hoffer, trata-se da "arte da 'religioficação' — a arte de tornar propostas práticas em causas santas".[4] Ou seja, criar *fanáticos instantâneos*, pessoas que se consideram portadoras de uma gigantesca verdade factual nas mãos, mas que na verdade não sabem o que estão fazendo — muitas vezes, algo *contrário* aos seus desejos e crenças. Pessoas inteligentes e questionadoras, que, quando são contagiadas pela histeria coletiva, matam e morrem por qualquer símbolo que não têm capacidade de explicar.

Eric Hoffer, um estivador que também trabalhou como garçom, era um autodidata que escrevia tratados filosóficos em seu tempo livre enquanto vivia em pátios de ferrovias. Seu livro *Fanatismo e movimentos de massa* só pode ser comparado à grandeza de *A rebelião das massas*, de Ortega y Gasset, em termos de capacidade de compreensão dos processos políticos que sacudiram o mundo no século XX. Não parece haver uma vírgula fora do lugar que não mereça ser admirada em tais obras.

É Hoffer quem explica como se mobiliza uma massa: "O descontentamento por si só não cria invariavelmente um desejo de mudança. Outros fatores devem estar presentes antes do descontentamento transformar-se em desafeto. Um deles é uma sensação de poder."[5] Portanto, o movimento de massa vai tentar sempre mirar um futuro utópico:

> O que parece contar mais do que a posse de instrumentos de poder é a fé no futuro. Onde o poder não está associado com a fé no futuro, ele é usado principalmente para afastar o novo e preservar o statu quo. (...) Assim o esperançoso pode extrair força das fontes mais ridículas

de poder — de um slogan, uma palavra, um botão. (...) Os que querem transformar uma nação ou o mundo não pode fazê-lo cruzando e capitaneando descontentamento ou demonstrando a razoabilidade e a conveniência das mudanças pretendidas ou coagindo as pessoas para um novo modo de vida. Eles devem saber como acender e ventilar uma esperança extravagante.[6]

Daí para o movimento tomar as ruas é um pequeno passo:

> Quando esperanças e sonhos estão soltos nas ruas, é bom para o tímido bloquear portas e janelas e ficar quieto até o furor passar. Pois muitas vezes há uma incongruência monstruosa entre as esperanças, por mais nobres e tenras, e a ação que lhes segue. É como se donzelas cobertas de heras e guirlandas fossem anunciar os Quatro Cavaleiros do Apocalipse.[7]

O movimento comunista que dá o pontapé inicial nessas manifestações (que passam dos 20 centavos para "mudar o Brasil") trata, literalmente, de ocupar espaços. Tanto as ruas quanto a mídia — com as manifestações, lideranças do nanico PSOL ficaram tão conhecidas que hoje podem ser forças poderosas até para disputar a prefeitura do Rio de Janeiro, o cartão-postal do país. Mas, muito mais concretamente, há pelo menos quatro possibilidades de desfecho que precisam ser consideradas.

A partir de partidos mais radicais e apressados do que o PT, poder-se-ia trocar os líderes da esquerda, passando-se do período de *transição* do socialismo lento para a *ruptura*, quando o socialista, aproveitando-se da mobilização das massas, joga no lixo qualquer lei que refreie o seu poder de dominar o povo e seu patrimônio. É, por exemplo, a hipótese de Dilma Rousseff conseguir passar sua "reforma política", apresentada como resposta e solução aos protestos, mas que se resume apenas a uma forma de perpetuar o PT no poder com uma aparência de "democracia", reservando-lhe sempre a maior parte do butim para fazer campanhas eleitorais.

Espalhar o caos, sobretudo este caos organizado tão bem estudado por agitadores "profissionais" dos moldes de Trotsky e Saul Alinsky, justificando medidas de força a serem tomadas pelo atual governo, para favorecer sua concentração de poder (o mesmo que já ocorreu na Venezuela, na Bolívia, no Equador, na Argentina e com outros dirigentes ligados ao Foro de São Paulo).

Incitar forças públicas antagônicas com o fito de mapeá-las e, com isso, rapidamente dominá-las (a hipótese menos provável, visto que nossa oposição é tão perigosa quanto uma formiga é para um elefante, embora sempre possa ser um objetivo conjunto).

Num movimento dialético mais complicado, o movimento pode ser incitado (ou pelo menos *tomado*, como se tentou com a Onda Vermelha) até pelo próprio governo, visando a fomentar uma crise para se permitir garantir poderes para uma nova estrutura de poder. Não precisa ser uma ruptura tão grandiosa, mas gradual. O movimento Occupy Wall Street, em um país bipartidário, favoreceu enormemente Barack Obama, que era o próprio presidente em exercício no momento. Caso essa estratégia logre êxito (esta é a possibilidade mais difícil), tem lugar então o maior extremismo: o próprio movimento se transforma na estrutura de poder do Estado. É o que Hugo Chávez fez muito bem, mais de uma vez, diante de seus opositores para recrudescer seu poder, ou o que faz a maior parte dos peronistas da Argentina. É típico de tiranos que se elegem e, só depois de ganharem "honestamente", partem para o golpe. É o incêndio no *Reichstag* que põe os nazistas no poder. Poder total.

Estas possibilidades podem atuar ainda em momentos distintos: fomenta-se o caos (ou se é pego de surpresa por um inimigo a fomentá-lo), aumenta-se o poder existente e aí se opera a *ruptura* (palavra muito utilizada nos livros e artigos dos organizadores do movimento, por sinal). Este tipo de poder alcançado pode ser longevo, superando todas as crises que gere. A União Soviética só caiu por concorrência externa, mesmo depois de matar milhões de fome e reprimir a população das maneiras mais bizarras do mundo.

É o que dizem os próprios organizadores de tais protestos. Lemos em Dupuis-Déri, estudioso dos black blocs: "Claro, implícita até mesmo em manifestações pacíficas está a ideia de que é possível uma guerra civil ou uma revolução. O filósofo francês Yves comenta: 'Em países democráticos, a manifestação em massa é uma forma ritualística de confronto.

Os adversários mostram seus números sem a intenção de usar a força, mas deixando inferir que poderiam usar.'"[8]

Essa ruptura precisa de muita gente e de símbolos adequados — o que faltou ao Brasil, e será trabalhado e disputado por líderes comunitários de esquerda nos próximos anos. Foi o que notou Chris Samuel sobre a atuação black bloc no G20 em Toronto: "os esforços dos ativistas para impor uma nova definição de violência ou mesmo abrir a questão da violência para o público espectador" estavam condenados ao fracasso porque o black bloc não teve poder "simbólico suficiente" "para impor uma nova definição" de violência a um "público neoliberal".[9] No Brasil, estes novos passos de planejamento para a tomada de poder total já estão sendo discutidos. Em setembro de 2014, em um artigo confessadamente intitulado "O silêncio deliberado da mídia e os próximos passos", o Brasil 247, site de extrema esquerda fundado por Daniel Dantas,[10] o banqueiro que tanto enriqueceu a partir de contato com os burocratas do Estado, tratava dos próximos passos que os "militantes" deveriam dar para construir novos movimentos de massa, já rodeando o projeto de repartição do poder com os "movimentos sociais", que é a menina dos olhos do PT — com o apoio também de partidos de esquerda e centro, como aqueles pelos quais transita Marina Silva, além de sumidades do pensamento filosófico mundial, como Daniela Mercury.[11] Chamado eufemisticamente de "Plebiscito Popular", esse projeto de ruptura será a provável tônica dos próximos protestos, como uma nova PEC 37 que seus advogados pouco saberão explicar nas ruas. Já prometendo desabridamente o fim da liberdade de imprensa ("Se conseguirmos abrir um debate na sociedade sobre 'sistema político' inevitavelmente o monopólio da mídia será tocado"), declaram, sem conseguirem ser "traduzidos" por olhos não treinados: "As lutas sociais retomaram o imaginário popular. Talvez esta seja a mais importante das consequências de junho de 2013. Abriram a possibilidade de uma campanha de massas ganhar as ruas. Construir uma bandeira política que rompa a impossibilidade de transformações estruturais em nossa sociedade não é mais uma opção. Sem avançarmos, toda a frustração gerada nos últimos anos será capitalizada pelo inimigo. Não estamos diante de uma campanha a mais. Manter o atual sistema político implica em (*sic*) retroceder, quando mais precisamos avançar."[12] Ou seja: é preciso haver nova mobilização de massa para conseguir a ruptura com o sistema atual e avançar na hegemonia em busca da ditadura do proletariado e suas versões modernosas. Não se sabe ainda o motivo que será inventado: o trabalho deles agora é justamente "construir uma bandeira política que rompa a impossibilidade de transformações estruturais", isto é, *inventar um motivo*. E, dessa vez, que funcione além do mero agito de duas semanas.

A esquerda precisa da ruptura para ter o poder total de "reconstrução" da sociedade concentrado em suas mãos. Geralmente agem alertando para um problema atual e real, seja o preço da tarifa de ônibus ou os gastos com a Copa, ou abstrações como "desigualdade", e, supostamente para corrigir tais problemas com a ordem de poder atual, precisam de *muito mais poder* para enfrentar e controlar os atuais poderosos. O resultado é sempre o desastre total. E totalitário.

Todo movimento revolucionário tem duas fases. Na primeira, buscam-se modificações dentro da lei — ou "criação de novos direitos", sempre específicos para certos grupos.* A segunda fase é a **ruptura** com a ordem estabelecida — o terror.** É a fase do terror nas ruas. É a fase black bloc. Aconteceu na Revolução Francesa, na Revolução Russa, na Alemanha nazista, nos expurgos de Mao Tsé-Tung, nas *fatwas* da Revolução Iraniana. É a Venezuela com as Brigadas de Nicolás Maduro, são os fuzilamentos no *paredón* de Fidel Castro. Não à toa, a palavra "ruptura" é uma das campeãs de repetição em toda análise esquerdista sobre os protestos e nas conclamações do MPL, do Fora do Eixo, de todos os organizadores das manifestações. Caso tivessem conseguido uma ruptura enquanto o país estava em polvorosa, apenas em uma rea-

* Não é que a esquerda goste de homossexuais, negros, mulheres (o tripé gênero-raça-sexualidade que domina a esquerda moderna), três classes que ela própria não cansou de perseguir no passado. O caso é que estas são as "minorias da moda" a serem protegidas em troca de maior poder.

** Para se aquilatar o valor destas palavras, a aula de Olavo de Carvalho que se comenta aqui foi proferida no dia 22 de junho. Até o próprio termo "black bloc" demoraria de uma a duas semanas para ser *conhecido*. Não é uma análise que qualquer outro jeca tenha feito na imprensa nacional — nem a constatação do óbvio. É um método que Olavo de Carvalho desmascarou — sem que ninguém no Brasil chegasse aos seus pés.

lidade alternativa ainda teríamos o mesmo país ou este livro poderia ver a luz do dia.

Urge notar que qualquer lei de recrudescimento mira apenas no inimigo, e não nos próprios aliados políticos. Às vezes, a diferença da "democracia" para a ditadura é apenas uma lei de segurança nacional. Todavia, depois da Revolução vem o recrudescimento. Eric Hoffer escrevia em 1950:

> [Q]uando, como nos últimos anos na Rússia, vemos o movimento bolchevique reforçar a solidariedade familiar e promover a coesão nacional, racial e religiosa, é um sinal de que o movimento passou a sua fase dinâmica, que já estabeleceu o seu novo padrão de vida e que sua principal preocupação é manter e preservar o que ele alcançou. No resto do mundo, onde o comunismo ainda é um movimento de luta, ele faz tudo o que pode para destruir a família e desacreditar os laços nacionais, raciais e religiosos.[13]

Dada a resposta de Dilma e do PT, de tentar "tomar" as manifestações e ter como "oferecimento ao público" uma "reforma política" que nunca explica o que é, além de servir como anúncio para o programa de troca-troca com a ditadura cubana mais imoral já feito no país, é de se crer que o que vemos no país de 2013 para a frente é uma tentativa tardia dos grandes setores do PT, pegos de surpresa com as manifestações, de tomá-las para si e operar um misto de *d)* com *b)*, justificando medidas de força para proteger seus eventos. Nenhuma medida foi proposta para a segurança em todo o ano de 2013, mas, quando prometeram impedir a Copa do PT, que só é boa para o PT, Dilma no dia seguinte garantiu leis de repressão mais duras para impedir protestos. Apesar do falhanço da Onda Vermelha quando as manifestações foram gigantes, há ainda o sério risco de embrutecimento de leis, com a aprovação de Dilma voltando a se assentar no alto (sentimentos costumam ser assim, todos já fomos apaixonados por idiotas) e as pessoas cada vez mais apoiando leis mais duras contra o black bloc. Na verdade, o apoio às próprias manifestações caiu um absurdo: se chegou a 89% em julho de 2013,[14] ou 81% pelo Datafolha, em 24 de fevereiro de 2014 a aprovação aos protestos caiu para minguados 52% — e quem se opõe a elas passou de 15%, em julho, para 42%, em fevereiro do ano seguinte.*

De algum modo, portanto, a violência das manifestações acabou por nos salvar do embrutecimento da ordem, justamente por fazer as pessoas saírem das ruas e a *hegemonia* não prevalecer. **O black bloc, afinal, de certa forma, "salvou" as manifestações.** Felizmente, temos um único antídoto contra a praga da hegemonia: ela cansa. Mesmo as pessoas menos instruídas ficam de saco cheio de repetir os mesmos bordões por dias a fio. E só com essa platitude é possível ter um poder "mudando o país" e nivelando tudo por baixo. Todavia a mentalidade que 2013 trouxe, os Sentimentos Difusos no Ar e as respostas dos políticos moldaram 2014: uma vontade de mudança e um cansaço com o sistema sagazmente direcionados pelo fenômeno temporário Marina Silva (que se apresentou como a solução contra a "polarização" política, criando um novo polo com isso), o projeto de reforma política do PT e de seus ex-associados (Marina Silva inclusa), a "participação popular" dividindo o poder — passo agigantado em direção à oclocracia sem volta —, além da mentalidade cada vez mais hegemônica e de pensamentos *prêt-à-porter* do país, sempre desejando coisas de graça dadas por políticos.

Mas se a ruptura não se deu naquele momento ainda em 2013, foi porque **o movimento não conseguiu formar líderes**, ao menos não líderes *reconhecíveis*. Estes precisam de um tempo um pouco maior de gestão do que apenas um mês — e as manifestações cada vez mais violentas não permitiam que as pessoas continuassem nas ruas, sem o "sentimento de perseguição", essencial para as massas no dizer de Elias Canetti, pois elas passaram a ver mais ameaças *nas próprias manifestações*.

Líderes de fato significam pessoas, instituições, partidos ou grupos capazes de se tornar *comando estratégico e controle*. Estes, quando saem das sombras e continuam orquestrando o movimento de massa de pro-

* O que torna este livro bem mais palatável ao público, entretanto bem menos polêmico. Mas, acreditem, eu vi isso antes, quando todo mundo estava feliz com sua lição de casa de educação moral e cívica; de outra forma, não teria dado tempo de escrever este cartapácio. Pergunte quantos amigos perdi por isso.

postas histriônicas e imprecisas, *podem simplesmente tudo*. O que temos no Brasil não são líderes, e sim *símbolos aglutinadores*. São tão abstratos quanto o seu discurso — apenas pessoas que representam alguma coisa vaga (como Lula representa "os pobres"), que pode ser substituída, ignorada ou contraposta quando necessário.

Estes símbolos aglutinadores, "heróis acidentais", representantes do que Elias Canetti chama de "cristais de massa", são apenas histriões de vocação teatral: *Não ser nada e parecer ser alguma coisa*. Estão quase perdidos entre dois tipos de agitações heterogêneas dentro das massas: as explosões espontâneas e anárquicas (que vão desde um desvio no caminho de uma passeata até a depredação black bloc) e os slogans estudados e burilados. Afinal, se a manifestação não tivesse nenhum controle e nenhum slogan estudado por algum agitador mais inteligente, quem teria tirado Pierre Ramon da frente do prédio da prefeitura quando ele ficou mais "visado"? E como explicar que passeatas na Paulista tenham "trocado de rumo" com alguém gritando palavras de ordem do lado de uma bandeira do PSTU, com todos repetindo alto no "microfone humano"? E como isso teria sido feito com 40 mil pessoas em volta do Congresso Nacional, prometendo, através dessa mesma técnica, que "amanhã será maior"? Ivana Bentes, uma das arquitetas do Fora do Eixo, no prefácio do livro *@ internet e #rua*, formulando propostas para se criar propaganda comunista através das redes das manifestações, diz claramente que a ideia é enfrentar "empreendimentos corporativos que capitalizam o comum" (*whatever that means*) com "a multidão (...) que vem 'hackeando' os sistemas de monetização da vida (...) para produzir resistência, turbulências, desvios, invenções."[15] Mais claro, só aprendendo a escrever.

Estas pessoas que, se não são líderes, são estes símbolos aglutinadores, não são gênios, só compartilham hábitos inconscientes e pré-verbais. Raramente estudaram movimentação de massa — apenas tomam o Sentimento Difuso no Ar quando a coisa aperta. São como os brutamontes que empurraram Marília Moschkovich e quem mais queria ir para a avenida Paulista em um dos protestos, direcionando-os para o Palácio dos Bandeirantes. Nada inteligente, apenas instinto. São os campeões da *imitação de comportamento*, de maneira simiesca — assim como analfabetos usam regras gramaticais sem conhecer sua formulação. Sem conhecer grandes estrategistas, apenas usam cacoetes e deformam atos e palavras no meio de manifestações, como pastores apascentando ovelhas — e o fazem para tudo sempre recair no interesse do partido ou grupo de ruptura.

A ascensão das massas ao poder

> "Há três tipos de déspotas:
> O que tiraniza o corpo: O Príncipe;
> O que tiraniza a alma: O Papa;
> E o que tiraniza o corpo e a alma: O Povo."
>
> Oscar Wilde, *A alma do homem sob o socialismo*

Se nossos intelectuais falharam miseravelmente em traduzir o que acontecia nas ruas ao público — e às próprias pessoas nas ruas — foi por desconhecerem a dinâmica interna dos movimentos de massa, abertos e difusos, durante a história. A tônica de suas explicações era sempre comentar como aquilo era "um passo importante para o fortalecimento da nossa democracia", palavra usada como mantra, e cada vez mais vazia de significado. Se os movimentos de massa (nesse sentido aberto, difuso, sem pautas e de caráter reivindicatório "geral") são uma novidade no Brasil, urge analisar brevemente quais foram os seus desdobramentos na história para saber o que eles são em nosso país.

As instituições políticas que temos foram desenhadas para um mundo muito diferente do nosso — um mundo anterior à Revolução Industrial. Foi o advento do industrialismo capitalista que permitiu que a sobrevivência humana não fosse privilégio apenas de nobres que tivessem a sorte de nascer de boa saúde, garantindo que os pobres, que antes enfrentavam uma mortalidade infantil atroz, em pouco tempo deixassem de depender exclusivamente de colocar a prole para trabalhar (os *proletários*) para ter um padrão de vida cada vez melhor com a produção de bens de consumo para as massas.* Com este novo modelo econômico, a jornada de trabalho de um trabalhador da indústria têxtil em 1780 atingia oitenta horas semanais; essa carga foi reduzida drasticamente para 53 horas semanais em oitenta anos, e seguiu decrescendo até chegar às 46 horas semanais da atualidade.** O PIB per capita, que se manteve praticamente inalterado desde que o mundo é mundo, aumentou 26 vezes desde a Revolução Industrial até hoje.[16] Com as melhores condições de vida, tecnologia e saúde, a população pobre vivia mais — e *sobrevivia* muito melhor. Entre 1500 e 1780, a população inglesa aumentou de 3,5 para 8,5 milhões. Já de 1780 a 1880, o salto foi para 36 milhões.[17] O mundo estava, pela primeira vez, cheio.

Este fenômeno é *quantitativo* — as ruas apinhadas de gente, os bondes aboletados com trabalhadores que tinham famílias cada vez maiores,***

---

* Promovida mais por filmes que por livros de História, essa confusão gritante, que domina o imaginário coletivo, gerou o sentimento ridículo de que a pobreza é "inventada" pelo capitalismo, a começar com as pobres crianças trabalhando na manufatura na Revolução Industrial. Na verdade, eram crianças que tiveram a tristeza de nascer aos montes em cidades, quando a mentalidade de seus pais era a de ter muitos filhos para alguns poucos sobreviverem até depois de um ano de idade e trabalharem no campo. Se tivessem nascido uma geração antes, teriam sorte se ultrapassassem o primeiro ano com vida. Ao contrário das ideias panacas de Karl Marx, o capitalismo *enriqueceu* os pobres e melhorou sua condição de vida — na verdade, a própria ideia de produção em massa visa os pobres, e não os ricos, que sempre tiveram produção para eles. Isto é bem explicado pelo melhor economista do mundo, Ludwig von Mises, em suas curtas conferências para não economistas, *As seis lições*, disponível em: <http://www.mises.org.br/Ebook.aspx?id=16>. Ver também o seu livro *A mentalidade anticapitalista*, lançado pela Vide Editorial, com prefácio escrito por mim. Fiz ainda uma conferência online sobre esse livro e o pensamento de Ludwig von Mises, que pode ser vista no YouTube ("Flavio Morgenstern, sobre o livro *A mentalidade anticapitalista* de Ludwig von Mises", disponível em: <http://bit.ly/1kRguDO>).

** Karl Marx não estava apenas completamente errado em sua crítica ao capitalismo (afinal, a ascensão social foi gritante e o nível de vida de alguém de classe média-baixa na Inglaterra causa inveja em muita gente classe A no Brasil). Ele também estava errado em sua suposta "sociedade dos trabalhadores", pois o PIB da União Soviética só aumentou nas poucas vezes em que o regime afrouxou a repressão em prol de um pouco de liberdade econômica. Quando aplicava rigorosamente os princípios marxistas, como Lenin fez na Ucrânia em 1932, causou o genocídio por fome conhecido por Holodomor, que qualquer universitário esquerdista brasileiro acredita que é apenas o nome de um reino do Senhor dos Anéis.

*** Graças a isso, fala-se tanto da "concentração de renda", como se os ricos estivessem *tomando dinheiro dos pobres*, quando na verdade os pobres apenas podiam constituir famílias que antes pereciam. Se o mundo estava cada vez mais "cheio de pobres", era preciso agradecer ao sistema econômico que permitiu que eles *sobrevivessem*, em vez de perecer de doenças antes dele e do genocídio social depois dele.

os cafés cheios de gente, os teatros com todos os assentos ocupados — os lugares públicos em máxima lotação, o que era esperado que acontecesse durante raros eventos quando eles foram planejados, agora permaneciam nessa situação de segunda a sábado.

Todavia, no campo político, a Revolução Industrial gerou também efeitos *qualitativos*. Um membro do parlamento nas antigas aristocracias rurais provavelmente conhecia 90% das pessoas a quem representava. Sabia o nome e onde morava a maior parte do corpo social pelo qual falava. De repente, com o repaginamento das instituições e as novas teorias sociais e políticas que vinham com a sociedade de massa, se tornava um vereador que "representava" moradores de cidades com 10 milhões de habitantes, como no caso de São Paulo, cidade que, sozinha, tem uma população maior que a da Hungria ou a da República Tcheca.

É quando surge então a política de massa, que não vai mais seguir as mesmas regras da política anterior a ela. As massas cheias, as *multidões*, os ambientes públicos amontoados, estes precisarão de uma nova definição do corpo político. A crença da "democracia representativa" de princípios de liberalismo entra em xeque.

O indivíduo e a multidão sob a máscara de Guy Fawkes, do Anonymous

> "Nenhum pastor, e um só rebanho! Todos querem o mesmo, todos são iguais: o que pensa de outro modo vai por seus próprios pés para o manicômio."
>
> Friedrich Nietzsche

Este é o berço do surgimento do homem-massa de que fala Ortega y Gasset: o homem do puro prazer, o homem da crença de que todos os bens criados por outros homens no decorrer da história são como bens *naturais*, que sempre existiram e ele só precisa reivindicar, por também lhe pertencerem por suposto direito. Pode ser o direito a tomar a riqueza criada por outra família em nome da "desigualdade", pode ser a crença no direito ao "transporte" gratuito a expensas de outras pessoas. O que o homem-massa quer, ele toma pela força das massas. O homem-massa só poderia surgir em uma sociedade com muitos bens civilizacionais avançados à disposição.

Em vez de agir com justiça, trocando por contratos livres os produtos do seu trabalho pelos produtos do trabalho alheio, o homem-massa é o homem da politização absoluta: ele passa a adorar a mobilização urbana em multidões para forçar as pessoas a se dobrarem à maioria. As sempre belas palavras de Ortega y Gasset merecem ser ouvidas:

> Ao contemplar nas grandes cidades essas imensas aglomerações de seres humanos, que vão e vêm por suas ruas ou se concentram em festivais e manifestações políticas, incorpora-se em mim, obsedante, este pensamento: um homem que tenha 20 anos hoje pode formar um projeto de vida que tenha caráter individual e que, portanto, precisaria ser realizado por suas iniciativas independentes, por seus esforços particulares? Ao tentar destacar esta imagem em sua fantasia, não notará que é, senão impossível, quase improvável, porque não há espaço disponível para alojá-la e no qual possa se mover segundo sua própria vontade? Logo perceberá que seu projeto tropeça no do próximo, como a vida do próximo restringe a sua. Com a facilidade de adaptação própria de sua idade, o desânimo o levaria a renunciar não só a todo ato, mas até mesmo a todo desejo pessoal, e ele buscará a solução oposta: imaginará para si uma vida *standard*, composta de *desiderata* comuns a todos, e verá que para consegui-la tem de solicitá-la ou exigi-la em coletividade com os demais. Daí a ação em massa.[18]

O homem-massa é um novo modo de ser homem. Trata-se de um ser desprovido de qualquer história própria, de qualquer liberdade interna, de qualquer destino que seja seu e de mais ninguém. Não é um homem que enxerga qualquer responsabilidade em si próprio, mas é o primeiro a apontar milhões de dedos para responsabilidades que julga que outros possuam. Sem culpa, sem dúvida, sem dialética interna, sem conflitos entre prazer e dever — este é o homem que não vive o drama da existência em um mundo multifacetado, preferindo apenas exigir que outros lhe deem o que ele quer.

É o homem que desconhece que tudo aquilo de rico que o mundo possui — livros, remédios, casas, carros — é *criação* de outros homens, preferindo acreditar que um carro, computador ou iPhone é algo que nasce sozinho em uma árvore, e portanto ele também tem direito a estas coisas tão somente por outro tê-lo pego para si — nem que seja tomando à força o que é dele. É o homem que acredita que toda a civilização surgiu como surgem as nuvens.

O homem-massa é o homem das multidões, o homem da mobilização por direitos, o homem da força pelo número, o homem "politizado" que apenas quer tomar o que é criação de outrem sem criar ele próprio, atuando como uma nuvem de gafanhotos sobre plantação alheia. É como o chamado "último homem", apresentado por Friedrich Nietzsche em *Assim falou Zaratustra*:

> De qualquer coisa se sentem orgulhosos. Como se chama então, isso de que estão orgulhosos? Chama-se civilização: é o que se distingue dos cabreiros.
>
> Isto, porém, não gostam eles de ouvir, porque os ofende a palavra "desdém".
>
> Falar-lhes-ei, portanto, ao orgulho.
>
> Falar-lhes-ei do mais desprezível que existe, do último homem. (...)
>
> Ai! aproxima-se o tempo em que o homem já não lançará por sobre o homem a seta do seu ardente desejo e em que as cordas do seu arco já não poderão vibrar.
>
> Eu vo-lo digo: é preciso ter um caos dentro de si para dar à luz uma estrela cintilante.
>
> Eu vo-lo digo: tendes ainda um caos dentro de vós outros.
>
> Ai! Aproxima-se o tempo em que o homem já não dará a luz às estrelas; aproxima-se o tempo do mais desprezível dos homens, do que já se não pode desprezar a si mesmo.
>
> Olhai! Eu vos mostro o último homem.
>
> Que vem a ser isso de amor, de criação, de ardente desejo, de estrela? — pergunta o último homem, revirando os olhos.
>
> A terra tornar-se-á então mais pequena, e sobre ela andará aos pulos o último homem, que tudo apouca. A sua raça é indestrutível como a da pulga; o último homem é o que vive mais tempo.

> "Descobrimos a felicidade" — dizem os últimos homens, e piscam os olhos.
>
> Abandonaram as comarcas onde a vida era rigorosa, porque uma pessoa necessita calor. Ainda se quer ao vizinho e se roçam pelo outro, porque uma pessoa necessita calor. (...)
>
> Algum veneno uma vez por outra, é coisa que proporciona agradáveis sonhos. E muitos venenos no fim para morrer agradavelmente.
>
> Trabalha-se ainda porque o trabalho é uma distração; mas faz-se de modo que a distração não debilite.
>
> Já uma pessoa se não torna nem pobre nem rica; são duas coisas demasiado difíceis. Quem quererá ainda governar? Quem quererá ainda obedecer? São duas coisas demasiado custosas.
>
> Nenhum pastor, e um só rebanho! Todos querem o mesmo, todos são iguais: o que pensa de outro modo vai por seus próprios pés para o manicômio.

O homem-massa é o homem da crença na igualdade entre os homens — não a igualdade perante as leis, princípio fundamental para a justiça, mas a *igualdade material absoluta*: se alguém cria algo e o possui pelo mérito do seu trabalho, o homem-massa se julga também merecedor deste bem, e quer conquistá-lo pelo aumento da força política a ponto de impedir até mesmo alguma interioridade própria aos seres humanos.

O que trabalha e o que não trabalha, o criador e o espoliador: o homem-massa quer reformar a todos para que estes sejam *iguais*. O bom ladrão e o mau ladrão — todos devem ter o mesmo destino de um bom Deus. O vizinho produz e cria riqueza — o homem-massa quer puni-lo por ter algo que ele não tem. Dois irmãos recebem o mesmo dote de seu pai — um trabalha a terra, o outro descansa. Na primeira estiagem, apenas um tem o que comer. O homem-massa quer tomar do trabalhador para dá-lo ao preguiçoso. A desigualdade começa numa família — o homem-massa quer a igualdade *de resultados*, corrigindo sempre o quanto um ganha para dá-lo a outro.

Se meu vizinho e eu ganhamos mil todo mês, e eu economizo cem, ao passo que meu vizinho gasta todos os mil, em um ano teremos uma diferença maior que todo o nosso salário. O homem-massa, em nome da distribuição de renda, de corrigir a desigualdade social, quer tomar o que economizei e dar *de novo* ao meu vizinho que já ganhou e gastou.

Para este homem-massa, politizar toda a vida e pensar apenas em termos políticos (da tarifa de ônibus ao casamento, da música ao assassinato) é algo *positivo e desejável*, pois a massa, que não é composta por pobres — reúne os maiores intelectuais, advogados, engenheiros, médicos, filósofos e doutores —, é incapaz de raciocinar: apenas atua como massa. Quando o Zaratustra de Nietzsche apresenta o último homem para a multidão, esperando que ela se enoje ao contemplar o seu futuro de parasita pilhador e destruidor, tem como resposta da turba: "Dá-nos esse último homem, Zaratustra — exclamaram —, torna-nos semelhantes a esses últimos homens!"

Estes são os homens do totalitarismo. As multidões dos protestos brasileiros. Os homens que querem transformar todas as vidas humanas em engrenagens de uma máquina social — e sorriem e se alegram, por desejarem o fim do caos interno capaz de dar à luz uma estrela. Eles querem apenas a turba, a multidão frenética, a marchar em uma única direção, todos sob uma única ordem. Nenhum conflito, responsabilidade e dúvida dentro de si. Estes são os que odeiam a liberdade do homem de criar e viver por ele próprio — sob o ditame do "social" ou do político, querem que toda a vida seja vergada ao peso da histeria coletiva.

Dissolvendo tudo o que cada indivíduo tem de próprio, de destino único, são os que falam sempre com substantivos coletivos, linguagem abstrata e divisão em "grupos" de membranas nebulosas, onde nunca se sabe quem está dentro ou fora — "trabalhadores", "classe média", "povo", "poderosos", "excluídos", "coxinhas", "elite". Ou, no dizer do Anonymous, "Chega de omissão, preconceito, violência! Chega de injustiça, de repressão, de medo, de carência!".[19] É quem fala no "social" com ares garbosos, como se fossem humanitários filantropos, sem nem mesmo notar que apenas defendem uma *força* grande o suficiente para *controlar* gente o suficiente que forme um "social". É impossível preferir o coletivo ao individual sem preferir que alguns indivíduos tenham poder suficiente para controlar muitos outros indivíduos.

Até mesmo o coletivo Anonymous, pouco atuante no Brasil como foi no Occupy, revela este caráter totalitário e homogeneizante do "gigante acordado": a máscara usada esconde o indivíduo até a sua existência factual e apenas repete rostos iguais na multidão. É a dissolução do indivíduo em grau máximo em um rebanho obediente e pastoso. É o que diz a página no Facebook do Anonymous Rio: "Esconder o rosto nos torna iguais, essa é nossa marca, faz não existir quem seja melhor ou maior, e nem menor. Somos todos iguais e não são nossos rostos ou como nos definimos que diz quem somos, e SIM O QUE FAZEMOS!"[20]

A própria máscara esconde que o coletivismo abdica de qualquer traço de animal racional em quem o defende: a máscara usada nos protestos no Brasil e no mundo é uma imitação do rosto de Guy Fawkes, que ganhou fama por ser usada nos quadrinhos *V de vingança*, do comunista britânico Alan Moore. Apesar de Moore se considerar um anarquista — destes que acham terrível que alguém possa ser contra bolsas do governo, ou seja, destes que, como no comunismo de Marx, apenas querem fundir Estado e sociedade, criando um totalitarismo brutal em que não haja mais algo "fora" do Estado, e ele não precise mais ser sequer considerado uma entidade "externa" à sociedade —, usou como personagem a ser homenageado em sua história em quadrinhos (que mais parece um manual de terrorismo para mirins) alguém bem pouco "homenageável".

Guy Fawkes (1570-1606), sob cuja face sorridente milhões de pessoas escondem o rosto, foi um revolucionário britânico que tentou explodir o Parlamento na chamada "Conspiração da Pólvora" ou "Traição Jesuíta", em 5 de novembro de 1605. Fawkes não estava lutando contra uma ditadura fascista, como o personagem V de seu gibi* — estava tentando *instaurar uma*. O Terror em Londres de Fawkes pretendia matar o rei Jaime I, protestante, e toda a sessão do Parlamento. Guy Fawkes era um

* Sua HQ é tão primitiva e boba que até mesmo o próprio Moore admitiu, décadas depois, que não sabia bem como o mundo funcionava antes de criar seu panfleto político em quadrinhos. Escrita durante os anos de Margaret Thatcher como primeira-ministra britânica, faz o típico jogo confuso da mentalidade de esquerda, tentando associar as privatizações de Thatcher (menos poder ao Estado) com fascismo (total poder do Estado). Erro tão comum que cansa muito esquerdista sozinho. Como um Estado mínimo interferindo menos na vida do indivíduo poderia gerar o Estado policial de sua narrativa, onde o líder do governo grita: "Eu quero que todos se lembrem de por que eles precisam de nós!", é a típica contradição óbvia que passa batida por milhões de seus leitores.

católico fanático e fiel à Espanha, que queria impor o Estado policial da Inquisição espanhola, então em seu auge, derrubando a revolução protestante, ligeiramente mais tolerante. Caso seu 5 de novembro (cantado com "Remember, remember, the 5th November!" na HQ) tivesse logrado êxito, a Inglaterra teria experimentado a dominação muito mais brutal de um autoritarismo moralista nos moldes do que os usuários de máscaras Anonymous julgam combater.[21]

A democracia das ruas: o fim da *res* publica

> "A democracia é uma crença patética na sabedoria coletiva da ignorância individual. Ninguém neste mundo, tanto quanto eu sei — e eu pesquisei os registros por anos, e empreguei agentes para me ajudar — já perdeu dinheiro por subestimar a inteligência das grandes massas do povo simples. Nem ninguém já perdeu o cargo público assim."
>
> H. L. Mencken

Nesta nova política de multidões, a palavra "democracia" passa a ser usada como *coringa*. Diz-se que a democracia é o regime liberal de poderes divididos se contrabalanceando, enquanto a Inglaterra não tem poderes tão rigorosamente separados a praticar os *checks and balances*. Diz-se que a democracia é republicana, enquanto a monarquia da Suécia ou da mesma Inglaterra não parece estar mais longe do que chamamos democracia do que a Argentina ou a Venezuela. Diz-se que a democracia é o regime de eleições, enquanto a República Popular Democrática da Coreia do Norte considera que o ditador nunca eleito Kim Il-sung, morto em 1994, continua a ser seu "eterno presidente". Diz-se que "democratizar" bens é expropriá-los de seus possuidores. A mais bem consolidada democracia do mundo, a dos Estados Unidos da América, é rigorosa na defesa da propriedade privada.

Sobretudo, quando a palpitaria coletiva tratou de tentar explicar o que acontecia nas ruas com todas as manifestações no Brasil a partir de junho de 2013, a resposta quase sempre era o clichê: "É um passo importante para a consolidação da nossa democracia." É neste momento que, tal como fizemos com a palavra "liberal",* precisamos depurar o que significa, afinal, dentro dessa multidão de sentidos contraditórios, a palavra "democracia".

Na Política de Platão, somos apresentados a três tipos de sistemas políticos, que podem ser bons ou degenerados. O governo de um só é a monarquia, que, corrompida, se torna tirania. O governo de poucos é a aristocracia, que, abastardada, se torna a oligarquia. O governo de muitos é a *politeia*, que, depravada, descamba na *democracia*.

A democracia, portanto, é algo *negativo* desde o nascimento da ciência política e da reflexão sobre os sistemas e leis — embora não seja este o sentido moderno que temos para o termo "democracia", considerado tão positivo que passa a ser usado como verbo, quando se quer *melhorar* algo através da política: "democratizar" a mídia, "democratizar" o acesso a informações etc. Todavia este é um sentido hipermodernoso do termo, diferente (quando não *oposto*) do original, utilizado por mais de 23 séculos desde Platão.

A *politeia*,** o bom governo de muitos, é um governo em que os cidadãos (todos aqueles cuja opinião deve ser respeitada) discutem abertamente questões públicas sob o peso de leis, tanto expressas (em uma Constituição) quanto normas de conduta invioláveis que não precisam ser escritas. Já a *democracia*, o mau governo de vários, é apenas a força da maioria sobre a minoria. Em vez de leis invioláveis que dizem respeito a todos sob sua jurisdição, temos apenas a decisão das maiorias sobre as minorias. O que a maioria decidir em um determinado momento se torna lei e obrigação para todos sob o jugo daquela maioria.

Inimigo de todas as formas de totalitarismo, Kuehnelt-Leddihn explica os riscos de usarmos a versão moderna do termo "democra-

* Ver nota 17 deste capítulo.

** Traduzido para o latim como *res publica* ("coisa pública"), o termo revela cuidado com a vida pública, não só dando valor à Constituição, leis, normas, costumes e civilidade de um povo, mas indo muito além da expressão de um consenso assinado. Assim, há de se entender que o que defendemos modernamente costuma ser uma *república*, não uma *democracia* (estes termos, na verdade, são praticamente opostos).

cia" com seu sentido invertido ao clássico, preferindo que utilizemos sempre o bom termo "república":*

> Sr. Green, o milionário, aperta a mão dos trabalhadores. Ele é "democrático". (Ele é, na realidade, demófilo, não democrático, que é uma palavra derivada de *demos*, as pessoas [comuns], e *krátos*, poder.)
>
> Sr. Gray protesta contra a censura por ser antidemocrática. (A censura pode ser antiliberal — contra a liberdade — mas não necessariamente contra a maioria.)
>
> Sr. Black é contra o linchamento de negros, denunciando-o como antidemocrático. (A partir do momento em que a maioria das pessoas de um município quer pendurar um negro, esta ação é anticristã e ilegal, mas certamente muito democrática.)
>
> Sr. Red exalta a geladeira e o chuveiro como o pilar da nossa "vida democrática". (Isto é simples absurdo, mas de ocorrência frequente.)
>
> Finalmente uma mesma coisa pode ser considerada democrática e antidemocrática ao mesmo tempo: por exemplo, New Deal, Tuxedo Club, atos presidenciais, preços dos casacos de pele, sotaque britânico, China, Rússia, Inglaterra — tudo de acordo com os gostos e as aversões dos indivíduos. Os comunistas chamam o seu credo de "democracia ágil" ou "americanismo do século XX".[22]

Quando usamos o termo correto *república*, não permitimos que as pessoas utilizem "democracia" como um coringa com *qualquer* sentido, sempre se considerando defensores da maioria mesmo quando não o são,** e sem explicar que lei fundamentada, eviterna e inviolável lhes

* Uma *república* tem regras para impedir que o público invada o privado, enquanto a democracia cria leis apenas obedecendo à maioria. A maioria pode ser instigada pelos próprios agentes no poder, através da simplificação de temas e propostas genéricas. Qualquer direito, inclusive o direito à vida, fica dependente da maioria — se a maioria decide por mandar judeus para campos de concentração, "expropriar os ricos", apedrejar os não islâmicos ou definir que quem não atendeu ao chamado "vem pra rua" deve pagar todas as contas de quem fez parte da turbamulta, assim será.

** Truque de Lenin, que batizou o seu futuro partido-Estado de "bolchevique", derivado da palavra russa para "maioria" (*bolscinstvó*, большинство), exatamente em uma das raríssimas vezes em que sua facção radicaloide era mesmo a maioria dentro do Partido Operário Social-Democrata Russo.

permite defender o que defendem. Sobretudo não se permite mais que as pessoas utilizem democracia como um *verbo* para justificar espoliação dos bens alheios. Quando se usa o poder estatal para tomar os frutos do trabalho de uma pessoa, pode-se dizer corretamente que se está "democratizando" suas posses, mas nunca que se está *republicanizando*, já que este termo concerne justamente ao cuidado com a coisa pública. Para evitar a confusão com as múltiplas acepções de "democracia", podemos usar o também antigo termo *oclocracia*, o governo (*kratía*, κρατία) da multidão (*okhlos*, ὄχλος). Seu significado alude exatamente a uma massa que "exige" direitos e coisas nas ruas.

Não há maior república no mundo, hoje, do que a América. Sua curta Constituição, a melhor já criada pelo homem, em vez de "dar" direitos aos homens, que podem ser tirados pela mesma força da maioria momentânea, praticamente só impede o Estado de interferir em sua vida (proíbe que o Estado invente uma religião oficial, que impeça a liberdade de expressão e imprensa, que impeça o cidadão de ter armas para defender sua vida etc.).*

Kuehnelt-Leddihn explica:

> Cada um por sua propriedade, ou por sua situação satisfatória, está interessado no apoio da lei e da ordem. E esses homens podem com segurança e vantajosamente reservar para si o controle integral sobre os seus assuntos públicos e um grau de liberdade, que, nas mãos da canalhada das cidades da Europa, seria instantaneamente pervertida para a demolição e a destruição de tudo que é público.[23]

* São diversos os autores americanos que passaram a vida explicando que, ao contrário do que se tentava vender (e hoje o termo pegou no mundo inteiro), a América não é uma democracia, se tomarmos esse termo em sentido estrito: H. L. Mencken e Harry Atwood notam que os próprios *founding fathers* quiseram criar uma república, e não uma democracia. O famoso livro de Alexis de Tocqueville, *A democracia na América*, na verdade apenas mostra como o que se chama de "democracia" na América nada tem a ver com a democracia iluminista, e sim com o que foi chamado, de Platão a Montaigne, de Aquino a Joseph Sobran, de "república".

Kuehnelt-Leddihn é ainda mais crítico deste sentimento baixo, que é o que sobra quando se mobilizam massas através da leitura cega:

> Referimo-nos aqui também à demanda de "mais democracia!". Não é um bom contra-argumento declarar que tudo está mal, de maneira exagerada. O rebanhismo é essencialmente um sentimento "baixo". Como poder central e de condução de uma filosofia de existência terrena, ele se torna definitivamente um mal. Um bem verdadeiro, por outro lado, nunca pode ser exagerado.[24]

De forma brilhante, Kuehnelt-Leddihn deu ao seu livro o subtítulo "or Procrustes at large" ("ou Procrustes em larga escala"). Procrustes era um gigante da mitologia grega que, quando pegava as pessoas em encruzilhadas, as colocava numa prancha de metal e tentava torná-las todas iguais, cortando pedaços de seus corpos ou esticando-as. Era um esquerdista *avant les temps*, o primeiro pensador da igualdade na mitologia. O que esses movimentos de massa fazem é agir como Procrustes em larga escala, com toda uma população de uma vez.

Nas palavras de Eric Hoffer:

> Nossa frustração é maior quando temos muito e queremos mais do que quando não temos nada e queremos um pouco. Estamos menos insatisfeitos quando nos faltam muitas coisas do que quando parece que falta apenas uma coisa. Ousamos mais quando nos esforçamos por superficialidades do que por necessidades. Com frequência, quando renunciamos a superficialidades, acabamos com falta de necessidades.[25]

O pobre das zonas rurais, o camponês, o morador de pequenas cidades — este nunca pode se tornar homem-massa, como explica Kuehnelt-Leddihn:

> A morada ideal para o rebanhista é a cidade, a megalópole com seus prédios de apartamentos, clubes, cinemas, teatros, escritórios, fábricas e restaurantes. Aqui o rebanhista tem ampla oportunidade de viver a vida das massas, de levar uma existência impessoal e solitária em um formigueiro verdadeiramente desumanizado, de amar e gostar de ninguém além de si mesmo e, talvez, daqueles semelhantes a ele.[26]

Não à toa, se o MST nunca conseguiu mobilizar ninguém além de seus próprios agentes violentíssimos, movimentos urbanos buscando uma solução mágica com uma tecnologia para a qual a contribuição total deles foi *zero* conseguem levar milhões às ruas, através da crença inculcada às mancheias de que "transporte é um direito", e não um meio criado por outras pessoas e usado por quem trabalha para pagar:

> "Progresso" é, para os oclocratas convictos, uma utopia consoladora de conforto e tecnicismo loucamente crescentes. (...) Utopias em geral são substitutos para o Céu; elas dão um escasso consolo para o indivíduo de que seus sofrimentos e esforços podem permitir que as futuras gerações entrem no paraíso chiliástico. O comunismo funciona de uma forma semelhante. (...) Eles muitas vezes diferem em seus meios para alcançar isso, mas todos eles concordam no ponto da perfeição técnica e da sociedade sem classes, ou pelo menos totalmente homogênea, sem rancor ou inveja. Há pouca dúvida de que este é um milênio de civilização e não de cultura, porque é o milênio do conforto, livre do esforço e da dor.[27]

A democracia, portanto, significa apenas criar leis conforme o que a maioria decida e seus *desejos* ordenem em um determinado momento. Se uma proposta de lei permite que 51% da população matem os outros 49%, sob o sentido clássico e original do termo, esta lei só precisa de 51% dos votos para ser válida — e *democrática*. Basta apenas sempre ter a maioria com o poder (*krátos*) político. Esta democracia é sempre o movimento das massas revoltosas, da maioria controlada, do público irracional — e é um poder degenerado, pois sempre descamba em violência desmedida. Sócrates já conhecia o black bloc.

É este o sentido que a palavra "democracia" tem na boca de Platão, Aristóteles, Tomás de Aquino, Maquiavel, Montaigne. Apenas com o Iluminismo é que a palavra democracia passa a ser vista como algo *bom*, preparando terreno para o morticínio da Revolução Francesa em prol do fim do absolutismo e da velha ordem — e, já neste primeiro grande movimento de massa, concluindo a farra democrática com um único tirano de poderes *hiperabsolutistas*. Uma massa pensa univocamente, sem nenhum conflito dentro de si — logo, ao contrário da visão meramente teórica dos defensores da democracia moderna, ela acaba por gerar *um único* poder, representado por *uma única* força, *uma única* cabeça. A democracia/oclocracia, poder das massas, é o *inverso* da separação de poder entre pessoas que não podem fazer *qualquer* coisa.

Todavia o perigo só ficou claro com a ascensão das massas à condição até mesmo de *desejável*. Ser belo é despir sua individualidade e cair na primeira modinha que inventarem. Foi o que viu Ortega y Gasset, criticando o perigo do fascismo e do socialismo antes mesmo da ascensão de Hitler ao poder:

> A sociedade é sempre uma unidade dinâmica de dois fatores: minorias e massas. As minorias são indivíduos ou grupos de indivíduos especialmente qualificados. A massa é o conjunto de pessoas não especialmente qualificadas. Portanto, não se deve entender por massas, nem apenas, nem principalmente, "as massas operárias". Massa é "o homem médio". Deste modo converte-se o que era meramente quantidade — a multidão — numa determinação qualitativa: é a qualidade comum, é o mostrengo social, é o homem enquanto não diferenciado dos outros homens, mas que repete em si um tipo genérico.[28]

Conforme adverte Søren Kierkegaard, ao contrário do que parece pela formulação teórica, uma única cabeça é capaz de ter várias ideias, conflitos, dúvidas, refrear suas emoções e instintos. Uma massa, seja de dez ou 1 milhão de pessoas, só tem pluralidade e dialética quando possui mais de uma ideia — e os movimentos de massa são feitos justamente para haver uma massa gigantesca amontoada, apenas gritando slogans repetidos. No dizer de Taine, *"Dix millions d'ignorances ne font pas un savoir"*, dez milhões de ignorâncias não fazem um saber. Já Nicholas Murray Butler, em 1912, escreve: "É tão fácil para uma maioria se tornar déspota como para um monarca se tornar um tirano. Mesmo um tirano pode ser benevolente, mesmo um despotismo democrático pode ser maléfico."[29]

Não se busca mais uma mesma lei para indivíduos distintos, *e pluribus unum*. Busca-se, como Procrustes, achatar os indivíduos em uma forma de onde saiam todos idênticos — nunca se avisa *idênticos a quem*. Ortega y Gasset, o homem que melhor anteviu o poderio dos totalitarismos com suas rebeliões de massa (e até o surgimento do euro e da União Europeia ainda na década de 1930), afirma: "Os homens de mentalidades tacanhas não conseguem pensar em uma ideia tão acrobática como esta em que é preciso oscilar, sem descanso, dentre a afirmação da pluralidade e reconhecimento da unidade, e vice-versa. São cabeças duras, nascidas para viver sob as perpétuas tiranias do Oriente."[30]

Ann Coulter deixa clara a oposição dos esquerdistas, "que querem beber a água de banho de Obama", e dos direitistas: "Conservadores nunca se decepcionam porque eles nunca esperam muito de seus líderes. Eles certamente não têm sonhos eróticos com eles, nem os descrevem como 'arco-íris'. Talvez os conservadores não estejam procurando um salvador na cédula porque eles já têm um. (...) Na maioria das vezes, os conservadores mal conseguem tolerar seus líderes."[31]

Isto gera a cruel sensação do homem moderno diante das massas: abarrotado de pessoas a seu redor, mas completamente só. É o que afirma Ortega y Gasset: "Sendo impossível ao homem entender-se com seus semelhantes, estando condenado à solidão radical, esgota-se em esforços para chegar ao próximo."[32] O primeiro trabalho de um olhar mais científico é evitar a *ambígua elasticidade de certos termos técnicos*. Sobre a palavra *igualdade*, por exemplo, Kuehnelt-Leddihn espezinha:

> Maritain alertou todos sobre o uso indiscriminado [do termo "igualdade"] e ele propôs usar a expressão *unité du genre humain*. Gustave Thibon não só se empenhou pelo igualitarismo severamente, como também ressaltou que os esforços para criar igualdade geraram ao mesmo tempo as desigualdades mais violentas. Todos aqueles que por sua livre vontade ou a sua disposição não são capazes de cumprir as normas prescritas de igualdade — e sempre haverá uma dessas minorias — vão, após os esforços de nivelamento, se destacar ainda mais claramente do que em uma sociedade não uniforme. Estes são, então, geralmente os "traidores" que não "jogam o jogo", e devem ser executados, exilados, ou eliminados como os aristocratas sob Robespierre, os *burzhuys* sob Lenin, ou os judeus sob Adolf Hitler.
>
> Deve-se ainda ter em mente que a igualdade significa monotonia e não harmonia. A melodia harmoniosa só pode ser estabelecida por diferentes tons musicais não idênticos. Estes tons têm de ser montados e têm de seguir certa sequência; caso contrário, eles vão resultar em caos e não em melodia. A sociedade humana pressupõe tal desigualdade e unidade. Thibon viu muito claramente esta questão que só pode ser resolvida no signo do amor.[33]

Ou, com outra metáfora para o mesmo fato:

> As pessoas em tal sociedade [uma oclocracia] não apenas se sentem importantes, elas realmente são importantes. Todo mundo pode deixar uma multidão sem muito barulho, mas o colapso de um homem que está em algum lugar de uma pirâmide viva de acrobatas pode facilmente ser uma catástrofe.[34]

Para piorar, a democracia clássica é, já, um movimento de massa. Massas que, afinal, não têm um *contrapeso*, uma lei que refreie seus instintos. Basta que alguém direcione a multidão para ter o poder total. O mal que as massas revoltosas fazem é tão antigo quanto a narrativa do povo escolhendo Barrabás em vez de Jesus. Sócrates, séculos antes de Cristo, já o conhecia. Na verdade, até no segundo livro da Bíblia podemos ler: "Não acompanhe a maioria para fazer o mal. Ao testemunhar num processo, não perverta a justiça para apoiar a maioria" (Êxodo 23:2). No Antigo Testamento já tinha Maria do Rosário.

Para onde as massas nos levam

> "A única forma de prever o futuro é ter poder para moldar o futuro."
>
> Eric Hoffer

Os protestos, os "passos importantes na consolidação da nossa democracia", do Passe Livre e do gigante acordado, descambaram para a violência, o esbulho, a rapinagem e a destruição pura. Como foi possível que praticamente nenhum intelectual com espaço na mídia tivesse previsto isso?

Aprendemos com Marilena Chaui que democracia seria "criar direitos".[35] A professora de filosofia petista dá quase uma definição platônica do termo: as massas *reivindicam* direitos a elas próprias à força. Se uma república é calcada em leis como impedir o roubo e o assassinato, a democracia só precisa da maioria para permitir que o roubo seja legalizado (através da "transferência de renda" para diminuir a "desigualdade social") ou mesmo o assassinato de "dissidentes", "espiões" e "traidores".

Não surpreende, portanto, que todo o pensamento oclocrático descambe nas modernas ditaduras de "partidos" únicos (o pior tipo de ditadura, já que se crê que uma parte de um todo possa ser refreada por outra parte inexistente). A única coisa que impede que os novos modelos de oclocracia descambem de uma vez para os genocídios de fome do Holodomor ucraniano de Lenin, do Gulag soviético, do Grande Passo para a Frente com a fome e os tribunais populares de humilhação pública da China maoista, dos guetos, campos de concentração e câmaras de gás da Alemanha nazista e demais experiências mortais no passado são as fontes do Direito: leis, princípios, doutrina, jurisprudência e costumes. Não fossem os nossos costumes, derivados de tradição, religião, crenças, cultura etc., a criação de leis permitiria facilmente que, com 50% mais um dos "votos" em qualquer instância, se autorizasse a espoliação dos outros. Seja a exigência forçada de que pessoas paguem para que outras desfrutem da "tarifa zero", sejam as leis de "imposto", que vão de Nicolás Maduro a François Hollande (que cria leis bem piores que as do tiranete bolivariano, mas os costumes franceses impedem que a França se torne pior do que a Venezuela), seja, ainda, a "Secretaria do Pensamento", instituída pela planificadora ditatorial Cristina Kirchner na Argentina.

É exatamente por esta razão que a maioria das filosofias políticas contrárias à "correção" da sociedade por meio da concentração de poder "representando" se denominam "conservadoras", embora muitas vezes não queiram "conservar" nada. Um conservador que suba ao poder no Brasil, na Argentina, na Venezuela ou em qualquer oclocracia, ditadura, totalitarismo, nacional-socialismo ou socialismo internacional não irá conservar nada do sistema vigente, e sim voltar seus olhos para as tradições, costumes e cultura de um povo *anterior* ao sistema político que tenta sobrepor-se a esse legado: as leis eternas de direito natural que são imutáveis entre povos, religiões, costumes e culturas. Todavia qualquer bem-pensante de esquerda, desconhecendo completamente a tradição conservadora de Edmund Burke a David Stove, irá apenas acreditar que o mundo é injusto e, em vez de pesquisar, vai *crer* que um conservador, com este nome, quer manter as injustiças do mundo intactas como estão.

Nas palavras do marxista Jacques Rancière, tomar posse da palavra "é o modo de desestabilizar a partilha do sensível e produzir um deslocamento dos desejos e constituir o sujeito político multidão".[36] Ou seja, onde houver movimentos de massa, haverá manipulação de palavras, para que tudo seja resumido a slogans a serem repetidos pelo rebanho, acreditando-se cada vez mais "consciente político" quanto mais imita (ou seja, obedece). Daí surge o vezo das políticas de esquerda de mobilizar multidões nas ruas marchando com palavras de ordem, transformando também a realidade mais concreta (um roubo, um imposto) em um floreio ("expropriação", "distribuição de renda"). As massas são sentimentalistas e hipersensíveis por definição. Agem apenas por catarse e exaltação, nunca por reflexão ou noção do que está acontecendo. Fica-se apenas com um joguinho de bandidos e mocinhos, em que se faz de tudo para defender os bandidos. "Toda ideologia visualiza um fim específico e a oclocracia não é exceção à regra."[37] Adverte novamente Ortega y Gasset:

> Quando se fala de "minorias especiais", a velhacaria habitual costuma distorcer o sentido desta expressão, fingindo ignorar que o homem seleto não é o petulante, que se julga superior aos outros, mas o que exige mais de si mesmo que a maioria, ainda que não consiga atingir essas exigências superiores. E é indubitável que a divisão mais radical que deve ser feita na humanidade é dividi-la em duas classes de criaturas: as que exigem muito de si mesmas e se acumulam de dificuldades e deveres, e as que não exigem de si nada especial, para as quais viver é ser a cada instante o que já são, sem esforço para o aperfeiçoamento de si próprias, boias que vão à deriva.[38]

É exatamente o contrário do que diz nosso vocabulário vulgar, de uso comum, mas, para fins de uma ciência política adequada a entender o fenômeno das massas, precisamos de termos precisos e apenas de seu sentido original. Desta forma, contrariamente a todos os nossos cacoetes verbais cotidianos, devemos voltar ao sentido estrito dos termos. Os maiores e mais brutais totalitarismos que a humanidade enfrentou, o nazismo e o comunismo, *neste sentido clássico e específico do termo segundo a ciência política*, devem ser considerados, contrariando o senso comum e nosso uso cotidiano de termos técnicos, regimes que seriam completamente "democráticos", pois granjeiam às maiorias criar direitos próprios sem obedecer a nenhuma lei que lhe ofereça resistência que não o seu poder de maioria, conforme a própria professora democrata e anticapitalista Marilena Chaui explica. Kuehnelt-Leddihn, com esta definição etimológica em mãos, até os considera regimes "ultrademocráticos" — ou o que os húngaros chamam de *csizmás diktatura*, a ditadura dos coturnos dos camponeses.

Países como a Suíça, a Polônia, o Canadá, a Áustria ou os Estados Unidos com sua Constituição seriam, de acordo com esta definição, repúblicas, e não democracias — o último termo diria respeito mais a sistemas parecidos com a União Soviética, a Coreia do Norte, a Venezuela ou a Alemanha nazista. Kuehnelt-Leddihn escreve: "Jefferson não era um democrata no sentido comum; ele acreditava no poder do melhor, não no poder das massas."[39] Como explica Harry F. Atwood, "Nós nos afastamos da república em direção à democracia; do estadismo para o demagogismo; da excelência para o serviço inferior. É uma era de tendências regressivas."[40]

O PT, portanto, *nunca* será um partido republicano, por não ter o mais remoto respeito pela *res publica* (coisa pública). O PT trabalha apenas com maiorias, mudando leis ao seu bel-prazer conforme tenha apoio (no Congresso ou nas ruas) ou não. Não é outro o motivo para o sistema bipartidário americano ter criado dois partidos justamente com estes nomes: Republicano e Democrata.*

A esquerda, desde a Assembleia dos Estados Gerais da Revolução Francesa,** está ligada à criação de novos *privilégios*. Seu método de gestão sempre foram as assembleias e plebiscitos, deixando as decisões da multidão serem definidas pela ocasião, e não por leis e normas pétreas.

* Nem é surpreendente que emendas constitucionais (que passaram a valer como leis) que envolvam direitos individuais invioláveis, como o fim da escravidão, sejam obra dos republicanos, e não dos democratas (fato que os professores de História "se esquecem" de mencionar), enquanto o esbulho às leis, como ao direito do cidadão de possuir armas para se defender (a destruição do segundo artigo da melhor Constituição já feita pelo homem), seja obra dos democratas, e não dos republicanos. Este é um *raríssimo* caso em que nomes não mentem sobre o seu conteúdo.

** O que gera uma curiosa definição por Ortega y Gasset: "Esse país tem ou acredita que tem uma tradição revolucionária. E, se já é grave ser revolucionário, quanto mais sê-lo, paradoxalmente, por tradição!" (p. 38).

Tal como na "leitura cega" que guia o povaréu nas ruas, o povo que busca um "ideal" sintetizado por palavras de definição maleável sempre pode ser manipulado — aliás, não tem como *não* ser:

> Mais uma vez democracia pode significar o direito da autoridade das massas do povo para gerir seus próprios assuntos e de fazer uso do governo para seus próprios interesses. Democracia neste último sentido pode estar em conflito absoluto e completo com individualismo ou mesmo com a igualdade. Não há nenhuma razão para a coexistência de dois quaisquer destes três princípios que nós comumente abrangemos pela conveniente palavra democracia ou democrata.[41]

Analisando esse método comum, repetido na história, outro livro de Kuehnelt-Leddihn, que descreve todo o fenômeno da esquerda mundial,* já surpreende pelo título: *Leftism: From de Sade and Marx to Hitler and Marcuse*[42] (uma versão estendida do livro vai até Pol-Pot). Colocar Adolf Hitler como um pensador *de esquerda* parece completamente chocante com o que aprendemos com nosso velho professor trotskista de História, que culpava o capitalismo por tudo e jurava que o nazismo (nacional-**socialismo**) supostamente nada tinha a ver com socialismo, sendo até mesmo uma variante do "capitalismo" (mesmo que os discursos de Hitler, além de rigorosamente antiliberais, sejam claros em sua apreciação dos marxistas nas fileiras nazistas).

* Vários livros do pensamento de direita se debruçam a analisar e refutar o pensamento de esquerda, de cabo a rabo. Por algum motivo obscuro, não se conhece um único livro de um pensador de esquerda que tenha o cuidado de estudar e refutar o pensamento de direita — pelo contrário, quando passam a conhecê-lo, imediatamente saem da esquerda e pulam para a direita, por finalmente conhecerem os objetivos, métodos e argumentos deste lado, em vez da caricatura disforme que a esquerda propagandeia. Só de passagem, podemos citar: *Intelectuais e a sociedade* e *Intellectuals and Race*, de Thomas Sowell; *Thinkers of the New Left*, de Roger Scruton; o clássico *Intellectuals: From Marx and Tolstoy to Sartre and Chomsky*, de Paul Johnson; *História das ideias políticas* e *Hitler e os alemães*, de Eric Voegelin; *The Black Book of the American Left*, de David Horowtiz; *Radicais nas universidades*, de Roger Kimball; *A traição dos intelectuais*, de Julien Benda, ou *O terrorismo intelectual*, de Jean Sévillia. Nunca houve um estudo esquerdista do pensamento de direita, muito menos um que vá de Edmund Burke a Ben Shapiro.

Todavia os nazistas nunca se consideraram "direitistas" (uns poucos intelectuais gatos pingados da direita aceitaram os fascismos como válidos, mas sobretudo por serem contrários ao Exército Vermelho), e a pecha de "extrema direita" lhes foi dada *ad hoc* e posteriormente *por esquerdistas*. A história é escrita pelos vencedores. Estranhamente, Hitler e Stalin, o nacional-socialismo e o socialismo internacional, são muito mais parecidos entre si, enquanto Hitler e Ronald Reagan — o nacional-socialismo comparado ao republicanismo conservador — são opostos perfeitos. O nazismo e o socialismo são *concorrentes*, não contrários. Ambos têm como oposição e inimigos os liberais e as repúblicas do Primeiro Mundo. O Pacto Molotov-Ribbentrop, entre a Alemanha de Hitler e a União Soviética de Stalin, foi assinado justamente para conter o inimigo comum de ambos, que eles chamavam de "imperialismo inglês".* Mesmo que os nazistas nunca tenham se declarado "esquerdistas", não há por que não ver seu pensamento, seu método, sua formatação de Estado**

* Um dos maiores intelectuais de esquerda do século XX, o helenista francês Jean-Pierre Vernant, conta que este foi o primeiro fato que o fez abandonar gradativamente o comunismo num processo de décadas: ver a União Soviética assinando um acordo com nazistas, e ver os stalinistas franceses distribuindo papéis nas ruas onde as palavras "alemães", "nazistas" e "fascismo" não existiam, mas se garantia que "A Inglaterra capitalista era responsável pela guerra". Ver Jean-Pierre Vernant, "O buraco negro do comunismo", em *Entre Mito & Política*, p. 467-472.

** A esquerda é rigorosamente antiprivatizações, enquanto o fascismo foi resumido por Mussolini como "Tudo no Estado, nada fora do Estado, nada contra o Estado". Afinal, como diferenciar um Estado socialista com sua "ditadura do proletariado", que não permite nenhuma atividade privada, e um Estado fascista? A única diferença da esquerda para o nazismo é que a primeira ataca a classe social (o "burguês"), enquanto o orgulho nacionalista do segundo ataca a mesma classe mercantil, mas apelando para a raça (o "judeu"). Curiosamente, é a esquerda que adora xingar todos os seus adversários de "fascista", ou mesmo de "nazista" — mesmo que ela odeie o Estado de Israel com toda a sua bile. O nobre aristocrata Kuehnelt-Leddihn temia: "O desejo de pureza racial, a fim de atingir o rebanho perfeitamente uniforme, leva à perseguição brutal e, por fim, ao uniformismo mais rigoroso imaginável. A Alemanha sem os judeus será um lugar ainda mais monótono do que a Alemanha com judeus perseguidos. Vamos experimentar na Europa Central o tédio integral que Myerezhkovski considera ser a característica fatal do Reino do Anticristo." (p. 27). Não é preciso lembrar que toda forma de racismo, como diz Kuehnelt-Leddihn, "é a uniformidade da vida em rebanho, o espírito estúpido racista" ("O credo de um reacionário", disponível em: <http://wearetime.blogspot.com.br/2013/10/o-credo-do-reacionario-por-erik-von.html>). Ou seja, trata-se de algo rigorosamente contrário ao individualismo liberal, que enxerga seres humanos, e não grupos, classes sociais ou raças.

e até seus adversários comuns como uma versão degenerada da esquerda (o nacional-socialismo surge, afinal, do socialismo).

Por que as massas sempre são violentas

"Oh! You've nothing to say
They'll drag you away!
If you listen to fools,
The mob rules"

Black Sabbath, "Mob Rules"*

A palavra inglesa *mob* reflete com maestria o fenômeno que se pretende estudar aqui. Significando tanto "multidão" quanto o populacho, a gentalha, a canalha, a plebe, a ralé, mas também a turbamulta, o tropel agressivo e, sobretudo, a *máfia*, a palavra *mob* indica com suas três letrinhas tudo o que se entende sobre os movimentos de massa em pauta — a saber, aqueles de muitos hormônios em ebulição, raiva escorrendo pelos poros, mas sem nenhuma pauta mais concreta do que "contra tudo isso que está aí", aqueles movimentos, em suma, coordenados internamente por alguns espertalhões que amam uma revolta violenta, mas preferem mandar os seus diplococos fazerem o serviço de esbirros, em vez de sujarem as mãos eles próprios.

Não à toa, a grande questão no noticiário americano sobre o Occupy Wall Street, quando este conseguiu chamar os holofotes para si depois da ponte do Brooklyn (a segunda fase, a da polícia, depois do ajuntamento gerado com a boataria sobre o show do Radiohead), era se o Occupy era uma "mob".

Um movimento de massa pode se tornar apoiador de seu maior inimigo ou concorrente (Mussolini cresceu no socialismo, tornando-se líder do fascismo), mas nunca em um movimento que *não seja de massa*. O fanatismo odeia outros fanáticos — mas é mais provável

* Em tradução livre: "Oh! Você não tem nada a dizer / Eles te arrastam com eles! / Se você dá ouvido a tolos / As multidões dominam" (Black Sabbath, "As multidões dominam").

que um ultranacionalista se torne um socialista internacional do que um liberal individualista.

Ensina Eric Hoffer:

> Quando as pessoas estão maduras para um movimento de massa, elas geralmente estão maduras para qualquer movimento efetivo, e não apenas para um com uma doutrina ou programa específico. Na Alemanha pré-hitleriana era muitas vezes questão de uma jogada se a juventude inquieta se uniria aos comunistas ou aos nazistas.[43]

Isto mostra o perigo das "causas abertas" nas ruas: a primeira voz que conseguir gritar "na verdade, nosso inimigo é X!" e ser ouvida pode fazer uma manifestação inteira se voltar contra seu alvo original (Marco Feliciano, o Congresso, as leis da física etc.) ou qualquer novo bode expiatório — ricos, pobres, empresários, desempregados ou quem quer que seja. Daí se segue:

> Uma vez que todos os movimentos de massa atraem seus adeptos dos mesmos tipos de humanidade e apelam aos mesmos tipos de mente, segue-se que: (a) todos os movimentos de massa são competitivos, e o ganho de um em adeptos significa perda para todos os outros; (b) todos os movimentos de massa são intercambiáveis. Um movimento de massas facilmente se transforma em outro. Um movimento religioso pode evoluir para se tornar uma revolução social ou um movimento nacionalista; uma revolução social, para se tornar nacionalismo militante ou um movimento religioso; um movimento nacionalista em uma revolução social ou um movimento religioso.[44]

A sorte do Brasil é ter tido muita propaganda antinazista, apesar de nenhuma antissocialista: do contrário, mesmo miscigenado, os apelos ao nacionalismo para unificar as pessoas nas ruas poderiam facilmente gerar um conflito racial, como na Alemanha da década de 1930.

Na verdade, pode-se demonstrar como a *oclocracia*, sempre requisitando direitos próprios, anti-individuais e abstratos para um grupo, resulta sempre nessa forma de poder das multidões que é o *totalitarismo*. A "oclocracia" das ruas, os protestos reivindicatórios e sua próxima fase de destruição são a *primeira fase de um totalitarismo*. Não importa o quanto se neguem partidos nas manifestações, o resultado é sempre o mesmo: favorecimento de ideias de esquerda, enquanto qualquer proposta antiesquerdista (não necessariamente direitista) é imediatamente rechaçada. Isto se dá pelo caráter do movimento de massa com sua proposta aberta e suas reivindicações: se está sempre *exigindo* algo de governantes, está garantindo que os governantes tenham um poder cada vez maior para "dar" alguma coisa ao povo (com o próprio dinheiro do povo). Portanto, ao contrário do que tanto foi tentado, é impossível "tomar" essas manifestações para esperar algum resultado positivo a partir delas, que não o aumento do poder estatal sobre a nossa liberdade. Se todas as pessoas nas ruas formam apenas uma voz a repetir um bordão contra políticos, só é preciso uma única cabeça a "representá-las" em um futuro revolucionário. De Stalin e Hitler a Fidel e Chávez, foi assim que *todo* totalitarismo tomou o poder.

Obviamente que o sentido moderno de democracia, que utilizamos no dia a dia, é algo menos destruidor do que a pura ditadura da maioria. Todavia, continuar a utilizá-lo e a defendê-lo abre espaço para que qualquer um continue se considerando um defensor da "democracia" ao defender as piores tiranias já concebidas.

A direita é o lar do indivíduo com história própria, da vida individual inviolável e do homem como guardião e responsável por seu próprio destino — a esquerda se liga às reivindicações coletivas e ao discurso genérico* e abstrato. Qualquer movimento de massa, portanto, é apanágio da esquerda. "Toda oclocracia política ou cultural é baseada no 'nós'."[45] Como o dito de Grillparzer deixa claro:

Der Weg der neuen Bildung geht
Von Humanität
Durch Nationalität
*Zur Bestialität.*** (1849)

* *Todo* o vocabulário de esquerda é baseado em substantivos coletivos e abstratos, que nunca têm uma definição clara, podendo ser sempre moldado conforme os caprichos do enunciante: trabalhadores, classe social, capital, monopólios, burguesia, mídia hegemônica, mais-valia, dialética, materialismo histórico, movimento estudantil, imperialismo, alienação, feminismo, luta de classes, ditadura do proletariado, poder popular. Nunca se pode ter certeza sobre *quais indivíduos* estão dentro ou fora destes termos gelatinosos e escorregadios.

** "O caminho da nova cultura vai / Do humanitarismo / Através do Nacionalismo / Até a bestialidade."

Em artigo publicado no site Reaçonaria.org, em comemoração aos 69 anos do Dia D, a vitória das duas maiores forças conservadoras do mundo (a América e o Império Britânico) sobre o totalitarismo nazista, expliquei o pensamento de Kuehnelt-Leddihn, o que é a esquerda e o que restou dos totalitarismos (as duas perguntas resumidas em "What's left?"):

> Uma massa é domada de maneira simples: as pessoas têm vontades e ânimos, mas estes são individuais. Os movimentos esquerdistas dissolvem invariavelmente o indivíduo (pode-se ver isso bem na Escola de Frankfurt ou em Foucault) e busca-se um "bem comum", abstrato e disposto a votações repetidas, em que, afinal, os próprios ânimos individuais digladiam pelo mesmo direito, vencendo os oradores mais fortes. Não é por outra razão que a esquerda é pródiga em formar oradores, músicos, artistas e intelectuais ligados à linguagem e ao imaginário coletivo.
>
> Ou seja, tanto o comunismo, buscando a "igualdade" e a libertação do homem do trabalho... através do trabalho, quanto o fascismo, vendendo o "bem comum" através do romantismo de uma realidade moldável através de um poder absoluto, apenas precisando ser ocupado pelas pessoas sensatas manipulando a onipotência estatal, são movimentos idênticos, e contrários à direita política. Esta, antirrevolucionária, individualista e contrária ao centralismo e ao Estado gigante por definição, não teria como deixar de ser inimiga mortal do nazismo.
>
> Não é sem razão que os "reacionários" eram cantados no hino nazista, a Canção de Horst-Wessel, como os grandes inimigos do nazismo. Não é sem razão, tampouco, que um conservador como Churchill definiu sua convicção a uma plateia carola em tom provocador: "Se Hitler invadir o inferno, eu me aliarei ao demônio." Foi com o socialista Stalin que Hitler fez um pacto de não agressão contra as "potências imperialistas", afinal.
>
> O resultado é consabido. O comunismo ainda palpita como uma realidade possível em corações juvenis.*

* "Dia D, 69 anos depois. What's left?", disponível em: <http://reaconaria.org/colunas/colunadoleitor/dia-d-69-anos-depois-whats-left>.

Com minha desagradável mania de acertar profecias e explicar fenômenos *antes* de eles acontecerem, chega a ser engraçado ter publicado isso no aniversário de 69 anos do Dia D — justamente no dia *6 de junho de 2013*.

A ascensão das massas ao poder foi marcada justamente pelo discurso genérico e impreciso, que gerou, inevitavelmente, *líderes carismáticos a guiarem massas marchando sob slogans* (a Revolução Russa de Lenin, a Marcha sobre Roma de Mussolini, o *Putsch* de Munique de Hitler, a Grande Marcha de Mao Tsé-Tung, os protestos de Qom de Khomeini, a Primavera Árabe da Irmandade Muçulmana, o Occupy Wall Street de Slavoj Žižek e Noam Chomsky). A esquerda clama por "salvadores" como Che Guevara, Trotsky, Fidel Castro, Mao, Lula, Chávez e afins. Lideranças cada vez mais todo-poderosas contra "inimigos" *ad hoc*. A direita é incapaz de ter líderes assim, e, caso algum permaneça no cargo por muito tempo, passa a ser inimigo dela. É por isso que a oclocracia gera líderes plenipotentes. Ela produz lideranças que são tratadas como *salvadoras*, às quais as massas se curvam para que o líder tenha poder completo de reconstrução da sociedade.

A "igualdade" alcançada pelos movimentos é *sempre* igualdade econômica, mesmice cultural e nivelamento por baixo (três degenerações resumidas por Kuehnelt-Leddihn como *the cult of sameness*), a igualdade da vala comum. Ou, pior, nem esta igualdade conseguem: Kuehnelt-Leddihn nos lembra de que Albrecht Durer, na Renascença, pintava as chamadas *Totentänze*, "danças da morte", quadros em que a morte carrega igualmente o pedinte, o mercador, o imperador e o papa. Há de se perguntar se o amor à "igualdade" do nosso tempo, glorificando o Deus-Estado, pintaria Stalin morrendo como um qualquer na Rússia, o presidente da América no mesmo patamar dos mercadores, ou se o rebanhismo nazista pintaria Adolf Hitler lavando os pés de doze detentos do campo de concentração de Sachsehausen.[46]

Estes são os movimentos que amam o *ideal abstrato* de humanidade, e para isso odeiam todos os seres humanos concretos, tratando-os, quando positivamente, como engrenagens (e, quando não, merecem tal tratamento amigável, como bigornas). Ortega y Gasset declara:

> Esse costume de falar à Humanidade, que é a forma mais sublime, e, portanto, a mais desprezível da demagogia, foi adotado até 1750 por intelectuais desajustados, ignorantes de seus próprios limites e que sendo, por seu ofício, os homens do dizer, do *logos*, usaram dele sem respeito e sem precauções, sem terem consciência de que a palavra é um sacramento de mui delicada administração.[47]

E também Kuehnelt-Leddihn:

> A falta de verdadeira humanidade do rebanhista o torna mesmo predisposto a atos sádicos, como os que assistimos durante a Guerra Civil Espanhola ou em muitos um campo de concentração.
>
> Devemos, além disso, ter sempre em mente que a igualdade pressupõe a aplicação perpétua da *força*; igualdade, afinal, é uma condição *não natural* — é tão antinatural como uma linha completamente reta, uma planície geométrica, um círculo perfeito, água destilada etc. Ela precisa da intervenção de órgãos humanos que têm de limitar e conter o crescimento natural e desenvolvimento, por vezes, da forma mais brutal e cínica. Doutor Guilhotina, Procustes, o bandido mitológico grego, e o magistrado de Estrasburgo que decidiu durante a Revolução Francesa demolir a torre da catedral medieval porque era maior do que as casas vizinhas pertencem todos à mesma categoria. Dostoievski, em seu *Os demônios*, previu com precisão como uma "superdemocracia" igualitária funcionaria. Os soviéticos têm cumprido esta profecia ao pé da letra.[48]

Não era de surpreender, portanto, que as manifestações reivindicatórias terminassem em selvageria. O próximo passo, os protestos quebrando tudo o que vissem pela frente dominados pelo black bloc, não era um *desvio* — era sua máxima e inescapável consequência. Caso soubéssemos o que é uma oclocracia e um movimento de massa, não teríamos sido pegos de surpresa, escrevendo intermináveis artigos em primeira pessoa surpresos com "os paradoxos da democracia".

PARTE V

Dramatis personæ: Quem fez tudo isso?

"Como frequentemente acontece quando uma multidão se enfurece, alguém grita mais alto e desponta como seu líder."

Erik Durschmied

"Vocês, como revolucionários, são histéricos em busca de um líder. Vocês o terão."

Jacques Lacan

Infowar: O Fora do Eixo e a guerra das narrativas

> "O jornalismo moderno tem uma coisa a seu favor. Ao nos oferecer a opinião dos deseducados, ele mantém-nos em dia com a ignorância da comunidade."
>
> Oscar Wilde

Se devemos levar a sério a definição de Edmund Burke, o pai do conservadorismo, de que o indivíduo é uma besta, mas a espécie é gênia,* urge em primeiro lugar descobrir quem poderia imbecilizar tanto o noticiário a ponto de fazer tantas pessoas pacíficas, boas, inteligentes e bem-intencionadas serem enganadas em prol de propostas políticas que elas nunca defenderiam sozinhas.

Como já foi visto, *construir narrativas* é o ponto fulcral da democracia brasileira hoje — inventar historinhas, com personagens e enredos fáceis, para direcionar a opinião pública nesta ou naquela direção. O povo é dominado por símbolos exagerados ou confusos.

Antes mesmo da eclosão do movimento black bloc, é preciso lembrar o papel do coletivo Fora do Eixo e sua Mídia Ninja — todo um grupo de militantes lutando por dinheiro público com o único fito de formatar opiniões da população.

Mídia Ninja: Shinobis sem Bushido

"A Mídia Ninja, comandada por Bruno Capilé e Pablo Torturra, foi saudada como uma renovação sem precedentes na comunicação, mas, na verdade, ela apenas perpetua outra longeva tradição brasileira: o discurso empolado que não diz nada. Era uma tal de 'guerra de memes', 'overcrítica', 'mídia-livrismo',

* Pode ter ocorrido alguma edição na citação.

'militância autoral', 'crise narrativa' e o que mais pintasse na cabeça das 'Organizações Torturra-Capilé'. Já explicar de onde vinha a grana, ninguém queria. Parece que tem a ver com 'cubos cósmicos'."

Edson Aran[1]

O destaque dado ao coletivo Fora do Eixo durante as manifestações foi devido exclusivamente ao seu braço armado de "jornalismo", a Mídia Ninja (Narrativas Independentes Jornalismo e Ação).*

No livro *@ internet e #rua*, uma das maiores propagadoras do Fora do Eixo, Ivana Bentes, explica os conceitos com os quais estas *redes* trabalham: há, segundo a distinção de Ronfeldt e Arquilla, a guerra do controle (*cyberwar*) e a guerra em rede (*netwar*) — aquela aponta para o controle por um grupo estatal específico, esta para a tática da guerrilha, com células autônomas e difusas, a "resistência sem líder" que combate pelo método da "afluência da multidão" (*swarming*).

A Mídia Ninja surge neste contexto para fazer a *netwar* — uma espécie de *guerrilha* das narrativas. Se os canais de televisão e grandes portais de notícia supostamente sempre têm uma visão enviesada e *negativa* dos protestos (o que só foi verdade porque os protestos *começaram* violentos, embora todos tenham relatado a violência policial mais do que a civil posteriormente), a Mídia Ninja surge como um coletivo de enviesados fazendo "jornalismo" nas ruas — ou seja, filmando fatos "que a mídia não mostra" com tecnologia de primeira graças ao capitalismo, enviando por redes de fibra ótica que só existem graças ao capitalismo (e que a esquerda lutou para não existir quando das privatizações), através de sites e redes sociais criados pelo capitalismo, para poder fazer propaganda anticapitalista. É o que se lê em *@ internet e #rua*: "os hackers de narrativas fazem dos grupos de discussão uma estrutura de mídia que permite a toda informação vazar nas mais distintas comunidades virtuais."[2]

---

* Existe algum problema sério para esquerdistas fazerem siglas. Se entender o que significam "PSTU" e "ANEL" já dá nó nos neurônios, pensar que um partido possa chamar-se "PSOL — Partido Socialismo e Liberdade", e não "Socialismo *ou* Liberdade", manda qualquer lógica para o espaço. Mas que raio de nome escroto pode ser "Narrativas Independentes Jornalismo e Ação"?!

A ideia parece até louvável, visto que não devemos ficar reféns da narrativa de uns poucos jornais disponíveis no país. Há fatos que só podemos buscar na internet, relatos feitos na hora, que não conseguiriam destaque nos noticiários locais por falta de interesse.

Todavia o que a Mídia Ninja faz é algo completamente diferente de jornalismo: é *conclamação à ação*, como o seu próprio nome diz. Em vez de mostrar fatos nas ruas que precisam ser conhecidos, sua intenção é ter uma narrativa pronta, apenas para *encaixar* os vídeos, fotos e postagens que conseguir juntar nesse processo. É como ir para a rua com o esqueleto de uma notícia, e filmar apenas o que caiba nesse esqueleto. Qualquer fato novo ou diverso é limado e ignorado. Tudo o que é feito nessa narrativa é voltado para fazer as pessoas tomarem não apenas um posicionamento, mas uma *atitude política*, baseada em "vídeos, *posts*, associados a *hashtags*, *tweets* e *memes* online".[3] É o #vemprarua com motivações ocultas. "Venha fazer propaganda para nós!"

As pessoas costumam ter uma visão completamente invertida do que significa "imparcialidade" da imprensa. É um vezo bem brasileiro criticar a imprensa reclamando de sua falta de "imparcialidade", sempre julgando que reportagens que corroborem com aquilo em que o leitor já acredita, sem questionar sua posição, é que são "imparciais". Na verdade a "imparcialidade" é impossível, e, mesmo que fosse possível, seria nociva. Uma reportagem afirmando que o prefeito trocou as azaleias do jardim da prefeitura por orquídeas pode parecer "imparcial", por aparentemente só descrever um fato. E se dissermos, todavia, que essa reportagem é sobre Berlim em junho de 1945? Como se vê, a própria escolha dos assuntos a serem tratados, já diz Theodor Adorno, é uma tomada de posição. Tampouco é vantajoso bancar o "imparcial": é preferível que um meio de imprensa deixe claro ao leitor o que pensa, *por que* pensa assim e apresentar argumentos para a escolha desse ponto de vista, em vez de tentar engabelá-lo afirmando-se diante dele como portador da verdade única, definida por critérios "imparciais". Exatamente ao contrário do que os críticos culturais brasileiros pensam, é *a escolha dos temas que revela parcialidade, e deixar claro o próprio posicionamento é que revela honestidade*. É sempre preferível receber críticas de quem deixa claro o que pensa a de quem tenta escondê-lo.

A Mídia Ninja segue uma dinâmica feita para deitar e rolar em cima deste preconceito: quer vender uma *visão manipulada* como se fosse um *fato*, justamente por dizer que está sendo "imparcial" ao só filmar, na rua, policiais agredindo manifestantes, o exato momento em que a Tropa de Choque aparece etc. Na verdade, está sendo ultraparcial e manipuladora ao querer dizer que é apenas isso que está acontecendo nas ruas. É uma das principais fontes de vídeos que pulularam na internet, por exemplo, com "manifestantes pacíficos" entregando flores à Tropa de Choque, dando a impressão de que as ruas eram puro amor, e tudo o que a polícia fez foi espancar a esmo todo mundo que via pela frente (todas as várias centenas de milhares). Não filmam, por exemplo, as ruas por horas sem sinal de polícia, ou a fila de carros e ônibus entupidos de gente tentando voltar para casa sem conseguir atravessar as avenidas de protesto: quem assiste à Mídia Ninja crê apenas em "polícia fascista contra o direito de ir e vir e exigir serviços públicos baratos". Ivana Bentes define: "A Mídia Ninja fez emergir e deu visibilidade a um 'pós-telespectador' de uma 'pós-TV' nas redes."[4] Não é possível extrair sentido racional disso, mas ao mesmo tempo dá para se ter uma ideia do que ela diz.

É a Mídia Ninja que filma uma ou outra cena estranha e inunda a internet com as principais teorias conspiratórias sobre o que acontecia nas ruas. Usando sempre a mesma desculpa dos uspianos do MPL, os membros do Mídia Ninja são shinobis comunistas que inventam que policiais "infiltrados"* jogam coquetéis molotov no meio de manifestações, que os manifestantes violentos são na verdade policiais à paisana, que provas são apagadas ou adulteradas, que sempre há radicais de "extrema direita" agredindo os manifestantes bonzinhos nos protestos etc.

Já que essa turma gosta tanto da palavra "dialética" (ou "diálogo", necessariamente *inter pares*), cabe lembrar que vivem de uma estranha dialética com o poder público: na verdade, são *dependentes* dele, do contrário não teriam razão para existir. Sobretudo são dependentes (e muitas vezes causadores) da tal "violência policial": sem provocá-la, seu

---

* É curioso que os *community organizers* 2.0 não atualizem tanto a linguagem quando tentam ser conspiratórios. Imitam sempre um filme de espionagem com "infiltrados" pra todo lado — dizendo ao seu público que sempre deve pensar *exatamente o contrário* do que vê.

trabalho seria apenas filmar gente andando e criando trânsito por aí. Seu método não é novo. Foi o próprio Fora do Eixo que transformou a Marcha da Maconha em Marcha da Liberdade, em 2011.[5]

Antes mesmo de oferecer um motivo para as pessoas saírem às ruas, o que interessava era haver uma nova mobilização. A leitura cega, instintivamente, dava o tom para que mais gente caísse em sua propaganda de massa:

> O coletivo FdE, Cláudio Prado (da Casa de Cultura Digital), e membros da rede MobilizaCultura discordaram que fosse necessário pautar qualquer coisa que não fosse a "própria ideia de liberdade". Esta foi a maneira encontrada para neutralizar politicamente a Marcha. (...)
>
> A pauta genérica de algumas delas (e mesmo neutra) ou de grande relação com os direitos individuais — como explicitamente no caso da descriminalização das drogas e da liberdade de expressão — tem possibilitado a aproximação de elementos da classe política — tanto de esquerda como de direita.[6]

Os títulos sensacionalistas e as chamadas sobre "o que acontecia de fato nas ruas", bem ao contrário de seu discurso, passavam a *pautar* o noticiário, inclusive da grande imprensa — sobretudo confundindo-se a si próprios, manipuladores do povo, com "o povo".

É o que explica Ivana Bentes, na linguagem tipicamente maluco-beleza da esquerda anticapitalista de Facebook:

> Estamos vendo surgir nas ruas uma multidão capaz de se autogovernar a partir de ações e proposições policêntricas, distribuídas, atravessadas por poderes e potências muitas vezes em violento conflito, mas que constituem uma esfera pública em rede, autônoma em relação aos sistemas midiáticos e políticos tradicionais e que emergiu e se espalhou num processo de contaminação vitórica e afetiva, instituindo e constituindo uma experiência inaugural do que poderíamos chamar das revoluções P2P ou revoluções distribuídas, em que a heterogeneidade da multidão emerge em sinergia com os processos de auto-organização (*autopoiesis*) das redes.[7]

Com os 7% em humanês, concordamos completamente.

A ideia é sempre fazer pressão sobre inimigos — uma espécie de *lobby* nas ruas. Assim, sempre que aparece um opositor, basta cobri-lo de palavras consideradas socialmente negativas, fazer "jornalismo e ação" que mobilize a opinião pública abobalhada contra seus êmulos e correr para o abraço. Sobretudo com verborragia disfarçando um pensamento primitivo de tão simplório: é uma gracinha como esses "jovens" usam palavras pesadas cujo significado mal conhecem, como "atomizados", "direito de expressão", "quebra de decoro", "antifascista".

Foi assim que a Mídia Ninja ficou famosa — e logo se tentaria descobrir o que era esse tal coletivo Fora do Eixo por trás dela. Afinal, qual era a desses caras?

Fora do Eixo: A distopia de Ayn Rand concretizada

> "Quando você perceber que, para produzir, precisa obter a autorização de quem não produz nada; quando comprovar que o dinheiro flui para quem negocia não com bens, mas com favores; quando perceber que muitos ficam ricos pelo suborno e por influência, mais que pelo trabalho, e que as leis não nos protegem deles, mas, pelo contrário, são eles que estão protegidos de você; quando perceber que a corrupção é recompensada, e a honestidade se converte em autossacrifício; então poderá afirmar, sem temor de errar, que sua sociedade está condenada."
>
> Ayn Rand

O Fora do Eixo é criação de Pablo Capilé e Bruno Torturra, dois líderes de mais um "grupo horizontal sem líderes" a ditar os rumos da oclocracia brasileira. Começa como um movimento cultural para promover bandas de música, depois diversifica suas atividades para o teatro e outros gêneros de espetáculo.

De maneira completamente "colaborativa", a ideia sempre foi dividir custos e ganhos, "horizontalizando" decisões. Os shows, álbuns gravados e eventos são pagos aos artistas do coletivo por meio de uma moeda virtual, o Cubo Card, o que torna o sistema pecuniário impossível de ser rastreado. O Cubo Card é uma moeda meio estranha: o artista que a recebe pode apenas comprar outros produtos do próprio Fora do Eixo ou acumular créditos futuros para novos contratos. Uma espécie de Baú da Felicidade em *moto-perpétuo*.*

Como a vida dos artistas alternativos muitas vezes é resumida à sua profissão, o Fora do Eixo começa a organizar casas de encontro onde os membros do coletivo praticamente passam a viver. Tudo passa a ser organizado por Cubo Cards. A sociedade alternativa é formalizada, e o dinheiro que o coletivo vai arrecadando passa a ser uma espécie de propriedade comum. Para pegar parte do montante, basta-se declarar uma *motivação*. Explicar *por que* você precisa gastar tanto com o quê. A sua propriedade privada deixa de ser fruto do seu trabalho para ser objeto de uma autorização, concedida ou não, pela opinião pública dos outros membros do coletivo. Toda forma de direito concedido pela opinião pública só pode resultar em totalitarismo.

No incrível romance *A revolta de Atlas*, da escritora soviética Ayn Rand, que fugiu jovem para a América e nunca mais pôde ter notícias de sua família, tem-se um retrato em filigranas da vida sob o socialismo — a visão de Karl Marx segundo a qual toda a propriedade deve ser coletivizada e cada um deve trabalhar conforme sua capacidade e cada um deve ter conforme sua necessidade. Apesar de funcionar como um típico slogan vazio de sentido, Marx nunca escreveu ou mesmo pensou a respeito das *consequências* de se viver em tal sociedade.

Em um dos capítulos mais arrepiantes de toda a literatura, o romance mostra uma fábrica onde tal princípio fora aplicado às últimas consequências. Era o fim do lucro, da ganância, dos objetivos "egoístas", era a inauguração de uma sociedade mais justa e igualitária. Em vez da "competição", tratariam cada trabalhador como membro de

---

* Alguém ainda precisa fazer um estudo detalhado sobre por que toda comunidade alternativa anticapitalista formada na Via Láctea é 200% baseada em *comércio*, de *hippies* vendendo miçangas à descriminalização das drogas.

uma gigantesca família. Valia muito antes o bem coletivo do que os interesses particulares.

Se tudo parece o melhor dos mundos possíveis nos primeiros dias, logo alguém adoece. E os trabalhadores, "habilidosos", têm de suprir a "necessidade" do faltoso, pois é o que o bem comum determina. Quem trabalha mais é visto então como *mais habilidoso*, e mais habilidade (e trabalho) é demandada dele. Suas horas de trabalho, anteriormente determinadas por ele próprio para satisfazer suas necessidades e desejos, passam a ser ditadas pelo "bem comum", que demanda cada vez mais dele quanto mais ele se mostra capaz. Qualquer desejo considerado minimamente supérfluo é expurgado,* e sempre o trabalhador é obrigado a trabalhar mais para a cadeira de rodas de alguém, o plano odontológico da filha de alguém, a escola do primo de alguém. Sempre a conta do "bem público" recai sobre o trabalhador. Até mesmo os filhos futuros, que ainda não nasceram, têm suas despesas demandadas "da família".**

É, na prática, a aplicação das teorias comunistas de Karl Marx sobre a "mais-valia", assim como o modo de coletivização da anarquia de Proudhon e Bakunin: não havia mais propriedade privada, e todos os bens produzidos pelo trabalhador deixavam de ser um direito seu, pelo que havia produzido, e passavam a pertencer "à família", que decidia em

---

* É por isso que é preciso tomar extremíssimo cuidado com qualquer crítica ao "consumismo" — viver sem o supérfluo é apenas viver na miséria da subsistência diária, afinal.

** A desigualdade social nasce em casa, com destinos diferentes que dois irmãos dão às suas escolhas. A mania de "corrigir" a sociedade pelo ponto de partida de duas famílias distintas (e as eternas crônicas sobre o filhinho de papai assaltado pelo sofredor da periferia) pode gerar resultados igualmente catastróficos. É claro que o modo de transferência de renda compulsória, hoje, é a conta-gotas: mas não deixa de partir do mesmo princípio esquisito, a saber, de que os filhos de alguns são responsabilidade de toda a sociedade, e não apenas daquela família. No dizer de Thomas Sowell, caminhamos perigosamente para uma sociedade em que ninguém é responsável pelo que faz, mas todos são responsáveis pelo que os outros fazem ou fizeram no passado. Sobre a questão da desigualdade social, vale a pena compreender o confronto que Robert Nozick opôs às famosas e muito utilizadas teorias sobre justiça de John Rawls. Um resumo meu está no artigo "Flavio Morgenstern: 'Não é com R$ 291 por cabeça que um governo pode se considerar protetor dos pobres'". Disponível no blog de Augusto Nunes na *Veja*, em: <http://veja.abril.com.br/blog/augusto-nunes/feira-livre/flavio-morgenstern-o-ego-de-lula-e-mais-faminto-que-um-buraco-negro>.

assembleias o quanto distribuiria a cada trabalhador.* Na prática, não é difícil perceber que em pouco tempo todos estão dizendo que "necessitam" de tudo, e que têm cada vez menos habilidade. Cada nova demanda, em vez de ser discutida pelo trabalho e pela economia individual, vira uma questão "política", a ser discutida em assembleias que podem "dar" direitos como tomá-los a seu bel-prazer, apenas precisando da maioria.

Rodrigo Constantino, talvez a maior autoridade brasileira em Ayn Rand, comenta este capítulo de *A revolta de Atlas* no imprescindível artigo "A fábrica da inveja":

> Bebês foram o único item de produção em alta, pois ninguém tinha que se preocupar com os custos dos cuidados de um filho, já que a conta recaía sobre a "família". Além disso, não havia muito o que fazer, pois a diversão era vista como algo totalmente supérfluo, um dos primeiros itens a ser cortado em nome da "necessidade" de todos. A diversão passa a ser vista quase como um pecado. Um dos meios mais fáceis de se conseguir um aumento no pagamento era justamente pedir uma permissão para ter filhos ou alegar alguma doença grave.
>
> Não há meio mais seguro de destruir um homem que forçá-lo a um mecanismo de incentivo onde seu objetivo passa a ser não fazer o seu melhor, onde sua luta é por fazer um trabalho ruim, dia após dia. Isso irá acabar com ele mais rápido que qualquer bebida ou o ócio. A acusação mais temida era a de ser mais habilidoso que o demonstrado, pois sua habilidade era como uma hipoteca que os outros tinham sobre você. Mas para que alguém iria querer ser mais

---

* Exatamente por este motivo é um erro brutal acreditar que o comunismo de Karl Marx "nunca existiu", e que nos prendemos apenas à fase "socialista" de seu sistema. Também é apenas assim que se descobre o que significa, de fato, "anarquia" para seus defensores, ou seja, a coletivização total sem um "Estado", mas onde o coletivo decisório "horizontal" tem poder total sobre o indivíduo. Os sistemas da Cortina de Ferro, com seu Estado tão acachapante, na verdade eram bem próximos de um planejamento social em que Estado e sociedade se imiscuem, e são praticamente indiscerníveis. O propósito tanto de Karl Marx com sua "fase socialista" quanto de Proudhon e Bakunin com a sua "ação direta" anarquista era esse coletivismo total. Stalin, Pol-Pot, Milošević, Ceauşescu, Kim Il-sung não são "traições" ao marxismo, nem um socialismo diferente da fase final comunista (ausência de Estado está muito mais próxima do liberalismo do que do coletivismo): misturam tanto Estado e sociedade que ambos se tornam um só, a ponto de ser praticamente impossível encontrar um Estado "separado" a governar os indivíduos. São, afinal, o comunismo.

> habilidoso, se seus ganhos estavam limitados pela "necessidade", e suas habilidades significariam apenas mais trabalho pesado para que outros ficassem com os benefícios?
>
> A explicação dos motivos que levaram tal plano a ser aprovado está na passagem em que o ex-operário diz que não havia um único homem votando que não pensasse que sob tais regras poderia avançar sobre os lucros de outros homens mais habilidosos que ele. Não havia alguém rico ou esperto o suficiente que não achasse que alguém seria mais rico ou mais esperto, e que tal plano daria a ele uma parcela de sua maior fortuna ou cérebro. O trabalhador que gostava da ideia de que sua "necessidade" lhe daria o direito a ter o carro que seu chefe tinha esquecia que todos os vagabundos do mundo poderiam demandar aquilo que ele tinha conquistado pelo seu trabalho. Este era o verdadeiro motivo para a aprovação deste plano igualitário, mas ninguém gostava de refletir sobre o assunto, e, quanto menos gostavam da ideia, mais alto gritavam sobre o amor pelo bem geral.
>
> A fábrica continuou perdendo os melhores homens, pois os habilidosos "egoístas" fugiam como podiam para lugares onde pudessem trabalhar pelos seus próprios interesses, sem terem o fardo de sustentar os parasitas. Em pouco tempo, não havia mais nada além dos homens "necessitados", pois não tinha um único homem de habilidade. E a fábrica teve que começar a apelar para as suas necessidades tentando não perder todos os seus clientes, pois seus produtos não mais eram competitivos ou eficientes. Mas qual o bem que faz aos passageiros de um avião um motor que falha em pleno voo? Se o produto for comprado não pelo seu mérito, mas por causa da necessidade dos empregados da fábrica ineficiente, seria isso correto, bom ou a coisa moral a ser feita pelo dono da empresa aérea? Se um cirurgião compra um equipamento não pela sua qualidade, mas pela necessidade dos funcionários do produtor, seria isso correto com seu paciente?[8]

Uma cena memorável é a do homem simples que trabalhava para se autossustentar e tinha como único prazer colecionar discos antigos. Em uma das eternas assembleias, foi definido que os seus bens deveriam ser vendidos em prol do bem comum, para financiar o tratamento odontológico da filha de outra operária. O homem perdeu seu único prazer, o único motivo que tinha para trabalhar e viver uma vida quieta. Certo dia, quando cruzou com a criança numa esquina, não aguentou e arrancou todos os dentes dela com um único soco. Impossível não pensar no que dizia Ortega y Gasset sobre esse coletivismo ser a grande máquina de matar inventada no século XIX: "os fenômenos sociais da época camuflavam a verdadeira economia da coletividade, porque então convinha a esta cevar bem os indivíduos. Ainda não havia chegado o momento da nivelação, da espoliação e da partilha em todos os aspectos."[9]

Não surpreende que Ayn Rand tenha visto o socialismo de perto para poder descrever como é a vida no socialismo e nas "democracias populares participativas" do assembleísmo com tamanha maestria. Este sistema foi descrito em tons alegres e festivos em uma edição da revista *Trip*, em 2011, por Bruno Torturra, futuro braço direito de Capilé:

> Nem Pablo Capilé nem nenhum de seus colegas que trabalham diretamente no Fora do Eixo tem um salário. Vinte e oito pessoas têm a senha do cartão do banco e podem utilizá-lo livremente para suas despesas pessoais. Tudo que precisam fazer é discriminar e justificar o gasto. Em resumo: se você entra e trabalha para o Fora do Eixo, você tem todas suas despesas pagas. (...) A medida são o bom-senso e a dedicação de cada um. "Se eu quiser eu posso ir à loja e comprar um Nike", Capilé elabora, "mas depois eu vou ter que contar por que eu preciso de um Nike se meu colega está usando um Conga..." Isso explica por que a maioria por ali se veste de maneira bem modesta, vive em quartos quase sem adornos, mas carrega iPhones 4 e Macbooks de última linha. É com esse orçamento ultrassocialista que alugaram, no começo de 2011, a casa em São Paulo, e estabeleceram ali a nova sede para uma nova fase.[10]

É a aplicação do conceito de "economia solidária", de uma das maiores mentes planejadoras de catástrofes em atividade no planeta, o intelectuerda Paul Singer (citado por eles). Ou seja, trabalho escravo. E o que dizer de Cláudio Prado, premiado no Trip Transformadores de 2009?

> Homem difícil de definir através de cargos, [Cláudio Prado] é uma mistura de pensador e agente (...): "O movimento Fora do Eixo é uma molecada que propõe que reinventemos tudo, e começa por reinventar o dinheiro. E não é ouro que eles fabricam... é tesão, felicidade em estado bruto, que contamina como energia radioativa do bem. Passe um dia na casa para realmente entender o que é a felicidade da geração pós-rancor, pós-grana, pós-tudo!"[11]

Contudo a realidade sempre consegue se mostrar pior do que a mais cruenta e pessimista ficção.* Se Ayn Rand traz um panorama de trabalho escravo e exploração econômica em prol do bem comum, a história do Fora do Eixo, a "fábrica da inveja" da vida real, além de ter de se sustentar com verbas públicas (a fábrica do livro, sem este expediente, faliu), toca em um tema que Ayn Rand parece não ter sequer previsto: a **exploração sexual.**

Se a vida inteira do indivíduo, inclusive sua força de trabalho e as consequências de suas escolhas, é de "propriedade comum" da família, não falta muito para o seu corpo também ser. Nas "Casas Fora do Eixo", onde as pessoas da vida real, aqui no Brasil, viviam em regime de escravidão e subjugação completa ao grande líder ditando o "bem comum", sendo pagas com Cubo Cards e mantendo um distanciamento *juche* em relação ao mundo de fora do Fora do Eixo, outra moeda passou a ser negociada — o sexo. As meninas novas a entrarem para a empreitada tinham de se submeter a delícias como servirem de diversão sexual aos homens fortes do negócio. A moeda era decidida pela (falta de) beleza: quanto mais feia fosse a pessoa com quem se ia para a cama, conforme o planejamento social igualitário dos abutres, mais "lastro" se ganhava

---

* Não por outro motivo, todos os pensadores e professores de esquerda no Brasil e no mundo são mestres na arte de narrar horrores da realidade e atribuí-los ao capitalismo (até mesmo a miséria do socialismo do Zimbábue, com sua coletivização forçada de fazendas). Todavia seu conhecimento histórico sobre o que acontece do outro lado da Cortina de Ferro, em países socialistas de fato, é *zero*. Nem mesmo o livro mais importante do século XX, *Arquipélago Gulag*, de Aleksandr Soljenítsin, passou alguma vez a menos de algumas léguas de distância de suas cabecinhas.

— a regra, então, é que meninas bonitas deveriam dar para os caras mais feios em troca de recompensas.

A primeira a denunciar o que significa na prática a vida dentro do Fora do Eixo foi a cineasta Beatriz Seigner. Com um longo e impressionante depoimento no Facebook[12] que vale a pena ser lido em sua inteireza, Beatriz Seigner conta como era viver em um lugar *ainda mais* aterrorizante do que a fábrica da inveja de Ayn Rand. O Fora do Eixo não tem existência jurídica, do contrário choveriam processos por trabalho escravo e estelionato. Fica com o dinheiro e o nome dos artistas (tudo é feito "pelo coletivo Fora do Eixo"). Ameaça quem tenta sair. E isso é só a parte mais *light*.

Segundo Beatriz, esses moradores não recebem salário nenhum — vivem com o que lhes fornece o "coletivo" — e se dedicam integralmente ao Fora do Eixo: não têm individualidade, não assinam seus trabalhos, não põem sua marca pessoal em nada. Se deixam a casa, saem sem nada.

Isso tem explicação. A cineasta acusa Capilé de ter enorme desprezo pela arte e pelos artistas — parece que esse rancor é especialmente devotado aos livros ("uma tecnologia ultrapassada"), em particular aos clássicos. Os abduzidos do Fora do Eixo, que entregam graciosamente a sua mão de obra a Capilé, não têm tempo de usufruir bens culturais nem acham isso necessário: tudo pela causa.[13]

Numa hora a desculpa é o "passe livre", na outra o *Agitprop* virtual, como o do Fora do Eixo e sua ânsia para controlar o dinheiro da cultura e os direitos autorais — embora, no fim, sejam pessoas que entendem tanto de cultura, de Beethoven, Shakespeare ou Escher, quanto um padre entende sobre sexo, parodiando a feliz expressão de Paulo Francis. *The issue is never the issue, the issue is always the Revolution*: tudo sempre converge para a coletivização completa da vida por meio de decisões de assembleias.* Tudo o que querem dizer com "cultura"

* O grande economista Frédéric Bastiat resumiu esta questão ainda no século XIX: "O socialismo, como as velhas ideias de onde emana, confunde a distinção entre o governo e sociedade. Como resultado disso, cada vez que nos opomos a algo que o governo queira fazer, os socialistas concluem que estamos fazendo oposição."

são eventos entupidos de gente, para então pedir muito dinheiro a mecenas desavisados.

Beatriz Seigner disponibilizou um filme seu ao coletivo. A remuneração? Cubo Cards, claro: "Já adianto aqui que nunca vi nem sequer um centavo deste cubo card, ou a plataforma com 'menu de serviços' onde esta moeda é trocada." Mesmo assim, descobriu que exibições eram feitas com patrocínio do SESC (do contrário, o sistema faliria). Seigner não viu um centavo. Mesmo se aproveitando de sua criação, quiseram ainda colocar a logomarca do Fora do Eixo no filme, "para ser uma 'realização Fora do Eixo', em seu catálogo". Logo, descobriria que o Fora do Eixo recebia do SESC em seu nome sem consultá-la. Seigner cobrou o cachê, percebendo que a vida "colaborativa, na sociedade pós-lucro" não parece tão agradável quando a cobaia é nossa própria carteira. Os números apresentados a patrocinadores do porte da Vale do Rio Doce eram sempre fantasiosamente hiperbólicos. Logo descobriria que a horizontalidade rebanhista sempre recai no líder único plenipotente, na figura do mandachuva Pablo Capilé:*

> Até então haviam me dito que a rede era descentralizada, e eu havia acreditado, mas imediatamente, quando vi a reverência com que todos o escutam, o obedecem, não o contradizem ou criticam, percebi que ele é o líder daqueles jovens e que, ao redor dele, orbitavam aqueles que eles chamam de "cúpula" ou "primeiro escalão" do FdE.
>
> (...) Capilé dizia que não deveria haver curadoria dos filmes a serem exibidos neste circuito de cineclubes (...) e que ele era contra pagar cachês aos artistas, pois, se pagasse, valorizaria a atividade dos mesmos e incentivaria a pessoa "lá na ponta" da rede, como eles dizem, a serem artistas e não "DUTO", como ele precisava. Eu perguntei o que ele queria dizer com "duto", ele falou sem a menor cerimônia: "Duto, os canos por onde passa o esgoto."
>
> Eu fiquei chocada. Não apenas pela total falta de respeito por aqueles que dedicam a maior quantidade de horas de sua vida para o desenvolvimento da produção artística (e, quando eu argumenta-

* Neste e nos demais relatos informais que se seguem, não colocarei o "(*sic*)".

va isso, ele tirava sarro dizendo "todo mundo é artista", ao que eu respondia "todo mundo é esportista também") (...)

A seita tem "casas". Ou: Trabalho similar à escravidão?

Depois desse choque com o discurso do Pablo Capilé, ainda acompanhei a dinâmica da rede por mais alguns meses (...), pois queria ver se esse ódio que ele carrega contra as artes e os artistas era algo particular dele, ou se se estendia a toda a rede. Para a minha surpresa, me deparei com algo ainda mais assustador: as pessoas que moram e trabalham nas casas do Fora do Eixo simplesmente não têm tempo para desfrutar os filmes, peças de teatro, dança, livros, shows, pois estão 24 horas por dia, sete dias por semana, trabalhando na campanha de marketing das ações do FdE no Facebook, Twitter e demais redes sociais.

E, como elas vivem e trabalham coletivamente no mesmo espaço, gera-se um frenesi coletivo por produtividade, que, aliado ao fato de todos ali não terem horário de trabalho definido, acreditarem no mantra "trabalho é vida" e não receberem salário — e, portanto, se sentirem constantemente devedores ao caixa coletivo, da verba que vem da produção de ações que acontecem "na ponta", em outros coletivos aliados à rede —, faz com que simplesmente, na casa Fora do Eixo em São Paulo, não se encontre nenhum indivíduo lendo um livro, vendo uma peça, assistindo a um filme, fazendo qualquer curso, fora da rede. Quem já cruzou com eles em festivais nos quais eles entraram como parceiros sabe do que estou falando: eles não entram para assistir a nenhum filme, nem assistem/participam de nenhum debate que não seja o deles. O que faz com que, depois de um tempo, eles não consigam falar de outra coisa que não seja deles mesmos.

Os escravos

(...) o que talvez seja mais grave: os que moram nas casas Fora do Eixo abdicam de salários por meses e anos — e, portanto, não têm um centavo ou fundo de garantia para sair da rede. Também não adquirem portfólio de produção, uma vez que não assinaram nada do que fizeram lá dentro (...). E, portanto, acabam se submetendo àquela situação de escravidão (pós-) moderna simplesmente porque não veem como sobreviver da produção e circulação artística fora da rede.

> **Capilé incentiva que se abandone a universidade**
> Muitas destas pessoas são incentivadas pelo próprio Pablo Capilé a abandonar suas faculdades para se dedicarem integralmente ao Fora do Eixo. Quanto menos autonomia intelectual e financeira estas pessoas tiverem, melhor para ele.
>
> **Medo da retaliação: o poder de Capilé**
> E, quando algumas destas pessoas conseguem sair, pois têm meios financeiros independentes da rede FdE para isso, ficam com medo de retaliação, pois veem o poder de intermediação que o Capilé conseguiu junto ao Estado e aos patrocinadores de cultura no país, e temem ser "queimadas" com estes. Ou mesmo sofrer agressões físicas. Já três pessoas me contaram ouvir de um dos membros do FdE, ao se desligarem da rede, ameaças tais quais "você está falando demais, se estivéssemos na década de 1970 ou na Faixa de Gaza, você já estaria morto/a". Como alguns me contaram, "eles funcionam como uma seita religioso-política, tem gente ali capaz de tudo" na tal ânsia de disputa por cada vez mais hegemonia de pensamento, por popularidade e poder político, capital simbólico e material, de adeptos. Por isso se calam.

Como se vê, a ideia de que o "ultrassocialismo" (palavras de Bruno Torturra) significa escravidão, hegemonia de pensamento, nenhum tempo livre, mesmice cultural, líder plenipotente etc. etc. não é uma "crença" nossa: são palavras até de progressistas que experimentaram na pele a "outra sociedade possível" que odeia o lucro e busca "solidariedade".

Com o silêncio quebrado por Beatriz, seguiram-se outros relatos, a maioria absoluta de mulheres, que resolveram contar como é fugir do Gulag norte-coreano do Kim Jong-il de Cuiabá. Laís Bellini, estudante de jornalismo, cedeu aos apelos de Pablo Capilé para largar a faculdade e se tornar uma "interna" de uma das Casas Fora do Eixo, onde eram gestados os projetos "culturais" (nenhum com a menor relevância para o que alguém com qualquer contato com um bem cultural melhor do que um comercial de margarina possa considerar "cultura") e ações políticas (o Fora do Eixo tem até um setor chamado "Partido"). O depoimento é horrendo:[14]

> — o Fora do Eixo é uma monarquia absolutista, e é proibido questionar Pablo Capilé;
>
> — Laís relata o que é o dia a dia de pessoas submetidas a uma forma moderna de escravidão;
>
> — a sociedade "Fora do Eixo" é rigidamente hierarquizada, e os que ainda não têm lastro (tempo de casa) só podem conversar com os seus "gestores" (os chefes);
>
> — o contato com as outras pessoas dentro da casa é rigidamente controlado, e as amizades são desestimuladas, censuradas ou mesmo proibidas — nada que desvie as pessoas do trabalho;
>
> — ninguém recebe salário ou algo semelhante; no máximo, as pessoas ganham um "bônus", uma moeda inventada por Capilé;
>
> — para sair da Casa, é preciso pedir permissão;
>
> — é proibido se relacionar com pessoas que não pertençam ao Fora do Eixo;
>
> — Laís relata o que, tudo indica, parece ser um esquema de fornecimento de notas frias para que o Fora do Eixo justifique gastos — afinal, recebe dinheiro tanto de empresas públicas como privadas (e tem a Lei Rouanet);
>
> — o Fora do Eixo monitora a vida afetiva e sexual de seus internos;
>
> — pessoas são instruídas a assediar novatos, numa técnica chamada de "pós-amor" (???);
>
> — os novatos, fica claro, funcionam como escravos de Pablo Capilé e daqueles que dividem com ele o controle do Fora do Eixo;
>
> — o clima de trabalho se dá em regime de terror, humilhação, xingamentos;
>
> — discriminadas, as mulheres vão para a cozinha; os rapazes discutem política;
>
> — Laís confirma relato feito por Beatriz e diz que Pablo Capilé tem profundo desprezo pela leitura de livros, uma coisa, segundo ele, ultrapassada.

Nada muito surpreendente para quem conhece os destinos de qualquer tentativa de "democracia sindicalista" ou coisas do tipo. Os próprios membros do Fora do Eixo declaravam sobre si próprios: "Para o Fora do Eixo a cultura é apenas um pretexto e, atualmente, passaram a buscar meios para chegar na política."[15] Mas os seus relatos de, *horresco referens*, exploração sexual em nome da causa, precisam ser lidos com cuidado por quem ainda acredita nos regimes "sociais".* Novamente, os melhores trechos de um longo depoimento que deve ser lido em sua inteireza, selecionados por Reinaldo Azevedo[16] (tão odiado pelas próprias fugitivas do Campo 14):

> **Hierarquia — O gestor**
> (...) a coisa ali funciona bem assim. Comecei a trabalhar então pelo Congresso Fora do Eixo que aconteceu em dezembro de 2011, em São Paulo. A gente trabalhava das 8h, 9h da manhã até às 3h, 4h... E olha que eu não reclamo de muito trabalho quando acredito na causa... Mas o problema que eu vejo é que ali parecia uma noia coletiva de um querer demonstrar mais trabalho que o outro para o seu gestor. Sim, porque ali dentro havia gestores. A galera nova que chegava tinha seu gestor, dependendo em que área ia trabalhar. (...)
>
> **Coreia do Norte**
> Quer fazer crítica!? Faça diretamente ao seu gestor que ele resolve com você. Você quer conversar com seu amigo? Você não pode. Sim, você tem um gestor lá dentro da casa e, sim, você não pode sair por aí conversando com sua amiga que vive e trabalha no mesmo lugar que você. (...) Eu conversei algumas vezes com alguns amigos e, no que se chama lá dentro de "choque pesadelo", fui chamada várias

---

* Para alguém ter feito parte do Fora do Eixo, certamente não é suficiente ser apenas ligado à esquerda política, mas é preciso ser um militante esquerdista *tout court*. Quase todos os relatos de abusos do Fora do Eixo saíram com medo de serem "explorados pela direita", pois sempre se crê que a ideia do coletivo coletivista ao extremo é ótima e que tudo só deu errado por causa de Pablo Capilé. É o mesmo que dizem sobre o socialismo: as ideias de Marx e Lenin, supostamente, seriam lindas — só que o sistema mais perfeito já inventado pelo homem teria sido "tomado" por Stalin, a "minoria de vândalos" soviética. O mesmo aconteceu com a China de Mao. E com a Romênia de Ceauşescu. E a Albânia de Enver Hoxha. E Cuba de Fidel. E o Vietnã de Ho Chi Minh. E a Coreia do Norte de Kim Il-sung. E a Alemanha Oriental de Walter Ulbricht. E o Afeganistão de Nur Mohammad Taraki e Hafizullah Amin. E a Sérvia e a Iugoslávia de Slobodan Milošević. Sempre se culpa *um cara* de ter "tomado" e "desvirtuado" o sistema mais perfeito do mundo — ou a democracia nas ruas, que *sempre* é tomada por uma "minoria de vândalos". Com medo da palavra "direita", "capitalismo" ou o que for, nunca dão o braço a torcer e continuam a insistir no erro. E a achar que todo experimento socialista fracassa *por mera coincidência*.

vezes pra conversas em off, a pressão é forte ali... Na hora, você se sente a pessoa mais errada do mundo, sente que tá fodendo com um propósito muito maior e para de conversar com a sua amiga. Sério... Eu fui proibida, digo proibida mesmo... de conversar com o cara que ali dentro eu considerava ser o meu melhor amigo. A seguinte frase foi dita a mim: "Laís, o Gabriel era seu 'amigo' lá em Bauru. Agora ele está aqui para trabalhar com o Felipe. Qualquer coisa que ele precisar ele tem que conversar com o Felipe. Você tem que conversar com a Carol. Vocês não têm que ficar de conversa. Aqui dentro, vocês não são amigos. Vocês trabalham para a rede e em setores diferentes."

Catar e cooptar — O pós-amor

Catar e cooptar. Vejam bem, moças e rapazes, se você for considerado um perfil estratégico para estar e entrar na rede, cuidado! Você em breve pode perceber alguma pessoa que vai se aproximar bastante de você, mas bastante mesmo, a ponto de demonstrar muito desejo por você. Quando você está se aproximando, há reuniões que acontecem dentro da cúpula, às vezes com mais uns ou outros, que podem ser indicados para tal ação, para definir quem é a pessoa que tem mais perfil para dar em cima de você e te fisgar pra dentro da rede. Sim, essas conversas acontecem em reunião, e, ali, é definido o nome da pessoa que vai partir pra cima. Cada um aqui que tire a sua conclusão. Tanto sei desse papo que soube ainda que ficaram preocupados quando o cara que foi enviado para partir pra cima de mim não conseguiu, e por isso não sabiam o quanto eu estava me envolvendo realmente com a rede ou não. Só pra pontuar: quando eu ainda estava lá, eu participei de uma conversa na qual propunham que eu tinha de demonstrar que eu estava mais dentro, que eu estava mais entregue à rede, pra que elas pudessem confiar em mim e pra que eu pudesse partir pra fazer ações estratégicas como sair pra catar e cooptar uns caras que considerassem interessante estar dentro. Uma semana depois dessa conversa, eu estava fora. E não se enganem, queridos, o amor tá aí pra ser mais uma ferramenta. (...)

Sexismo

Me perguntem qual o sexo do gestor da cozinha. E me perguntem quem sai pra uma ou outra noitada do Fora do Eixo pra dar as caras na festa com uma "galera".

Confinamento

Com quem você se relaciona?! Não queira estar lá dentro e se relacionar amorosamente com qualquer outra pessoa que esteja fora da rede. Você vai viver aquilo ali e nada mais. Ficar dentro da casa o dia inteiro e só sair quando é necessário para a casa (...). Se você quer visitar seus pais no interior... "Olha, sinceramente, que você tenha um bom motivo. E que não vá pedir dois meses seguidos. Sim, porque ali o verbo era esse. "Posso ir visitar minha mãe essa semana?", coisas do tipo. Quer encontrar uma pessoa que não faz parte da rede?! Vai inventar a maior mentira pra conseguir sair dali uma noite, e, no dia seguinte, se demorar pra voltar, não tem cara bonita te dizendo bom-dia, não. Ali, é cobrança 24h por dia. Agora, ai de você perguntar por que o Pablo tá saindo. (...) O Pablo resolveu dormir até mais tarde e perdeu o voo? Não importa, ele nem se deu a obrigação de cancelar o voo. "Você vai ligar lá, Laís, vai dar um jeito de trocar a passagem." "Mas já passou a hora do check in" "Não importa, troca, ou compra outra, tem que comprar outra, rápido, Laís, já resolveu (o gtalk bombando!!!)? Vai, Laís, vai logo, menina! Tá lerda hoje! Você é lerda mesmo né? Parece retardada." Sim, você fica na função de comprar setenta passagens aéreas e não para durante quatro dias, fazendo todas as cotações possíveis e impossíveis. (...) "Laís, você é retardada, NÃO TÁ OUVINDO O QUE EU TÔ FALANDO?" É nesse nível! (...)

Curtir o Pablo

Eu já estive lá. Já vivi momentos em que aparecia um texto com crítica ao Fora do Eixo e aparecia o Pablo sala por sala ou recebíamos a informação via gtalk: "Escrevam aí sobre o quanto você curte estar vivendo isso aqui, o quanto a gente faz coisa massa", e aí, como mais uma demanda, em 15 minutos, o Facebook tinha trezentos, quatrocentos, quinhentos textos com esses mesmos tantos de curtir e compartilhar. É bom lembrar que curtir e compartilhar coisas que o Pablo e mais outros por lá escrevem no Facebook é demanda diária. (...)

Proibido falar com estranhos

Eu já cheguei a ouvir da Carol (e sinto muito que são fortes recomendações da Lenissa e do Pablo) coisas do tipo: "Com quem você está conversando aí no Facebook, Laís? Esse cara nem é do Fora do Eixo.

Quem é ele?! Por que você está conversando com ele?" E, veja bem, ai de você perguntar alguma coisa a Pablo, Felipe, Mari, Lenissa, Carol no mesmo nível de prepotência. Ai de você querer saber com quem o Pablo conversa horas de porta fechada.

Vida amorosa patrulhada

Sim, me distanciaram dos meus amigos. Me questionaram sobre minha vida amorosa. Disseram pra eu não me relacionar com tal pessoa porque "este não é o momento de você se relacionar com tal pessoa. É o momento de você trabalhar para subir na rede, para adquirir lastro, para ter espaço pra falar, pra conquistar essas coisas, você tem que assumir esses papéis". "Laís, por que você tá indo caminhar todos os dias no Parque com a Bianca? Acho que vocês duas estão conversando muito. Não é para vocês ficarem conversando muito." "Laís por que hoje você ficou de risadice com os meninos na cozinha!? Você é mulher, tem que se posicionar como tal, não é pra ficar de conversa, de risada com ninguém na cozinha. Vai na cozinha porque tá com fome. Pega o que tem que comer e volta a trabalhar. Não tá vendo que tá todo mundo aqui focado!?" (...)

Mais trabalho escravo sem cultura

Na moral, o que é se "posicionar" como mulher? E foco? Ali é passar o dia inteiro fazendo marketing online do Fora do Eixo. Toma banho rápido. Vai no banheiro correndo. Ninguém na casa lê livro algum, porque não dá tempo, isso não existe. E, ainda mais com o discurso do Capilé de que ler é perda de tempo, que agora a comunicação está mais dinâmica, que a gente usa o Facebook pra ter informação de tudo e que isso basta, juntando um ou outro artigo e tal que você vai ler porque obviamente estará falando do Fora do Eixo, e sim, isso é tudo. Cinema... tem um clube de cinema dentro da rede, e marcávamos uma vez por semana (que era nossa hora de descanso da semana) para assistir a algum filme. Mas, sim, rolava uma puta pressão psicológica e disfarçada. Porque, na real, se a sua gestora não vai assistir, por que você vai?! Você tem que trabalhar e trabalho ali, meu amigo, não tem fim. (...)

A vida cotidiana: Pablo, o monarca

Pergunta pra Ivana Bentes e pro Claudio Prado se eles vão sair de suas bem acomodadas e "média ou alto classeadas" casas e vidas para ir viver numa casa Fora do Eixo, dividir seu quarto com mais oito pessoas, suas roupas com mais vinte, trinta pessoas, seu sabonete com mais 22, sua bermuda com mais 15 caras, vai lavar a louça do almoço pra 80 pessoas e o prato do Capilé (que eu nunca vi lavar uma louça em todo tempo que estive morando lá, "mas calma lá, Laís, ele tem coisa mais importante pra fazer"). (...) Eu nunca vi Mari, Lenissa, Carol, Pablo, Felipe levantar da cadeira pra lavar um banheiro pós-domingo na casa... (...)

Dívida e estelionato
Saí com o Fora do Eixo me devendo pouco menos de 5 mil reais (não em card, em real mesmo...). Negociei com eles porque muita coisa diziam que era "investimento meu na rede" e diziam ainda que, no fundo mesmo, eu que devia pra eles pelo tanto de coisa que eu aprendi enquanto estive na rede. O que toparam pagar segue: passagem aérea comprada no cartão de crédito da minha mãe, meu limite do cartão que ficou negativo, mais de 8 multas no período de um mês com meu carro circulando São Paulo, Rio de Janeiro, Minas Gerais. Sendo que eu não considerei, por exemplo, cobrar a batida no carro que acabou com uma lateral, devolvi o carro pra minha mãe assim mesmo, um ano de 3G no meu cartão e mais. Eu não queria mais ficar debatendo, fechei em cerca de 3 mil reais. Só vi a cor de 500 reais, e já trocamos incansáveis 57 e-mails. A resposta sempre é que o orçamento, o caixa, não deu pra fechar, pra pagar esse mês. Lembrando ainda que colocaram meu nome no Serasa por não pagarem uma conta de um celular que não era meu, mas estava no meu nome, mesmo depois de eu ter saído, e eu é que fui pagar essa conta um ano depois pra que meu cartão fosse liberado, e meu nome, limpo. Eu saí do Fora do Eixo em fevereiro de 2012. Estamos em agosto de 2013. (...)

Desqualificação
Cada um sai da casa com uma TAG. Lembro que tinha a #traíra, o #filhodaputa, eu saí como a #desistente, sei que, depois de mim, saiu a #loca e por aí vai. Pra cada um que se vai, eles justificam com 1 milhão de defeitos da pessoa (...). Até quando eu estava lá, tinha uma frase do Pablo pra quando alguém saía: "pode ir, pra cada um que sai, chega 10 a mais." (...)

> **Humilhação**
> Quando eu saí da casa, pedi pra sair tranquila, avisei a Carol que eu não queria alarde, que eu não estava bem, tinha passado dois dias acordada, pensando na atitude a tomar. Não aguentava mais a pressão, não queria mais estar ali, só queria ir embora tranquila, sem discutir, sem problemas. A resposta pra esse meu pedido foi colocar as 22 pessoas que viviam comigo e mais umas outras que estavam ali na casa no dia na minha frente numa reunião geral. Descer uma enxurrada de argumentos, aos quais eu não estava a fim de responder. Esquentaram meu psicológico até eu não aguentar mais. Eu só chorava, queria sair dali, sem problemas, sem mal-estar. As pessoas ali me olhavam com cara de "coitada, desistiu!", e a cúpula, mais precisamente Lenissa e Mari, com uma certa cara de que eu era lamentável, falando com arrogância. (...)

Mais relatos se seguiram. Um deles conta até mesmo como Pablo Capilé discutia uma noite sobre seus dotes de galanteador sexual, e, para provar o que dizia quando os ânimos se exaltaram, pegou um computador para mostrar o fato — o relatante diz ter virado o rosto e não ter querido ver se eram vídeos ou fotos, mas está longe de ser o único a relatar o funcionamento do "coletivo sobre o indivíduo" da "democracia direta e participativa" do Fora do Eixo, que testava a portas fechadas o que queria que fosse o método de organização de toda a sociedade. É o arrazoado assinado por Alejandro Vargas (que ainda defende o Fora do Eixo e acha que foi apenas "desvirtuado"), escrito em uma língua bastante parecida com o português, do qual podemos pinçar as seguintes passagens (é de bom alvitre preparar um pouco o estômago):

> (...) 6.2 — Em julho de 2011 tivemos um encontro do PAN (ponto de articulação nacional) em Brasília para reunião com Secretarias do MinC. Naquela viagem estávamos presentes muitos homens e uma Mulher, a maioria ficamos hospedados na casa de um parceiro e a mulher em outra casa. Nessa viagem rolou o papo que deveria ficar ali, sobre "fazer a entrega para a rede", compreenda "tem o cara ou menina mais feios, mas que trampam muito" e os que tem mais "chances de se dar bem", só que não dá pra "pagar de gatão"

> tem que fazer a entrega para alimentar o estímulo de quem é menos provido de beleza, inclusive de fora da rede, para trazer para dentro. Depois disso o Pablo começou a se gabar como um jovem de seus 20 e poucos anos, de suas aventuras sexuais nas viagens de articulação, foram surgindo relatos e nomes, até que um dos presentes duvidou de um desses nomes e o Felipe (a pedido do Pablo sempre) tira seu computador, mostra arquivos para quem indagou e alguns outros olharam os arquivos chocados com o conteúdo, eu não olhei por isso não posso afirmar se eram fotos, vídeos ou outros, rolou o comentário: "se alguém pegar essa pasta tamo fudido!"[17]

Seguiu-se ainda um manifesto de 16 ex-membros do Fora do Eixo. A reclamação, mais sutil, ainda é digna de apresentar como funcionava a Casa dos Horrores do Fora do Eixo:

> **MANIFESTO | Fora do Eixo e uma reflexão das mulheres contra o patriarcalismo**
> Até o momento as críticas que têm sido feitas ao Fora do Eixo são, em sua maioria, ao sistema de funcionamento que só reproduz as práticas já conhecidas por outras empresas dentro do sistema capitalista de exploração do trabalho. Nós, mulheres que fizemos parte das casas Fora do Eixo (...) temos que pontuar e fazer a crítica radical à reprodução patriarcal nas relações de poder dentro do Fora do Eixo. Sendo assim, gostaríamos de levantar algumas questões: (...)
>
> **3. "Catar e Cooptar": o uso político do sexo no Fora do Eixo**
> Uma das práticas políticas do Fora do Eixo refere-se a "catar" ou "cooptar" (também se usa as terminologias "entrega" e "missão"), deliberada em reunião da cúpula com o objetivo de cooptar parceiros através da sedução e do sexo. É debatido o perfil do futuro integrante ou colaborador e quais membros teriam afinidade de atraí-lo e iniciar com ele ou ela um relacionamento amoroso e/ou sexual com a finalidade de cooptá-lo(a). Homens e mulheres fazem parte desses artifícios.
>
> **4. "Quem pega mulher feia ganha mais lastro"**
> Dentro do escopo de cooptação da rede, está o de se relacionar com mulher "feia". Aquele que mantiver relacionamento amoroso ou

sexual com mulher considerada feia, com o fim de cooptá-la, é mais respeitado pelos demais (tem mais "lastro"). É comum ouvir o jargão entre os que estão mais próximos da cúpula de que "quem pega mulher 'feia' ganha mais lastro".

5. Como é tratada a autonomia da mulher: "ela está na sua conta agora"

Quando um agente "cooptador" traz uma agente "cooptada" para a rede, ela passa a estar na sua "conta", além de estar sob a responsabilidade do(a) gestor(a) com quem vai trabalhar. O agente "cooptador", responsável por controlar o ritmo da "cooptada", analisa a dinâmica de trabalho dela e vigia os seus relacionamentos, amizades e conversas, relatorizando suas leituras à cúpula. O "cooptador" também é constantemente vigiado e controlado para que não haja a "contaminação por casal", de modo que seu relacionamento afetivo não interfira nas dinâmicas coletivas.

6. Como são vistos e tratados os relacionamentos entre casais na rede: "formação de bancadas"

Casais são vistos como "caretas" e os conflitos de relacionamento amoroso são tachados de "picaretas", já que, diante da proposta macro de um coletivo, tais conflitos estão centrados em razões muito particulares do casal e, portanto, irrelevantes ao processo coletivo. Há também um velado cerceamento das relações afetivas espontâneas. A relação entre casais é continuamente analisada e, quando não se considera mais estratégico ao grupo a permanência daquele arranjo afetivo, a sua dissolução também é argumentada e debatida pelo grupo.

7. Assédio moral, opressão, culpabilização e pedagogia do medo

Quando um(a) agente está em conflito sobre as dinâmicas e ideologias dentro do grupo, pode vir a passar pelo que a rede chama de choque-pesadelo, prática preventiva sobre a mediação de conflitos e não "contaminação" do grupo. Por outra leitura, o choque pesadelo é um tipo de assédio moral onde o agente "conflitador" é exposto a uma situação constrangedora e humilhante em que é confrontado por seus gestores e demais integrantes, sob uma forte conduta de opressão que o leva a mudar de opinião diante do seu constrangimento e a agir conforme as premissas do grupo. Há, com isso, o estabelecimento de um forte sentimento de culpa por aquilo que acreditava ou pelos

> "conflitos" por ela ou ele processados. Assim, é estabelecida uma política de coerção, de forte cunho moralizador onde se aprende a respeitar pelo "lastro" de quem está acima e que se perpetua através do medo de contra-argumentar e ser duramente rebatido.
>
> Essas práticas, vistas por nós como repudiáveis, eram tidas por todos e todas, inclusive por nós, como naturais. Dentro da dinâmica da rede, da empolgação com a participação num projeto coletivo em que nós acreditávamos, essas situações eram aceitas como um desconforto necessário em prol de um projeto maior. Hoje, entretanto, livres dos laços que nos ligavam à rede, podemos criticar abertamente o machismo em que se pautam a divisão do trabalho e as relações internas das Casas e alguns coletivos.
>
> Esperamos que esse manifesto seja recebido não apenas pelo Fora do Eixo, mas por todos os movimentos que pretendem construir um projeto verdadeiramente alternativo e contra-hegemônico, como uma colaboração para a construção de uma outra cultura fundada no respeito às diferenças e na igualdade de gênero.[18]

É assim que se vive dentro do reino dos horrores que produz algo como a Mídia Ninja, naquele velho "outro mundo é possível" livre da ganância individual que tanto encanta os progressistas do mundo. Aos berros de "diga aí que você ama trabalhar aqui, sua retardada! Vai, mais rápido!", formam-se narrativas "independentes", que sempre vão produzir cultura e "ação" política com mentiras. Esta é a "democracia liberta do capital financeiro" de Vladimir Safatle, este é o Estado-Babá que luta contra a desigualdade de Jorge Luiz Souto Maior, este é o fim do "trabalho escravo capitalista" contra o qual luta Leonardo Sakamoto, esta é a tinta vermelha de Slavoj Žižek.

Note-se que as criaturas ainda acreditam que isso apenas "reproduz as práticas já conhecidas por outras empresas dentro do sistema capitalista de exploração do trabalho", como se fosse a norma dentro do sistema capitalista a troca de sexo por liberdade, a imposição de "pegar as feias" para ter "lastro", o trabalho escravo, a proibição das relações individuais (inclusive amorosas e sexuais), a vigília Big Brother soviética, os julgamentos públicos em nome do coletivo contra o indivíduo e tantas outras práticas bastante comuns no comunismo. É por isso que devemos ter extremíssimo cuidado com pessoas lutando pelo "social", pela "redução da desigualdade social", "contra o lucro dos empresários", "a favor de um Estado que nos dê cultura, transporte e tudo de graça pelo centralismo" e afins: essa sociedade alternativa, desvencilhada do liberalismo capitalista em que o indivíduo é autor de seu próprio destino, responsável por suas próprias escolhas e dono do seu próprio trabalho e de sua vontade, em toda a história, não teve nenhum final diferente. São, de fato, Procrustes em larga escala.

As críticas e os relatos apodrecidos de ex-membros foram publicados às mancheias, ao ponto de se criar um Tumblr apenas para divulgá-los — Fora do Eixo em questão.[19]

A linguagem dos foradoeixanos é sempre muito vaporosa. Dá para ter barato só de ler o que escrevem, como a "gerência dos processos da cooperação social, os tais festivais",[20] ou a declaração de Capilé "Pretendemos criar um ambiente favorável para que daqui há (*sic*) trinta anos o presidente da República possa sair de uma perspectiva ligada a isso que nós estamos construindo".[21] Imaginem quando o Fora do Eixo formalizar o seu partido, com Pablo Capilé como presidente da República, e não reclamem que os julgamentos públicos maoistas coletivistas e o trabalho escravo corretivo são "traições" à causa "ultrassocialista" original. E podem dizer adeus à mamãe e ao amor que não é "pós-amor". Por vezes, sua linguagem é dadaísta: "o Tropicalismo foi esculhambado pelas esquerdas todas como massa de manobra do imperialismo americano."[22] Já o ex-ministro Gilberto Gil, comentando sobre os "Pontos de Cultura" criados pelo Fora do Eixo para atividades do mesmo jaez das que vão acima elencadas, afirmou que o Ponto de Cultura é "uma espécie de 'do-in' antropológico, massageando pontos vitais, mas momentaneamente desprezados ou adormecidos, do corpo cultural do País".[23] É muita sacanagem ficar fazendo piada com Gilberto Gil e idosos senis.*

Deve ser isso que Pablo Capilé define afirmando: "Acho que rolou um salto quântico de consciência no Brasil"[24] (*sic*), após declarar seus planos futuros de "organizar a ocupação de uma área na Cinelândia, no Rio de Janeiro, e a instalação ali de uma 'república', uma zona autônoma de discussão de propostas sociais, com sua própria Constituinte, inclusive".[25] República, para Capilé, deve ser entendida no sentido popular de

* Quer massagear o ponto vital momentaneamente adormecido do meu corpo cultural?

"moquifo de adolescentes de classe média longe dos pais fazendo cagada e não limpando o resultado". Dado o que já fez com uma "Constituinte própria" nas casas Fora do Eixo, é de se esperar um Muro de Berlim ao redor da Cinelândia para evitar fugas de dissidentes.

Além de ter apoiado Dilma Rousseff em sua campanha à reeleição em 2014 e de ter se articulado por uma troca de afagos com Marina Silva — que apoia o Decreto 8.243 para a instauração do poder dividido com "movimentos sociais" (como o próprio Fora do Eixo) —, o Fora do Eixo também planejou, como parte de sua estratégia de poder, fundar o "Partido da Cultura", "o PCult, uma organização suprapartidária contra a ministra Ana Buarque, pela retomada e 'continuidade das políticas do Gilberto Gil' e também o MobilizaCultura, uma 'rede das redes' para 'propor políticas no campo da cultura que radicalizem a democracia'".[26] Isto é, que deem muito dinheiro a eles. "Não por acaso, o Fora do Eixo possui instituições semelhantes às do governo como o 'Diário Oficial FDE', 'Congresso FDE', 'Casa Civil', etc."[27]

Ah, Capilé também já condenou à eternidade pelo Facebook a declaração de que estão já se programando para adotar crianças, criando-as coletivamente sem essa coisa "conservadora" de família. Apesar de ter apagado correndo a postagem ao perceber a cagada, foi perguntado sobre a questão pela *Folha*[28] e garantiu o "espaço coletivo para a criação dessas crianças".*

Nosso futuro é mesmo promissor com a esquerda dominando a mentalidade nacional.

---

* Uma boa amostra do que é essa sociedade antipatriarcado sem família pode ser vista no livro mais assustador já escrito no mundo, *Fuga do campo 14*, de Blaine Harden, que conta a história de Dong-hyuk, único fugitivo conhecido que nasceu num dos campos de concentração socialistas da Coreia do Norte. Shin nasceu pelo modelo não familiar do socialismo *juche*: quem delatasse bastante os colegas que não trabalhavam pelo coletivo tinha direito a uma ou duas noites de sexo com alguma outra prisioneira escolhida pelos guardas (já o colega apanhará mais do que a média). Shin nasceu de uma dessas relações. Nunca recebeu qualquer afeto de sua "família", mal falava com eles. Sua infância era marcada por conseguir roubar um pouco de comida da mãe, que chorava desesperada e o espancava. Esse é um dos momentos mais normais, felizes e agradáveis do livro. Não queiram imaginar o pior. Relações pessoais são proibidas como no Fora do Eixo. Aliás, as regras do campo 14, o mais fechado do Gulag norte-coreano, são absolutamente parecidas com os relatos de quem saiu do Fora do Eixo, com a grande diferença de que, lá, solucionam qualquer probleminha com fuzilamento.

O chamado às armas

"Todas as revoluções são impossíveis, até se tornarem inevitáveis."

Leon Trotsky

Não é mera coincidência, portanto, que a agitação de massas brasileira tenha tido como orientadora de narrativas uma estrovenga como a Mídia Ninja do Fora do Eixo — esta voz "contra a mídia", que nunca se preocupou em mostrar as manifestações brasileiras contra a corrupção, contra os mensaleiros, contra a Copa (a manifestação de que a dona Dilma menos gostou), ou a violência dos manifestantes do black bloc que marcaria as manifestações brasileiras pós-junho.

Os planos políticos do Fora do Eixo já estavam delineados há alguns anos. Assim como o MPL, trata-se de um grupo que tenta tomar o poder e mobilizar as pessoas escondendo o seu grande objetivo final, e que vai tentando fazer isso a cada novo motivo aparente que surja. Os planos eram tantos que, reunidos, formaram um livro com o auspicioso título *Movimentos em marcha: Ativismo, cultura e tecnologia*, distribuído de graça pela internet a partir do começo de junho. É este tipo de livro, conclamando os movimentos a marchar, que perfaz uma "manifestação espontânea, popular e sem líderes".

Já na introdução, Silvio Rhatto, Henrique Parra, Pablo Ortellado (o professor da USP posfaciador do livro do MPL) e Anah Assumpção dizem claramente: "Esse debate tem raízes e contextos muito diferentes, mas talvez tenha eclodido com maior visibilidade a partir da organização da Marcha da Liberdade realizada em algumas cidades brasileiras no mês de junho [de 2011] e que reuniu ativistas de movimentos sociais 'tradicionais'."[29] Na frase em questão, a expressão "ativistas de movimentos sociais 'tradicionais'" significa "pessoas que largam a vida para ir marchar pela maconha". O que se queria, portanto, pouco tinha a ver com maconha, passe livre ou o que fosse — o objetivo era a política de massas — os próprios *movimentos em marcha.*

Eles dão os exemplos: "Foi sob o impacto deste debate que viu-se [*sic*] e discutiu-se a nova onda de ativismo que promoveu mobilizações de rua nos primeiros meses de 2011 contra o aumento nas tarifas de ônibus, contra a construção da usina hidrelétrica de Belo Monte e pela legalização da maconha."[30] Ou: "Em setembro [de 2011], artistas do meio do teatro promoveram uma ocupação do prédio da Funarte em São Paulo, criticando a condução da política de cultura do MinC."[31]

O Fora do Eixo, seus partidos cupinchas e toda a verve da *infowar* das narrativas convergem para um único objetivo: engabelar a população, propondo soluções simples e erradas para problemas complexos e preocupantes, e ganhando poder com a "horizontalidade" e a "representatividade" de suas "causas sociais" com cada vez mais adeptos e militantes.

A revista *Trip* se tornou a mais dedicada a mobilizar adolescentes com muitos hormônios e pouca vontade de estudar algo antes de opinar a respeito. O colunista Alê Youssef, coordenador da juventude na gestão da prefeita paulistana Marta Suplicy (PT), hoje filiado ao Partido Verde, deu tanto espaço a movimentos como o MPL e o Fora do Eixo que fez a ativista Laura Diniz posar nua pelas ruas de São Paulo. Na histórica edição 199, de 2011, Bruno Torturra, espécie de Sauron do Morgoth Pablo Capilé, aparentando ainda poder falar do coletivo na terceira pessoa (então ainda mais "colunista da revista *Trip*" do que caudatário do Fora do Eixo), comenta: "Recém-sediados em São Paulo, em meio a uma crise que envolve a nova ministra da Cultura [Ana de Hollanda], eles [da turma de Cuiabá que fundou o Circuito Fora do Eixo] descobrem que talvez a possam controlar mais do que carreiras [de bandas que o coletivo promove]. Podem ter poder político."[32] **Controlar e ter poder.** Basta esconder isso do público para galgar seus passos em direção à tirania bovinoide da igualdade.

Já em 2011 Capilé tinha de se eximir das eternas acusações de tomar dinheiro dos universitários "antenados" que caem na sua litania: "'A gente nunca foi caloteiro', jura Capilé, 'a gente era administrador de dívidas'. O prejuízo de um festival era pago com a receita do seguinte, que seria pago com ingresso de outros shows, que seriam pagos com vendas de CDs... e a rolagem seguia."[33] Os eufemismos que ativistas utilizam para mascarar a realidade, acompanhados de hipérboles para os inimigos, exigem anos de dedicação para serem imitados com tamanha desfaçatez. É sempre o protesto pelo protesto, sem noção nenhuma de realidade além de ser o máximo e "politizado": "'A nossa geração não tinha uma bandeira muito clara como a dos anos 1960, que lutava contra alguma coisa. Nem a crise existencial da turma dos anos 1980, que estava tentando se entender. Mas a gente decidiu lutar por alguma coisa. E com a internet apareceu uma possibilidade real de se comunicar, de inventar uma carreira sem precisar passar pelos caminhos corporativos'", diz Capilé.[34] É a falta do que fazer elevada a estatuto de ciência política.

Mas o principal das próprias palavras divulgadas pelo Fora do Eixo é este raro momento de honestidade, que mostra a que vieram, quais seus objetivos e como farão para completá-los, como demonstra a descrição deles próprios citada:

> Apesar do discurso e da estética anarquistas de muitos, e da adoção de organizações horizontais, como redes e coletivos enquanto forma de organização, a apropriação do Estado — seus recursos e estruturas — é umas das principais práticas do Fora do Eixo. Já enraizados no aparelho do Estado, principalmente no MinC [Ministério da Cultura] mas não só, participam da elaboração dos editais para projetos culturais e de novos tipos de políticas públicas, como os de promoção do uso de softwares livres e da consolidação da Economia Solidária, cuja articulação entre essas tecnologias e o Estado é de criação e exclusividade deles. Assim, ao incorporarem ao Estado (e não só aos governos) a necessidade de políticas nestas áreas, garantem também a exclusividade na apropriação dos recursos destinados a estas mesmas políticas. O interessante é que, por fazerem tudo isso usando de estruturas informais e completamente diferentes das que as organizações político-partidárias e tradicionais grupos empresariais adotam para os mesmos propósitos, é praticamente impossível para um observador desatento ou viciado nas velhas estruturas identificar e combater o novo sujeito formado por este coletivo (ou rede). Outra característica é [que] para a maioria dos membros deste coletivo/rede aumentar o próprio poder já é o mais importante, por mais que para um ou para outro o discurso propalado ainda seja o que os move, e, em vez de executarem os projetos financiados pelos editais que eles mesmos criaram, usam dos recursos e da estrutura do Estado para se articularem por todo o país e garantirem o tempo livre necessário para o desenvolvimento de novos editais, novos discursos, consolidação de práticas e de tecnologias que os mantêm.[35]

> (...) Nessa perspectiva, para estes grupos como Fora do Eixo e Cultura Digital, o embate se dá numa disputa por quem ficará com aquele quinhão do orçamento do Ministério da Cultura, não que o acesso a ele seja para fins diferentes num caso ou em outro.[36]

Anarquistas tomando o Estado, lutando por "software livre" para os outros, mas exigindo patente e monopólio da exploração econômica de suas tecnologias, usando o Estado para tomar ainda mais do Estado e dominando os próprios futuros editais — "apropriação dos recursos destinados a políticas de cultura": desde quando dizer isso francamente passou a não merecer atenção de ninguém, a não ser de livros investigativos que fatalmente serão tachados de lunáticos de extrema direita? Aumentar o próprio poder a partir do embate entre quem irá enfiar o dinheiro do MinC no bolso... Não há nem como criticar: não existe maior crítica do que citar tal arrazoado *ipsis litteris*.

É o próprio coletivo Passa-Palavra, que faz parte dos escrevinhadores do livro *Movimentos em marcha*, quem explica:

> Mas, o que o Fora do Eixo apropria da manifestação? Eles se apropriam da comunicação para se projetarem, capturar o "status" de organizadores e depois capitalizar esse público em seu circuito comercial. Esse método difere, por exemplo, de uma campanha do PT ou PSDB, pois não utiliza força de trabalho assalariada para construir sua base social. (...)
>
> Numa manifestação onde a quantidade de pessoas é consequência da divulgação nas mídias (corporativas e sociais) e não uma causa "real" relacionada ao trabalho cotidiano de formação, construção e mobilização, o refluxo de uma hora para outra é iminente.[37]

Seu papel como *community organizers* e como fomentadores de massa, não importa qual seja o motivo (como se Pablo Capilé entendesse de cultura a ponto de poder ser curador de um museu de arte sacra ou criticar as traduções gregas feitas por Schleiermacher para o alemão), não pode ser mais óbvio: o que interessa é o poder político, e as manifestações foram utilizadas, com trabalho escravo, para mentir e ludibriar as pessoas, usando-as como massa de manobra, para fins que deixariam Ayn Rand escandalizada:

> Agora, com a trama bem costurada em 112 cidades, a estratégia é ganhar o mainstream, atrair artistas com carreiras mais consolidadas e criar um polo para atrair gente, dinheiro e oportunidades.[38]

Para quem ainda quer acreditar que as manifestações no país não são o primeiro passo para o totalitarismo, que o risco de uma ditadura brutal em modelos norte-coreanos é armação de paranoicos ultraconservadores, que a narrativa forjada comprada por toda a mídia é "o sentimento do povo exposto em cartazes", que as reivindicações exigindo que o Estado nos dê tudo de graça vão criar um poder que também poderá nos *tirar* o que quiser, que lutar por direitos não dará poder nenhum a ninguém para nos "dar" esses direitos, e que os caminhos para nossa consciência "política" e nossa vida pública melhorarem não são outros que não *diminuir* a política de nossas vidas, não digam que eu não avisei.

PARTE VI

Ordo ad chaos: A ascensão dos black blocs

"O que esperamos na ágora reunidos?

É que os bárbaros chegam hoje.

Por que tanta apatia no senado?
Os senadores não legislam mais?

É que os bárbaros chegam hoje.
Que leis hão de fazer os senadores?
Os bárbaros que chegam as farão.

Por que o imperador se ergueu tão cedo
e de coroa solene se assentou
em seu trono, à porta magna da cidade?

É que os bárbaros chegam hoje.
O nosso imperador conta saudar
o chefe deles. Tem pronto para dar-lhe
um pergaminho no qual estão escritos
muitos nomes e títulos. (...)"

Konstantínos Kaváfis, "À espera dos bárbaros"

Os protestos, depois da tarifa

> "Na esteira da 'Revolução do Busão', surgiram duas novas escolas de samba: o Black Bloc e a Mídia Ninja. A primeira tem uma bateria que quebra tudo como se fosse uma 'SA nazista'. Ninguém gosta deles, a não ser intelectual da USP, que se empolga com qualquer coisa."
>
> Edson Aran[1]

As manifestações sempre foram muito violentas e sempre contaram com o black bloc, desde os primeiros dias, como podemos relembrar agora. Todavia, mecanismos como a Mídia Ninja e outros palpiteiros de ocasião na imprensa conseguiram vender ao público a ideia alesmaiada de que, na verdade, o país estava melhorando loucamente em junho de 2013 — e contribuíram para entupir as ruas de pessoas que acabaram, involuntariamente, servindo a organizadores de massa com objetivos espúrios, que elas nunca ajudariam de bom grado.

Mas naquela assustadora quinta-feira, 20 de junho, diante do Itamaraty, o tom mudou. Os mesmos que haviam "comemorado" o despertar do gigante pareciam desejar desesperadamente que ele voltasse a dormir. De repente, com alguns dias de atraso em relação à professora Janaína da Conceição Paschoal, as pessoas estavam com *medo das manifestações*.

Exemplo claro do tom de mudança nos ânimos foi a conta no Twitter de Cynara Menezes, jornalista da *Carta Capital*, que postou: "VOLTA A DORMIR, GIGANTE #VAIPRACASA #SAIDARUA"[2] ou "o gigante acordou... e era um troll #VAIPRACASA",[3] esta última *retweetada* por José de Abreu, que horas antes conclamava "amanhã na Paulista todos os partidos de esquerda, CUT, MST, sindicatos, todos na rua com bandeiras vermelhas!".[4] Paul Johnson estava certo: intelectuais creem que falam pelo povo, mas, quando descobrem o que é o povo, sempre se assustam. No dia seguinte, Cynara também postaria: "a manifestação virou turba. Os verdadeiros democratas têm que se unir neste momento para lançar uma mensagem de apaziguamento #VAIPRACASA",[5] exatamente como a professora Janaína Paschoal havia previsto. Eis um exemplo da diferença entre a antevisão fria e detalhada de uma liberal, e uma agitação segue-moda socialista que demora tanto para perceber o óbvio.

A segunda fase dos protestos foi marcada por "direitos" e pela autorreferência. O protesto pelo protesto. Naquela semana — não durou muito mais do que isso — tornara-se importante frisar que não era pelo aumento da tarifa. "Foi além dos 20 centavos" era um bordão muito repetido. Todavia tão logo a tarifa diminuiu, e sobrou a violência, as pessoas sumiram das ruas. Dos 3 milhões dias antes, haveria apenas cerca de 15 mil nos dias seguintes. Nenhuma liderança, nem a Onda Vermelha do PT tentando transformar a hegemonia de Slogans em votos, conseguiu despontar. O movimento de massa, sem conseguir um motivo grandioso para manter as pessoas nas ruas e enfrentando violência *dos manifestantes*, esfriava. E isso foi tudo *antes* de entrarem em evidência as duas palavras importadas que seriam as mais repetidas no Brasil a partir de então — black bloc.

Um dos primeiros a tentar se aproveitar do momento para algum fim de consequências catastróficas foi o senador Cristovam Buarque, que no dia seguinte à quase invasão do Itamaraty postou em sua conta no Twitter: "Acabo defender (*sic*) no Senado a abolição de todos os atuais partidos políticos oficiais."[6] Não se sabe exatamente que consequências uma proposta fascistoide dessas teria, mas certamente seriam catastróficas. Felizmente, o ridículo da proposta foi tanto que até os últimos crentes em Cristovam Buarque se assustaram e não o consideraram líder da turba.

Nas manifestações posteriores, voltava-se a ter nas ruas apenas os *community organizers*, líderes comunitários que orquestravam e controlavam ânimos e atos da população inteira, aliados apenas de alguns recém-chegados que *ainda* estavam bastante exaltados com a possibilidade de "mudança". Mas o clima já era outro.

Os protestos voltavam a ser os típicos protestos que param grandes cidades do país, apenas com mais gente além dos velhos sindicalistas trotskistas. Na mesma medida em que os protestos se esvaziavam, a aprovação a eles também evaporava. Segundo o Datafolha, "no final de junho, 89% eram favoráveis aos protestos. Em setembro, o índice já caíra para 74%". No final de outubro, os apoiadores despencaram para 66%. "Do outro lado, a taxa dos que são contrários às manifestações quase quadruplicou. Eram 8% em julho, 21% em setembro e, agora, 31%."[7] Era notável que o discurso de politização como melhoria da vida dos pobres não havia colado:

> Apesar de focalizarem causas "dos oprimidos", como a melhoria do transporte público, as manifestações têm conseguido taxas mais altas de apoio entre os mais ricos — 80% entre os que possuem renda familiar mensal de mais de cinco a dez salários mínimos e 80% dos paulistanos com renda maior do que 10 salários mínimos.
>
> Contra os protestos disseram-se 18% dos mais ricos. Entre os mais pobres, com renda até dois salários mínimos, a taxa de apoio aos protestos é de 54%, 26 pontos percentuais a menos do que entre os mais ricos. Contra os protestos disseram-se 42% dos mais pobres, 24 pontos percentuais a mais do que o índice observado na parcela rica.[8]

Situação pouco condizente com um movimento que diz que "não pode ter cara de playboy" para ser filiado. Enquanto a revogação do aumento da tarifa era anunciada na TV, os membros do MPL estavam num bar na rica Vila Madalena, com seus iPhones e bebendo cervejas caras. Com os descontos para estudantes, nenhuma cerveja sairia mais barata do que uma passagem ida e volta de ônibus.[9]

Em menos de um mês, o MPL, antes considerado agitador de milhões, se tornaria para o país inteiro a grande piada desacreditada de 2013.

Enquanto o MPL criticava a pauta "conservadora" da "crítica aos partidos",[10] por crer que impedir que um partido se considere "representante" de toda a manifestação é o mesmo que "abolição de todos os partidos em troca de um único" (sem explicar o que isso tem a ver com "conservadorismo"), textos pululavam com medo de o movimento ter virado uma "revolta reaça" (sem explicar o que ser reacionário tem a ver com ser fascista).

Na verdade, **protesto** virou a palavra de ordem no noticiário em 2013 e 2014. A qualquer momento, havia um "protesto", mas, dessa vez, a população apenas assistia de longe, até mesmo declarando "apoio" em pesquisas de opinião. Contudo não havia mais gigante acordado, ou mais vontade de parar a cidade do que atravessá-la para ir trabalhar ou estudar. A certa altura, a festa inteira parecia ser apenas presenciada pelos tiozões do pavê, que continuam fazendo piadinha e rindo alto quando todos já foram embora.

Já no dia 25 de junho, terça-feira seguinte, moradores de Guarulhos fizeram protestos contra o aumento do IPTU, que chegou a quase 2.000%.[11] Isto logo após reiteradas declarações do MPL afirmarem que a forma de conseguir "tarifa zero", porque "transporte é um direito, não uma mercadoria", além de instaurar pedágios urbanos, seria justamente aumentar loucamente o IPTU.[12] Era o método de resolver tudo pela política: danem-se os números, temos um problema político a resolver. Não à toa, o próprio Fernando Haddad, na cidade de São Paulo, tentaria aumentar o IPTU para conter a farra da tarifa. O aumento chegaria a 29,95% em alguns bairros.[13] Felizmente o prefeito não conseguiu essa solução mágica, e a prefeitura respondeu que sofreria então "prejuízo" (termo errado) de R$ 800 milhões.[14]

Ainda no dia 21 de junho, morreu em Belém a gari Cleonice Moraes, de 54 anos, intoxicada por gás lacrimogêneo ao tentar fugir de confusão em protesto. No dia 24 daquele mês, duas mulheres foram atropeladas durante um protesto em uma rodovia de Cristalina, em Goiás. Valdinete Rodrigues Pereira e Maria Aparecida morreram no local e o condutor fugiu sem prestar socorro. Dois dias depois, o estudante Douglas Henrique Oliveira, de 21 anos, morreu ao cair de um viaduto durante protesto em Belo Horizonte. No mesmo dia, um jovem de 16 anos na carona de uma bicicleta morreu atropelado por um motorista que desviou o caminhão de uma manifestação em um acesso no Guarujá. Seu amigo de 17 anos ficou gravemente ferido. O motorista afirmou que não vira os jovens, por isso continuou a dirigir, arrastando a ambos.[15]

Logo no dia 3 de julho, nova morte seria contada e passaria despercebida: o caminhoneiro Renato Langer Kranlow, 44 anos, furou uma manifestação que fez um bloqueio na BR-116, no Rio Grande do Sul, e foi morto com uma pedrada atirada pelos próprios manifestantes. Ele levava lixo reciclável para a região metropolitana. Outro caminhoneiro, no mesmo dia, teve o dedo amputado com outra pedrada.[16] Ainda no mesmo dia, em Vitória da Conquista, a 517 km de Salvador, o motorista de uma van tentou desviar dos protestos por uma pista auxiliar, não conseguiu frear a tempo e colidiu contra um caminhão que estava parado no acostamento da rodovia. Resultado: mais quatro mortos, ainda nos primeiros dias de julho.[17]

Ensejos, quando faltavam, eram criados: qualquer notícia que antes gerasse revolta e mobilizasse alguns poucos agitadores *profissionais* passou a sempre ter algumas dezenas ou até uma centena ou outra de "protestantes" novos no ramo. A greve dos professores no Rio, logo "coincidentemente" estendida para todo o país, gerou intermináveis protestos por "educação", partindo de quem mais odeia os próprios professores. O resgate de beagles usados em experimentos científicos, com invasão de um laboratório do Instituto Royal, em São Roque, contou com a ajuda de vândalos mascarados e promoveu a destruição de carros de emissoras de TV, como a Rede Globo local — mesmo que a vigilância sanitária tenha vistoriado o Instituto um mês antes sem encontrar nenhuma irregularidade. "Rolezinhos", quando jovens da periferia iam em bando para shoppings "zoar", muitas vezes debilitando a segurança dos estabelecimentos, tentaram ser "tomados" por sindicalistas e por agitadores. No dia 7 de setembro, em Brasília, um grupo tentou invadir a sede da Rede Globo, virando lixeiras e interditando a W3 Norte.

Tinha de tudo. Em julho, houve protesto com menos de oitenta pessoas, na avenida Paulista, pedindo a volta dos militares e a deposição da presidente Dilma Rousseff devido às denúncias de corrupção. O Leblon acordou diversas vezes destruído por protestos contra o governador Sérgio Cabral. Motoristas e cobradores fizeram protestos justamente contra a diretoria do Sindicato dos Rodoviários nas garagens das empresas, em Porto Alegre. Agentes penitenciários reivindicaram o direito de portar armas de fogo, fazendo um "algemaço" em frente ao Congresso. No mesmo Congresso, meditadores (!) fizeram protesto com velas. Outro protesto usou papel higiênico na frente do Congresso para formar a palavra "limpe", deixando a Venezuela com inveja. Na invasão da Câmara dos Vereadores de Porto Alegre, um aprendiz de Che Guevara pede que as pessoas se apresentem: na passagem do microfone, praticamente todos se identificam como membros de algum partido de esquerda.[18]

Um homem tentando botar fogo em um ônibus em Belo Horizonte, após atirar álcool no veículo e em alguns passageiros, foi preso e, na delegacia, ameaçou dizendo que não era contra motorista e cobrador, mas que os empresários eram inimigos: "se não for passe livre pra geral, eu vou queimar e sequestrar empresários." Depois, mostrou como é, na verdade, um artista: "Primeiro que eu não coloquei fogo, eu fiz um poema concreto, em que eu precisava de alguns elementos, e o fogo foi um desses elementos." Segundo ele, queria "negociar", e, se não negociasse, faria "sequestro" de "empresário e playboy".[19]

Em agosto, sobretudo no dia 13, profissionais de saúde se dividiam em apoiar e criticar, com protestos de ambos os lados, o famoso "Ato Médico" que Dilma vetaria. Funcionários da Petrobras que não recebiam salário, no meio da crise na estatal gerada pelo aparelhamento petista, pararam o trânsito em frente a uma refinaria da empresa em Duque de Caxias. Ex-funcionários da Varig e da Transbrasil fizeram ato no hall do salão verde da Câmara dos Deputados pela liberação do fundo de pensão dos aeroviários, sob intervenção do governo. Índios também protestaram na frente do Palácio do Planalto para demarcação de terras. A CUT invadiu a Comissão de Constituição e Justiça (CCJ) da Câmara contra uma lei regulamentando a terceirização. O fechamento da Apae também geraria protesto. Pedindo menos impostos, chefes de cozinha e donos de bares e restaurantes fizeram panelaço na frente do Ministério do Trabalho. Contra uma cerca ao lado da Câmara dos Deputados, arquitetos e urbanistas também fizeram manifestação. A Brigada Militar gaúcha interditou o km 12 da BR-386, em Frederico Westphalen, por melhores salários. A Polícia Federal também fechou a ponte do Piqueri em São Paulo. A CPI do Ônibus, uma das fagulhas que deflagrou o movimento de massa, gerou protestos pela sua composição, controlada por vereadores da base de apoio do prefeito Eduardo Paes (PMDB). Bancários fecharam o centro de São Paulo com a Conlutas. A CTB (Central dos Trabalhadores e Trabalhadoras do Brasil) fez manifestação na entrada do aeroporto de Congonhas. Contra a terceirização, outra manifestação travou o corredor norte-sul, impedindo que várias pessoas chegassem ao aeroporto, perdendo voos. Em setembro, "movimentos sociais" marcham pela avenida Paulista pelo "direito à moradia e contra a privatização do petróleo".

Na USP, de onde o MPL saiu para fechar a cidade e mudar o Brasil, "greves" intermináveis* lembravam o tempo todo que junho não havia acabado e que a "Primavera Brasileira" deveria continuar. As aulas não paravam de parar por qualquer motivo, causando novas "greves" graças aos problemas que as greves anteriores haviam causado. Sob o mantra artificial da "eleição direta para reitor" (tão inventado e único no mundo quanto o bordão irrefletido dos "10% do PIB para a educação"), alunos usaram marretas, pé de cabra e até uma placa de trânsito para, pela zilhardésima vez, invadir a reitoria.

O MPL, "apartidário" como sempre, se aliou ao MST[20] por prazo indefinido para todas as manifestações subsequentes. Em 25 de outubro, voltaram a se manifestar, num protesto que "coincidentemente" foi marcado por depredações a ônibus, caixas eletrônicos e catracas, após invadirem o terminal Dom Pedro II, na "Semana Nacional de Luta pela Tarifa Zero". Situação parecida se deu em Brasília — desta feita sem acordar nenhum "gigante". No dia 29 de outubro, no Jaçanã, bairro na zona norte de São Paulo, após um policial militar matar um adolescente, seis ônibus e três caminhões foram incendiados no mesmo dia.[21] Comerciantes fecharam as portas, enquanto caminhões eram saqueados na frente de seus estabelecimentos.

Contra uma reintegração de posse de uma comunidade conhecida como Estaiadinha, todas as pistas da importantíssima marginal Tietê, no sentido Ayrton Senna, foram fechadas no dia 1º de novembro. No dia 5 de novembro, aproveitando o aniversário da "Conspiração da Pólvora", e quando Guy Fawkes tentou implantar um Estado policial na Inglaterra, comemorou-se o "Dia Mundial de Guy Fawkes", com protestos pelo mundo inteiro. Abundavam entre os manifestantes camisetas de Che Guevara, que também depôs uma ditadura para

---

* Até mesmo juristas vivem defendendo na mídia o direito de "greve" dos alunos, assegurado na Constituição, quando estes alunos fazem "trancaços" e "cadeiraços", verdadeiros piquetes impedindo que outras pessoas entrem no prédio para ter aulas quando eles decidem em "assembleia" que não haverá aulas. O problema é que alunos não fazem "greve", que é, por definição, uma proibição de *trabalhar*. Alunos, que não estão trabalhando, estão impedindo outras pessoas de usufruírem de um serviço que eles querem *boicotar*. Fazem um boicote. E não há nenhuma garantia constitucional de que um boicote decidido em assembleia possa ser imposto a quem não o aceitou.

implantar algo muitíssimo pior. Um protesto pela desmilitarização da polícia, que seria provavelmente o fim último da onda de protestos quando sua hegemonia prevalecesse e a revolta instantânea virasse rotina de politização completa da vida, foi feito na hora errada: no dia 15 de novembro, havia mais policiais do que manifestantes no protesto pela causa. A ideia de desmilitarizar a polícia ainda não colava. Na Cinelândia, no Rio, cerca de cinquenta pessoas eram cercadas por aproximadamente 150 PMs. Não precisaram usar armas militares. Policiais federais também marcharam pela reestruturação da instituição em Brasília, no dia seguinte. Num protesto contra Sérgio Cabral, um carro do SBT foi pichado. Veículos da emissora Globo e seus prédios em diversas cidades eram atacados, como se fossem ímãs de pedras. Vigilantes fizeram manifestação por aumento salarial. Quando outro policial matou outro adolescente em Taboão da Serra (Grande São Paulo), pelo menos três ônibus foram incendiados.

Um dos vários momentos irônicos viria no dia 19 de novembro: o grupo "Foto Protesto SP" fez uma "exposição" nos muros do cemitério do Araçá, da avenida Doutor Arnaldo, em São Paulo, como se o último lar de gerações devesse ser ponto de manifestação política. Naquele dia, as imagens acordariam "depredadas": riscadas em spray branco, liam-se frases como "Fora comunas!" e "White block".[22] Culparam, óbvio, a "extrema direita" e os tais "fascistas".

Aeroviários fizeram paralisação no aeroporto de Congonhas em dezembro. Em janeiro de 2014, um protesto por moradia na ocupação sem-teto "Nova Palestina" fecha a avenida M'Boi Mirim, em São Paulo.

Uma manifestação "por saúde" resolveu por bem invadir o rico hospital particular Sírio-Libanês, que também atende a rede pública,[23] deixando pacientes em pânico.[24] Houve protestos contra alagamentos, após uma mulher ser arrastada pela enxurrada. Na manifestação, um ônibus foi incendiado, e um caminhão e um supermercado, saqueados.[25]

Mesmo motivos mais aceitáveis, como a prisão dos petistas mensaleiros, não geraram manifestações como as de antes. A Mídia Ninja, que sempre "mostrava a violência policial que a mídia não mostra", não foi filmar um evento tão importante para a nação. Pelo contrário: seus integrantes eram sempre vistos em fotos abraçados com Lula, Dilma e Marina Silva (ex-petista que não abandonou o barco quando eclodiu o escândalo do mensalão, mas seguiu no partido por mais de um mandato, saindo apenas quando visualizou a possibilidade de mandato próprio).[26]

Os protestos hierarquizados foram desmascarados de maneira chocante por um canal do YouTube chamado "O Patriota". Em um vídeo intitulado "Desmascarando a Briga contra o PSTU: possível participação dos Anonymous,"[27] imperdível para se aprender de uma vez por todas que a esquerda significa hierarquia e disciplina em uma sociedade de decisões centralizadas, vemos uma cena estarrecedora, mas que passaria como detalhe a olhos não acostumados com o militarismo (e o vídeo é do dia 23 de junho de 2013). Havia, na verdade, brigas de bandeiras de partidos políticos no meio dos protestos: um tentava levantar a bandeira de um partido para se dizer representante de toda a massa e tentar marchar para a hegemonia totalitária, enquanto outro tentava derrubar a bandeira inimiga para estender a sua. Os confrontos que surgiam nos protestos, portanto, seguiam uma rígida estrutura hierárquica, seguindo o modelo "conquistar a bandeira do adversário" das guerras. O vídeo é de difícil compreensão graças à multidão, mas merece ser visto com a máxima atenção. A massa obedece a bandeiras, e é preciso ver em protestos sempre quem obedece a quais bandeiras. Por isso é necessário compreender as intrincadas subdivisões de partidos e entidades de esquerda disputando hegemonia. Boa parte das brigas sempre envolvia disputa de bandeiras hasteadas para controlar o povo.

O mais surpreendente do vídeo, porém, está nos minutos finais. Mostrando um exemplo de como as pessoas respondem a bandeiras nos quebra-quebras, vemos a imagem de um ser humano portando uma bandeira de partido político a atiçar a Tropa de Choque a seguir para um lado. Ao ver que um policial ficou afastado do restante da tropa, faz sinal com a mão para o bando de mortos-vivos atrás dele. Imediatamente surgem bandidos que parecem sair até dos bueiros cercando o policial e o espancando, enquanto o ser humano original com a bandeira apenas bate em retirada tão logo nota que a matilha inteira seguiu o seu apito.

O policial, desacordado, somente é resgatado pelo restante da Tropa quando o bando já terminou de agredi-lo. Em dado momento, até um objeto em chamas é jogado aos pés de um policial por um dos hasteadores de bandeira. Uma bomba para feri-lo? Não, um **sinalizador**, como o usado na boate Kiss, que causou um incêndio com centenas de vítimas. Os comunistas usam artefatos como estes para indicar qual adversário está isolado para ser cercado e espancado.*

Os protestos seguiam, novamente apenas como notícias sobre trânsito. Fora a greve dos professores se espalhando pelo país inteiro, como toda greve de tal porte, o maior tema era mesmo a Copa do Mundo, que, depois de seis ou sete anos, finalmente começou a ser criticada pelos grandes gastos públicos que envolveu. Protestos contra a Copa organizada pelo PT continham, inclusive, bandeiras do PT — sempre usando da tática "se ganhar eu ganho, se perder eu ganho também".

Todavia pode-se eleger facilmente o melhor e mais significativo protesto do ano: candidatas do Miss Bumbum fizeram protesto na frente do Parque Trianon, na avenida Paulista (do outro lado da rua do Masp), exigindo "respeito" e com cartazes declarando: "Miss Bumbum não é ser mulher objeto", "Não sou objeto, tenho conteúdo", "Meu bumbum não te pertence", "Fêmea de respeito" ou "Kiss my ass", todos carregados pelas candidatas de biquíni, logo abaixo de suas buzanfas. De longe, o protesto mais honesto do ano.[28]

Este estado de ânimos em decadência, que dispersou o movimento de massa e impediu a formação de líderes e uma verdadeira revolução, pulverizando protestos quase em gincanas, tinha uma explicação óbvia: a ascensão dos black blocs.**

---

* O vídeo foi feito antes da popularização dos blockers. Então a culpa recai sobre o "grupo" Anonymous, pelas máscaras usadas. Na verdade, os Anonymous, como os black blocs, não são um "grupo", e sim uma "rede": basta cobrir o rosto e atacar opositores, na internet ou nas ruas, para fazer parte de um ou de outro. De resto, o complexo vídeo é impecável.

** A mesma pesquisa do Datafolha mostra que estes eram repudiados por 95% da população.

Toda manifestação é black bloc

> "A década de 1990, após o reinado de terror de vandalismo acadêmico, será uma década de restauração: restauração de significado, valor, beleza, prazer e emoção em relação à arte e restauração de arte para a sua audiência."
>
> Camille Paglia

O black bloc, como já aduzido, apareceu nos protestos no Brasil desde a segunda manifestação do MPL em São Paulo (a que não durou 20 minutos), supostamente para "proteger" os arruaceiros. Todavia, durante o mês do gigante, era ainda desconhecido inclusive de quem mais estava quebrando coisas pelo país, quando começava a se afirmar a diferença entre "manifestantes pacíficos" e "minoria de vândalos". O termo que contagiaria o país só seria conhecido depois que 90% da manifestação já estava miada.

Uma das primeiras publicações a investigar o fenômeno, depois da reportagem da *Folha* sobre "punks" que eram recrutados por partidos como o PSOL (matéria que foi esquecida por ser veiculada exatamente no domingo pré-histeria coletiva e que não seria lembrada quando "revelaram" ligações do black bloc com o partido), foi a revista *Exame*, que apresentou o grupo sob o seguinte título: "Black Blocs: os grupos que usam a violência para protestar."[29] Na reportagem, os black blocs eram descritos como "grupos temporários formados por anarquistas", uma definição muito correta, aliás, ao contrário das muitas que apareceriam dali por diante.

Mas o termo ficou mesmo famoso com a capa da *Veja* do dia 21 de agosto,[30] em que retratava uma blocker com a manchete: "**O bando dos caras tapadas** — Quem são os manifestantes do BLACK BLOC, que saem às ruas para quebrar tudo." Essa capa chegava às bancas exatamente um mês depois de o gigante assustar até mesmo agitadores profissionais da esquerda revolucionária. Durante este período, eles ainda eram desconhecidos, mesmo com a violência do movimento de massa já tendo expulsado a maioria absoluta das ruas.

O black bloc não é um grupo, como o MPL. Não é algo ao qual alguém pode filiar-se e depois sair, com regras internas e uma ritualística específica. Trata-se de uma tática de atuação em manifestações. O sujeito apenas passa a gostar de sair por aí quebrando coisas, sentindo a adrenalina fervilhando no corpo e se considerando um novo herói da resistência e um novo perigo para os agentes da lei, e se junta então a outros black blockers, vestindo preto e escondendo o rosto, sem nem saber quem está ao seu lado. "Em princípio, qualquer pessoa vestida com roupas pretas pode entrar na multidão de preto. (...) 'Vestir preto permite que você ataque e depois volte para o Black Bloc, onde é sempre só mais um entre muitos outros', explica um veterano de diversos Black Blocs."[31]

De acordo com Francis Dupuis-Déri, pesquisador canadense e black blocker, defensor da tática e autor do livro *Black bloc*, "a tática dos Black Blocs possibilita que eles expressem uma visão de mundo e uma rejeição radical ao sistema político e econômico".[32] Ou seja, necessariamente, um black bloc é formado para ser contra o capitalismo. E não apenas a violência, mas a mera percepção dessa fúria anticapitalista já afasta a maioria dos manifestantes — do gigante acordado — das ruas. Até mesmo setores da esquerda revolucionária, quando percebem nas ruas a prática do que tanto pregam em teoria — prejuízo ao "burguês", um mundo sem "patrões", "distribuição de renda", o crime como culpa da "sociedade" e do "sistema" etc. —, viram os olhos de medo e nojo, como foi o *tweet* de Cynara Menezes.

O black bloc é a aplicação sem cinismo de tudo o que a esquerda prega como método, mas com muitos "senões" quando visto consubstanciado na realidade concreta. Por isso é tão assustador: "O principal objetivo de um Black Bloc é indicar a presença de uma crítica radical ao sistema econômico e político. Nesse sentido, o Black Bloc é como uma grande bandeira negra formada por pessoas no centro de uma manifestação."[33] Sabendo que as manifestações, na verdade, são apenas um teatrinho, o black bloc se insurge no meio delas para "introduzir um contraespetáculo, ainda que, de certa forma, este dependa do espetáculo oficial, e da mídia".[34] Isto é comemorado pois "imprime antes de tudo uma postura estética, uma 'mis-en-scène' de radicalidade".[35]

Dupuis-Déri explica: "Sua tática, quando envolve o uso da força, lhes possibilita mostrar ao 'público' que nem a propriedade privada nem o Estado, representado pela polícia, é sagrado, assim como indicar que alguns estão preparados para se colocar no caminho do perigo a fim de expressar sua fúria contra o capitalismo ou o Estado."[36] Se os protestos do Occupy Wall Street eram anticapitalistas até o osso, e *aparentemente* os protestos no Brasil não eram, o black bloc veio para mostrar que não adiantava acordar e exigir direitos do Estado, aumentando, assim, o poder do próprio Estado: era, antes, para causar a *ruptura* tão esperada. O livro de Dupuis-Déri fala contra o "capitalismo" dezesseis vezes apenas nas 23 páginas de seu primeiro capítulo.

Entretanto, como reafirmamos diversas vezes, não é um grupo de pessoas que "toma" manifestações anteriormente pacíficas. A própria ideia de um ajuntamento mostrando seu poder não implica paz, pelo contrário: "não está claro que há uma divisão clara entre ações violentas e não violentas. Um dos motivos do debate é que muitas organizações grandes, como partidos de esquerda e sindicatos, são muito hierarquizadas, com líderes, porta-vozes etc. que têm a pretensão de falar sozinhos em nome de todo o movimento social e de contestação."[37] O black bloc, então, é formado para contestar também a esquerda e a partidarização que tenta falar em nome de todo o movimento. Ou seja, falando de maneira bem específica, o aparecimento do black bloc, ou mesmo do vandalismo "espontâneo" sem filiação, acaba "salvando" as manifestações: o movimento de massa, a reivindicação aberta à espera de um poder maior que possa lhe dar tudo o que deseja, não é formado. Assim, restam apenas pequenas muvucas por questões periféricas nas ruas, mas não toda a população clamando pelo poder total, sem atentar para as consequências do que é criticar políticos exigindo coisas que eles só podem entregar com ainda mais poder em suas mãos.

Da ordem ao caos: O surgimento do black bloc

> "Se você olhar, em geral, para as pessoas que vivem em anarquia, eles têm taxas bem altas de morte por homicídio ou guerra ou ambos. Anarquia é uma das principais razões para a violência, e isso pode ser o mais importante."
>
> Steven Pinker

O black bloc como tática possui muitas raízes históricas. Quebrar vidraças é uma forma primitiva e óbvia de fazer protestos e roubos — muitas vezes sem uma distinção muito clara entre um e outro. Sua inspiração vem dos primeiros protestos na Inglaterra com a ascensão de seu poderio após a Revolução Industrial, o período menos compreendido de toda a História.*

No começo do século XX, as *suffragettes* britânicas, braço radical do movimento pelo voto feminino, quebravam janelas e destruíam vitrines de lojas luxuosas ou estrangeiras. "Caixas de correio foram incendiadas, assim como postos de correio, estações de trem, depósitos, igrejas, clubes particulares e casas, iates e jardins de políticos contrários ao voto feminino."[38] Ensejos para a violência em manada não faltaram durante o século

* Não apenas Karl Marx, mas boa parte dos analistas do capitalismo, até mesmo alguns de seus defensores, se lembra do urbanismo e industrialismo da Inglaterra com maus olhos, já que ficaram no imaginário coletivo as cenas de famílias inteiras sendo "exploradas", com até crianças pequenas trabalhando no chão de fábricas. É o surgimento do "proletariado": pessoas que nos campos viviam do trabalho braçal, enfrentando uma altíssima mortalidade infantil, e nas fábricas só tinham a oferecer a própria *prole* como força produtiva. Assim, cria-se a bufonaria de que o capitalismo teria *inventado* a pobreza, e toda a miséria do mundo seria *culpa* do capitalismo. Ludwig von Mises, em seu essencial livreto *As seis lições*, voltado justamente a não economistas, foi um dos principais nomes a acabar com o preconceito, e, embora tenha sido ignorado, o interesse em sua obra dispara para o alto conforme vai se tornando conhecida: ao contrário do que se pensa, a miséria é condição do homem durante toda a humanidade, tendo apenas uns raros que puderam evitá-la justamente à custa da exploração do trabalho alheio. Com a ascensão do capitalismo, ou seja, produção industrial *em massa*, as populações pobres foram enriquecendo muito rapidamente — tendo remédios, roupas e alimentos, antes raros, distribuídos de forma barata pela ordem de lucro do mercado. As crianças que eram vistas nas fábricas, na verdade, eram prole que estaria morta sem saúde no labor braçal uma geração antes. Não à toa, ao contrário do que a esquerda previu, países que abriram seu mercado se tornaram campeões de qualidade de vida, sem nenhum exemplo em contrário: Áustria, Bélgica, Inglaterra, Suíça, Alemanha, Canadá, Austrália etc.

XX. Tivemos o maio de 1968, com os *katangais* circulando com armas pela Sorbonne. Os Days of Rage de Chicago no ano seguinte, capitaneados pelos *weathermen*, do grupo terrorista Weather Underground, também surgidos do movimento estudantil contra a Guerra do Vietnã — alguns dos terroristas da época, vivos até hoje, ao contrário de suas vítimas, como Bill Ayers, não apenas foram constantemente absolvidos de seus crimes como até ganharam cátedras acadêmicas e ainda atuaram no movimento Occupy Wall Street.* Tivemos os Panteras Negras e os subsequentes protestos para colocá-los em liberdade, mesmo sob acusações graves de assassinato. Tivemos diversas manifestações de sindicalismo político** pelo mundo. Um dos seus novos auges foram os hoje envergonhados movimentos antiglobalização na década de 1990 e início da de 2000, com propostas que se tornaram rapidamente risíveis como exigir que a internet tivesse acesso restrito ao país local, para evitar o desigual mundo global. Hoje o movimento, desacreditado e escondido do passado da esquerda com extrema vergonha, foi eufemizado para "alterglobalização". Tivemos a confluência do movimento estudantil com sindicatos socialistas, o que deturpou, até o momento sem retorno, o conceito de universidade em cursos de ciências humanas.

Mas o black bloc "institucionalmente" surge com os Autonomen da Alemanha Ocidental no início da década de 1980. Suas principais ações eram abrir *squats*, casas anarquistas, coletivas e sem privacidade, em terrenos urbanos desabitados e invadidos. Trata-se de um misto de revoltosos tentando se unir não mais em torno de apenas um dos ideais conflitantes da esquerda, mas em torno de diversos

---

* Para conhecer melhor a assustadora história da conivência da Justiça americana com os terroristas do Weather Underground, seus crimes (incluindo assassinatos brutais) e o paradeiro de vários deles (como ser capa de revistas masculinas), ver o surpreendente livro de Ann Coulter, *Demonic: How the liberal mob is endangering america*, quase uma versão americana de nossa análise. Em alguns países, terroristas se tornam musas *fashion*, em outros são alçados à presidência.

** Sindicalismo político (o que é diferente de apenas uma entidade de classe, cuidando de interesses perante políticos, como faz um sindicato de médicos ou tradutores: trata-se da tomada do aparato político por sindicatos) é praticamente o primeiro passo do fascismo ou do socialismo. Ver meu artigo: "O fracasso do Partido dos Trabalhadores no Dia dos Trabalhadores." Disponível em: <http://www.implicante.org/artigos/o-fracasso-do-pt-no-dia-dos-trabalhadores/>.

deles — marxismo, feminismo radical (o mais comum na atualidade), ambientalismo (o que garante as melhores lideranças), anarquismo. Sua unidade, na verdade, advém apenas do método de muita testosterona e poucas sinapses e da identidade visual de roupas todas pretas com rosto coberto.[39] Uma das inspirações mais óbvias é o Exército Zapatista de Libertação Nacional do México (EZLN), encabeçado (perdão pelo trocadilho) por um tal Subcomandante Marcos, que sempre aparece com o rosto coberto.[40] Um manifesto do black bloc em Quebec, em 2001, declarava: "Usando máscaras, mostramos que não importa quem somos, mas o que queremos, e o que queremos é tudo para todos."[41] Oclocracia em quinta marcha, usando como propaganda a imagem de que são todos Subcomandantes Marcos, e não indivíduos com existência autônoma.

Com a globalização propiciada pela internet, estes métodos puderam ser espalhados pelo mundo, ainda que, curiosamente, quase a totalidade destes grupos estivesse justamente militando *contra* a globalização justamente quando a internet começou a se popularizar. Se grupos radicais de feministas, anarquistas, comunistas e terroristas eram apenas uns poucos extremistas sempre em número diminuto, com a publicidade que conseguiram ter na mídia e com o submundo de discussões livres e não mediadas da internet, de repente praticamente todos se tornaram a norma. O EZLN mexicano foi um dos primeiros a utilizar o poder de rede da internet para arregimentar ovelhas para sua infantaria, mas até mesmo a hierarquia da al-Qaeda segue padrões em rede — a morte de bin Laden não a destruiu de cima para baixo. Como a esquerda não possui unidade de objetivos (de "ditadura do proletariado" passa por "sindicalismo e trabalhismo" até "fim da homofobia e do machismo"), a tática black bloc pode ser utilizada por qualquer um, mas o tema que arrebanha mais adeptos é sempre a última modinha do momento. Assim como o grupo feminista radical Femen ficou famoso pelos seus protestos contra as leis antigays de Vladimir Putin, e de um mês para outro passou a ter diversas brasileiras adotando a mesma tática de protestos com os seios nus e pintados com palavras de ordem, o black bloc também se aproveita das modinhas para crescer entre adolescentes em busca de emoção e visibilidade.

A famosa Sara Winter,* primeira pessoa "oficializada" como pertencente ao Femen no Brasil, quando o grupo de protestos de topless começava a ser noticiado por aqui, foi antes a Kiev, na Ucrânia, para aprender a fazer manifestações "espontâneas", conforme afirmou: "Também passei por um treinamento prático, tive que aprender como me posicionar na ação, como lutar contra um policial, como segurar o cartaz. Temos a obrigação de parecer agressivas, fazer pose de um animal que ataca. E, agora durante a Eurocopa, gritar 'Fuck Euro'."[42] Atravessar continentes para fazer um curso em que se aprende a mostrar os peitos, fazer caretas, segurar um cartaz (!) e gritar "Fuck Euro". Coisas difíceis demais para se aprender em um Telecurso 2000, mas no fim a modinha pegou e, de um ano para outro, várias mulheres que nunca se preocuparam com tais causas de repente estavam fazendo topless em público e diante de câmeras pela salvação que viria com o Femen.

A discussão entre feministas e black blockers ultrapassa as raias do ridículo com exímia facilidade. Boas páginas do livro de Dupuis-Déri são dedicadas a discutir se era válido que os galalaus black blockers partissem para a pancadaria e praticassem suas "técnicas de estilingue",[43] enquanto as mulheres ocupassem as posições sem glamour de cozinhar coquetéis molotov, prestar primeiros socorros ou fazer as compras de tecido negro para bandeiras. Alguns argumentam que tal divisão é machismo, enquanto outros apontam que é condizente com o feminismo proteger as mulheres. E seguem-se bate-bocas cafonérrimos entre — de um lado, aqueles que preferem mulheres no *front* por se protegerem mais entre si contra o machismo de quem as quer longe do perigo (como o Tute Nere, grupo de feministas italianas, que ceifou o slogan "Black Bloc — não só para o seu namorado!") —[44] e, de outro, feministas dizendo que a própria estética black bloc de primitivismo e bestialidade já é machista em si ("Se vocês não estão dispostos a apanhar [na cabeça com um cassetete] e não estão dispostos a ir para a cadeia, não marchem com o Black Bloc!").[45] Provam ao menos que nunca, nunca, nunca saberemos

* Coincidência ou não, a feminista brasileira Sara Winter já foi skinhead e andava com grupos neonazistas. Seu nome de guerra escolhido é quase idêntico ao de Sarah Winter (1870-1944), uma nazista britânica famosa por ser membro da British Union of Fascists.

se algo é feminista ou se é seu completo oposto. Ah! Há também os(as) militantes *queer*, perdidos(as) no meio do tiroteio, que ora querem "desconstruir gêneros", ora querem acabar com "padrões machistas", sem nunca decidirem o que querem e o que odeiam.*

Há também rusgas causadas por grupos que pedem por "blocos multicoloridos", por crerem que associar o preto ao anonimato e uso de força "pode ser insensível do ponto de vista cultural" (sério).[46] Por trás das máscaras, na verdade, descobre-se que a maioria dos blockers nos black blocs originais eram europeus puro-sangue, com raríssimos membros negros ou hispânicos.[47] No Brasil, apesar de não haver dados consistentes, visualmente apareciam entre os black blocs muito mais mulatos e alguns negros, mas a maioria parecia muito jovem — alguns adolescentes mesmo — e com predominância branca, sobretudo oriundos da classe média baixa. Mesmo Dupuis-Déri, que sempre tenta colocá-los como legítimos e justificados, sabe que boa parte dos blockers é constituída de "jovens com baixos níveis de consciência política em busca de emoção", mesmo com seus "ativistas altamente politizados".[48] A quem temer mais? De acordo com um blocker de Gênova, em 2001, "destruir tem que ser *divertido*".[49]

Da mesma forma que o Femen, as primeiras publicidades sobre o black bloc, sobretudo por seu caráter negativo, ajudaram a popularizar o termo — como vimos, em junho, o mês mais violento de 2013, praticamente ninguém que estava destruindo algo sabia o que era um black bloc. De repente, qualquer núcleo acadêmico de universidade, qualquer sindicato, partido de esquerda, grupo de Facebook e "analista" convidado no jornalismo estavam discutindo o black bloc como se fossem especialistas com décadas de estudo do assunto. E as ruas, na mesma proporção, tinham novas manifestações entupidas de blockers. O lema da "anarquia" ainda ajudou a recrutar muitos jovens sedizentes "sem líderes".

---

* Sim, este autor teve de enfrentar corajosamente páginas e páginas pantanosas, transbordando destas lesmices, para concluir este livro.

Anarquia e socialismo, união duradoura, entre tapas e vidraças

> "O pior inimigo da vida, da liberdade e da decência comum é a anarquia total; o segundo pior inimigo é a eficiência total."
>
> Aldous Huxley

Embora estejam em uma manifestação a favor de tarifa zero, lutando ao lado dos comunistas do MPL, os anarquistas dos black blockers não são incoerentes ao exigir serviços estatais. Na verdade, a diferença entre socialismo e comunismo, tão propalada pelos marxistas, quase não é encontrada nos escritos de Karl Marx e Friedrich Engels, cujas teses, aliás, sempre conviveram com alguma proximidade com o ideário de anarquistas como Bakunin e Proudhon.

O socialismo é um Estado totalitário, com a estatização de toda a atividade econômica e dos aspectos culturais que a sustentam — como a família, que Marx acreditava que fazia parte da "superestrutura", existindo apenas para proteger a propriedade privada. Marx dizia que a teoria do comunismo pode ser resumida em uma única ideia: abolição de toda a propriedade privada. Estamos acostumados a opor "privado" a "estatal" (com seu eufemismo "público"), mas o seu propósito é a propriedade *coletiva*. Para tal, quer abolir o Estado "burguês" e trocá-lo por um Estado totalitário que defenda o proletariado.

Para Marx, como para Tocqueville, toda democracia é uma forma de teatro,[50] e sua crença em "classes sociais" o leva a acreditar que toda democracia é uma forma de ditadura, pois apenas reflete o pensamento da classe dominante no momento histórico,* que ele identificava mais como burguesia do que aristocracia, não sem alguma razão. Assim, bastaria haver alguém para defender o interesse do proletariado e não seria mais necessária a divisão de poder da democracia: seu método era a Revolução, e não as eleições. Com a Revolução consolidada,

* Apenas isso, na verdade, seria suficiente para refutar todo o marxismo: como uma ideologia crente de que toda forma de pensamento é apenas uma manifestação do "interesse de classe" poderia ter surgido de um burguês como Karl Marx, e não de um proletário?

se inverteria o uso do Estado e das instituições: em vez do "Estado burguês" e seu papel limitado nas finanças e administração, todo o aparato estatal seria tomado por "proletários", que seriam então transformados em burocratas. O papel das instituições não seria mais então gerir conflitos de propriedade, e sim consolidar a Revolução. Sem um Estado com discussões internas e poderes se vigiando mutuamente, só haveria o poder total de instituições fragmentárias. Em vez de um amplo sistema jurídico, haveria apenas tribunais populares, onde as causas seriam julgadas legitimamente apenas por maioria de votos. O resultado prático foi a pena de morte sendo imputada o tempo todo aos "contrarrevolucionários". Toda a ditadura do proletariado não seguiria mais a "convenção burguesa" das eleições, preferindo-se os tribunais populares. A "democracia direta" (ou "participativa", ou como se queira chamá-la no Occupy, pelo MPL ou pelos líderes comunitários de 2013) se torna uma instituição da sociedade, e Estado e sociedade se fundem para sempre.

Assim, na verdade, ao contrário do clichê usado pelo mundo todo sem reflexão do que significa de fato o projeto marxista, não apenas a fase socialista existiu — correspondente à implantação da Revolução — mas *também existiu a fase comunista*, pois as instituições que antes eram força de um Estado *externo à sociedade*, forçando um novo paradigma de organização social, se consolidam, e a fase *comunista*, e não meramente socialista, se instala plenamente. Quando se afirma irrefletidamente que "comunismo é uma sociedade sem Estado" (assunto com o qual o próprio Marx pouco lidou), pensa-se em uma sociedade sem instituições — polícia, tribunais, órgãos de planejamento e afins. Um erro grosseiro: Marx nunca almejou tal situação. Seu modelo é sempre o centralismo econômico redistributivista e a socialização completa da propriedade, até mesmo da família (previsto no capítulo 2 d'*O Manifesto Comunista*). Ou seja, sem um Estado externo às relações econômicas comuns, mas com instituições "comunais" que cuidem do gerenciamento da sociedade — tribunais, polícia política, imprensa única etc., tudo "comum", no velho *cult of sameness* contra o qual alertava Kuehnelt-Leddihn. Todas as pessoas tornam-se empregadas em uma fábrica comum, se alimentam em um refeitório comum, não possuem mais uma família, mas são geridas coletivamente,* e não há mais um "Estado burguês" externo, e sim uma sociedade em que Estado e não Estado não possuem mais contornos — mesmo que todos se tornem burocratas em um aparato político-partidário interminável, na verdade se burocratiza toda a sociedade, e o Partido se torna o Partido-Estado, diferentemente do conceito liberal ou "democrático" de Estado, externo à vida privada.

Ora, o senso comum que define a anarquia como uma "sociedade sem Estado" está absolutamente próximo do conceito de *liberalismo*, e não de *comunismo*, seu oposto em tudo. Na prática, a diferença entre um liberal e um anarquista é apenas a defesa, pelo primeiro, de um Estado mínimo, ou seja, um aparato estatal muitas vezes resumido apenas a cuidar das leis. Nada é mais anárquico do que o mercado livre com suas imprevisíveis flutuações na Bolsa de Valores, afinal. Foi com esta invenção moderna, o Estado mínimo com funções apenas jurídicas e de administração jurídica, que os países hoje mais ricos do mundo saíram da miséria e prosperaram. A anarquia, esta anarquia de cúmplices de Karl Marx (quase todos posteriormente rompidos com ele) é a anarquia do *comunismo*: uma sociedade sem propriedade privada e sem possibilidade de *vida privada*, ou mesmo alguma privacidade. É a sociedade não das instituições jurídicas externas e desinteressadas dos próprios conflitos e do poder dividido, mas sim a sociedade da total "vida comum", em que tudo é de todos, nada é de ninguém e o poder é "comum", indiviso.

---

* Se antes de analisarmos a União Soviética, a China de Mao ou o Camboja, ficamos apenas com um imaginário coletivo sobre estes períodos, não saberemos que *até isso* aconteceu de fato nestes países, exatamente como a segunda fase, comunista, de Marx. Temos um imaginário coletivo comum sobre os crimes do nazismo e a sociedade opressora que era a Alemanha nazista, mas nenhum filme sobre a socialização das propriedades rurais — até mesmo minúsculas — na Rússia, formando as fazendas coletivas, o *kolkhoz*. Ou sobre como até quartos de família eram "redistribuídos" durante o stalinismo, fazendo com que mães e avós de família dormissem em uma cama num quarto comum com uma prostituta recebendo clientes logo ao lado, muitas vezes sem nem um biombo para esconder. Sem filmes, literatura e história, todos estes fatos da realidade não serão lidos em livros a não ser por quem já é razoavelmente crítico do socialismo antes de buscar tais fontes. É o imaginário coletivo, e não os fatos frios, muitos só descobertos após a abertura dos arquivos de Moscou, que forma as crenças pseudocríticas sobre socialismo no mundo — raros leram livros sobre o período. Ver *Sussurros — A vida privada na Rússia de Stalin*, de Orlando Figes, ou *Mao — A história desconhecida*, de Jung Chang e Jon Halliday.

É por isso que muitos se surpreendem ao ver anarquistas (os defensores da "sociedade sem Estado") pedindo *a mesma coisa* que socialistas (cultuadores do totalitarismo brutal). Na verdade, não são incoerentes, apenas divergem em método e dão nomes diferentes para o fim último — afinal, nenhum anarquista seria a favor de privatizações, que diminuem o Estado, preferindo, antes, um programa social estatal que logo possa ser usado para apagar os resquícios de um Estado que protege a propriedade, em nome da coletivização. Este é um dos diferenciais do pensamento liberal em relação ao rebanhismo: o primeiro é **individualista**, vê rostos, histórias únicas, diferenças,* possibilidades múltiplas de um ser humano lidar com o seu destino e clamar responsabilidade única por suas decisões. O segundo é **coletivista**, acachapante, igualitário, defensor da prancha de Procrustes, dissolve tudo o que cada indivíduo possa ter de diferente em nome de um padrão mutável com o passar das modas na homogeneidade anódina do social. Os anarquistas são contra o Estado dito "burguês" (embora essa moda de "burguesia" esteja finalmente passando), mas são a favor do mundo sem portas, sem privado e sem privacidade do coletivismo. Como Elias Canetti já havia falado sobre a vontade das massas de destruir portas e misturar o dentro e o fora, os anarquistas também querem um mundo sem propriedade e vida privadas, e também usam programas sociais como uma "tarifa zero" para imiscuírem Estado e sociedade a tal ponto que logo dirão que, quando o reino da tarifa zero anticapitalista for real, terão afinal construído apenas a sociedade "livre" e "comum" trabalhando supostamente "de graça" em nome da "comunhão". Anarquistas, portanto, não são próximos do Estado mínimo liberal, e sim do Estado *totalitário* socialista.

Os anarquistas preferem a *ação direta* — a destruição da propriedade pública e privada, a agressão física, o julgamento automático: cada anarquista, sejam os novatos dos black blocs ou Luigi Lucheni, o anarquista que assassinou a princesa Sissi em 1898,[51] iniciando a degradação do

* Uma das maiores esquisitices que o debate contemporâneo legou à história foi a associação da esquerda coletivista como defensora da "diversidade", e *ao mesmo tempo* da "igualdade". Ora, diversidade só é possível com posturas liberais, e não subtraindo o que as pessoas têm de único ao ditame do social.

Império Austro-Húngaro, julga que é, ele mesmo, o Poder Legislativo que propõe o dever-ser, o Poder Judiciário que julga e, ao mesmo tempo, o Poder Executivo e a própria força policial física que aplica a "justiça". Isto é a "ação direta". Os socialistas buscam o mesmo fim da "sociedade comum", mas preferem a Revolução e o Partido-Estado que logo deixa de ser um Partido para ser o próprio Estado, e logo deixa de ser o Estado para ser o total englobador da vida. No fim, teremos apenas isso: não uma sociedade sem polícia ou sem tribunais, como usualmente até professores universitários fazem crer, mas uma sociedade comunitária, em que a polícia é não só um agente da burocracia, mas também qualquer um que possa denunciar atividades "contrarrevolucionárias" entre seus vizinhos.

Não é, portanto, contraditório que o black bloc, que se julga "anarquista", esteja sempre reclamando de programas econômicos de austeridade (em que o Estado é enxugado e deve interferir menos na economia) e até ande do lado do MPL pedindo "tarifa zero" para o transporte público, tornando estatal todo o financiamento do transporte: na verdade, seus ideólogos anarquistas sabem que se trata apenas de impedir qualquer atividade privada fora do "comum", não importa se pelo Estado socialista ou pela ação direta anarquista. O fim será o mesmo. Por isso existem coletivos rebanhistas, onde o black bloc é extremamente atuante, como a Northeastern Federation of Anarco-Communists (NEFAC), em Boston.[52]

A tônica, na verdade, é a mesma desde o começo das manifestações — ou mesmo desde a *ideia* de se tomarem ruas para exigir "direitos" tomados de outros: é simplesmente ser anticapitalista. Por mais que o gigante fugisse das ruas quando notasse o que é a ditadura do proletariado impedindo a vida privada e subjugando à força o destino individual e os frutos do trabalho das pessoas à manada em fúria, o black bloc apenas aparece para mostrar que a manifestação não é nada senão anticapitalismo. E os 95% de pessoas que rejeitam o black bloc, na verdade, sem saber, apenas perceberam como é vantajoso ter a segurança da propriedade e da privacidade do capitalismo contra a tirania do que intelectuais chamam eufemisticamente de "social".

Black bloc, loucura e método

"Onde quer que você busque comparações da vida sob a anarquia e sob governo, a vida sob o governo é menos violenta."

Steven Pinker

Apesar de clamarem pela bazófia de que agem "sem líderes" e de que suas ações são "espontâneas", mais uma vez, olhando de perto, os anarquistas são bem menos "sem líderes" e muito mais hierarquizados do que eles próprios acreditam ser.

Cena famosa foi registrada no dia 7 de setembro, quando os blockers prometiam "quebrar tudo" na avenida Paulista. Registrou o *Estadão*: "Em discurso, um dos integrantes do grupo pregou que sejam causados 'prejuízos materiais' às fachadas de todas as empresas multinacionais da região. 'Eu sei que tem policial federal infiltrado aqui, e que depois vão me acusar, mas falo mesmo: 'é incitação à violência sim'', diz o manifestante que aparentemente está coordenando o carro de som." O valentão em bando se esqueceu de um detalhe: "Curiosamente, o mesmo homem que falava em danos contra as empresas segurava um lanche 'Big Mac', da rede norte-americana McDonald's, e um refrigerante da Coca-Cola."[53] Sua foto segurando o Big Mac completo com Coca[54] se tornou um dos emblemas da geração Coca-Cola 2.0 eternamente lutando contra o capitalismo que lhe dá comida, jurando que ele lhe tira. Ainda mais de perto, vemos não apenas a incoerência de um "movimento sem líderes contra o capitalismo" ter um líder incitando a todos com Big Mac à mão: são mais bem organizados do que 90% das empresas brasileiras. Prossegue o *Estadão*: "Entre os ativistas, está presente o GAPP (Grupo de Apoio aos Protestos Populares). São cerca de trinta voluntários que estão disponíveis para prestar atendimentos de primeiros socorros e assessoria jurídica aos manifestantes."[55] Difícil imaginar empresa brasileira com departamento de Recursos Humanos, Enfermaria e Jurídico tão bem servidos para tão pouca gente.

Como tática, o black bloc surge sem nenhuma proposta, podendo ser uma estratégia empregada por qualquer um — permitindo que sindicalistas, políticos, estudantes e líderes comunitários afins possam se esconder sob máscaras e capuzes para destruir e gerar prejuízo, para depois voltarem ao microfone garantindo que são pacíficos e conclamando transeuntes desavisados para se juntarem ao movimento de massa, até terem número suficiente para causar rupturas no sistema político. Não é, portanto, um "grupo" com objetivo claro, com uma estratégia. Tática, como no xadrez, significa obrigar seu adversário a reagir a um ataque, mesmo que seja um ataque periférico a uma peça, e não ao rei adversário. A estratégia é global, e significa sempre a movimentação de forças buscando tomar o rei. O black bloc, como tática, portanto, pode ser empregado por qualquer estrategista — marxista, sindicalista, feminista, anarquista ou o que for. Basta querer causar prejuízo a alguém.

Com este cenário, é natural que o black bloc seja sempre polêmico dentro da esquerda que cria movimentos de massa para a ruptura e o poder total. Cada um deseja o poder total *para si*, não para ser compartilhado por outros que busquem refazer a sociedade com base em sua utopia — igualdade econômica forçada, igualitarismo de gênero, destruição de fábricas etc. Isto gera situações um tanto quanto cômicas, como discussões intermináveis sobre haver "turistas ativistas", pessoas endinheiradas que andam pelo mundo atrás de um protesto apenas para farrear, e saem da cidade assim que o pau come com a mesma velocidade com que chegam. Há críticas até a cartazes escritos em inglês para orientar os turistas de protesto, mesmo com causas nacionais em países que não falam inglês.[56] Vimos que o próprio MPL surgiu desta forma, com "estudantes" que largavam tudo para protestar contra o aumento de preços de tarifas em estados a milhares de quilômetros de distância de onde residem.*

* Certa feita, este autor conversava com socialistas na UFPR, em Curitiba, durante uma "greve" estudantil, sendo apresentado a um veterano de invasões da reitoria. Contando como foi a última vez que "ocupou" o prédio, o socialista narrava animado como um amigo seu do PSTU havia juntado menos de quinze pessoas, mas precisava de mais gente. Teria telefonado para ele então gritando apenas: "Ocupamos a reitoria, cola aí!", e, sem pedir explicação de motivo, saiu da aula, passou no bar para comprar cerveja e foi correndo fazer número na festinha.

O próprio Dupuis-Déri, em entrevista ao IG, sabe que a tática não é tão "espontânea" quanto ele mesmo clama, quando vista de perto: "Eu praticamente nunca vi os black blocs atacarem um símbolo sem significado político ou econômico desde os tempos em que comecei a observar o fenômeno. Não se trata então de uma violência 'cega'."[57]

Todavia, apesar das críticas de cabeças um pouco menos apatetadas, a modinha pega. Boa parte do que quer um black bloc é chamar atenção da população, através do vandalismo que sempre gera notícias e repercussão na mídia. Basta lembrar o caso da notícia da *Folha* que mostrou que o PSOL arregimentava "punks" para destruir tudo no fim de semana de preparação para o gigante acordar, com milhares de pessoas realmente pacíficas garantindo que a manifestação *não tinha* vândalos exatamente no começo da semana em que eles mais destruiriam o país. Ou seja, notícias sobre manifestações com vandalismo e subsequentes confrontos com a polícia *de fato* trazem pessoas pacíficas para as manifestações, a depender do caso e da propaganda: "Especialistas que abordam a relação entre mídia e movimento social constatam isso: um pouco de distúrbio chama a atenção de todos os meios de comunicação, enquanto um protesto pacífico terá pouca ou nenhuma cobertura da imprensa."[58] Tal como a Marcha da Maconha tornando-se Marcha da Liberdade. E como Raquel Alves disse sobre o MPL: precisa haver um pouco de vandalismo, do contrário nenhum gigante levanta e é impossível fazer a ruptura com a ordem vigente e ter mais poder. Elias Canetti mostrou que o primeiro e principal objetivo da massa é sempre crescer. E o black bloc, por incrível que pareça, mesmo sob notícias negativas, faz mesmo com que muitas manifestações cresçam, embora sua presença constante no fim das manifestações tenha quase sempre como resultado a dispersão dos protestos — sobrando apenas jovens revoltados e os líderes comunitários ocupados em organizar o caos: "Acho que podemos comparar as ações black blocs às ações de sindicatos durante uma greve: bloquear as entradas, ocupar a sala do patrão, colocar fogo num veículo, sabotar as máquinas. É um pouco isso a ação dos black blocs, a diferença é que eles agem em locais públicos, no centro de uma grande mobilização."[59]

É como conclui melancolicamente Dupuis-Déri: "Em todo caso, o desejo básico dos terroristas de ver as massas se erguerem em uma grande onda revolucionária nunca se realizou."[60] Contra MPL e Femen, Onda Vermelha e Fora do Eixo, o Brasil ainda resiste ao totalitarismo. Como já aludimos, o que menos importa é o motivo — 20 centavos, Copa do Mundo ou o magma islâmico já antevisto por Ortega y Gasset — e sim a mobilização. *The issue is never the issue, the issue is always the revolution*: "Como anarquistas, a revolução é nosso ponto de referência constante."[61] Estão sempre prontos para serem a infantaria, os peões na ruptura em nome do poder total para a reforma total: "Utilidade de táticas de ruptura: mudanças culturais em vez de mudanças apenas políticas ou econômicas; a direção de mudança em vez de meros objetivos específicos."[62] Para quem acredita nas *causas* defendidas pela esquerda, da ditadura do proletariado ao casamento igualitário, das leis trabalhistas à criminalização da homofobia, saibam que os organizadores disso tudo consideram isso "meros objetivos específicos". O que importa mesmo é a ruptura, as mudanças culturais que lhes darão poder total através de propaganda fofinha para arregimentar desavisados.

Até mesmo Dupuis-Déri, em um ato falho, admite isso, em uma seção batizada de "O alvo é a mensagem": "Os protestos nunca são organizados ao acaso. Seus alvos são sempre escolhidos pelo valor simbólico que carregam."[63] Contra o poder atual, nada como ter símbolos de destruição para se ter um *poder ainda maior* para destruí-lo. Há até discussões fumadas sobre manifestantes (nessa hora são apenas "manifestantes") que saquearam um café local em Oakland: "Então, quem quebrou? Foram manifestantes de última hora, sem consciência política, ou manifestantes que esqueceram a parte 'direcionamento' da ideia de 'dano direcionado contra a propriedade'?"[64] Quebrar sem ganhar poder é perda de tempo. Nessa hora, esquecem aquele papo de que janelas quebradas falam mais do que Tocqueville.

Assim como Malcolm Harris, Noam Chomsky, Slavoj Žižek, microfones humanos *et caterva* organizavam o coreto no Occupy, enquanto todos juravam que eram auto-organizados, o black bloc tem muita lógica interna. Como boa parte das manifestações na moda, o black bloc também funciona por "grupos de afinidade", sociologismo verboso para amigos e amigos de amigos. Nem isto impede que uma hierarquia surja: os *grupos de afinidad*, formados na tradição anarquista espanhola da

Federação Anarquista (?) Ibérica (FAI),[65] "não impedem jogos de poder baseados em carisma, experiência e habilidade de membros individuais ou em seus recursos simbólicos, culturais e econômicos".[66] Já deu para sentir como será diferente o "outro mundo possível" dos igualitários e coletivistas da anarquia? Já podemos sentir daqui do Planeta Realidade como será o igualitarismo libertário sem líderes: "Em horas de ação direta, um ou mais indivíduos podem decidir atuar sozinhos — pichar um muro ou atirar coisas contra uma janela ou contra a polícia — sem consultar outros membros do Black Bloc."[67] Isto é como agitadores descrevem sua liberdade, sem perceber que narram a *exceção*, já que até para dar uma pichada precisam, via de regra, de autorização.

A moda dos black blocs chegou sozinha ao Brasil, mas há outros blocos, pois a busca por poder total sempre causa "rachas": todos querem o poder total *para si*. Há por exemplo os Red Blocs, "compostos por comunistas de um conjunto de grupos. Eles costumam levar bandeiras vermelhas, às vezes com os retratos de Che Guevara ou Mao Tsé-Tung, e seguem as ordens de seus líderes".[68] Mao Tsé-Tung foi o responsável pela morte de mais de 70 milhões de chineses (o equivalente à população brasileira *inteira* na época), sendo o ser humano causador de mais mortes em toda a história. Se alguém carregasse um retrato de um ditador militar em cujo regime se torturou e se assassinou alguma centena de presos, mesmo que ele próprio não tenha sido o responsável por isso, a esquerda em polvorosa criticaria o retorno da ditadura e da repressão. Carregar retratos de Mao, que deixa Hitler no Tribunal das Pequenas Causas, está liberado. A esquerda prefere o método político (tomar a riqueza alheia) ao invés do método econômico (produzi-la) até quando esta riqueza são vidas humanas. Uma cultura de destruição, de subtração a cada ação.

Há também coisas como o White Bloc, ou Tute Bianche, também ligado à Juventude Comunista, formado praticamente para, com uso de armaduras (de colchões de espuma a capacetes), furar cercos policiais e se infiltrar nas colunas inimigas. Assim, pode-se manipular a mídia para que ela sempre inculpe a polícia e trate o black bloc como vítima.

Advocacia do diabo — As justificativas

> "O verdadeiro democrata deseja compartilhar as grandes obras da cultura com todos os que são capazes de apreciá-las; o igualitário, reconhecendo que a excelência verdadeira é rara, declara a grandeza de uma fraude e define a eliminação de distinções."
>
> Roger Kimball

O coitadismo desabrido para justificar black blocs tem algo de demência coletiva, como na *Letter From Inside The Black Bloc* [Carta de Dentro do Black Bloc]: "São pessoas pensantes e atenciosas que, se não tivessem ideias políticas e sociais radicais, seriam comparadas a freiras, monges e outras pessoas que levam a vida servindo."[69] Nada mais parecido com um blocker do que uma freira ou monge. Conclui Dupuis-Déri: "Inesperadamente, o retrato que surge é de cidadãos responsáveis e sensatos."[70] Não teste sua sensatez e responsabilidade nas janelas do professor Déri.

Sua linguagem é sempre e invariavelmente o clichê já visto no Occupy: na verdade, os bancos é que são violentos, portanto quebrar janelas que serão pagas pelos seus clientes e reforçar a segurança pública, que será paga por todos os cidadãos, é algo menor e apenas uma "resposta tática".

Sua linguagem é simplesmente delirante, como quando um black bloc destruiu "símbolos do capitalismo" em Seattle, em 1999, e, como ocorreu com as propostas do Anonymous no Brasil, escreveu sua justificativa apenas *a posteriori*: "Starbucks (traficantes de substâncias viciantes cujos produtos são feitos às custas de salários abaixo da linha de pobreza)."[71] Humm. Café não é tráfico, e os salários do Starbucks não estão abaixo da linha de pobreza — ou os funcionários simplesmente iriam para outro lugar, o que não poderiam fazer numa anarquia ou socialismo. E sobre vício... quantos black blocs, anarquistas, são contrários à liberação das drogas? Mas que tal ainda os bancos, sempre culpados pela esquerda pelo fato de as pessoas não terem dinheiro? "As pessoas no Banco Mundial comem bebês do Terceiro Mundo no café da manhã, então, se eles levam um tijolo na cara, bem... a culpa é deles."[72] Invente uma expressão figurada poderosa e *voilà*, tudo vira alvo.

Um capítulo de Dupuis-Déri intitulado "Violência Política" (obviamente que ele se refere a qualquer um, *exceto* black blockers) se inicia condenando à eternidade este petardo: "Todas as ideologias, assim como todas as religiões, encontraram formas de justificar e estimular a violência de seus seguidores sempre que foi considerado necessário."[73] Basta, então, definir o que você acha "necessário" e será igual a um monge.

Também há espaço para a típica verbosidade empolada da esquerda desde Marx e a Escola de Frankfurt para esconder pensamentos pedestres, como dizer que o black bloc busca "a reestruturação dos sentidos de termos e interações, a concentração no fortalecimento e nas construções de identidade dos atores do movimento, o destaque da legitimidade e do engajamento dos participantes",[74] seja lá o que isso tudo signifique.

Essa loquacidade também pega e vira moda. A revista *Veja Rio*, em uma reportagem sobre o surgimento do Partido Novo, primeiro partido brasileiro voltado inteiramente para a difusão do liberalismo, em novembro de 2013, resolveu cotejá-lo com características que seriam o "oposto do black bloc". Em um infográfico, define que os blockers não têm líderes, mas os filiados ao Partido Novo teriam seu presidente, João Dionísio Amoêdo, como "líder". Um "líder" liberal. Comparando as leituras, deixa os partidários do Novo com *A revolta de Atlas*, de Ayn Rand, e os blockers com *Guerra e paz*, de Leon Tolstoi. Embora Tolstoi tenha flertado com o anarquismo, é difícil imaginar algum blocker terminando de ler a interminável obra-prima do escritor russo. A reportagem conclui descrevendo os partidários do Novo como usuários de "roupas de grife".[75] Um pouco excessivo.

Com a mentalidade segundo a qual "todos são violentos, então destruí-los é justificado" — comprovando que as maiores violências do mundo desde o Iluminismo são muito maiores justamente por se considerarem "justas" e "racionais" —, ficam expostas pela rabadilha as mais atrozes tentativas de criticar a liberdade diante do Estado já vistas, como "o liberalismo foi imposto na Alemanha com uma vitória militar e, no Japão, com a ajuda de bombas atômicas".[76] Afinal, se há nazismo de um lado e fascismo nipônico no outro, quem este liberalismo pensa que é para impedir o morticínio respondendo a ataques militares?! Mas que tal os anarquistas com a melhor desculpa do mundo para a tirania estatal proibindo o povo de fugir de um totalitarismo? Dispara Dupuis-Déri: "Curiosamente, alguns dos que denunciam a 'violência' dos Black Blocs apresentam a queda do Muro de Berlim como modelo de mobilização não violenta, como se quebrar as janelas de alguns bancos fosse um ato violento, mas destruir um muro não."[77] Quebrar as janelas de propriedades alheias, feitas com o próprio trabalho e oferecendo serviços livremente às pessoas, é algo brutal do qual só nos livraremos com a anarquia. O único muro do mundo feito para impedir que as pessoas *saiam* e fujam da tirania do Estado socialista já é justificado e, veja bem, é um muro, portanto, violência "igual".

Claro, também há discussões internas na esquerda sobre os métodos violentos dos black blocs. A defesa dos próprios em seu apelo eviterno ao coitadismo rende boas pérolas, como ocorreu durante um protesto no Occupy, quando ativistas que não queriam violência "atacaram fisicamente" vândalos, e por isso passaram a merecer aspas quando descritos como "não violentos". São criticados então pelos que preferem quebrar tudo: "Esses ativistas da 'polícia da paz' foram claramente autoritários e repressores em suas tentativas de impor a não violência à força" (*sic*).[78] *A la* Dilma, falando que será possível dialogar com terroristas que degolam infiéis. Em Montreal, a *Convergente des Luttes Anticapitalistes* [Convergência de lutas anticapitalistas] propôs um novo conceito: "respeito pela diversidade de táticas",[79] "pedindo" que quem não quisesse violência não obrigasse os não violentos a não quebrar nada (e sempre sendo chamados de hipócritas e violentos se tentam impedi-los). Abusam de eufemismos, como "O respeito à diversidade tática também condiz com o anarquismo", pelo seu "profundo respeito pela igualdade e pela liberdade individual".[80] Ou ainda o relato de um blocker: "Nunca obriguei ninguém a jogar nada."[81] Não são umas gracinhas? Isto também gera disputas internas por cabeça, para ver quem vai mandar no protesto no fim das contas: organizações disputam entre si quem terá mais "manifestantes sem líderes" para ver quem mandará no protesto.[82]

Mas ninguém chega perto do suíço Nicolas Tavaglione, que joga dois termos abstratos de definição malemolente e usualmente inversa nas mãos de pessoas distintas, e tasca que os black blocs obrigam as pessoas a decidirem o que prezam mais: a "liberdade" ou a segurança. E arremata: "por levantarem essa questão, os Black Blocs são os melhores filósofos políticos da atualidade" (*sic*).[83] De Marco Aurélio a Eric Voegelin, todos eles se curvam ao poder de uma manada atirando pedras, já que, antes do surgimento dos black blocs, nunca ninguém se perguntou se prefere poder agredir outros e suas propriedades ou se prefere não ter o crânio rachado por aí.

O teatro do absurdo das celebridades

> "A violência é o último refúgio dos incompetentes."
>
> Isaac Asimov

O black bloc no Brasil foi defendido por uma súcia de intelectuais, ou o que se convencionou chamar neste país de pessoas que pautam o debate público, que ultrapassou as raias do ridículo.

O caso mais famoso foi a foto de Caetano Veloso vestido de black bloc,[84] em seu típico relativismo de garantir *a posteriori* que tal atitude não significou declarar apoio (pergunte-se o que aconteceria se Caetano aparecesse vestido de oficial nazista, só para descontrair). Ou não. Caetano ainda escreveu n'*O Globo* que a black blocker na capa da *Veja*, identificada como Emma, "é deslumbrantemente bonita com a máscara que só deixa à mostra os olhos. Isso não quer dizer que ela tenha apenas os olhos bonitos (o que muitas vezes é confundido com ter os olhos claros). Os olhos de Emma são lindos, de uma cor verde-cinza e com forma e tamanho muito harmônicos com o pedaço do rosto cuja pele está de fora".[85] Essa descrição machadiana tão apaixonada de um par de olhos estrangeirizados dá uma certa sensação no leitor de estar segurando vela.

Caetano, como Gilberto Gil e sua "massagem de pontos vitais momentaneamente adormecidos do corpo cultural" do país, também se animou com o Fora do Eixo e sua Mídia Ninja, a possibilidade de inaugurar o "comunismo dentro do capitalismo" bem típico do pensamento malemolente sem definição da Tropicália.* Ou não. O Tumblr satírico "Fora do Beiço" fez uma bela análise de um encontro de Caetano com os ninjas:

> Impressionado com o ninja que o recebeu — que, vestido inteiramente de xadrez, convertera a si próprio em uma *hashtag* humana — Caê imediatamente abraçou a causa jornalisto-3Gênica, e fez questão de ser fotografado já com a indumentária de guerreiro das sombras que usaria nos protestos do 7 de Setembro. Tal qual vaca profana que lidera o rebanho, logo Caê foi imitado por grandes nomes como Marcelo D2 e Cristina Mortágua e pela ex-esposa, ex-atriz e experiente captadora de recursos públicos Paula Lavigne, que, ciente de toda a carga ideológica de eventos como o Fashion Rio, lembrou a importância de protestar com estilo, e usou uma máscara com a inscrição "A rua é nóiz", emprestada de um menor que guarda carros na rua Dias Ferreira, no Leblon (inclusive, Paula avisou, pela sua conta no Twitter, que o garoto deverá buscar a máscara com o porteiro do seu prédio, em horário comercial). Com tanta repercussão, seria quase impossível que Caetano não chamasse mais atenção do que os protestos. Mas como Painho domina uma técnica chamada palpito-antropofagia, que consiste em aprender tudo sobre um assunto no exato momento em que emite opiniões sobre o mesmo, após um artigo para *O Globo*, uma entrevista para Pedro Bial e um monólogo para seu ascensorista, Caê havia se convertido em um verdadeiro ninja. Assim, enquanto as manifestações aconteciam em clima tenso e confuso, o ícone baiano passava anonymous pelas pessoas, que não o viram em momento algum. Ele, porém, disse ter vivido uma experiência intensa, que deverá se refletir no quarto álbum da sua trilogia rock, *No Black Bloco do Caetaninja*. "Tropa de Choque / Tropa de Chicos / Soldados meninos de olhos azuis / Quem dera derramasse poesia / em vez de pimenta em meus cuis / Fuck fakes Fawkes / No Guanabara, a malagueta / em Barcelona o ETA, ETA, ETAAA", cantou, adiantando uma das novas letras. É Caê mostrando que o Black Bloc é lindo. Até de máscara.[86]

---

* Sem surpresa, o movimento da Tropicália é citado em "pontos vitais" dos ensaios de agitação que resultaram no livro *Movimentos em marcha*, catalogando a agitação que resultaria no movimento de massa que começou em 2013.

Este namorico constrangedor seria a fase de Caetano pré-fevereiro de 2014, quando dois blockers assassinariam o cinegrafista Santiago Andrade. Depois do homicídio, Caê mudaria completamente o discurso, em seu famoso relativismo lagartixento que sempre coloca um "ou não" ao final de tudo. Em fevereiro, em sua coluna n'*O Globo*, aparece para defender o deputado psolento Marcelo Freixo: "Olho com desconfiança os moços que entram em transe narcisista ao quebrar vidros crendo que desfazem a trama dos poderes." Então, por que se vestir de blocker? Apenas para elogiar os olhos talibãs da tal Emma? Apenas para causar? Um belo editorial da *Gazeta do Povo* comentou: "Caetano, para quem 'proibir máscaras numa cidade como o Rio é violência simbólica', disse que não fez a foto para ser divulgada e que nem era 'anticapitalista convicto', mas emendou: 'Entendo que black bloc faz parte'."[87] Até a vítima ser ele.

Caetano ainda encontraria pasto para supor que as investigações que indicavam ligações de um partido defensor de socialismo com socialistas e anarquistas seria uma conspiração do próprio *O Globo*: "Simplesmente me pergunto qual exatamente será a intenção de *O Globo* ao estampar manchetes e editoriais induzindo seus leitores a ligarem Marcelo Freixo aos rapazes que lançaram o rojão que matou Santiago Andrade. (...) Jonas Tadeu Nunes (...), por sua vez, partiu de uma suposta fala da ativista apelidada Sininho. *O Globo* diz que esta nega. Como então virou manchete a revelação da possível ligação entre o deputado e os rapazes envolvidos no trágico episódio? Eu esperaria mais seriedade no trato de assunto tão grave."[88] Após o caso dos black blocs que matariam o cinegrafista, houve alguma escassez de seriedade de Caetano Veloso, suposto gênio que rima "êta" com "tiêta" e nunca deu uma declaração em sua vida que não exigisse tradução, exegese, hermenêutica e estudos comparativos para se extrair um significado único. Replicou-lhe o colunista da *Veja* Rodrigo Constantino: "*O Globo* — e vários outros veículos — expuseram a suposta ligação entre Freixo e os black blocs pelo simples motivo de que há fortes indícios desta ligação. A mãe do assassino confirma que se conhecem, Sininho, que ninguém sabe como se sustenta, liga para o advogado e fala em seu nome. O advogado afirma que há partidos por trás do financiamento deles. E o assessor direto de Freixo tem uma ONG pronta a ajudar nas causas jurídicas os black blocs. Caetano *realmente* não acha nada suspeito? De verdade?"[89] A claque, que toma até bilhete para a empregada partindo de Caetano Veloso como Verdade Máxima, limitou-se, em resposta, a dizer apenas que era o Rodrigo Constantino e era a *Veja*. Talvez Caetano pudesse então rimar "Emma" com "dilema", ficaria um pouco melhor.

Apesar de tentar desassociar o deputado do PSOL dos blockers e dizer que olha com "desconfiança" quem parte para a violência, mesmo assim ele tenta também buscar desculpas para o assassino, *sem nenhuma palavra de conforto à família do assassinado*: "Li o artigo do grande Jânio de Freitas em que ele defende a tese de intenção deliberada de assassinar um jornalista, o que está em desacordo com as imagens exibidas na GloboNews. Sem falar na entrevista do fotógrafo, que afirma que o detonador do artefato tinha mirado os policiais." E por acaso mirar em policiais seria algo "lícito"?

Caetano tenta até apresentar provas do que diz: "Freixo, em fala firme ao jornal, desmente qualquer ligação com os dois rapazes. Ele também lembra (assim como faz Jânio) que [o advogado dos blockers] Jonas Tadeu representou o miliciano Natalino." Ou seja, se Freixo "falou firme", quem somos nós para aventar que não seja a Grande Verdade saindo da boca do deputado do PSOL? E advogados não devem defender criminosos? Primeiro defendeu milicianos, agora defende blockers.[90]

Marcelo D2, ex-vocalista do Planet Hemp, também apareceu trajado de black blocker, embora mais honestamente tenha declarado apoio explícito à estrovenga. A maior parte da esquerda e dos formadores de opinião (o que, no fundo, dá quase no mesmo), pega de surpresa com o fenômeno, se dividia entre culpar o capitalismo pelo fenômeno e tentar justificá-lo ou afirmar que nada tinha a ver com aquilo.

Outro caso emblemático desta "dialética" foi condenado à eternidade pelo jornalista Alex Solnik, quando o músico Lobão foi entrevistado no *Roda Viva* graças ao seu livro *Manifesto do Nada na Terra do Nunca*. Quando Lobão deu uma das primeiras e raras opiniões em público desabonadoras das manifestações no Brasil, o jornalista, tentando salvar a rabadilha da esquerda, disparou: "Você acha que o black bloc é de esquerda?" Lobão, quase sem acreditar no que foi perguntado, redarguiu: "Você tem alguma dúvida?" Gaguejando, Solnik legou-nos a pérola: "Eu... Eu... Eu... Pra mim, embora eu não seja o entrevistado, é um grupo de direita o black bloc. Porque gente que sai mascarada na rua, que não mostra a sua cara... É totalmente desonesto." Lobão, a quem coube apenas rir, lembrou: "Pra mim é ridículo. Mas eles ficam lendo Kropotkin, Bakunin e dizem ser anarquistas." Restou a Solnik o melhor argumento que a esquerda possui: "Eu acho que não." Lobão teve de praticar a ensinança das crianças: "Não, não, *eles são*. Por exemplo, o black bloc agora tá dando guarida pra greve dos professores lá no Rio. Tudo de esquerda, cara. Infelizmente a verdade é essa."[91] É assim que um pensador de esquerda define o que é esquerda e direita no Brasil: o Subcomandante Marcos deve ser um homem mais capitalista do que Murray Rothbard, por sempre esconder o rosto. Resta saber que exemplo de direitista que andou pelas ruas mascarado o sr. Solnik tem a nos oferecer. A máscara de Guy Fawkes tão desmascarada neste livro não parece ter escondido nenhum conservador ou defensor do capitalismo *laissez-faire*.

Desde a confusão entre linguagem figurada e literal do Occupy Wall Street ("são os bancos que cagam na nossa cabeça todo dia!"), não foram poucos os intelectuais que tentaram amenizar a brutalidade black bloc usando-se do mesmo expediente, apenas por acharem "justificável" qualquer forma de violência, desde que seja anticapitalista. É o que diz um blocker: "É vandalismo contra corporações violentas. Não machucamos ninguém (*sic*). São eles que machucam as pessoas."[92] Misture linguagem figurada de uma analogia com a literalidade de uma pedrada e pode conversar "entre iguais" sem medo.

Contudo urge compreender que o black bloc, como seus "ideólogos" mesmo definem, costuma ser não mais do que teatro e propaganda. Chama a atenção de brucutus em busca de adrenalina, que querem ter a sensação de se sentirem "perigosos e poderosos" por estarem contra a polícia — mas leram gibis demais para sair assaltando inocentes como forma de chamar a força física da polícia contra si. É o terrorismo, definido pelo assassino comunista Carlos Marighella como parte da *propaganda armada* em seu "Mini-manual do guerrilheiro urbano".[93] Ou seja, uma forma sanguinolenta de trazer adeptos para a sua causa. Todavia, alguns membros da esquerda mais "limpinha" acabam sendo obrigados a tentar conquistar a opinião pública.

Durante as manifestações contra a União Europeia em Gotemburgo, em 2001, até mesmo Susan George, vice-presidente da ATTAC, Association pour la Taxation des Transactions Financières et l'Aide aux Citoyens [Associação pela Tributação das Transações Financeiras e Ajuda aos Cidadãos], que poderia estar precisando muito menos de ajuda e ajudando muito mais aos cidadãos se buscasse um trabalho produtivo em vez de montar uma associação apenas para subtrair dinheiro dos outros, afirmou que "as violências de anarquistas ou vândalos são mais antidemocráticas do que as instituições que eles dizem combater".[94]

Já no Brasil, a professora de filosofia petista Marilena Chaui, sem surpresa alguma, chamou os black blocs de "fascistas", afirmou que o movimento precisava de um rumo e um líder e até chegou a aproximar as exigências imediatistas do MPL e dos black blocs à sociedade de consumo: a "satisfação imediata do desejo". Todavia não viu problema em repetir a seguir seu bordão, que pauta todo o jornalismo brasileiro, afirmando que "essa classe média" é uma "abominação política, porque é fascista; uma abominação ética, porque é violenta; e uma abominação cognitiva, porque é ignorante", por ter "espancado manifestantes de esquerda".[95] Estranhamente, nem um pio sobre os inúmeros feridos e roubados pelos próprios manifestantes de esquerda.

Os intelectuais de esquerda estão sempre na corda bamba entre dizer que os bancos praticam violência quando informam que seu saldo está negativo ou defender que o black bloc na verdade é pura bondade e harmonia sem governo e sem líderes. Essa "dialética" sempre gera contradições ridículas, como Léonce Aguirre, que, para criticar o black bloc e ao mesmo tempo permitir que os marmanjos de sua Liga Comunista Revolucionária da França (LCR) pudessem quebrar coisas sem serem recriminados, tenta se desassociar do black bloc, dizendo entretanto que não iria "cair na armadilha de colocar os manifestantes bonzinhos de um lado e os vândalos malvados de outro".[96]

Se as vidraças quebradas são um tema constante tanto econômico quanto criminal em nossa investigação, Emmeline Pankhurst, uma das líderes das *suffragettes*, mulheres que exigiam direito ao voto na

Grã-Bretanha no começo do século XX com métodos cada vez mais radicais, declarou que "o argumento de uma vidraça quebrada é o mais valioso na política moderna".[97] De Ortega e Hoffer a Canetti e Kuehnelt-Leddihn, não temos a menor dúvida. E esta "inspiração" do começo de século para os black blocs trai o verdadeiro problema das políticas de "direitos" e de "distribuição" da esquerda: são sempre uma *subtração*, algo que aparentemente melhora a vida dos menos favorecidos por um tempo, mas sempre tem curta duração, demandando um bode expiatório para ser culpado. Não é à toa, portanto, que a esquerda, mesmo diante de atos de violência, se encantou tanto com o black bloc, ainda que não o confessasse em público, e sempre o tratasse a pão de ló, fosse comparando-os à "violência simbólica" do capitalismo ou apenas declarando que não eram compreendidos e que quem os criticasse era tão ruim quanto, ou pior. A vontade de ter um arcabouço teórico para subtrair algo de alguém foi sempre o grande prazer da esquerda — muito mais do que enriquecer os pobres ou praticar um "mundo perfeito" de justiça social. Ter uma infantaria para fazer o serviço era esteticamente repugnante — mas a consolidação da teoria.

Outro caso emblemático foi da revista petista *Carta Capital*, que acabou indo parar na edição brasileira do livro sobre black blocs do professor canadense François Dupuis-Déri. Ainda em agosto, quando as manifestações não tinham esfriado por completo e a idealização de "pessoas lutando por seus direitos" era defendida, embora ninguém mais *participasse* da muvuca, a revista fez uma enquete: "O black bloc, forma de protesto antissistema, usa a depredação de bancos e fachadas de grandes empresas como meio de atuação. O que você acha? (1) Sou contra qualquer tipo de vandalismo, em qualquer hipótese. (2) No caso de determinadas empresas, desde que ninguém seja ferido, sou a favor." O resultado entre seus leitores: de 11.835 respostas, 7.903 (66%) eram a favor das ações do black bloc.[98] É isso o que a *Carta Capital* mapeia entre seus leitores, e é isso que o leitor médio da revista pensa.

Por sinal, não foram apenas as celebridades a cair no canto de sereia mascarada. Antes de a presidente Dilma Rousseff fazer seu desastroso discurso na ONU propondo "diálogo"[99] com o mais selvagem grupo terrorista desde o Império Assírio, o "Estado Islâmico do Iraque e da Síria"

(ISIS, IL, ISIL ou outras siglas), sendo ignorada por países civilizados e mesmo incivilizados com melhores programas humorísticos, o ministro-chefe da Secretaria-Geral da Presidência da República,* Gilberto Carvalho, resolveu não apenas propor, mas levar a cabo um "diálogo" com os blockers. Logo após a primeira morte causada pelos black blocs, resolveu acatar uma manifestação do Movimento dos Trabalhadores Rurais Sem Terra (MST), que vandalizou tanto o Palácio do Planalto que, pela primeira vez, mesmo a polícia militar pareceu apenas um alvo: contra os 15 mil manifestantes armados de paus, martelos e pedras (o MST não é manifestante de primeira viagem), foi a PM quem contabilizou mais atingidos: trinta PMs contra doze sem-terra feridos. Nenhum comentário sobre a polícia fascista desta feita.

No final de 2013, líderes do MST foram presos acusados de desvio de verbas federais. A resposta de Gilberto Carvalho foi convidar alguns selecionados de sua liderança para um diálogo pessoal com a presidente Dilma Rousseff. O encontro foi em São Paulo, dias antes da abertura da Copa. O chefe da Secretaria-Geral da Presidência disse que "não tinha como dar acordo" com o grupo, pois os adeptos da "filosofia" consideram o PT traidor e o PSTU conservador. "Numa das reuniões, um menino jogou um rolo de papel higiênico e disse: 'isso aqui é o ingresso de vocês para a Copa'."[100] É assim que se pune terrorismo: recompensando-o com o pronto atendimento às suas pressões. Não custa lembrar que isto correu logo após dezenas de policiais serem covardemente atacados e de uma morte em manifestações ter sido assumida por blockers, sempre aliados do MST. Assim, congratula-se a brutalidade e pune-se o povo, que nunca tem acesso ao governo.**

A manifestação do MST bradava contra o governo federal — justamente quem lhe dá verbas milionárias, usualmente de maneira indireta, enchendo o cofre de organizações controladas por dirigentes do MST (que, juridicamente, nem sequer existe). Gilberto Carvalho teve assessores

* *Yes, we have Soviets.*

** Sobre o ocorrido, ler a aula de jornalismo de Reinaldo Azevedo, em seu artigo "Black blocs do Carvalho!". Disponível em: <http://www1.folha.uol.com.br/colunas/reinaldoazevedo/2014/06/1477028-black-blocs-do-carvalho.shtml>.

presos durante os protestos de junho,[101] inclusive quebrando os prédios do governo. As aparentes contradições da política "dialética" das esquerdas são contradições apenas no terreno da lógica (algo sempre em falta nas esquerdas), mas não como método de tomada e alocação de poder. Como se viu fartamente, é sempre do interesse das esquerdas ter o poder total para implantar a sua hegemonia, mas seu método é o da agitação aliada às eleições "democráticas", para poder causar a ruptura no sistema atual, concentrando o máximo de poder possível em suas mãos, usando a "mobilização popular" como justificativa.

O jornalista, deputado e ex-ministro João Mellão Neto escreveu um artigo que merece ser lido na íntegra, do qual pinçamos a passagem final:

> No episódio Celso Daniel, ele era ninguém menos que secretário do prefeito e a pessoa mais próxima a ele. Os irmãos de Daniel sustentam a acusação de ter sido ele o encarregado maior de gerir o dinheiro arrecadado das empresas de ônibus, recursos esses que, segundo eles, eram entregues diretamente nas mãos de José Dirceu. Para quem ainda tem dúvidas, refiro-me aqui ao atual secretário-geral da Presidência da República, Gilberto Carvalho.
>
> O assassinato do prefeito de Santo André, doze anos passados, continua até hoje sem uma explicação plausível. Durante todo esse tempo, nada menos que sete testemunhas ligadas ao caso morreram em circunstâncias atípicas. Um dos irmãos do prefeito, Bruno Daniel, após ser numerosas vezes ameaçado de morte, optou pelo autoexílio na França. Já o então secretário de Daniel na prefeitura teve melhor sorte: Lula nomeou-o seu chefe de gabinete e, recentemente, a presidente Dilma Rousseff promoveu-o a ministro-chefe da Secretaria-Geral da Presidência da República.
>
> Recentemente, o Rasputin do Planalto voltou a ocupar as manchetes e, como sempre, ele é o pivô de um novo caso mal explicado. Dentre as numerosas manifestações populares que vêm incendiando a Nação, ao menos uma delas foi idealizada dentro do próprio Palácio do Planalto. Na véspera da abertura da Copa das Confederações, em Brasília, um grupo de manifestantes ateou fogo em pneus, causando uma enorme fumaça negra e atraindo as atenções de toda a imprensa internacional que lá se encontrava para cobrir os jogos.

Não, não foi uma manifestação espontânea. Foi tudo encomendado. Os pneus queimados custaram cerca de R$ 30 mil e, após investigações da polícia local, constatou-se que vários dos "manifestantes" eram ligados ao secretário-geral. A revista *Veja*, em sua última edição, conta a história em detalhes e acusa abertamente Gilberto Carvalho de ter sido o mentor do crime. Por quê? Porque o seu papel no governo é o de desestabilizar o governo Dilma, abrindo assim caminho para uma nova candidatura de Lula.

Com amigos assim, Dilma não precisa de inimigos.[102]

A retomada da manifestação anticapitalista

> "A história mostra dois tipos de anarquia: a que emana de uma pluralidade de forças e a que deriva de uma pluralidade de debilidades."
>
> Nicolás Gómez Dávila

A violência dos protestos chamou a polícia e iniciou o confronto já estudado, que resultou no protesto aberto, o início do movimento de massa. Todavia, no começo, ainda parecia apenas um pequeno ajuntamento de aproveitadores. Logo esta tática black bloc chamaria muito a atenção, justamente quando a imprensa noticiou as primeiras aglomerações e lhes chamou pelo nome. Muitos dos que estavam ao redor de quem quebrava tudo em meados de junho e julho nem sequer eram pessoas que aderiam à estética black bloc — mas a tática conseguiu o que queria, que era chamar atenção de quem adere facilmente a qualquer motivo que lhe permita torrar adrenalina à toa.

Os protestos a partir do episódio do Itamaraty já claramente caminhavam para uma retomada das propostas anticapitalistas — eufemismo para "comunistas" —, que eram seu mote, até então não declarado para não afugentar pessoas que não tivessem saudade da Tchecoslováquia. É preciso muita gente para fazer uma ruptura com o sistema. As primeiras demonstrações vieram nas semanas seguintes, com diversas tentativas de invasão do Congresso Nacional (até à luz do dia). Emissoras de TV consideradas "conservadoras" também eram repudiadas com variados graus de violência — qualquer revolução que comece criticando o sistema midiático e finja importar-se em ter motivos para tal termina sempre por instaurar uma imprensa oficial caçando os "contrarrevolucionários" em nome da Verdade Única. A Rede Globo, com sede diante da Ponte Estaiada Octávio Frias de Oliveira, e que apresenta alguns programas com cenário aberto diante da estrutura, foi alvo de uma "brincadeira" em julho e agosto: da ponte, manifestantes apontavam lasers verdes no andar onde os telejornais eram gravados, fazendo com que os apresentadores Carlos Tramontina e Monalisa Perrone, do SPTV, aparecessem ao vivo com o laser verde no rosto.[103] A própria ponte, batizada com o nome do jornalista que transformou a *Folha de S.Paulo* no imenso jornal que é hoje, teve seu nome "trocado" ainda em 11 de julho, quando manifestantes mudaram as placas para rebatizar a ponte como "Ponte Vladimir Herzog",[104] uma referência ao jornalista iugoslavo naturalizado brasileiro que foi torturado pela ditadura, tornando-se um dos símbolos que a esquerda brasileira emprega quando precisa criticar autoritarismos rivais. A ponte, desde o começo da segunda fase, era "alvo" das manifestações, como conta o relato da feminista Marília Moschkovich, que achava "estranho" ver as pessoas serem forçadas a tomar a direção da ponte, e não da avenida Paulista, ainda no meio de junho.

Um dos bordões mais repetidos bovinamente em junho — e em toda manifestação anticapitalista brasileira — era "O povo não é bobo, abaixo a Rede Globo!" Um mantra bem esquisitinho: a Rede Globo desde o princípio não cansava de afirmar que o direito de manifestação é legítimo (como se isso precisasse ser reafirmado) e apenas criticava atos de vandalismo, que *sempre* separava do restante da manifestação (como se repudiar vandalismo também precisasse ser reafirmado). Incontáveis vezes durante todo o ano que não parou de ter manifestações a Globo noticiava fatos frisando que eram "manifestações pacíficas, que foram tomadas por uma minoria de vândalos", num dos clichês mais cacetes martelados durante 2013 e 2014. Quando o jornal *O Globo* organizou o e-book *O Brasil nas ruas*, compilando artigos escritos sobre os protestos, os comentários de leitores variavam dos típicos "Nemly e nemlerey", garantindo que era um "livro pra coxinhas" "escrito com o único propósito de desmerecer a esquerda e colocá-la como o 'problema' do país", além de repetições do clichê de sempre, "o povo não é bobo, abaixo a Rede Globo".[105] Dentro do livro, apenas *defesas* do movimento, com incontáveis elogios ao apartidarismo em uma série de artigos escritos, quase todos por palpitadores... de esquerda. Se a esquerda de fato lesse, saberia quem são seus aliados e inimigos. E acabaria se tornando de direita.

Este fanatismo momentâneo, ou nem tão momentâneo, descambou em fatos que, se estudados, revelariam para todos os efeitos o que é nossa imprensa a todos aqueles que a criticam por ser "monopolista". Como o professor Francisco Carlos Teixeira, colaborador da GloboNews (a própria emissora que cunharia a "minoria de vândalos"), que saiu da emissora, afirmando: "não posso estar presente em um processo onde há uma criminalização do movimento social." Para adicionar mais humor, a declaração foi dada na PCOTV, emissora do mais caricato partido de extrema esquerda nas Américas.[106]

Denis Rosenfield traçou um diagnóstico acurado no *Estadão*:

> Muitas agremiações que participaram das Jornadas de Junho, como o Movimento Passe Livre, e outras posteriores, de certos sindicatos de professores, nutrem simpatia por esses "vândalos", como se sua causa fosse a mesma, apesar de seus meios divergirem. Comportam-se como "companheiros". Companheiros de quê, precisamente? Da desresponsabilização de seus responsáveis?
>
> Expressão disso é o fato, politicamente inquietante, de que bradam contra a "criminalização dos movimentos sociais". Traduzindo: a violência deveria ser permitida e defendida, pois seus agentes sustentam uma "causa social".[107]

Com propostas cada vez mais anticapitalistas e com os black blocs se tornando conhecidos a partir da reportagem da revista *Veja*, o palco estava armado para que os manifestantes que aderiram ao movimento de massa sem intenções de instaurar um novo reinado de poder total nas mãos do Estado — ou da anarquia sem propriedade e privacidade — saíssem das ruas, e para que as manifestações pós-julho, ou mesmo pós-junho, fossem única e exclusivamente ajuntamentos de radicais fanáticos variando entre líderes comunitários de esquerda e adolescentes com conceitos de ciência política subprimária, mas com muitos hormônios a torrar.

A greve dos professores

> "Lá [na escola] aprendi apenas duas coisas: latim e mentiras."
>
> Hermann Hesse

Já nos primeiros momentos das manifestações, pipocavam em blogs quase clandestinos, lidos por uma meia dúzia, textos defendendo o "direito" ao vandalismo.[108] Mas o evento que tornou impossível haver uma semana de noticiário no Brasil sem menção a black blocs foi a greve dos professores, iniciada no Rio de Janeiro em 8 de agosto — e, como toda típica greve organizada pelo sindicalismo político, alastrada, aclamada, defendida e copiada por todo o país, inclusive em estados com realidades bem distintas da do Rio.

Um dos principais problemas: a greve era tão malfeita que reivindicava um salário insanamente alto, porque os professores grevistas não souberam fazer contas do próprio aumento salarial. Contou Pâmela Oliveira, na *Veja*:

> A greve dos professores, que caminha para o segundo mês de paralisação em parte das redes estadual e municipal do Rio, trouxe pelo menos um grande benefício: mostrou que o Sindicato Estadual dos Profissionais de Educação (Sepe) precisa urgentemente de aulas de reforço em matemática. (...) A conclusão é de que a grita que impulsiona as manifestações não está baseada em cálculos, mas no que os sindicalistas optam por divulgar.
>
> O Sepe admitiu, em entrevista ao site de *Veja*, que rejeitou a proposta da prefeitura antes de calcular como ficariam os salários. Mais que isso: o sindicato também confessa não ter calculado os salários com as suas próprias exigências. Ou seja, professores, simpatizantes e até os integrantes do movimento Black Bloc foram para a rua sem saber do que reclamavam. "Estamos fazendo as contas agora. Achamos

que o plano do governo não seria votado e não tivemos tempo para fazer todas as tabelas que gostaríamos. Acreditávamos que aquilo seria barrado", disse Gesa Linhares, coordenadora do Sepe, às 19h40 desta quinta-feira — o plano foi aprovado na Câmara na terça-feira. "Também não tivemos acesso ao plano de cargos antes da votação", reclamou. A prefeitura alega que fez dez reuniões com o Sepe, três delas com a presença do prefeito Eduardo Paes.

> Na dúvida, melhor conferir os números. Com a lei 442-A/2013, aprovada terça-feira na Câmara Municipal do Rio, o salário base do professor com regime de 40 horas semanais passa a ser de 4.147 reais. Com todos os acréscimos, por tempo de serviço e por aumento na especialização dos docentes, um funcionário com trinta anos de magistério pode chegar a 12.459 reais. O plano proposto pelo Sepe levaria os professores a receber, ao longo desse período, 61.667 reais — valor 120% acima do teto nacional para o funcionalismo, que considera os salários dos ministros do Supremo Tribunal Federal (STF), de 28.059 reais. O valor astronômico do salário proposto pelo sindicato se deve a um erro simples: os sindicalistas se esqueceram de considerar os triênios — aumentos dados para cada três anos de serviço.[109]

Nada surpreendente para um movimento que falava em "cura gay" e "PEC 37" sem saber o que são essas coisas poucos meses antes.

Sindicatos de professores são, em regra, entidades dominadas por socialistas buscando mensalmente motivos para alguma agitação revolucionária. Alguns 20 centavos para reclamar. Suas paralisações sempre fecham avenidas, quase nunca tendo confronto. Policiais, até mesmo cumprindo ordens, são bastante reticentes a entrar em enfrentamento com profissões consagradas, como professores ou médicos. Naquele ano de manifestações, os professores encontraram no black bloc seus companheiros: essa infantaria de preto provocava a polícia durante as passeatas, causava os próprios confrontos que admite *inter pares* que é seu objetivo, e, quando a polícia era obrigada a conter vandalismo, depredações, pichações e mesmo agressões com paus e pedras, dizia "proteger" os professores da "repressão" policial. Um roteiro que os black blocs seguem *pari passu* mundo afora. Diversos vídeos eram postados de professores afirmando que a mídia criticava os black blocs sem saber do que falava, até mesmo com novos bordões para as massas bovinoides, como "O black bloc é meu amigo, mexeu com ele, mexeu comigo".[110]

No dia 8 de outubro, um "ato pacífico" de professores na Assembleia Legislativa do Rio com esse roteiro cicladiano gerou um dos melhores textos do jornalismo brasileiro, assinado por Cecília Ritto e João Marcelo Erthal, na *Veja* Online:

> Para quem ainda acredita que é possível haver um protesto "pacífico" com a presença de mascarados, duas informações. A primeira: não é verdade que black blocs ou qualquer outra variação romanceada do banditismo estejam interessados em atos sem violência. A outra: no Natal, aquele senhor de barba branca e roupa vermelha era, provavelmente, um parente seu. Na noite de segunda-feira, os professores prestaram pelo menos um serviço ao Rio de Janeiro, sepultando a ingenuidade restante sobre as reais intenções do black bloc. Um repórter da rádio CBN descreveu em detalhes, na manhã desta terça-feira, como foi aliciado para "roubar tablets" em um shopping de informática, no meio do protesto.
>
> Os professores sérios que estiverem em folga podem começar o dia dedicando-se a algumas correções de relatos nas redes sociais. Os equívocos mais presentes do momento são: os black blocs "se infiltraram" no protesto e "os mascarados protegem os manifestantes". Quem acompanha o tema pelo Facebook sabe que os mascarados foram convocados pelos sindicalistas, e, desta vez, caíram em uma armadilha invisível da Polícia Militar. Os PMs, sabendo o que estava por vir, apenas deixaram o grupo à vontade. E, claro, a rapaziada que considera a depredação de agências bancárias uma ação "pacífica" passou a promover o vandalismo. Desta vez, com um elemento novo, o incêndio de um ônibus.
>
> O Sindicato Estadual dos Profissionais da Educação do Rio (Sepe) é comandado por mestres que não sabem matemática — eles admitiram, em entrevista ao site de VEJA, não ter calculado os salários com base nos critérios da prefeitura, nem nos padrões propostos por eles próprios. O Sepe saiu-se com a seguinte defesa para a baderna de ontem, como consta em reportagem do jornal *O Globo*: "O ato promovido pela categoria foi encerrado às 20h." Ou seja, o sindicato convoca uma centena de mascarados e, no momento em que

a quebradeira vai começar, encerra oficialmente suas atividades, isentando-se da culpa. (...)

"Os black blocs agiram de forma dispersa, com grupos de cinco ou seis. Isso dificultou o controle da polícia. Chegaram a tentar invadir o quartel general da PM, mas a polícia se rearticulou e pôde evitar a invasão à Câmara", disse Felippe, afirmando que os manifestantes usaram material de guerrilha. O resultado dos trinta minutos sem qualquer intervenção policial é visto com indignação por quem passa pela Cinelândia nesta terça. Ninguém mexeu no cenário da destruição, e os destroços do protesto agora servem de antipropaganda para os grevistas. Os vidros do ponto de ônibus ainda estão no chão. As agências bancárias continuam sem tapumes, escancarando os caixas depredados, a fiação solta, as pichações com o nome "Black Bloc" e montes de sujeira misturados aos restos de portas e janelas.

Os símbolos do anarquismo e do marxismo também se espalharam pelo quadrilátero da Câmara, cujas pichações na fachada exaltam os vândalos e pedem a saída do governador Sérgio Cabral, do prefeito Eduardo Paes e da secretária municipal de Educação, Claudia Costin. Outras inscrições pedem "BB's (Black Blocs) no poder" e "morte aos corruptos". O portão preto da lateral do legislativo está revestido com tons de vermelho e uma parte ficou retorcida de tanta pressão dos manifestantes. Dentro, houve princípio de incêndio em duas salas. Policiais fizeram a perícia na manhã desta terça-feira.[111]

Talvez sem mesmo estudar o que é *infowar*, a polícia conseguiu inverter a narrativa.

O sindicato dos professores, dominado por partidos de extrema esquerda, e que declarou oficialmente apoio aos black blocs[112] (eis o que seus filhos aprendem na escola, hoje), ou melhor, que defendeu "incondicionalmente os black blocs das ações policiais",[113] foi protagonista de ações cada vez mais violentas, como a invasão da Câmara dos Vereadores do Rio de Janeiro (ato que é via de regra chamado no jornalismo de "ocupação", o que é errado). A página Anonymous Rio fez uma espécie de "manual" com táticas de guerrilha para os professores terem seus dias de blockers: "O 'manual' é na verdade um compilado de links que ensinam desde como 'filmar a revolução' até a confecção de máscaras caseiras contra o gás lacrimogêneo. A estratégia contra o gás chega a ser arriscada: máscaras eficientes custam até 500 reais, mas os manifestantes acreditam ser possível proteger as vias respiratórias com um arremedo montado com garrafas pet e filtros de papel."[114]

A greve durou até 24 de outubro, gerando notícias quase diariamente. E também um novo mote pós-transporte: os black blocs também poderiam afirmar que lutam por "educação", o tema coringa de toda discussão política atual.

Os black blocs se espalham

"One dead cop
No more donut shop
More dead cops
Might make the hurting stop
Kill cops! Kill cops! Kill cops!"*

Leftöver Crack, "One Dead Cop"

Os protestos feitos tão somente com o fito de haver confronto com a polícia se espalham, depois dos 20 centavos (quando ninguém sabia o que é um black bloc), com o gigante, com a greve, com subsequentes protestos com motivos genéricos inventados — "por saúde, por educação, por moradia".

Em um protesto em São Paulo no começo de outubro, os blockers viraram uma viatura da polícia de cabeça para baixo, aos gritos de "vira essa porra", "taca fogo" etc. Um homem subiu no carro invertido e agitou uma bandeira negra da anarquia, enquanto outros blockers juntavam líquidos inflamáveis para incendiar o veículo.[115] Um debate sobre o uso de máscaras que escondam os rostos em protesto tomou conta do país, enquanto operadores do Direito debatiam o que poderia ser feito. Sem alternativa, usaram a Lei de Segurança Nacional. Assim que uma ONG de "direitos

* Em tradução livre: "Um policial morto / Nunca mais na loja de donut / Mais policiais mortos / Podem fazer a caçada parar / Mate policiais! Mate policiais! Mate policiais!" (Leflöver Crack, "Um policial morto").

humanos" fez a "denúncia", pipocou por todos os jornais a notícia chocante: "Manifestantes são presos em SP por infringir lei criada na ditadura."[116] O texto foi replicado por todos os jornais, quase sem modificações. Algumas ultrapassam muito as raias do ridículo: *O Globo* noticiou, por exemplo, a fala do advogado de um casal enquadrado na lei: "É um exagero utilizar uma lei da época da ditadura para criminalizar jovens que estavam em uma manifestação legítima. O fato de criminalizar manifestantes é uma situação clara de que o Estado não respeita seus cidadãos." Já no subtítulo da matéria, uma explicação menos edulcorada: "Eles carregavam explosivos e bombas de gás lacrimogêneo."[117] Um absurdo usar uma lei da época da ditadura (como se todas as leis do período devessem ser revogadas, o que acabaria com a maioria das estatais brasileiras): ora, se não há uma lei antiterrorismo, que não se use lei nenhuma e se deixe os blockers usarem bombas à vontade nas ruas! O blocker que virou o carro e sua namorada foram enquadrados na mesma lei, gerando notícias por toda a grande mídia coitadizando o romance bombástico. Boa parte do Código Penal brasileiro veio do tempo da ditadura ainda mais brutal do Estado Novo, que matou e torturou muito mais gente em menos tempo. Foi sancionado em 1941, mas nem por isso é uma lei "da" ditadura, assim como a Lei de Segurança Nacional tampouco se choca com o período democrático.[118]

Este é o método da guerra assimétrica contra a polícia. Nesse tipo de conflito, um lado pode tudo e o outro está limitado por seu próprio código de conduta. Os vândalos podem quebrar o patrimônio público e privado, saquear lojas e jogar bombas e pedras na polícia, que a mídia no máximo chama de "manifestações descontroladas". Já os PMs não podem nem se defender: qualquer reação dos policiais quando captada por um agente é imediatamente divulgada em todos os canais disponíveis e desproporcionalmente tratada pela mídia militante como se fosse atentado aos "direitos humanos". O objetivo desse tipo de ação é enfraquecer politicamente o lado mais forte e fazer cair lideranças políticas para substituí-las por outras lideranças mais favoráveis ou até mesmo agentes infiltrados. Já as ONGs internacionais nunca consideram resquício da ditadura usar a PF (antigo Dops) contra humorista de blog, por exemplo. Para esses líderes comunitários globais, é impossível responder qualquer coisa sem mencionar ditadura em algum momento.

Era mais um palco armado para notícias na grande mídia com graus avantajados de conivência com os vândalos. Até mesmo enquanto descrevem que eles destroem coisas de todos, costuma haver no texto descrições cuidadosamente positivas, como afirmar que os black blocs fazem parte de "uma grande massa de jovens entre 19 e 25 anos com nível escolar acima da média", ou afirmar que os protestos servem "para expressar a insatisfação desses jovens com o blá-blá-blá tradicional das várias instâncias de governo que, entra ano sai ano, sempre prometem dias melhores".[119] Como não sentir que os blockers estariam "certos" ao ler isso? Sobrava a publicações menores, regionais e com alcance centesimalmente menor, tecer críticas mais ousadas aos black blocs, tendo então, por isso, de aguentar rótulos variando entre "extrema direita" e "fascista". O delegado Wagner Giudice fala mais duramente a *O Globo*: "Os que eram black blocs, por exemplo, falavam que iriam para os atos como quem vai a uma 'micareta punk'. Eles vão para zoar e quebrar tudo. Se juntam e fazem o 'efeito manada'." O perfil que traça não é tão idealista quanto o macho-alfa revolucionário acima: "O perfil dos black blocs não muda. É quase sempre o mesmo: desempregado e jovem, acha que a única maneira de resolver seu problema é quebrando tudo. Já está se tornando uma diversão para eles, como se fosse sair numa sexta-feira à noite."[120] Da revolução cerebral ao mero hedonismo hormonal.

No fim do mês de outubro quem retornaria à cena seria o MPL, mais uma vez escudado pelo black bloc, assim como no começo dos protestos, quando só eles sabiam o que estavam de fato fazendo. Além de tocarem o terror novamente no Terminal Parque Dom Pedro II, em São Paulo, o protesto ficou marcado pelo cerco dos black blockers ao coronel da Polícia Militar Reynaldo Rossi, comandante da corporação no centro da cidade, covardemente espancado pela manada. O coronel teve a clavícula quebrada e muitas escoriações na região da face e cabeça, e teve sua arma e seu radiocomunicador roubados. Não se registrou nenhuma nota de repúdio das centenas de milhares de pessoas que, quatro meses antes, marchavam aos berros de "Que coincidência, sem polícia não tem violência". Um companheiro do policial, soldado da PM, também ficou ferido. A própria polícia acusou os blockers de tentar matar o coronel, uma denúncia que não havia sido levantada nem mesmo no caso do policial

Wanderlei Paulo Vignoli, agredido em junho nos entornos do Tribunal de Justiça. Os blockers ainda "atearam fogo em ônibus e depredaram catracas, bilheterias e caixas eletrônicos. Em seguida, os vândalos atacaram a subprefeitura da Sé, na rua Álvares Penteado. A estação de ônibus foi liberada por volta das 22 horas, de acordo com a SPTrans. Segundo a PM, alguns mascarados roubaram cerca de 1.500 reais de uma cabine de venda de bilhetes. Cerca de quinze caixas eletrônicos foram danificados".[121] Saldo do dia: 92 galalaus presos. O coronel Reynaldo Rossi "não estava no comando da tropa — o responsável era o tenente-coronel Wagner Rodrigues. Após ser agredido — e golpeado na cabeça com uma placa de ferro —, ele foi socorrido por um policial à paisana". Mesmo assim, ainda "deixou o local pedindo à tropa que mantivesse a calma".[122] A filmagem da agressão em bando marcaria o grande momento em que os blockers finalmente fariam as pessoas pararem de apoiar até mesmo o "idealismo" de pedir coisas ao Estado nas manifestações. O MPL, como sói ocorrer, lançou uma nota na base do *tu quoque*, tentando inculpar a polícia de toda forma: "Infelizmente essas manifestações acabaram publicadas nas páginas policiais. Não apoiamos o que aconteceu com o coronel da PM, mas também condenamos o atropelamento de manifestantes por um delegado no Grajaú na quarta-feira."[123] Onde já se viu a polícia noticiar um policial sendo agredido na oclocracia?

No meio do agitado mês de outubro, os blockers também começaram a atuar como fez o Anonymous no Occupy: divulgando dados pessoais de inimigos na internet, permitindo que pessoas mal-intencionadas pudessem prejudicá-los. Até mesmo dados supostamente atribuídos à presidente Dilma Rousseff foram divulgados em páginas como "Black Bloc RJ", que divulgava as informações com links para CPF, identidade, telefone, nome dos pais, endereço, lista de bens e até dados bancários. Aécio Neves e Marina Silva também figuraram na lista.

Como fazem sindicalistas e agitadores profissionais em lugares como a USP, e também como fazem terroristas e vilões neuróticos de histórias em quadrinhos, faziam novos protestos e prometiam mais violência para se livrar de crimes anteriores: pediam a libertação de 64 presos e vinte menores apreendidos durante os protestos do Dia do Professor no Rio de Janeiro. Como sempre fazem, antes mesmo de enfrentar uma ditadura de verdade, chamam os vândalos de "presos políticos", como se estivessem presos por manterem opiniões políticas radicais, e não por seus atos de vandalismo (caso o país, governado por Dilma Rousseff, prendesse radicais, mais de metade da população teria de ser aprisionada, uma medida que, além de esquizofrênica, causaria uma carência de carcereiros). Ao falar de si próprios, usam sempre de eufemismos infantis ou hipérboles grosseiras. Eis como o preso Ciro Batista Oiticica relata a "violência policial": "Não fomos agredidos fisicamente, mas sofremos 'vitimizações'."[124] Seja lá o que quer que seja isso. Logo ainda viriam muitos outros motivos, como o leilão do pré-sal no bloco de libra, no Hotel Windsor da Barra da Tijuca. E nova repetição do roteiro. Desta feita com adesão tão baixa que a presença da Força de Segurança Nacional protegendo a Barra da Tijuca não impediu que banhistas tomassem sol na praia bem ali na frente deles.

Um vídeo com celebridades globais convocava para o primeiro dia de novembro um protesto "pelo direito de protestar",[125] como se isso fosse proibido (na verdade foi o que mais ocorreu em 2013). Pediam o fim das "prisões políticas" (a Rede Globo caiu no mistifório dos sindicalistas), desmilitarização da PM (talvez para ela trabalhar usando pirulitos) e "democratização dos meios de comunicação" (ou seja, censura e imprensa oficial modelo chavista). Entre os convocantes estavam Wagner Moura, Leandra Leal, Marcos Palmeira e Mariana Ximenes. Nenhum deles próprios compareceu.[126]

Também o líder dos black blocs sem líderes, Leonardo Morelli, prometeria "um dia de fúria" em novembro. Era o mesmo que afirmar que tudo continuaria como havia estado o ano inteiro. A polícia de Guarulhos apreendeu 119 bananas de dinamite que Morelli afirmou terem sido fabricadas artesanalmente e que pertenciam a seu grupo, Ação Direta.[127] Suas promessas pelo menos foram mais bem cumpridas do que as dos atores globais.

Na passagem para 2014, ainda veríamos novos protestos com black blocs, cada vez mais diminutos, e, com isso, sempre rivalizando entre os extremos da comédia e da tragédia. Ironia das ironias, durante a festa do aniversário de São Paulo, em show realizado na Praça da República e divulgado, entre outros, pelo site Catraca Livre, que tanto ajudou com os protestos com a temática dos transportes, um black blocker resolveu provocar bagunça no intervalo entre as apresentações de Paulinho da Viola e Os Opalas. Foi repudiado, empurrado para longe da multidão do show (ou "espancado", segundo Marilena Chaui e outros meio intelectuais, meio de esquerda no país). Após conseguirem tirá-lo da plateia, ouviram-se aplausos entusiasmados pelo ato.[128] O promotor do evento, William Santiago, ainda declarou em alto e bom som no microfone: "Tem que dar porrada", sob novos aplausos. É o povo sendo povo, e não massa de manobra.

"Não vai ter Copa!"

> "A loucura é rara em indivíduos, mas em grupos, partidos, nações e épocas, é a regra."
>
> Friedrich Nietzsche

O último evento a marcar atuações de black blocs no Brasil em massa foi a Copa do Mundo de 2014 no Brasil. Os protestos só ocorreram *sete anos depois* de o país ter sido escolhido sede do evento para capitanear votos para o sucessor de Lula, naquele tempo já caminhando para o nome de Dilma Rousseff graças às denúncias de corrupção e golpes ditatoriais que envolviam todos os outros inicialmente cotados para serem presidentes (José Dirceu, Antonio Palocci etc.). Foi o lado de tempo necessário para os manifestantes finalmente se preocuparem com os gastos na Copa. Sem surpresa para quem conhece movimentos de massa, os protestos contra a Copa tiveram um estranho participante de bicão: o próprio PT agitava suas bandeiras durante as manifestações.[129] Como sempre querendo tomar o poder a partir do caos criado com os protestos, o PT jogava sempre no modo "cara eu ganho, coroa você perde".

Em 23 de fevereiro, o serralheiro Itamar Santos passava com seu Fusca por uma manifestação contra a Copa na região da Consolação, em São Paulo, quando viu dois carros passando por barreiras em chamas para escapar do caos. Itamar, voltando da igreja, tentou fazer o mesmo. Mas um colchão em chamas se prendeu sob seu carro. Sem perceber o perigo, continuou fugindo do rebanho, mas seu carro começou a pegar fogo rapidamente, com sua família inteira dentro. Um blocker havia chutado o colchão na direção do carro. Alguns garantiram que foi sem querer. Nenhum ferido apesar do susto, e o serralheiro Itamar ganhou uma Brasília doada por um empresário de Curitiba, além de terem arrecadado R$ 7 mil em doações para a compra de um novo carro. Para o site Brasil 247, de Daniel Dantas, o Fusca teria sido alvo de "extremistas de direita".[130]

Com os desmandos do PT, o Brasil incrivelmente ficou desanimadíssimo com a Copa do Mundo. Seria inimaginável voltar meros dois anos no tempo e tentar explicar que o país do futebol sediaria uma Copa do Mundo e, com tantos descalabros partindo sempre do mesmo partido, ou com seu envolvimento, os brasileiros estariam desanimados com a Copa. Durante a Copa do Mundo da Coreia e do Japão, que foi realizada quase inteiramente de madrugada, o país estava mais pintado de verde e amarelo. Até um dia antes da abertura da Copa, pouco comércio se pintou de verde e amarelo, promoções eram raras, o Brasil finalmente parecia ignorar o futebol.

Todavia, foram sete anos anteriores para protestar. Mesmo odiando-se o PT, era ridículo aderir, apenas meses antes do evento, ao grito que era ecoado pelos black blocs: "Não vai ter Copa!" Mais uma vez, ou todos se dobravam às suas vontades, ou eles obrigariam todos a se dobrarem. Entre infindáveis protestos que tinham uma idade mínima cada vez mais perigosamente próxima à da plateia de um show das Chiquititas, o brasileiro se cansou tanto que pensou: "Afinal, *vai ter Copa sim,* mas não será a 'Copa do PT', como Lula havia arquitetado. Mas nem por isso será a Copa dos black blocs." Com uma cerimônia de abertura tão horrorosa que virou piada no mundo inteiro,[131] com Dilma recebendo vaias com rimas dignas do PSTU a cada vez que aparecia em um estádio e com a seleção brasileira futuramente tomando a maior surra de sua história em campo, perdendo de 7 × 1 para a Alemanha nas semifinais, ainda assim o brasileiro resolveu, afinal, *aderir* à Copa assim que ela começou. Os protestos fora de todos os estádios ficaram bastante diminutos. Com as seleções chegando uma a uma, os protestos exibiam desavergonhadamente a sua obsolescência. Em um protesto durante o jogo amistoso entre Brasil e Sérvia, antes do início da Copa, na Cinelândia, no Rio de Janeiro, em um espaço batizado "Manifest-Território Livre da Fifa", a imagem do jogo era transmitida ao fundo, mas o som não. A marca-d'água da Rede Globo foi tapada com um adesivo do movimento grevista dos professores do Rio. Enquanto um farmacêutico explicava as pautas do movimento "pela valorização do farmacêutico", o atacante Fred se desvencilhou do zagueiro e abriu o placar. Os manifestantes, ignorando o discurso, gritaram "Gol!" e comemoraram. O total de participantes não chegou a cinquenta, boa parte sem relação com os protestos.[132]

Talvez o recorde tenha sido batido apenas no dia de abertura da Copa. Mostrando que o Destino é a única força cósmica do universo com senso de humor, um protesto com blockers adolescentes foi realizado no Carrão, na zona leste da capital paulista, no caminho para o recém-inaugurado estádio Arena Corinthians, onde seriam realizados a abertura e o jogo de estreia do Mundial. Em meio a confrontos com a polícia noticiados pela TV, os pais do jovem Renan Molina Ruz Paldi, de 16 anos, reconheceram o filho pelas roupas, apesar do rosto coberto. O sr. Osvaldo Ruz Paldi, motorista, e sua mãe, Edilene Molina Ruz Paldi, funcionária pública, foram imediatamente para a manifestação nas redondezas e lá no meio da muvuca bateram boca com o filho, diante de muitas câmeras, xingamentos e provocações. O vídeo virou hit na internet, onde se divulgava o melhor do arranca-rabo. "Você é meu filho! Você não é criado pra isso! Eu trabalho pra te sustentar, não é pra você esconder a cara!", ralhou o sr. Osvaldo, enquanto arrancava a camisa usada como capuz do filho, diante de diversas câmeras de TV. O jovem Renan repetia: "Eu tô no meu direito de protestar", repetindo o bordão de todas as manifestações que envolviam algo *além* desse direito, nunca das que se mantinham em seus limites. Os quase 10 minutos de discussão de família em público terminaram com os pais levando Renan para longe do protesto. Aos jornalistas que "explicavam" ao pai que Renan tinha o direito de se manifestar, o sr. Osvaldo respondeu com faíscas: "Quando ele tiver 18 anos e estiver trabalhando e ganhando o pão dele, ele vai se manifestar." Sua mãe, Edilene, ainda completou: "Quando ele responder pelos atos." O caso foi divulgado e discutido pelo *Fantástico*.[133] O sr. Osvaldo explicou que sua preocupação era a integridade física do filho: "Na hora que a polícia vai pra cima, não vai escolher em quem bater ou não. Eles recebem uma ordem, eles têm que agir", avaliou. "Deus o livre se uma bala de borracha pega na vista dele. E aí? Vai sobrar para a gente." Renan garantia que queria "estudo", sem muito detalhismo sobre teorias pedagógicas em voga. Seu pai respondeu: "Não me interessa. Você já tem. Eu pago sua escola."[134] Uma síntese perfeita do que foram todos os protestos a partir do movimento de massa.

Protestos ainda mais violentos eram realizados durante a Copa — havia pessoas gritando "Não vai ter Copa!" até mesmo quando já corriam as quartas de final. Rastros de destruição se concentravam mais não apenas pelo efetivo policial elevado para a Copa, mas sobretudo pelo desânimo com as manifestações, que não juntavam senão pessoas com uma enorme quantidade de hormônios em ebulição e ainda maior quantidade de tempo livre.

Sem surpresa, assim que terminou o jogo em que a seleção brasileira foi eliminada pelo humilhante 7 × 1 da Alemanha, mais ônibus pegaram fogo.[135] O padre Júlio Lancelotti, famoso pelas causas marxistas, explicava que existia uma "diversidade" homogênea nas manifestações: "Vários grupos e coletivos participam das manifestações, entre eles, o grupo Copa Pra Quem?, o grupo Não Vai Ter Copa, o grupo Se Não Tiver Direitos, Não Vai Ter Copa, o grupo Popular da Copa..." e ainda frisou: "Manifestação pacífica é a marcha para Jesus; manifestação é cobrança e sempre há tensão."[136]

Outro galalau a ficar famoso foi o professor Rafael Marques Lusvarghi,* figura carimbada de diversos protestos com confrontos com a polícia. Embriagado com vodca antes e depois dos atos, tratava tudo como a baladinha comunista na Paulista, até gritando "Micareta!" e garantindo: "Vou me divertir a milhão." Aparecendo em uma famosa foto levando uma chave de braço, havia dado socos em uma banca de revistas minutos antes. Rafael havia chegado três meses antes ao Brasil depois de lutar com as Farc, grupo terrorista que promove sequestros que duram décadas para atingir o poder político socialista. Fluente

* O perfil no Twitter Pedreiro Junior (@jrconsciente) definiu maravilhosamente: "esquerdista sempre tem nomes tipo bruno cacciato ou lavinia trompitch. Nunca vc ve um esquerdista com nome SEVERINO CIMENTO por exemplo." Disponível em: <https://twitter.com/jrconsciente/status/410480625968513024>.

em russo, queria ir para a Ucrânia lutar com a Legião Estrangeira, lutar com as forças pró-Rússia do tirano Vladimir Putin contra os "separatistas" da Ucrânia que querem a Crimeia independente do poder central de Moscou: "Eu amo a Rússia desde pivete e acho que vou morrer na guerra contra esse governo fascista." Ex-militar e uma das lideranças a comandar a farândola com táticas de guerra, Rafael respeitava os policiais: "estaria frente a frente com eles [policiais] hoje, no campo de honra." Stalinista, ao menos era uma das raras pessoas informadas e conscientes do que estava fazendo naqueles dias — muito mais consciente do que "especialistas" televisivos. Já seus companheiros manifestantes, pouco conscientes da língua russa ou de como Putin quer redesenhar a Europa para recriar o poder soviético no século XXI, apenas repetiam bovinamente gritos de ordem como: "Chega de alegria, a PM mata pobre todo dia" e "Uh, patriota, hu, idiota".[137] Panacas úteis de todo o mundo, uni-vos! Na frente do edifício Pauliceia, o grupo se dirigiu ao prédio com macaqueações como "ei, burguês, a culpa é de vocês!"* Concordância não é o seu forte nem em português.

A última celebridade instantânea dos protestos foi o funcionário da USP Fábio Hideki Harano, outro blocker que aparece em vídeos orquestrando e mandando na manada obediente "sem líderes". Sua prisão gerou protestos por toda a USP, que logo entraria em sua maior greve (incluindo a jabuticabosa "greve de estudantes"), em mais de uma década, contra o "preso político" Fábio Harano. Tal como na greve dos professores do Rio de 2013, havia algo abusivamente contraditório na greve uspiana: reclamavam que a gestão anterior havia gastado demais, mas não queriam cortar nenhum dos gastos da Universidade, pois seria "privatização", "terceirização" ou, em seus signos sentimentalistas, "precarização" ou "sucateamento". A greve se prolongou por 116 dias, só acabando quando a pressão dos funcionários para receberem pelos dias parados (pressão esta que, para atingir seus objetivos, prolongou ainda mais os dias parados) logrou êxito junto às autoridades. O reajuste aceito,

* Disponível em: <http://www1.folha.uol.com.br/poder/2014/06/1475220-professor-detido-bebeu-vodka-e-disse-que-estava-alto-antes-de-ato-em-sp.shtml>.

de 5,20%, com bônus de 28%, ficou *abaixo* da inflação, de 6,746%.* Os funcionários da USP ficaram *mais pobres* com a dominação do Sintusp, o fascistoide sindicato dos professores e funcionários da USP. E o lobby, desta feita, também não deu certo: o black blocker Fábio Harano, o *verdadeiro* motivo de uma greve que abusou das típicas contradições das reivindicações grevistas, não foi solto logo depois de o governo paulista ter cedido à pressão pelo reajuste, mostrando que os protestos repetidos já haviam atingido o limite da bolsa escrotal do brasileiro.

PSOL + black bloc = As celebridades de 2013 e 2014

> "C'est pas des pacifistes qui vont changer l'histoire!
> On pitch des pavé et puis on brule des chars!"
>
> Mise en demeure, "Violence légitime, mon oiel"**

Ainda em outubro de 2013, quem agitou as patinhas para forçar ainda mais o tortuoso namorico da mídia com os black blocs foi, mais uma vez, o PSOL. Se ainda em junho haviam sido "denunciados" em reportagem da *Folha* por recrutarem "anarcopunks",[138] o partido do solzinho socialista substituindo as ultrapassadas engrenagens operárias daria com a língua nos dentes em um texto assinado por Edilson Silva, eleito deputado estadual de Pernambuco, no site oficial, com título confesso: "Tática Black Bloc. Condenar, conviver ou se aliar?"

Em linguagem marxista até o último furúnculo, iniciando por "Um espectro ronda as maiores metrópoles brasileiras: a tática ou ação Black Bloc", o texto descreve o rebanho humano em termos edulcorados: "Seu diferencial mais saliente, e porque não dizer sedutor, é a coragem e o des-

* Uma curiosa pichação ornava uma obra nos entornos do Portão 1 da Cidade Universitária após o fim da greve. Entre dizeres como "PM Fascista" e outros bordões automáticos, lia-se: "Fábio, devolva o meu salário!" Pode ser algo completamente dissociado de Fábio Harano, mas também é uma reivindicação autoexplicada caso seja a "obra" de algum grevista arrependido que fez as contas.

** Em tradução livre: "Não são os pacifistas que vão mudar o mundo! / Atiramos paralelepípedos, queimamos carros!" (Mise en demeure, "Violência legítima, meu olho!").

prendimento com que se lançam diante da repressão estatal." Estado só é ruim para o PSOL quando está impedindo vandalismo. Silva até lamenta que nem sempre se cause "prejuízo material" a inimigos políticos: "Na prática, infelizmente, muitas ações têm se confundido com iniciativas pouco politizadas, de mera depredação ou de descarga de adrenalina."

Critica ainda quem se opõe ao vandalismo — ou seja, "Os conservadores, as forças de direita, já deram a sua resposta: criminalização pura e simples". É curioso como a esquerda sempre fala em "criminalização" de ações que já são crimes. E dá seu veredicto, ou seja, de esquerda que não disfarça suas intenções para navegantes de primeira viagem: "não nos parece que o conceito da tática black bloc seja algo retrógrado ou mesmo indesejável em essência e propósitos originais. É algo progressivo, politicamente moderno, trazido pelas mãos da dialética na história. Se este fenômeno é mesmo a síntese de um processo histórico e do desenvolvimento das forças produtivas, creio estar descartada a hipótese da não convivência com ele."

O texto prossegue tascando mais parnasianismo esquerdista para dizer "quebra tudo!" sob a aparência do discurso intelectual: "A tática existe e veio pra ficar, gostem ou não a direita, a esquerda e quem mais quiser dar palpites. (...) É tempo de democracia participativa, de ação direta, de transparência, de atritos diretos entre o poder real e os despossuídos, sem as escaramuças de falsos representantes em uma esfarelada democracia de faz de conta." E tome verborreia do único livro lido na vida: "Esta nova situação política, com novas condições objetivas e subjetivas, desafia os que militam, na esquerda socialista, com esquemas tradicionais e congelados — para não dizer antidialéticos." Era mais uma peça do quebra-cabeça para o chatíssimo, porém incisivo, discurso de Luciana Genro em sua campanha eleitoral pela presidência em 2014, quando o PSOL aumentou as cadeiras no parlamento. Tudo converge para alguém ganhar com isso, afinal.

Claro, sobra tempo no finalzinho para uma crítica. Que o vandalismo é ruim, que intelectuais marxistas devem lutar pelo pão dos pobres, e não por vandalismo infantil de idiotas virando homens em bando? Imagine: "Por outro lado, não parece o mais correto o aplauso fácil e irresponsável à tática, tratando as suas fragilidades e portas abertas a todo tipo de oportunismo e infiltrações fascistas e policiais como um mero efeito colateral." Ou seja, há o risco de "fascistas" (para a esquerda, tudo o que não seja rigorosamente stalinista) infiltrados e de policiais investigando o caso! E é isso que sobra de crítica contra o "aplauso fácil e irresponsável" aos blockers.

Se tudo o que foi dito em todas as páginas passadas parece contagiado por algum radicalismo ou teoria conspiratória que vê comunistas até embaixo da cama, deixemos um psolista (o PSOL foi o organizador-chefe dos protestos em massa de 2013-2014) falar em nome do partido pela defesa dos black blocs:

> Para quem pretende mudar o mundo de verdade, não deve parecer utópico ou ingênuo demais querer ver os movimentos e partidos da esquerda coerentes, como o PSOL, dialogando com a tática Black Bloc, respeitando todas as táticas e o máximo possível as sensibilidades mais positivas da opinião pública e da consciência das massas, respeitando-a e sem capitular a ela, como defendia Lênin; ou disputando a hegemonia, como teorizava Gramsci, fazendo desta consciência social mais um aliado na construção de uma sociedade mais próxima da que precisamos. Talvez esteja aí o nosso desafio nesta questão da tática Black Bloc.[139]

A pérola permaneceu incólume e sem medo de ser feliz no site do partido até o assassinato do cinegrafista Santiago Andrade por uma dupla de black blockers em janeiro de 2014. Foi quando o país, que já estava farto de notícias repetitivas de black blocs, voltou a se preocupar com a violência e o extremismo político — e deu com os olhos no arrazoado do futuro deputado.

O PSOL, no dia seguinte da morte do cinegrafista, esteve muito ocupado buscando desculpas. E uma de suas primeiras providências, assim que o link para o texto era divulgado pelas redes sociais, foi tirar o texto do ar. Malgrado para o partido, o texto permaneceu no cache de sites como o WebArchive,[140] que mantém no ar sites "perdidos" da internet. O próprio site oficial do PSOL de Pernambuco manteve o texto no ar.[141]

Uma reportagem do Terra dedurou o texto — não quando foi escrito, mas quando Santiago foi assassinado.[142]

Mais um daqueles *dirty little secrets* que a esquerda morre de medo de revelar.*

Por trás das máscaras dos black blockers

"Marqués par la haine
Les jeunes se dechaînent
On en a rien à perdre
Les bagnoles crâment
La zone est en flâme
Et la folie gagne
Les gamins rebelles
Brûlent des poubelles
Ce soir c'est la fête"

Bérurier Noir, "Petit Agité"**

Uma das grandes pérolas foi traçada por uma blocker de primeira viagem (as modinhas pegam) identificada pelo nome fictício Iuan, em entrevista à BBC Brasil: "**Estamos lutando por algo que ainda não sabemos o que é**, mas que pode ser o início de algo muito grande que pode acontecer mais para a frente." Eles não sabem por que estão batendo, nós que devemos saber por que estamos apanhando.

Iuan se define como revolucionária, mas sabe que a revolução não viria naqueles dias. Apenas estava pavimentando caminho. E nos defende: "Espero que entendam que estamos fazendo isso por todo mundo", diz a

* Vladimir Safatle, na coluna "Violência e Silêncio" na *Folha*, também tentaria usar de psicanálise da lacanagem para dizer que tudo o que os blockers fazem seria uma reação "expulsa do simbólico" contra o "tripé econômico" (sério). Tudo perfeitamente compreensível, para ele — sem causar nenhuma revolta por meses a fio de internautas reclamando da possível "incitação à violência". Já a revista petista *Carta Capital* entrevistou um blocker e atirou nas faces da sociedade a manchete: "Não há violência no Black Bloc. Há performance."

** Em tradução livre: "Marcados pelo ódio / Jovens embriagados / Nada a perder / Carros em chamas / Os projéteis queimam / E a loucura vence / Crianças rebeldes / Incendeiam as lixeiras / É tempo de festa esta noite." (Bérurier Noir, "Pequeno agitado").

jovem. "É uma luta pela humanidade."[143] Obrigado, querida, mas, sério, não precisava.

O fato de não serem tão espontâneos quanto seus advogados de porta de cadeia tentam fazer crer se tornava cada vez mais difícil de ser escondido. E, mesmo sem pensar muito na dicotomia "caos acidental × violência premeditada", e com que fins, a população já tinha um Sentimento Difuso no Ar minúsculo de que alguém estava por trás disso, com objetivos pouco republicanos.

A revista *Época*, em 11 de novembro, publica reportagem de capa com a chamada "Os black blocs sem máscara". O repórter Leonel Rocha passou o fim de semana num campo de treinamento de black blocs em um sítio a cerca de 50 km de São Paulo. O líder do treinamento black bloc, Leonardo Morelli, coordena a ONG Defensoria Social, o braço oficial de apoio aos blockers. Já havia militado com dois petistas de forte patente, o maoista Luiz Gushiken, ministro da Secretaria de Comunicação social de Lula, e o advogado Luiz Eduardo Greenhalgh. Na década de 1980, era investigado por furar pneus e quebrar vidros de ônibus para fomentar greves gerais.

O grupo era de jovens de periferia, quase todos com noções políticas subprimitivas. Um blocker afirma que o espancamento do coronel Reynaldo Rossi fora "marcado" pelos blockers. Táticas de milícia a toda prova.

Gastos com os encontros, incluindo Kombi e Jeep Willys, teriam sido pagos com dinheiro que receberam de entidades nacionais e internacionais. Morelli afirmou que só em 2013 entraram mais de € 100 mil nos cofres da Defensoria Social. Morelli declararia que o dinheiro fora repassado pelo Instituto St Quasar, ONG ligada a causas ambientais. Outras organizações doadoras seriam as suíças La Maison des Associations Socio-Politiques, de Genebra, e Les Idées, ligada ao deputado verde Jean Rossiaud. A Suíça foi o mesmo país para onde foi enviado um dos assassinos do menino João Hélio,[144] de seis anos, degolado e esquartejado ao ficar preso pelo cinto de segurança e ser arrastado por mais de 7 quilômetros durante um assalto. Ambas as entidades suíças negaram o repasse. Morelli ainda garantiria que ganhou dinheiro do Fundo Nacional de Solidariedade, da CNBB — no Brasil, tratada com mais respeito do que o próprio papa, embora nem sequer seja um órgão da Igreja. A CNBB também negou repasses. Sem surpresa, o padre Júlio Lancelotti, contudo, apareceria em diversos protestos posteriores, inclusive junto a black blocs, sempre defendendo os manifestantes. Morelli ainda citaria entre seus contatos os padres católicos Combonianos e a Central Operária Boliviana.

Em um treinamento com ex-recrutas do Exército em Cáceres, no Mato Grosso, os blockers teriam aprendido a se proteger da polícia com escudos improvisados com tapumes, a marcharem com os escudos em bloco, como faz a Tropa de Choque, seguindo a lição de Alexandre, o Grande — as "falanges macedônicas" que conquistaram o mundo. O ex-militante do MST Paulo Matos também ensinou táticas de guerrilha aos blockers. Tendo estudado medicina na Bolívia, carregava os kits de primeiros socorros: "Somos gladiadores sociais", afirma.

Nas conferências, nada de livros. O melhor são filmes como *Setembro negro: Estado, violência e reação*, da carioca 202 Filmes. Vídeos também ensinam a manusear pistolas. O repórter de *Época* presenciou uma acalorada discussão sobre se deveriam ou não atacar prédios públicos, inclusive com dinamites, além de incendiar carros. É o Brasil voltando a conhecer o terrorismo que só conheceu nas duas ditaduras.

Comida, tarefas de limpeza, cigarros e funcionamento da energia e internet eram todos na base da anarquia: sem propriedade de ninguém, sem nada funcionar até que alguém se voluntariasse a resolver. Muitos não tinham conforto melhor em casa — daí a sedução da anarquia. Além de sempre haver dois vigias, quem se atrevesse a pular o muro do sítio abandonado poderia ser surpreendido com armadilhas feitas com pontas de madeira. Citados, mas quase nunca lidos, eram Bakunin, Proudhon, Tolstoi, o anarquista ucraniano Nestor Makhno e o teórico do terrorismo François Claudius Koenigstein, conhecido como Ravachol. Inventam desculpas para quebrar orelhões, por exemplo, porque "a telefonia é dominada por estrangeiros", ou as lixeiras são queimadas porque "consideram corruptas as concessionárias do serviço". Alguns são contra programas como Bolsa Família, Mais Médicos e ProUni. Todavia negociavam com o ministro da Secretaria-Geral da Presidência da República, Gilberto Carvalho, para ter suas reivindicações atendidas. Uma carta foi levada para o Planalto de avião pelo ex-MST Paulo Matos.[145]

Comentou o jornalista Políbio Braga:

> Os anarquistas também recebem treinamento de instrutores experientes. Nos fins de semana, os jovens se reúnem em cidades de Mato Grosso para fazer coquetel molotov e escudo de madeirite e produzir líquidos que anulam o efeito do gás lacrimogêneo. Nesses encontros, eles escolhem bancos e empresas multinacionais como alvos de depredação. Participam dessas reuniões os anarquistas Anonymous, Anarcopunk e Acción Directa, ex-militantes do MST, alguns dissidentes das Farc e remanescentes da guerrilha uruguaia Tupamaros e da Central Operária Boliviana.[146]

Tutti buona gente! E completamente desassociado da velha esquerda, claro.

Uma das várias notícias bizarríssimas das manifestações que passaram completamente batidas ocorreu no fim do ano: Leonardo Morelli, apontado como uma liderança de treinamento de black blockers pela reportagem de capa da revista *Época*, foi encontrado morto num hotel de Florianópolis no dia 15 de dezembro. Sem *causa mortis* declarada, entrou no cômputo das mortes naturais. Mortes em hotel, ainda mais repentinas, sempre levantam suspeitas. É bastante improvável que alguém tenha complicações passíveis de morte exatamente quando está hospedado em um hotel. Sua morte foi bem pouco noticiada. Felipe Patury, da própria *Época*, deixou uma curta nota de um parágrafo em seu blog,[147] com rara divulgação subsequente dos jornais. Um final estranho para o dirigente que admitiu receber verbas de tantas ONGs e institutos.

O Caminho de Santiago — *Peroratio*

"Father, why are all the children weeping?
They are merely crying son
O, are they merely crying, father?
Yes, true weeping is yet to come"

Nick Cave & The Bad Seeds, "The Weeping Song"*

Santiago Ilídio Andrade já tinha vinte anos de carreira jornalística. Apenas nos dez anos de Rede Bandeirantes, havia participado da cobertura de eventos de suma importância, como o massacre de Realengo, que vitimou doze crianças em uma escola, as chuvas na região serrana do Rio em 2011, além de eventos internacionais como a Rio+20 e o Panamericano. Havia ganhado dois prêmios, junto com o repórter Alexandre Tortoriello, por suas reportagens sobre, justamente, as dificuldades da mobilidade urbana no Rio de Janeiro.

Naquela quinta-feira, 6 de fevereiro de 2014, parecia haver apenas mais um protesto entre vários repetitivos que varreram o país. Muitos meses depois de o gigante já ter voltado à sua obediente hibernação, apenas pautas antigas ainda eram usadas por manifestantes, como o retorno da questão do preço das passagens de ônibus. Santiago, perfeccionista, chegou ao trabalho com meia hora de antecedência. Com a repórter Fernanda Corrêa, partiu para uma reportagem no centro da cidade. Às 19 horas, Fernanda recebeu uma ligação: deveriam passar pela manifestação na região da Central do Brasil apenas para um registro rápido. Mesmo com o desânimo que marcou os protestos pós-junho, o deslocamento, com equipamentos grandes e caros, exigia cautela. Apenas quando o conflito começou a diminuir, Santiago saiu do carro e gravou 5 minutos de filmagens. Logo após, ele e a repórter decidiram ir embora, com o conflito voltando a se intensificar. Já voltando para o carro, Santiago decidiu parar e fazer um último registro, fiel a seu perfeccionismo. Eram 19h40.

* Em tradução livre: "Pai, por que todas as crianças estão chorando? / Elas estão apenas lacrimejando, filho. / Oh, elas estão apenas lacrimejando, pai? / Sim, o choro de verdade ainda virá." (Nick Cave & The Bad Seeds, "A canção do choro").

A manifestação tinha como mote "Não vai ter Copa, nem aumento". Apesar dos setecentos manifestantes presentes, não houve grandes confrontos com a polícia, que muitas vezes era hostilizada enquanto praticamente escoltava os manifestantes para garantir a sua própria segurança. Os confrontos só começaram quando tentaram pular as catracas da estação de trem. Com as bombas de gás jogadas pela polícia, passageiros passavam mal e a circulação dos trens foi interrompida. Alguns só chegariam em casa de madrugada. Um dos observadores simplesmente não voltaria mais.

O ódio à polícia, o inimigo escolhido da vez por representar algo que não é de fato (a repressão, a injustiça, as mazelas do país), se materializava em caixas de papelão em chamas. Dois jovens atuam seguindo a cartilha black blocker: nenhuma indicação de que se conheciam muito profundamente, mas se tornam *iguais* dentro da massa. Caio Silva de Souza, considerado calmo e calado, de folga de seu trabalho de porteiro em um hospital, ligou para a mãe avisando que iria a uma manifestação no centro. Sua mãe apenas lhe disse: "Não se meta em confusão." Caio anda próximo de Fábio Raposo, o Fox. Confusão poderia ser o sobrenome de Fábio. Aderiu com ênfase às manifestações, tendo já enfrentado problemas com a lei anteriormente: foi autuado na delegacia por desordem, associação criminosa e dano ao patrimônio público.[148] Estava solto nas ruas. Em pouco tempo, alguém não mais estaria nas ruas graças a isso. Naquela quinta-feira, havia apenas um blocker preso no Rio. Em São Paulo, nenhum ainda estava atrás das grades. Caio veste calça jeans e ora carrega o pano preto, ora o utiliza como máscara. Fabio veste bermuda preta. Ambos estão de camiseta cinza. Em um dado momento, sem muito contato e aparentemente quase sem conversa, Fábio entrega algo a Caio. Caio vai até um ponto afastado da praça, se agacha e acende o pacote que acabara de receber. Um rojão parecido com um sinalizador, como o fatídico que causou o acidente mortal na boate Kiss, em Santa Maria. Assim que o morteiro é aceso, Caio sai correndo sem olhar para trás, esperando que o explosivo assuste policiais do outro lado da rua. De costas para o explosivo está o cinegrafista Santiago, neste momento observando o outro lado, em busca de uma imagem panorâmica para fechar a noite. Santiago queria mostrar o mundo às pessoas. Gostava de situações que envolvessem perigo. Levava seu trabalho muito a sério. Algumas pessoas, naquele dia e nos dias seguintes, já seguiam uma mentalidade diferente: em vez da criação de algo a ser contemplado, a destruição hormonoide para chamar atenção. Não importava quem estivesse no caminho.

O rojão atinge em cheio a cabeça do cinegrafista.

Socorrido por dois colegas e um socorrista da Cruz Vermelha, Santiago foi levado ao hospital, onde passou por uma cirurgia de quatro horas em que os médicos tentaram estancar a hemorragia e reduzir a pressão intracraniana. Por três dias, o Brasil e o mundo agonizaram com as notícias sobre o estado gravíssimo do cinegrafista. Sofreu afundamento craniano e perdeu parte da orelha esquerda. Em 10 de fevereiro, pouco depois das 12h, foi decretada a morte cerebral de Santiago.

As manifestações tiveram muitas mortes. Dizia-se que nenhuma partira de manifestantes — e que quase todas seriam "acidentais". Da gari Cleonice Vieira de Moraes, que inalou gás lacrimogêneo da polícia, passou mal e faleceu em Belém — PA, ao vendedor ambulante Tasman Amaral Accioly, atropelado por um ônibus na mesmíssima manifestação em que Santiago Andrade foi assassinado. Quase sempre atropelamentos. Mas o homicídio de Santiago foi o primeiro que não apenas partira claramente dos manifestantes — e não podia ser imputado à "culpa coletiva" de uma manifestação que fugira do controle —, mas foi também o primeiro caso de óbito causado por um black bloc.

Haveria de se esperar uma mudança no comportamento geral da população, ainda perdida diante de um movimento de massa que demorava a se esfarelar de vez e diante de um governo absolutamente reprovável como o do PT, encarnado então na anódina sucessora *ad hoc* de Lula, a presidente Dilma Rousseff. Uma crítica aberta às manifestações deveria finalmente surgir. Celebridades como Caetano Veloso, que pousara vestido de black blocker pouco antes e se rasgara em elogios aos olhos da blocker na capa de *Veja* ("Emma é linda. O anarquismo é lindo"), como se viu, não se sensibilizaram nem um pouco com a tragédia. Pelo contrário: antes se ocuparam em defender a manifestação para, depois, ver se sobraria tempo para algum conforto à família da vítima.

Na internet, a notícia exigiu trabalho rápido da patrulha de ativistas. Uma das primeiras macaqueações foi tentar culpar... a rede Bandeirantes por não oferecer *um capacete* para o cinegrafista, que estava em uma praça por onde passam meio milhão de pessoas todo dia. No Twitter, a reação descambou para a demência coletiva. Liam-se coisas como: "Sobre a morte do cinegrafista: a Band colocou um profissional mal-equipado numa área de conflito. A culpa não é do conflito. É da emissora."[149] Em resposta a uma crítica, ainda se leram coisas assim: "Ué, e quem tá mal-equipado na multidão está lá muito bem-avisado que esse tipo de merda acontece",[150] "Não adianta agora ficar fazendo 'cobertura jornalística' culpando apenas quem jogou o rojão",[151] e, em tom mais propositivo, "A solução passa por desmilitarizar a força policial, organizar os MP, instruir a polícia civil a não conter os MP".[152] Quando há um assassinato com um morteiro vindo de blockers, a solução é tirar as armas... da polícia. Houve, claro, culpabilização da vítima, que aparentemente *merecia* morrer, segundo a mentalidade doentia de alguns: "Amigo jornalista, tua vida não vale mais do que a de ninguém. Se você colabora para que gente morra na rua, um dia o morto pode ser você."[153] Se o morto fosse um amiguinho destes bem-pensantes, sabemos que a vida passaria a valer muito mais. A alguém que apontara que "a forma hostil como jornalistas trabalhando são frequentemente tratados por ativistas é algo a se pensar", um "tuiteiro", que já havia comemorado a foto de um policial pegando fogo com o humanitário comentário "Cheiro de porco queimado por aqui", respondeu o seguinte: "Não dá pra dizer que não há motivos pra isso, né?"[154]

Mas o prêmio de melhor pensamento supimpão da esquerda talvez vá direto para o "tuiteiro" Raphael Tsavkko, que, no dia seguinte, enquanto Santiago ainda lutava pela vida no hospital, encontrou ensejo para tentar culpar a PM pelo homicídio: "PM tentou matar cinegrafista ontem, mas tem governista falando do... Aécio! Cara, uma avestruz enterrando a cara tem mais honra..."[155] Quando Eduardo Goldenberg criticou os manifestantes que deixaram Santiago em estado grave, tascou: "PM atira bomba em cinegrafista, que está em coma. Fascista #SubEdu acusa... os manifestantes!", ainda crendo que a história de que a PM usaria um morteiro para atingir um cinegrafista de costas a troco de nada convenceria alguém com QI acima de 13. E prosseguiu em um mistifório em que só ele próprio acreditava: "Pela foto fica a certeza, a PM atirou no cinegrafista de propósito. Ele estava isolado, sem ninguém em volta. A bomba estourou na cabeça", "A bomba da @pmerj ASSASSINA estourou na cara (*sic*) do cinegrafista da Band. PM ASSASSINA!" e "Mais um jornalista vítima das bombas da PM, mais um jornalista que a PM tentou ASSASSINAR!". Apesar de Tsavkko ter apagado os últimos *tweets*, estes podem ser vistos no Prêmio DCEzão do site de humor político Reaçonaria.[156] Mas sua genialidade aflora mesmo nesta pérola reluzente: "Isso porque o SUPOSTO responsável pela morte do cinegrafista SEQUER era Black Bloc! O cara tava de cinza!"[157] Melhor criminalista não pode existir no FBI.

As únicas pessoas que se importaram com a vítima aparentemente eram aquelas constantemente chamadas de "extrema direita" ou mesmo "fascistas" pelos amantes da humanidade e das causas sociais de plantão. A esquerda repetiu o que faz quando olha para seu passado socialista: buscou *desculpas*. Ora relativizando o homicídio, por mirar em policiais, ora tentando dissociar os black blocs da violência dos black blocs. Ora até culpando a emissora ou mesmo o cinegrafista.

Entraria em cena então a última personagem, que mantinha segredos de fada: Elisa Quadros, a militante conhecida como Sininho. Autodeclarada "comunista" e "militante ativista", Elisa fez o que a esquerda faz quando assiste ao assassinato de um negro pobre: saiu em defesa imediata dos assassinos, ao notar que eles defendem o mesmo projeto de poder totalitário que o dela. Como Caetano Veloso, não se lembrou de oferecer uma palavrinha de conforto à família da vítima, de lamentar pelo "acidente". Foi Sininho quem arrumou um advogado para os blockers homicidas. A estudante de cinema, boa-pinta e desempregada, usava seu farto tempo de sobra para comandar manifestações. Se Caio e Fábio, os arruaceiros que deram cabo da vida de Santiago, são meros peões pouco articulados e cuja consciência do que fazem se nivela à de uma planária, Sininho gosta de mandar. Como Fábio Harano, é vista em passeatas apontando a direção a ser tomada pelos mortos-vivos. Também alardeia por aí as importantes amizades e contatos que mantém, como, por exemplo, com o deputado Marcelo Freixo, do PSOL.

O PSOL já estava sendo investigado por sua ligação com black blocs meses antes do termo ficar conhecido. Como se viu, um dia antes de o gigante acordar de vez, a própria *Folha* reportou que a polícia investigava que o partido "recrutava" os então chamados "anarcopunks" com "quentinhas". Ninguém ligou para a reportagem; todos foram para as ruas de qualquer jeito. O site do partido também publicou texto afagando os black blocs, e seu autor, Edilson da Silva, foi eleito deputado por Pernambuco — e o texto desapareceu do site nacional assim que o cinegrafista foi morto. Mas Sininho, alardeando suas ligações com Freixo, uma das forças "carismáticas" do PSOL, poderia trazer consequências mais sérias. Freixo negou que conhecesse Sininho: minimizou o caso, afirmando só ter visto Sininho duas vezes, e por iniciativa dela, quando presidia a Comissão de Direitos Humanos. Todavia os rastros de Sininho deixavam claro que a relação era bem mais íntima: uma ONG presidida por um alto funcionário de Freixo, Thiago de Souza Melo, fazia o auxílio jurídico quando blockers enfrentavam problemas com a polícia. Em São Paulo, a encarregada deste trabalho era a CSP-Conlutas, do PSTU. Apesar da negativa, Freixo mudou o discurso. Antes, como François Dupuis-Déri, apelava para a "diversidade de métodos": "Vários movimentos têm vários métodos distintos. Eu não sou juiz para ficar avaliando os métodos em si", dizia, como quem nunca julga absolutamente nada quando se trata de opiniões alheias que nunca feriram ninguém. Depois, a conversinha mudou: "Não acredito em violência, nem como método nem como princípio." Freixo seria o deputado estadual mais votado do Rio de Janeiro em 2014.

Uma planilha com nomes de pessoas que patrocinavam "eventos culturais" onde o público e o privado eram subtraídos continha o nome dos vereadores Renato Cinco e Jefferson Moura, ambos do PSOL. Sininho confirmou, após reação de anarquistas que não queriam ligações partidárias. "Eles deram dinheiro, sim, e não foi nenhum segredo. Doaram como civis, e não políticos", postou ela em janeiro. O "problema PSOL" se tornaria ainda mais nebuloso ao se saber que o advogado dos blockers, Jonas Tadeu Nunes, não recebera um tostão dos seus dois clientes. Caio confirmou que recebera a proposta de ser remunerado para fazer parte dos protestos. Coisa de "150, 200 reais". Também garantiu ter testemunhado distribuição de quentinhas, além de pedras e outros apetrechos. O advogado de ambos, contratado por Sininho, declarou que o lumpesinato era armado através de "kombis cheias de rojões, cheias de máscaras".[158]

Para quem vê a política apenas em termos eleitorais, é sempre estranho imaginar que um partido socialista promoveria um quebra-quebra anarquista, supostamente contra "todos os políticos", ao mesmo tempo que quer politizar cada vez mais a sociedade. Para quem conhece o dialético método político materialista-histórico da esquerda, o objetivo é claro como o meio-dia.

Sininho foi chamada à 17ª Delegacia de Polícia em São Cristóvão para prestar depoimento por falar em nome do deputado Marcelo Freixo — teria ligado para o advogado Jonas Tadeu Nunes afirmando que os advogados do parlamentar poderiam auxiliar na defesa de Fábio Raposo. Ao sair, fez sinal para um ônibus, mas o motorista, que a reconheceu, se recusou a parar. Um grupo dentro do ônibus gritava: "Aqui você não entra." Sininho, vestida com uma camiseta onde se lia "Favela não se cala" e caríssimos óculos escuros, ouviu dos passageiros: "Chega de hipocrisia!" Foi chamada de assassina por um homem que passava na rua e, ironia das ironias, foi protegida por um policial e pela imprensa que tanto critica. Tendo se recusado a falar com jornalistas, preferiu uma entrevista ao pasquim comunista *Nova Democracia*, que não se furta nem a comemorar morte de opositores. Escreve Pâmela Oliveira, na *Veja* Online:

> Sininho diz que toda a imprensa "manipula" e que "foca" nos black blocs, sem mostrar o resto das manifestações. Diz também não entender por que "a Globo não publica sua entrevista na íntegra". "Não entendo o motivo dessa edição", afirma, lançando a questão como um enigma. As duas perguntas ela mesma responde, mas não percebe. Sininho não deu entrevista à TV Globo — no vídeo exibido no Fantástico no domingo, ela olha para outra direção, ignorando a câmera da emissora. E o motivo da edição é evitar que o telespectador seja torturado por doze minutos de Sininho.
>
> Como cineasta — este é o crédito que o *A Nova Democracia* atribui à black bloc — Sininho deveria saber o motivo de se editar um vídeo. E como black bloc ela não deveria afirmar que o advogado Jonas Tadeu Nunes, ao revelar a ligação entre ela e Freixo, tentou "incriminar os dois". Não há crime em telefonar para Marcelo Freixo. E não há crime em atender a uma ligação de Sininho. O crime que deflagrou todos os outros movimentos é o de homicídio, pelo qual estão indiciados dois black blocs. Mas Sininho enxerga outros: no vídeo, chama o advogado Nunes de criminoso — sem dizer qual crime ele cometeu.[159]

No mesmo dia 11 de fevereiro, a imprensa inteira se acomodava ao redor da delegacia de polícia para acompanhar o depoimento de Sininho. Acompanhada de uma menina e um rapaz, Sininho vai direto para os repórteres e câmeras e diz: "Vocês querem que a gente fale? Vocês são um bando de carniceiros, isso é o que vocês são." Quando ocorre uma morte, carniceiro é quem noticia depoimentos na polícia, e não quem arruma advogado imediatamente para o homicida. O rapaz, que ficou ao fundo usando as duas meninas como escudo, fala para um câmera: "Vocês são os próximos." Exatamente no dia seguinte à morte de Santiago. Uma ameaça de morte clara. O câmera reuniu a indignação de quase todo o país. Perguntou: "Quem é o próximo? Fala aí", e foi atrás do rapaz, que se escondia cada vez mais atrás das duas meninas. Como o rapaz virou as costas à responsabilidade, o repórter pegou sua própria câmera e atingiu o lombo do blocker que fora prestar solidariedade na delegacia ao assassino e sua rábula.

A resposta das autoridades foi tentar endurecer a lei, já que os protestos, além de perigosos, agora miravam a Copa do Mundo, menina dos olhos do PT para eleger a sem graça Dilma Rousseff. O Senado tentou acelerar a lei antiterrorismo, prevendo pena de até quarenta anos para quem participasse de manifestações violentas. Apesar de algumas ações dos blockers terem em vista até mesmo criar pânico para buscar uma ruptura — terrorismo é sempre propaganda armada para mudar a opinião pública —, o projeto era perigoso. Como declara a professora de Direito Penal da USP Janaína Conceição Paschoal, em entrevista exclusiva, é sempre complicado definir o que seja crime político.

> Tem quem trabalhe a noção de crime político como sendo um ato criminoso praticado por uma *razão* política, ou seja, na causa, e tem quem coloque o crime político como sendo o ato criminoso praticado com uma *finalidade* política. Dentro dessa perspectiva de causa e finalidade, o terrorismo seria um crime político, porque você põe fogo num prédio com *o fim de*... Não obstante, dentre os diversos autores que se debruçam sobre o tema, a palavra terrorismo tem uma conotação negativa, e a palavra crime político tem uma conotação positiva. O que possibilita uma ginástica interessante: quando eu concordo com uma causa, eu chamo de crime político; quando eu não concordo, eu chamo de terrorismo.

Ou seja, independentemente de concordarmos com a causa ou não, devemos "separar atos de palavras", e tratar crimes como crimes não importando a motivação. Não deixa de ser curioso, porém, que a lei apenas tivesse endurecido quando os protestos miravam unicamente a Copa, que tentava ser a Copa do PT — quando os alvos poderiam ser políticos de outros partidos, nunca se aventou considerar protestos violentos como terrorismo. Soluções fáceis podem trazer problemas complexos.

Mesmo a lei que proíbe manifestações com máscaras, aprovada em algumas cidades como Rio de Janeiro e Pernambuco, esconde problemas, como continua a professora: "Hoje está todo mundo achando bom leis proibindo baderna, e que dificulte a identificação de baderneiros. Mas eu não sei como isso vai estar daqui a dez anos. A América Latina está num processo de fechamento, e quem está no poder no Brasil [em 2013] flerta com esse fechamento. Eu não sei se eu vou precisar daqui a dez anos me manifestar — nunca quebrar —, mas fazer número na rua com o rosto fechado para não ser morta." A lição de Elias Canetti colocada em prática: a massa só diminui por fatores *internos*, cada tentativa externa de esfarelar a turba só a faz crescer, como os enfrentamentos com a polícia no meio de junho demonstraram tão bem.

Do outro lado, também aumentou enormemente a grita pela "desmilitarização da polícia", uma bandeira típica da esquerda há muito. Na prática, ninguém sabe exatamente o que significa, mas usualmente querem indicar apenas que a desmilitarização corresponderia à proibição da polícia de usar armamento militar, o que a deixaria à mercê de bandidos com poder de fogo igualado ou superior — se a polícia ficaria em desvantagem ante um simples rojão, que dirá para enfrentar o já desequilibrado poder de fogo dos traficantes. Ser militar vai muito além disso: envolve princípios como a hierarquia, a obediência, a obrigação imediata sempre que se está de uniforme, e o próprio uniforme. Mas propostas já pipocaram.*

Sininho seria obrigada a permanecer na capital do Rio de Janeiro, respondendo em liberdade ao processo por associação criminosa armada, o

* Como o projeto de lei 6.500/2013, de Chico Alencar, que é, oras, do PSOL. Disponível em: <http://www.camara.gov.br/proposicoesWeb/fichadetramitacao?idProposicao=595185>.

tipo de crime misteriosamente cometido *apenas* por esquerdistas no país, embora sempre tentem tratar a direita como uma camarilha de fascistas armados e raivosos. Mesmo assim, a 27ª Vara Criminal da Capital do Rio de Janeiro autorizou que a ativista viajasse até Pernambuco para debater a "atual situação da educação pública e os movimentos sociais" em encontro na UFPE.[160] Como se não bastasse, Sininho serviu de inspiração para a personagem Lucrécia, em minissérie da emissora Record, do bispo Edir Macedo, interpretada pela atriz Carla Diaz.[161] Isto tudo depois de Sininho invadir novamente a prefeitura do Rio, num protesto em que o prédio foi apedrejado, e ter discursado para um grupo de mulheres "sem líderes" que fechavam com o corpo avanços policiais, apenas para que fosse filmada e registrada a "truculência" da PM nas redes sociais. Até uma ambulância foi apedrejada no protesto, e um motorista de ônibus foi atingido por uma pedra. Um homem, atropelado, morreu — e, apesar de clamarem ser um manifestante, descobriu-se que era um ladrão tentando fugir.[162] Para Sininho, o prêmio: comandar hordas descerebradas, imputar crimes e proteger assassinos não é apenas digno de aplausos — é mesmo caso para inspiração.

Elisa Quadros Pinto Sanzi, a Sininho que é considerada "petulante" por apaniguados, pode revelar a última peça que falta ao quebra-cabeça do que foram e estão ainda sendo estas manifestações, que permanecem tendo as mesmas bandeiras, o mesmo método, os mesmos protagonistas, em que os agitadores queimam ônibus apenas pelo prazer de subtrair algo de alguém[163] e que contam sempre com o envolvimento de partidos de esquerda, do PSOL ao PT.[164] Talvez seja ela quem esconda o final do conto de fadas: quem está bancando tanta arruaça, e como a hegemonia dos totalitários 2.0 pretende se remobilizar em torno de novas bandeiras, como a "reforma política", para tentar novamente — e sem os erros de 2013 — a ruptura total. Como diz belo editorial da *Gazeta do Povo*:

> Os black blocs não chegaram aonde chegaram por acaso. Contaram com o apoio, implícito ou explícito, de muita gente. Famosos e anônimos, mais ou menos influentes, muitas vezes contaminados por ideologias que veem legitimidade na violência quando usada para os fins que lhes apetecem. Repetem, assim, os tristes exemplos do

historiador Eric Hobsbawm, para quem as dezenas de milhões de mortes provocadas por Stalin seriam justificáveis se servissem para concretizar a utopia comunista; e do arquiteto Oscar Niemeyer, que pensava da mesma forma. Hobsbawm e Niemeyer não viveram para ver os black blocs em ação no Brasil, mas, a julgar por suas ideias, talvez até endossassem a ação dos mascarados.

(...) Professores de universidades renomadas, como a USP e a FGV, escreveram em defesa dos mascarados meses atrás, provavelmente inspirados por autores como Slavoj Žižek, um dos principais intelectuais de esquerda da atualidade e defensor enfático da "violência revolucionária" como uma necessidade. Na mesma ocasião, lembramos que os professores da rede pública do Rio de Janeiro adotaram os black blocs como parceiros durante a greve da categoria, como direito a refrões como "uh, é black profes!".

Também é preciso lembrar a ação não menos eficaz de alguns setores da imprensa que se empenharam em demonizar a polícia até que, como lembrou a *Gazeta* recentemente, ela fosse sempre considerada "suspeita até prova em contrário". Com isso, aqueles que tinham a possibilidade de frear os black blocs acabaram neutralizados, receosos da repercussão negativa que teriam caso apenas fizessem seu trabalho. Logo após Andrade ter sido ferido, um repórter afirmou que o rojão que atingiu o cinegrafista tinha partido da polícia. Depois, por muito tempo insistiu-se na narrativa segundo a qual "não se sabia de onde tinha partido o artefato" mesmo depois de ficar claro que a polícia não trabalhava com bombas que produzissem o efeito registrado nas imagens da agressão. É como se alguns jornalistas alimentassem um desejo secreto de que, no último instante, surgisse uma prova de que não tivessem sido os black blocs (tratados com condescendência em muitas reportagens, aliás) os responsáveis pelo ataque ao repórter cinematográfico.[165]

É esta peça faltante que talvez explique questões inquietantes, como a levantada por Leão Serva, na *Folha*: **por que só um tipo de ônibus pega fogo?** A questão deveria ser reportagem de capa e motivo para uma das maiores investigações criminais da história brasileira, envolvendo partidos políticos, mas foi abandonada. Apenas do começo de 2014 até o dia 17 de fevereiro, segundo a coluna, foram queimados 45 ônibus, gerando um prejuízo de R$ 23 milhões. Há dois sistemas em São Paulo, o de empresas e o de concessionárias, dos antigos perueiros, que ganharam legitimidade na gestão da petista Marta Suplicy. Apesar da semelhança dos ônibus, 94% dos ônibus queimados são de empresas, e apenas 6% de concessionárias, embora 60% dos ônibus em circulação na capital sejam destas últimas. A situação parece um pouco menos espontânea, lembrando os tempos da máfia que acabou com a vida de Celso Daniel. Jilmar Tatto, sempre ele, secretário dos Transportes de Fernando Haddad, disse que os incêndios "parecem manifestações específicas de questões locais, sem ligação com transportes". Em nenhum bairro da cidade a proporção de ônibus é esta, mas parece que só um tipo atraiu incêndios.[166]

Apenas em 2013, foram oito vidas humanas ceifadas nos protestos pelo país, cujos resultados, fora a queda da PEC 37, do programa Mais Médicos trazendo cubanos semiescravos para o país e de leis tornando corrupção crime hediondo sem punir ninguém,* foram simplesmente nulos. Em 2014, até a morte de Santiago, computavam-se já onze vidas que não mais acordaram para a luz do dia seguinte.[167] Páginas do Facebook que contabilizaram animosamente as mortes, atribuindo todos os atropelamentos "à polícia", sumiram ou pararam suas atualizações assim que a baladinha dos blockers teve farra além do esperado. É de se perguntar se as pessoas não pagariam os 20 centavos iniciais, cerca de R$ 8,80 por mês, para ver essas pessoas vivas novamente. Se o preço de lutar pela corrupção através de *mais* política e exigindo *mais* poder estatal, crendo-se assim estar "contra" políticos, é um preço baixo a se pagar.

Agitadores do passado, de Che Guevara a Adolf Hitler, de Marighella a Mao Tsé-Tung, perpetraram homicídios que se contam às dezenas de milhões, mas possuem fiéis seguidores e admiradores até hoje. O caminho

* Quem mais havia encarnado o espírito do protesto criado pelo PSOL e PSTU, apesar de tudo, não foi a repetitivíssima candidata à presidência em 2014 Luciana Genro, pela primeira legenda, e sim Marina Silva, que sequer havia conseguido criar o seu partido, feito apenas para seu projeto de poder particular, a Rede. Ela aparecia eleitoralmente como "a mudança", e fez toda a sua campanha calcada em ser contra "polaridade" PT-PSDB, colocando-se no polo oposto de uma nova polaridade sem perceber. Com seu discurso também oco, apesar do furacão eleitoral temporário que conseguiu após a morte repentina do líder de sua chapa, Eduardo Campos, apenas perdeu em intenções de voto desde que assumiu a liderança da candidatura pelo PSB. No fim, nem sequer chegou ao segundo turno.

futuro do Brasil precisa suplantar a mera ditadura da maioria na oclocracia atual sem buscar rupturas para o poder hegemônico nas mãos de selecionados a dedo com o controle total do Estado. O Brasil, a América Latina e o mundo precisam se tornar *repúblicas* de fato, uma terra de leis para proteger pessoas ante o Estado, e não para tornar o Estado um poder "defensor" das pessoas. Precisamos reencontrar a minoria mais minoritária de todas — o indivíduo — e admirar seu poder pensante, sua individualidade insubtraível e criar leis que o protejam. Inclusive da maioria exigindo novos "direitos" e de políticos tentando confundir seus próprios partidos com o Estado, em nome de "reformas" políticas que nunca dizem o que querem reformar e por que devem ser sempre reformadores, e nunca reformados.

Post Scriptum — O futuro das manifestações

> "Uma das mais acentuadas características do barbarismo vertical consiste em apresentar a força como superior ao direito. (...) As multidões desenfreadas nas ruas, que são o caminho para as grandes brutalidades e injustiças, manifestação do primitivismo, mais um exemplo da horda, movidas por paixões, sobretudo o medo, aguçadas pelos exploradores eternos de suas fraquezas, pelos demagogos mais sórdidos, passaram a ser exemplo de superioridade humana. Tais espetáculos apresentam-se aos olhos de muitos como o mais alto estágio da grandeza humana. São elogiados como manifestações de 'consciência social', da vontade popular, etc. (...) Esses movimentos só têm servido para apoiar tiranos e desenvolver a brutalidade organizada."
>
> Mário Ferreira dos Santos,
> *A invasão vertical dos bárbaros* (1967)

No excelente capítulo "O ponto de partida da investigação metafísica", do livro de Olavo de Carvalho *A filosofia e seu inverso*,[168] o filósofo lembra que o pensamento não se dá no ar, sozinho, mas é o ato de um indivíduo. Esse indivíduo parece ter, como maior certeza possível sobre sua condição, a de sua morte futura — e, por conseguinte, um limite de tempo para seu pensamento, suas ações e a responsabilidade que assume com respeito a elas.

Quando um pensador (ou falante, ou palpiteiro, ou orador diante de um auditório ou multidão) fala em nome de um coletivo, seja qual for, dá uma autoridade imortal, ou ao menos de duração indistinta, ao que profere (sem falar na duração de ações e responsabilidades). A autoridade que outorga a si mesma é plenipotente, amorfa, se estende por gerações. Claro, num engodo absurdo: por isso, acredita-se tanto em mentiras criadas nas universidades e academias de ciência por séculos, mesmo séculos depois de serem desmentidas. A "autoridade" da coisa permanece. É a "academia" quem *diz* (muitas vezes, não são nem coletivos, e a própria atividade parece falar como um sujeito: "é a ciência quem *diz*").

Parece apenas uma curiosidade inútil numa consideração metafísica, mas é um dos pontos principais que estão em discussão nas ruas nesse exato momento.

Um grupo suprapartidário (e não "apartidário") cria um movimento, o confronto surge após pequenos atos de delinquência, as pessoas se chocam com confrontos (quem gosta de ver sangue sem ser no cinema?) e logo esse movimento "vai além de partidos", e não é só sobre tarifas (ou qualquer desculpa que um grupo político tenha inventado), e sim sobre "o povo".

Torna-se, então, um grande movimento de autoafirmação — você precisa dizer que é "o povo" em que momento, além daquele em que busca o poder que a Constituição diz que é seu e nem você, nem ninguém sabe o que diabos isso significa? Sem que se diga o que é que esse povo quer além de se juntar, uma passeata bem grande é organizada e faz surgir mais confrontos. Vira uma espécie de Twitter nas ruas: bom é o perfil que agremia mais gente, e dane-se o conteúdo.

A autoridade que o movimento tem, sem ninguém perguntar, afinal, o que ele quer (se você perguntar o que estão pedindo para quebrarem o país inteiro, ouvirá cem respostas diferentes a cada cem pessoas inquiridas, e ainda verá usarem isso como mostra de que *há* propostas), é uma autoridade abstrata, irreal, gigante e que vai além da possibilidade de compreensão (e mesmo existência) de um único indivíduo.

Já não se trata do pedido do João, da Maria, da dona Jusecreide da faxina: é apenas "o povo", que unido não pode ser vencido e contra o qual ninguém pode posicionar-se contra sob pena de ser considerado um acomodado encostado — o João, a Maria e a Jusecreide deixam de **existir** até no visual, com todos usando máscaras de *V de vingança*, o melhor dissolvente de individualidades que consegue agremiar até adolescentes que adoram fazer de tudo para se autoafirmar: são agora os "Anonymous". E com um igualmente imortal sorriso postiço no rosto. Imitar, lembra Eric Hoffer, é a forma mais branda de obedecer.

Então todos pensam: "mas será que não podemos tomar a liderança desse movimento e fazer algo bom, apartidário, uma boa reforma surgir do vuco-vuco?" Ora, talvez seja possível enquanto há uma pauta única e, como estudamos, não é um movimento de massa, portanto. A partir do momento em que se torna apenas a rebelião das massas e o culto da homogeneidade, está atingido o primeiro estágio que *pode* gerar uma tirania: exigir coisas do Estado, crendo que um Estado que tudo dá (e, para tanto, tudo *tira* de alguém) pode *não ser* tirano. Pergunte o que as pessoas querem, e elas sugerirão pautas de protesto que vão desde contra as cotas até a ausência de policiamento na Cracolândia. Ao se pedirem duas propostas para duas pessoas diferentes, a chance de surgirem coisas ridiculamente antagônicas aproxima-se de 100%. Como querer uma "mudança social" com uma turba — e, afinal, como querer que esse protesto **tenha um objetivo**, sendo que cada um ali quer uma coisa distinta? Se cada pessoa parasse para conversar e discutir proposições com o cara do lado, sairia facada.

Massas não pensam, turbas não raciocinam, "o povo" não sabe nada — do contrário, existiria algum povo feliz em algum lugar. Mudanças só surgem quando indivíduos sentam, conversam, tomam café e propõem: "O problema é X, se fizermos Y teremos a consequência Z, e as consequências negativas alfa e beta podem ser anuladas pela consequência ômega, e as consequências imprevistas exigiram ainda mais cuidado, preparo e vigilância constante." Não quando se juntam para dizer: "Vamos exigir que o Estado corrija o problema X!" Não foi a turba que inventou a roda, a penicilina, a cura para a peste negra — nem sequer foi ela que derrotou o nazismo e o comunismo.

Se podemos tirar proveito de um sentimento de insatisfação que "explodiu" (na verdade, foi instigado a eclodir, do contrário ninguém estaria fazendo protesto logo depois do horário de expediente — todos estariam desesperados, largando emprego, família e amores para trás para lutar pela causa urgente da vida), é apenas pelo sentimento geral, não por argumentos. Massas não pensam, não aceitam argumentos e é de se duvidar que mais de 5% dos ali presentes quisessem a mesma coisa que o manifestante ao lado a respeito de qualquer assunto, caso se buscassem soluções, em vez de berrar slogans.

Temos então dois resultados ainda tangíveis no Brasil. O primeiro é a mentalidade de mudança, mas que quase sempre resvala para o eleitor-pedinte, aquele que quer algumas migalhas do político que controla o aparato estatal em troca de votos. O segundo é a constante tentativa de tomada de poder total pela mobilização, enquanto ainda se disputam cargos. O interesse de tantos partidos em questões como a "reforma política" petista — que marcaria o fim da alternância de poder —, o marco civil da internet e outros temas não é senão porque por trás deles pode estar a próxima tentativa de mobilização e ruptura radical.

Resta a pergunta: "No que vão dar os protestos?" Bem, podemos olhar para a história. Alguém organiza uma massa vulcanicamente revoltosa por um motivo X, há confronto com as autoridades locais e então o protesto perde o motivo X e levanta a bandeira do confronto pelo confronto. As palavras de ordem são repetidas e *ditadas:* com menos de dez vocábulos você encontra mais de 90% dos *tweets* sobre o protesto no Twitter. As pessoas clamam contra uma injustiça que, até o dia anterior, elas mais praticavam do que eram vítimas. O futuro promissor vira o único juiz dos atos presentes. Sujeito e objeto das violências cometidas são invertidos na retórica. Fato e norma também trocam de lugar na análise de conjuntura.

A massa, perdida entre duas forças atuais, grita, clama por algo novo, o futuro, mas não mostra o que diabos quer. Alguns políticos dizem que ela é do lado A, outros dizem que é do lado B. Espiões, infiltrados e oportunistas são denunciados pela própria população, que aprende do dia para a noite a dor e a delícia de ser agente em um Estado policial. O sentimento de pertencimento é gigantesco, embora nenhuma, nenhuma proposta prática seja colocada em funcionamento. Tudo o que se diz é no plural majestático: "Nós, o povo", "nós, o gigante", "nós, os bacanas". Os inimigos denunciados tampouco estão no singular: são os políticos, a elite, a polícia. Nem precisam ser um substantivo concreto: é o comodismo, o atraso, o que está como está.

A própria turba, para fazer parte do grupo consciente, legal, aquele que clama por mudança, dissolve sua individualidade. "Somos todos iguais", "vamos além de partidos", "Cansamos tanto do lado A quanto do lado B". Uniformizam-se, com roupas iguais, caras iguais, palavras iguais, posturas iguais, penteados iguais e máscaras iguais. Igual também é o inimigo genérico, abstrato, intangível e malévolo, causa de todo mal, e o único que unifica todos que estão contra alguma coisa que nem conseguem apontar o que é — portanto, a fúria; o ódio é canalizado por onde tenha alguma coisa quebrável no caminho.

O discurso é radicalmente contrário às autoridades. Finalmente uma nova aurora parece surgir no horizonte. Nossas reivindicações serão atendidas. Por uma nova autoridade que ainda desconhecemos completamente. Mas só a própria mobilização já é aplaudida. De repente, sem entender o motivo, sem argumentos, sem justificativa aparente, sem absolutamente nada de relevante ter acontecido, dois grupos se cindem. Nós e eles. O futuro e o lixo da história. Pessoas que ontem almoçavam juntas hoje estão de dois lados distintos numa guerra civil.* A discussão se dá apenas na crença de que algo acontecerá ou não. Não há o que discutir, afinal: nada aconteceu, a não ser a massa se agitando. A energia é absoluta. E nos primeiros dias absolutamente nada acontece. Alguns se cansam. Outros estão doidos pelo sangue do inimigo, mas ainda não puderam pegar em armas e descobrir quem é essa Nêmese que deve ser degolada a dentadas.

É preciso mais do que fúria cega para manter o movimento contrário a tudo isso que está aí. É preciso ordem no caos. É preciso de um líder. Não de uma autoridade atual, mas de um líder de carisma. É preciso de uma voz jovem, bonita e altissonante que diga: "Amigos, nós somos os caras

* Basta ver como foi a tentativa de dividir "paulistas" e "nordestinos" na campanha eleitoral de Dilma Rousseff em 2014.

do bem, e todos os nossos problemas foram causados pelos caras do outro lado da rua. Agora o reino de injustiça acabou e não mais andaremos com eles no recreio. Nós somos os 99%. Estamos juntos? Então, marchem!"

Assim se construiu a Alemanha nazista, a União Soviética, a China de Mao. Foi numa briga entre partidos da República de Weimar, entre Brancos e Vermelhos, entre nacionalistas e socialistas que as pessoas se cindiram. Foi por coisas abstratas, pelas quais a maioria das pessoas não daria um bocejo, que muitos deram a vida — e tiraram muitas outras. Como define o teórico político australiano Kenneth Minogue, morto em junho de 2013:

> Um movimento ideológico é um conjunto de pessoas, muitas das quais dificilmente poderiam assar um bolo, consertar um carro, sustentar uma amizade ou um casamento, ou até mesmo fazer uma equação quadrática, e que entretanto acreditam que sabem como governar o mundo. A universidade, em que é possível combinar a pretensão teórica com inépcia compreensiva, tornou-se o habitat natural do entusiasta ideológico. Espécie de parque de aventura, cuidadosamente isolada da realidade, a fim de evitar que os professores distraídos esbarrem em coisas concretas ao invés de explorar domínios transcendentais, a universidade tornou-se a base institucional para ódio próprio civilizacional.[169]

Foi com um protesto sem propósito e sem proposta, contrário a toda autoridade, que a autoridade total surgiu. Sem derrubar ninguém: foi posta lá nos braços do povo. Nunca deram o poder absoluto a quem não prometia trocar o presente por completo. Nunca houve totalitarismo sem um povo muito revoltado com tudo isso que está aí.

Agradecimentos — *Gratias vobis ago*

Este livro não teria sido condenado à eternidade sem a minha esposa — não só por seu amor e por ser minha Musa Inspiradora (e Revisora), mas pela paciência, pela tolerância, por aguentar noites em que não pude dar o último abraço do dia... e mesmo assim ainda casar comigo. A ela, todo o amor do meu coração e tudo o que posso enxergar da Eternidade em sua companhia.

Minha família e minha nova família, o melhor refúgio onde podemos estar.

A doutora Janaína Conceição Paschoal, além de um dos personagens mais admiráveis destes dias convolutos, me ajudou muito tendo toda a disposição do mundo em ser entrevistada e se interessando tanto pelo projeto. De valor inestimável.

Meus amigos da *Veja* foram as pessoas a quem mais devo a divulgação dos meus textos nestes anos todos. Rodrigo Constantino, que tanto me ajudou sempre que precisei, Reinaldo Azevedo, que fala mais palavrão do que eu, mas ninguém sabe, Leandro Narloch, meu antípoda que resume o que eu analiso, Augusto Nunes, sempre certeiro, e Felipe Moura Brasil, que fez muito mais por este livro do que cabe no próprio livro.

O filósofo Olavo de Carvalho foi a referência de muito o que escrevi, e também de quase tudo o que citei, que conheci por seu conhecimento enciclopédico. Não agradeço apenas pelas aulas, mas pelo trabalho incrível que fez por todo este país.

Bruno Garschagen, além de sempre brilhante e sempre disposto a ajudar, me deu de presente (ao menos, assim acredito) a edição de Eric Hoffer que tanto citei nesse livro.

Muita gente pelo Facebook contribuiu com comentários, ideias, sugestões. Tantos que não cabem em um novo volume. Vocês sabem que este livro foi feito graças a vocês.

Alguns nomes sempre precisam ser lembrados: Alexandre Borges, a quem devo boa parte do primeiro capítulo, Filipe Martins, mais inteligente do que o Google, Carol Zanette, me lendo desde antes de eu escrever, Bruno Lemes, sempre companheiro de bullying, Zé Oswaldo, que ainda me ajudou com uma imagem. Toda a reaçada do fim de semana: Paula Rosiska, Thomaz Ferreira Martins, Ângelo Da Cia. Éder Souza e Edgar Cutar, na USP. Os amigos do Implicante.org: Fernando Gravz, Exilado, André Câmara e Marlos Apyus. A equipe do Ordem Livre, do Instituto Liberal, Amálgama e diversos sites que me deram espaço. E todos os "confras" sempre respondendo a dúvidas e encontrando links. Muitos não podem ser citados, mas creiam que nenhum foi esquecido de verdade.

Boa parte do livro acabou sendo salva (ctrl + S) pelo meu amigo mais preto de todos, Henrique Vaskys, o Zeh, que salvou um HD da possessão. E tudo por uma cerveja.

Danilo Gentili e todo o Ultraje a Rigor estiveram tão presentes que praticamente comprei uma TV apenas para ver seu programa. Lobão, tão simpático e sábio, foi um companheiro e protagonista de alguns dos momentos mais engraçados desta narrativa.

Sandro Vaia apareceu milagrosamente quando mais precisei. Marcio Antônio Campos, da Gazeta do Povo, confiou muito no meu trabalho. Espero que corretamente.

Fui convidado para muitas palestras e debates mesmo antes de o livro estar pronto: Lourival Filho, Santiago Staviski, Diogo Fontana, André Simmonds, todo o Instituto de Formação de Líderes — vocês propiciaram aqueles dias em que não sei se estou trabalhando ou de férias. Como a vida deve ser.

Claro, meu agradecimento efusivo ao maravilhoso time da Record, que *fez* este livro acontecer — eu só o escrevi. Meu agradecimento especial a meu editor Carlos Andreazza, sambista que traduziu letras do Slayer e, como todo escritor sabe, tanto tempo despendeu me perseguindo: "Por favor, faça um livro, queremos muito seu trabalho, se não o fizer por você, faça-o pela humanidade!" Missão dada é missão cumprida.

Meus agradecimentos de coração a todos por tornarem minha vida tão bela

Notas

Introito

1. Disponível em: <https://www.youtube.com/watch?v=ipaYn19QrMw>.
2. Disponível em: <http://noticias.uol.com.br/politica/ultimas-noticias/2013/06/25/barroso-volta-atras-e-diz-ser-a-favor-de-constituinte-limitada.htm>.

PARTE I
Fiat lux: As faíscas que botaram fogo em Wall Street

1. O filme pode ser visto por *video on demand* (VOD), visitando-se sua página oficial em: <http://www.occupyunmasked.com/VOD.aspx> — uma experiência que recomendo a todos, já que gasta muito menos tempo do que terminar de ler este livro.
2. Para uma análise mais demorada sobre a propaganda anticapitalista e por que ela convence tanto (mas, sobretudo, para se entender **por que** o capitalismo é um sistema muito melhor, mas **não compreendido**), ver o livro *A mentalidade anticapitalista* (São Paulo: Vide Editorial, 2013), de Ludwig von Mises, com prefácio deste autor que vos escreve.
3. Dados do filme *Occupy Unmasked*.
4. Ver: <https://www.facebook.com/photo.php?v=286292584825529&set=vb.232857860140548>.
5. Disponível em: <https://www.jacobinmag.com/2011/09/occupied-wall-street-some-tactical-thoughts/>.
6. Disponível em: <https://twitter.com/natashalennard/status/119179772264849409>.
7. Disponível em: <http://gawker.com/5845443/is-radiohead-going-to-play-for-wall-street-protesters-today>. Note que o título diz "Radiohead Is Playing for Wall

Street Protesters Today", mas o link o inverteu para "is Radiohead going to play", marcando uma pergunta.

8. Disponível em: <http://gawker.com/5868073/im-the-jerk-who-pranked-occupy-wall-street>.
9. Disponível em: <https://www.jacobinmag.com/2011/09/occupied-wall-street-some-tactical-thoughts/>.
10. Disponível em: <http://gawker.com/5868073/im-the-jerk-who-pranked-occupy-wall-street>.
11. Idem.
12. Disponível em: http://libcom.org/library/occupied-wall-street-some-tactical-thoughts-malcolm-harris
13. Idem.
14. Idem.
15. Disponível em: <http://libcom.org/library/occupied-wall-street-some-tactical-thoughts-malcolm-harris>.
16. Idem.
17. Idem.
18. Disponível em: <http://cityroom.blogs.nytimes.com/2011/10/01/police-arresting-protesters-on-brooklyn-bridge/>.
19. Disponível em: <http://youtu.be/o_1bYVMwg8k>.
20. Ver entrevistas no filme *Occupy Unmasked*.
21. Disponível em: <http://www.economicpolicyjournal.com/2013/04/hillary-clintons-1969-thesis-on-saul.html>.
22. Disponível em: <http://en.wikipedia.org/wiki/Community_organizing>.
23. José Ortega y Gasset. *A rebelião das massas*. Rio de Janeiro: Biblioteca do Exército Editora, 2006, p. 93.
24. Idem, p. 101.
25. Informação do filme *Occupy Unmasked*.
26. Disponível em: <http://rogueoperator.wordpress.com/2011/10/29/occupy-wall-street-organization-and-tactics/>.
27. Disponível em: <http://news.investors.com/ibd-editorials/101711-588402-media-shill-for-ows.htm>.
28. Disponível em: <http://rogueoperator.wordpress.com/2011/10/29/occupy-wall-street-organization-and-tactics/>.
29. Disponível em: <http://rogueoperator.wordpress.com/2011/10/29/occupy-wall-street-organization-and-tactics/>.

30. Há uma versão disponível em: <http://www.ihu.unisinos.br/noticias/503499-o-violento-silencio-de-um-novo-comeco>. O discurso completo (e com tradução melhor) pode ser encontrado no livro *Occupy: Movimentos e protesto que tomaram as ruas* (São Paulo: Boitempo Editorial, 2012) — deve-se sempre alertar que comprar livros da Boitempo significa financiar as contas do Emir Sader (sim, eu pequei).
31. Eric Hoffer, *The True Believer: Thoughts on the nature of mass movements*. Nova York: Harper Perennial, 2010, p. 76.
32. Idem, p. 77.
33. Rex Butler. *Slavoj Žižek: Live Theory*. Londres: Continuum, 2005. p. 148. Disponível em: <http://books.google.com.br/books?id=b02ZCAhEivIC&pg=PA148#v=onepage&q&f=false>.
34. Slavoj Žižek. *Alguém disse totalitarismo?: cinco intervenções no (mau)uso de uma noção*. São Paulo: Boitempo Editorial, 2013.
35. Slavoj Žižek. *Vivendo no fim dos tempos*. São Paulo: Boitempo Editorial, 2012.
36. Fernando Luis Schuler, "O Teatro do Absurdo de Slavoj Žižek". *Dicta & Contradicta*, n. 10, jul. 2013.
37. Slavoj Žižek. *Em defesa das causas perdidas*. São Paulo: Boitempo Editorial, 2012, p. 14.
38. Slavoj Žižek. *Em defesa das causas perdidas*. São Paulo: Boitempo Editorial, 2012.
39. "O Teatro do Absurdo de Slavoj Žižek". *Dicta & Contradicta*, n. 10, jul. 2013.
40. Disponível em: <http://youtu.be/vdwF3j1F2pg>.
41. Disponível em: <http://dish.andrewsullivan.com/2012/04/29/when-you-flush-the-toilet-shit-disappears>.
42. David Harvey et al. *Occupy: movimentos de protesto que tomaram a rua*. São Paulo: Boitempo Editorial, 2012, p. 24.
43. Jacques Lacan. *O seminário. Livro XVII: o avesso da psicanálise*. Rio de Janeiro: Zahar, 1992. In: David Harvey et al. *Occupy: movimentos de protesto que tomaram a rua*. São Paulo: Boitempo Editorial, 2012, p. 24.
44. Disponível em: <http://exposethemedia.com/2011/11/06/occupiers-peeing-and-pooping-on-banks>.
45. A cena é vista no filme *Occupy Unmasked*.
46. Disponível em: <http://exposethemedia.com/2011/11/06/occupiers-peeing-and-pooping-on-banks>. Para se ver como os manifestantes reagem "pacificamente" a uma jornalista perguntando se alguém tem informações de quem fez isso, veja como alguns grandalhões se comportam em: <http://www.mrctv.org/videos/occupy-protest-california-who-pooped-bank>.
47. A cena com seus discursos pode ser vista no filme *Occupy Unmasked*.

48. Disponível em: <http://www.cartamaior.com.br/?/Editoria/Movimentos-Sociais/Ocupar-Wall-Street-e-depois-%0d%0a/2/17889>.
49. Disponível em: <http://veja.abril.com.br/blog/reinaldo/geral/amigo-dos-petistas-revanchistas-vem-ai/>.
50. Disponível em: <http://www.cartamaior.com.br/?/Editoria/Movimentos-Sociais/Ocupar-Wall-Street-e-depois-%0d%0a/2/17889>.
51. Idem.
52. Idem.
53. Idem.
54. Idem.
55. Idem.
56. Disponível em: <http://blogdaboitempo.com.br/2011/10/21/chega-de-chiclete-mike-davis-sobre-occupy-wall-street>.
57. Idem.
58. Idem.
59. Idem.
60. Idem.
61. Disponível em: <http://abcnews.go.com/blogs/politics/2011/09/hoffa-on-tea-party-lets-take-these-sons-of-bitches-out>.
62. Disponível em: <http://mjperry.blogspot.com.br/2011/11/michael-moores-2m-torch-lake-vacation.html>.
63. Eric Hoffer. *The True Believer: Thoughts on the nature of mass movements.* Nova York: Harper Perennial, 2010, p. 33.
64. Disponível em: <http://www.heritage.org/index>.
65. Erik von Kuehnelt-Leddihn. *The Menace of the Herd.* Milwaukee: The Bruce Publishing Company, 1943, p. 6. Disponível em: <http://mises.org/document/3082/The-Menace-of-the-Herd-or-Procustes-at-Large>.
66. Idem, p. 49. *Destaques nossos.*
67. Disponível em: <http://gawker.com/5852275/neighbors-ask-occupy-wall-street-to-stop-pooping-all-over-everything>.

Parte II

Dies iræ: Primeira fase — 20 centavos que mudaram o Brasil

1. Disponível em: <http://www1.folha.uol.com.br/folha/cotidiano/ult95u75108.shtml>.
2. Disponível em: <http://ultimosegundo.ig.com.br/politica/entenda-quem-sao-os-personagens-envolvidos-no-caso-celso-daniel/n1237829556420.html>.

3. Disponível em: <https://blogpontodeonibus.wordpress.com/2013/11/06/para-irmao-de-celso-daniel-mafia-do-transporte-coletivo-continua-no-abc/>.
4. Disponível em: <http://www.reporterdiario.com.br/Noticia/328360/caso-celso-daniel-10-anos-oito-mortes-e-uma-duvida>.
5. Quem fez um trabalho soberbo de apuração de todas as "notícias estranhas" sobre o caso Celso Daniel, que, quando veiculadas na mídia, não passam de notinhas de rodapé, foi o jornalista mais bem informado do Brasil, Reinaldo Azevedo. Ver em seu blog a *tag* "Celso Daniel" e as notícias mais assustadoras do risco que é não se submeter ao poder central do Partido-Estado petista em: <http://veja.abril.com.br/blog/reinaldo/tag/celso-daniel/>.
6. Henrique Z. M. Parra et al. *Movimentos em marcha: Ativismo, cultura e tecnologia*. São Paulo: [s.n.], 2013. Disponível em: < https://pimentalab.milharal.org/files/2013/05/MOVIMENTOS-EM-MARCHA-livro.pdf>.
7. Idem, p. 23.
8. Idem, p. 24.
9. Idem, p. 31.
10. Idem, p. 40.
11. Idem, p. 25.
12. Idem.
13. Idem, p. 39-40.
14. Disponível em: <http://www1.folha.uol.com.br/cotidiano/2011/05/914153-apos-protestos-governo-de-sp-desiste-de-metro-na-angelica.shtml>.
15. Disponível em: <http://vejasp.abril.com.br/materia/presidente-do-metro-diz-que-estacao-continuara-em-higienopolis>.
16. *Tweet* apagado: <https://twitter.com/james_cimino/statuses/684185517441679360>.
17. Henrique Z. M. Parra et al. *Movimentos em marcha: Ativismo, cultura e tecnologia*. São Paulo: [s.n.], 2013, p. 30.
18. Idem.
19. Pablo Ortellado et al. *20 centavos: A luta contra o aumento*. São Paulo: Martins Fontes, 2013, p. 10.
20. Idem, p. 11.
21. Idem.
22. Idem, p. 12.
23. Idem.
24. Idem, p. 27. Não surpreende, portanto, ver os mesmíssimos PSTU e MPL, que fingem ser coisas muito distintas, orquestrando a greve dos metroviários em São Paulo na semana em que se iniciaria a Copa do Mundo de 2014. Ver meu artigo "A greve dos coxinhas contra os pobres". Disponível em: <http://www.implicante.org/artigos/a-greve-dos-coxinhas-contra-os-pobres/>.

25. Disponível em: <https://blogpontodeonibus.wordpress.com/2013/11/06/para--irmao-de-celso-daniel-mafia-do-transporte-coletivo-continua-no-abc/>.
26. Pablo Ortellado et al. *20 centavos: A luta contra o aumento.* São Paulo: Martins Fontes, 2013, p. 16.
27. Idem, p. 19.
28. Idem, p. 25.
29. Disponível em: <http://youtu.be/8n-j50ieTlI>.
30. Pablo Ortellado et al. *20 centavos: A luta contra o aumento.* São Paulo: Martins Fontes, 2013, p. 26.
31. Disponível em: <http://noticias.terra.com.br/brasil/cidades/psol-entra-na-justica-contra-o-aumento-da-tarifa-de-onibus-em-sao-paulo,e08588cdc25fe310VgnVCM20000099cceb0aRCRD.html>.
32. Disponível em: <http://noticias.terra.com.br/brasil/cidades/protesto-termina-em-confronto-com-a-policia-no-centro-de-sp,a1a44aad0ab1f310VgnVCM20000099cceb0aRCRD.html>.
33. Disponível em: <http://ultimosegundo.ig.com.br/eleicoes/exbbb+jean+wyllys+e+eleito+deputado+federal/n1237790770320.html>.
34. Disponível em: <http://noticias.r7.com/brasil/fotos/dilma-vai-ganhar-cozinha-de-luxo-novos-utensilios-foram-orcados-em-r-140-mil-06062013#!/foto/1>.
35. Disponível em: <https://emmarcha.milharal.org/>.
36. Henrique Z. M. Parra et al. *Movimentos em marcha: Ativismo, cultura e tecnologia.* São Paulo: [s.n.], 2013, p. 8.
37. Idem.
38. Disponível em: <http://passapalavra.info/2009/02/12>.
39. Pablo Ortellado et al. *20 centavos: A luta contra o aumento.* São Paulo: Martins Fontes, 2013, p. 29.
40. Disponível em:<http://www.estadao.com.br/noticias/cidades,fernando-haddad-admite-perdi-o-ano,1113202,0.htm>.
41. Disponível em: <http://joaovergilio.blogspot.com.br/2011/11/carta-aberta-aos-alunos-da-fflch.html>.
42. Frédéric Bastiat. "O que se vê e o que não se vê". Disponível em: <http://www.mises.org.br/EbookChapter.aspx?id=342>.
43. Alexandre Guasti (org.). *Frédéric Bastiat: ensaios.* Rio de Janeiro: Instituto Liberal, 1989. Disponível em: <http://ordemlivre.org/posts/ensaios-frederic-bastiat--11>.

44. Disponível em: <http://f5.folha.uol.com.br/televisao/2013/06/1291282-comentario-de-apresentador-do-bom-dia-sp-gera-polemica-na-internet.shtml>.
45. Disponível em: <http://veja.abril.com.br/blog/reinaldo/geral/historia-um-video-o-direito-de-resposta-que-lula-ganhou-contra-paulo-henrique-amorim-na-band-em-1998-14-anos-depois-sob-o-comando-do-pt-estatais-patrocinam-a-pagina-do-gigante-que-nao-mudou-de>.
46. Disponível em: <http://youtu.be/OI8C-vKe6sw>.
47. Disponível em: <http://www.conversaafiada.com.br/brasil/2013/06/07/protesto-em-sao-paulo-nao-tinha-trabalhador>.
48. Disponível em: <http://oglobo.globo.com/economia/dilma-pede-sao-paulo-rio-que-adiem-alta-de-onibus-7304357>.
49. Disponível em: <http://www.conversaafiada.com.br/brasil/2013/11/15/barbosa-se-vinga-de-lula-e-manda-prender-no-feriado>.
50. Disponível em: <http://www.estadao.com.br/noticias/impresso,corte-vai-virar-tribunal-penal-de-3-instancia-diz-eros-grau,1077483,0.htm>.
51. Disponível em: <http://www.conversaafiada.com.br/economia/2013/05/23/haddad-segura-tarifa-abaixo-da-inflacao>.
52. Disponível em: <http://escrevalolaescreva.blogspot.com.br/2010/08/meus-tres-livros-sobre-o-encontro-de.html>.
53. Jasper Becker. *Rogue State: Kim Jong Il and the Looming Threat of North Korea*. Nova York: Oxford University Press, 2005, p. 77. In: Archie Brown. *Ascensão e queda do comunismo*. Rio de Janeiro: Record, 2011, p. 137. Ver minha resenha "A tragédia do comunismo desvendada". Disponível em: <http://www.amalgama.blog.br/02/2012/ascensao-e-queda-do-comunismo-archie-brown/>.
54. Disponível em: <http://noticias.r7.com/sao-paulo/enquete-pergunta-a-manifestantes-se-protesto-contra-aumento-de-passagem-devera-ter-vandalismonbsp-07062013>.
55. Pablo Ortellado et al. *20 centavos: A luta contra o aumento*. São Paulo: Martins Fontes, 2013, p. 36.
56. Idem.
57. Idem, p. 38.
58. Idem, p. 37.
59. Idem, p. 38.
60. Disponível em: <http://youtu.be/gZ-mywArNNc>.

61. Disponível em: <http://www.estadao.com.br/noticias/impresso,puro-vandalismo,1040106,0.htm>.
62. Disponível em: <http://www1.folha.uol.com.br/fsp/cotidiano/112953-novo--ato-contra-tarifa-faz-ate-colegio-fechar-mais-cedo.shtml>.
63. Disponível em: <http://www.implicante.org/blog/dilma-sobre-o-reajuste-nos-combustiveis-meu-querido-eu-nao-falo-sobre-aumento-de-gasolina>.
64. José Ortega y Gasset. *A rebelião das massas*, Rio de Janeiro: Biblioteca do Exército Editora, 2006, p. 90.
65. Eric Hoffer. *The True Believer: Thoughts on the nature of mass movements*. Nova York: Harper Perennial, 2010, p. 34.
66. Disponível em: <http://www1.folha.uol.com.br/fsp/cotidiano/116670-exemplo-para-passe-livre-cidade-belga-abandona-tarifa-zero.shtml>.
67. Eric Hoffer. *The True Believer: Thoughts on the nature of mass movements*. Nova York: Harper Perennial, 2010, p. 83.
68. Disponível em: <http://g1.globo.com/jornal-nacional/noticia/2013/11/fiscal-preso-em-sp-diz-que-antonio-donato-recebia-parte-da-propina.html>.
69. Disponível em: <http://g1.globo.com/sao-paulo/noticia/2013/06/fianca-para-detidos-em-ato-contra-tarifa-sera-de-r-20-mil-diz-secretaria.html>.
70. Pablo Ortellado et al. *20 centavos: A luta contra o aumento*. São Paulo: Martins Fontes, 2013, p. 59.
71. Idem.
72. Idem, p. 61-62.
73. Idem, p. 60.
74. Disponível em: <http://on.fb.me/1hPYg3C>.
75. Disponível em: <http://revistaepoca.globo.com//Sociedade/noticia/2013/06/quem-sao-os-manifestantes-que-pararam-grandes-cidades-do-pais.html>
76. Disponível em: <http://youtu.be/-MdeJL1QZMY>.
77. Disponível em: <http://g1.globo.com/sao-paulo/noticia/2013/06/fianca-para-detidos-em-ato-contra-tarifa-sera-de-r-20-mil-diz-secretaria.html>.
78. Disponível em: <http://www1.folha.uol.com.br/cotidiano/2013/06/1293688-sozinho-pm-quase-foi-linchado-durante-protesto-na-regiao-da-se.shtml>.
79. Disponível em: <http://noticias.uol.com.br/cotidiano/ultimas-noticias/2013/06/17/palco-de-novo-protesto-em-sao-paulo-amanhece-com-pedras-blocos-e-paus.htm>.
80. Disponível em: <http://www1.folha.uol.com.br/cotidiano/2013/06/1293688-sozinho-pm-quase-foi-linchado-durante-protesto-na-regiao-da-se.shtml>.
81. Idem.
82. Disponível em: <http://g1.globo.com/jornal-nacional/noticia/2013/06/sp-protesto-contra-aumento-no-transporte-da-lugar-ao-vandalismo.html>.

83. Disponível em: <http://www.diarioliberdade.org/mundo/batalha-de-ideias/21457-tariq-ali-o-espirito-da-epoca.html>.
84. Disponível em: <http://portal.comunique-se.com.br/index.php/comunicacao/73121-policia-e-responsavel-por-75-das-agressoes-a-jornalistas-revela-levantamento-da-abraji>.
85. Disponível em: <http://tarifazero.org/2013/06/12/sao-paulo-uma-manifestacao-historica-encerrada-pela-violencia-unilateral-da-policia-militar>. Também citado em *20 centavos*, p. 67.
86. Fábio Malini e Henrique Antoun. *@internet e #rua*. Porto Alegre: Editora Sulina, 2013, p. 13.
87. Disponível em: http://en.wikipedia.org/wiki/Netwar.
88. Disponível em: <http://veja.abril.com.br/blog/felipe-moura-brasil/2014/08/06/chorao-da-onu-e-desmascarado-na-tv-video-mostraria-escolas-da-entidade-pregando-odio-aos-judeus-cade-a-noticia-nos-jornais-e-as-fotos-dos-foguetes-do-hamas-sendo-lancados-dos-arredores-das-instalac/>.
89. Disponível em: <http://www12.senado.gov.br/noticias/materias/2013/06/12/manifestantes-de-sp-deveriam-seguir-gandhi-e-luther-king-afirma-suplicy/tablet>.
90. Disponível em: <http://www.estadao.com.br/noticias/impresso,governos-se--calam-apos-destruicao-na-paulista,1041343,0.htm>.
91. Disponível em: <http://blogs.estadao.com.br/estadao-urgente/servidores-da-area-da-saude-e-delegados-comecam-a-se-reunir-na-paulista-para-manifestacao>.
92. Disponível em: <http://veja.abril.com.br/blog/reinaldo/geral/black-blocs-os-novos-idolos-de-caetano-botam-pra-quebrar-no-rio-e-um-texto-espantoso-publicado-no-globo-online-sera-que-chegara-o-tempo-em-que-teremos-de-fazer-mea-culpa>.
93. Disponível em: <http://blogs.estadao.com.br/estadao-urgente/servidores-da-area-da-saude-e-delegados-comecam-a-se-reunir-na-paulista-para-manifestacao>.
94. Disponível em: <http://www.estadao.com.br/noticias/impresso,fogo-bombas-e-depredacao-no-maior-protesto-contra-tarifa,1041335,0.htm>.
95. Disponível em: <http://noticias.r7.com/brasil/manifestacoes-agradam-a-84-dos-brasileiros-diz-pesquisa-ibope-06082013>.
96. Disponível em: <http://www.estadao.com.br/noticias/impresso,movimento-diz-nao-ter-controle-sobre-a-massa-mas-confirma-protesto-para-hoje,1041793,0.htm>.

97. Disponível em: <http://www1.folha.uol.com.br/opiniao/2013/06/1294185-editorial-retomar-a-paulista.shtml>.
98. Disponível em: <http://www1.folha.uol.com.br/cotidiano/2013/06/1294268-lincha-mata-ouviu-policial-apedrejado.shtml>.
99. Pablo Ortellado et al. *20 centavos: A luta contra o aumento*. São Paulo: Martins Fontes, 2013, p. 87.
100. Idem, p. 70.
101. Idem, p. 78.
102. Idem, p. 85.
103. Idem.
104. Idem.
105. Disponível em: <http://www1.folha.uol.com.br/fsp/opiniao/113691-por-que-estamos-nas-ruas.shtml>.
106. Pablo Ortellado et al. *20 centavos: A luta contra o aumento*. São Paulo: Martins Fontes, 2013, p. 92.
107. Disponível em: <http://portal100fronteiras.com.br/noticias.php?id=14891>.
108. Idem.
109. Pablo Ortellado et al. *20 centavos: A luta contra o aumento*. São Paulo: Martins Fontes, 2013, p. 95.
110. Idem, p. 96.
111. Idem, p. 98.
112. Idem, p. 99.
113. Disponível em: <https://twitter.com/silvanabit/status/345340790886776833>.
114. Disponível em: <http://www.zedirceu.com.br/o-que-aconteceu-ontem-em-sao-paulo-nao-pode-ser-aceito/>.
115. Disponível em: <http://noticias.terra.com.br/brasil/policia/imagem-que-ficou-foi-de-violencia-policial-critica-haddad,6ca374721704f310VgnVCM20000099cceb0aRCRD.html>.
116. José Ortega y Gasset. *A rebelião das massas*. Rio de Janeiro: Biblioteca do Exército Editora, 2006, p. 24-25.
117. Idem.
118. Idem, p. 90.
119. Idem, p. 8.
120. Disponível em: <http://sao-paulo.estadao.com.br/noticias/geral,repressao-da-pm-faz-movimento-crescer-e-mudar-foco-de-protesto-imp-,1042605>.
121. Disponível em: <http://sao-paulo.estadao.com.br/noticias/geral,baderneiro-vira-mocinho-com-reacao-desproporcional-imp-,1042602>.

122. Pablo Ortellado et al. *20 centavos: A luta contra o aumento*. São Paulo: Martins Fontes, 2013, p. 135.
123. Disponível em: <http://chic.uol.com.br/les-chics/noticia/moda-para-protesto-roupa-de-guerra>.
124. Disponível em: <http://www1.folha.uol.com.br/fsp/cotidiano/114277-no-mpl--nao-pode-ter-cara-de-playboy-diz-estudante.shtml>.
125. Disponível em: <http://www1.folha.uol.com.br/cotidiano/2013/06/1295714-ser--vico-secreto-da-pm-diz-que-psol-recruta-punks-para-protestos.shtml>.
126. Disponível em: <http://www1.folha.uol.com.br/cotidiano/2013/06/1295714--servico-secreto-da-pm-diz-que-psol-recruta-punks-para-protestos.shtml>.
127. Disponível em: <http://www.implicante.org/artigos/marcha-das-vadias--contra-o-papa-a-logica-interna-do-feminismo/>.
128. Disponível em: <http://g1.globo.com/bom-dia-brasil/noticia/2013/11/taxa--de-homicidios-em-todo-o-brasil-aumentou-14-no-ano-passado.html>.
129. Disponível em: <http://portal100fronteiras.com.br/noticias.php?id=14891>.
130. Idem.
131. Disponível em: <http://www1.folha.uol.com.br/folha/dinheiro/ult91u114898.shtml>.
132. Disponível em: < http://oglobo.globo.com/economia/dilma-pede-sao-paulo--rio-que-adiem-alta-de-onibus-7304357>.
133. Disponível em: <http://veja.abril.com.br/blog/reinaldo/geral/95-repudiam-black-blocs-aprovacao-a-protestos-despenca-os-mais-pobres-sao-os-que-menos-gostam-da-bagunca>.
134. Disponível em: <http://www.paraexpressaraliberdade.org.br/index.php/noticias/80-chaui-integral>.
135. Eric Hoffer. *The True Believer: Thoughts on the nature of mass movements*. Nova York: Harper Perennial, 2010, p. 128.

Parte III
Nanos gigantum: Segunda fase — #vemprarua #ogiganteacordou #MudaBrasil

1. Elias Canetti. *Massa e poder*. São Paulo: Companhia das Letras, 1995, p. 14.
2. Idem.
3. Idem.
4. Idem.
5. Idem, p. 14-15.
6. Disponível em: <https://www.facebook.com/photo.php?v=286292584825529&set=vb.232857860140548>.
7. Elias Canetti. *Massa e poder*. São Paulo: Companhia das Letras, 1995, p. 15.

8. José Ortega y Gasset. *A rebelião das massas.* Rio de Janeiro: Biblioteca do Exército Editora, 2006, p. 50.
9. Elias Canetti. *Massa e poder.* São Paulo: Companhia das Letras, 1995, p. 16.
10. Eric Hoffer. *The True Believer: Thoughts on the nature of mass movements.* Nova York: Harper Perennial, 2010, p. 101.
11. Idem, p. 130.
12. Disponível em: <http://billmuehlenberg.com/2011/11/04/the-revolution-is-everything>.
13. Elias Canetti. *Massa e poder.* São Paulo: Companhia das Letras, 1995, p. 16.
14. José Ortega y Gasset. *A rebelião das massas.* Rio de Janeiro: Biblioteca do Exército Editora, 2006, p. 22.
15. Disponível em: <http://noticias.uol.com.br/cotidiano/ultimas-noticias/2013/06/17/palco-de-novo-protesto-em-sao-paulo-amanhece-com-pedras-blocos-e-paus.htm>.
16. Disponível em: <http://www1.folha.uol.com.br/colunas/marcosaugustogoncalves/2013/06/1296182-viva-a-vaia.shtml>.
17. Disponível em: <http://www.orkut.com/Community?cmm=11892766>.
18. Disponível em: <http://economia.estadao.com.br/noticias/geral,protesto-parou-onibus-e-ate-ambulancia-imp-,908988>.
19. Pablo Ortellado et al. *20 centavos: A luta contra o aumento.* São Paulo: Martins Fontes, 2013, p. 158.
20. Disponível em: <http://www.cartacapital.com.br/sociedade/contra-o-passe-livre-grupo-faz-protesto-no-masp-pela-livre-concorrencia-do-mercado-4368.html>.
21. Disponível em: <http://veja.abril.com.br/blog/ricardo-setti/politica-cia/lobao-em-mais-uma-entrevista-polemica-os-protestos-de-rua-pareciam-desfile-de-escola-de-samba>.
22. Elias Canetti. *Massa e poder.* São Paulo: Companhia das Letras, 1995, p. 17.
23. Idem, p. 28.
24. Manuel Castells. *Redes de indignação e esperança.* Rio de Janeiro: Zahar, 2013, p. 18.
25. José Ortega y Gasset. *A rebelião das massas.* Rio de Janeiro: Biblioteca do Exército Editora, 2006, p. 21.
26. Idem, p. 39-41.
27. Idem, p. 41-42.
28. Eric Hoffer. *The True Believer: Thoughts on the nature of mass movements.* Nova York: Harper Perennial, 2010, p. 127.
29. Manuel Castells. *Redes de indignação e esperança.* Rio de Janeiro: Zahar, 2013, p. 18.

30. Eric Hoffer. *The True Believer: Thoughts on the nature of mass movements.* Nova York: Harper Perennial, 2010, p. 125.
31. Fábio Malini e Henrique Antoun. *@internet e #rua.* Porto Alegre: Editora Sulina, 2013, p. 10.
32. Idem, p. 14.
33. Erik von Kuehnelt-Leddihn. *The Menace of the Herd.* Milwaukee: The Bruce Publishing Company, 1943, p. 16.
34. Idem, p. 17.
35. Idem.
36. Manuel Castells. *Redes de indignação e esperança.* Rio de Janeiro: Zahar, 2013, p. 18.
37. Disponível em: <http://noticias.r7.com/brasil/manifestacoes-agradam-a-84-dos-brasileiros-diz-pesquisa-ibope-06082013>.
38. Erik von Kuehnelt-Leddihn. *The Menace of the Herd.* Milwaukee: The Bruce Publishing Company, 1943, p. 18.
39. Idem, p. 19.
40. Disponível em: <http://www.youtube.com/watch?v=DXv4YKDihfY>.
41. José Ortega y Gasset. *A rebelião das massas.* Rio de Janeiro: Biblioteca do Exército Editora, 2006, p. 10.
42. Disponível em: <http://oglobo.globo.com/brasil/militantes-do-pt-sao-hostilizados-abandonam-passeata-em-sp-8757103#ixzz37GnbP33y>.
43. Disponível em: <http://pt.wikipedia.org/wiki/PEC_37>.
44. José Ortega y Gasset. "El origen deportivo del Estado". *El Espectador VII.* Madrid: Alianza, 1998.
45. Idem.
46. Erik von Kuehnelt-Leddihn. *The Menace of the Herd.* Milwaukee: The Bruce Publishing Company, 1943, p. 21.
47. Disponível em: <http://site.cfp.org.br/wp-content/uploads/1999/03/resolucao1999_1.pdf>.
48. Disponível em: <http://veja.abril.com.br/noticia/brasil/em-gravacao-traficante-afirma-ter-matado-amarildo-para-incriminar-policial>.
49. Disponível em: <https://medium.com/primavera-brasileira/dfa6bc73bd8a>.
50. Idem.
51. Idem.
52. Elias Canetti. *Massa e poder.* São Paulo: Companhia das Letras, 1995, p. 15.
53. Idem, p. 28.
54. Pablo Ortellado et al. *20 centavos: A luta contra o aumento.* São Paulo: Martins Fontes, 2013, p. 168.
55. Idem, p. 168-169.

56. Idem, p. 169.
57. Idem, p. 170.
58. Eric Hoffer. *The True Believer: Thoughts on the nature of mass movements.* Nova York: Harper Perennial, 2010, p. 117.
59. Pablo Ortellado et al. *20 centavos: A luta contra o aumento.* São Paulo: Martins Fontes, 2013, p. 171. (Um número bastante revelador, diga-se.)
60. Idem, p. 183.
61. Disponível em: <http://www.creators.com/opinion/thomas-sowell/the-real--public-service.html>.
62. Pablo Ortellado et al. *20 centavos: A luta contra o aumento.* São Paulo: Martins Fontes, 2013, p. 184.
63. Idem, p. 186.
64. Elias Canetti. *Massa e poder.* São Paulo: Companhia das Letras, 1995, p. 34.
65. Pablo Ortellado et al. *20 centavos: A luta contra o aumento.* São Paulo: Martins Fontes, 2013, p. 198.
66. Eric Hoffer. *The True Believer: Thoughts on the nature of mass movements.* Nova York: Harper Perennial, 2010, p. 109.
67. 7 de janeiro na Argélia, 12 de janeiro no Líbano, 14 de janeiro na Jordânia, 17 de janeiro na Mauritânia, no Sudão e em Omã, 27 de janeiro no Iêmen, 14 de fevereiro no Bahrein, 17 de fevereiro na Líbia, 18 de fevereiro no Kuwait, 20 de fevereiro no Marrocos, 26 de fevereiro no Saara Ocidental, 11 de março na Arábia Saudita, 18 de março na Síria. Ver Castells (Rio de Janeiro: Zahar, 2013), p. 73.
68. Erik von Kuehnelt-Leddihn. *The Menace of the Herd.* Milwaukee: The Bruce Publishing Company, 1943, p. 21.
69. Disponível em: <http://www.bluebus.com.br/filho-de-empresario-de-transporte-ajudou-a-depredar-a-prefeitura-ontem/>.
70. Disponível em: <http://www1.folha.uol.com.br/cotidiano/2013/12/1381007-apos-depredacao-em-ato-jovem-perdeu-emprego-e-deixou-faculdade.shtml>.
71. Elias Canetti. *Massa e poder.* São Paulo: Companhia das Letras, 1995, p. 17.
72. Idem, p. 18.
73. Idem.
74. Idem.
75. Idem, p. 19.
76. Disponível em: <http://www.olhardireto.com.br/conceito/noticias/foto.asp?id=2344&iframe=true&width=550&height=365>.
77. Eric Hoffer. *The True Believer: Thoughts on the nature of mass movements.* Nova York: Harper Perennial, 2010, p. 107.

78. Disponível em: <https://www.facebook.com/photo.php?fbid=55359409136 9547&set=p.553594091369547&type=1&theater>.
79. Disponível em: <http://g1.globo.com/brasil/cartazes-das-manifestacoes/platb/2013/06/20/vendo-palio-98>.
80. Elias Canetti. *Massa e poder*. São Paulo: Companhia das Letras, 1995, p. 19.
81. Disponível em: <http://medium.com/primeira-brasileira/dfa6bc73bd8a>.
82. Disponível em: <http://rederecord.r7.com/2013/06/18/comunicado-rede-record-se-pronuncia-sobre-veiculo-incendiado>.
83. Disponível em: <http://g1.globo.com/sao-paulo/noticia/2013/06/sexto-dia-de-protestos-tem-marcha-pacifica-e-violencia-no-centro-de-sp.html>.
84. Disponível em: <http://veja.abril.com.br/blog/augusto-nunes/feira-livre/vontade-de-falar-editorial-do-estadao/>.
85. Disponível em: <http://www1.folha.uol.com.br/opiniao/2013/06/1297388--editorial-incognita-nas-ruas.shtml>.
86. Disponível em: http://www1.folha.uol.com.br/colunas/antonioprata/2013/06/1297427-a-passeata.shtml
87. Idem.
88. Disponível em: <http://www1.folha.uol.com.br/fsp/cotidiano/114781-pm--diz-que-nao-agiu-porque-nao-foi-chamada-pela-gestao-haddad.shtml>.
89. Disponível em: <http://www1.folha.uol.com.br/cotidiano/2013/06/1297475--demora-em-reacao-em-protesto-foi-para-evitar-confronto-diz-pm.shtml>.
90. Disponível em: <http://exame.abril.com.br/brasil/noticias/haddad-e-aprovado-por-17-em-sp-diz-datafolha>.
91. Pablo Ortellado et al. *20 centavos: A luta contra o aumento*. São Paulo: Martins Fontes, 2013, p. 211.
92. Disponível em: <http://www.estadao.com.br/noticias/esportes,governo-garante-trem-bala-pronto-ate-a-copa-de-2014,381839,0.htm>.
93. Disponível em: <http://www1.folha.uol.com.br/colunas/monicabergamo/2013/06/1298535-alckmin-propos-a-haddad-que-resistissem-a-pressao-e-mantivessem-preco-das-tarifas.shtml>.
94. Pablo Ortellado et al. *20 centavos: A luta contra o aumento*. São Paulo: Martins Fontes, 2013, p. 223.
95. Disponível em: <http://noticias.uol.com.br/album/2013/06/20/confira-as-melhores-fotos-dos-protestos-pelo-brasil.htm#fotoNavId=pr10363053>.
96. Disponível em: <http://noticias.terra.com.br/brasil/cidades/sp-onibus-e-incendiado-e-lojas-sao-saqueadas-na-regiao-do-grajau,1b39a6c50216f310Vgn VCM3000009acceb0aRCRD.html>.

97. Disponível em: <http://g1.globo.com/minas-gerais/noticia/2013/06/onibus-e-incendiado-durante-protesto-na-br-040-na-grande-bh.html>.

98. Disponível em: <http://pt.scribd.com/doc/226111001/Apelo-a-Todos-Os-Franciscanos>.

99. Disponível em: <http://www.bbc.co.uk/portuguese/noticias/2014/02/140224_dilma_manifestacoes_mb_mdbn.shtml>.

100. Disponível em: <http://www1.folha.uol.com.br/cotidiano/2014/02/1414430-dilma-diz-que-exercito-pode-agir-contra-manifestacoes-anti-copa.shtml>.

101. Eric Hoffer. *The True Believer: Thoughts on the nature of mass movements*. Nova York: Harper Perennial, 2010, p. 31.

102. Erik von Kuehnelt-Leddihn. *The Menace of the Herd*. Milwaukee: The Bruce Publishing Company, 1943, p. 20.

103. Disponível em: <http://veja.abril.com.br/blog/reinaldo/geral/95-repudiam-black-blocs-aprovacao-a-protestos-despenca-os-mais-pobres-sao-os-que-menos-gostam-da-bagunca>.

104. Erik von Kuehnelt-Leddihn. *The Menace of the Herd*. Milwaukee: The Bruce Publishing Company, 1943, p. 42-43.

105. Disponível em: <https://twitter.com/zehdeabreu/status/323643785923928065>.

106. Disponível em: <http://www.jb.com.br/pais/noticias/2013/06/20/militantes-do-pt-divulgam-ato-de-apoio-a-dilma-para-esta-quinta-feira>.

107. Disponível em: <http://noticias.terra.com.br/brasil/cidades/militantes-do-pt-divulgam-ato-de-apoio-a-dilma-para-esta-5,6b1fd821e406f310VgnVCM3000009acceb0aRCRD.html>.

108. Disponível em: <http://www.pragmatismopolitico.com.br/2013/06/manifestantes-pediram-a-volta-da-ditadura-e-queimaram-bandeiras.html>.

109. Erik von Kuehnelt-Leddihn. *The Menace of the Herd*. Milwaukee: The Bruce Publishing Company, 1943, p. 21.

110. Disponível em: <http://www1.folha.uol.com.br/cotidiano/2013/06/1298816--manifestacao-no-rio-termina-com-confronto-e-62-pessoas-feridas.shtml>.

111. Disponível em: <http://g1.globo.com/brasil/noticia/2013/06/protestos-pelo-pais-tem-125-milhao-de-pessoas-um-morto-e-confrontos.html>.

112. Disponível em: <http://youtu.be/GswV3-BJPHs>.

113. Disponível em: <http://www1.folha.uol.com.br/poder/2008/04/397429-batalha-da-maria-antonia-resultou-na-morte-de-um-estudante-secundarista.shtml

114. Disponível em: <http://www1.folha.uol.com.br/cotidiano/2013/06/1300671--marinha-apura-participacao-de-fuzileiro-em-ataque-ao-itamaraty-veja.shtml>.

115. Disponível em: <http://oglobo.globo.com/cultura/canto-de-fonte-9771597>.

116. Disponível em: <http://www1.folha.uol.com.br/poder/2013/06/1303541-popularidade-de-dilma-cai-27-pontos-apos-protestos.shtml>.

117. Disponível em: <http://veja.abril.com.br/blog/ricardo-setti/politica-cia/o-porto-que-o-brasil-financiou-em-cuba-se-e-bom-por-que-e-secreto/>.

118. Disponível em: <http://www1.folha.uol.com.br/fsp/mundo/170502-hillary-critica-acordo-nuclear-brasil-ira.shtml>.

119. Disponível em: <http://veja.abril.com.br/blog/reinaldo/geral/mais-um-cubano-deserta-do-programa-mais-medicos/>.

120. Disponível em: <http://veja.abril.com.br/blog/ricardo-setti/politica-cia/mais-medicos-estava-tudo-combinado-um-jeitinho-para-enviar-dinheiro-a-cuba/>.

121. Disponível em: <http://noticias.uol.com.br/saude/ultimas-noticias/redacao/2013/10/02/brasileiros-querem-medico-mais-humano-e-que-toque-no-paciente-diz-dilma.htm>.

122. Disponível em: <http://alertabrasil.blogspot.com.br/2006/08/gravao-pcc-pra-votar-no-genono.html>.

123. Disponível em: <http://veja.abril.com.br/blog/augusto-nunes/direto-ao-ponto/o-video-do-implicante-desmoraliza-o-pronunciamento-de-dilma-rousseff/>.

124. Disponível em: <https://www.youtube.com/watch?v=ipaYn19QrMw>.

125. Disponível em: <http://noticias.uol.com.br/politica/ultimas-noticias/2013/06/25/barroso-volta-atras-e-diz-ser-a-favor-de-constituinte-limitada.htm>.

126. Disponível em: <http://veja.abril.com.br/blog/reinaldo/geral/as-insanidades-autoritarios-numa-nota-do-pt/>.

127. Disponível em: <http://ultimosegundo.ig.com.br/politica/2013-05-31/governo-impoe-sigilo-sobre-gastos-de-dilma-no-exterior.html>.

128. Disponível em: <http://veja.abril.com.br/blog/reinaldo/geral/dilma-a-devota-de-%E2%80%9Cnossa-senhora-de-forma-geral%E2%80%9D-escolhe-uma-notoria-defensora-da-legalizacao-do-aborto-para-a-secretaria-das-mulheres-ja-fez-dois-confessou-sem-que-ninguem-a-tant/>.

129. Disponível em: <http://blogdoparrini.blogspot.com.br/2013/03/bomba-dilma-troca-embaixada-brasileira.html>.

130. Ver meu artigo "Jornal espanhol se assusta com o quanto Dilma gasta dinheiro do brasileiro". Disponível em: <http://www.implicante.org/blog/jornal-espanhol-se-assusta-com-o-quanto-dilma-gasta-dinheiro-do-brasileiro/>.

131. Disponível em: <http://www.implicante.org/noticias/para-dilma-suite-presidencial-de-81-m%C2%B2-e-acanhada/>.
132. Ver meu artigo "Dilma torra R$ 22 mil por dia em suíte da Tiffany em Nova York", disponível em: <http://www.implicante.org/blog/dilma-gasta-r-22-mil-em-suite-tiffany-ny/>.
133. Disponível em: <http://noblat.oglobo.globo.com/noticias/noticia/2013/05/casa-civil-nega-acesso-investigacao-sobre-rosemary-497565.html>.
134. Disponível em: <http://copadomundo.uol.com.br/noticias/redacao/2013/06/23/ao-contrario-do-que-diz-dilma-ha-dinheiro-federal-nos-estadios.htm>.
135. Disponível em: <http://esporte.uol.com.br/futebol/copa-2014/ultimas-noticias/2012/01/28/dinheiro-publico-no-itaquerao-chega-a-r-581-mi-mais-que-o-custo-de-seis-estadios-da-copa.htm>.

Parte IV
Sermo vulgaris: A política das massas

1. Ann Coulter. *Demonic: How the liberal mob is endangering America*. Nova York: Crown Forum, 2012, p. 6.
2. Eric Hoffer. *The True Believer: Thoughts on the nature of mass movements*. Nova York: Harper Perennial, 2010, p. 81.
3. Disponível em: <http://www.fpabramo.org.br/uploads/discursodelula1convecao.pdf>.
4. Eric Hoffer. *The True Believer: Thoughts on the nature of mass movements*. Nova York: Harper Perennial, 2010, p. 6.
5. Idem, p. 7.
6. Idem, p. 9.
7. Idem, p. 11.
8. Francis Dupuis-Déri. *Black blocs*. São Paulo: Veneta, 2014, p. 182.
9. Idem, p. 165.
10. Disponível em: <http://saraiva13.blogspot.com.br/2012/04/pena-comprada-de-leonardo-attuch-brasil.html>.
11. Disponível em: <https://www.facebook.com/plebiscitopopular.bahia/posts/343285579170716>.
12. Disponível em: <http://www.brasil247.com/pt/247/artigos/154899/O-Sil%C3%AAncio-Deliberado-da-M%C3%ADdia-e-os-Pr%C3%B3ximos-Passos.htm>.
13. Eric Hoffer. *The True Believer: Thoughts on the nature of mass movements*. Nova York: Harper Perennial, 2010, p. 35-36.

14. Disponível em: <http://memoria.ebc.com.br/agenciabrasil/noticia/2013-07-25/manifestacoes-nas-ruas-sao-aprovadas-por-89-dos-brasileiros>.
15. Fábio Malini e Henrique Antoun. *@internet e #rua*. Porto Alegre: Editora Sulina, 2013, p. 9.
16. Disponível em: <http://en.wikipedia.org/wiki/File:Historic_world_GDP_per_capita.svg>.
17. Disponível em: <http://pt.wikipedia.org/wiki/Revolu%C3%A7%C3%A3o_Industrial#Efeitos_sociais>.
18. José Ortega y Gasset. *A rebelião das massas*. Rio de Janeiro: Biblioteca do Exército Editora, 2006, p. 36.
19. Disponível em: <https://www.facebook.com/anonymousrio/posts/599793516737667>.
20. Idem.
21. Disponível em: <http://www.ditopelomaldito.com/2013/11/simbolos-famosos-que-nao-significam.html>.
22. Erik von Kuehnelt-Leddihn. *The Menace of the Herd*. Milwaukee: The Bruce Publishing Company, 1943, p. 1-2.
23. Idem, p. 4.
24. Idem, p. 30.
25. Eric Hoffer. *The True Believer: Thoughts on the nature of mass movements*. Nova York: Harper Perennial, 2010, p. 29-30.
26. Erik von Kuehnelt-Leddihn. *The Menace of the Herd*. Milwaukee: The Bruce Publishing Company, 1943, p. 17.
27. Idem, p. 35-36.
28. José Ortega y Gasset. *A rebelião das massas*. Rio de Janeiro: Biblioteca do Exército Editora, 2006, p. 49.
29. In Erik von Kuehnelt-Leddihn. *The Menace of the Herd*. Milwaukee: The Bruce Publishing Company, 1943, p. 3.
30. José Ortega y Gasset. *A rebelião das massas*. Rio de Janeiro: Biblioteca do Exército Editora, 2006, p. 24.
31. Ann Coulter. *Demonic: How the liberal mob is endangering America*. Nova York: Crown Forum, 2012, p. 22.
32. José Ortega y Gasset. *A rebelião das massas*. Rio de Janeiro: Biblioteca do Exército Editora, 2006, p. 16.
33. Erik von Kuehnelt-Leddihn. *The Menace of the Herd*. Milwaukee: The Bruce Publishing Company, 1943, p. 24.
34. Idem, p. 74-75.

35. Disponível em: <http://www.paraexpressaraliberdade.org.br/index.php/noticias/80-chaui-integral>.
36. In Fábio Malini e Henrique Antoun. *@internet e #rua*. Porto Alegre: Editora Sulina, 2013, p. 15.
37. Erik von Kuehnelt-Leddihn. *The Menace of the Herd*. Milwaukee: The Bruce Publishing Company, 1943, p. 35.
38. José Ortega y Gasset. *A rebelião das massas*. Rio de Janeiro: Biblioteca do Exército Editora, 2006, p. 50-51.
39. Erik von Kuehnelt-Leddihn. *The Menace of the Herd*. Milwaukee: The Bruce Publishing Company, 1943, p. 4.
40. Citado por Kuehnelt-Leddihn, p. 2.
41. Erik von Kuehnelt-Leddihn. *The Menace of the Herd*. Milwaukee: The Bruce Publishing Company, 1943, p. 5.
42. Livro completo disponível em: <http://mises.org/document/6581/Leftism-From-de-Sade-and-Marx-to-Hitler-and-Marcuse>.
43. Eric Hoffer. *The True Believer: Thoughts on the nature of mass movements*. Nova York: Harper Perennial, 2010, p. 16.
44. Idem, p. 17.
45. Erik von Kuehnelt-Leddihn. *The Menace of the Herd*. Milwaukee: The Bruce Publishing Company, 1943, p. 29.
46. Erik von Kuehnelt-Leddihn. *The Menace of the Herd*. Milwaukee: The Bruce Publishing Company, 1943, p. 34.
47. José Ortega y Gasset. *A rebelião das massas*. Rio de Janeiro: Biblioteca do Exército Editora, 2006, p. 18.
48. Erik von Kuehnelt-Leddihn. *The Menace of the Herd*. Milwaukee: The Bruce Publishing Company, 1943, p. 21-22.

Parte V

Dramatis personæ: Quem fez tudo isso?

1. Disponível em: <http://f5.folha.uol.com.br/factoides/2013/12/1386195-retrospectiva-2013-o-ano-da-revolucao-do-busao.shtml>.
2. Fábio Malini e Henrique Antoun. *@internet e #rua*. Porto Alegre: Editora Sulina, 2013, p. 21.
3. Idem, p. 14.
4. Idem, p. 15.
5. Henrique Z. M. Parra et al. *Movimentos em marcha: Ativismo, cultura e tecnologia*. São Paulo: [s.n.], 2013, p. 30.

6. Idem, p. 31. O exemplo de "direitista" apresentado é a vereadora Soninha Francine, que, só por preferir José Serra ao PT, passa a ser encarada como tão reacionária quanto Theodore Dalrymple.
7. Fábio Malini e Henrique Antoun. *@internet e #rua*. Porto Alegre: Editora Sulina, 2013, p. 16.
8. Disponível em: <http://veja.abril.com.br/blog/rodrigo-constantino/cultura/a-fabrica-da-inveja>.
9. José Ortega y Gasset. *A rebelião das massas*. Rio de Janeiro: Biblioteca do Exército Editora, 2006, p. 30.
10. Henrique Z. M. Parra et al. *Movimentos em marcha: Ativismo, cultura e tecnologia*. São Paulo: [s.n.], 2013, p. 14.
11. Idem, p. 15.
12. Disponível em:<https://www.facebook.com/beatriz.seigner/posts/10151800189163254>.
13. Disponível em: <http://veja.abril.com.br/blog/reinaldo/geral/cineasta-rompe-o-silencio-e-denuncia-como-trabalha-o-fora-do-eixo-a-seita-que-esta-na-raiz-da-midia-ninja-ela-acusa-a-exploracao-de-mao-de-obra-similar-a-escravid>.
14. Disponível em: <https://www.facebook.com/lcbellini/posts/702021409824865>.
15. Henrique Z. M. Parra et al. *Movimentos em marcha: Ativismo, cultura e tecnologia*. São Paulo: [s.n.], 2013, p. 37.
16. Disponível em: <http://veja.abril.com.br/blog/reinaldo/geral/fora-do-eixo-a-seita-totalitaria-2-ex-interna-relata-o-dia-a-dia-da-casa-dos-horrores-em-que-pablo-capile-e-rei-e-profeta-amizades-monitoradas-vida-afetiva-e-sexual-patrulhada-tecnica-de>.
17. Disponível em: <https://docs.google.com/document/d/1LApd1iaK7XmKGlhp_aPWUa7kqHVZ9g6wJIqf4t3eM9E/preview?pli=1&sle=true>.
18. Disponível em: <http://veja.abril.com.br/blog/reinaldo/documentos/mais-um-manifesto-contra-o-fora-do-eixo>.
19. Disponível em: <http://debate-fde.tumblr.com/>.
20. Henrique Z. M. Parra et al. *Movimentos em marcha: Ativismo, cultura e tecnologia*. São Paulo: [s.n.], 2013, p. 36.
21. Idem, p. 37.
22. Idem, p. 47.
23. Disponível em: <http://www.cultura.gov.br/culturaviva/ponto-de-cultura>.
24. Disponível em: <http://zerohora.clicrbs.com.br/rs/geral/noticia/2014/01/pablo-capile-rolou-um-salto-quantico-de-consciencia-no-brasil-4399656.html>.
25. Idem.

26. Henrique Z. M. Parra et al. *Movimentos em marcha: Ativismo, cultura e tecnologia*. São Paulo: [s.n.], 2013, p. 34.
27. Idem, p. 37.
28. Disponível em: <http://blogdomorris.blogfolha.uol.com.br/2014/04/23/os-novos-planos-de-pablo-capile/>.
29. Henrique Z. M. Parra et al. *Movimentos em marcha: Ativismo, cultura e tecnologia*. São Paulo: [s.n.], 2013, p. 8.
30. Idem.
31. Idem, p. 9.
32. Idem, p. 11. Publicado originalmente na *Trip*, n.º 199.
33. Idem, p. 13.
34. Idem.
35. Idem, p. 34.
36. Idem, p. 35.
37. Idem, p. 39-40.
38. Disponível em: <http://revistatrip.uol.com.br/revista/199/reportagens/ministerio-da-cultura.html>.

Parte VI
Ordo ad chaos: A ascensão dos black blocs

1. Disponível em: <http://f5.folha.uol.com.br/factoides/2013/12/1386195-retrospectiva-2013-o-ano-da-revolucao-do-busao.shtml>.
2. Disponível em: <https://twitter.com/cynaramenezes/status/347901532076912641>.
3. Disponível em: <https://twitter.com/cynaramenezes/status/347925372899319808>.
4. Disponível em: <http://oglobo.globo.com/brasil/petistas-convocam-ato-de-apoio-ao-partido-nas-redes-sociais-8754214>.
5. Disponível em: <https://twitter.com/cynaramenezes/status/348058691385311232>.
6. Disponível em: <https://twitter.com/Sen_Cristovam/status/348084551479865344>.
7. Disponível em: <http://www1.folha.uol.com.br/cotidiano/2013/10/1362856-95-desaprovam-black-blocs-diz-datafolha.shtml>.
8. Idem.
9. Disponível em: <http://veja.abril.com.br/blog/reinaldo/geral/nao-e-pelos-20-centavos-claro-ainda-bem-vejam-o-preco-da-cerveja-e-os-smartphones/>.

10. Disponível em: <http://noticias.uol.com.br/cotidiano/ultimas-noticias/2013/06/20/mpl-ataca-pauta-conservadora-em-protestos-e-aceita-partidos-em-ato.htm>.
11. Disponível em: <http://g1.globo.com/sao-paulo/noticia/2013/01/moradores-de-guarulhos-protestam-contra-aumento-do-iptu.html>.
12. Disponível em: <http://www.ebc.com.br/educacao/2013/06/areas-essenciais-perderiam-recursos-com-revogacao-do-aumento-de-tarifas-diz-haddad>.
13. Disponível em: <http://economia.terra.com.br/infograficos/iptu-sp/>.
14. Disponível em: <http://g1.globo.com/sao-paulo/noticia/2013/12/stj-mantem-decisao-que-barra-aumento-do-iptu-em-sao-paulo.html>.
15. Disponível em: <http://brasil.estadao.com.br/noticias/geral,onda-de-protestos-no-pais-ja-tem-seis-mortes,1047624>.
16. Disponível em: <http://zh.clicrbs.com.br/rs/noticias/noticia/2013/07/protesto-de-caminhoneiros-acaba-em-morte-e-amputacao-por-pedradas-4190175.html>.
17. Disponível em: <http://noticias.uol.com.br/cotidiano/ultimas-noticias/2013/07/04/protestos-de-caminhoneiros-ja-deixam-18-presos-no-pais-manifestacao-segue-na-bahia.htm>.
18. Disponível em: <http://youtu.be/ZGpja-DODpE>.
19. Disponível em: <http://youtu.be/gv3S5FMdKvE>.
20. Disponível em: <http://operamundi.uol.com.br/blog/samuel/agora/mst-divulga-nota-de-apoio-ao-movimento-passe-livre/>.
21. Disponível em: <http://sao-paulo.estadao.com.br/noticias/geral,execucao-policial-no-jacana-acaba-com-fogo-em-onibus-e-2-pessoas-carbonizadas-imp-,971476>.
22. Disponível em: <http://vejasp.abril.com.br/materia/fotos-das-manifestacoes-cemiterio-araca-depredadas>.
23. Disponível em: <http://www.hospitalsiriolibanes.org.br/imprensa/press-releases/Paginas/parceria-dez-instituicoes-atendem-pelo-sus.aspx>.
24. Disponível em: <http://noticias.uol.com.br/cotidiano/ultimas-noticias/2013/08/08/transito-manifestantes-bloqueiam-av-paulista-sentido-paraiso.htm>.
25. Disponível em: <http://g1.globo.com/jornal-nacional/noticia/2014/01/enxurrada-arrastou-mulher-que-tentava-entrar-no-onibus-em-sp.html>.
26. Disponível em: <http://www.implicante.org/blog/marina-silva-vencedora-dos-protestos-e-do-premio-motosserra-de-ouro/>.
27. Disponível em: <http://youtu.be/yCt38pO0VK0>.
28. Disponível em: <http://wp.clicrbs.com.br/holofote/2013/10/21/candidatas-do-miss-bumbum-protestam-em-sao-paulo-nao-somos-objetos/?topo=52,1,-1,,186,e186>.

29. Disponível em: <http://exame.abril.com.br/brasil/noticias/black-blocks-os-grupos-que-usam-a-violencia-para-protestar/>.
30. *Veja*, edição 2335, ano 46, nº 34, 21 de agosto de 2013.
31. Francis Dupuis-Déri. *Black blocs*. São Paulo: Veneta, 2014, p. 12-13.
32. Idem, p. 11.
33. Idem, p. 10.
34. Idem, p. 12.
35. Disponível em: <http://ultimosegundo.ig.com.br/politica/2014-06-07/forca-da-policia-nao-se-compara-a-dos-black-blocs-diz-pesquisador-canadense.html>.
36. Francis Dupuis-Déri. *Black blocs*. São Paulo: Veneta, 2014, p. 11-12.
37. Disponível em: <http://ultimosegundo.ig.com.br/politica/2014-06-07/forca-da-policia-nao-se-compara-a-dos-black-blocs-diz-pesquisador-canadense.html>.
38. Francis Dupuis-Déri. *Black blocs*. São Paulo: Veneta, 2014, p. 38.
39. Idem, p. 40.
40. Idem, p. 45.
41. Idem, p. 114.
42. Disponível em: <http://espn.uol.com.br/noticia/266011_reforco-de-brasileira-topless-polemico-e-perseguicao-policial-conheca-o-movimento-ucraniano-femen>.
43. Francis Dupuis-Déri. *Black blocs*. São Paulo: Veneta, 2014, p. 152.
44. Idem, p. 147.
45. Idem, p. 149.
46. Idem, p. 47.
47. Idem, p. 54-55.
48. Idem, p. 55.
49. Idem, p. 120. (Destaque do original).
50. Renato Janine Ribeiro, "Introdução: A política teatral". In: Alexis de Tocqueville. *Lembranças de 1848: As jornadas revolucionárias em Paris*. São Paulo: Companhia das Letras, 2011.
51. Disponível em: <http://pt.wikipedia.org/wiki/Luigi_Lucheni>.
52. Idem, p. 14.
53. Disponível em: <http://politica.estadao.com.br/noticias/geral,membros-do--black-bloc-prometem-quebrar-tudo-na-avenida-paulista,1072326>.
54. Disponível em: <http://www.estadao.com.br/fotos/BlackBloc_MC_PedroVenceslau_Estadao_07092013_292-280.jpg>.

55. Disponível em: <http://politica.estadao.com.br/noticias/geral,membros-do--black-bloc-prometem-quebrar-tudo-na-avenida-paulista,1072326>.
56. Francis Dupuis-Déri. *Black blocs.* São Paulo: Veneta, 2014, p. 46.
57. Disponível em: <http://ultimosegundo.ig.com.br/politica/2014-06-07/forca-da-policia-nao-se-compara-a-dos-black-blocs-diz-pesquisador-canadense.html>.
58. Disponível em: <http://ultimosegundo.ig.com.br/politica/2014-06-07/forca-da-policia-nao-se-compara-a-dos-black-blocs-diz-pesquisador-canadense.html>.
59. Disponível em: <http://ultimosegundo.ig.com.br/politica/2014-06-07/forca-da-policia-nao-se-compara-a-dos-black-blocs-diz-pesquisador-canadense.html>.
60. Francis Dupuis-Déri. *Black blocs.* São Paulo: Veneta, 2014, p. 87.
61. Idem, p. 90.
62. Idem, p. 92.
63. Idem, p. 97.
64. Idem, p. 99.
65. Idem, p. 61.
66. Idem, p. 65.
67. Idem, p. 65.
68. Idem, p. 70.
69. Mary Black, "Letter from Inside the Black Bloc", disponível em: <http://www.alternet.org/story/11230/letter_from_inside_the_black_bloc>.
70. Francis Dupuis-Déri. *Black blocs.* São Paulo: Veneta, 2014, p. 59.
71. Idem, p. 66.
72. Idem, p. 103.
73. Idem, p. 79.
74. Idem, p. 92. Tal forma de verborragia foi descrita por Roger Kimball, em *Radicais nas universidades,* como "Síndrome Oktober", graças a uma revista marxista que espalhou o ideário comunista pela América que tinha este nome.
75. Disponível em: <http://vejario.abril.com.br/materia/cidade/partido-novo-rj/>.
76. Francis Dupuis-Déri. *Black blocs.* São Paulo: Veneta, 2014, p. 84-85.
77. Idem, p. 238.
78. Idem, p. 105.
79. Idem, p. 106.

80. Idem, p. 108-109.
81. Idem, p. 109-110.
82. Idem, p. 111.
83. Idem, p. 135.
84. Disponível em: < http://g1.globo.com/musica/noticia/2013/09/caetano-veloso-cobre-rosto-como-black-bloc-em-visita-ao-midia-ninja.html>.
85. Disponível em: <http://oglobo.globo.com/cultura/canto-de-fonte-9771597>.
86. Disponível em: <http://foradobeico.tumblr.com/post/60771067896/caetano-mostra-que-e-ninja-e-nao-e-visto-nos-protestos>.
87. Disponível em: <http://www.gazetadopovo.com.br/opiniao/conteudo.phtml?tl=1&id=1446644&tit=Defensores-de-assassinos>.
88. Disponível em: <http://oglobo.globo.com/cultura/freixo-outra-vez-11616610>.
89. Disponível em: <http://veja.abril.com.br/blog/rodrigo-constantino/cultura/caetano-black-bloc-transforma-freixo-em-vitima-do-globo/>.
90. Disponível em: <http://veja.abril.com.br/blog/rodrigo-constantino/cultura/caetano-black-bloc-transforma-freixo-em-vitima-do-globo/>.
91. Disponível em: <https://www.youtube.com/watch?v=RXDdi3O-Td0>.
92. Francis Dupuis-Déri. *black Blocs.* São Paulo: Veneta, 2014, p. 16.
93. Disponível em: <http://www.marxists.org/portugues/marighella/1969/manual/cap02.htm#9.3>.
94. Francis Dupuis-Déri. *Black blocs.* São Paulo: Veneta, 2014, p. 30.
95. Revista Cult, "Pela Responsabilidade Intelectual e Política", n.º 182, ano 16, agosto de 2013.
96. Francis Dupuis-Déri. *Black blocs.* São Paulo: Veneta, 2014, p. 30.
97. Idem, p. 38.
98. Francis Dupuis-Déri. *Black blocs.* São Paulo: Veneta, 2014, p. 19.
99. Disponível em: <http://br.reuters.com/article/worldNews/idBRKCN0HJ2F220140924>.
100. Disponível em: <http://noticias.portalvox.com/politica/gilberto-carvalho-tentou-dialogo-com-os-black-blocs/>.
101. Disponível em: <http://veja.abril.com.br/noticia/brasil/a-marcha-do-mst-em-brasilia-ponto-para-a-baderna>.
102. Disponível em: <http://opiniao.estadao.com.br/noticias/geral,o-agitador-chapa-branca-imp-,1047917>.
103. Disponível em: <http://www.portalimprensa.com.br/noticias/brasil/60952/apresentadora+do+sptv+2+edicao+e+alvo+de+laser+verde+disparado+por+manifestantes>.
104. Disponível em: <http://vladimirherzog.org/portfolio-item/manifestantes-rebatizam-ponte-estaiada/>.

105. Disponível em: <https://itunes.apple.com/br/book/o-brasil-nas-ruas/id670451733?mt=11>.

106. Disponível em: <http://veja.abril.com.br/blog/rodrigo-constantino/cultura/professor-que-era-figura-carimbada-desiste-da-globonews-porque-ela-criminaliza-os-movimentos-sociais/>.

107. Disponível em: <http://opiniao.estadao.com.br/noticias/geral,o-uso-politico-da-violencia-imp-,1092907>.

108. Disponível em: <http://incandescencia.org/2013/06/09/vandalismo-por-direito/comment-page-1/>.

109. Disponível em: <http://veja.abril.com.br/noticia/brasil/greve-dos-professores-sindicato-dos-professores-do-rio-e-reprovado-em-matematica>.

110. Disponível em: <https://www.youtube.com/watch?v=OwKsew0ZrqA>.

111. Disponível em: <http://veja.abril.com.br/noticia/brasil/o-sindicato-conseguiu-protesto-de-professor-agora-e-na-base-da-pancadaria>.

112. Disponível em: <http://odia.ig.com.br/noticia/educacao/2013-10-09/sindicato-dos-professores-declara-oficialmente-apoio-aos-black-blocs.html>.

113. Disponível em: <http://veja.abril.com.br/noticia/brasil/sindicato-dos-professores-defende-black-blocs-e-avisa-que-vai-criar-sua-autodefesa>.

114. Disponível em: <http://veja.abril.com.br/noticia/brasil/professores-recebem-licoes-de-guerrilha-pelo-facebook>.

115. Disponível em: <http://www.diariodocentrodomundo.com.br/black-blocs-viram-carro-da-policia-em-sao-paulo/>.

116. Disponível em: <http://noticias.terra.com.br/brasil/policia/manifestantes-sao-presos-em-sp-por-infringir-lei-criada-na-ditadura,3d3b2c154b991410VgnCLD2000000dc6eb0aRCRD.html>.

117. Disponível em: <http://oglobo.globo.com/brasil/casal-preso-em-protesto-em-sp-enquadrado-na-lei-de-seguranca-nacional-10290793>.

118. Disponível em: <http://veja.abril.com.br/blog/reinaldo/geral/finalmente-policia-de-sp-recorre-a-lei-de-seguranca-nacional-para-combater-atos-terroristas-fiz-essa-defesa-aqui-no-dia14-de-junho-antes-de-o-caos-se-instalar/>.

119. Disponível em: <http://odia.ig.com.br/noticia/rio-de-janeiro/2013-10-13/pesquisadores-tentam-entender-crescimento-dos-black-blocs-no-brasil.html>.

120. Disponível em: <http://g1.globo.com/sao-paulo/noticia/2014/02/40-suspeitos-de-serem-lideres-black-blocs-sao-investigados-em-sp.html>.

121. Disponível em: <http://veja.abril.com.br/noticia/brasil/sp-78-manifestantes-sao-detidos>.

122. Disponível em: <http://veja.abril.com.br/noticia/brasil/pm-prende-suspeito-de-espancar-coronel-em-sp>.

123. Disponível em: <http://veja.abril.com.br/noticia/brasil/oito-detidos-no-protesto-de-sexta-continuam-presos-em-sp>.

124. Disponível em: <http://veja.abril.com.br/noticia/brasil/black-bloc-recorre-ao-terrorismo-digital>.

125. Disponível em: <http://liberdadeeconomica.com/home/2013/10/26/video-black-blocs-recebem-apoio-dos-atores-da-rede-globo/>.

126. Disponível em: <http://veja.abril.com.br/blog/reinaldo/geral/nem-as-celebridades-globais-comparecem-ao-ato-que-elas-mesmas-convocaram-no-rio-que-nao-e-de-ficcao-policial-e-crianca-morre-em-tentativa-de-resgate-de-presos/>.

127. Disponível em: <http://epoca.globo.com/colunas-e-blogs/felipe-patury/noticia/2013/10/bblack-bloc-sem-mascarab-lider-de-grupo-assume-dinamites.html>.

128. Disponível em: <http://tv.estadao.com.br/videos,multidao-espanca-black-bloc-na-praca-da-republica,224237,250,0.htm>.

129. Ver foto no artigo "Para Brasil 247, Fusca incendiado foi alvo de 'extremistas de direita'". Disponível em: <http://www.implicante.org/blog/para-brasil-247-fusca-incendiado-foi-alvo-de-extremistas-de-direita/>.

130. Idem.

131. Disponível em: <http://mashable.com/2014/06/12/world-cup-opening-ceremony-twitter/>.

132. Disponível em: <http://www1.folha.uol.com.br/fsp/poder/169858-manifestantes-comemoram-gol-de-fred-durante-protesto-contra-a-copa.shtml>.

133. Disponível em: <http://globotv.globo.com/rede-globo/fantastico/v/pai-explica-por-que-tentou-convencer-filho-a-deixar-protesto-em-sao-paulo/3421749/>.

134. Disponível em: <http://g1.globo.com/sao-paulo/noticia/2014/06/rosto-tampado-nao-e-manifestacao-diz-pai-que-tirou-filho-de-protesto.html>.

135. Disponível em: <https://br.noticias.yahoo.com/derrota-da-sele%C3%A7%C3%A3o-motiva-dist%C3%BArbios-e-viol%C3%AAncia-pelo-pa%C3%ADs-233831944.html?linkId=8762529>.

136. Disponível em: <http://www.ihu.unisinos.br/entrevistas/533026-manifestacao-pacifica-e-a-marcha-para-jesus-manifestacao-e-cobranca-e-sempre-ha-tensao-entrevista-especial-com-julio-lancellotti>.

137. Disponível em: <http://www1.folha.uol.com.br/poder/2014/06/1475220-professor-detido-bebeu-vodka-e-disse-que-estava-alto-antes-de-ato-em-sp.shtml>.

138. Disponível em: <http://veja.abril.com.br/blog/felipe-moura-brasil-/2014/02/13/a-moral-black-bloc-do-psol-marcelo-freixo-e-seus-partidários-antes-e-depois-da-morte-de-santiago/>.

139. Disponível em: <http://www1.folha.uol.com.br/cotidiano/2013/06/1295714-servico-secreto-da-pm-diz-que-psol-recruta-punks-para-protestos.shtml>.

140. Disponível em: <http://web.archive.org/web/20131019161500/http://www.psol50.org.br/site/artigos-e-entrevistas/583/tatica-black-bloc-condenar-conviver-ou-se-aliar>.

141. Disponível em: <http://www.psolpe.org.br/tatica-black-bloc-condenar-conviver-ou-se-aliar/>.

142. Disponível em: <http://noticias.terra.com.br/brasil/dirigente-do-psol-critica-criminalizacao-dos-black-blocs-e-propoe-dialogo,e07cf6bd4b034410VgnVCM10000098cceb0aRCRD.html>.

143. Disponível em: <http://noticias.uol.com.br/ultimas-noticias/bbc/2013/10/15/estamos-lutando-por-algo-que-ainda-nao-sabemos-o-que-e-diz-black-bloc.htm>.

144. Disponível em: <http://www.jb.com.br/rio/noticias/2010/02/18/condenado-por-morte-do-menino-joao-helio-vai-morar-na-suica/>.

145. "Por dentro da máscara dos black blocs" *Época*, , n. 807, 11 de novembro de 2013, p. 37-42.

146. Disponível em: <http://polibiobraga.blogspot.com.br/2013/07/epoca-descobre-base-de-treinamento-da.html>.

147. Disponível em: <http://epoca.globo.com/colunas-e-blogs/felipe-patury/noticia/2013/12/bmorre-leonardo-morellib-coordenador-black-bloc.html>.

148. Disponível em: <http://www.sinduscon-rio.com.br/sindusletter/sindusletter_190214/n31.htm>.

149. Disponível em: <https://twitter.com/amandameirinho/status/433251708517380096>.

150. Disponível em: <https://twitter.com/amandameirinho/status/433253227325177856>.

151. Disponível em: <https://twitter.com/amandameirinho/status/433253487023894528>.

152. Disponível em: <https://twitter.com/amandameirinho/status/433255986564849665>.

153. Disponível em: <https://twitter.com/eduardosterzi/status/432948387608932352>.

154. Disponível em: <https://twitter.com/mateusalp/status/432899510793031680>.

155. Disponível em: <https://twitter.com/Tsavkko/status/431804314206896128>.

156. Disponível em: <http://reaconaria.org/blog/humor/esta-aberto-o-dcezao-2013/> e <http://reaconaria.org/blog/humor/dcezao-2014-primarias-janeirofevereiro/>.

157. Disponível em: <https://twitter.com/Tsavkko/status/433432431077896192>.

158. "A fada da baderna", *Veja*, ed. 2361, ano 47, n.º 8, 19 de fevereiro de 2014.

159. Disponível em: <http://veja.abril.com.br/noticia/brasil/passageiros-de-onibus-hostilizam-a-black-bloc-sininho>.

160. Disponível em: <http://veja.abril.com.br/noticia/brasil/justica-libera-sininho-para-viajar-e-dar-palestra>.

161. Disponível em: <http://veja.abril.com.br/blog/rodrigo-constantino/cultura/sininho-vai-virar-novela-ou-no-pais-do-faz-de-conta-bandido-vira-heroi/>.

162. Disponível em: <http://veja.abril.com.br/noticia/brasil/black-bloc-e-sininho-comandam-protesto-de-invasores-na-prefeitura-do-rio>.

163. Disponível em: <http://g1.globo.com/sao-paulo/noticia/2014/09/reintegracao-termina-com-onibus-incendiado-prisoes-e-feridos-em-sp.html>.

164. Disponível em: <http://veja.abril.com.br/blog/reinaldo/geral/caos-na-cidade-de-sao-paulo-foi-produzido-por-entidades-ligadas-ao-pt-e-com-cargo-na-prefeitura-comandada-por-fernando-haddad/>.

165. Disponível em: <http://www.gazetadopovo.com.br/opiniao/conteudo.phtml?tl=1&id=1446644&tit=Defensores-de-assassinos>.

166. Disponível em: <http://www1.folha.uol.com.br/colunas/leaoserva/2014/02/1413128-por-que-so-um-tipo-de-onibus-pega-fogo.shtml>.

167. "O risco do radicalismo", *IstoÉ*, ano 38, n. 2308, 19 de fevereiro de 2014.

168. Olavo de Carvalho. *A filosofia e seu inverso*. São Paulo: Vide Editorial, 2012.

169. Kenneth Minogue, "Review Essay". National Review, Nov. 18, 1991, p. 7-8.

Este livro foi composto na tipologia Minion
Pro Regular, em corpo 11,5/15, e impresso
em papel off-white no Sistema Cameron da
Divisão Gráfica da Distribuidora Record.